원리로 배우는

토라 히브리어 문법

원리로 배우는
토라 히브리어 문법

2020년 1월 10일 초판 1쇄 발행
2021년 9월 15일 초판2쇄 발행

지은이 | 김경열
펴낸이 | 박영호
펴낸곳 | 도서출판 솔로몬

주소 | 서울시 동작구 사당로 170
전화 | 599-1482
팩스 | 592-2104
직영서점 | 596-5225

등록일 | 1990년 7월 31일
등록번호 | 제 16-24호
E-mail | solcp1990@gmail.com

ISBN 978-89-8255-583-1 03230

원리로 배우는

토라 히브리어 문법

김경열 지음

성경의 바른 해석과 분명한 뜻을 알기 위해서는 원문 연구가 필수적이다. 그러나 성경의 원어인 헬라어와 히브리어는 배우기 쉽지 않으며 그 중 히브리어는 더욱 어려워한다. 이 책은 히브리어의 음성학적 특징과 고유의 언어적 법칙을 기반으로 문법을 설명하여 독자들의 학습을 돕는다.

솔로몬

머리말

필자는 구약을 연구하면서 오랜 기간 히브리어를 공부하며 가르쳐 왔다. 그 산물로서 이 책을 독자들에게 내놓는다. 많은 히브리어 문법서가 이미 나와 있지만 필자가 이 책을 쓴 이유는 나름의 확고한 학습 방법론이 있기 때문이다. 이 책의 총 집필 기간은 거의 10년이 넘는다. 과거 총신대학 언어연구소에서 세 사람의 공동 저서로 히브리어 교재를 제작했던 경험이 있다. 그러나 그 히브리어 문법서는 출판되지 못했는데 당시 나는 문법서는 결코 공동 저작이 될 수 없음을 알게 되었다. 그 후 나는 독자적인 문법서의 집필에 매달렸는데 중도에 선교사의 부름을 받아 한국을 떠나게 되었다. 2014년도에 10년 만에 한국으로 돌아온 나는 산더미처럼 밀려오는 저술과 원고의 요청, 그리고 강의 사역을 감당해오면서 틈틈이 이 문법서 완성을 위해 심혈을 기울였다. 드디어 2020년 1월 책이 출판되었다.

출판사에서 다루기 힘든 히브리어의 특징상 이 책은 필자가 직접 편집을 하고 교정을 해야만 했다. 이 책이 우아한 편집의 옷을 입지 못한 이유는 이 때문이다. 그러나 필자는 가독성을 돕기 위한 세세한 편집과 도표들의 배치에 심혈을 기울였다. 연습문제는 대부분 히브리어 성경 원문에서 골라왔는데, 앞부분의 쉽고 단순한 연습문제들을 찾아내는 것은 뒷부분보다 오히려 훨씬 어려운 작업이었다. 배운 곳까지 주어진 몇 개의 단어와 제한된 문법 내용에 맞는 문장을 골라야하기 때문이다. 하나의 적절한 문장을 찾기 위해 필자가 수백 개의 구절을 뒤지며 읽는 일이 다반사였다. 앞부분의 어떤 문장들은 일부 희귀한 단어를 쉬운 단어로 바꾸어 적절한 문장으로 수정했으나 동사 편부터는 극히 일부를 제외하고 모두 원문 그대로의 문장들이다.

히브리어 문법서로 이 책은 두꺼운 편이다. 그러나 이것은 난해한 히브리어 문법에 대한 친절한 설명을 위해 불가피한 분량이었다. 이 책은 독자의 이해를 돕기 위해 문법 내용을 매우 세밀하게 설명을 했으며 단 하나의 문법적-언어학적 현상도 두루뭉술하게 넘어가지 않았다. 그 외 이 책의 특징을 정리하자면 다음과 같다.

첫째, 히브리어의 음성학적 원리와 법칙을 철저히 다루었다. 그래서 왜 히브리어의 모음이 변화무쌍하게 달라지는지 쉽게 이해하도록 설명했다. 문법의 초반부에서 다루는 음성학적 원리와 법칙은 시종일관 문법들을 관통하며 마침내 후반부의 약동사에서 꽃을 피운다. 따라서 초학자들은 가장 중요한 1~3과를 이해될 때까지 반복적으로 학습할 것을 권한다.

둘째, 기초적인 문법 내용을 본문 해설에서 다루고 기본 문법을 넘어서는 상세한 내용과 추가적인 구문론적 설명은 각주에 추가했다. 이때 가장 권위 있는 히브리어 학자들의 관련 문헌들을 적시하여 심화학습을 도왔다.

셋째, 히브리어 성경에서 100회 이상 사용된 단어를 모두 뽑아내 어휘집에 수록해서 연습문제 문장들을 만들었다. 총 8천여 개의 히브리어 성경 단어 중에 100회 이상 사용된 단어는 약 430개다. 100회 이상 사용된 단어 중에 몇 개는 제외되었는데, 예를 들어, '폭'과 '넓이'와 같은 단어들은 특정 본문에서 별 의미 없이 반복된다. 그러나 사용 빈도는 100회 미만이더라도, 예를 들어, '진리'와 '은혜'와 같이 신학적으로 매우 중요한 단어들이 있다. 이것들은 별도로 추려낼 필요가 있었다. 결국 이 책을 떼면 자연스럽게 사용빈도가 많은 단어들과 중요한 단어들을 포함 총 500여 단어를 습득하게 되어 원문을 빠르게 읽어갈 수 있다.

넷째, 이 책은 기초 히브리어 문법 과정을 이수하는 학습자의 기본 문법과 더불어 심화 학습을 돕는 책으로 집필되었다. 책을 1부와 2부로 나누어 1부에서는 강동사 학습과 더불어 기초 문법을 모두 철저히 배우고 2부에서 약동사 학습과 더불어 원문 수준의 연습문제를 익히도록 편성했다. 2부의 경우 각 신학교에서 초급 단계의 원문 강독의 교재로 사용할 것을 추천한다.

다섯째, 수록된 연습문제들은 배운 문법과 습득한 단어를 다양하게 반복적으로 학습할 수 있도록 치밀하게 편성되었다. 단어들이 연습문제에 사용되는 횟수와 다양한 변화형들의 활용 횟수도 충분히 고려했음은 물론이다. 연습문제가 다소 많은 것은 이러한 이유 때문이다. 연습문제 풀이를 매우 상세하게 해놓았는데 거기에 많은 구문론적 설명과 히브리어의 독특한 문법에 대한 보완된 해설이 나온다.

여섯째, 창의적인 도표들과 입체적인 도안들은 이 문법서의 최대의 강점의 하나라고 감히 말할 수 있다. 예컨대, 전치사들의 도안은 저자의 아이디어로 만들어진 것이다. 마지막 25과의 히브리어 악센트들을 문장 속에 도식화한 도안도 마찬가지다.

이 책이 히브리어 초학자들에게 도움이 되길 빈다. 배우기 쉬운 언어란 존재하지 않으며 언어 공부에 대충은 통하지 않는다. 히브리어를 공부할 때도 철저히 문법을 익힌 뒤 만만치 않은 연습문제 분량들을 시간이 걸리더라도 반복해서 풀어보아야 한다. 그것이 결국 가장 빠른 지름길이다.

이 책을 쓰면서 많은 분들에게 빚을 졌다. 구약과 히브리어를 가르쳐주신 총신 신대원의 스승님들에게 감사의 말씀을 올린다. 기초 히브리어를 가르쳐 주신 김의원 교수님과 유재원 교수님께 감사드린다. 석사(Th.M) 과정에서 김정우 교수님과 왈키와 주옹의 고급 히브리어 구문론을 공부한 것은 말할 수 없이 큰 유익이었다. 그리고 김지찬 교수님과 룻기와 사사기를 원전으로 읽으며 구약의 서사학을 공부한 것은 필자의 히브리어 실력과 강독 능력에 날개를 달아주었다. 언어학 박사 조운일 목사는 오랜 시간에 걸쳐 언어학-음성학적 자문을 맡아 많은 오류를 수정해주시고 이해의 폭을 넓혀줬다. 조운일 박사의 우정에 감사드린다. 부족한 책의 출판을 기꺼이 허락해주신 솔로몬 출판사의 박영호 사장님께 감사드린다. 아직 살아계셔서 효도할 기회를 주시는 연로하신 부모님께 감사드리고 사랑하는 아내와 세 아들에게 고마움을 표한다. 모든 영광을 하나님께 돌린다!

개정판을 내면서

이 책을 저술하며 히브리어의 미세한 구두점과 철자에 실수가 발생하지 않도록 심혈을 기울였음에도 여러 가지 오류들이 발견되었다. 개정판에서 대부분 바로 잡았으며 그 외 개정판에서는 짤막한 설명이 추가된 곳들이 더러 있다. 초판의 〈정오표〉는 네이버 카페 〈토라 말씀의집〉의 주소에서 제공받을 수 있다: cafe.naver.com/torahschool. 이 책의 공부를 돕는 저자의 네이버 카페 〈말씀의집〉에 오면 히브리어 공부법, 히브리어에 대한 자료와 정보, 그리고 구약에 대한 다양한 자료를 얻을 수 있다. 또한 추후에 추가적인 오타나 실수가 발견될 경우 카페에 올린 〈정오표〉에 계속 수록할 예정이니 독자들은 그것을 참고하기 바란다.

차 례

Part 1 기초 문법과 강동사

Part 2 약동사와 원문 강독

Part 1

기초 문법과 강동사

1과 자음과 모음, 읽기

A. 자음

1. 자음 도표

히브리어 자음은 총 22개로 구성되어 있다.

	일반형	점형[a]	미형[a]	이름		음역	숫자값
1	א			알레프(ʼaleṗ)	אָלֶף	ʼ	1
2	ב	בּ		베트(bēṯ)	בֵּת	ḇ, b	2
3	ג	גּ		기멜(gîmel)	גִּימֶל	ḡ, g	3
4	ד	דּ		달레트(dāleṯ)	דָּלֶת	ḏ, d	4
5	ה			헤(hê)	הֵי	h	5
6	ו			바브(vāv)	וָו	v	6
7	ז			자인(zayin)	זַיִן	z	7
8	ח			헤트(ḥēṯ)	חֵת	ḥ	8
9	ט			테트(ṭēṯ)	טֵת	ṭ	9
10	י			요드(yôḏ)	יוֹד	y	10
11	כ	כּ	ך	카프(kaṗ)	כַּף	ḵ, k	20
12	ל			라메드(lāmeḏ)	לָמֶד	l	30
13	מ		ם	멤(mēm)	מֵם	m	40
14	נ		ן	눈(nûn)	נוּן	n	50
15	ס			싸메크(sāmeḵ)	סָמֶךְ	s	60
16	ע			아인(ʻayin)	עַיִן	ʻ	70
17	פ	פּ	ף	페(pê)	פֵּי	p̱, p	80
18	צ		ץ	차데(ṣādê)	צָדֵי	ṣ	90
19	ק			코프(qôṗ)	קוֹף	q	100
20	ר			레쉬(rēš)	רֵשׁ	r	200
21	שׁ[b]			쉰(šîn)	שִׁין	š	300
	שׂ			신(śîn)	שִׂין	ś	
22	ת	תּ		타브(tāv)	תָּיו	ṯ, t	400

a. 점형과 미형은 뒤에서 설명된다. b. שׁ과 שׂ은 본래 하나의 문자였다.

2. 알파벳 쓰기

צ	ם	ח	א
(18) 차데	(13) 멤-미형	(8) 헤트	(1) 알레프
ץ	נ	ט	ב
(18) 차데-미형	(14) 눈	(9) 테트	(2) 베트
ק	ן	י	ג
(19) 코프	(14) 눈-미형	(10) 요드	(3) 기멜
ר	ס	כ	ד
(20) 레쉬	(15) 싸메크	(11) 카프	(4) 달레트
שׁ	ע	ך	ה
(21) 쉰	(16) 아인	(11) 카프-미형	(5) 헤
שׂ	פ	ל	ו
(21) 신	(17) 페	(12) 라메드	(6) 바브
ת	ף	מ	ז
(22) 타브	(17) 페-미형	(13) 멤	(7) 자인

1) 히브리어 알파벳은 그 모양이 헬라어보다 생소하며 다른 셈어들이 그렇듯이 쓰고 읽는 방향도 오른쪽에서 왼쪽이다:

← בְּרֵאשִׁית בָּרָא אֱלֹהִים . . . ←

2) 위의 철자들은 인쇄체다. 히브리어 알파벳의 필기체도 있는데 그것은 현대에 만들어진 것이다(아래 도표 참고). 히브리어 성경과 신학 서적의 히브리어는 인쇄체가 사용되므로 우리에게 필요한 것은 인쇄체 알파벳이다. 자음 쓰는 법을 정확한 순서에 따라 익히라. 자음의 기본적인 형태는 사각형을 기준으로 대부분 사각형의 공간에 들어차지만, 어떤 것들은 사각형의 반(ג/ו/ז/נ), 그리고 한개(י)는 1/4의 공간을 차지한다.

3) 도표에서 일부 자음에 그어진 점선은 자음의 정사각형 모양을 기준으로 윗선과 아랫선을 가리키는데 그것은 어떤 문자는 사각형 너머로 획이 그어진다는 것을 의미한다. 미형에서 ם의 경우를 제외하고 길게 늘여 쓴다. 예컨대, פ는 정사각형인데, ף는 정사각형 아랫선 너머로 획이 늘어진다.

4) 히브리어 철자법 연습은 가능하면 네모 칸이 있는 연습장, 예를 들어 원고지를 사용하는 것이 좋다.

5) 필기체에 대한 자세한 설명은 여기서는 생략한다. 히브리어 알파벳은 인쇄체든 필기체든 영어나 헬라어와 달리 대소문자 구분이 없다. 아래의 히브리어 필기체(cursive) 알파벳을 참고하라. 순서는 오른쪽에서 왼쪽으로 향한다.

ז	ו	ה	ד	ג	ב	א
자인	바브	헤	달레트	기멜	베트	알레프
מ	ל	ך	כ	י	ט	ח
멤	라메드	카프-미형	카프	요드	테트	헤트
ף	פ	ע	ס	ן	נ	ם
페-미형	페	아인	싸메크	눈-미형	눈	멤-미형
	ת	ש	ר	ק	ץ	צ
	타브	쉰, 신	레쉬	코프	차데-미형	차데

예제 1) 히브리어 알파벳을 20번 이상 쓰라. 단, 한번 쓸 때마다 알파벳 22개(שׂ과 שׁ을 나누어 23개)와 5개의 미형을 함께, 점형을 뺀 일반형을 처음부터 끝까지 쓰라. 오른쪽에서 왼쪽으로 쓴다.

예) ת . . . ך כ . . . ד ג ב א (한번)

3. 문자들의 발음

1) 각 알파벳 이름의 첫 음가가 곧 그것의 발음을 지시한다. 이를테면, ב의 이름은 베트(bēṯ)인데 이것은 b로 발음된다. 또한 발음 방법이 자음 도표의 음가 표기인 음역(transliteration)에 주어져있으므로 그것을 보고 발음을 익힐 수 있다.

2) 아마 정확한 발음을 익히기 위해서는 유대인들의 발음을 직접 반복해서 들어야 할 것이다. 독자들은 인터넷 사이트에서 랍비들의 히브리어 성경 낭독을 직접 들음으로써 도움을 받을 수 있을 것이다.

4. 자음의 특징들

1) ***비슷한 문자들*** - 다음의 것들은 혼동하지 말아야 한다.[1)]

a. ב / כ
b. ד / ר / ך(כ의 미형)
c. ג / י / ו / נ / ז / ן(נ의 미형)
d. ה / ח / ת
e. ט / ס / מ / ם(מ의 미형)
f. ע / צ
g. שׂ / שׁ

1) 자음의 모양이 비슷하여 심지어 서기관을 비롯한 필사자들이 사본 제작을 할 때 종종 오류를 범하기도 했다. 예를 들어, 창세기 10:3의 리파트(ריפת)가 역대상 1:6에서 디파트(דיפת)로 기록된다. 이는 달레트(ד)와 레쉬(ר)의 철자가 거의 비슷하게 생긴 데서 발생한 필사상의 오류일 것이다.

2) ***미형 문자*** - 미형(尾形, final form)이란 자음이 단어의 제일 마지막에 오는 형태이다. 모두 5개의 자음이 미형을 가지는데 그 중 מ의 미형인 ם을 제외한 나머지는 아래로 길게 늘여 쓰는 것이 특징이다.

a. כ → ך : כפר / מלך
b. מ → ם : אמר / אדם
c. נ → ן : נפש / לבן (ו와 구분하라)
d. פ → ף : כפר / רדף
e. צ → ץ : צדק / ארץ

3) ***점형 문자*** - 자음 중에는 6개의 점형 문자가 있다: בּ/ גּ/ דּ/ כּ/ פּ/ תּ [2)]

이것을 전문 용어로 '베가드 케파트(BeGaD KeFaT) 문자'라 칭한다. 그러나 우리는 점이 찍힌 이 여섯 자음을 간단히 '점형'으로 부르기로 한다. 예를 들어, ב는 동시에 בּ로도 쓸 수 있다. 점을 찍는 경우와 안 찍는 경우는 뒤에서 배우게 된다. 이 여섯 자음을 오른쪽부터 적은 다음 적당한 히브리어 모음을 붙여서 만든 명칭이 베가드 케파트(בְּגַד כְּפַת)이다. 일반적으로 점이 안 찍힌 문자는 점이 찍힌 문자보다 더 부드럽게 발음된다.[3)]

4) ***후음 문자*** - 자음 중에는 4개의 후음이 있다: א/ ע/ ה/ ח

이것들은 우리말 [ㅎ]이나 독일어의 [ch]과 같이 목구멍(후두)에서 끌어올려서 소리를 내므로 '후음'(喉音, guttural sound)이라 칭한다. 추가적으로 ר는 일반적으로 후음으로 분류되지는 않지만 자주 후음처럼 작용하는 이유로 반(semi)-후음으로 간주된다.

---

2) 이것들은 우리말 ㅂ(בּ)/ㄱ(גּ)/ㄷ(דּ)와 ㅍ(פּ)/ㅋ(כּ)/ㅌ(תּ)에 해당되는 음가를 갖는데 앞의 세 자음의 격음이 뒤의 세 자음의 소리다(ㅂ → ㅍ/ ㄱ → ㅋ / ㄷ → ㅌ). 이로 미루어볼 때, 이 여섯 개의 문자는 어떤 특유한 음성학적 특징을 갖는다는 것을 알 수 있다. 자세한 것은 3과에서 배울 것이다.

3) 현대 히브리어에서 점형과 일반형 사이에 실제적인 발음상의 차이가 있는 것과 없는 것이 있다. 점형 בּ/פּ/כּ와 일반형 ב/פ/כ는 발음상의 차이가 있다. בּ[b]는 [b, ㅂ]로, ב[ḇ]는 ו와 동일하게[v]로 발음한다. פּ[p]는 [p, ㅍ]로, פ[p̄]는 [f]로 발음된다. כּ[k]는 [k, ㅋ]로, כ[ḵ]는 ח와 동일하게 발음된다(이것은 독일어 -ch에 해당되는데, 더 자세한 것은 아래 설명을 참고하라). 그러나 점형 גּ/דּ/תּ은 일반형 ג/ד/ת의 발음과 실제적인 발음의 차이가 거의 없다.

5. 현대 히브리어에 준한 발음법과 음역

1) *현대 히브리어에서 동일한 발음을 가진 자음들*[4]

① א와 ע: 둘 다 우리말 '아'의 '이응'[o]과 같은 묵음으로 차이가 없다.[5]

② ו와 ב: 점이 없는 ב와 ו는 현대 히브리어에서 구분이 되지 않은 채 둘 다 [v]로 발음된다. 그러나 고대에는 ו가 [바브]보다는 [와우]로 발음되었을 것으로 추론되며, 따라서 어떤 문법가들은 [waw]로 음역하는 것을 선호한다.

③ ט와 ת: 현대에서는 동일하게 [t, ㅌ]로 발음하는데 실제로는 둘 다 [ㄸ]에 가깝게 들린다.

④ כ와 ח: 가장 주의해야할 발음으로 점이 없는 כ[ḵ]는 ח[ḥ]와 동일하게 발음된다. 현재 이 둘은 독일어 [ch], 우리말 [ㅋ]와 [ㅎ]의 중간 발음에 해당된다. 그러나 고대 히브리어에서는 이 둘의 발음은 달랐을 것이다. 우리는 이후 편의상 우리말 발음 표기로는 고대 한글에서 이와 비슷한 소리의 표기였을 것으로 추론되는 [ㆅ]를 사용한다. 반면에 점이 있는 כּ는 [k, ㅋ]로 발음된다.

⑤ כּ와 ק: 이것들은 [k]와 [q]로 음역은 달리 표기하나 같은 소리다.

⑥ ס/שׂ과 שׁ: 우선 ס/שׂ은 같은 발음으로 영어 발음 [s]와 동일하다.[6] 그러나 שׁ은 영어 발음 [ʃ(쉬)]에 해당된다(예, English의 -sh).

2) *구별해야하는 발음들*

① ה와 ח: ה는 [h, ㅎ]로 발음하나 위에서 설명한대로 ח는 독일어 [ch] 발음과 동일하며 현대 히브리어에서는 점이 없는 כ[ḵ]도 음역 표기는 다르나 실제 발음은 ח와 동일하다(우리말 발음으로는 둘 다 [ㆅ]로 표기한다).

② ל와 ר: ל는 우리말 [ㄹ], 영어 [l, '엘']과 같고 ר는 [r]과 같다.

---

4) 나란히 묶인 이 자음들은 현대 히브리어에서 동일한 소리로 발음되지만, 분명히 고대에는 서로 소리가 달랐기 때문에 다른 문자가 각각 할당되었을 것이다. 현대의 학자들이 고대의 문자들의 음가를 정확히 재현해내기란 거의 불가능하다.

5) 이론적으로는 ע이 א보다 강한 소리이며(아랍어에는 존재함), 따라서 음역도 א은 헬라어 연기식 표시와 동일한 ['], ע은 강기식 표시와 동일한 [']로 표기한다.

6) ס과 שׂ은 본래 발음이 달랐으나 나중에 사실상 같은 발음이 되었다.

③ ז과 צ: ז[z]는 [ㅈ]로 발음하며 צ[ṣ]는 [ㅊ]와 [ㅉ]의 중간 정도로 발음된다. 어떤 문법서들은 צ의 발음으로 [ㅉ]를 제안하나 여기서는 영어 발음 [ts]에 맞춰 [ㅊ]로 통일한다.

3) ***음역*** - 음역(transliteration)은 영어권 학자들이 로마자로 만든 음가, 즉 발음 기호로서 히브리어 읽기를 돕는다. 이것은 엄밀히 발음을 옮긴 음역(音譯)이 아닌 문자를 옮긴 자역(字譯)이지만 관행대로 음역으로 칭하기로 한다. 음역은 약간 다른 몇 가지 방식이 통용되지만 거의 비슷하다. 예컨대, 점형(베가드 케파트) 문자들에 점이 없을 경우 이 책에서는 해당 로마자 아래에 선을 넣는 방법을 따랐으나 게세니우스 문법서(*Gesenius' Hebrew Grammar*)처럼 그 뒤에 부드러운 발음을 지시하는 h를 붙이는 방식도 사용된다: בּ[b]/ ב[ḇ 혹은 bh, 실제 발음은 v].[7] 우리는 자주 한글 음역을 표기해 발음의 이해를 도울 것이다.

그 외 자음이 숫자를 가리키는 경우는 성경 외의 유대 문헌들에서 나타나는데 초학자들이 알 필요는 없다. 마소라 사본의 난외주에도 이 알파벳이 숫자로 사용되는데 전문 연구자는 이 숫자 값을 익혀야 한다.

예) 41(מא)=40(מ) + 1(א) / 900(תתק)=400(ת)+400(ת)+100(ק)

B. 모음

1. 개요

1) 히브리어는 본래 별다른 모음 기호가 없었다. 다만 제한적으로 고대에 י/ו/ה가 읽기를 돕는 최소한의 모음 기호로 사용되었는데, 이것들을 '모음 문자'라 부른다. 예를 들어 י는 [이]나 [에]로 읽고, ו는 [오]나 [우], ה는 [아], 혹은 [에]로 읽을 것을 지시해주었다. 따라서 בי는 [비] 혹은 [베]로 읽을 수 있었고, בו는 [보]나 [부]로, בה는 주로 [바], 가끔은 [베]로 읽을 수 있었다.

2) 이러한 제한적인 모음 기호가 있었으나 후대로 갈수록 점점 정확한 발음을 지시하기 위한 구체적인 모음 표기 방법이 필요하게 되었다. 결국 히브리어 성경의 전수자로 활약한 마소라 학자들이 경전의 읽는 방법을 보존하여 전수하기 위해 모음 기호를 창안했다.[8]

---

7) 많은 신학 서적들이 히브리어를 표기할 때 히브리어 문자 대신 음역을 사용하므로 음역을 익혀 놓을 필요가 있다: 예, בָּרוּךְ 대신 bārûḵ.

2. 모음 기호

	발음	단모음	명 칭[a]	장모음	명 칭
제1군	아	□ַ [a]	파타(Paṯaḥ)	□ָ [ā]	카메츠(Qāmeṣ)
제2군	에	□ֶ [e]	세골(S^eg̱ōl)	□ֵ [ē]	체레(Ṣērê)
				□ֵי [ê]	체레 요드(Ṣērê yôd)
	이	□ִ [i]	히렉(Ḥîreq)	□ִי [î]	히렉 요드(Ḥîreq yôd)
제3군	오	□ָ [o]	카메츠 하툽 (Qāmeṣ ḥāṭûp̱)	□ֹ [ō]	홀렘(Ḥôlem)
				□וֹ [ô]	홀렘 바브(Ḥôlem vāv)
	우	□ֻ [u]	키부츠(Qibbûṣ)	□וּ [û]	슈렉(Šûreq)

a. 우리말 명칭들은 우리의 발음 규칙을 따르면 정확히는, 예컨대, '파타흐,' '히레크' 등이지만 히브리어 문법서에서 통용되는 관례적인 명칭들을 따랐다.

1) 히브리어의 모음은 다섯 개의 기본 모음으로 구성된다. 이것들은 음성학적 특징에 따라 크게 3개의 군(class)으로 분류되고 각각은 단모음과 장모음으로 나뉜다.9)

2) 체레(□ֵ ē)와 체레 요드(□ֵי ê)는 후자를 [에이]로 읽기도 하지만 둘 다 장모음 [에]로 읽는다.10) 홀렘(□ֹ ō)과 홀렘 바브(□וֹ ô)도 동일하게 장모음 [오]다.

---

8) 유대인들이 후대로 갈수록 아람어를 점차 공용어로 사용하게 되었고, 또한 오랜 디아스포라 생활을 통해 흩어져 살던 유대인들이 세월이 흐르면서 히브리어를 사용하지 않게 되어 자신들의 경전 본문의 정확한 발음을 상실할 위험이 커졌다. 이로 인해 히브리 경전을 다루는 학자들에 의해 모음 표기법이 만들어졌다. 모음 기호는 크게 세 가지로 팔레스타인 방식, 바벨론 방식, 그리고 티베리아(Tiberian) 방식이 있었다. 오늘날 일반적으로 우리가 사용하는 방식은 마소라 학자들인 티베리아 학파에 의해 주후 9-10세기경 만들어진 것이다.

9) 히렉(□ִ)이 장모음[ī]으로 발음되는 경우가 있고 역시 키부츠(□ֻ)가 장모음[ū]으로 발음되는 경우도 있지만 기초 문법에서는 혼동을 피하기 위해 무시한다. 어떤 문법서들은 그 외 □ָה/□ֶה/□ֵה/□ֹה/□ֶי 등을 모음으로 분류하나 오히려 학습자의 혼란을 가중시키므로 제외한다. 이 경우의 모음 뒤의 ה와 י는 단순히 뒤에서 배울 '침묵 문자'로 취급하는 것이 적절하다. 한편, 현대 히브리어는 단모음과 장모음의 구분이 없이 단순하게 다섯 개의 기본 모음으로 발음한다.

10) 주옹-무라오까는 둘 다 [에]로 발음한다고 말한다(Paul Joüon-T. Muraoka, 「성서 히브리어 문법」, 김정우 역 [서울: 기혼, 2012], 37; 이하 대표 저자는 '주옹,' 번역

3. 모음 기호의 특이사항

1) ***순장모음*** - 장모음들 중에 앞서 말한 모음 문자 י/ו/ה가 모음 기호화 되어 사용된 것들, 즉 ◌ֵי[ê]/ ◌ִי[î]/ וֹ◌[ô]/ וּ◌[û], 그 외 ◌ָה[â] 등은 일부의 자음이 모음으로 사용된 모음 기호다(뒤의 3과에서 설명된다). 이 문법서에서는 데이비슨(A. B. Davidson)의 정의를 따라 이것들을 '순장모음'(Pure-long Vowels)이라 부르기로 한다. 히브리어는 모음이 쉽게 변하는 특징을 갖는데 이 순장모음들은 가급적 그대로 유지되는 경향이 있다. 한편, 각각의 음역을 보면 알 수 있듯이 모음 문자의 음역은 해당 로마자 위에 갈고리 모양(^)을 씌운다. 그러나 모음의 음역 역시 학자들마다 약간의 표기법의 차이가 있으며 통일된 체계는 없다.

2) ***모음 기호*** ◌ָ - 이것은 두 가지 방식으로 발음된다. 주로 장모음 [ā]로 읽지만, 가끔 단모음 [o]로 읽는 경우도 있다. 오래 전 모음을 발명한 시기에는 마치 영어의 [a]와 [ɔ]처럼 두 발음이 거의 유사해 구분이 불필요한 이유로 하나의 모음 부호(◌ָ)만을 사용했던 것으로 보인다. 그러나 후대에 두 발음이 뚜렷이 구별되면서 판독의 필요성이 생겼다.[11] 따라서 현대의 학습자에게는 크게 불편하나 우리는 ◌ָ가 [아]로 소리가 나는 카메츠[ā]인 경우와 [오]로 소리가 나는 카메츠 하툽[o]인 경우를 구별해서 읽어야만 한다. 다만 그 구별법에 대해 배우기 전까지는 우리는 일단 모음 기호 ◌ָ는 모두 카메츠[ā]로 보고 [아]로 읽기로 한다.

4. 발음을 위한 유의사항

1) 자음들 중 ל/מ/נ, 이 셋은 발음의 특징을 반영하여 받침으로 올 때 한글 표기에서 '으'를 넣지 않으나 다른 자음들은 넣어서 받침 발음을 표기 한다. 발음 기호는 이해를 돕기 위해 편의상 자주 한글로 표기할 것이다.

אַל[알]/ דָּם[담]/ מִן[민]

그러나 그 외는 אָב[아브]/ עַד[아드]/ אֵת[에트] 등등

서는 원서 명 그대로 *A Grammar of Biblical Hebrew*으로 표기한다).

11) Joüon-Muraoka, *A Grammar of Biblical Hebrew*, 44. 비슷하게 calf와 call의 모음 표기 a는 같지만 발음은 각각 [a]와 [ɔ]로 비슷하면서도 차이가 난다.

2) ל가 단어 중간에 위치할 때 앞의 모음에 혀를 말아 'ㄹ' 받침을 넣어서 읽는다. אֵלִי[에-ㄹ-리 = 엘리] [에리 X] / עָלָה[오-ㄹ-라 = 올라] [오라 X]

예제 2) 자음과 모음을 익혔으니 이제 읽기가 가능해진다. 아래 단어들을 여러 번 쓰고 반복해서 읽으라. 정답은 〈연습문제 해답〉을 보라.

(1) אָ , בֵּ , דֹ , גָּ , פַּ , שֶׁ , הוֹ , זוּ , טֵי , יֵ[a] , הֶ , עָ , לֶ , כִּי

(2) אָב , קָם , יַד[a] , צוּק , כֹּל , בֵּית , רוּן , פֵּן , מֶץ , אִישׁ , מוֹת

(3) אֵשֶׁת , עֵזֶר , מָקוֹם , תַּחַת , לָבָן , צֶדֶק , עָפָר , סוּסוֹ

(4) בֶּהָרִים , טוֹבִים , מֵהָאָדָם , הַדָּבָר , הֵיכָל , מִחוּץ , יֵעָשׂוּ[a]

a. 요드(י) 아래 모음이 오면 'yes'처럼 영어 발음 [y], 즉 우리말 [이]에 해당되는 발음을 가볍게 넣어 이중 모음처럼 발음한다: יַ[ya, 야(이아)]/ יֵ[yē, 예(이에)].

C. 쉐바(Sheva)

1. 개요

1) 히브리어의 음성 체계에는 자음과 모음 외에 쉐바(Sheva)라 칭하는 독특한 소리가 있다. 따라서 쉐바까지 익혀야 비로소 히브리어를 제대로 읽을 수 있게 된다.

2) 흔히 고유의 음가를 가진 쉐바는 보통의 모음과 달리 완전한 모음이 아니므로 불완전 모음, 혹은 반모음(half vowel)으로 취급되기도 한다.

2. 쉐바 기호

	표시	음가	명칭
단순쉐바	◌ְ	없음	무성 단순쉐바
		[ᵉ]	유성 단순쉐바
합성쉐바	◌ֲ	[ᾰ]	하텝 파타
	◌ֱ	[ĕ]	하텝 세골
	◌ֳ	[ŏ]	하텝 카메츠

1) 쉐바는 단순쉐바(Simple sheva)와 합성쉐바(Compound sheva)로 나뉜다. 합성쉐바의 이름들은 각각 ◌ֲ는 하텝 파타(Ḥaṭep̱ paṯaḥ), ◌ֱ는 하텝 세골(Ḥaṭep̱ s^{e}g̱ol), ◌ֳ는 하텝 카메츠(Ḥaṭep̱ qāmeṣ)인데 단지 참고만 하라.

2) 합성쉐바는 모두 유성(vocal)으로서 음가를 가진다. 그러나 단순쉐바는 유성일 때와 무성(silent)일 때로 나뉘는데, 이에 대해서는 곧이어 배운다. 쉐바는 반 정도의 음가를 가지는 불완전 모음이므로 음역도 상단에 반쯤만 표기한다.

3. 쉐바 읽기

1) ***합성쉐바*** - 합성쉐바들은 음역에서 볼 수 있듯이 모두 약한 소리를 갖는 유성 쉐바이다.

אֲרִי['^{ă}rî, ^{아}리] / **אֱלֹהִים**['^{ĕ}lōhîm, ^{엘}로힘] / **אֳנִי**['^{ŏ}nî, ^{오}니]

2) ***단순쉐바*** - 그러나 단순쉐바 ◌ְ는 유성일 때와 무성일 때가 있으므로 두 경우를 구분해야 한다. 단순쉐바가 유성일 경우 반 정도의 음가를 가지므로 영어 음역은 [^{e}]로 표시하는데 듣기에 따라 우리말 [으]와 [어] 또는 약한 [에] 소리에 가깝다. 단순쉐바의 자세한 유/무성 구분법은 분절법을 익힌 뒤에 배울 것인데, 여기서는 잠정적으로 유성과 무성 모두 [으]로 읽을 것을 제안한다.

בְּרִית[b^{e}rît, ^{브}리트] / **יִקְטְלוּ**[yiqṭ^{e}lû, 이크^{틀}루]

4. 쉐바 표기의 특이사항

1) 히브리어는 모든 자음 아래에 모음이나 쉐바 기호가 붙는데 끝에 오는 자음에는 아무런 표기를 하지 않는다. 예컨대, **יִקְטֹל**의 마지막 자음 **ל** 아래 아무런 기호도 없다. 다만 마지막 자음에 단순쉐바가 붙는 예외적인 단어들이 간혹 있으나 고대의 모음의 흔적일 뿐 별다른 의미는 없으니 무시해도 좋다. 이 끝에 있는 단순쉐바는 유성이지만 무성처럼 취급된다: **אַתְּ**[아트]/ **נֵרְדְּ**[네르드]

2) 미형 ך는 항상 안에 무성 단순쉐바를 붙인 모습, 즉 ךְ로 표기된다. 발음은 כ와 동일하다. 역시 ך에 카메츠[ָ, ā]가 올 때는 모양이 ךָ이며 이때는 [ḵa, ㅎㅏ]로 읽는다. 반복하지만, כ는 [ㅋ]와 [ㅎ]의 중간 발음으로서 현대 히브리어에서 ח와 동일한 발음이며 우리말의 발음 표기로는 이것을 [ㅎㅎ]로 적는다.

מֶלֶךְ[meleḵ, 멜레ㅎ] / כָּמוֹךָ[kāmôḵa, 카모ㅎㅏ] / בָּרַח[bāraḥ, 바라ㅎ]

3) שְׁ는 무성은 [쉬], 유성은 [쉐]나 [슈]와 비슷하게 들리는데 우리는 모두 '쉬'로 읽는다(1쇄의 '쉐'와 달리): אִישׁ(무성)['îš, 이쉬] /שְׁמוֹ(유성)[š^{e}mô, 쉬모]

예제 3) 다음 단어들을 읽으라. 모든 단순쉐바는 일단 [으]로 읽으라. שְׁ의 경우 모두 '쉬'로 읽고, יְ는 [예]로 읽을 것을 제안한다. 추가로 끝에 ה가 오면 묵음이다: הָ [아] / הֶ [에]

יִשְׁמֹר , שׁוֹמְרִים , יִקְטְלוּ , שְׁמוֹ , חֳלִי , אֱלֹהִים , אֲרִי , אֶקְטְלוּ , יְהוּדָה

D. 읽기의 주의 사항

1) י와 ו가 모음 부호(יִ [이]/יֵ [에]/וֹ[오]/וּ[우])에 사용된 경우가 아니라 그 앞에 다른 모음이 오면 이중 모음처럼 그 음가를 발음해준다. 그 음절은 폐음절인데 이는 י와 ו가 모음문자가 아닌 각각 y와 v음가의 자음으로 기능하며 음을 닫기 때문이다. 다만 יו ָ는 언제나 요드(י)를 읽지 않고 [āv, 아브]로 읽는다.

דַּי[day, 다이] / גּוֹי[gôy, 고이] / גָּלוּי[gālûy, 갈루이]

צַו[ṣav, 차브][a] / עָלָיו['ālāyv, 알라브][b] ※모두 폐음절이다.

a. [차우]가 아님. b. 음역과 달리 실제 발음은 [알라이브], 혹은 [알라이우]가 아니다.

2) שׁ과 שׂ는 앞서 말한 대로 점의 위치에 따라 발음이 달라진다.

שׁ - חֹשֶׁךְ[ḥōšeḵ, 호쉐ㅎ] / שֹׁמֵר[šōmēr, 쇼메르]

שׂ - עֹשֶׂה[a]['ōśeh, 오세] a. ה는 묵음 / שֹׂבֵר[śōḇēr, 소베르]

3) 가끔 ו가 자음이면서 동시에 모음 흘렘을 갖는 단어들이 있다. 이때 자음 ו와 모음 [오]를 동시에 읽어주어야 한다: מִצְוֹת[miṣvōt, 미츠보트]. 원래는 이것이 מִצְווֹת였다. 이 단어를 [미츠오트]로 읽지 않도록 주의하라.

4) 한글 성경의 '여호와'란 뜻의 단어 יהוה는 문법서에서는 통상적으로 모음을 붙이지 않는데 히브리어 성경에서는 יְהוָה(가끔 יְהוִֹה)로 나타난다. 이것을 읽은 '예호바'(Jehovah, '여호와')가 중세부터 통용되어 왔으나 사실은 잘못된 발음이다. יהוה는 항상 אֲדֹנָי['ădōnāy, 아도나이]로 읽어야 하는데 '(나의) 주님'이란 뜻의 단어다. יְהוָֹה는 יהוה를 אֲדֹנָי로 읽도록 그것의 모음을 옮겨 적은 것이다. 이렇듯 이 단어의 표기와 읽기가 서로 다른 현상이 나타나는 이유는 유대인들은 하나님의 이름인 יהוה를 직접 부르기를 두려워하여 언제나 '(나의) 주님'이란 뜻의 אֲדֹנָי로 대체해서 읽었기 때문이다.[12] 그 결과 יהוה의 원래 발음을 잃게 되어 오늘날 그것의 발음을 정확히 알기 어렵게 되었다. 많은 학자들의 주장대로, 그것이 יַהְוֶה[yahweh, 야웨]였을 것으로 추론되나 정확한지는 알 수 없다.[13]

모음 체계의 종합

	모 음			쉐 바
	발음	단모음	장모음	반모음
1군	아	□ַ[a]	□ָ[ā]	□ֲ[ă]
2군	에	□ֶ[e]	□ֵ[ē]	□ֱ[ĕ]
			□ֵי[ê]	□ְ[ᵉ]
	이	□ִ[i]	□ִי[î]	
3군	오	□ָ[o]	□ֹ[ō]	□ֳ[ŏ]
			וֹ□[ô]	
	우	□ֻ[u]	וּ□[û]	

12) 히브리어 성경에는 이외에도 몇 가지 이유로 주어진 철자와는 다르게 읽어야하는 단어들이 종종 나타난다. 마소라 학자들은 이에 대해 각각 '케팁'(Kᵉtiḇ)과 '케레'(Qᵉrê)라는 명칭을 사용했는데 케팁은 '표기된 단어'를, 케레는 '읽히는 단어'를 가리킨다. 이에 대한 자세한 설명은 책 뒷부분의 〈부록 1〉을 보라. 일단 여기서는 하나님의 이름인 케팁 단어 יהוה를 정확한 발음을 모르는 이유로 항상 케레 단어 אֲדֹנָי('주님')으로 대체해서 읽는다는 것만 알자. 이러한 이유로 NIV를 비롯한 많은 영어 성경들이 יהוה(여호와)를 '주님'(the Lord)으로 번역한다.

13) יַהְוֶה의 הֶ는 거의 묵음이며, 또한 많은 학자들은 ו의 고대 발음이 [v]가 아닌 [w]였을 것으로 보기 때문에 이것이 옳다면 하나님의 이름은 아마 [야훼=야흐웨]보다는 [야웨]가 더 정확한 발음일 것이다.

1과 연습문제

1. 알파벳 중에 미형을 가진 것은 무엇인가? 그것의 일반형과 미형을 쓰라.

2. 점형 문자(베가드 케파트)와 후음 문자를 각각 써 보라.

3. 다음 단어들을 쓰고 여러 번 읽으시오. 단순쉐바는 일단 [으]로 읽되, 다만 שְׁ의 경우 '쉬'로 읽어라. 또한 ◌ְי는 [^{예}], וְ는 유성 쉐바인 [$^{베(ve)}$]로 읽으라(사실 וְ는 '붸,' וָ는 '봐'와 거의 비슷하게 발음된다).

① אָב , בּוֹ , בֵּן , הֵם , בּוּ , בּוּד , עֵץ , כַּף , קֹב , דָּוִד

② דָּבָר , דֶּרֶךְ , קָטָן , שֶׁמֶשׁ , עָפָר , נָתָן , כֹּהֵן , אָדָם , יהוה

③ אוֹרוֹת , שָׁלוֹם , וָאֹמַר , וּפָנִים , שָׁמַיִם , מֵהָאָדָם , סֵפֶר

④ פִּיו , גּוֹי , אֵלָיו , יוֹאָב , יָאוּר , יָמִים , אַיִל , בְּנִי , יָסַף

⑤ בְּרוּךְ , יִשְׁמְרוּ , בַּאֲרִי , אֱמֶת , לְךָ , דְּבַר , בְּרָכוֹת , זָכֵן

⑥ לְנַפְשֹׁתֵיכֶם , וְהָאֶבְיוֹנִים , יהוה אֱלֹהִים , מֶלֶךְ יִשְׂרָאֵל , יְרוּשָׁלַיִם

4. 다음은 시편 1편 1절이다. 정확한 필기법으로 여러 번 쓰고 반복해서 읽으라. 히브리어 문장을 잘 읽기 위해서는 소리 내어 자주, 그리고 많이 읽어야 하며 음역 연습도 도움이 된다. 첫 단어의 אַשְׁ는 [아쉬]로 읽는다.

אַשְׁרֵי הָאִישׁ אֲשֶׁר [a]לֹא הָלַךְ בַּעֲצַת רְשָׁעִים
וּבְדֶרֶךְ חַטָּאִים [a]לֹא עָמָד וּבְמוֹשַׁב לֵצִים [a]לֹא יָשָׁב׃

a. 단어 끝이 א나 ה로 끝나는 경우 침묵되어 발음이 안 된다. ◌ָא와 ◌ָה는 둘 다 [아]로, ◌ֹא는 [오], ◌ֶה는 [에]로 읽는다. 이것은 3과에서 배운다.

1과 연습문제 해답

예제 2) 읽기 - 해답의 읽기에서 ו[ㅂ(v)]는 ו가 단순한 'ㅂ'가 아님을 표시한다. 그러나 점이 없는 ב는 ו[v]와 현대의 발음이 같으나 한글 음역으로는 단순히 בּ와 마찬가지로 [ㅂ]으로 표기한다. 다만 발음 차이는 염두에 두라.

(1) אָ , בֵּ , דֹ , נְ , פַּ , שֶׁ , הוֹ , זוּ , טֵי , יֵ , הֶ , עָ , לֶ , כִּי

키, 루, 아, 헤, 예, 테, 주, 호, 쉐, 파, 가, 도, 베, 아

(2) אָב , קָם , יַד , צוּק , כֹּל , בֵּית , רוּן , פֶּן , מֵץ , אִישׁ , מוֹת

모트, 이쉬, 메츠, 펜, 룬, 베트, 콜, 추크, 야드, 캄, 아브

(3) אֶשֶׁת , עֵזֶר , מָקוֹם , תַּחַת , לָבָן , צֶדֶק , עָפָר , סוּסוֹ

쑤쏘 , 아파르, 체데크, 라반, 타하트, 마콤, 에제르, 에쉐트

(4) בֶּהָרִים , טוֹבִים , מֵהָאָדָם , הַדָּבָר , הֵיכָל , מִחוּץ , יֵעָשׂוּ

예아수, 미후츠, 헤할, 하다바르, 메하아담, 토빔, 베하림

예제 3) 읽기

יִשְׁמֹר , שׁוֹמְרִים , יִקְטְלוּ , שְׁמוֹ

[쉬/쉐]모, 이크[틀]루, 쇼[므]림, 이쉬모르

חֳלִי , אֱלֹהִים , אֲרִי , אֶקְטְלוּ , יְהוּדָה

[예]후다, 에크[틀]루, [아]리, [엘]로힘, [홀]리

연습문제 3번) 읽기

① אָב , בּוֹ , בֵּן , הֵם , בּוּ , בּוּד , עֵץ , כַּף , קֹב , דָּוִד

다비(vi)드, 코브, 카프, 에츠, 부드, 부, 헴, 벤, 보, 아브

② דָּבָר , דֶּרֶךְ , קָטָן , שֶׁמֶשׁ , עָפָר , נָתָן , כֹּהֵן , אָדָם , יהוה

아도나이, 아담, 코헨, 나탄, 아파르, 쉐메쉬, 카탄, 데레[흐], 다바르

③ אוֹרוֹת , שָׁלוֹם , וָאֹמַר , וּפָנִים , שָׁמַיִם , מֵהָאָדָם , סֵפֶר

쎄페르, 메하아담, 샤마임, 우파님, 바(va)오마르, 샬롬, 오로트

④ פִּיו , גּוֹי , אֵלָיו , יוֹאָב , יָאוּר , יָמִים , אַיִל , בְּנִי , יָסַף

야싸프, 브니, 아일, 야밈, 야우르, 요아브, 엘라브(v), 고이, 피브(v)

⑤ בָּרוּךְ , יִשְׁמְרוּ , בַּאֲרִי , אֱמֶת , לְךָ , דְּבַר , בְּרָכוֹת , זָכֵן

자켄 , [브]라코트, [드]바르, [르]하, [에]메트, 바[아]리, 이쉬[므]루, [브]루[흐]

⑥ לְנַפְשֹׁתֵיכֶם , וְהָאֶבְיוֹנִים , יהוה אֱלֹהִים , מֶלֶךְ יִשְׂרָאֵל , יְרוּשָׁלַיִם

[예]루샬라임, 멜레[흐] 이스라엘, [아]도나이 [엘]로힘, [베(ve)]하에브요님, [르]나프쇼테헴

연습문제 4번) 인터넷 히브리어 성경 낭독 사이트에서 직접 들으라.

2과 분절과 악센트, 쉐바 판독법과 모음의 변화

A. 음절과 분절법

1. 음절의 정의

1) 음절 나누기, 즉 분절법(Syllabication)은 히브리어를 이해하는 데 매우 중요하다. 음절(音節)이란 음(音)을 구성하는 최소단위로서 반드시 모음 하나를 필요로 한다. 즉 자음만으로는 음절을 이루지 못한다.

2) 그러므로 어떤 단어의 음절의 숫자는 모음의 숫자와 일치한다. 예를 들어, 우리말의 자음 [ㄱ]은 그 자체로 음절이 될 수 없으며 모음 [ㅏ]가 붙을 때 '가'라는 글자의 소리를 이루며 비로소 하나의 음절이 된다. 각각의 단어들을 이런 음절로 나누는 것을 분절이라고 한다.

3) 음소 문자인 영어나 라틴어, 헬라어와 달리 한글은 자음과 모음이 조합하여 음절을 이루는 음절 문자이므로 분절이 쉬운 문자다. 이를테면, '대한민국'이란 단어는 '대/한/민/국'으로 네 개의 음절로 구성된다. 물론 모음이 네 개다. 그런데 히브리어 역시 자음과 모음이 별도로 조합을 이루어 음절을 표시하는 일종의 음절 문자로 간주될 수 있다. 예컨대, חֶסֶד는 סֶד/חֶ로 두 개의 음절을 갖는다.

2. 분절법과 음절의 종류

1) 음절은 개음절과 폐음절의 두 종류로 나뉜다. 그 둘을 구분하는 기준은 다음과 같다.

a. *자음(자음) + 모음 = 개음절*
b. *자음(자음) + 모음 + 자음 = 폐음절*

* ( )안의 자음은 자음이 두개로 시작되는 음절이 있을 수 있다는 의미[14)]

---

14) 라틴어 계열의 표기법에서는 많은 단어가 모음으로 시작된다. 예를 들어, 영어 단어 amen의 첫 글자 'a'가 자음 없이 하나의 음절을 구성한다. 그러나 현대의 한글 표기법은 항상 자음으로 시작된다. 예를 들어, '아'의 '이응'[ㅇ]에 해당하는 자음이 먼저 표기된다. 이 점은 흥미롭게도 헬라어와 히브리어에서도 마찬가지다. 우리말

2) 개음절은 모음으로 끝나므로 조음 기관인 목구멍(후두)이 열려 발음이 계속될 수 있다. 반면에, 폐음절은 자음으로 끝나므로 목구멍이 폐쇄되어 발음이 닫힌다. 예를 들어, '아'는 개음절이지만, '악'은 폐음절이다.15)

3) 히브리어의 예를 들자면, חֶסֶד는 סֶד/חֶ로 분절되는데 חֶ는 개음절 סֶד는 폐음절이다. 다른 예로 מֶלֶךְ은 두 개의 모음을 가지면서 לֶךְ/מֶ로 분절된다. מֶ는 개음절, לֶךְ는 폐음절이다. מֵאָדָם은 세 개의 모음을 가지면서 דָם/אָ/מֵ으로 분절된다. מֵ는 개음절, אָ도 개음절, דָם은 폐음절이다.

4) 유성 쉐바는 온전한 모음으로 간주되지 않으며, 따라서 반모음에 불과한 유성 쉐바는 문법적으로는 독자적인 음절을 구성하지 못한다.16) 그로 인해 דְּבַר나 אֲרִי의 경우, בַר/דְ나 רִי/אֲ로 분절해선 안 된다. 이것들은 두 개의 자음으로 시작된 한 음절의 단어이다. 이것은 영어 단어 'gram'에서 g에 유성 단순쉐바가 붙어 있는 셈인데, g가 독자적인 음절을 구성하지 못하는 것과 같다. 이에 대해서는 각주 23)을 추가로 참고하라.

예제 1) 다음 한 음절로 된 히브리어 단어들이 개음절인지 폐음절인지 구분하라(오른쪽 단어부터).

אָ , אָב , בּוֹ , בֵּן , בּוּ , בּוּד , עֵץ , פִּי , נוּ , כַּף , קֹל , פֶּ , הֵם

'아'의 '이응'[o]처럼 헬라어는 모음으로 시작되는 단어의 첫 모음 위에 연기식(᾿) 이나 강기식(῾)이 찍힌다. 예컨대, 헬라어 ἀγάπη[아가페]의 ἀ에 연기식이 찍혀 있는데 이것은 우리말 '아'의 '이응'[ㅇ]에 해당되는 일종의 자음 표시라 볼 수 있다. 강기식(῾)은 'ㅎ'에 해당된다. 히브리어 표기 또한 모음으로 시작되는 경우는 없다. 예컨대, '아' 소리는 אָ로 표기되어 자음 א로 시작된다.

15) 위의 두 기준은 특히 영어나 헬라어처럼 자음과 모음을 나란히 쓰는 표기법을 사용하는 언어를 분절하는데 매우 유용하다. 다음 세 가지는 영어와 헬라어의 분절이다. 개음절은 '개,' 폐음절은 '폐'로 표시한다.
   ① kingdom = king(폐) / dom(폐)
   ② drama = dra(개) / ma(개); dra는 자음/자음+모음, 즉 자음이 두개로 시작된 개음절이다.
   ③ βαπτίζω = βαπ(폐) / τί(개) / ζω(개)

16) E. Kautzsch-A. E. Cowley, *Gesenius' Hebrew Grammar*, 87(이후 저서명만 기술함); Joüon-Muraoka, *A Grammar of Biblical Hebrew*, 99; A. B. Davidson, 「히브리어 문법」, 이영근 역 (서울: 크리스찬 다이제스트), 41. 어떤 히브리어 학자들은 유성 쉐바를 독자적 음절로 구분하지만, 본서는 위의 여러 권위 있는 전통적인 학자들의 견해를 따라 그것을 수용하지 않는다.

예제 2) 다음은 한 음절 이상의 단어들이다. 음절을 나누고 음절의 종류를 말하라(오른쪽 단어부터).

דֶרֶךְ , דָבָר , שֶׁמֶשׁ , כֹהֵן , בְרֵשִׁית , מֵהָאָדָם , וְאָמַר , גוֹי

3. 음절과 모음의 길이

1) 일반적으로 개음절에는 장모음이, 폐음절에는 단모음이 오는 경우가 많다. 그러나 개음절이라도 단모음이 오는 경우도 있으며 폐음절 역시 악센트가 붙으면 장모음이 올 수 있다.[17] 악센트(accent)는 그 자리에 강세(stress)가 있다는 표시이며 아래에서 보듯이 다양한 부호들로 표현된다.

2) 우리는 여기서 다음 두 가지 중요한 원칙을 기억할 필요가 있다.

a. *일반적으로 개음절은 장모음, 폐음절은 단모음이다.*
b. *폐음절에 악센트가 없으면 반드시 단모음이다.*

3) 위에서 두 번째 원칙은 매우 중요하다. 이를테면, חֶ֫סֶד의 סֶד는 폐음절인데 악센트가 없다. 그러므로 단모음 세골(ֶ)이 왔다. 이 경우 חֶ֫סֵד가 될 수 없다. 말하자면, 악센트가 없는 폐음절인 סֶד 대신 장모음 체레(ֵ)가 올 수 없는 것이다. 이 두 번째 원칙은 앞으로 모음 기호 ָ가 장모음 카메츠[ā, 아]인지 단모음 카메츠 하툽[o, 오] 인지를 구별하는 데 중요하다.

---

17) 성대가 열려 소리가 계속 빠지는 개음절에 장모음이 오는 것은 이치에 맞다. 악센트 표시와 함께 예를 들어보자. דָבָ֫ר의 דָ는 개음절이므로 장모음이 온다. 그러나 때로 개음절에 강세가 붙으면 단모음이 오는 경우도 있다. חֶ֫סֶד의 חֶ֫는 개음절에 악센트가 붙으면서 단모음이며, הַהוֹד의 הַ는 개음절에 악센트가 없는데 단모음이다. 반면에 폐음절 역시 주로 단모음이 오지만 악센트가 있는 경우 장모음이 가능하다. 예를 들어, דָבָ֫ר에서 בָ֫ר는 폐음절이지만 악센트가 붙으면서 장모음이다. 그러나 악센트가 없는 폐음절은 반드시 단모음이다. 예를 들어, חֶ֫סֶד의 סֶד는 악센트가 없는 폐음절이므로 단모음이 붙는다.

B. 악센트 부호

히브리어 악센트는 매우 다양한데, 우리는 문법적 설명을 위해 이것을 세 종류로 나눈다: (1) 주(主) 악센트; (2) 메텍(Meṯeg)이라 불리는 부(副) 악센트;[18] (3) 문장 읽기를 잠시 멈추는 곳에서 사용되는 휴지(休止) 악센트.

1. 주(主) 악센트

1) 히브리어 원문에는 강세(stress) 위치를 표시하는 다양한 악센트 부호들이 존재한다. 예를 들어, 창세기 1:1의 원문은 이렇다.

בְּרֵאשִׁ֖ית בָּרָ֣א אֱלֹהִ֑ים אֵ֥ת הַשָּׁמַ֖יִם וְאֵ֥ת הָאָֽרֶץ׃

2) 위 문장에서 모음 옆에 붙은 여러 부호들(֖ ֣ ֑ ֥ ֽ)은 히브리어 성경(*BHS*)에[19] 표시된 다양한 악센트 부호들이다. 히브리어 성경에는 이 외에도 여러 악센트 부호들이 있는데, 이것들은 문장 속에서 각기 고유한 기능과 역할을 한다. 이것들에 대한 자세한 것은 마지막 25과를 참고하라.

3) 기초 문법서에서는 이것들을 모두 문법서에서만 사용하는 악센트 부호 ◌֫로 바꾸어 표기한다.

בְּרֵאשִׁ֫ית בָּרָ֫א . . . אֵ֫ת הַשָּׁמַ֫יִם . . . (위의 원문과 비교하라)

4) 악센트는 히브리어의 음성학적 특성상 흔히 종음절에 온다.

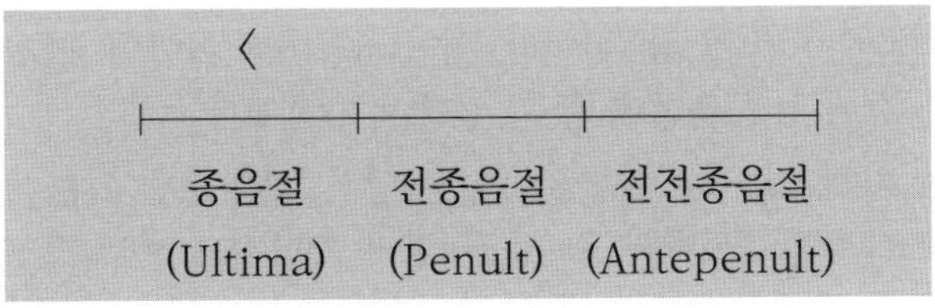

18) 이 책의 음역을 따르면 '메테그'지만 히브리어 문법서에서 널리 통용되는 '메텍'으로 칭하기로 한다. 이후의 모든 문법 용어들도 통용되는 용어를 사용한다.

19) *BHS*(Biblia Hebraica Stuttgartensia)는 널리 공인된 표준 히브리어 성경으로 사용되어 왔다. 이것을 개정한 새로운 히브리어 성경인 *BHQ*(Biblia Hebraica Quinta)가 2000년대 초에 작업이 시작되어 머지않아 출간될 것으로 예상되며 완성된 부분은 이미 시판 중이다.

5) 문법서에서는 일반적으로 종음절에 악센트가 오는 경우 악센트 표시를 하지 않으며 그 외의 위치에 나타날 때에만 표시를 해준다. 예를 들어, מֶ֫לֶךְ의 경우 악센트 위치가 종음절이 아니므로 표시를 해주고, בָּרָ֫א는 בָּרָא로 אֱלֹהִ֫ים은 אֱלֹהִים으로 악센트 표시를 해주지 않는다.[20] 그러나 악센트가 생략된 이 단어들의 종음절에 악센트가 있음을 잊어선 안 된다.

6) 히브리어는 한 단어에 하나의 주(主) 악센트가 존재하는 것이 원칙이며 필요한 경우 보조 악센트를 붙인다. 이 보조 악센트는 이어서 언급될 메텍(Meṯeg)이라 불리는데 일종의 부(副) 악센트라 할 수 있다.

2. 부(副) 악센트: 메텍(Meṯeg)

1) 메텍은 일종의 부악센트로서 주악센트 외에 몇 가지 이유로 또 하나의 강세를 필요로 할 때 붙인다. 어떤 이유로 메텍을 붙이게 되는지는 앞으로 배우게 될 것이다.

2) 메텍은 주악센트보다 앞선 위치에 나타나 그곳에서 끊어 읽으면서 음절을 나누라는 표시다. 메텍을 붙이는 곳은 모두 개음절이며 메텍 부호는 막대 모양이다. 이해를 돕기 위해 종음절의 주악센트를 표시하며 음역에서 음절 사이에 막대를 넣는다.

מֵֽאָ֫דָם[메-아-담]/ מֵֽהָאָ֫רֶץ[메-하-아-레츠]/ הַֽחֲל֫וֹם[하-할롬]/ שָֽׁמְךָ֫[샤-므/메카][21]

20) 히브리어 단어는 악센트 위치에 따라 두 종류로 나눈다. 참고로 דָּבָ֫ר와 같이 악센트가 종음절에 오는 단어 종류는 밀라(Milra'), 반대로 מֶ֫לֶךְ과 같이 악센트가 전종음절에 오는 단어는 밀엘(Mil'ēl)이라 칭한다(둘 다 아람어 명칭이다). 히브리어는 발달 과정에서 강세가 종음절에 붙는 경향이 강해졌다.

21) 메텍은 어느 위치에 있든지 주악센트보다 앞선 개음절에 붙는 일종의 보조적 악센트다. 일반적으로 주악센트에서 두 음절 앞의 개음절에 메텍이 붙는다. 위 네 가지 예 중에 מֵֽאָ֫דָם은 악센트가 종음절에 위치해있으며, 메텍의 위치는 종음절의 주악센트에서 두 음절이 떨어진 전전종음절이다. מֵֽהָאָ֫רֶץ는 악센트가 전종음절 위치이며, 역시 메텍은 악센트를 기준으로 두 음절 떨어진 개음절에 붙어있다. 또한 유성 쉐바 앞의 개음절에서 모음을 끊어야 할 때 메텍을 붙인다. 위의 예에서 הַֽחֲל֫וֹם은 메텍이 유성인 합성쉐바 앞에 위치하면서 개음절의 모음에 붙어 있고 마지막의 שָֽׁמְךָ֫ 역시 유성 단순쉐바 앞의 개음절의 모음에 붙어있다. 한편 히브리어 성경(*BHS*) 본문에는 메텍이 모음이나 유성 쉐바의 오른쪽에 찍힌 경우도 있는데, 오른쪽 메텍과 왼쪽 메텍은 특별한 기능적 차이는 없다: 예, מֵֽאָ֫דָם에서 מֵ의 오른쪽에 메텍.

3) 합성쉐바 앞의 개음절에서는 메텍이 생략되기도 하지만 역시 거기서 끊어 읽는다. 예를 들어, 위의 단어들 중에서 메텍이 생략된 단어들.

הַחֲל֫וֹם[하-할롬] / בַּאֲ֫רִי[바-아리]

3. 휴지(休止) 악센트: 아트나('Atnāḥ)와 실룩(Silûq)

1) 아트나와 실룩은 문장을 읽는 중 잠시 쉬는 지점, 즉 휴지(休止)가 발생하는 곳임을 표시하는 중요한 악센트 부호이다. 문법서들은 보통 원문에 있는 다양한 악센트 기호들을 모두 무시하지만, 이 두 악센트 부호는 특별히 문장의 해석에 매우 중요한 단서를 제공하므로 별도로 다룬다.

2) 이 두 악센트의 문장에서의 위치를 표시하면 다음과 같다.

:ˌ ———————— ‸ ———————— (선은 문장을 나타냄)

בְּרֵאשִׁית בָּרָא אֱלֹהִ֑ים אֵת הַשָּׁמַ֫יִם וְאֵת הָאָֽרֶץ׃

3) 위에서 — ‸ — 은 아트나('Atnāḥ), 뒤에 있는 ˌ — 은 실룩(Sillûq)이라 칭한다. 맨 마지막의 기호 [:]는 소프파숙(Sôp̱ pasûq)이라 부르는데, 일종의 문장의 마침표다. 아트나와 실룩은 악센트의 일종이면서 동시에 문장 중에서 '휴지'(pause)임을 표시하는 기능을 한다.

4) 아트나는 문장 중간에서 일단 쉬라는 악센트 기호이다. 그것은 문장의 중간에서 논리적 구분점을 지시하며 일반적으로 우선 그곳까지 문장을 해석할 것을 요구한다. 이것은 문장 해석의 중요한 단서를 제공하므로 매우 중요한 휴지 부호이다. 그러나 아트나 이후의 문장은 앞 문장에 종속된 문장이거나 연결된 내용인 경우가 많다. 반면에 실룩은 문장을 끝내는 지점에 있는 악센트 기호이다. 이러한 특징으로 인해 실룩과 아트나는 '분리 악센트'라 칭한다.

5) 휴지에서는 약간의 모음 변화가 생기는데 대체로 모음이 길어지거나 편한 발음으로 바뀌는 양상을 보인다. 여러 가지 변화가 있으나 현재는 일단 파타(◌ַ[a])가 카메츠(◌ָ[ā])로 길어지고 유성 단순쉐바(◌ְ)가 세골(◌ֶ)로 변형되면서 휴지 부호가 붙는다는 것만 알아두자.

שָׁמַר → שָׁמָֽר׃ 혹은 שָׁמָ֑ר / יָדְךָ → יָדֶֽךָ׃ 혹은 יָדֶ֑ךָ

אִשְׁתְּךָ → אִשְׁתֶּֽךָ׃ 혹은 אִשְׁתֶּ֑ךָ

6) 실룩과 메텍은 모양이 동일하므로 혼동을 줄 수 있다. 그러나 *실룩은 문장의 맨 마지막 단어에서 악센트 위치에 오고 메텍은 악센트 위치보다 앞에 오기 때문에* 혼동을 피할 수 있다. 쉬운 판독법으로, 동일한 두 개의 막대 표시가 나란히 나타나면 앞의 것은 메텍, 뒤의 것은 실룩이다. 예컨대, הָֽאָדָֽם׃ 에서 앞의 הָֽ에 붙은 것은 메텍, 뒤의 דָֽם은 악센트 위치이므로 실룩. 그러나 문장 제일 끝에서 막대 표시가 하나뿐이면 무조건 실룩이다: יָדֶֽךָ׃

예제 3) 다음 단어들을 여러 악센트 부호들을 유의하며 읽으라. 주악센트가 종음절에 있는 경우는 생략되었다. 예제 3)이하 오른쪽 단어부터 푼다.

אֶ֫רֶץ , שְׁמוּאֵל , מֶ֫לֶךְ , אָדָם , מֵהָאִישׁ , שִׁמְךָ׃ , מְרַחֶ֫פֶת , אֲנִי

C. 쉐바 판독법

1. 쉐바 판독법 도표

<table>
<tr><th></th><th>기호</th><th>음가</th><th>구 분 법</th></tr>
<tr><td rowspan="2">단순 쉐바</td><td rowspan="2">◌ְ</td><td>유성 [e]</td><td>원칙1) 음절을 시작하는 자음 아래에 위치할 때 유성
예) שְׁמוֹ의 שְׁ는 유성[쉬/쉐모]
원칙2) 장모음 뒤에 오는 단순쉐바는 유성
예) שׁוֹמְרִים의 מְ는 유성[쇼-므/메림] מְרִים(폐)/שׁוֹ(개)</td></tr>
<tr><td>무성 [음가 없음]</td><td>원칙) 음절을 끝내는 자음(폐음절) 아래에 위치할 때 무성
예) יִשְׁמֹר의 분절은 מֹר/יִשְׁ이며 יִשְׁ(폐)에 있는 שְׁ는 음절을 끝내는 자음이므로 무성[이쉬-모르].[22)]
예) פִּלְגְּרִים의 분절은 פִּלְ/גְּרִים이며 פִּלְ(폐)의 לְ는 무성. 그러나 גְּרִים의 גְּ는 두 번째 음절을 시작하는 위치이므로 유성[필-그/게림].[23)]</td></tr>
<tr><td>합성 쉐바</td><td>◌ֲ
◌ֱ
◌ֳ</td><td>[ă]
[ĕ]
[ŏ]</td><td>모두 유성이며 후음(א ע ה ח) 아래에 위치한다.
אֲרִי[아리]/ אֱלֹהִים[엘로-힘] / חֳלִי[홀리]</td></tr>
</table>

1) 합성쉐바는 모두 유성이다. 문제는 단순쉐바인데 분절법을 익혔으므로 이제 단순쉐바의 유성과 무성 여부를 판독하는 법을 알 수 있다.

2) 손쉬운 구분법의 요령의 하나로 יִקְטְלוּ와 같이 단순쉐바가 두 개 나란히 나타나는 경우 둘을 잘라 앞의 것은 무성, 뒤의 것은 유성으로 판독할 수 있다: טְלוּ(유성)/יִקְ(무성), יִקְטְלוּ[이크-$^{\text{틀/텔}}$루]

3) 앞서 21쪽에서 말한 대로, 아주 드물게 단어 맨 끝에 유성 단순쉐바를 가진 단어들이 존재한다. 이것들은 단순히 [드], [트] 등으로 발음한다(즉, 무성 쉐바처럼): אַתְּ[아트]/ נֵרְדְּ[네르드]/ יֵשְׁתְּ[예쉬트]. 그러나 역시 분절은 불가하여 음절은 하나일 뿐이다. 이것은 영어 단어 'kept'에 비견될 수 있다. 'kept'가 한 음절 단어인 것처럼 위의 단어들도 마찬가지다.

2. 쉐바 판독 연습

앞서 단순쉐바가 유성이든 무성이든 모두 우선 [으]로 읽자고 제안했으나 이제 판독에 자신이 생기면 유성의 경우 [^{e}], 즉 우리말의 가벼운 [^{에}]나 [^{어}]로 읽어도 무방하다. 그러나 대부분 [으]에 가깝게 소리를 내면 큰 문제는 없다.

예제 4) 다음 히브리어 단어들의 단순쉐바는 유성인가, 무성인가?

פְּרִי → פְּ ( ) / יִקְבְּרוּ → קְ ( ) בְּ ( )

---

22) 무성 쉐바는 발음의 측면에서는 사실상 유명무실한 쉐바이다. יִשְׁמֹר에서 무성 쉐바의 경우 그것을 생략하고 יִשמֹר로 기록해도 읽기에는 전혀 차이가 없기 때문이다. 서기관들이 이러한 공백을 무성 쉐바로 채운 이유는 공백으로 남겨진 자리에 누군가가 다른 모음을 집어넣어 단어와 발음이 왜곡되는 것을 방지하기 위함이었는지 모른다.

23) פִּלְגְרִים은 존재하지 않는 히브리어 단어인데 영어 단어 pilgrim과의 비교를 위해 일부러 만들었다. pilgrim을 분절하면 pil/grim이 된다. 히브리어처럼 쉐바를 붙인다면(편의상 대문자 사용) PIL̤G̤RIM이 될 것이다. 여기서 PIL̤의 L̤아래 쉐바는 무성이다. 그러나 27쪽에서 말한 대로, G̤RIM을 발음할 때 G̤는 우리말 [그]로 발음된다. 바로 이것이 히브리어의 소리가 나는 유성 단순쉐바다. 따라서 단순쉐바 ◌ְ가 유성일 때 음역 표기를 [^{e}]로 하는데 우리의 발음 [으]와 거의 같다. 히브리어 단어의 예로 יִקְטְלוּ[이크-$^{\text{틀/텔}}$루]를 들 수 있다.

예제 5) 다음 단어들에서 쉐바를 찾아 유성과 무성 여부를 판별하라.

עֲבוֹד , שׁוֹמְרִים , בְּרוּךְ , בַּאֲרִי , יִשְׁמְרוּ , וְהָאֶבְיוֹנִים

예제 6) 다음 단어들에 붙은 쉐바들의 오류를 교정하라. 합성쉐바가 요구되는 경우 모두 ◌ְ만 사용하라.

חְכָמִים , יְָדֵי , יִכְֲבַּד , בְֲּחַר , אְדָמָה

D. 모음의 변화와 모음 기호 ◌ָ의 구분

1. 음절의 추가와 모음 변화

1) 히브리어의 모음 변화 원리를 모르면 히브리어 공부는 어려워진다. 따라서 우리는 히브리인의 발성 습관(Hebrew Habit of Pronunciation, 이하 HHP)을 알고 있어야 한다.[24)]

2) HHP는 다음 두 가지로 요약될 수 있다.

> a. *악센트는 주로 종음절에 온다.*
> b. *악센트가 종음절로 이동하면 앞의 모음이 약화된다.*
> (개음절은 쉐바로, 폐음절은 단모음으로 약화 - 개쉐 폐단)

3) 히브리어 단어의 악센트 위치는 주로 종음절이다.[25)] 이 원칙으로 인해 만일 어떤 단어의 끝에 음절이 새롭게 추가되면 악센트는 새로운 종음절로 옮겨간다. 악센트가 뒤로 이동하면 두 번째의 원칙 b.가 적용되는데, 이때 *악센트에서 두 음절 이상 멀어진 음절들은 모두 약화된다.*

---

24) '히브리인의 발성관습'(Hebrew Habit of Pronunciation)은 배제민 교수가 사용한 용어이며 약자로 HHP로 칭했다(배제민, 「새로운 형태의 히브리어 연구」, [서울: 총신대학 출판부]). 이것이 학술적으로는 통용되지 않는 용어지만, 문법적 논리를 설명을 위해서는 매우 유용하므로 이 책에서는 이 용어와 개념을 그대로 채택해서 사용한다.

25) 각주 20에서 말한 대로, 히브리어의 이런 경향은 시간이 흐르면서 점차 두드러졌다(Joüon-Muraoka, *A Grammar of Biblical Hebrew*, 65).

4) 이 때 개음절은 쉐바로 폐음절은 악센트가 없어져 단모음으로 약화된다('개쉐 폐단'으로 기억하라). 폐음절의 경우는 *폐음절에 악센트가 없으면 반드시 단모음이 된다*는 원칙에 따른 것이다(28쪽을 보라).

5) 우리는 앞으로 히브리어의 특성상 악센트가 뒤로 이동하면서 모음이 약화되는 현상을 단순히 HHP로 칭하기로 한다. 이러한 현상은 단어의 음절이 늘어나더라도 그것을 두 음절로 줄여서 발음하려는 경향으로 인한 것이다.

2. HHP의 예들

1) 가장 대표적인 예들은 곧 배우게 될 명사 변화, 곧 명사에 여러 어미들이 붙는 경우들이다. 설명을 위해 편의상 종음절에 악센트를 표기한다.

① דָּבָ֫ר('말씀')에 복수 어미 ים ִ이 접미되는 경우

ים ִ + דָּבָ֫ר → דָּבָ֫רִים →(악센트 이동)→ דָּבָרִ֫ים →(모음약화)→ דְּבָרִ֫ים

여기서 악센트에서 두 음절 떨어진 דָּ는 개음절이므로 쉐바로 약화되며 복수 어미를 붙인 דְּבָרִ֫ים의 뜻은 '말씀들'이 된다.

② נָבִ֫יא('선지자')에 접미 대명사 י ִ('나의')가 접미되는 경우

י ִ + נָבִ֫יא → נָבִ֫יאִי →(악센트 이동)→ נָבִיאִ֫י →(모음약화)→ נְבִיאִ֫י

역시 개음절 נָ는 쉐바로 약화되고, 접미 대명사 י ִ를 붙인 נְבִיאִ֫י는 '나의 선지자'란 뜻이 된다.

2) 만일 ס֫וּס('말, horse')와 같이 한 음절 단어에 어미가 붙는 경우는 이렇다: ים ִ + ס֫וּס '말' → סוּס֫ים '말들.' 이 때 이 단어의 분절은 סוּ/סִים이므로 악센트에서 두 음절 떨어진 음절이 없으며 따라서 모음 약화가 발생하지 않는다.

3) 한편, 폐음절이 단모음으로 약화되는 경우는 아래 마켑(Maqqēp̱)에 대한 설명에서 볼 수 있다.

3. 마켑(Maqqēp̱)과 HHP

1) 마켑이란 두개 이상의 단어들을 연결해서 한 단어처럼 읽도록 지시하는 막대 모양의 표시다. 이것은 히브리어 본문을 부드럽고 자연스러운 운율로 낭송하기 위한 연결 부호라 할 수 있다.

2) 마켑 연결에 의한 단어들의 결합의 예들은 다음과 같다.

① 두 단어 מֹשֶׁה('모세')와 אֶל('..에게')은 문장 속에서 마켑으로 연결되면 אֶל־מֹשֶׁה('모세에게')가 된다. 여기서 אֶל־מֹשֶׁה가 마치 한 단어인 것처럼 한 묶음으로 읽히므로 אֶל의 악센트는 사라지고 מֹשֶׁה에만 악센트가 남는다. 한 단어에는 한 악센트가 있고 종음절에 온다는 원칙 때문이다.

② 보통 두 단어가 마켑으로 연결되지만 그 이상도 가능하다. 예를 들어, 세 개의 단어 אֲנִי('나'), טוֹב('선한'), אִם('만일')이 마켑으로 연결되면 하나의 문장인 אִם־טוֹב־אֲנִי('만일 내가 선하다면')이 된다. 역시 마지막 단어에만 악센트가 남고 나머지 둘의 악센트는 없어진다.

3) 한편, 마켑으로 단어들이 연결되면 HHP가 발생할 수 있다. 그 예들은 다음과 같다. 이제부터 종음절의 악센트는 생략한다.

① אָדָם('사람')과 בֵּן('아들')이 마켑으로 연결되면 בֶּן־אָדָם('사람의 아들')이 된다. 여기서 בֵּן이 악센트를 잃으면서 בֶּן으로 단모음화된다.

② 마찬가지로, אִישׁ '남자' + כֹּל '모든' → כָּל־אִישׁ '모든 남자.' 이 경우 כֹּל이 כָּל[콜]로 바뀐 것을 주목하라. כֹּל이 악센트를 잃으면서 악센트 없는 폐음절이 되어 장모음 홀렘(◌ֹ[ō])이 단모음 카메츠 하툽(◌ָ[o])으로 변경된 것이다.[26] 그러므로 이 때 ◌ָ를 장모음 [ā]가 아닌 단모음 [o]로 읽어야 한다. 그러면 이제 모음 기호 ◌ָ의 자세한 판독법을 알아보자.

---

26) 위에서 예로 든 אִם־טוֹב־אֲנִי의 경우, 폐음절인 טוֹב와 אִם이 단모음화 하지 않은 이유는 טוֹב의 וֹ가 순장모음이기 때문이며 אִם은 이미 단모음이기 때문이다. 순장모음은 가능하면 변하지 않는 특징을 갖는다.

4. 모음 기호 ָ의 판별

1) 언급했듯이 ָ는 두 가지 방식, 즉 장모음 카메츠[ā]와 단모음 카메츠 하툽[o]으로 발음할 수 있다. 양자를 판별하는 기준은 이렇다.

악센트 없는 폐음절일 때에는 [o], 그 외의 경우는 [ā]

이 기준에 따라 ָ를 [ā]로 읽는 경우는 악센트(메텍 포함)가 있을 때이거나 개음절일 때이다.

2) 몇 가지 예를 들면 다음과 같다.

① מָקְטָל의 경우 음절은 טָל/מָקְ로 나뉜다. מָקְ에 메텍이나 악센트가 없으므로 악센트 없는 폐음절이다. 따라서 이것은 [moq, 모크]로 읽는다. 그와 반면에 טָל은 폐음절이지만 종음절로서 악센트가 있으므로 [ṭāl, 탈]로 읽는다. 따라서 이 단어의 발음은 [moq-ṭāl, 모크-탈]이다.

② שָֽׁמְרָה는 שָֽׁ에 메텍이 붙어있다. 이 경우 음절을 מְרָה/שָֽׁ로 나누며 따라서 שָֽׁ는 개음절이므로 [šā, 샤]로 읽는다. 종음절 מְרָה에서 מְ의 단순쉐바는 유성이므로 [m^{e}râ, $^{므/메}$라]로 읽으며 이 단어의 발음은 [šā-m^{e}râ, 샤-$^{므/메}$라]이다.

③ חָכְמָה는 מָה/חָכְ로 분절되는데 [hok-mâ, 혹흐-마]로 읽는다. 반면에 비슷하게 생긴 חָֽכְמָה는 앞에 메텍이 있으므로 כְמָה/חָֽ로 분절된다. 따라서 이것은 [ḥā-ḵ^{e}mâ, 하-$^{흐/헤}$마]로 읽는다.

④ 마지막 예로, לֵבָב 역시 בָב/לֵ로 분절되고 악센트는 종음절 בָב에 있으므로 [lē-ḇāḇ, 레-바브]로 읽는다.

3) 다만, 드물게 예외적으로 개음절에 ָ가 왔음에도 [오]로 읽을 때가 있는데 이것은 나중에 배울 것이다: נָעֳמִי[노-^{오}미]

2과 연습문제

I. 어휘

אֱלֹהִים = אֵל[a](남) 하나님, 신	יהוה[b] (남)[c] 여호와	אָדָם (남) 사람, 아담
שָׁמַיִם (남) 하늘	אֶרֶץ (여)[c] 땅	דָּבָר (남) 말씀, 일[d]
חֶסֶד (남) 인자, 자비	אָב (남) 아버지	אֵם (여) 어머니
טוֹב 선한	אָמַר 말하다	בָּרָא 창조하다

a. אֱלֹהִים('하나님')은 간략히 אֵל로도 호칭한다. אֵל/אֱלֹהִים은 이방의 '신/신들'을 가리킬 수도 있다. 이때 אֵל은 단수 '신,' אֱלֹהִים은 복수 '신들'이다.

b. 앞서 설명한 대로 [[아]도나이]로 읽는다. c. (남) = 남성 / (여) = 여성.

d. 이 단어는 특이하게 '말씀'이면서, 문맥에 따라 '일(사건)'의 뜻도 가능하다.

※ 단어의 참고사항

1) 히브리어 단어는 흥미롭게도 많은 단어들이 세 개의 자음으로 구성된다. 이것은 특히 동사 원형의 경우 매우 엄격하다: אָמַר '말하다'/ בָּרָא '창조하다'/ שָׁמַר '지키다.' 그러나 위 어휘에서 볼 수 있듯이 동사 원형이 아닌 명사나 형용사와 같은 다른 단어 요소들은 둘이나 세 자음 이상으로 된 단어들도 많이 존재한다: אָב '아버지'/ אֱלֹהִים '하나님.'

2) 명사는 남성(masculine)과 여성(feminine)으로 구분되며 중성은 없다. 다만 드물게 어떤 명사는 남성과 여성이 모두 가능한 공성(共性, common gender)이다. 예컨대, אֲרוֹן('법궤')과 מַחֲנֶה('군대, 진영')은 공성 명사다. 공성은 독자적인 성인 헬라어의 중성과 달리 반드시 양성 중 하나를 취한다.

II. 다음 물음에 답하라.

(1) 다음 용어의 부호를 표시하고 기능을 설명하라.

① 메텍 ② 마켑 ③ 실룩 ④ 아트나

(2) מֶ֫לֶךְ의 악센트 위치는 전종음절이다. 아래 물음에 답하라.

① הַמֶּֽלֶךְ׃의 מֶּֽ에 붙은 표시 ֽ 은 무엇인가?

② מֵֽהַמֶּלֶךְ׃의 מֵֽ에 붙은 표시 ֽ 은 무엇인가?

(3) 다음 단어들을 읽고 음절을 나누어 개음절인지 폐음절인지 답하라.

예) דָּבָר → בָר(폐) / דָּ(개)

① אָב , בּוֹ , בֵּן , בִּי , כַּף , עָפָר , אָדָם , דָּוִד

② אוֹרוֹת , שָׁלוֹם , וָאֹמַר , שָׁמַ֫יִם , מֵהָאָ֫רֶץ

③ בְּנִי , אֱמֶת , אַ֫יִל , יָמִים , יוֹאָר , עָשׂוּי , פִּיו , אֵלָיו

④ בְּרוּךְ , בַּאֲרִי , יִשְׁמְרוּ , יַרְדֵּן , יִשְׁמֹר , וְהָאֶבְיוֹנִים

(4) 음절의 추가로 인한 모음의 변화를 적용하라.

① הַבֵּן + אֵת의 마켑에 의한 연결 형태 →

② הַיּוֹם + כֹּל의 마켑에 의한 연결 형태 →

③ 어미 ִי + דָּבָר →

④ 어미 ִים + גָּדוֹל →

(5) 다음 지시된 발음이 [ā, 아]인지 [o, 오]인지 구분하라.

① דָּבָר의 דָּ [ ] / בָ [ ] ② לֵבָב의 בָ [ ]

③ אָזְנַי의 אָ [ ] ④ כָּל־אִישׁ의 כָּ [ ]

III. 다음은 룻기 1:1-3이다. 몇 차례 쓰고 반복해서 읽으라.

※ 휴지 부호인 중간의 아트나(֑)와 끝의 실룩(ֽ)을 주목하라. 또한 점형문자가 아닌 שׁ와 יּ와 같은 일부 자음에 찍힌 점들은 여기서 무시하라.

1 וַיְהִי בִּימֵי שְׁפֹט הַשֹּׁפְטִים וַיְהִי רָעָב בָּאָ֑רֶץ וַיֵּ֫לֶךְ אִישׁ

מִבֵּית לֶ֫חֶם [a]יְהוּדָה לָגוּר בִּשְׂדֵי מוֹאָב [a]הוּא וְאִשְׁתּוֹ וּשְׁנֵי [b]בָנָֽיו׃

2 וְשֵׁם הָאִישׁ אֱלִימֶ֫לֶךְ וְשֵׁם אִשְׁתּוֹ [c]נָעֳמִי וְשֵׁם שְׁנֵי־בָנָיו וְכִלְיוֹן

מַחְלוֹן אֶפְרָתִים מִבֵּית לֶ֫חֶם יְהוּדָ֑ה וַיָּבֹאוּ שְׂדֵי־מוֹאָב וַיִּהְיוּ־שָֽׁם׃

3 וַיָּ֫מָת אֱלִימֶ֫לֶךְ אִישׁ [c]נָעֳמִ֑י וַתִּשָּׁאֵר [a]הִיא וּשְׁנֵי [a]בָנֶֽיהָ׃

a. 단어 끝의 ָה 는 ה가 침묵음이 되면서 [아]로 읽는다. 마찬가지로 그 아래 등장하는 **הוּא**와 **הִיא**의 **א**이 침묵음이며 따라서 각각 [후]와 [히]로 읽는다. 침묵음은 3과에서 배운다. ֵי [ē]도 י가 침묵음이 되어 단모음 [에]로 읽는다.

b. 단어 끝의 ָיו 는 이론상 [아이브]로 발음하지만, 실제로는 [이]가 생략되어 [아브]로 읽는다.

c. '나오미'를 뜻하는 이 단어는 항상 [노-^{오}미]로 읽는다(뒤에서 배운다).

2과 연습문제 해답

예제 1) עֵץ(폐), בּוּד(폐), בּוּ(개), בֵּן(폐), בּוֹ(개), אָב(폐), אָ(개)

הֵם(폐), פֵּ(개), קֹל(폐), כַּף(폐), נוּ(개), פִּי(개)

예제 2) הֵן(폐)/כֹּ(개), מֶשׁ(폐)/שֶׁ(개), בָר(폐)/דְּ(개), רֶךְ(폐)/דֶּ(개)

גּוֹי(폐)[a], מַר(폐)/א(개)/נָ(개), דָם(폐)/אָ(개)/הָ(개)/מֵ(개), שִׁית(폐)/בְּרֵ(개)

a. גּוֹי[고이]는 이중모음처럼 발음되나 י가 여기서 모음문자가 아닌 음가 'y'를 가지면서 음을 닫는다. 22쪽을 보라.

예제 3) אֲנִי, מְרַחֶפֶת, שְׁמֶךָ, מֵהָאִישׁ, אָדָם, מֶלֶךְ, שְׁמוּאֵל, אֶרֶץ

아니 [메]라헤페트 [쉬/쉐]메카 메하이쉬 아담 멜레크 [쉬/쉐]무엘 에레츠

예제 4) פְּרִי → פְּ(유)/ יִקְבְּרוּ → קְ(무) בְּ(유)

예제 5) מְרוּ(유)/יִשְׁ(무), אֲרִי(유)/בַּ, בְּרוּךְ(유), מְרִים(유)/שׁוֹ, עֲבוֹד(유)

נִים/יוֹ/אֶבְ(무)/וְהָ(유)

예제 6) אֲדָמָה, בְּחַר , יִכְבַּד , יְדֵי , חֲכָמִים

연습문제 II. (1) 생략 (2) ① 실룩(문장의 종결 부분임) ② 메텍

(3) דָם(폐)/אָ(개), פָר(폐)/עָ(개), כַּף(폐), בִּי(개), בֵּן(폐), בּוֹ(개), אָב(폐) ①
וִד(폐)/דָ(개)

יִם(폐)/מַ(개)/שָׁ(개), מַר(폐)/אֹ(개)/נָ(개), לוֹם(폐)/שָׁ(개), רוּת(폐)/אוֹ(개) ②
רֶץ(폐)/אָ(개)/הָ(개)/מֵ(개)

אָר(폐)/יוֹ(개), מִים(폐)/יָ(개), יִל(폐)/אַ(개), אֱמֶת(폐), בְּנֵי(개) ③
לָיו[c](폐)/אֵ(개), פִּיו[b](폐), שׂוּי(폐)/עָ[a](개)

※ 끝이 י와 ו로 끝날 경우 마치 이중모음처럼 발음되나 폐음절이다.

a. ['āsûy, 아수이]로 읽는다. שׂוּי는 이중 모음처럼 발음되나 י가 음가 'y'를 가지면서 음을 닫는다. b. [piv, 피브(v)] - v음가의 폐음절.

c. ['elayv, 음역과 달리 실제 발음은 '엘라브(v)'] - v음가의 폐음절.

מַר(폐)/יִשְׁ(폐), הֵן(폐)/יַרְ(폐), מְרוּ(개)/יִשְׁ(폐), אֲרִי(개)/בַּ(개), בְּרוּךְ(폐) ④
[[베]하-에브-요-님, v^{e}hā-'eḇ-yô-nîm] נִים(폐)/יוֹ(개)/אֶבְ(폐)/וְהָ(개)

(4) ① אֶת־הַבֵּן ② כָּל־הַיּוֹם ③ דִּבְרֵי ④ גְּדוֹלִים

(5) ① דָּ[dā] / בָ(ר)[ḇā(r)] ② בָב[ḇāḇ] ③ אָז['oz] ④ כָּל[kol]

3과 침묵 문자, 강점과 활점, 후음 문자

A. 침묵 문자

모음 문자 י/ו/ה에 א이 추가된 네 개의 자음 י/ו/ה/א를 침묵 문자라 부른다. 이는 몇 가지 이유로 이러한 문자들이 자신의 음가를 완전히 잃기 때문이다. 이것들은 동일한 특성을 지닌 י와 ו, 그리고 א과 ה로 나누어 설명하는 것이 적절하다.

1. י와 ו

1) 이 둘은 모음 기호로 사용될 때 자음 음가는 사라진다. 즉 다음 모음 기호 ִי / ֵי(ֶי)/ וּ / וֹ 에서 י와 ו의 자음 음가는 전혀 없다.

2) 예를 들어, אִישׁ와 סוּס에서 י와 ו는 각각 자음 음가를 갖지 않는다. 그러나 이것들은 그 단어의 철자를 구성한다는 점에서 중요하며 앞서 언급했듯이 '순장모음'이라 불린다. 모음 문자를 기록한 필사법은 '완전 필사법'이다.

3) '완전 필사법'(*scriptio plena*)은 모음 문자가 사용된 필사법을 말하고, '불완전 필사법'(*scriptio defectiva*)은 모음 문자가 생략된 필사법을 말한다. 예를 들어, גָּדוֹל은 גָּדֹל로도 필사되었다. 이때 전자는 완전 필사법, 후자는 불완전 필사법이다. 양자의 단어의 뜻과 발음에는 아무런 차이가 없으며 단순히 서기관들의 필사법의 관행의 차이로 인한 것이다. 그러나 서기관들의 필사법은 일관성이 없었기에 동일한 단어라 하더라도 모음 문자가 들어가기도, 들어가지 않기도 했다.

2. א과 ה

1) 이 둘은 그 앞에 모음이 오면 침묵되며 역시 음가는 없다.

2) 예를 들어, בָּרָא / מָלֵא / הָיָה / יִגְלֶה에서 마지막 자음 א과 ה는 아무런 음가도 없이 침묵한다. 그러나 이 자음들 또한 단어의 철자를 구성하므로 생략되어서는 안 된다.

B. 강점(Dageš)

자음 안에 찍히는 점을 강점이라 부르는데, 경강점과 중강점 두 가지로 나뉜다. 이 중에 중강점에 대한 이해가 더 중요하다.

1. 경강점(輕强点, Dageš Lene)

1) 경강점은 가벼운 강점이라는 뜻이다. 이것은 우리말의 경음화 현상을 유추해서 이해하면 도움이 된다. 다음을 발음해 보라: 가방, 책방. 가방의 '방'은 [방]으로, 책방의 '방'은 경음화되어 [빵]으로 발음된다. 양자의 차이점은 선행 음절이 전자는 개음절('가'), 후자는 폐음절('책')이기 때문에 발생한다.

2) 히브리어의 경강점의 특징이 이와 비슷하다. 예를 들어, קָבַר의 בַ는 개음절 קָ의 뒤에서 부드럽게 발음되어 [v, ו]에 가까운 소리를 내지만[카-바르], יִקְבֹּר의 בֹּ는 폐음절 יִק 뒤에서 좀 더 무거운 소리로 발음된다[이크-빠르]. 이 경우 그 문자 안에 점을 찍는데 이것이 경강점이다.

3) 이러한 음성학적 현상은 다름 아닌 *점형 문자들*(תּ/פּ/כּ/דּ/גּ/בּ)에서 나타난다. 경강점은 이들 문자의 음성학적 특징으로 인한 것으로 보인다. 우리는 이 문자들에 경강점을 찍는 경우(점형)와 찍지 않는 경우(일반형)를 다음과 같이 정리해 볼 수 있다. 한글 단어들의 'ㅂ' 발음에 주목하라.

점 형	첫 자음	כֹּהֵן / גָּדוֹל / בָּחַר[a]	뻐스
	폐음절 뒤 첫 자음	מַלְכּוּת / מִשְׁפָּט / יִקְבֹּר	책빵
일반형	폐음절 위치[b]	מִתְנַהֵם / נִגְלָה / יִבְטַח[b]	입단
	개음절이나 유성 쉐바 뒤[c]	וּפָרָה / וְדוֹר / קָבַר[c]	가방

a. 해당 문자들을 굵고 큰 글자로 표시했다.

b. 이것은 한글의 받침에 해당되는데, 예컨대, '입단' 의 'ㅂ'이 그것이다.

c. 우리말의 '가방'에서 개음절 '가'에 이은 'ㅂ'이 여기에 해당된다.

4) 한편, 첫 자음이 점형 문자라 할지라도 개음절로 끝난 단어의 뒤에 올 때에는 점을 안 찍는 경우도 많다. 이것은 한 단어안의 개음절 뒤에서 경강점을 안 찍는 효과와 동일하다: הָיָה בְאֶרֶץ에서 בְ에 경강점이 없음.

예제 1) 다음 단어들에서 경강점이 필요한 곳에 찍고 잘못 찍힌 것은 고치라.

וְתֵּרָאֶה , נָבִּיא , וּפֶּ֫רֶץ , יִכְבַד , בָרַח

2. 중강점(重强点, Dageš Forte)

1) 중강점은 무거운 강점이라는 뜻인데 경강점보다 더 중요하다. 중강점은 위의 6개의 점형 문자뿐만 아니라 *후음을 제외한 모든 자음에* 찍을 수 있다. 후음에 중강점을 찍지 못하는 이유는 앞으로 설명될 것인데, 간단히 말해 그것이 목구멍(후두)에서 나오는 소리이기 때문이다.

2) 중강점은 이중점(二重點), 혹은 중복점(重複點)이라고도 부른다. 왜냐하면 그것이 자음 두 개의 효과를 가지고 있기 때문이다. 따라서 예컨대, אִמֵּץ는 אִמְמֵץ와 동일한 셈이며 발음도 그만큼 강하게 한다([이메츠]가 아닌 [임메츠]).

3) 중강점을 찍는 이유는 크게 다음 세 가지다.

① *자음 동화 현상* (주로 נ)[27]

ל나 י도 가끔 동화가 되지만 주로 נ이 동화 작용을 일으킨다. 이것 역시 우리말과 영어의 자음 동화현상을 통해 유추하면 이해가 쉽다.

난로 → (발음) 날로 ('ㄴ'이 'ㄹ'로 동화되어 발음)

in+mortal → immortal ('n'이 'm'으로 동화됨)

히브리어에서도 이런 동화 작용이 발생된다. 예를 들어, 전치사 מִן('..로부터')이 שָׁאוּל('사울') 앞에 붙을 때 그렇다.

שָׁאוּל + מִן → מִנְשָׁאוּל →(נ이 שׁ으로 동화)→ מִשְׁשָׁאוּל

즉 מִן의 자음 נ이 뒤의 자음 שׁ에 동화되어 מִשְׁשָׁאוּל이 된다. 그런데 히브리어에서는 동화 현상으로 자음이 두개가 되었을 때 자음 하나만 쓰고 거기에 강점을 찍는다: מִשְׁשָׁאוּל → מִשָּׁאוּל '사울로부터.' 이 때 שׁ에 있는 강점이 바로

27) 와인그린(Weingreen)은 이것을 보상적 중강점(Dageš forte compensative)이라 부른다.

자음 두 개를 가리키는 중강점(=이중점)이다. 이 발음은 이론적으로는 שׁ을 두 번 소리를 내므로[미쉬-샤울]로 발음이 강해진다([mišā'ûl, 미샤울]이 아닌 [miššā'ûl, 밋샤울]). מִשָּׁאוּל의 분절은 מִשְׁ/שָׁ/אוּל이다. 이 과정을 정리하면 다음과 같다.

מִנְשָׁאוּל → מִשְׁשָׁאוּל → מִשָּׁאוּל

② *강조형 동사*[28]

동사 편에서 배우지만 동사 중에는 강조형이 있다. 이것은 가운데 자음에 중강점을 찍은 형태이다. 예컨대, קָטַל('그가 죽였다')의 강조형은 קִטֵּל[킷-텔]이다. 이것은 [키텔]보다 더 강한 발음이다. 여기서 ט에 찍힌 강점은 중강점이다. 이 강조형 동사의 뜻은 흔히 초급 문법 수준에서는 일단 '잔인하게 죽였다'는 강조적 의미로 해석한다. 이 강조형 동사의 분절 역시 ט를 두 개로 보고 קִטְ/טֵל로 해준다.

③ *몇 가지 음성학적 이유*

그 외에 몇 가지 음성학적 이유로 중강점을 찍는 경우가 있지만[29] 초급 문법에서는 위 두 가지 이유만 숙지하는 것으로 충분하다.

3. 강점의 구분

1) 가끔 중강점과 경강점이 혼동될 때가 있다. 특히 점형 문자에 중강점이 찍힐 때가 그렇다.

2) 그러나 *중강점은 항상 모음 뒤에 오므로* 경강점과 쉽게 구별된다: 예를 들어, שִׁשִּׁי의 שׁ과 הַסּוּס의 ס은 중강점. 그러나 יִשְׁבֹּר의 בּ는 폐음절 뒤이므로 경강점.

3) 어떤 경우 점형 문자의 점이 경강점과 중강점을 겸할 수 있다. 예를 들어, דִּבֵּר의 בּ는 모음 뒤이므로 중강점이면서 동시에 중복을 풀어서 보면

---

28) 와인그린은 이것을 특성적 중강점(Dageš forte characteristic)이라 부른다.

29) 예컨대, 자음 동화를 방지하면서 쉐바의 발음을 분명하게 해 줄 때: עִנְבֵי → עִנְֽבֵי[인-[네]베]/ הַלְבֶן → הַֽלְבֶן[할-[레]벤]. 어떤 단어의 끝이 모음일 때 이어지는 단어의 첫 자음의 발음을 선명히 하기 위해: עָשִׂיתָ זֹאת → עָשִׂיתָ־זֹּאת/ שְׁמוֹ זֶה → זֶּה־שְׁמוֹ

דִּבֵּר이므로 경강점이기도 하다. 그러나 하나만 지칭하라면 그것은 중강점으로 간주된다.

예제 2) 다음 단어들에 있는 점이 경강점인지 중강점인지 구분하라.

① גִּבּוֹר - בּ ( ) / גּ ( ) ② יַרְדֵּן - דּ ( )

③ הַמֶּלֶךְ - מּ ( ) ④ יִתֵּן - תּ ( )

4. 강점의 생략

1) 경강점과 중강점은 매끄러운 발음을 위해, 혹은 어떤 관례에 따라 생략될 수 있는데 기초문법에서는 이것들을 예외로 분류하자.

2) 특히 관례적으로 경강점이 생략되는 특정 단어들이 있다. 예를 들어, מַלְכֵּי는 항상 מַלְכֵי로 나타난다.

3) 중강점도 자주 생략되는데 해당 자음에 붙은 모음이 변화형에서 쉐바로 약화될 때 특히 그러하다. 예를 들어, 동사 בִּקֵּשׁ에 접미어가 붙은 형태인 בִּקְשָׁה나 בִּקְשׁוּ에서 중강점이 생략된다.[30] 그러나 그 아래 쉐바는 유성임을 주의해야 한다. 따라서 이 단어들의 발음은 각각 [비-케/크샤]와 [비-케/크슈]다. 다른 예로, 동사 הִלֵּל도 접미어가 붙은 형태 הַלְלוּ[할렐루]에서 중강점이 생략된다. 단순쉐바가 유성이므로 이것을 [할루]로 읽지 않도록 주의하라.

4) 특히 וַיְּהִי('그리고 ..했다, 그리고 ..이었다')[31]는 히브리어 성경에서 수없이 사용되는데 강점이 생략된 וַיְהִי이거나 거기에 메텍이 붙은 וַֽיְהִי로 나타난다. 현재의 문법서는 וַיְהִי로 통일한다.

---

30) 히브리어 사본 상에는 강점이 생략된 자음 위에 선을 그어 표시를 해주는데 이를 라페(Raphe)라 부른다. 예를 들어, בִּקְשׁוּ는 마소라 필사본에서는 흔하게 בִּקֿשׁוּ로 표기된다. 그러나 출판된 히브리어 성경에서는 라페가 반드시 필요한 부호는 아닌 이유로 생략된 형태인 בִּקְשׁוּ로 표기된다.

31) 이 단어는 יְהִי + וַ의 결합이다. יְהִי는 יִהְיֶה('..할 것이다')의 단축된 형태이고, וַ는 접속사로서 '그리고,' 혹은 '그러나'의 뜻을 갖는다. 왜 결합된 형태가 וַיְהִי인지는 앞으로 배울 것이다.

C. 활점(Mappîq)

1. 활점의 정의

1) 후음은 강점을 찍지 못한다. 그 이유는 후음이 목구멍(후두)에서 소리를 끌어 올려 내는 소리인데 중복해서 후음을 발음하기 어렵기 때문이다.

2) 다만 후음 ה는 점이 찍힌 הּ로 나타나는 경우가 있으나[32] 이것은 강점과 다른 것으로 활점(活占), 히브리어 용어로는 '마픽'(Mappîq)이라 부른다. 흔히 ה가 종음절에 오면 묵음이 되는데 종종 침묵이 되지 않아야 할 때가 있다. 이 때 ה에 활점을 찍어서 הּ로 표시하는데 이것은 ה를 발음하라는 표시다. 우리는 ◌ָהּ 는 [ah̊]로, ◌ָה 는 관례를 따라 [â]로 표기하기로 한다.

2. 활점의 예들

1) 예컨대, 히브리어 동사는 기본 형태가 □□ַ□ָ이다(קָטַל/עָבַד). 그런데 הָיָה나 גָּלָה와 같은 동사에서는 ה가 침묵문자이므로 종음절이 목구멍이 열려 있는 개음절이 되며 따라서 개음절은 주로 장모음이 온다는 원칙대로 카메츠[◌ָ a]가 붙는다. 그러나 동사 גָּבַהּ에서는 בַהּ에 활점이 찍혀 있다. 따라서 목구멍이 닫히는 폐음절이 되어 단모음 파타(◌ַ)가 오며 결국 동사의 기본 형태인 □□ַ□ָ가 된다. 따라서 גָּבַהּ는 [가바]가 아닌 [gāḇah̊, 가바흐]로 읽어야 한다. 그러나 실질적으로는 이것을 [가바]로 발음한다.

2) 한편, ה에 활점의 유무에 따라 뜻이 달라지는 경우가 있다. 이를테면, 나중에 배울 명사 어미 ◌ָה(여성 어미)와 소유격 접미어 ◌ָהּ(여성 접미 대명사)는 오직 활점에 의해 구별된다.

סוּס '말, horse' → סוּסָה[sûsâ] '암말'/ סוּסָהּ[sûsāh̊] '그녀의 말'

---

32) 드물게 ה외에 א에 점이 찍힌 형태가 발견되는데(창 43:26, 레 23:17), 이는 무시해도 좋다. 자세한 내용은 *Gesenius' Hebrew Grammar*, 57을 보라.

D. 후음 문자

1. 후음의 정의

1) 후음(喉音, guttural sound)은 우리말 'ㅎ'이나 독일어의 '-ch'처럼 목구멍(후두)에서 내는 소리를 말한다. 말하자면, 후음은 후두가 둥글게 열리며 나는 소리이다. 히브리어는 후음이 발달했는데 후음에는 א/ע/ה/ח가 있다.

2) 그 외 ר는 헬라어의 'ρ'처럼 목젖에서 나오는 소리로 실제적으로 후음처럼 작용하는 경우가 많다.[33] 그래서 이것을 반(半)후음으로 칭한다.

2. 후음의 특징

1) 히브리어의 후음은 독특한 특성을 가진 만큼 다양한 양상의 음성학적 특징을 수반한다.

2) 우리는 편의상 소리가 약한 א과 ה는 '약후음'으로, 더 센 ע과 ח(때로 반후음 ר를 포함)를 '강후음'으로 칭하기로 한다.

3) 이러한 후음의 특징은 다음과 같이 네 가지로 정리해 볼 수 있다.

① *후음은 중강점을 못 찍고 대신 앞의 모음을 보상해준다.*

후음은 목구멍에서 끌어 내야하는 특징을 가졌으므로 중복해서 발음하기가 매우 곤란하다. 따라서 후음에는 중강점을 찍을 수 없다. 이 때 후음의 중복이 풀리면서 대신 후음 앞에 있는 모음에 보상되어 그 모음이 연장된다. 예컨대, אִישׁ('남자') 앞에 전치사 מִן('..로부터')이 붙으면 נ이 א에 동화되어 מִאאִישׁ가 되면서 א에 중강점이 찍힐 것이 예상된다. 그러나 א은 후음이기에 중강점을 찍지 못하고 대신 앞의 모음을 연장시킨다. 아래 설명되듯이, 흔히 히렉(ִ)은 체레(ֵ)로 연장되므로 이 경우 מֵאִישׁ('남자로부터')가 된다. 요약하자면, אִישׁ + מִן → מִאאִישׁ → מֵאִישׁ '남자로부터.'[34]

---

33) 헬라어 자음 ρ은 바로 이런 특징 때문에 어두에 위치할 때 특이하게 모음에만 붙는 강기식이 찍힌다: ῥῆμα[rēma, 레마]

34) 한편, 모든 후음이 항상 모음 보상을 하는 것은 아니다. 보통 א/ע과 반후음 ר는

모음은 여러 가지 이유로 같은 군(class) 내에서 다음과 같이 변동될 수 있다.[35] 특히 '이'는 '에'로, '우'는 '오'로 변경되곤 한다.

1군 모음 : ◌ַ a ↔ ◌ָ ā

2군 모음 : ◌ִ i ↔ ◌ֵ ē ↔ ◌ֶ e

3군 모음 : ◌ֻ u ↔ ◌ֹ ō ↔ ◌ָ o

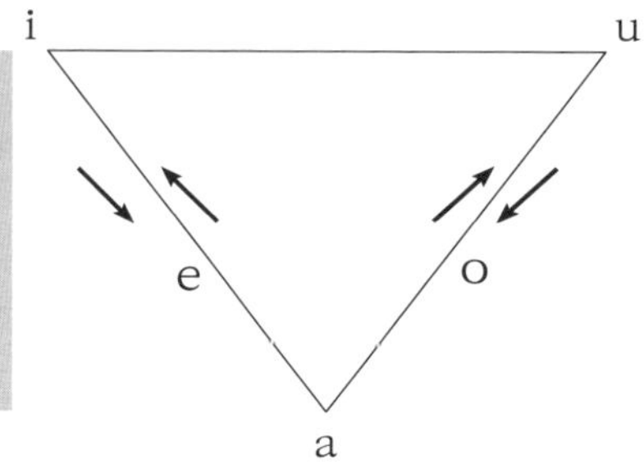

② *후음에는 합성쉐바를 붙인다.*

이 특징은 앞서 쉐바에서 배운 내용이다. דְּבָרִים의 דְּ은 후음이 아니므로 단순쉐바가 오지만, 동일한 형태의 חְכָמִים은 ח가 후음이므로 חֲכָמִים이 되어야 한다. 마찬가지로 אֲדָמָה '땅'/ עֲמֹד '서는 것'(עָמַד의 부정사).[36]

다만 후음이라 해도 א을 제외한 다른 후음, 즉 ע/ה/ח는 단어 중간에서 폐음절을 이루면서 단순쉐바가 올 수 있다: יָדַ֫עְתִּי/ אֲנַ֫חְנוּ/ יִהְיֶה 등. 하지만 단어 서두, 곧 어두의 후음은 항상 합성쉐바를 가진다.

모음 보상이 잘 되는 편이지만, 반면에 ה/ח는 모음 보상이 잘 안 되는 경향이 있다. 이 때 ה와 ח는 중강점이 그 안에 잠재되어 있는 것으로 보면서, 와인그린은 그것을 '잠재된 중강점'(Dageš forte implicit), 혹은 '잠재적 중복'(implicit doubling)이라 부른다. 이 특징은 앞으로 관사와 약동사 등에서 두드러지게 나타날 것이다. 자세한 것은 A. B. 데이비슨, 「히브리어 문법」, 55를 참고하라.

35) 언어학에서는 소리의 발생 위치를 역 삼각형으로 표현한다. 이것이 소리가 발생되는 혀의 위치와 구강 구조를 올바르게 나타내는 방식이기 때문이다. 말하자면, '아'는 혀 안쪽의 후두에서, '이'와 '우'는 더 바깥쪽의 혀에서 소리가 발생된다.

36) 합성쉐바는 세 종류로서 ◌ֲ/◌ֱ/◌ֳ이다. 그렇다면 이것들은 어떤 경우에 어느 후음 아래에 붙여야 하는가? 대체로 다음과 같은 원칙이 적용된다. 그러나 이것은 참고만 하는 것으로 충분하다.

① 일반적으로 ע ה ח 아래에 ◌ֲ : עֲזֹב / הֲלֹךְ / חֲמֵשׁ

② 일반적으로 א 아래에 ◌ֱ : אֱמֹר / אֱלֹהִים (אֲנִי와 אֲשֶׁר등 일부 예외)

단, א이 악센트에서 먼 때는 대체로 ◌ֲ: אֲכַלְתֶּם (אֱמוּנָה등 일부 예외)

③ 원래의 발음이 ◌ֳ 인 경우: חֳלִי / חֳדָשִׁים / עֳנִי / נָעֳמִי[o] [노오미]

③ *후음은 '아' (□ָ/□ַ) 음을 좋아한다.*

후음이 '아' 음을 좋아하는 이유는 후음은 목과 입을 둥글게 열어야 낼 수 있는 소리이기 때문이다. 보통 약후음인 **א**과 **ה**는 장모음 카메츠(□ָ)를 선호하고 강후음인 **ע**과 **ח**는 단모음 파타(□ַ)를 선호한다.

후음이 '아' 음과 친한 이유로 후음 앞의 모음이 만일 '아' 음이 아닐 경우에는 그것을 '아' 음으로 바꾸어주는 경향이 생긴다. 예를 들어, 동사의 미완료형(나중에 배운다)의 기본 형태는 יִ□ְ□ֹ□인데(예, יִקְטֹל), 이에 준하여 동사 **מָצָא**의 미완료형은 **יִמְצֹא**로 예상된다. 하지만 그것은 **יִמְצָא**로 나타나는데 이는 후음 **א**의 영향으로 홀렘(□ֹ, 오)이 카메츠(□ָ, 아)로 바뀌기 때문이다. 역시 동사 **שָׁמַע**의 미완료형은 **יִשְׁמֹע**로 예상된다. 그러나 이 경우는 마지막 자음이 **ע**이므로 홀렘(□ֹ, 오)이 파타(□ַ, 아)로 바뀌어 **יִשְׁמַע**가 된다. **יִבְטֹח** 대신 **יִבְטַח**가 된 것도 마찬가지 이유이다. **יִמְצָא**의 **צָא**는 개음절, **יִשְׁמַע**의 **מַע**는 폐음절이다.[37)]

이와 같은 '아'음 선호 현상은 명사에서도 잘 나타난다. 예를 들어, 명사 **מֶלֶךְ**과 동일한 유형의 명사들은[38)] 자음 중에 후음 **ע**과 **ח**을 포함하고 있으면 모음 세골(□ֶ, 에)이 파타(□ַ, 아)로 바뀐다. 이를테면, **זֶבַח**는 **מֶלֶךְ**과 같은

---

37) 이때 보통 약후음 **א**/**ה**는 선행음으로 주로 장모음 카메츠(□ָ ā)를 취하여 □ָא/□ָה가 되고, 반면에 강후음 **ע**/**ח**는 장모음도 종종 가능하지만, 보통 단모음 파타(□ַ)을 취하여 □ַע/□ַח가 된다. 이 때 전자의 **א**/**ה**는 침묵되어 개음절을 이루고 후자의 **ע**/**ח**는 침묵되지 않고 폐음절을 이룬다. 따라서 동사의 기본형은 □ָ□ַ□(예, קָטַל)이지만 마지막 자음이 **א**/**ה**인 동사들은 □ָ□ָא/□ָ□ָה이다(예, בָּרָא/הָיָה). 즉 **א**/**ה**가 침묵되면서 개음절이 되기 때문에 앞의 모음이 카메츠(□ָ)로 길어진다. 반면에 마지막 자음이 **ע**/**ח**인 동사는 예컨대, יָדַע/בָּרַח로 동사의 기본형과 동일하다. 위의 예시된 단어들의 분절은 다음과 같다: רָא(개)/בָּ(개); יָה(개)/הָ(개); דַע(폐)/יָ(개); רַח(폐)/בָּ(개). 한편, ה에 활점이 붙은 הּ도 앞에 단모음이 오면서 폐음절을 이룬다: גָּבַהּ → בַהּ(폐)/גָּ(개).

38) 명사 중에 종음절에 세골(□ֶ)이 오는 유형들이 있다. 이 명사들은 악센트가 앞에, 즉 전종음절에 위치하는 특징을 갖는다: 예, מֶלֶךְ '왕'/ סֵפֶר '책.' 이런 유형의 명사들을 '세골 명사'라 하는데 독특한 성격을 지니고 있다. 이에 대해서는 나중에 자세히 배운다.

유형의 명사인데도 זֶ֫בֶח로 나타나지 않는다. 왜냐하면 ח앞의 모음 세골이 후음이 선호하는 '아' 음으로 바뀌어 זֶ֫בַח가 되기 때문이다. 한편, נַ֫עַר는 본래는 נֶ֫עֶר이어야 하지만 후음 ע이 앞뒤로 영향을 주어 נַ֫עַר가 되었다.

④ *때로 후음 앞에 도입 파타(□ַ)를 사용한다.*

이것은 마지막 자음에 강후음 ע/ח가 오는 경우에 해당된다. 앞서 말한 대로, ע/ח은 앞의 모음이 '아' 음이 아니면 파타(□ַ)로 변경시켜주는데 이것들 앞에 순장모음(ִי / ֵי / וֹ/ וּ)이 붙은 경우에는 그런 변경이 곤란하다. 왜냐하면 순장모음은 가능하면 변화되지 않고 유지되기 때문이다. 이런 경우 순장모음과 후음 사이에 모음 파타(□ַ)를 넣는데 이것을 '도입 파타'(furtive pataḥ)라 부른다(furtive는 틈새에 살짝 끼워 넣는다는 뜻이다).

예를 들어, סוּס('말, horse)'와 동일한 유형의 명사로 ר֫וּחַ('영, spirit')가 있다. 본래 이 단어는 רוּח이어야 한다. 이 경우 후음 ח앞에 있는 모음 슈렉(וּ□)이 '아'음이 아니므로 파타(□ַ)로 바뀌어 רַח가 될 것으로 예상된다. 그러나 여기서 슈렉(וּ□)은 순장모음이므로 보존시켜야 한다. 문제는 그와 동시에 후음을 소리내기 위한 '아'음이 앞에 있어야 한다는 것이다. 이 때 도입 파타를 넣어 이 난점을 해결하는 것이다. 따라서 רוּח는 ר֫וּחַ로 모음을 붙이고 ח보다 도입 파타를 먼저 읽으면서 [rŭ-aḥ, 루-아흐]로 읽는다.[39] 이때 악센트는 도입 파타 앞이므로 표시를 해주는 것이 관례다.

39) 또 하나의 예는 나중에 배울 동사의 부정사 연계형에서 나타난다. 부정사 연계형의 기본 형태는 □ְ□ֹ□(예, קְטֹל)이므로 שָׁמַע('듣다')의 부정사 연계형은 שְׁמֹע('듣는 것')가 될 것으로 기대된다. 하지만 동사의 부정사 연계형의 경우 종음절의 홀렘(□ֹ)은 본래 홀렘 바브(וֹ□)였다. 그러므로 ו가 보이지는 않지만, 이 □ֹ는 실제로는 그것을 간직하고 있는 순장모음으로 취급된다. 따라서 이것은 שְׁמֹע에 도입 파타를 넣어 שְׁמֹ֫עַ(쉐모아)로 읽는다.

3과 연습문제

I. 어휘

וְ 그리고, 그러나	לֹא 아니다	אָנֹכִי אֲנִי[a] (공) 나는
סוּס (남) 말(horse)	אִישׁ (남) 남자, 남편	אִשָּׁה (여) 여자, 아내
אוֹר (남) 빛	חֹשֶׁךְ (남) 어둠	עֶבֶד (남) 종
מֶלֶךְ (남) 왕	קוֹל קֹל (남) 음성	שְׁמוּאֵל 사무엘
אַבְרָהָם 아브라함	אַבְרָם 아브람	יַעֲקֹב 야곱
יִשְׂרָאֵל (여) 이스라엘	קָרָא 부르다, 외치다	עָשָׂה 만들다, 행하다
בָּא (בּוֹא)[b] 오다/가다 (come)	הָיָה ..이었다(be), 되었다(become) יִהְיֶה ..일 것이다, 될 것이다 (הָיָה의 미완료)	

a. 이 단어는 악센트 위치가 종음절이 아닌 אָנֹ֫כִי로 나타나는 경우도 흔하다. 그러나 악센트 위치와 무관하게 항상 현재의 모음을 유지한다.

b. בּוֹא는 이 동사의 원형이다.

※ 단어의 참고사항

1) 히브리어 명사는 남성이 압도적으로 많다. 여성 명사를 분별하는 방법은 곧 배울 것인데, 우리는 이후부터는 반드시 필요한 경우를 제외하고는 큰 지장이 없는 한 단어들의 성 표기를 생략한다.

2) '공'은 남성과 여성 둘 다 가능한 공성(common gender)을 뜻한다.

3) קוֹל('음성')은 빈번히 불완전 필사법인 קֹל로도 나타나는데, 이것은 홀렘 바브(וֹ)를 가진 단어들의 특징이다: קֹרֵא = קוֹרֵא '부르고 있는.'[40]

II. 다음 물음에 답하라.

(1) 경강점과 관련하여 잘못된 것을 교정하라(중강점과는 무관함).

בָטַח	תוֹרָה	מִדְבָר
פְרִי	זָבָּה	וְדָּבָר

40) 앞서 설명한대로, 이러한 현상이 나타나는 이유는 동일한 단어라도 사본 필사자가 ו를 모음문자로 적어준 단어와 그렇지 않았던 단어들이 있었기 때문이다. 일관성이 없었던 이러한 필사 관행에 따른 현상은 다른 모음문자의 경우에도 나타난다.

(2) 다음 단어들의 자음 안에 있는 점의 종류는 무엇인가? 경강점과 중강점을 겸할 경우 중강점으로 답하라.

אִשָּׁה   גָּבַהּ   שְׁמַרְתֶּן

בַּגָּן   הַבֵּן   הַיּוֹם

(3) 두 단어가 결합한 형태를 써보라. 특히 눈(נ) 동화 현상과 후음의 특징을 유의하라.

① שָׁאוּל + מִן = (   ) ② אָדָם + מִן = (   )

※ 문장 해석을 위한 도움말

1) 히브리어 문장의 기본 순서는 〈목적어←주어←동사〉이다. 이를테면, בָּרָא אֱלֹהִים אוֹר '창조했다-하나님이-빛을' = '하나님이 빛을 창조했다.' 또한 동사 없이 명사 또는 형용사나 전치사가 문장의 술어 역할을 할 수 있다: אֲנִי מֶ֫לֶךְ '나는 왕이다.' 한편, 이러한 기본 문장 순서가 바뀌어 서두에 주어나 목적어 따위가 올 수 있다.

מֶ֫לֶךְ אֲנִי '왕이다-나는'
אֱלֹהִים בָּרָא אוֹר '하나님이-창조했다-빛을'

2) 히브리어 동사는 사전에 수록된 기본형의 의미가 문장 속에서는 완료의 의미로 사용되며 보통 과거로 해석된다. 예를 들어, 동사 עָשָׂה는 사전에 '행하다(do), 만들다(make)'란 의미가 수록되어 있으나, 이것이 문장 속에서는 3인칭 단수 완료로 사용되어 '그가 행하였다. 그가 만들었다'란 의미를 지닌다. 마찬가지로, בָּרָא('창조하다')는 문장 속에서 '그가 창조했다,' בָּא('오다')는 원형이 בּוֹא인데 완료형 בָּא는 '그가 왔다'를 뜻한다.

3) 역시 동사 הָיָה('..이다[to be], ..이 되다[to become]')도 문장 속에서는 '..이었다, ..이 되었다'를, 그것의 미완료형 יִהְיֶה는 '그가 ..일 것이다, ..이 될 것이다'를 의미한다.

III. 다음을 해석하라.

(1) אִישׁ וְאִשָּׁה

(2) אוֹר וְחֹ֫שֶׁךְ

(3) מֶ֫לֶךְ וְסוּס

(4) אֶ֫רֶץ וְשָׁמַ֫יִם

(5) אֵם וְאָב

(6) אַבְרָהָם וְעֶ֫בֶד

(7) יַעֲקֹב וְיִשְׂרָאֵל

(8) דָּבָר וְקוֹל

(9) אֲנִי יהוה

(10) אָמַר שְׁמוּאֵל

(11) קוֹל קָרָא

(12) מֶ֫לֶךְ בָּא

(13) שְׁמוּאֵל לֹא הָיָה מֶ֫לֶךְ

(14) לֹא־יִהְיֶה אוֹר

(15) לֹא עָשָׂה יִשְׂרָאֵל חֶ֫סֶד

(16) בָּרָא אֱלֹהִים אָדָם

(17) לֹא־[a]טוֹב [b]אָנֹֽכִי׃

a. 형용사가 서술적 용법으로(동사처럼) 사용된 경우다. 예, he (is) good.

b. 막대 표시는 휴지 악센트 부호인 실룩이다. 악센트 위치는 전종음절이다.

3과 연습문제 해답

예제 1) בָּרַח , יִכְבַּד , וּפֶ֫רֶץ , נָבִיא , וְתֵרָאֶה

예제 2) 경=경강점/ 중=중강점

① גִּבּוֹר - בּ(중) / גּ(경)　　② יַרְדֵּן - דּ(경)

③ הַמֶּ֫לֶךְ - מּ(중)　　④ יִתֵּן - תּ(중)

연습문제 II. 경강점 교정하기

(1) בָּטַח　　תּוֹרָה　　מִדְבָּר

פְּרִי　　זָבָה　　וְדָבָר

(2) 활=활점

שְׁמַרְתֶּן(경)　　גָּבְהָּ(גּ경/הּ활)　　אִשָּׁה(중)

הַיּוֹם(중)　　הַבֵּן(중)　　בַּגַּן(בּ경/גּ중)

(3) ① מִשָּׁאוּל ←(נ 동화) ← מִנְשָׁאוּל ← שָׁאוּל + מִן

② מֵאָדָם ←(모음 보상)← מִנְאָדָם ← אָדָם + מִן

(종음절로부터 두 음절 먼 개음절이므로 메텍을 붙인다)

III. 문장 해석

(1) 남자와 여자 (2) 빛과 어둠 (3) 왕과 말 (4) 땅과 하늘

(5) 어머니와 아버지 (6) 아브라함과 종 (7) 야곱과 이스라엘

(8) 말씀과 음성 ('말씀'대신 '일'도 가능하나 여기서는 '말씀'이 더 어울림)

(9) 나는 여호와다

(10) 사무엘이 말했다.

(11) (한) 음성이 소리쳤다.

(12) (한) 왕이 왔다.

(13) 사무엘은 왕이 아니었다.

(14) 빛이 없을 것이다.

(15) 이스라엘이 자비를 행하지(만들지) 않았다.

(16) 하나님이 사람(아담)을 창조하셨다.

(17) 나는 선하지 않다.

4과 관사, 전치사, 접속사 וְ

A. 관사

1. 개요

1) 영어와 달리 히브리어는 부정관사는 없고 단지 정관사만 있다. 따라서 이 책에서는 정관사를 단순히 '관사'(article)라 칭한다.

2) 관사의 기본 형태는 ·הַ 이다. 뒤에 따르는 중강점을 유의해야 한다. 이 중강점은 본래 הַל이었던 관사가 나중에 ל가 뒤에 붙는 단어의 첫 자음에 동화되어 만들어진 것으로 추정된다: דָּבָר '말씀'/ הַדָּבָר '그 말씀(the word).'

3) 관사가 없는 기본형 명사는 문장 속에서는 영어의 부정관사를 넣어 해석한다: 예컨대, דָּבָר 'a word(한 말씀, 어떤 말씀).'

4) 이 관사의 기본형은 뒤에 중강점을 찍을 수 없는 후음이 이어지면 모음이 달라진다.

2. 관사 ·הַ의 모음 변화

1) 관사는 일반 자음의 경우 기본형을 유지하지만, 아래 도표에서 보듯이 후음이 뒤따를 경우 모음이 다양하게 변화된다.

<table>
<tr><th colspan="2">후행 자음</th><th>관사</th><th>보 기</th></tr>
<tr><td colspan="2">일반 자음</td><td>·הַ</td><td>הַמֶּלֶךְ '그 왕'/ הַדָּבָר '그 말씀'</td></tr>
<tr><td rowspan="3">후음</td><td>א , ע , ר
עָ , הָ</td><td>הָ</td><td>הָאוֹר '그 빛'/ הָעִיר '그 성읍'/ הָרֶגֶל '그 발'
הָעָם '그 백성'/ הָהָר '그 산'</td></tr>
<tr><td>ה , ח</td><td>הַ</td><td>הַהֵיכָל '그 궁전' / הַחֲלוֹם '그 꿈'</td></tr>
<tr><td>עָ , הָ , חָ/חָ</td><td>הֶ</td><td>הֶעָרִים '그 성읍들'/ הֶהָרִים '그 산들'
הֶחָכָם '그 지혜자'/ הֶחָג '그 축제'</td></tr>
</table>

2) 그러나 *관사의 다양한 모음의 변화와 상관없이 명사로 보이는 단어 앞에 자음 ה가 있으면 일단 관사로 짐작하라.*

3) 관사의 모음 변화의 법칙은 다음과 같이 요약해볼 수 있다.

① *הָ와 הַ가 되는 경우*

이것은 대체로 후음에 따른 모음 보상 유무에 의해 결정된다. 앞서 배운 후음의 모음 보상 정도를 구체화하면 **א/ע/ר**는 모음 보상이 잘 되는 반면, **ה/ח**는 잘 되지 않는다(각주 34를 보라). 이 원칙을 따라 관사는 대체로 **א/ע/ר** 앞에서 הָ이며, **ה/ח** 앞에서는 הַ이다.

② *הֶ가 되는 경우*

א를 제외한 후음들(**ה/ח/ע**)에 모음 카메츠(ָ)가 붙는 경우는 대체로 관사가 그 앞에서 הֶ가 된다. 다만 악센트가 붙은 הָ֫와 עָ֫의 경우는 관사가 הָ이다.

4) 위의 도표에 있는 단어들 중에 관사에 메텍이 붙는 것들과 그렇지 않은 것들이 있다: הַדָּבָר/ הָרֶ֫גֶל/ הָאוֹר/ הַֽהֵיכָל/ הֶֽחָכָם 등. 어떤 단어의 관사에 메텍이 붙는 이유는 관사의 모음을 보존하기 위해서다. 앞서 배운 바와 같이 *악센트에서 두 음절 이상 떨어진 개음절의 모음*은 HHP에 의해 쉐바로 약화된다. 따라서 만일 관사가 그 위치에 있다면 관사의 모음이 약화되는 것을 방지하기 위해 메텍을 붙인다. 예를 들어, הַדָּבָר과 הָרֶ֫גֶל에는 메텍이 불필요하지만 הַֽהֵיכָל과 הֶֽחָכָם에는 메텍이 있어야 한다.[41]

---

41) 관사가 악센트에서 두 음절 먼 곳에 위치하면서 개음절일 경우, 메텍을 붙여 관사의 모음이 약화되는 것을 방지한다. 만일 הֶֽחָכָם에 메텍을 안 붙이면 관사가 악센트에서 두 음절 떨어진 개음절이므로 쉐바로 모음이 약화되어 사라질 것이다. 이것은 사실상 관사가 없어지는 결과가 되므로 메텍을 붙여 보존시킨다. 이와 같이 메텍을 붙이는 주요 이유 중 하나는 특정한 모음이 쉐바로 약화되는 것을 방지할 때이다. 추가적으로, כּוֹכָב('별')와 같이 순장모음이 있는 명사도 이에 해당된다. 이 단어의 복수형은 כּוֹכָבִים이다. כּוֹ가 악센트에서 두 음절 떨어진 개음절이므로 우리는 כְּ로 약화되어 כְּכָבִים이 될 것으로 예상할 수 있다. 그러나 וֹ는 순장모음이므로 쉐바로 약화될 수 없으며 따라서 כּוֹכָבִים이 된다. 이때 순장모음의 약화의 방지를 명확히 하기 위해 종종 메텍을 붙여 כּֽוֹכָבִים로 표기한다. 그 외 합성쉐바 바로 앞의 단모음에(לַֽעֲבֹד/ כֶּֽאֱדוֹם), 또는 유성 단순쉐바 앞의 모음에 찍는다(חָֽכְמָה[ᄒ하ᄒ헤마]). 다만 합성쉐바 앞의 단모음의 경우 메텍이 생략될 수 있다(לַעֲבֹד/ כֶּאֱדוֹם).

3. 단음절 명사에 붙는 관사

1) 명사들 중 두 개의 자음만으로 구성된 단음절 명사들이 있다.
　　דָּם '피'/ יָם '바다'/ אֵם '어머니'/ עֵץ 나무'

2) 이것들은 다른 명사들과 동일하게 관사 법칙을 따라 관사를 붙인다.
　　הַדָּם 'ㄱ 피'/ הַיָּם 'ㄱ 바다'/ הָאֵם 'ㄱ 어머니'/ הָעֵץ 'ㄱ 나무'

3) 그러나 파타를 갖는 □ַ□ 형태의 단음절 단어는 단모음 파타(◌ַ)를 장모음 카메츠(◌ָ)로 바꾸어준 뒤, 위의 관사 법칙을 적용시킨다.

גַּן → גָּן + ·ה → הַגָּן 'ㄱ 동산'
עַם → עָם + ·ה → הָעָם 'ㄱ 백성'
הַר → הָר + ·ה → הָהָר 'ㄱ 산'
חַג → חָג + ·ה → הֶחָג 'ㄱ 축제, 절기'

4. 불규칙한 명사에 붙는 관사

1) 드물지만, 관사가 붙을 때 일부 단어의 모음은 불규칙해진다.
　　הָאֶ֫רֶץ → הָאָ֫רֶץ 'ㄱ 땅' (אֶ֫가 אָ֫로)
　　אֲרוֹן → הָֽאָרוֹן 'ㄱ 법궤' (אֲ가 אָ로)

2) 이것들을 הָאֶ֫בֶן('ㄱ 돌') 및 הָֽאֲדָמָה('ㄱ 광야')와 비교하라.[42]

예제 1) 다음 단어들에 관사가 붙은 형태를 완성하라.

לֵב		עָפָר	
רֹאשׁ		חָכָם	
אוֹר		הֵיכָל	

42) 한편, 이외에도 י와 같은 특정 자음의 단순쉐바로 시작하는 어떤 단어 앞에 관사가 붙을 때(예, יְלָדִים), 관사에 뒤따르는 중강점이 생략되는 경우도 있다: הַיְּלָדִים 대신 הַיְלָדִים으로 나타남. 이런 불규칙성은 무시해도 무방하다.

B. 비분리 전치사

히브리어의 전치사는 크게 비분리 전치사와 분리 전치사로 나뉜다. 비분리 전치사는 다른 전치사들과 달리 뒤따르는 단어에 밀착되어 나타나는 전치사를 말한다. 이것들은 매우 사용 빈도가 높은 중요한 전치사들이다.

1. 비분리 전치사의 종류

1) 비분리 전치사로는 בְּ / לְ / כְּ / (מִן)이 있다. 이 중 מִן은 분리되기도 하고 비분리되기도 하므로 별도로 다루기로 한다.

2) 각각의 전치사는 다양한 뜻을 가지고 있는데 가장 많이 사용되는 뜻은 아래와 같다. 추가적인 의미는 연습문제에서 습득될 수 있을 것이다.

בְּ '..안에 ..에 의해, ..와 함께'(in, by, with): בְּשָׁלוֹם '평화롭게'
לְ '..에게, ..를 위해, ..를 향하여'(for, to): לְמֹשֶׁה '모세에게/를 위해'
כְּ '..처럼, ..만큼, ..에 따라'(as, like, according to): כְּמֶלֶךְ '왕처럼'

2. 비분리 전치사와 쉐바 유포니

1) 비분리 전치사가 유성 쉐바로 시작되는 단어에 붙을 때 유성 쉐바가 두 개 연속됨으로써 발음이 어렵게 되어 쉐바의 소리가 약간 조정된다. 우리는 이것을 쉐바 유포니(sheva euphony)라 부르기로 한다.[43)]

---

43) 쉐바 유포니(sheva euphony)에서 euphony는 'eu(good) + phony(sound)'로서 '쉐바를 편하게 발음하는 법'을 뜻한다. 이 쉐바 유포니는 비분리 전치사뿐만 아니라 히브리어에서 자주 쓰이는 중요한 법칙이므로 잘 익혀 두어야한다. 쉐바 유포니가 필요한 경우는 유성 쉐바가 어떤 이유로 인해 두 개 연속 나타날 때이다. 쉐바 유포니는 현재의 비분리 전치사뿐만 아니라 약동사의 모음 변화를 이해하는데 있어서도 매우 중요하다.

2) 비분리 전치사로 인한 쉐바 유포니는 다음과 같이 발생한다.

① □ְ□ְ → □ִ□ְ/ צְדָקָה '의' + לְ → לְצְדָקָה → לִצְדָקָה[a] '의를 위해'
② □ְ□ֲ → □ַ□ֲ/ אֲרִי '사자' + כְּ → כְּאֲרִי → כַּאֲרִי '사자처럼'
③ □ְ□ֱ → □ֶ□ֱ/ אֱמֶת '진리' + בְּ → בְּאֱמֶת → בֶּאֱמֶת '진정으로'
④ □ְ□ֳ → □ָ□ֳ/ חֳלִי '질병' + לְ → לְחֳלִי → לָחֳלִי[o] '질병을 위해'

a. 이 경우 לִצְדָקָה의 분절은 לִצְ/דָ/קָה이지만 ד에 경강점을 찍지 않는다. 그러나 경강점을 찍는 경우도 흔하다: זְכֹר + לְ → לִזְכֹּר

3) 쉐바 유포니는 뒤의 유성 쉐바는 그대로 두고 앞에 있는 반모음의 유성 쉐바를 완전모음으로 바꾸는데, 그 방법은 앞선 반모음의 유성 쉐바를 뒤에 이어지는 쉐바의 음가를 빌려와 단모음으로 만드는 것이다.

4) 위에서 마지막 예인 לָחֳלִי의 לָ는 카메츠 하툽[o]으로 발음된다. 모음 기호가 □ָ□ֳ로 배열될 경우 카메츠 하툽(□ָ)은 개음절임에도 불구하고 예외적으로 [오]로 발음된다. 앞서 배운 נָעֳמִי[노-오미]도 마찬가지이다.

5) 또한 유성 쉐바의 연속이 역순으로 나타나는 경우도 있다. 주로 약동사의 변화에서 발생된다. 이 경우도 쉐바 유포니의 원리는 마찬가지다. 다만 앞의 유성쉐바의 반모음이 해당 음가의 단모음으로 바뀔 뿐이다.

□ְ□ְ → □ִ□ְ / □ֲ□ְ → □ַ□ְ / □ֱ□ְ → □ֶ□ְ / □ֳ□ְ → □ָ□ְ[o]

3. 특이 사항

1) יְ로 시작되는 단어 앞에 단순쉐바가 붙으면 일단 법칙대로 □ִיְ가 되나 (□ְ□ְ → □ִ□ְ) י는 히렉(□ִ)과 통합되어 쉐바를 잃으면서 침묵된다.

יְהוּדָה + לְ → לְיְהוּדָה → לִיְהוּדָה → לִיהוּדָה[리후다] '유다를 위해'

2) יהוה는 אֲדֹנָי에 비분리 전치사가 붙은 것으로 읽는다.

יהוה + לְ → (אֲדֹנָי + לְ) → לַיהוה '여호와(주님)에게'

이것은 לַאדֹנָי[la'-dō-nāy, 라도나이]로 읽으면서 א는 침묵이다.

3) ◌ֱ◌ֱ의 경우 두 가지 예외가 있다: אֱלֹהִים '하나님'/ אֱמֹר '말하는 것'(אָמַר['말하다']의 부정사). 이 두 단어에 비분리 전치사가 붙으면 א이 쉐바를 잃고 침묵되면서 앞의 단모음 세골(◌ֶ)이 장모음 체레(◌ֵ)가 된다.

אֱלֹהִים + כְּ → כְּאֱלֹהִים → כֶּאֱלֹהִים → כֵּאלֹהִים '하나님처럼'
אֱמֹר + לְ → לְאֱמֹר → לֶאֱמֹר → לֵאמֹר '말하기 위하여'

그러나 나머지 경우는 모두 쉐바 유포니의 규칙이 적용된다.

אֱדוֹם + כְּ → כֶּאֱדוֹם '에돔처럼'

4) 비분리 전치사 뒤에 악센트가 바로 이어지면 비분리 전치사의 유성 단순쉐바는 빈번하게 카메츠(◌ָ)로 바뀌는데 특히 부정사 앞의 비분리 전치사에서 그런 현상이 나타난다.

לְשֶׁבֶת 대신 לָשֶׁבֶת '앉기 위해' / לְדַעַת 대신 לָדַעַת '알기 위해'

4. 전치사 מִן

1) מִן은 분리와 비분리 모두 가능하다. 우선 관사가 없는 단어에 붙을 때는 항상 비분리이다. 반면에 관사가 있는 단어 앞에 올 때는 מִן이 분리되기도 하고 비분리되기도 한다.

2) מִן은 비분리될 때 이미 배운 바와 같이 נ이 뒤의 자음에 동화되어 중강점이 찍히며 후음이 오는 경우는 중강점 대신 모음 보상이 이루어진다.

3) 전치사 מִן은 다음과 같이 정리해 볼 수 있다.

① *관사가 없는 단어 앞에서 비분리*

שָׁאוּל + מִן → מִשָּׁאוּל '사울로부터' (נ이 동화되어 중강점이 찍힘)
אִישׁ + מִן → מֵאִישׁ '남자로부터' (א이 후음이므로 모음 보상[מֵ])
יהוה + מִן → (מִן + אֲדֹנָי) → מֵיהוה (מֵאֲדֹנָי[메^{아}도나이]로 읽는다)

② *관사가 있는 단어 앞에서는 분리, 비분리 둘 다 가능*

הָאָדָם + מִן → מִן־הָאָדָם 또는 מֵהָאָדָם '그 사람으로부터.' 이 경우 비분리가 되는 후자에서 관사인 후음 ה가 뒤따르므로 거기에 중강점을 찍는 대신 모음이 보상되어 מֵ가 되었다.

5. 관사 ה의 소실

1) 비분리 전치사 בְּ/לְ/כְּ가 관사를 가진 명사에 붙게 되면 관사가 모음만 남고 자음 ה가 사라지면서 이들 전치사와 통합된다. 그러나 관사가 없어진 것은 아니며 여전히 관사의 모음은 남아있으니 주의해야 한다. 결국 소리로만 남아있는 관사를 구별해야 한다.

2) 예를 들어, הַמֶּ֫לֶךְ('그 왕')에 לְ('..에게')가 붙으면 לְהַמֶּ֫לֶךְ이 될 것으로 예상된다. 하지만 관사 הַ와 전치사 לְ가 결합되어 자음 ה는 자신의 모음 파타(ַ)를 전치사에 넘겨주고 사라져 결국 לַמֶּ֫לֶךְ('그 왕에게')이 된다. לַ에 있는 모음 파타를 보면 관사가 모음으로 존재함을 알 수 있다.

הָאִישׁ + לְ → לָאִישׁ '그 남자에게'/ לְאִישׁ ('남자에게')와 비교하라
הֶעָפָר + כְּ → כֶּעָפָר '그 먼지처럼'/ כְּעָפָר ('먼지처럼')와 비교하라

예제 2) 다음 각각의 뜻은 무엇인가?

① לַמֶּ֫לֶךְ ( ) ② כֵּאלֹהִים ( )
③ בַּמֶּ֫לֶךְ ( ) ④ מֵאָדָם ( )

예제 3) 쉐바 유포니를 적용시켜 완성하라.

① שְׁמוּאֵל + לְ → ( ) ② אֲרִי + כְּ → ( )
③ אֱלֹהִים + בְּ → ( ) ④ אֱדוֹם + בְּ → ( )

C. 분리 전치사

비분리 전치사를 제외한 모든 전치사들은 분리 전치사이다. 여기에서는 자주 쓰이는 몇 개의 전치사들만 소개하며 나머지 전치사들과 그것들의 다양한 의미는 연습문제를 통해 학습해 나갈 것이다.

1. 분리 전치사들의 특징

1) 분리 전치사는 보통 뒤에 이어지는 단어와 마켑으로 연결되는데 마켑으로 연결되지 않는 경우도 많다.

2) 앞으로 분리 전치사와 비분리 전치사라는 용어는 구별이 필요한 경우에만 사용되고 그 외에 모든 전치사들은 단순히 전치사로 지칭될 것이다.

2. 분리 전치사들의 종류

1) 다음은 가장 흔한 분리 전치사들이다.

① אֶל '..를 향해, ..에게'(toward, to, for)
אֶל־הָאָדָם '그 사람을 향해/에게'

② עַל '..위에, ..곁에, ..로 인해'(on, beside, on account of)
עַל־הָאָרֶץ '그 땅 위에'/ עַל־הָאִשָּׁה '그 여자로 인해'(창 20:3)

③ תַּחַת '..아래, ..대신'(under, instead of)
תַּחַת הַשָּׁמַיִם '하늘 아래'/ יָד תַּחַת יָד '손 대신 손'

④ בֵּין '..사이에'(between) - B בֵּין . . A בֵּין 'A와 B 사이에'
בֵּין הָאוֹר וּבֵין[a] הַחֹשֶׁךְ '그 빛과 그 어둠 사이에'
a. וּ는 접속사 וְ('그리고,' '그러나')의 변형

아래는 역시 많이 쓰이는 전치사들인데 7과 이후에 추가로 공부할 것들이 다수다. 그러나 아래 전치사들의 뜻을 입체적으로 설명한 도형과 더불어 미리 종합적으로 학습하라.

⑤ לִפְנֵי '..앞에 ..면전에'(before, in front of) = פְּנֵי '얼굴' + לְ
לִפְנֵי יהוה '여호와 앞에서'

⑥ אַחֲרֵי־/אַחַר '.. 뒤에, 후에'(behind, after)
אַחַר הַדְּבָרִים '그 말씀들 뒤에, 후에'

⑦ עִם/אֵת '..와 함께'(with)
עִם־הָאִישׁ '그 남자와 함께' / אֶת־אַבְרָהָם '아브라함과 함께'

⑧ עַד '..까지'(up to, until) עַד־שָׁמַיִם '하늘까지'

⑨ נֶגֶד '..에 맞서, 맞은편에'(against) נֶגֶד יִשְׂרָאֵל '이스라엘에 맞서'

2) 어떤 분리 전치사들은 두 요소가 결합되어 복합 전치사를 형성한다.

① בְּקֶרֶב '..가운데'(in the midst of) = קֶרֶב '내부, 안쪽' + בְּ
בְּקֶרֶב הָאָרֶץ '그 땅 가운데'(문자적으로, '그 땅의 내부에서')

② בְּתוֹךְ '..가운데'(in the midst of, among) = תּוֹךְ '중앙' + בְּ
בְּתוֹךְ הַגָּן '그 동산 중앙에'

③ 위의 ⑤번의 לִפְנֵי '.. 앞에' = פְּנֵי '..의 얼굴' + לְ

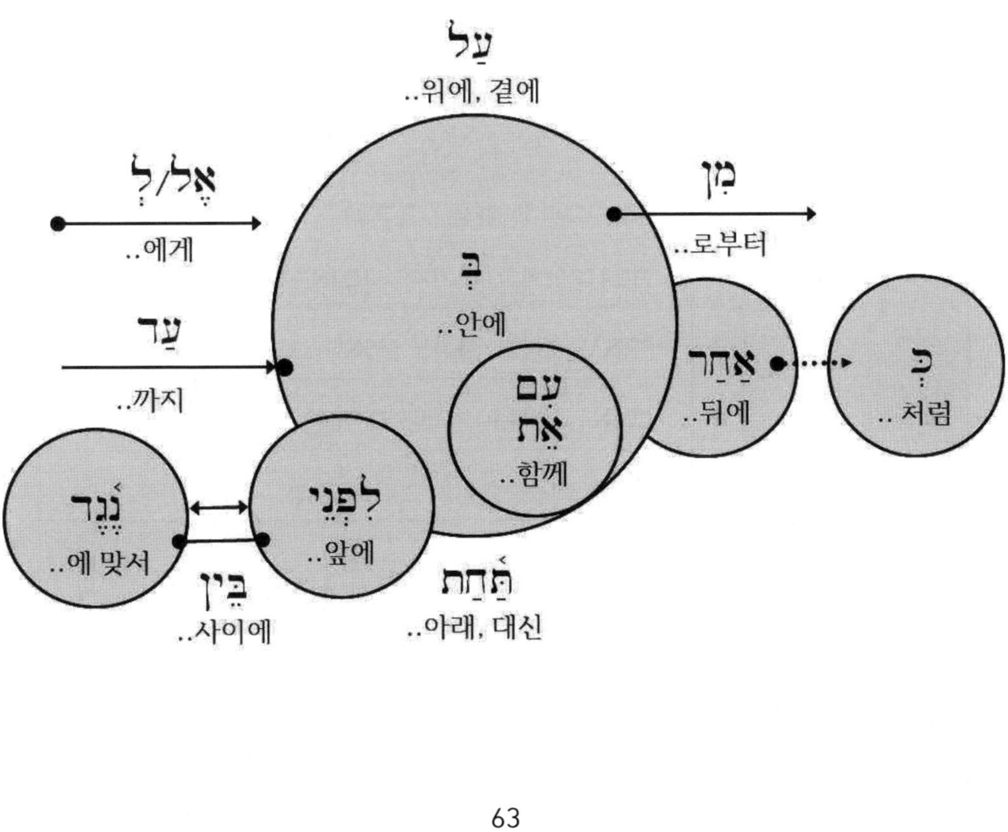

D. 접속사 וְ

1. 개요

1) 접속사는 앞뒤 문장이나 두 단어를 연결하는 기능을 한다.[44] 히브리어의 대표적인 접속사 וְ는 비분리 전치사처럼 뒤따르는 단어에 달라붙는다.

2) 기본형은 וְ이지만, 역시 비분리인 관계로 뒤에 어떤 요소가 오느냐에 따라 약간의 모음 변화가 이루어진다.

3) 그러나 וְ가 어떻게 변형이 되든지 쉽게 식별된다. 왜냐하면 약 8천 개의 구약성경의 히브리어 단어에서 ו로 시작하는 단어는 불과 몇 개 안되며 그것도 주로 인명들이기 때문이다. 즉 어떤 히브리어 단어의 첫 자음이 ו일 때 그것을 접속사 וְ로 보면 거의 확실하다. 따라서 아래 도표에 제시된 וְ의 다양한 유형들은 단지 참고만 해도 무방하다.

4) 접속사 וְ는 문맥에 따라 '그리고,' 또는 '그러나'로 해석한다.

2. 접속사 וְ의 모음 변화

기본형		וְ	וְדָבָר '그리고 말씀'/ וְהָאִישׁ '그리고 그 남자'
순음(ב/מ/פ)과 단순쉐바(ְ) 앞		וּ	וּבֵן '그리고 아들'/ וּמֶ֫לֶךְ '그리고 왕', וּפֹה '그리고 여기서'/ וּרְאוּבֵן '그리고 르우벤'
합성쉐바 앞	ֲ	וַ	וַאֲרִי '그리고 사자'/ וַאֲנִי '그리고 나는'
	ֱ	וֶ	וֶאֱמֶת '그리고 진리'/ וֶאֱדוֹם '그리고 에돔'
	ֳ	וָ	וָחֳלִי[보(vo)-홀리] '그리고 질병'

44) 접속사란 문장이나 구와 절, 그리고 단어와 단어 사이를 연결시키는 요소다. 가장 많이 사용되는 접속사는 וְ('그리고, 그러나')가 있으며, 그 외에도 אִם('만일 ..하면, if), כִּי('왜냐하면, ..할 때, because, when)등의 접속사가 있는데, 이것들은 앞으로 배우게 될 것이다.

1) 관사 הַ가 그런 것처럼 접속사 וְ는 뒤잇는 자음에 따라 약간의 모음의 변화가 발생된다. 그것은 위의 도표와 같이 정리될 수 있다.

2) 도표에서 볼 수 있듯이 접속사 וְ의 모음이 다양한데 그것은 대체로 다음과 같은 규칙을 따른다.

① *순음/단순쉐바 + וּ*

순음이란 입술로 만들어지는 소리를 말하는데 순음 앞의 접속사 וְ는 '우,' 즉 모음 키부츠(◌ֻ)로 바뀐다. 그 이유는 아마도 וְ 역시 순음이므로 순음이 연속되는 것을 피하기 위해서이거나, 입술을 오므리는 '우' 소리가 뒤따르는 순음을 발음하기 용이하게 만들기 때문인 것으로 보인다.

② *합성쉐바 + וַ* (쉐바 유포니에 의한 모음 변화)

비분리 전치사와 동일하게 쉐바 유포니가 적용된다: וְ◌ֲ → וַ◌ֲ

3. 특이 사항

1) 비분리 전치사에서와 마찬가지로 접속사 וְ 뒤에 י나 א이 오면 다음과 같이 결합되면서 침묵음이 되는 사례들이 있다.

יְהוּדָה + וְ → וִיהוּדָה(비[vî]후다) '그리고 유다' (י가 침묵)

אֱלֹהִים + וְ → וֵאלֹהִים(벨[vēl]로힘) '그리고 하나님' (א이 침묵)[45)]

יהוה + וְ → וַיהוה(바[va]도나이=וַאדֹנָי) '그리고 여호와' (א이 침묵)

2) 악센트가 바로 뒤따르면 종종 유성 단순쉐바 대신 카메츠(◌ָ ā)를 취한다는 점도 비분리 전치사와 유사하다. 그러나 모음이 카메츠로 바뀌지 않은 경우도 흔하다.

וְלַ֫יְלָה 혹은 וָלַ֫יְלָה '그리고 밤' / וְק֫וֹל 혹은 וָק֫וֹל '그리고 음성'

3) 접속사 וְ가 이렇듯 다양한 특징들을 보이지만, 앞서 언급했듯이 ו로 시작하는 히브리어 단어는 불과 몇 개 안 되므로 <u>*첫 자음이 ו인 단어는 접속사 וְ가 붙은 단어로 보면 무방하다.*</u>

---

45) אֱלֹהִים과 더불어 쉐바 유포니의 또 하나의 예외였던 אֱמֹר는 부정사인데 그 앞에 접속사 וְ가 붙은 형태는 나타나지 않는다.

4과 연습문제

I. 어휘

※ 어휘가 많지만 문법 해설에서 익힌 전치사들과 고유명사들이 다수다.

히브리어	뜻	히브리어	뜻	히브리어	뜻
בְּ	..안에, ..에 의해, ..와 함께	לְ	..에게, ..를 위해		
כְּ	..처럼, ..만큼, ..대로	אֶל	..에게, 를 향해	מִן מֵ	..로부터
עַל	..위에	תַּ֫חַת	..아래, ..대신	בֵּין	..사이에
אֵת אֶת־[a]	..를, ..에게[b]	יֵשׁ	..이 있다	אֵין	..이 없다
כֹּה	이렇게, 그렇게(thus)[c]	כֹּל כָּל־[d]	모든	אַהֲרֹן	아론
מֹשֶׁה	모세	יְרוּשָׁלַ֫יִם	예루살렘	יְהוּדָה	유다
צֶ֫דֶק צְדָקָה	의	עַם	백성	נֶ֫פֶשׁ	목숨, 혼
עִיר	성읍, 도시	אֲרִי	사자(lion)	שָׁלוֹם	평화
עָפָר	흙, 먼지	יוֹם	날, 낮	רֹאשׁ	머리
הַר	산/(복) הָרִים 산들	חֵן	은혜	אֲדָמָה	대지, 땅
נָתַן	주다	וַיֹּ֫אמֶר	그리고 그가 말했다[e]		

a. 이어지는 단어와 마켑으로 연결된 형태.
b. 이것은 전치사('..와 함께')가 아닌 목적격을 이끄는 불변사다.
간접목적어(여격) '..에게'와 '직접 목적어'(대격) '..를' 둘 다 가능하다.
c. 앞이나 뒤에 있는 사실이나 사건을 지시하는 단어.
d. 마켑이 붙은 형태이며 단모음 [콜]로 읽는다.
e. 아래 〈문장 해석을 위한 도움말〉을 보라.

II. 다음 명사에 전치사나 접속사가 결합된 형태를 쓰라.

※ 2번과 4번은 악센트 위치의 영향을 받지 않는 일반적 경우를 적용하라.

① שְׁמוּאֵל + כְּ →　　② מֶ֫לֶךְ + בְּ →
③ יְרוּשָׁלַ֫יִם + לְ →　　④ חֹ֫שֶׁךְ + לְ →
⑤ אֱמֶת + לְ →　　⑥ אָדָם + מִן →
⑦ אֲנִי + וְ →　　⑧ הַדָּבָר + בְּ →

※ 문장 해석을 위한 도움말

1) 이 과부터 단어뿐 아니라 문장 훈련을 위해 연습문제의 문장들이 많이 늘어난다. 연습문제 풀이는 기초 문법에서 가장 중요하니 철저히 공부하라.

2) **וַיֹּ֫אמֶר**('그리고 그가 말했다')는 동사 **אָמַר**의 앞에 접속사 וְ가 붙은 형태다. 이 동사는 제2부에 배울 약동사의 한 종류지만 **וַיֹּ֫אמֶר**는 히브리어 성경에서 대단히 흔하게 등장하므로 우선 암기하라.

III. 다음을 해석하라.

(1) **כַּאֲרִי** (2) **לִיהוּדָה** (3) **מִן־הָעִיר** (4) **בְּשָׁלוֹם**

(5) **כַּֽאֲדָמָה** (6) **כָּֽאֲדָמָה** (7) **לִצְדָקָה** (8) **וַֽאֲדָמָה**

(9) **חֶ֫סֶד וְחֵן** (10) **שָׁלוֹם וּצְדָקָה** (11) **כֹּל הָעָם** (12) **וְכָל־הָאָ֫רֶץ**

(13) **מֵרֹאשׁ וְעַל רֹאשׁ** (14) **בֶּעָפָר** (15) **הָעִיר תַּ֫חַת הָהָר**

(16) **נֶ֫פֶשׁ תַּ֫חַת נָ֫פֶשׁ׃**[a] (레 24:18) (17) **עָפָר מִן־הָֽאֲדָמָה** (창 2:7)

a. 휴지부호 실룩으로 인해 세골[◌ֶ]이 카메츠[◌ָ]가 됨.

(18) **בֵּין הָאוֹר וּבֵין הַחֹ֫שֶׁךְ** (창 1:4) (19) **קָרָא מֹשֶׁה לְאַהֲרֹן** (레 9:1)

(20) **נָתַן שְׁמוּאֵל מֶ֫לֶךְ לָעָם** (21) **יֵשׁ יהוה בָּהָר**

(22) **אֵין מֶ֫לֶךְ בְּיִשְׂרָאֵל** (삿 17:6) (23) **בָּא שְׁמוּאֵל אֶל־הֶהָרִים**

(24) **וַיֹּ֫אמֶר אֱלֹהִים אֶל־אַבְרָהָם** (창 17:9)

(25) **קָרָא יהוה אֶת**[a] **הָעָם בָּהָר**

a. 어떤 목적어는 목적어 표시 **אֵת**를 앞에 둔다.

(26) **בָּרָא אֱלֹהִים אָדָם עַל־הָאָ֫רֶץ** (신 4:32)

(27) **הַיּוֹם**[a] **אֲנִי־מֶ֫לֶךְ עַל־יִשְׂרָאֵל׃** (삼하 19:23)

a. 문자적으로 '그 날.' 여기서는 '오늘.'

(28) **וַיהוה נָתַן אֶת־חֵן**[a] **הָעָם**[b] (출 12:36) a. 대격 '..를.' b. 여격 '..에게.'

(29) **כֹּה יהוה אָמַר לִיהוּדָה וְלִירוּשָׁלַ֫יִם אֲנִי יהוה אֱלֹהִים**

(30) **בְּרֵאשִׁית**[a] **בָּרָא אֱלֹהִ֑ים**[b] **אֵת הַשָּׁמַ֫יִם וְאֵת הָאָ֫רֶץ׃** (창 1:1)

a. **רֵאשִׁית** '처음, 태초.' b. 휴지 부호 아트나에 주목.

4과 연습문제 해답

예제 1) 관사가 붙은 형태들 완성하기

לֵב	הַלֵּב	עָפָר	הֶעָפָר
רֹאשׁ	הָרֹאשׁ	חָכָם	הֶחָכָם
אוֹר	הָאוֹר	הֵיכָל	הַהֵיכָל

예제 2) 어구의 뜻

① לְמֶ֫לֶךְ(왕에게) ② כֵּאלֹהִים(하나님처럼)(61쪽) ← כֶּאֱ- ← אֱלֹהִים + כְּ

③ בַּמֶּ֫לֶךְ(그 왕 안에서/의해서) ④ מֵאָדָם(사람[아담]으로부터) ← אָדָם + מִן

예제 3) 쉐바 유포니 ① לִשְׁמוּאֵל ② כַּאֲרִי ③ בֵּאלֹהִים ④ בֶּאֱדוֹם

II. 결합된 형태

① כִּשְׁמוּאֵל ② בְּמֶ֫לֶךְ ③ לִירוּשָׁלַ֫יִם ④ לְחֹ֫שֶׁךְ

⑤ לֶאֱמֶת ⑥ מֵאָדָם ⑦ וַאֲנִי ⑧ בַּדָּבָר

III. 문장 해석

(1) 사자처럼 (2) 유다에게 (3) 그 성읍으로부터 (4) 평안히, 평강 중에
(5) 대지(땅)처럼 (6) 그 대지(땅)처럼 (7) 의를 위해 (8) 그리고 대지(땅)
(9) 인자와 은혜 (10) 평강과 의 (11) 모든 (그)백성 (12) 그리고 온 (그)땅
(13) 머리로부터 그리고 머리 위에 (14) 그 흙 속에
(15) 그 산 아래 그 성읍(혹은, '그 성읍이 그 산 아래 있다')
(16) 생명(목숨, 혼) 대신 생명(목숨, 혼) (17) 그 대지(땅)로부터 흙
(18) 그 빛과 그 어둠 사이에 (19) 모세가 아론에게 외쳤다(아론을 불렀다).
(20) 사무엘이 그 백성에게 왕을 주었다. (21) 여호와가 그 산에 계신다.
(22) 이스라엘에 왕이 없다(문맥으로는 과거). (23) 사무엘이 그 산들로 왔다.
(24) 그리고 하나님이 아브라함에게 말씀하셨다.
(25) 여호와께서 그 산에서 그 백성을 부르셨다.
(26) 여호와께서 그 땅 위에 사람을 창조하셨다.
(27) 오늘(날) 내가 이스라엘의(위에) 왕이다.
(28) 그리고 여호와께서 그 백성에게 은혜를 주셨다.
(29) 여호와께서 유다와 예루살렘에게 이렇게 말씀하셨다. "나는 여호와 하나님이니라"
(30) 태초에 하나님이 창조하셨다. (그)하늘과 (그)땅을.

5과 명사와 형용사

A. 명사와 형용사 변화

1. 개요

1) 히브리어의 명사와 형용사(그리고 분사)는 헬라어와 달리 격변화가 없고 성과 수에 따른 어미가 붙는 형태만을 가지므로 헬라어와 비교해볼 때 매우 단순하다. 다만 히브리어의 경우 어미 변화와 더불어 모음도 달라지는 것에 익숙해져야 한다.

2) 히브리어는 헬라어에 없는 쌍수를 갖는 것이 특징이다.

2. 명사/형용사의 어미 변화

1) 명사와 형용사의 성과 수에 따른 어미 변화는 다음과 같다.

	남 성	여 성
단수	기본형	□ָה
복수	□ִים	□וֹת
쌍수	□ַ֫יִם	□ָתַ֫יִם

2) 기본형인 남성단수의 어미는 없으며 복수와 쌍수는 흡사한 형태의 어미를 가진다. 그러나 쌍수는 복수와 달리 악센트가 전종음절에 위치한다.

3) 여성쌍수 어미 역시 □ַ֫יִם이지만, 여성 어미 □ָה를 가진 명사 뒤에 붙게 되면 □ָתַ֫יִם이 된다. 이는 □ָה가 □ַת로 바뀐 결과인데 여성 어미 ה가 원래는 ת였기 때문에 발생된 현상이다.

3. 어미 변화의 예

1) 쌍수 어미는 약간 다른 특징을 지니므로 쌍수 어미가 붙는 명사는 별도로 취급하는 것이 낫다. 여기서는 단수와 복수 어미의 활용만을 살핀다. 형용사 역시 동일한 어미 변화를 하므로 함께 비교한다.[46]

	명 사		형용사	
남.단	סוּס '말'	נָבִיא '선지자'	טוֹב '선한'	חָכָם '지혜로운'
남.복	סוּסִים '말들'	נְבִיאִים '선지자들'	טוֹבִים	חֲכָמִים
여.단	סוּסָה '암말'	נְבִיאָה '여선지자'	טוֹבָה	חֲכָמָה
여.복	סוּסוֹת '암말들'	נְבִיאוֹת '여선지자들'	טוֹבוֹת	חֲכָמוֹת

2) 위에서 סוּס와 טוֹב는 단음절 단어이므로 상관없으나 두 음절 이상의 단어에 어미가 붙으면 음절의 추가로 인해 악센트의 이동과 함께 모음의 변화가 발생한다. 즉 앞에서 배운 HHP가 여기서 정확히 적용된다. 따라서 נָבִיא에 어미들이 접미되어 맨 앞의 개음절 נָ가 נְ로 약화된 것에 유의하라. 이해를 돕기 위해 종음절의 악센트를 표시한다.

ִים + נָבִ֫יא → נָבִיאִ֫ים →(HHP)→ נְבִיאִ֫ים (נָ가 נְ로 바뀜)

ָה + נָבִ֫יא → נָבִיאָ֫ה →(HHP)→ נְבִיאָ֫ה

3) חָכָם은 첫 자음이 후음이므로 어미가 추가될 때 단순쉐바가 아닌 합성쉐바로 변했음을 유의하라: ִים + חָכָם → חֲכָמִים

예제 1) 다음 빈칸에 알맞은 변화형을 쓰시오

남.단	גָּדוֹל '위대한'	חָזָק '강한'
남.복		
여.단		
여.복		

46) 앞으로 필요한 경우 성과 수와 관련하여 다음과 같은 약자가 사용될 것이다.
남(m)=남성(masculine); 여(f)=여성(feminine); 공(c)=공성(common gender)
단(s)=단수(singular); 복(pl)=복수(plural); 쌍(du)=쌍수(dual)
남.단(ms)=남성단수; 남.복(mpl)=남성복수; 남.쌍(mdu)=남성쌍수
여.단(fs)=여성단수; 여.복(fpl)=여성복수; 여.쌍(fdu)=여성쌍수

4. ה로 끝나는 명사의 접미

1) ה로 끝나는 어떤 명사들은 어미의 접미와 더불어 묵음인 ה가 사라지곤 한다.

וֹת + חַיָּה '생물, 동물' → חַיּוֹת '생물들, 동물들'
ִים + שָׁנָה '해'(year) → שָׁנִים '여러 해'
ִים + רֹעֶה '목자' → רֹעִים '목자들'

2) 그러나 א은 묵음이라도 접미어가 붙을 때 극히 일부를 제외하고 사라지지 않는다: נָבִיא '선지자' → נְבִיאִים '선지자들'/ נְבִיאוֹת '여선지자들.'

5. 쌍수

1) 히브리어의 모든 명사에 쌍수 어미를 붙일 수 있는 것은 아니다. 이론적으로는 סוּס('말')에 쌍수 어미를 붙여 סוּסַ֫יִם('쌍 숫말')이며 여성 쌍수는 סוּסָתַ֫יִם('쌍 암말')이지만 실제로는 사용되지 않는다. 다만 문법서에서 이해를 돕기 위해 인위적으로 사용될 뿐이다.

2) 쌍수는 *신체상의 쌍*이나 *짝을 이루는 특정 명사들*에서 나타난다.47) 다음은 쌍수 어미를 갖는 일부 명사들이다.

	남 성	여 성		
단	יוֹם '날, 낮'	שָׁנָה '해'(year)	שָׂפָה '입술'	יָד '손'
복	יָמִים '날들'	שָׁנִים '여러 해'	(שְׂפָתוֹת '입술들')[a]	(יָדוֹת '손들')[a]
쌍	יוֹמַ֫יִם '이틀'	שְׁנָתַ֫יִם '두 해'	שְׂפָתַ֫יִם '두 입술'	יָדַ֫יִם[b] '두 손'

a. שְׂפָתוֹת는 불규칙이다(שְׂפָ뒤의 ת에는 항상 경강점이 안찍힘). יָדוֹת와 더불어 이 복수형들은 단지 드물게 나타날 뿐이다.

b. יָד는 שָׂפָה와 달리 여성 어미 ָה 가 없는 여성 명사이므로 쌍수 어미로 ָתַ֫יִם 이 아닌 ַ֫יִם 이 붙는다.

47) 쌍이 아닌 단순히 '둘'을 가리킬 때는 일반적으로 수사 שְׁנַ֫יִם/ שְׁנֵי־('둘, two)을 사용한다. 예를 들어 '두 사람'은 שְׁנַ֫יִם־אֲנָשִׁים 혹은 שְׁנֵי אֲנָשִׁים으로 표현한다. 둘 중에 후자의 것을 더 많이 사용하는데 수사에 대해서는 뒤에서 배운다.

3) 쌍수 명사는 다음 몇 가지 특징을 갖는다.

① *신체상의 쌍수 명사는 복수 의미도 가능하다.* 쌍수 어미가 항상 둘(two)만을 가리키는 것은 아닌데 특히 신체상의 쌍수는 복수 의미를 갖는 경우가 많다. 예컨대, שְׂפָתַיִם은 '두 입술'과 '입술들' 둘 다 가능, יָדַיִם은 '양손'과 '손들' 둘 다 가능.[48]

② *드물게 쌍수 어미를 복수 어미로 취하는 명사가 있는데 그 명사의 의미는 사실상 단수다:* מַיִם '물(들)'/ שָׁמַיִם '하늘(들).' 또한 복수 형태이면서 단수 의미를 갖는 단어들도 있다: חַיִּים '생명'/ פָּנִים '얼굴'/ אֱלֹהִים '하나님'(원래는 '신들'이라는 뜻이다).[49] 그러나 이 명사들의 형용사나 동사는 복수형을 취하곤 한다: מַיִם קְדוֹשִׁים '거룩한 물.'

---

48) 쌍수의 복수 용법은 주옹의 견해를 참고하라(Joüon-Muraoka, *A Grammar of Biblical Hebrew*, 295). '손'의 경우 집단 안수의 사례들에서 증거 된다. 이때 여러 사람들의 '손들'은 쌍수형이지만 '여러 손들'을 의미한다. 동시에 이런 신체상의 쌍수 명사들 중 일부의 복수형은 여성복수형으로 나타난다. '손'은 여성복수 יָדוֹת('손들')이 종종 사용되고(창 43:34; 왕상 7:32), '입술'도 여성복수 שִׂפְתוֹת('입술들')가 시가서나 후기 히브리어 문헌에서 나타난다(전 10:12; 시 45:3).

49) 이런 명사들 중 어떤 것들은 '존엄 복수'(혹은, '장엄 복수')로 이해될 수 있다. 예를 들어, '하나님'은 너무 크신 분이기에 복수인 אֱלֹהִים으로 표현하면서 이를 존엄 복수라 칭한다. 그러나 אֱלֹהִים은 אֵל의 복수이기도 한데 '하나님'이란 뜻의 אֵל은 또한 기본적으로 단순히 가나안 지역의 '신'을 지칭한다. 따라서 אֱלֹהִים이 אֵל의 복수로 이방의 여러 '신들'을 의미하는 경우도 있으니 문맥에서 그 의미가 단수 '하나님'인지 복수 '신들'인지 구분해야 한다. אֲדֹנָי('주님')도 엄밀히 '나의 주님들'이란 뜻이나 존엄 복수의 단수로 취급된다. 한편, '확장의 복수'는 '넓은 표면'과 관련된 복수 형태의 명사들에 적용된다. 예컨대, שָׁמַיִם의 쌍수어미는 사실은 쌍수 형태의 복수어미로서 문자적으로 '하늘들'이다. 이것은 하늘의 광대함과 여러 요소를 지닌 하늘의 개념을 반영하고 있다. מַיִם('물')도 여기에 해당된다. פָּנִים('얼굴')의 경우, 얼굴은 눈, 코, 입 등 여러 구성 요소들로 이루어져 있기에 복수 형태의 단수 명사인 것으로 추측된다. 그 외 מִצְרַיִם('이집트, 애굽')은 나일강 상류와 하류의 상하로 나뉜 이집트의 두 지역을 표현하는 명칭인 반면, יְרוּשָׁלַיִם('예루살렘')은 원래는 쌍수가 아니었으며 이 단어에는 별다른 쌍수나 복수의 의미가 없다.

6. 여성 명사의 구별

1) 여성 명사 중에 어미 הָ 가 없이 원래 여성인 명사들이 있다. 여성 명사는 어떤 특징적인 기준들이 있으므로 대체로 파악이 용이하다.

① *남성명사에 הָ 가 붙을 때:* סוּס '말' → סוּסָה '암말'
② *ת로 끝나는 대다수의 명사* (ת는 ה의 원래 형태, 즉 옛 형태다)*:*
מִצְרִי '이집트인' → מִצְרִית '이집트 여자'/ אֱמֶת '진리'/ בְּרִית '언약'
③ *뜻 자체가 여성인 명사:* אֵם '어머니'/ בַּת '딸'
④ *쌍을 이루는 신체 기관:* יָד '손'/ רֶגֶל '발'/ אֹזֶן '귀'[50]
⑤ *어머니처럼 주민을 내포하는 지역, 국가, 도시:* עִיר '성읍'/ צִיּוֹן '시온'

2) 그러나 이와 같은 기준이 매우 엄격한 것은 아니므로 필요한 경우 사전의 도움을 받는 것이 좋다.

7. 특이한 명사들

1) 일부 명사는 남성복수 어미를 갖는데도 실제로는 여성복수다.

עִיר '성읍'(여.단) → עָרִים (불규칙) '성읍들'(여.복)
אִשָּׁה '여자'(여.단) → נָשִׁים (불규칙) '여자들'(여.복)

2) אִישׁ('남자')와 אִשָּׁה('여자')는 각각 다음과 같이 불규칙적으로 변한다: אִישׁ '남자' → אֲנָשִׁים '남자들'/ אִשָּׁה '여자' → נָשִׁים '여자들.'[51]

3) 반대로 여성복수 어미를 가졌으나 남성복수인 명사들이 있다.

חֲלוֹם '꿈'(남.단) → חֲלוֹמוֹת '꿈들'(남.복)
אָב '아버지, 조상'(남.단) → אָבוֹת '조상들'(남.복)
קוֹל '음성'(남.단) → קוֹלוֹת '음성들'(남.복)

---

50) 반면에 쌍을 이루지 않는 신체 기관은 대체로 남성이다: פֶּה '입'/ אַף '코'/ רֹאשׁ '머리.' 그 중의 일부는 여성이다: שֵׁן '이'/ עֶצֶם '뼈.'

51) אִישׁ를 보면 알 수 있듯이 명사는 불규칙적인 변화를 하는 것들이 많다. 위의 עִיר 역시 불규칙 변화 명사이다. 불규칙 변화 명사들은 나중에 상세히 배운다.

4) 드물게 복수에서 남성복수와 여성복수 어미 둘 다 갖는 명사도 있다.

שָׁנָה '해'(year) (여.단) → שָׁנִים = שְׁנוֹת[a] '여러 해'(years) (둘 다 여.복)

a. 다만 שְׁנוֹת는 연계형으로만 사용된다.

B. 형용사의 용법

히브리어의 형용사의 경우 그 용법은 세 가지로 나뉜다. 그것은 각각 형용적 용법(Attributive Usage), 서술적 용법(Predicative Usage), 그리고 명사적 용법(Substantive Usage)이다.[52] 헬라어를 배운 사람들은 이것이 헬라어의 형용사 용법과 거의 동일하다는 것을 알 수 있을 것이다.

1. 형용적 용법

1) 요점: *형용사는 명사 뒤에 오며 성/수/관사가 일치한다.*

2) 이것은 형용사가 명사를 직접 수식하는 경우인데 형용사는 명사 뒤에 위치한다. 이때 형용사와 그것이 수식하는 명사의 성/수/관사가 일치해야 한다.

3) 다음은 형용사 טוֹב('좋은')과 더불어 명사 סוּס('말, horse')를 사용한 용례들이다.

סוּס טוֹב	'좋은 말'	הַסּוּס הַטּוֹב	'그 좋은 말'
סוּסָה טוֹבָה	'좋은 암말'	הַסּוּסָה הַטּוֹבָה	'그 좋은 암말'
סוּסִים טוֹבִים	'좋은 말들'	הַסּוּסִים הַטּוֹבִים	'그 좋은 말들'
סוּסוֹת טוֹבוֹת	'좋은 암말들'	הַסּוּסוֹת הַטּוֹבוֹת	'그 좋은 암말들'

4) 형용사는 쌍수어미를 사용하지 않는다. 형용사가 쌍수명사를 수식하는 경우 그 형용사는 복수어미를 붙인다.

52) 형용적 용법은 '관형적 용법,' 혹은 '수식적 용법'으로, 명사적 용법은 '독립적 용법'이라 칭하기도 한다.

יָד טוֹבָה '좋은 손' / הַיָּדַיִם הַטּוֹבוֹת '그 좋은 두 손'[53]
(יָד는 여성단수, יָדַיִם은 여성쌍수다)

5) 만일 명사가 소유격 접미 대명사를 가질 경우, 또는 고유 명사일 경우 관사를 가진 명사처럼 한정되어 있으므로 역시 형용사는 관사를 붙인다.

סוּסִי[a] הַטּוֹב '나의 좋은 말'

a. 접미 대명사 ִי('나의')가 סוּס를 한정시킴

יהוה הַטּוֹב '선하신 여호와'(대하 30:18)

2. 서술적 용법

1) 요점: *형용사는 명사 앞이나 뒤에 오며 성/수는 일치하나 형용사에 관사가 붙지 않는다.*

2) 서술적인 형용사는 술부의 보어로서 동사처럼 사용된 경우로 대체로 명사 앞에 오지만 명사가 강조될 경우 명사가 형용사 앞에 온다. 이 용법에서 형용사에는 결코 관사가 붙지 않으므로 성/수만 일치하고 관사는 불일치하다.

3) 다음은 서술적 용법의 용례들이다.

טוֹב סוּס '좋다 한 말이'	סוּס טוֹב '한 말이 좋다'[a]
טוֹב הַסּוּס '좋다 그 말이'	הַסּוּס טוֹב '그 말은 좋다'
טוֹבָה הַסּוּסָה '좋다 그 암말이'	הַסּוּסָה טוֹבָה '그 암말은 좋다'
טוֹבוֹת הַסּוּסוֹת '좋다 그 암말들이'	הַסּוּסוֹת טוֹבוֹת '그 암말들이 좋다'
טוֹב סוּסִי '좋다 나의 말은'	סוּסִי טוֹב '나의 말은 좋다'
טוֹבוֹת הַיָּדַיִם '좋다 그 두 손이'	הַיָּדַיִם טוֹבוֹת '그 두 손이 좋다'

a. סוּס טוֹב는 '한 좋은 말'도 가능하므로 이 경우 문맥에서 적절한 해석을 결정하면 된다.

---

53) 이런 기준에 따라 הַיָּדַיִם הַטּוֹבַיִם은 잘못된 표현이다. 왜냐하면 형용사에 쌍수 어미가 붙었기 때문이다.

3. 명사적 용법

1) 요점: *형용사가 문장 속에서 명사로 사용된다.*

2) 이것은 형용사가 어떤 명사를 수식하거나 서술적으로 사용되지 않고 독립적인 명사로 사용되는 용법이다. 따라서 명사적 용법은 '독립적 용법'이라고도 불린다. 이를테면, **טוֹב**는 명사적 용법일 때 문맥에 따라 추상 명사로 '선,' 또는 사람이나 사물로 '선한 사람,' '선한 것'을 의미할 수 있다.

3) 다음은 명사적 용법의 용례들이다.

טוֹב וָרָע '선과 악'(창 2:9)

רָעִים וְטוֹבִים '악인들과 선인들'(전 15:3)

4) 위의 용법들에서 형태는 남성인데 여성 명사인 경우, 혹은 반대로 형태는 여성인데 남성 명사인 경우 그 명사와 결부되는 형용사의 사용에서 주의를 기울여야 한다. 그 형용사의 성은 연결된 명사의 어미가 아닌 그것의 성을 따른다.

נָשִׁים טוֹבוֹת '좋은 여자들'

הָאָבוֹת גְּדוֹלִים '그 조상들은 위대하다'

(여기서 **נָשִׁים טוֹבִים**과 **הָאָבוֹת גְּדוֹלוֹת**는 잘못이다)

예제 2) 명사 **אִישׁ**와 형용사의 관계가 잘못되어있다. 이하 예제 4)까지는 문장 순서를 그대로 두고 형용사를 바르게 고치라.

① **הָאִשָּׁה הַטּוֹב** ② **אֲנָשִׁים טוֹב** ③ **הַנָּשִׁים הַטּוֹבִים**

예제 3) 다음은 왜 잘못된 형용사 표현들인가? 형용사를 고치라.

① **הַטּוֹב הָאִישׁ** ② **הַנָּשִׁים טוֹב** ③ **אֲנָשִׁים הַטּוֹבִים**

예제 4) **הַיָּדַיִם הַחֲזָקִים**('그 강한 두 손')은 왜 오류인가? 수정하라.

예제 5) 다음을 해석하라.

① **הַדָּבָר טוֹב** ② **טוֹבִים הַדְּבָרִים** ③ **הָעִיר הַטּוֹבָה**

C. 명사의 종류와 세골 명사

1. 명사의 종류

1) 명사는 단음절로 된 것들도 많지만(יָד/ שֵׁם/ בֵּן) 두 음절 단어가 가장 많으며 두 음절 이상의 단어들도 매우 많다. 또한 많은 명사들이 동사 어근(root)에서 파생되어 나온 것들이다.

מָלַךְ '통치하다' → מֶ֫לֶךְ '왕'/ מַמְלָכָה '왕국'
יָלַד '낳다' → יֶ֫לֶד '소년'/ יַלְדָּה '소녀'

2) 이러한 히브리어 명사는 여러 유형들로 구분될 수 있는데 학자들에 따라 분류 방식이 약간 다르다. 이 책에서는 데이비슨 방식의 명사 구분법을 따른다. 자세한 설명은 아래 각주를 참고하라.[54)]

---

54) 데이비슨은 명사들을 어미가 추가될 때의 모음의 변화 양상, 즉 명사의 어형 변화(declension, '곡용')에 따라 크게 네 종류로 구분했다(A. B. Davidson, 「히브리어 문법」, 342-348). 단지 어형 변화를 하는 명사들만 이런 분류법으로 구분되며 어미가 붙어도 어형 변화를 하지 않는 명사, 곧 אִישׁ나 סוּס와 같이 가운데에 순장모음을 갖는 단음절 명사는 제외된다. 이영근의 번역 '곡용' 대신 우리는 '변화'라는 용어를 취한다.

① 제1변화 명사 - 주로 종음절에 카메츠(ָ)가 오는 명사들이다: דָּבָר '말씀'/ כּוֹכָב '별'/ 그 외 נָבִיא '선지자' 등. 이것들은 어미가 붙을 때 대체로 HHP가 적용되어 악센트에서 두 음절 멀리 떨어진 모음이 약화되는 특징을 갖는다: דָּבָר → דְּבָרִים '말씀들.' 물론 그것이 순장모음인 경우 모음이 변하지 않는다: כּוֹכָב → כּוֹכָבִים '별들'(혹은 메텍 표기가 없어도 무방하다: כּוֹכָבִים)

② 제2변화 명사 - '세골 명사'라 부르는 것으로서, 종음절의 모음이 세골(ֶ)이면서 악센트가 전종음절에 위치하는 명사들이다: מֶ֫לֶךְ '왕'/ אֶ֫רֶץ '땅'/ סֵ֫פֶר '책'/ קֹ֫דֶשׁ '거룩한 것' 등. 이 명사는 어미가 붙을 때 특수한 변화를 하므로 이 과에서 아래에 별도로 취급하여 설명한다.

③ 제3변화 명사 - 종음절의 모음이 체레(ֵ)인 명사들이다: שֹׁפֵט '사사, 판관'/ מַקֵּל '막대기'/ סֹפֵר '서기관' 등. 이런 명사들의 가장 큰 특징은 어미가 붙을 때 HHP에 역행하여 악센트 바로 앞의 체레가 쉐바로 약화된다는 것이다: ִים + סֹפֵר → סֹפֵרִים → סֹפְרִים '서기관들.' 여기서 פֵ가 פְ로 약화되었음을 주목하라.

3) 특별히 데이비슨의 제3변화 명사인 소위 '체레형 명사'의 모음 변화를 주목하라. 이 명사는 어미나 접미어가 붙을 때, 모음 체레(□ֵ)를 잃는다.

ִים + שֹׁפֵט '사사, 판관' → שֹׁפְטִים '사사들, 판관들'

4) 여기서 우리는 가장 중요한 제2변화 명사인 세골 명사를 중점적으로 다룰 것이다.

2. 세골 명사

1) 세골 명사의 두드러진 특징은 종음절에 세골(□ֶ)을 가진다는 것과 악센트는 전종음절에 있다는 것이다.

2) 세골 명사는 크게 다음과 같은 세 가지 형태가 있다.

□ֶ֫□ֶ□(מֶ֫לֶךְ)　　□ֵ֫□ֶ□(סֵ֫פֶר)　　□ֹ֫□ֶ□(קֹ֫דֶשׁ)

3) 각 경우에 현재의 형태로 발전된 원래 형태, 즉 옛 형태를 아는 것이 중요한데 그 이유는 이 명사가 어미 변화와 함께 빈번히 원래 형태로 돌아가기 때문이다.

최종 형태	□ֶ֫□ֶ□	□ֵ֫□ֶ□	□ֹ֫□ֶ□
	מֶ֫לֶךְ	סֵ֫פֶר	קֹ֫דֶשׁ
	↑	↑	↑
원래 형태	□ַ□ְ□ְ	□ִ□ְ□ְ	□ָ□ְ□ְ[o]
	מַלְךְ	סִפְרְ	קָדְשְׁ

④ 제4변화 명사 - 위 세 가지 변화에 속하지 않은 것들로 다음 두 가지로 나뉜다: (1) 주로 두 개의 자음으로 구성된 단음절 명사들: עַם '백성'/ הַר '산'/ חֵץ '화살'/ חֹק '규례'; (2) 중강점을 포함하는 명사들과 일부의 두 음절로 된 명사들: שַׁמָּה '황폐'/ מִדָּה '치수'/ קָטָן '작은 자' 등. 이런 명사들은 어미가 붙을 때 대체로 마지막 자음이 중복되어 중강점을 갖는 특징을 보인다: עַם → עַמִּי '나의 백성'/ אֵם → אִמְּךָ '너의 어머니'/ קְטַנָּה '작은 여자.'

4) 세골 명사에 어미가 붙을 때 옛 형태에 붙이기도 하고 또 그렇지 않기도 하는데 그것을 다음과 같이 간략히 정리해 볼 수 있다.

① *어떤 접미 대명사가 붙을 때는 옛 형태에 붙는다.*

ִי 'ִ나의' + מֶ֫לֶךְ → ִי + מַלְךְ → מַלְכִּי '나의 왕'

② *복수형을 만들 때는 ◻ָ◻ָ◻형 명사로 취급한다.*

ִים + מֶ֫לֶךְ → ִים + מָלָךְ → מָלָכִים →(HHP)→ מְלָכִים '왕들'

5) 위에 언급된 규칙들에서 벗어난 변이형도 간혹 있다. 예를 들어, בֶּ֫גֶד ('옷')의 옛 형태는 בַּגְד가 아니라 בִּגְד이며, צֶ֫דֶק('의')는 צִדְק와 צַדְק 두 형태 모두 나타난다: בִּגְדִי '나의 옷'/ צִדְקִי = צַדְקִי '나의 의.'

6) 2과의 후음 문자에서 배운 바와 같이 세골 명사의 자음 중에 후음 ע과 ח을 포함하고 있으면 후음의 영향으로 모음이 '아'음으로 바뀐다.

זֶ֫בֶח가 아닌 זֶ֫בַח '제사, 희생' (후음 앞의 세골이 파타로 바뀜)
נֶ֫עֶר가 아닌 נַ֫עַר '소년' (가운데의 후음이 앞뒤 모음에 영향을 끼침)

이것들의 접미형들 또한 동일하게 위의 규칙들을 따르는데 이에 대해서는 앞으로 배울 것이다.

7) 세골 명사에 대한 더 상세한 설명은 명사에 붙는 접미 대명사를 배울 때, 혹은 연습문제에서 추가될 것이다. 세골 명사는 조금 복잡하지만 '현재 형태'와 '원래 형태'(옛 형태)를 알고 또한 복수형을 만들 때 ◻ָ◻ָ◻ 형태로 만든다는 것만 알면 그다지 어려움이 없다.

5과 연습문제

I. 어휘

פֹּה	여기 (כֹּה와 구분)	חָכָם	지혜로운	רַע	악한, 나쁜
גָּדוֹל	큰, 위대한	קָדוֹשׁ	거룩한	זָקֵן	늙은
הוּא	그는, 그것/(여) הִיא	נָבִיא	선지자	אֶבֶן	(여) 돌/(복) אֲבָנִים
אֲנָשִׁים	남자들(אִישׁ의 복수)	גַּן[55]	동산, 정원	עֵץ	나무
נָשִׁים	여자들(אִשָּׁה의 복수)	שֶׁמֶשׁ	해, 태양	אַתָּה	너는(남)/(여) אַתְּ
אָבוֹת	조상들(אָב의 복수)	דָּוִד	다윗	אֶחָד	하나, 첫/(여) אַחַת
חָכְמָה	지혜	לָקַח	취하다(take)	יָצָא	나가다, 나오다

II. 다음 물음에 답하시오.

(1) 다음 명사의 변화형을 완성하시오.

	남 성	여 성
단수	נָבִיא	
복수		

(2) 다음 빈칸에 세골 명사의 복수형을 쓰시오.

※ 성을 유의하라. 그러나 어떤 것은 복수 어미가 성과 반대다.

סֵפֶר (남) '책'	'책들'
נֶפֶשׁ (여) '생명'	'생명들'
עֶבֶד (남) '종'	'종들'
אֶבֶן (여) '돌'	'돌들'

---

55) 언급한대로 명사의 성은 남성과 여성으로 구분되며 중성은 없다. 다만 남성과 여성이 모두 가능한 공성(共性) 명사가 상당수 존재한다: גַּן '동산'/ דֶּרֶךְ '길.' 그러나 여성 명사와 마찬가지로 공성 명사의 성 또한 굳이 외울 필요는 없다.

(3) 다음 뜻은 무엇인가?

① הַסּוּסִים הַטּוֹבִים (   ) ② וְהַסּוּס טוֹב (   )

(4) 해석에 맞게 괄호 안에 올바른 히브리어 형용사 형태를 써넣으라.

( )	הָאִישׁ	'그 좋은 남자'
( )	הָאִשָּׁה	'그 여자가 좋다'
הָאֲנָשִׁים	( )	'그 남자들이 좋다'

※ 문장 해석을 위한 도움말

다음 동사 변형들은 동사 편에서 배워야 하지만 매우 빈번히 등장하므로 문장 해석을 위해 미리 학습한다. 동사 뒤에 주어를 나타내는 주격 접미어 ◌ָה('그녀가')와 ◌וּ('그들이')가 접미될 수 있다.[56] 동사에 붙는 주격 접미어 ◌ָה는 명사의 여성단수 어미 ◌ָה와 동일한 형태지만 서로 다른 요소다. 이때 어떤 동사들은 기본형의 모음이 바뀌면서 맨 앞에 메텍이 찍힌다. 이에 대해서는 동사 편에서 상세히 배울 것이다.

אָמַר '그가 말했다'/ אָֽמְרָה '그녀가 말했다'/ אָֽמְרוּ '그들이 말했다'
קָרָא '그가 불렀다'/ קָֽרְאָה '그녀가 불렀다'/ קָֽרְאוּ '그들이 불렀다'
בָּא '그가 왔다' / בָּ֫אָה '그녀가 왔다' / בָּ֫אוּ '그들이 왔다'

56) 이것들은 동사 접미어들이다. 동사 접미어들은 이것들 외에도 각 인칭 별로 존재하나 여기서는 가장 단순한 두 가지 형태만 배운다. ◌ָה는 3인칭 여성 단수('그녀가'), ◌וּ는 3인칭 공성 복수 어미('그들이/그녀들이')이다. 이것들이 붙을 때 왜 동사의 어떤 모음이 사라지는지는 동사 편에서 설명된다.

III. 다음을 해석하라.

(1) עֶ֫בֶד חָכָם (2) אִשָּׁה חֲכָמָה (3) אֲנָשִׁים חֲכָמִים

(4) חֶ֫סֶד גָּדוֹל (5) הַנְּבִיאָה הַגְּדוֹלָה (6) הַנָּשִׁים גְּדוֹלוֹת

(7) גְּדוֹלִים הָאָבוֹת (8) הָאָבוֹת הַחֲכָמִים (9) הָאֶ֫בֶן הַקְּדוֹשָׁה

(10) הָאֲבָנִים קְדוֹשׁוֹת (11) אַתָּה רַע וַאֲנִי טוֹב

(12) יֵשׁ פֹּה הָאִישׁ (13) אֵין־קָדוֹשׁ כַּיהוה (삼상 2:2)

(14) וְהַמֶּ֫לֶךְ דָּוִד זָקֵן (왕상 1:1) (15) הוּא גָדוֹל וְהִיא חֲכָמָה

(16) נָתַן יהוה חָכְמָה לְמֹשֶׁה (17) יֵשׁ הָעֵץ בַּגָּן

(18) אָמַר כָּל־הָעָם קוֹל אֶחָד (19) לָקַח שְׁמוּאֵל אֶ֫בֶן אַחַת

(20) הָאִישׁ הַזָּקֵן בָּא לִשְׁמוּאֵל מֵהָעִיר

(21) הַנְּבִיאָה [a]בָּ֫אָה אֶל־הָעֵץ   a. ָה '그녀가' + בָּא

(22) [a]יָֽצְאוּ הָֽעֲבָדִים מִן־הַגָּן   a. וּ '그들이' + יָצָא

(23) עַם קָדוֹשׁ אַתָּה לַיהוה (신 7:6)

(24) פֹּה לָֽקְחוּ הָֽאֲנָשִׁים אֶת־הָֽאֲבָנִים הַגְּדוֹלוֹת

(25) יהוה הוּא עָשָׂה אֶת־הַחֶ֫סֶד הַגָּדוֹל

(26) הָעָם עָשָׂה הַדָּבָר בְּכָל־נֶ֫פֶשׁ

(27) הַשֶּׁ֫מֶשׁ יָצָא עַל־הָאָ֫רֶץ וְהָאִישׁ בָּא אֶל־הָעִֽיר׃

(28) כֹּה [a]אָֽמְרָה מֵיהוה יָצָא הַֽדָּבָר   a. ָה '그녀가' + אָמַר

(29) הַמֶּ֫לֶךְ לֹא נָתַן לָעֶ֫בֶד חֵן

(30) וַיֹּ֫אמֶר כֹּה מֹשֶׁה לְאַהֲרֹן יהוה אֱלֹהִים נָתַן שָׁלוֹם בְּיִשְׂרָאֵל

5과 연습문제 해답

예제 1) 알맞은 변화형

남.단	גָּדוֹל '위대한'	חָזָק '강한'
남.복	גְּדוֹלִים	חֲזָקִים
여.단	גְּדוֹלָה	חֲזָקָה
여.복	גְּדוֹלוֹת	חֲזָקוֹת

예제 2) ① הָאִשָּׁה הַטּוֹבָה ② אֲנָשִׁים טוֹבִים ③ הַנָּשִׁים הַטּוֹבוֹת

예제 3) ① הָאִישׁ טוֹב ② הַנָּשִׁים טוֹבוֹת. ③ אֲנָשִׁים טוֹבִים

예제 4) 수정하라: הַיְלָדִים הַחֲזָקוֹת (חֲזָקוֹת는 구약에서 사용되지는 않음)

예제 5) ① 그 말씀/일이 좋다 ② 좋다 그 말씀들/일들이
③ 그 좋은 성읍

II. (1) 변화형 완성하기

	남 성	여 성
단수	נָבִיא	נְבִיאָה
복수	נְבִיאִים	נְבִיאוֹת

(2) 세골 명사의 복수형

סֵפֶר (남) '책'	סְפָרִים '책들'
נֶפֶשׁ (여) '생명'	נְפָשׁוֹת '생명들'
עֶבֶד (남) '종'	עֲבָדִים '종들'
אֶבֶן (여) '돌'	אֲבָנִים '돌들'

(3) ① 그 좋은 말들 ② 그리고 그 말은 좋다

(4) 적절한 히브리어 표현

הָאִישׁ הַטּוֹב '그 좋은 남자'

הָאִשָּׁה טוֹבָה '그 여자가 좋다'

טוֹבִים הָאֲנָשִׁים '그 남자들이 좋다'

III. 문장 해석

(1) 한 지혜로운 종/ 한 종이 지혜롭다.
(2) 한 지혜로운 여자/ 한 여자가 지혜롭다.
(3) 지혜로운 남자들/ 남자들이 지혜롭다. (4) 큰 자비(인자)/자비가 크다.
(5) 그 위대한 여선지자 (6) 그 여자들은 위대하다.
(7) 그 조상들은 위대하다. (8) 그 지혜로운 조상들 (9) 그 거룩한 돌
(10) 그 돌들은 거룩하다. (11) 너는 악하고 나는 선하다.
(12) 여기에 그 사람이 있다.
(13) 여호와같이 거룩한 분이 없다.
(여기서 קָדוֹשׁ['거룩한]은 명사적 용법으로 '거룩한 분')
(14) 그리고 다윗 왕(그 왕 다윗)은 늙었다
(15) 그는 위대하고 그녀는 지혜롭다.
(16) 여호와께서 모세에게 지혜를 주셨다. (17) 그 동산에 그 나무가 있다.
(18) (그)모든 백성이 한 목소리로 말했다. (19) 사무엘이 돌 하나를 취했다.
(20) 그 늙은 사람이 그 성읍으로부터 사무엘에게 왔다.
(21) 그 여선지자가 그 나무를 향해 왔다.
(22) 그 종들이 그 동산으로부터 나갔다.
(23) 너는 여호와께 거룩한 백성이다.
(24) 그 남자들(사람들)이 여기서 그 큰 돌들을 취했다.
(25) 여호와 그분이 큰 자비를 베푸셨다(만드셨다, 행하셨다).
(26) 그 백성이 혼신을 다해(온 영혼으로) 그 일(혹은 '말씀')을 행하였다.
(נֶפֶשׁ란 단어는 고대 근동의 어근을 추적해 볼 때 본래 '목구멍,' '숨,' '목숨'이란 뜻을 가졌던 것으로 추정된다. 그러나 이것은 구약 성경에서 의미론적 확장과 더불어 몸과 혼을 총체적으로 가리키는 단어로 쓰인다: '혼,' '영,' '인격,' '생명,' '욕구,' '몸' 등)
(27) 해가 (그) 땅 위에 떴고(나왔고) 그 사람은 그 성읍으로 갔다(come).
(בָּא['come']은 '오다'이면서 기준점을 따라 '그쪽으로 가다'는 개념임)
(28) 그녀가 이렇게 말했다. "그 일/말씀은 여호와께로부터 나왔느니라."
(29) 그 왕이 그 종에게 은혜를 주지 않았다.
(30) 그리고 모세가 아론에게 이렇게 말했다. "여호와 하나님께서 이스라엘 가운데 평강을 주셨소."

6과 문장론

이미 우리는 연습문제를 통해 간단한 히브리어 문장들에 익숙해지게 되었다. 이 과에서는 앞서 익힌 히브리어 문장의 형식들을 정리하고, 또한 좀 더 복잡한 문장 해석을 위한 준비 단계로 문장론을 다루려 한다. 여기서 설명을 위해 제시된 생소한 여러 예문의 단어들과 아직 배우지 않은 새로운 문법적 요소들에 대해 어려움을 느낄 필요는 없다. 학습자들은 이 내용들을 대략 숙지한 뒤 연습문제를 통해 반복적으로 확인하며 숙달할 것을 권한다.

A. 문장의 종류

히브리어 문장은 크게 동사 문장과 명사 문장으로 나뉘며 각기 고유의 특징을 지닌다.[57]

1. 동사 문장

1) 동사 문장은 동사가 술어 역할을 하는 문장이며, 언급했듯이 히브리어 문장의 기본 순서는 〈목적어 ← 주어 ← 동사〉이다.

2) 그러나 이 순서는 다음과 같이 여러 가지 방식으로 바뀔 수 있다.

문장 서두	예 문
동사	עָשָׂה יהוה אֶת־הַשָּׁמַ֫יִם וְאֶת־הָאָ֫רֶץ '만드셨다-여호와께서-하늘을-그리고 땅을'(출 31:17)
주어	יַעֲקֹב נָתַן לְעֵשָׂו לֶ֫חֶם '야곱은-주었다-에서에게-떡을'(창 25:34)
목적어	אֶת־הַכֹּל נָתַן יהוה '그 모든 것을-주었다-여호와가'(신 2:36)
전치사구	בְּרֵאשִׁית בָּרָא אֱלֹהִים '태초에-창조했다-하나님이'(창 1:1)

57) 이것은 게세니우스(Gesenius)의 문장 분류법으로 데이비슨(Davidson) 역시 이를 따른다. 이들이 말하는 명사 문장이란 동사 없이 주어+명사, 주어+형용사, 주어+분사, 그리고 주어+전치사로 된 문장들을 통틀어 일컫는다(*Gesenius' Hebrew Grammar*, 450-457; A. B. Davidson, 「히브리어 문법」, 61-63).

2. 명사 문장

1) 명사 문장은 동사 대신 명사, 형용사, 분사 그리고 전치사구 등이 술어 역할을 한다. 역시 강조 등을 이유로 주어가 술어 앞에 올 수 있다.[58)]

2) 헬라어도 그렇지만, 히브리어에서도 이런 문장에서는 영어의 be 동사를 넣어서 해석해야 한다.

3) 분사 문장은 뒤에서 배울 것이지만 미리 여기서 살핀다. 다음은 명사 문장의 여러 예들이다.

① *술어가 명사일 때*

a. 술어 선행	עָפָר אַתָּה '흙이다-너는'(창 3:19)
b. 주어 선행	הַמִּזְבֵּחַ עֵץ '그 제단은-나무다'(겔 41:22)

② *술어가 전치사구일 때*

a. 술어 선행	לוֹ[a] אֲנַחְנוּ[b] a. '그에게' b. '우리는' '그에게(속해있다)-우리는'(시 100:3)
b. 주어 선행	הָעֵץ בְּתוֹךְ[a] הַגָּן a. '..가운데' '그 나무가-그 동산 가운데 있다'(창 2:9)

③ *술어가 형용사일 때:* 이미 형용사 용법에서 배웠다.

a. 술어 선행	גָּדוֹל אַתָּה '위대하다-당신은'(시 86:10)
b. 주어 선행	הוּא חָכָם '그는-지혜롭다'(사 31:2)

---

58) 주어나 목적어가 서술어보다 선행한다 해서 반드시 강조적 의미를 갖는 것은 아니다. 이를테면, 분사 문장은 주어가 선행하는 경우가 훨씬 많다. 전치사구 문장 역시 마찬가지로 주어가 선행하는 것이 일반적이다. 그러나 대체로 초급 문법에서는 어순에서 앞서는 것을 강조의 의미로 받아들인다.

④ *술어가 분사일 때*: 분사 편에서 배우지만 분사는 형용사와 동일한 용법을 갖는다.

a. 술어 선행	אָרוּר[a] כְּנָעַן　a. 분사 '저주받는' '저주받는다-가나안은'(창 9:25)
b. 주어 선행	הוּא יֹשֵׁב[a] בִּסְדֹם　a. 분사 '거주하는' '그는-거하고 있다-소돔에'(창 14:12)

B. 의문문, 부정문, 감탄문

명사 문장이든 동사 문장이든 각각 평서문/의문문, 긍정문/부정문, 조건문, 감탄문 등을 구성할 수 있는데,[59] 평서문과 긍정문은 그 동안 살펴본 문장들이므로 이제 의문문과 부정문, 감탄문 등을 배울 필요가 있다. 조건문은 다음 단원에서 다룰 것이다.

1. 의문문

1) 의문문은 평서문 앞에 의문 접두어 הֲ가 붙는 방식과 문장 서두에 여러 가지 의문사가 위치하여 구성되는 방식이 있다.

2) 우선 의문 접두어 הֲ는 문장 서두에 위치하여 의문문을 만든다. 쉽게 말해 평서문의 서두에 의문 접두어 הֲ를 두면 의문문이 된다. 우리말 평서문의 맨 끝의 단 한 글자만 바꾸어 의문문으로 만드는 것과 비슷하다.

사랑합니다. → 사랑합니까?

(평서문) שָׁמַר הָאִישׁ '그 사람이 지켰습니다.'
(의문문) → הֲשָׁמַר הָאִישׁ '그 사람이 지켰습니까?'
(평서문) יֵשׁ פֹּה[a] אִישׁ '여기 사람이 있습니다.' a. '여기'
(의문문) → הֲיֵשׁ פֹּה אִישׁ '여기 사람이 있습니까?'(삿 4:20)

59) 나는 학생이다(평서문); 그는 학생입니까?(의문문); 나는 어리다(긍정문); 나는 어리지 않다(부정문); 내가 어리다면(조건문); 과연 그는 어리도다!(감탄문).

3) 의문 접두어 הֲ는 관사처럼 경우에 따라 모음이 달라져 הַ나 הֶ가 될 수 있다. 이 경우 הֲ□ □□ הַ의 변형된 형태들과 동일하므로 주의를 요한다. 그러나 관사와 의문 접두어의 당장의 간단한 구분 방법은 *관사는 명사 요소에만 붙는 반면, 의문 접두어는 모든 단어 앞에 붙을 수 있다*는 점이다. 다음은 의문 접두어 הֲ의 여러 형태들을 보여주는 도표이다.

후행 자음	형태	예 문
일반 자음	הֲ	הֲשָׁמַר הָאִישׁ '그 사람이 지켰습니까?'
단순 쉐바	הַ	הֲיְדַעְתֶּם אֶת־לָבָן[a] a. יְדַעְתֶּם '당신들은 안다' '당신들은(תֶּם) 라반을 아느냐?'
후음	הַ	הַאֵין פֹּה[a] נָבִיא a. '여기' '여기에 선지자가 없습니까?'(왕하 22:7)
카메츠(ָ)를 가진 후음	הֶ	הֶאָנֹכִי לְאָדָם '내가 사람에게 맞섭니까?'(욥 21:4)

4) 한편, 의문사들을 사용해서 의문문을 만들 수 있다. 의문사는 의문 대명사와 의문 부사로 구분되는데 육하원칙의 순서대로 다음과 같은 것들이 있다: 언제(מָתַי), 어디서(אֵי/אַיֵּה), 누가(מִי), 무엇을(·מַה), 어떻게(אֵיךְ), 왜(מַדּוּעַ/לָמָה/לָמָּה). 이 육하원칙의 의문사를 많이 쓰이는 순서대로 설명하면 다음과 같다.

① מִי '누구,' '누가'

מִי אַתָּה '너는 누구냐?'(창 27:18)

אֶת־מִי אֶשְׁלַח[a] '내가 누구를 보낼꼬?'(사 6:8) a. '내가 보낼 것이다'

② ·מַה '무엇'

מַה־דִּבֶּר יהוה '여호와께서 무엇을 말씀하셨는가?'

מֶה־עָשָׂה '그가 무엇을 했습니까?' (삼상 20:32)

의문사 ·מַה는 관사 ·הַ와 동일하게 뒤에 중강점을 갖는다. 후음이 뒤에 이어질 때 관사와 비슷한 모음 변화가 발생한다. 위의 מִי와 달리 *·מַה가 목적어일 때는 אֶת를 안 붙인다.* 모음 변화와 상관없이 의문사 ·מַה를 식별하는 것은 어렵지 않다.[60] *모음이 무엇이든 자음 형태는 항상 מה이기 때문이다.*

③ אַיֵּה/אֵי '어디'

אַיֵּה הָאֲנָשִׁים '그 사람들은 어디에 있습니까?'(창 19:5)

אֵי הֶבֶל[a] '아벨은 어디 있느냐?'(창 4:9) a. '아벨'

④ לָמָּה/לָמָה '왜, 무엇을 위해' / מַדּוּעַ '왜, 무슨 이유로'

לָמָּה לִּי[a] חַיִּים[b] a. '나에게' b. '생명'

'왜 나에게 생명(삶)이 있습니까?'(창 27:46)

מַדּוּעַ לֹא אֲכַלְתֶּם[a] a. '너희(남)가 먹었다'(אָכַל '먹다')

'너희는 왜 먹지 않았느냐?'(레 10:17)

---

60) 의문사 ·מַה의 모음 변화는 관사 ·הַ의 경우와 비슷하며 대체로 다음과 같다.

후행 자음		형태	예 문
일반 자음		·מַה	מַה־זֶּה[a] '이것은 무엇인가?' (출 4:2) a. '이것' מַה־שְּׁמֶךָ[a] a. '너의 이름' * 이하 마켑(־) 유무는 원문 그대로 '너의 이름은 무엇인가?' (창32:28)
후음	א ע ר	מָה	מָה־אָדָם '사람이 무엇입니까?' (시 144: 3) מָה עִמָּדִי[a] a. '나와 함께' '무엇이 나와 함께 있습니까?' (창 31:32) מָה רָאוּ[a] a. '그들이 보았다' '그들이 무엇을 보았느냐?' (창 37:10)
후음	ה ח	מַה	מַה־הוּא '그것은 무엇이냐?' (출 16:15) מַה־חֶפְצוֹ[a] a. 명사 '그의 낙, 기쁨' '그의 낙(기쁨)이 무엇인가?' (욥 21:21)
후음	카메츠를 가진 후음	מֶה	מֶה־עָשָׂה '그가 무엇을 했습니까?' (삼상 20:32) מֶה חָטָאתִי[a] a. 동사 '내가 죄짓다, 잘못하다' '내가 무엇을 잘못했습니까?' (왕상18:9)

사실상 위의 법칙은 뒤따르는 자음이 א/ר와 카메츠(ָ)를 가진 후음의 경우 이외에는 잘 들어맞지 않는 경우가 많다. 이를테면, ע의 경우 대체로 עָ일 때에는 מָה가 되지만 그 외에는 다양하게 나타난다: מָה עִמָּדִי(창 31:32); מֶה עַבְדֶּךָ(삼하 9:2); מַה עַבְדְּךָ(왕상 8:13); מָה עַל(말 2:14). 또한 ה의 경우도 מַה가 아닌 מָה가 올 때가 많다: מָה הֶעָרִים(왕상 9:13); מָה חֲמוֹל(창 37:10). 그러나 어떤 경우든 자음의 형태만으로 의문사 מה를 분별하는 것이 가능하다.

⑤ אֵיךְ '어떻게'

אֵיךְ יָדַ֫עְתָּ[a] '너는 어떻게 아느냐?'(삼하 1:15) a. '너는 안다'

⑥ מָתַי '언제'

מָתַי יָמוּת[a] '그가 언제 죽으리이까?'(시 41:5) a. '그가 죽을 것이다'

2. 부정문

1) 부정문은 흔히 부정어 לֹא와 אַל을 사용한다. 부정어는 이외에도 더 있는데 추가적인 것들은 나중에 별도로 배울 것이다.

2) אַל은 동사를 부정하지만 לֹא는 동사뿐만 아니라 다른 품사들도 부정할 수 있다. 이 부정어들은 부정되는 요소의 앞에 위치한다.

אַל תִּקְרָא '너는 외치지 말라' (동사 부정)
לֹא אָמַר הַמֶּ֫לֶךְ '그 왕은 말하지 않았다' (동사 부정)
לֹא־טוֹב הַדָּבָר '그 일이 좋지 않다' (서술 형용사의 부정)

3) 동사 편에서 배우지만 금지를 지시하는 문장에서 대체로 לֹא는 영속적이거나 법정적인 금지(예, '살인하지 말라'), אַל은 일시적인 금지(예, '지금 가지 마라')를 나타낸다. 그러나 이것이 꼭 엄격한 것은 아니다.

3. 감탄문

감탄문은 흔히 감탄과 비탄, 놀람 등을 표현하는 간투사(interjection), 혹은 감탄사(exclamation)가 서두에 위치한다.61)

אוֹי[a] לָךְ[b] יְרוּשָׁלַ֫יִם a. 간투사 '(..에게) 화로다, 슬프도다' b. '너(여)에게'
'화있을지어다 너에게, 예루살렘아!'(렘 13:27)

---

61) 흔히 간투사와 감탄사는 문법적으로 동일한 의미로 사용된다. 우리말의 간투사, 혹은 감탄사로는 '맙소사!,' '저런!,' '오, 하나님!' 등을 예로 들 수 있다.

B. 복문의 구성과 מִן의 용법

1. 복문 구성의 요소들

1) 히브리어 문장은 복문보다는 주로 접속사 וְ로 연결된 단문으로 구성된다.[62] 그러나 복문 또한 많으므로 복문을 비롯한 다양한 구문 형성에 중요한 기능을 하는 몇 가지 요소들의 용법들을 알아두어야 한다.

2) 복문을 만드는 중요한 몇 가지 요소들은 אֲשֶׁר/ אִם/ כִּי 등이다. 이것들의 다양한 용법을 당장 외울 필요는 없으며 연습문제를 통해 반복해서 학습하라.

① אֲשֶׁר - 이것은 '관계사'로서 영어의 관계 대명사나 관계 부사에 준한 다양한 기능을 하며, 또한 때로 접속사 기능을 한다. 관계사로 사용될 때는 주로 바로 앞에 선행하는 명사를 설명한다.

a. *관계사 용법* : '..하는, ..인'

הָעֵץ אֲשֶׁר בְּתוֹךְ[a]־הַגָּן   a. '..가운데'

'(그) 동산 중앙에 있는 (그) 나무'(창 3:3)

---

62) 히브리어는 복문보다는 단문의 연속을 통해 동작들을 연결시키는 경향이 강하다. 다음 예를 들어 보자: הַשֶּׁמֶשׁ יָצָא עַל־הָאָרֶץ וְלוֹט בָּא צֹעֲרָה׃ '롯이 소알로(צֹעֲרָה) 갔을 때 해가 땅 위로 솟았다'(창 19:23). 이 문장을 직역하면, '해가 그 땅위로 나왔다(יָצָא). 그리고 롯은 소알로 갔다(בָּא)'이다. 그러나 정황상 이 의미는 '해가 땅 위로 솟았으며, 그 때 롯은 소알로 갔다'는 것이다. 이 두 문장을 복문으로 연결하면, 두 가지 문장이 가능해진다; '해가 땅 위로 솟았을 때, 롯이 소알로 들어갔다,' 혹은 '롯이 소알로 갔을 때, 해가 땅 위로 솟았다.' 두 번역 모두 가능한데 한글개역(개정)을 포함 많은 역본들은 후자를 따랐다; "The sun had risen on the earth when Lot came to Zoar"(RSV; NIV). 이와 같이 영어나 우리말의 복문이 히브리어에서는 단문들의 연결로 표현되는 경우가 많다. 한편, 위 문장은 두 개의 동작이 וְ로 이어지면서 하나의 상황 속에서 다른 동작이 발생한다. 이것을 소위 상황절(circumstantial clause)이라 한다. 이렇듯 히브리어는 접속사 바브(וְ)로 연결되는 단문의 구문이 발달되어 있다.

הַיּוֹם אֲשֶׁר בָּרָא אֱלֹהִים אָדָם עַל־הָאָרֶץ
'하나님께서 (그) 땅 위에 사람을 창조하셨던 (그) 날'(신 4:32)

הַמָּקוֹם אֲשֶׁר־עָבַד[a] שָׁם[b] אֶת־פְּנֵי[c] יהוה
'그가 거기 여호와 앞에서 섬겼던/예배했던 (그) 장소'(창 19:27)

a. '섬기다, 예배하다' b. '거기'(부사) c. אֶת־פְּנֵי '..앞에서' = לִפְנֵי

b. *명사절을 이끄는 종속 접속사* : '..하는 것, ..하는 사람'

זָכוֹר[a] אֵת[b] אֲשֶׁר־עָשָׂה יהוה a. '기억하라' b. 목적격 불변사 '..를'
'여호와가 행하신 것을 기억하라'(신 24:9)

לֹא יָדַעְתִּי[a] אֵת אֲשֶׁר־תִּשְׁלַח[b] a. '나는 안다' b. '당신이 보낼 것이다'
'당신이 보낼 사람을 나는 모릅니다'(출 33:12)

c. אֲשֶׁר*의 축약형* ·שֶׁ(שֶׁ)/·שַׁ(שָׁ)

축약된 관계사 ·שֶׁ(שֶׁ)는 중강점과 함께 나타나며 후음 앞에서는 중강점이 없는 שֶׁ이다. 모음이 다른 ·שַׁ(שָׁ)는 드물게 사용되며 후음 앞에서는 중강점 대신 모음이 보상된 שָׁ이다. 축약형은 주로 전도서를 비롯한 시가서에서 나타나는데 관사처럼 뒤에 오는 단어와 붙으며, 따라서 관사와 비슷한 모음 변화를 보여준다.

יהוה שֶׁהָיָה לָנוּ[a] a. נוּ ָ '우리를' + לְ '위해'
'우리를 위해 계신 여호와' = '우리 편에 계신 여호와'(시 124:1)

② אִם - 이것 역시 용법이 다양하지만 조건문(if ..)에 가장 많이 사용되며 양자택일('A 혹은 B,' 또는 'A이든 B이든')에서 사용되기도 한다.

a. *조건문*: '..하다면'

אִם־יִהְיֶה אֱלֹהִים עִמָּדִי[a] a. '나와 함께'
'만일 하나님이 나와 함께 계신다면'(창 28:20)

אִם־עַל־הַמֶּלֶךְ טוֹב '만일 (그것이) (그)왕에게(위에서) 좋다면'(느 2:5)

b. *양자택일*: 'A 혹은 B, A이든 B이든'

אִם־טוֹב וְאִם רָע '좋든 싫든'(=선이든 악이든)(렘 42:6)

③ כִּי - 접속사의 하나로 중요한 용법들은 다음과 같다.

a. *시간* : '..할 때, ..할 즈음에'

כִּי는 빈번하게 동사 הָיָה와 결부된 형태인 וַיְהִי כִּי('그리고 ..했을 때'), 또는 כִּי가 이끄는 다양한 문장으로 시간을 나타낸다.

וַיְהִי כִּי־זָקֵן יִצְחָק '이삭이 늙었을 때'(창 27:1)

כִּי תַעֲבֹד[a] אֶת־הָאֲדָמָה a. '네가 경작할 것이다'(עָבַד)

'네가 그 땅을 경작할 때'(창 4:12)

b. *조건* : '..라면'(위의 '..할 때'와 사실상 같은 의미이다)

כִּי־יִהְיֶה דָבָר בָּעִיר

'만일 그 성읍에서 일(사건)이 생긴다면(생길 때)'

c. *이유와 원인* : '..때문에'

כִּי־עָפָר אַתָּה וְאֶל־עָפָר תָּשׁוּב[a] a. '너는 돌아갈 것이다'

'너는 흙이기 때문에 흙으로 돌아갈 것이다'(창3:19)

d. *결과절*(consecutive clause): '그래서, 따라서'(주로 의문문에서)

מָה־אָדָם כִּי תִזְכְּרֶנּוּ[a] a. '당신은 우리를 기억한다'

'사람이 무엇이길래 당신이 우리를 기억하십니까?'(시 8:5)

e. *명사절* : '..인 것' (이 경우 אֲשֶׁר의 명사절 용법과 비슷하다)

נָחֶם[a] יהוה כִּי־עָשָׂה אֶת־הָאָדָם בָּאָרֶץ׃ a. '후회했다'

'여호와께서 (그) 땅에 사람을 만드신 것을 후회하셨다'

f. *접속사* : '그러나,' '그런데'

לֹא־עַל־הָאָדָם הַדְּבָרִים כִּי עַל־יהוה׃

'그 말씀들은 사람에 대한 것이 아니라 여호와에 대한 것이다'

רָאָה אֱלֹהִים אֶת־הָאוֹר כִּי־טוֹב

'하나님이 그 빛을 보았다. 그런데 그것이 좋았다'(창 1:4)

g. *숙어* כִּי אִם : '..을 제외하고,' '다만, 그러나'

כִּי אִם־אָמַרְתִּי[a] אֶל־הָעָם׃ a. '내가 말했다'

'내가 그 백성에게 말할 때 외에는'(왕하 4:24)

כִּי אִם־יִשְׂרָאֵל יִהְיֶה שְׁמֶךָ[a]׃ a. '너의 이름'

'다만 이스라엘이 너의 이름이 될 것이다'(창 35:10)

2. מִן의 용법과 비교급

1) 전치사 מִן은 기본적으로 분리, 이탈 외에 원인, 부분 등을 표현한다.

① *분리* - סָר[a] מֵרָע '그는 악으로부터 떠났다' a. סָר '떠나다'

② *출처* - בָּא מִן־הַהֵיכָל[a] '그는 그 성전에서 왔다' a. הֵיכָל '성전'

③ *원인* - מִקּוֹל אֲשֶׁר קָרָא '그가 외쳤던 소리로 인해'

④ *결여* - עָמְדוּ[a] מִכֹּחַ[b] a. עָמַד '서다' b. מִן + כֹּחַ '힘'
'그들은 힘없이 섰다'

⑤ *부분* - 특별히 מִן의 *부분(partitive)의 용법*은 중요한 용법으로서 전체의 일부를 표현한다. 경우에 따라 מִן 자체가 명사처럼 기능하여 '..의 일부'로 해석되기도 한다.

אֶחָד מִן־הָאֲנָשִׁים '그 사람들 중에 한명'

לֹא־נָפַל דָּבָר מִכֹּל הַדָּבָר הַטּוֹב
'그 모든 선한 말씀 중에 한 말씀도 떨어지지 않았다
(헛되지 않았다)'(수 21:45)

יָצְאוּ[a] מִן הָעָם a. '그들이 나갔다'
'백성들로부터 일부(백성들의 일부)가 나갔다'(출 16:27)

※ מִן은 때로 명사 מִין('종류, 부류')과 혼동될 수 있으니 구분하라.
לְמִינוֹ '그것의 종류대로'(창 1:11)

2) מִן은 또한 비교급과 최상급의 표현에서 사용된다. 최상급에 대한 상세한 체계적인 설명은 동사 편으로 미루고 여기서는 מִן의 간단한 비교급만 살핀다. 두 대상을 מִן을 사용하여 비교한다.

גָּדוֹל יהוה מִכָּל־הָאֱלֹהִים[a] (מִן의 נ이 동화됨) a. 여기서는 '신들'
'여호와는 모든 (그)신들보다 크시다'(출 18:11)

חָזַק[a] דָּוִד מִן־הַפְּלִשְׁתִּי׃ a. 동사 '강하다'
'다윗은 그 블레셋인보다 더 강했다'(삼상 17:50)

6과 연습문제

I. 어휘

※ 어휘가 많지만 인명들과 문장론에서 다룬 기본 단어들이 다수다.

אֲשֶׁר	·שֶׁ(שֶׁ)/·שַׁ(שָׁ) ..하는 바(관계사)	כִּי	..할 때, 왜냐하면, 그러므로		
בְּקֶרֶב	..중에, ..가운데	תּוֹךְ	중앙, 가운데	גַּם	참으로, 역시
אַיֵּה אֵי	어디에?	מִי	누구? 누구든	·מַה	무엇? 뭐든
אִם	..라면(if)	חָזָק	강한, 심한	לַיְלָה	밤
דֶּרֶךְ	길	רָחֵל	라헬	עֵשָׂו	에서
לָבָן	라반	יוֹסֵף	요셉	יִצְחָק	이삭
פַּרְעֹה	파라오, 바로	פָּנִים	얼굴, 표면	בְּרִית	언약
אֲרוֹן[a]	법궤	רָעָב	기근	הֵיכָל	성전, 궁전
פְּלִשְׁתִּי	블레셋 사람	חָזַק	강하다, 심하다	רָאָה	보다
כָּרַת	자르다/ כָּרַת בְּרִית 언약을 자르다(맺다)			שָׁמַע	듣다

a. 관사가 붙으면 모음이 약간 불규칙한 הָאָרוֹן('그 법궤')이다.

※ 문장 해석을 위한 도움말

아주 많이 사용되는 וַיְהִי는 '그리고 ..이 있었다, ..이 되었다'로 해석된다. יְהִי는 동사 הָיָה의 변화형으로서 동사 편에서 배운다.

II. 다음을 해석하라.

(1) וַיְהִי רָעָב בָּאָרֶץ (창 12:10)

(2) מַה־יִּהְיֶה בָּעִיר (욘 4:5)

(3) רָאָה יִצְחָק אֶת־עֵשָׂו

(4) לֹא שָׁמַע פַּרְעֹה אֶל־מֹשֶׁה

(5) לֹא אָמְרוּ אַיֵּה יהוה (렘 2:6)

(6) אֶת־הַקֹּל שָׁמַע אָדָם בַּגָּן

(7) וַיֹּאמֶר הַאֱלֹהִים אָנִי (왕하 5:7)

(8) הָרָעָב חָזָק בָּאָרֶץ׃

(9) אָמַר דָּוִד אֶל־הָעֶ֫בֶד מִי־הָאִישׁ (10) אֵי הַדֶּ֫רֶךְ [a]הָלָֽךְ׃ (왕상 13:12) a. ‘걷다.’

(11) הָֽאָרוֹן יִהְיֶה בְּֽהֵיכָל הַקָּדוֹשׁ (12) מַה־שֶּֽׁהָיָה הוּא שֶׁיִּהְיֶה (전 1:9)

(13) לָבָן נָתַן אֶת־רָחֵל לְיַֽעֲקֹב לְאִשָּׁה

(14) כָּרַת יהוה אֶת־הַבְּרִית לָעָם

(15) אָמַר יַֽעֲקֹב הֲתַ֫חַת אֱלֹהִים אָנֹכִי (창 30:2)

(16) לָֽקְחָה הָֽאִשָּׁה מִן־הָעֵץ אֲשֶׁר בְּתוֹךְ־הַגָּן

(17) וּפְלִשְׁתִּים לָֽקְחוּ אֵת הָֽאָרוֹן (삼상 5:1)

(18) אִם בָּא הַנָּבִיא מֵיהוה שָׁלוֹם יִהְיֶה לְכָל־הָעָם

(19) אָמַר יהוה אֶל־מֹשֶׁה פָּנִים אֶל־פָּנִים (출 33:11)

(20) רָאָה אֱלֹהִים אֶת־כָּל־אֲשֶׁר עָשָׂה (창 1:31)

(21) עָשָׂה הָאִישׁ כַּאֲשֶׁר יוֹסֵף [a]אָמָֽר׃ (창 43:17)

a. אָמַר가 휴지(실룩)에서 모음 연장.

(22) וַיְהִי כִּי זָקֵן יִצְחָק וְיַֽעֲקֹב בָּא אֶל־עֵשָׂו

(23) רָאָה הָאִישׁ כִּי טוֹב הָעֵץ

(24) וַיְהִי כִּי שָׁמַע הָעֶ֫בֶד אֶת־הַדְּבָרִים וְלֹא עָשָׂה כַּדְּבָרִים

(25) שָׁמַע פַּרְעֹה אֵת אֲשֶׁר־עָשָׂה יהוה

(26) אֲנִי יהוה בְּקֶ֫רֶב הָאָֽרֶץ׃ (출 8:22; *BHS*[a] 8:18)

a. *BHS*(히브리어 성경 정본; 각주 19)은 번역본들과 가끔 장절의 차이가 난다.

(27) כָּל־הָאָ֫רֶץ בָּ֫אוּ אֶל־יוֹסֵף כִּי חָזַק הָֽרָעָב בְּכָל־הָאָֽרֶץ׃ (창 41:57)

(28) וַיְהִי כִּי זָקֵן יִצְחָק וַיֹּ֫אמֶר אֶל־עֵשָׂו מָה־עָשָׂה יַֽעֲקֹב

(29) אַיֵּה הָֽאֲנָשִׁים אֲשֶׁר־בָּ֫אוּ אֶל־הָעִיר [a]הַלָּֽיְלָה׃ (창 19:5)

a. הַלַּ֫יְלָה가 휴지(실룩)에서 הַלָּֽיְלָה가 됨.

(30) הָאִישׁ הָיָה רֹאשׁ עַל־כָּל־יִשְׂרָאֵל וְגַם הוּא חָכָם מִכֹּל מְלָכִים

6과 연습문제 해답

II. 문장 해석

(1) 그리고 그 땅에 기근이 있었다. (2) 그 성읍에 무슨 일이 있을 것인가?

(3) 이삭이 에서를 보았다. (4) 파라오(바로)는 모세에게 귀 기울이지 않았다.

(5) 그들은 “여호와가 어디계시냐”고 말하지 않았다.

(6) 아담이 그 동산에서 그 음성을 들었다.

(7) 그리고 그가 말했다. “내가 하나님입니까?”(관사가 아닌 의문사 הֲ)

(8) (그)기근이 그 땅에서 심했다(강했다).

(9) 다윗이 그 종에게 말했다. “그 남자(사람)는 누군가?”

(10) 그는 어느 길로(문자적으로 ‘어디로 그 길을’) 갔는가?

(11) 그 법궤가 (그)거룩한 성전에 있을 것이다.

(12) (이미) 있었던 무엇이든(מַה) (장차) 있게 될 그것(הוּא)이다.
(관계사 ·שֶׁ를 주목하라. מַה־שֶּׁהָיָה에서 의문사 ·מַה의 점이 שֶּׁ에 찍혀있다. 또한 שֶׁיִּהְיֶה의 ·י에는 관계대명사 ·שֶׁ의 점이 찍혀 있다)

(13) 라반은 야곱에게 라헬을 아내로 주었다. (אִשָּׁה가 여기서는 ‘아내’)

(14) 여호와께서 그 백성을 위해 그 언약을 맺으셨다(자르셨다).

(15) 야곱이 말했다. “내가 하나님을 대신하겠는가?” (의문사 הֲ)

(16) 그 여자가 그 동산 중앙에(בְּ+תּוֹךְ; 복합 전치사)있는 그 나무로부터 (열매를) 취했다.

(17) 그리고 블레셋 사람들이 (그)법궤를 취했다.

(18) 그 선지자가 여호와로부터 왔다면 평화가 모든 백성에게 있을 것이다.

(19) 여호와께서 모세에게 ‘얼굴에 얼굴을 맞대고’(대면하여) 말씀하셨다.

(20) 하나님께서 자신이 만드신 모든 것을 보셨다.

(21) 그 사람이 요셉이 말한 바(명사절) 대로 행하였다. (כַּאֲשֶׁר ← אֲשֶׁר + כְּ)

(22) 이삭이 늙었을 때, (그리고) 야곱이 에서에게 왔다.

(23) 그 남자가 보았는데, (그런데) 그 나무가 좋았다.

(24) 그리고 그 종이 그 말들을 들었을 때, 그는 그 말들대로 행하지 않았다.

(25) 파라오는 여호와께서 행하신 것(일)을 들었다. (אֲשֶׁר는 명사절을 이끎)

(26) 나는 그 땅 가운데 여호와니라.

(27) 온 (그)땅이 요셉에게 왔다. 이는 (그)기근이 온 (그)땅에 심했기 때문이다.

(28) 그리고 이삭이 늙었을 때 그가 에서에게 말했다. “야곱이 무슨 일을 했느냐?”

(29) (그)밤에 그 성읍에 왔던 그 남자들(사람들)은 어디 있느냐?

(30) 그 사람은 온 이스라엘 위에 머리가 되었다. 그리고 그는 또한 모든 왕들보다 지혜로웠다.

7과 연계형과 대명사, 명사의 대명사 접미

A. 연계형

1. 연계형의 정의

1) 히브리어에는 독특하게 연계형이라는 것이 있는데 명사와 더불어 명사로 사용이 가능한 품사들이(형용사, 분사) 연계형을 가질 수 있다. 이것들은 하나의 단어가 그것을 뒤따르는 다른 단어와 '연계 사슬'(construct chain, 혹은 '구성 사슬')을 이루며 결합하여 일종의 복합 단어를 형성한다.

2) 이 때 앞에 위치한 단어가 둘을 연결시키는 형태로 바뀐다. 이것을 '연계형'(construct state), 혹은 문법서에 따라 '구성형'이라 칭한다. 이 때 뒤에 이어지는 단어는 변하지 않는다.

3) 예컨대, אֱלֹהִים('하나님')과 דָּבָר('말씀')는 서로 독자적으로 있을 때는 각각 사전에 등록된 기본형 단어이다. 이것을 독립형(absolute state), 흔히 '절대형'으로 칭한다. 이 두 단어는 보통 마켑(־)으로 결합되어 דְּבַר־אֱלֹהִים('하나님의 말씀')으로 연계 사슬로 구성된 복합 명사를 이룰 수 있다.63)

4) 이 때 דְּבַר는 연계형이다. 절대형은 דָּבָר이고 연계형은 דְּבַר로 모음이 달라졌음을 알 수 있다. 반면에 두 단어가 연계형으로 연결될 때 뒤의 단어는 변하지 않고 절대형으로 남아있다. 말하자면, 위의 예에서 אֱלֹהִים은 절대형이다.

5) 절대형은 대체로 앞의 연계형에 대해 속격(genitive) 역할을 하며, 따라서 우선 초급 단계에서 위의 연계 사슬로 연결된 명사들에 대한 일반적인 해석은 다음과 같다.

B(절대형)־A(연계형) 'B의 A' / דְּבַר־אֱלֹהִים '하나님의 말씀'

63) 어떤 학자들은 이것을 '연계 사슬(구성 사슬)'(construct chain) 대신 '연계(구성) 관계'(construct relationship)라 칭하기도 한다.

2. 연계형의 형성

1) 위에서 절대형 דָּבָר가 연계형 דְּבַר로 된 것은 무작위가 아니라 음절의 추가에 의한 HHP에 따른 것이다.

2) 그 과정은 다음과 같다. 이해를 돕기 위해 종음절의 악센트를 표기한다.

אֱלֹהִים + דָּבָר → דָּבָר־אֱלֹהִים →(HHP)→ דְּבַר־אֱלֹהִים

① 우선 אֱלֹהִים과 דָּבָר사이에 마켑(־)을 붙여 일단 하나의 단어군으로 만들어 주면 דָּבָר־אֱלֹהִים이 된다.

② 앞서 배운 대로, 마켑으로 연결된 단어들은 한 단어처럼 읽힌다. 이 때 악센트는 한 단어에 하나가 있으며 그것이 주로 종음절에 위치한다는 원칙에 따라 종음절의 악센트만 남는다.

③ 결국 악센트에서 멀어지게 된 דָּבָר는 HHP에 따라 모음 약화 현상이 발생된다. 즉 דָּבָר는 뒤의 단어와 연결되어 악센트에서 두 음절 이상 떨어지게 되므로 모음이 약화된다. 여기서 דָּבָר의 분절은 בָר(폐)/דָּ(개)이므로 דָּ(개)는 דְּ로 בָר(폐)는 בַר로 바뀌어(개쉐 폐단) 결국 דְּבַר가 되는 것이다.[64] 따라서 두 단어의 연계 사슬은 דְּבַר־אֱלֹהִים('하나님의 말씀')이다.

3) 한편, 절대형이 어미를 갖는 경우에는 아래 도표에서 볼 수 있듯이 그 어미를 연계형 어미로 바꾼 다음에 HHP를 적용시킨다. 이러한 연계형 만드는 법을 다음과 같은 순서로 정리해 볼 수 있다.

---

64) 두 단어를 연결하는 마켑을 빼고 생각하면 더욱 쉽게 이해될 수 있다. 두 단어가 마켑이 없이 직접 연결되었다고 가정하면 דָּבָראֱלֹהִים이 된다. 이것을 한 단어로 여기고 분절하면 הִים/אֱל/בָר/דָּ이다. 여기서 בָר(폐)와 דָּ(개)는 둘 다 악센트에서 두 음절 떨어진 음절들이므로 결국 דְּבַר가 된다(개쉐 폐단).

1단계: 어미가 있으면 연계형 어미로 바꾼다.

ָה → ַת (ָה가 원래 형태인 ַת로 바뀜)

ִים / ַ֫יִם → ֵי (복수/쌍수 어미 모두)

וֹת → וֹת (변화 없음)

2단계: HHP를 적용시킨다: 개쉐 폐단
(개음절 → 쉐바 / 폐음절 → 단모음)

3단계: 쉐바가 두개 연속되면 쉐바 유포니를 적용시킨다.

4) 이제 이러한 순서에 의해 연계형이 형성되는 여러 예들을 살펴보자. 괄호의 번호는 위의 각 단계를 표시한다.

① דָּבָר '말씀' → (2) דְּבַר־ '..의 말씀' (이하 연계형 해석 생략)
② חָכָם '지혜자' → (2) חֲכַם־[a] a. ח가 후음이므로 합성쉐바
③ דְּבָרִים '말씀들' → (1) דְּבָרֵי → (2) דְּבְרֵי → (3) דִּבְרֵי־
④ חֲכָמִים '지혜자들' → (1) חֲכָמֵי → (2) חֲכְמֵי → (3) חַכְמֵי־[65]
⑤ נְבִיאָה '여선지자' → (1) נְבִיאַת־
⑥ נְבִיאוֹת '여선지자들' → (1) נְבִיאוֹת־ (변화 없음)
⑦ שְׂפָתַ֫יִם '입술들'(쌍수) → (1) שְׂפָתֵי → (2) שְׂפְתֵי → (3) שִׂפְתֵי־[66]

5) 어떤 명사는 절대형과 연계형이 같은 형태를 가진다. 즉 연계형에 아무런 변화가 없다. 여기에는 *단음절을 갖는 일부 명사들*(סוּס/אִישׁ/שֵׁם)과 *모든 세골 명사의 단수형*(חֶ֫סֶד/מֶ֫לֶךְ)이 해당된다.

אִישׁ '사람' (절대형) → אִישׁ־אֱלֹהִים '하나님의 사람' (연계형)
מֶ֫לֶךְ '왕' (절대형) → מֶ֫לֶךְ־אֱלֹהִים '하나님의 왕' (연계형)

이때 מֶ֫לֶךְ에는 악센트가 유지되는데 세골 명사는 앞의 음절(전종음절)에 강세를 지닌 특징으로 인해 연계형에서도 자신의 악센트를 잃지 않는다.

65) 쉐바 유포니 ◌ְ◌ְ → ◌ִ◌ְ와 순서가 바뀐 ◌ֲ◌ְ → ◌ַ◌ְ를 기억하라.

66) 원래 경강점을 갖는 שִׂפְּתֵי이지만 관례적으로 경강점이 빠진 שִׂפְתֵי로 나타난다.

예제 1) 다음 빈칸을 완성하라.

단수		복수/쌍수	
절대형	연계형	절대형	연계형
אִישׁ '남자'		אֲנָשִׁים '남자들'	
חָזָק '강한 자'		חֲזָקִים '강한 자들'	
יָד '손'		יָדַיִם '두 손'	
כּוֹכָב[a] '별'		כּוֹכָבִים[b] '별들'	

a. 순장모음은 연계형에서 변하지 않는다. b. 첫 모음에 메텍을 붙이기도 한다: כּֽוֹכָבִים

3. 연계형의 특징

1) 연계형의 다음 두 가지 사항은 주의해야 한다.

① *연계형에는 관사가 붙지 않는다.* 만일 관사가 필요한 경우 뒤따르는 절대형에 붙는다: דְּבַר־הַנָּבִיא '그 선지자의 말씀.'[67] 만일 관사가 앞에 붙어 הַדְּבַר־נָבִיא, 혹은 הַדְּבַר־הַנָּבִיא라면 틀린 것이다.

② *연계형과 절대형 사이에는 관사만 올 수 있다.* 만일 연계형으로 연결된 명사들을 수식하는 형용사가 필요할 때는 그것이 절대형 뒤에 위치하게 된다. 이때 뒤에서 이 형용사가 앞의 어떤 단어를 수식하는지는 성과 수, 그리고 문맥이 결정한다.

---

67) 관사로 한정된 연계형, 즉 Bהַ־A의 해석은 보통 '그 B의 A'로 해석한다. 예컨대, דְּבַר־הַנָּבִיא는 '그 선지자의 말씀'(the prophet's word)이다. 그러나 이것은 '그 선지자의 그 말씀'(the word of the prophet)도 가능하다. 주옹은 이런 모호성이 고전 히브리어의 단점이라고 지적한다(Joüon-Muraoka, *A Grammar of Biblical Hebrew*, 565-566). 다시 말해, 히브리어에서 '그 사람의 책'과 '그 사람의 그 책'은 별 차이 없이 사용되며 문맥에서 구분한다. 참고로 속격(소유의) 표현은 전치사 לְ를 사용할 수도 있다.

מִזְמוֹר לְדָוִד '다윗의 시'(다윗에게 속한 시)

예컨대, דְּבַר־הָאִשָּׁה הַטּוֹב('그 여자의 좋은 말씀')에서 טוֹב는 남.단이므로 דְּבַר를 수식한다. 반면에 דְּבַר־הָאִשָּׁה הַטּוֹבָה의 뜻은 '그 좋은 여자의 말씀'이다.[68] 그러나 דְּבַר הַטּוֹב הָאִשָּׁה은 잘못된 표현이다. 만일 절대형과 연계형을 수식하는 각각의 형용사가 사용된다면, 역시 둘 다 절대형 뒤에 위치해야 한다. 이때 순서는 절대형을 수식하는 형용사가 먼저 오고 그 다음에 연계형을 수식하는 형용사가 뒤따른다.

דְּבַר־הָאִשָּׁה הַטּוֹבָה הַטּוֹב '그 좋은 여자의 그 좋은 말씀'

결국 절대형을 수식하는 형용사든 연계형을 수식하는 형용사든 모두 뒤에 위치한다.

2) 그 외 연계형의 다른 특징들은 다음과 같다.

① *연계형은 자주 마켑이 붙지 않기도 한다.*

מֶלֶךְ־אֱלֹהִים '하나님의 왕' = מֶלֶךְ אֱלֹהִים

דִּבְרֵי־הַנְּבִיאִים '그 선지자들의 말씀들' = דִּבְרֵי הַנְּבִיאִים

② *두 개 이상의 연계형이 연속될 수 있다.*

תּוֹרַת־אֱלֹהֵי־יִשְׂרָאֵל '이스라엘의 하나님의 율법'

③ *연계형은 형용사로 해석될 수 있다.*[69]

אִישׁ־אֱלֹהִים '신실한 사람' (문자적으로, '하나님의 사람')

שֵׁם קֹדֶשׁ[70] '거룩한 이름' (문자적으로, '거룩의 이름')

---

68) דִּבְרֵי־הַנְּבִיאִים הַטּוֹבִים는 결국 두 가지 해석이 가능하다: '그 선지자들의 그 좋은 말씀들,' 혹은 '그 좋은 선지자들의 말씀들.' 이것은 문맥에서 구별해야 한다.

69) 히브리어는 형용사의 숫자가 상대적으로 많이 부족한데 대신 연계형이 흔하게 형용사 역할을 한다.

70) 일반적으로 단음절 명사의 연계형도 악센트를 유지하면서 모음이 변하지 않는다: שֵׁם '이름'(절대형) → שֵׁם יהוה '여호와의 이름'(문법서에서는 악센트 표시가 생략된 שֵׁם יהוה). 그러나 종종 악센트를 잃은 단음절 명사의 연계형도 나타난다: שֶׁם־הָעִיר '그 성읍의 이름'(겔 39:16). 추가적 예로, יָם־(혹은 יַם־) '..의 바다.'

4. 불규칙 연계형

1) 연계형들 중에는 불규칙한 형태를 지닌 것들이 많다. 아래 도표의 빈번히 사용되는 불규칙 연계형들은 외우는 수밖에 없다.

2) 아래 단어들 중 일부 단수의 연계형이 불규칙하며, 대부분은 복수/쌍수의 절대형이 불규칙한 특징을 보이면서 그것들의 연계형들이 또한 그러하다.

단 수		복수/쌍수	
절대형	연계형	절대형	연계형
זָקֵן[a] '노인'	זְקַן־	זְקֵנִים	זִקְנֵי־
עִיר '성읍'	עִיר־	עָרִים	עָרֵי־
עַם '백성'	עַם־[b]	עַמִּים[b]	עַמֵּי־
עַ֫יִן '눈(eye)'	עֵין־	עֵינַ֫יִם	עֵינֵי־
יוֹם[c] '날(day)'	יוֹם־	יָמִים	יְמֵי־
יָם[c] '바다'	יַם־ / יָם־	יַמִּים[c]	없음
'물'의 단수형은 없음		מַ֫יִם[c] '물'	מֵימֵי־ / מֵי־
רֹאשׁ '머리'	רֹאשׁ־	רָאשִׁים[rā]	רָאשֵׁי־[rā]

a. זָקֵן은 '늙은'이란 뜻의 형용사인데 여기서는 명사 용법이다.

b. עַם의 접미 대명사가 붙은 형태는 עַמִּי('나의 백성')이다. 특정 명사의 종류에 강점이 찍히는 특징에 대해 각주 54의 제4변화명사를 보라. 이러한 특징이 יָם의 복수형 יַמִּים에도 나타난다.

c. יוֹם('날')과 יָם('바다'), 그리고 מַ֫יִם('물')과 이것들에서 파생된 형태들은 흡사하므로 혼동하지 않도록 한다.

예제 2) 다음은 잘못된 연계형 표현들이다. 바르게 고치라.

① הַתּוֹרַת אֱלֹהִים ② אֱלֹהִים־הַתּוֹרוֹת ③ תּוֹרַת הַטּוֹבָה אֱלֹהִים

B. 대명사들

히브리어의 대명사로는 인칭 대명사, 지시 대명사, 접미 대명사, 그리고 의문 대명사가 있다. 의문 대명사는 앞서 배웠으므로 여기서 나머지를 배우는데 이것들은 반드시 외워야만 한다.

1. 인칭 대명사

1) 인칭 대명사(Personal pronoun)는 문장에서 주어로 사용되며 술어의 앞뒤에 올 수 있다.

2) 다음은 인칭 대명사의 도표와 예문들이다.

	인칭.성.수	인칭 대명사		예 문
단	1.공.단	אָנֹכִי=אֲנִי	나는	
	2.남.단	אַתָּה	너(남)는	עֶבֶד אַבְרָהָם אָנֹכִי
	2.여.단	אַתְּ	너(여)는	'나는 아브라함의 종이다'(창 24:34)
	3.남.단	הוּא	그는	
	3.여.단	הִיא[a]	그녀는	מְרַגְּלִים אַתֶּם
복	1.공.복	אֲנַחְנוּ	우리는	'너희는 정탐꾼들이다'(창 42:9)
	2.남.복	אַתֶּם	너희(남)는	
	2.여.복	אַתֶּן	너희(여)는	אֲנַחְנוּ בְקָדֵשׁ
	3.남.복	הֵמָּה=הֵם	그들은	'우리가 가데스에 있다'(민 20:16)
	3.여.복	הֵנָּה=הֵן	그녀들은	

a. הִיא가 오경에서는 흔하게 הִוא로도 나타나는데(128회) 이것은 필사상의 문제로 인해 발생된 현상이다(참고. 〈부록 1〉). 둘 다 동일하게 '히'로 읽는다.

2. 지시 대명사

1) 지시 대명사(Demonstrative Pronouns)란 어떤 대상을 지시하는 대명사로서 우리말의 '이것'(this)과 '저것'(that)에 해당된다.

	성.수	이것(this)	저것(that)
단	남.단	זֶה	הוּא
	여.단	זֹאת	הִיא
복	남.단	אֵלֶּה	הֵמָּה=הֵם
	여.단		הֵנָּה=הֵן

2) '이것'의 히브리어는 זֶה이며 '저것'은 הוּא이다. 지시 대명사 זֶה 이하는 여기서 처음 나오는 것이지만 הוּא 이하는 앞서 배운 3인칭 인칭 대명사가 그대로 사용된 것이다. 지시 대명사는 역시 성과 수에 따라 다른 형태를 가진다.

3) 지시 대명사의 용법은 형용사와 비슷한 면이 있다. 지시 대명사가 형용적 용법으로 사용될 때는 명사 뒤에 위치하며 형용사처럼 성/수/관사가 일치한다. 주어로 사용될 때는 보통 문장의 서두에 위치하며 관사를 붙이지 않는다. 어느 경우든 명사는 한정되어 있으므로 항상 관사가 붙는다.

① *형용적 용법*

הַסּוּס הַזֶּה '이 말'/ הַסּוּסָה הַזֹּאת '이 암말'

הַסּוּסִים הָאֵלֶּה '이 말들'

הַסּוּס הַהוּא '저 말'/ הַסּוּסָה הַהִיא '저 암말'

הַסּוּסִים הָהֵם[71] '저 말들'

② *주어 용법*

זֶה הַסּוּס '이것이 그 말이다'/ זֹאת הַסּוּסָה '이것이 그 암말이다'

אֵלֶּה הַסּוּסִים/הַסּוּסוֹת '이것들은 그 말들/암말들이다'

הוּא הַסּוּס '저것이 그 말이다'/ הִיא הַסּוּסָה '저것이 그 암말이다'

הֵם (또는 הֵמָּה) הַסּוּסִים '저것들은 그 말들이다'

3. 접미 대명사

1) 접미 대명사(Suffixed personal)는 단어들의 끝에 붙는 대명사들로서 흔히 대명사 접미어(Pronominal suffix)라고도 부른다.[72]

---

71) הֵם에 관사 ה가 붙을 때 원칙상 הַהֵם이지만 항상 הָהֵם이 된다는 것에 유의하라.

72) 참고로 단어 자체의 끝이 달라지는 요소는 '어미'(ending of word), 거기에 별개의 요소로 단어의 끝이나 어미에 덧붙여진 요소는 '접미어'(suffix, 혹은 '접미사')라 부른다. 문법학자들은 이 둘을 명확히 구분하여 칭한다. 단어의 앞, 곧 어두에 붙는 요소는 '접두어'(prefix, 혹은 '접두사')다. 접미 대명사들은 모두 접미어들이다. 예컨대, סוּס('숫말')에 앞서 배운 <u>*여성단수 어미*</u>가 붙으면 סוּסָה('암말')이다. 이것은 단어 자체의 변형이다. 그러나 여기에 ְךָ('너의')라는 독립적인 요소가 접미되면 סוּסָתְךָ('너의 암말')이 되는데, 이때 ַת(ָה)는 <u>*어미*</u>(ending of word)이며 ְךָ는 <u>*접미어*</u>(suffix)다. 이 책에서는 인칭 대명사 접미어를 '접미 대명사'라 칭한다.

2) 접미 대명사는 단수 명사에 붙이는 형태와 복수 명사에 붙이는 형태가 약간 다르다. 이것을 우리는 '단수용,' 그리고 '복수용'으로 구분해서 부를 것이다. 복수용은 단수용에 י가 첨가되었을 뿐 비슷한 형태다. 따라서 약간의 차이가 있긴 하지만 단수용을 알고 있으면 복수용은 쉽게 구분된다.

	인칭.성.수	단수용	복수용	뜻
단수	1.공.단	ִי	ַי	나의
	2.남.단	ְךָ [a]	ֶיךָ [c]	너(남)의
	2.여.단	ֵךְ	ַיִךְ	너(여)의
	3.남.단	וֹ / ֵהוּ[b]	ָיו / ֵיהוּ [b]	그의
	3.여.단	ָהּ	ֶיהָ [c]	그녀의
복수	1.공.복	ֵנוּ [c]	ֵינוּ [c]	우리의
	2.남.복	ְכֶם [a]	ֵיכֶם	너희(남)의
	2.여.복	ְכֶן [a]	ֵיכֶן	너희(여)의
	3.남.복	ָם	ֵיהֶם	그들의
	3.여.복	ָן	ֵיהֶן	그녀들의

a. ְךָ /ְכֶם /ְכֶן 에 있는 단순쉐바는 유성이다.
b. וֹ의 원래 형태는 הוּ이며 복수용도 종종 ֵיהוּ가 사용된다.
c. 이 접미어들은 악센트가 전종음절에 있음을 유의하라.

3) 접미 대명사들은 문법적 설명을 위해 세 종류로 구분된다.

① 모음접미: וֹ/ ִי 등 - 모음만으로 구성됨
② 경 접 미: ְךָ /ֵנוּ /ָם 등 - 하나의 자음을 가짐
③ 중 접 미: כֶם/ הֶן 등 - 두 개의 자음을 가지며 폐음절을 이룸

4) 이 접미 대명사가 명사 뒤에 붙을 때 HHP가 적용되어 악센트에서 두 음절 떨어진 위치에 있는 음절들이 약화된다.

ִי + דָּבָר → דָּבָרִי →(HHP)→ דְּבָרִי '나의 말씀'[73)]

5) 다음은 접미 대명사가 붙은 명사들을 비교한 것이다.

명사 종류		남성명사		여성명사	
		단수명사	복수명사	단수명사	복수명사
	인칭.성.수	דָּבָר ‘말씀’	דְּבָרִים ‘말씀들’	תּוֹרָה ‘율법’	תּוֹרוֹת ‘율법들’
단수	1.공.단	דְּבָרִי	דְּבָרַי	תּוֹרָתִי	תּוֹרוֹתַי
	2.남.단	דְּבָרְךָ	דְּבָרֶיךָ	תּוֹרָתְךָ	תּוֹרוֹתֶיךָ
	2.여.단	דְּבָרֵךְ	דְּבָרַיִךְ	תּוֹרָתֵךְ	תּוֹרוֹתַיִךְ
	3.남.단	דְּבָרוֹ	דְּבָרָיו	תּוֹרָתוֹ	תּוֹרוֹתָיו
	3.여.단	דְּבָרָהּ	דְּבָרֶיהָ	תּוֹרָתָהּ	תּוֹרוֹתֶיהָ
복수	1.공.복	דְּבָרֵנוּ	דְּבָרֵינוּ	תּוֹרָתֵנוּ	תּוֹרוֹתֵינוּ
	2.남.복	דְּבַרְכֶם[a]	דִּבְרֵיכֶם	תּוֹרַתְכֶם	תּוֹרוֹתֵיכֶם
	2.여.복	דְּבַרְכֶן[a]	דִּבְרֵיכֶן	תּוֹרַתְכֶן	תּוֹרוֹתֵיכֶן
	3.남.복	דְּבָרָם	דִּבְרֵיהֶם	תּוֹרָתָם	תּוֹרוֹתֵיהֶם
	3.여.복	דְּבָרָן	דִּבְרֵיהֶן	תּוֹרָתָן	תּוֹרוֹתֵיהֶן

a. דְּבַר가 폐음절이므로 כ에 경강점이 찍혀야 하나 중접미어 ְכֶם/ְכֶן의 단순쉐바는 특수하게 언제나 유성인 것처럼 취급되므로 점을 안 찍는다.

6) 위의 표에서 볼 수 있듯이 단수 명사와 복수 명사에 붙는 접미 대명사는 약간 다르다. 각각에 접미 대명사를 붙이는 규칙은 다음과 같다.

① *남성단수* - 남성단수는 단수용 접미 대명사를 붙인다.

ִי + דָּבָר → דְּבָרִי ‘나의 말씀’: 첫 음절 דָּ는 악센트에서 멀어져 דְּ

② *남성복수(ִים)* - 이것은 복수 어미(ִים)를 제거한 뒤에 복수용 접미 대명사를 붙인다.

ָיו + דְּבָרִים → ָיו + דְּבָר → דְּבָרָיו ‘그의 말씀들’

73) 결과적으로 이것은 접미 대명사를 연계형 명사에 붙인다는 의미와 같다. 왜냐하면, דְּבָרִי에서 ִי와 דְּבָר는 사실상 연계 사슬을 구성하고 있기 때문이다. 이것은 דְּבַר־אֱלֹהִים(‘하나님의 말씀’)에서 אֱלֹהִים(‘하나님의’) 위치에 ִי(‘나의’)가 대신 있다고 생각하면 이해가 쉬울 것이다: ִי + דְּבַר → דְּבָרִי ‘나의 말씀.’

쌍수(ַ֫יִם)도 동일: ָיו + יָדַ֫יִם → ָיו + יָד → יָדָיו '그의 두 손'
(중접미어) ֵיכֶם + דְּבָרִים → ֵיכֶם + דָּבָר → דְּבָרֵיכֶם →(HHP)
→ דְבְרֵיכֶם →(쉐바 유포니)→ דִּבְרֵיכֶם '너희의 말씀들'

③ *여성단수(ָה)* - 여성 어미 ָה를 갖는 여성단수의 경우 ָה가 원래 형태 ַת로 바뀐다.
ִי + תּוֹרָה → ִי + תּוֹרַת → תּוֹרָתִי '나의 율법'[74]
וֹ + צְדָקָה → צְדָקָתוֹ →(HHP)→ צְדְקָתוֹ →(쉐바 유포니)
→ צִדְקָתוֹ '그의 의'

④ *여성복수(וֹת)* - 이 경우 어미를 가진 상태로 복수용 접미 대명사를 붙인다. 이는 만일 어미를 제거하면 남성복수의 경우와 구별이 안 되기 때문이다.
תּוֹרוֹתֶ֫יךָ '너(남)의 율법들' (תוֹ의 순장모음이 유지됨)
ֶ֫יךָ + בְּרָכוֹת → בְּרָכוֹתֶ֫יךָ →(HHP)→ בְרְכוֹתֶ֫יךָ→(쉐바 유포니)
→ בִּרְכוֹתֶ֫יךָ '너(남)의 축복들'

7) ָה가 아닌 묵음 ה로 끝나는 명사는 접미와 더불어 ה가 사라진다.
ִי '나의' + רֹעֶה '목자' → רֹעִי '나의 목자' (71쪽을 보라)

8) 이러한 규칙들이 번거로우면 언제든지 단수용 접미 대명사가 붙은 명사는 단수로, י가 첨부된 복수용이 붙은 명사는 복수로 보면 된다. *복수용 접미 대명사는 י를 가지고 있으므로 단수용과 쉽게 구별된다*. 예컨대, דבריכם의 자음만을 가지고 י에 주목하면서 '너희의 말씀들'(דִּבְרֵיכֶם)로 짐작할 수 있다.

C. 세골 명사와 불규칙 명사들의 대명사 접미

1. 세골 명사의 접미형

1) 앞서 설명한 바와 같이 세골 명사의 단수형은 절대형과 연계형이 동일하지만 복수형은 그와 달리 절대형과 연계형이 각기 다른 형태를 취한다.

---

74) תּוֹרַתִי가 תּוֹרָתִי가 되는 이유는 ַר가 개음절이 되어 모음이 길어지기 때문이다. 그러나 תּוֹרַתְכֶם의 경우는 ַרת가 폐음절이므로 단모음을 유지한다.

2) 다음은 세골 명사의 연계형과 접미형의 도표다.

단수		접미 대명사와 함께		복수		접미 대명사와 함께	
절대형	연계형			절대형	연계형		
מֶלֶךְ '왕'	מֶלֶךְ	מַלְכִּי '나의 왕'	מַלְכְּכֶם '너희의 왕'	מְלָכִים '왕들'	מַלְכֵי[75]	מְלָכַי '나의 왕들'	מַלְכֵיכֶם '너희의 왕들'
סֵפֶר '책'	סֵפֶר	סִפְרִי '나의 책'	סִפְרְכֶם '너희의 책'	סְפָרִים '책들'	סִפְרֵי	סְפָרַי '나의 책들'	סִפְרֵיכֶם '너희의 책들'
קֹדֶשׁ '거룩'	קֹדֶשׁ	קָדְשִׁי '나의 거룩'	קָדְשְׁכֶם '너희의 거룩'	קֳדָשִׁים '거룩들'	קָדְשֵׁי[b]	קֳדָשַׁי '나의 거룩들'	קָדְשֵׁיכֶם '너희의 거룩들'
נַעַר[a] '소년'	נַעַר	נַעֲרִי '나의 소년'	נַעַרְכֶם '너희의 소년'	נְעָרִים '소년들'	נַעֲרֵי	נְעָרַי '나의 소년들'	נַעֲרֵיכֶם '너희의 소년들'

a. נַעַר는 가운데의 후음의 영향으로 모음이 모두 '아'가 되었다. 한편, 마지막 자음이 후음인 זֶרַע('씨, 후손')은 זַרְעִי('나의 씨'), זַרְעֲךָ('너의 씨') 등이 된다.

b. □ֹ□ֶ□형은 예외적으로 모음 □ֹ가 약화될 때 합성쉐바 □ֳ(하텝 카메츠)로 바뀐다.

복수 절대형: ים ִ + קֹדֶשׁ → קֹדָשִׁים →(HHP)→ קֳדָשִׁים[코다쉼]

복수 연계형: קֳדָשִׁים→(연계형 어미)→ קֳדְשֵׁי →(쉐바 유포니)→ קָדְשֵׁי[o]

3) 4과(78쪽)에서 간략히 배운 세골 명사의 특징을 다음과 같이 상세히 종합해 볼 수 있다.

① 단수용 접미 대명사가 붙을 때는 옛 형태에 붙인다.

מֶלֶךְ → מַלְכִּי '나의 왕'

② 남성복수형을 만들 때는 □ָ□ָ□형 명사로 취급된다(קֹדֶשׁ는 예외).

ים ִ + מֶלֶךְ →(מָלָךְ)→ מָלָכִים →(HHP)→ מְלָכִים '왕들'

③ 남성복수 연계형은 옛 형태로 만든다: מַלְכֵי־ '..의 왕'

④ 복수용 접미 대명사를 붙일 때도 □ָ□ָ□형 명사로 취급한다. 따라서 이 경우 그것을 복수 절대형 מְלָכִים에 붙인 셈이 된다: מְלָכָיו '그의 왕들.' 다만 중접미어(כֶן/כֶם)가 붙으면 원칙 ①을 따라 옛 형태에 붙인다: מַלְכֵיכֶם '너희의 왕들.'

75) 3과 〈4. 강점의 생략〉에서 설명한 대로(45쪽), 원래 מַלְכֵּי이지만 마소라 사본에서는 항상 강점이 빠진 מַלְכֵי로 나타난다.

4) 만일 다양한 모음 변화들이 복잡하게 느껴진다면 *모음을 무시하고 자음의 형태만으로 뜻을 파악하는 방법*을 시도하라. 이를테면, מלכיכם는 두 요소의 결합인 יכם + מלכ으로서 מלכ은 מֶ֫לֶךְ('왕')임을 짐작할 수 있다. יכם은 י를 가진 복수용 접미 대명사(◌ֵיכֶם)로 파악되므로 이 어구의 뜻은 '너희(남)의 왕들'(מַלְכֵיכֶם)임을 알 수 있다.

2. 불규칙 명사들의 접미형

1) 아래 도표의 명사들은 접미어가 붙을 때 매우 불규칙한 연계형으로 바뀐다. 그러나 비슷한 유형의 단어들은 어떤 일정한 규칙을 따른다.

2) 불규칙 명사들은 잘 외워지지 않으므로 연습문제를 풀면서 꾸준히 숙달하는 것이 효과적이다.

단수				복수		
절대형		연계형	접미어와 함께	절대형	연계형	접미어와 함께
אִשָּׁה	'여자'	אֵ֫שֶׁת	אִשְׁתְּךָ[a] אִשְׁתִּי	נָשִׁים	נְשֵׁי	נְשֵׁיכֶם נָשֶׁ֫יךָ נָשַׁי
יָד	'손'	יַד	יֶדְכֶם[b] יָדְךָ יָדִי	יָדַ֫יִם	יְדֵי	יְדֵיכֶם[b] יָדֶ֫יךָ יָדַי
כְּלִי	'비품'	כְּלִי	כֶּלְיְךָ[c]	כֵּלִים	כְּלֵי	כֵּלֶ֫יךָ כֵּלַי
בַּ֫יִת	'집'	בֵּית	בֵּיתְךָ בֵּיתִי	בָּתִּים[d]	בָּתֵּי	בָּתֶּ֫יךָ בָּתַּי
בַּת	'딸'	בַּת	בִּתּוֹ בִּתְּךָ בִּתִּי	בָּנוֹת	בְּנוֹת	בְּנוֹתֶ֫יךָ בְּנוֹתַי
אֵם	'어머니'	אֵם	אִמּוֹ אִמְּךָ אִמִּי	אִמּוֹת	אִמּוֹת	אִמּוֹתֵ֫ינוּ אִמּוֹתָם
אָב	'아버지'	אֲבִי	אָבִיו אָבִ֫יךָ אָבִי	אָבוֹת	אֲבוֹת	אֲבוֹתֶ֫יךָ אֲבוֹתַי
אָח	'형제'	אֲחִי	אָחִיו אָחִ֫יךָ אָחִי	אַחִים	אֲחֵי	אֲחֵיכֶם אַחֶ֫יךָ אַחַי
בֵּן	'아들'	בֶּן	בְּנוֹ בִּנְךָ בְּנִי	בָּנִים	בְּנֵי	בְּנֵיכֶם בָּנֶ֫יךָ בָּנַי
שֵׁם	'이름'	שֵׁם/שֶׁם[e]	שְׁמוֹ שִׁמְךָ שְׁמִי	שֵׁמוֹת	שְׁמוֹת	שְׁמוֹתֶ֫יךָ שְׁמוֹתַי
פֶּה	'입'	פִּי	פִּיו פִּ֫יךָ פִּי[f]	פִּיּוֹת	절대형만 드물게 나타남	

a. □ֶ□ֶ֫□형의 세골 명사로 취급되어 마치 옛 형태 □ְ□ְ□에 접미어가 붙는 방식이다.

b. יֶדְכֶם과 יְדֵיכֶם 둘 다 '너희의 손들.' 여기서 단수 יָד는 집합적 의미다.

c. 단수 כְּלִי에 접미 대명사가 붙은 형태는 이것뿐이다.

d. 메텍이 있으므로 카메츠[ā]로 읽으며 음절을 끊는다. 따라서 תּ의 점은 경강점이다.

e. 둘 다 연계형으로 사용되며 장모음이 유지되는 שֵׁם도 흔하게 나타난다.

f. '나의 입.' 이것은 단수 연계형과 동일한 형태다.

7과 연습문제

I. 어휘

※ 이 단어들은 주로 문법 설명에서 다룬 불규칙 명사들이다. 불규칙 명사의 복수와 연계형은 문법 설명의 불규칙 명사 도표를 참고하라. 인칭 대명사와 지시 대명사는 어휘 목록에서 생략한다.

הֵן הִנֵּה 보라(Behold)!	כְּלִי 그릇, 기물	אֵת[a] אֶת־[b] ..와 함께
לִפְנֵי[c] ..앞에서, ..면전에	שֵׁם שֵׁם־/ שֶׁם־[d] 이름	בֵּן בֶּן־ 아들, 자손
מַ֫יִם מֵי־ 물	יָם יָם־/ יַם־[d] 바다	יָד יַד־ 손
בַּת 딸	בַּ֫יִת בֵּית־ 집	תּוֹרָה 율법
אָח 형제/(복) אַחִים	אָחוֹת 자매[e]/(복) אֲחָיוֹת	עַ֫יִן 눈(eye), 우물
כְּנַ֫עַן 가나안/ כְּנַעֲנִי 가나안 사람	פֶּה פִּי־ 입, 말	עֶ֫רֶב 저녁
כֵּן 그와 같이, 그렇게	שָׁמַר 지키다	הָלַךְ 가다, 걷다
נָשָׂא 들어 올리다	יָדַע 알다	לֵאמֹר ..가로되
יָרֵא ..를 두려워하다, ..을 경외하다/ (형) 두려워하는, 경외하는[f]		
יָרֵא מִן = יָרֵא אֵת '..을 두려워하다'		

a. 이 אֵת는 목적격 불변사와 철자가 동일하나 그것과 다른 단어인 전치사다.

b. 앞서 말한 대로 마켑(־)이 붙은 형태. 참고로, 이후 모든 어휘들에서 연계형은 마켑이 붙은 형태로 제시된다.

c. פָּנִים('얼굴')의 연계형 פְּנֵי에 전치사 לְ가 붙은 것이다.

d. שֵׁם의 연계형은 두 가지가 가능하다. 그 아래의 יָם도 마찬가지다.

e. '자매'는 특이하게 אָח('형제')에 여성복수 어미를 붙이며 אֲחָיוֹת는 드물다.

f. יָרֵא는 동사로 주로 사용되지만 형용사이기도하다. 이 동사는 곧 배우게 될 상태 동사의 하나인데 그것은 동사이면서 형용사로도 사용된다.

II. 다음 물음에 답하라.

(1) 다음 단어의 연계형을 만들어 보라.

① חָכָם ② חֲכָמִים ③ תּוֹרָה ④ אִישׁ

(2) 다음 표현들에서 틀린 곳을 고치라. 어순은 그대로 유지하라.

① הַדְּבַר־הַמֶּ֫לֶךְ ② הַזֶּה הַקּוֹל ③ הַסּוּס הָאֵ֫לֶּה

(3) 다음 접미어가 붙은 형태를 해석하라(단어의 뜻은 어휘 참고).

① דְּבָרֵ֫נוּ ② תּוֹרוֹתָיו ③ דִּבְרֵיכֶם ④ תּוֹרָתְךָ

※ 문장해석을 위한 도움말

1) 빈번히 사용되는 어구인 **לֵאמֹר**는 동사 **אָמַר**의 부정사 **אֱמֹר**에 비분리 전치사 **לְ**가 붙은 형태다. 이 어구는 앞에 어떤 말하는 동작이 나온 다음 그것을 반복해주는 기능을 한다. 한글개역(개정) 성경에 나오는 '말하여 가라사대/가로되' 혹은 '대답하여 가라사대/가로되'에서 '가라사대/가로되'가 여기에 해당된다. 부정사는 동사 편에서 배운다.

2) 흔히 **כִּי** 대신 **כַּאֲשֶׁר**로 시간을 나타낼 수 있다: **וַיְהִי כַּאֲשֶׁר** '그리고 ..했을 때.' 앞서 말한 대로, **יְהִי**는 **הָיָה**의 변화형인데 나중에 배운다.

III. 다음을 해석하라.

(1) **עֶ֫בֶד אַבְרָהָם אָנֹכִי** (창 24:34) (2) **בָּ֫אוּ הַנְּבִיאִים לִפְנֵי הַמֶּ֫לֶךְ**

(3) **הִנֵּה זֹאת תּוֹרַת הַבָּ֫יִת׃** (겔 43:12) (4) **הַדָּבָר יָצָא מִפִּי הַמֶּ֫לֶךְ**

(5) **וּבְנֵי־יִשְׂרָאֵל הָֽלְכוּ[a] בְתוֹךְ הַיָּם** (출 14:29) a. **הָלַךְ** + '그들이' **וּ**

(6) **רָאָה יוֹסֵף אֶת־אֶחָיו** (창 42:7) (7) **וַיֹּ֫אמֶר הָעֶ֫בֶד בַּת־מִי אַתְּ**

(8) **הֵן אֵ֫לֶּה כְּלֵי בֵית־יהוה** (9) **לָקַח מֹשֶׁה מַ֫יִם קְדֹשִׁים**

(10) **בָּנִים אַתֶּם לַיהוה אֱלֹהֵיכֶם** (신 14:1)

(11) **בַּיָּמִים הָהֵם אֵין מֶ֫לֶךְ בְּיִשְׂרָאֵל** (삿 17:6)

(12) **יהוה שָׁמַר הַבְּרִית אֲשֶׁר כָּרַת לְדָוִד**

(13) **קָרָא אַבְרָהָם אֶת־שֶׁם־בְּנוֹ יִצְחָק** (창 21:3)

(14) **יוֹסֵף נָתַן אֶת־חֵן לְאֶחָיו עַל־פִּי פַּרְעֹה**

(15) **הָעָם לֹא יָדַע כִּי הָלַךְ יוֹנָתָֽן[a]׃** (삼상 14:3) a. '요나단.'

(16) מֹשֶׁה בָּא לִפְנֵי יהוה (출 34:34)

(17) נֶ֫פֶשׁ בְּנֶ֫פֶשׁ עַ֫יִן בְּעַ֫יִן יָד בְּיָד (신 19:21)

(18) לֹא־כֵן הַדָּבָר כִּי אִישׁ מֵהַר־[a]אֶפְרַ֫יִם נָשָׂא יָדוֹ בַּמֶּ֫לֶךְ בְּדָוִד

a. '에브라임.' (삼하 20:21)

(19) הַמֶּ֫לֶךְ [a]הָרָע לָקַח כֹּל כְּלֵי בֵית אֱלֹהִים הַגְּדֹלִים [b]וְהַקְּטַנִּים

a. רַע가 הָרָע된 것은 57쪽을 보라. b. 형용사 קָטָן('작은')의 복수.

(20) אַחִים אֲנַ֫חְנוּ בְּנֵי אִישׁ־אֶחָד בְּאֶ֫רֶץ כְּנָ֫עַן (창 42:13)

(21) הִנֵּה דִּבְרֵי הַנְּבִיאִים פֶּה אֶחָד טוֹב אֶל־הַמֶּ֫לֶךְ (대하 18:12)

(22) לָֽקְחָה [a]מִרְיָם הַנְּבִיאָה אֲחוֹת אַהֲרֹן אֶת־הַכְּלִי בְּיָדָהּ (출 15:20)

a. '미리암.'

(23) קָרָא הַנָּבִיא הָרָע לֵאמֹר שָׁלוֹם שָׁלוֹם וְאֵין שָׁלוֹם׃ (렘 6:14)

(24) [a]גִּדְעוֹן יָרֵא אֶת־בֵּית־אָבִיו וְאֶת־אַנְשֵׁי הָעִיר (삿 6:27) a. '기드온.'

(25) נָתַן יהוה אֱלֹהֵ֫ינוּ בְּיָדֵ֫נוּ גַּם אֶת מֶ֫לֶךְ־כְּנַ֫עַן וְאֶת־כָּל־עַמּוֹ (신 3:3)

(26) קָרָא אֱלֹהִים לָאוֹר יוֹם וְלַחֹ֫שֶׁךְ קָרָא לָ֫יְלָה וַיְהִי־עֶ֫רֶב
וַיְהִי [a]בֹ֫קֶר יוֹם אֶחָד׃ (창 1:5) a. '아침.'

(27) בָּ֫אוּ מִכָּל־הָעַמִּים [a]לִשְׁמֹ֫עַ אֵת חָכְמַת הַמֶּ֫לֶךְ [b]מֵאֵת כָּל־מַלְכֵי הָאָ֫רֶץ
אֲשֶׁר שָֽׁמְעוּ אֶת־חָכְמָתוֹ׃ (왕상 4:34; *BHS* 5:14) a. 부정사구 '듣기 위해.' b. = מִן

(28) וַיֹּ֫אמֶר [a]עִבְרִי אָנֹכִי וְאֶת־יהוה אֱלֹהֵי הַשָּׁמַ֫יִם אֲנִי יָרֵא
אֲשֶׁר עָשָׂה אֶת־הַיָּם וְאֶת־הַיַּבָּשָׁה׃ (욘 1:9) a. '히브리 사람.'

(29) אֵ֫לֶּה הַתּוֹרֹת אֲשֶׁר נָתַן יהוה בֵּינוֹ וּבֵין בְּנֵי יִשְׂרָאֵל בְּהַר
בְּיַד־מֹשֶׁה׃ (레 26:46)

(30) וַיְהִי כַּאֲשֶׁר רָאָה יַעֲקֹב אֶת־רָחֵל בַּת־לָבָן אֲחִי אִמּוֹ וְאֶת־קוֹלוֹ
נָשָׂא לֵאמֹר אֲנִי יַעֲקֹב אָחִיךָ מֵאֶ֫רֶץ־כְּנָ֫עַן׃

7과 연습문제 해답

예제 1) 빈칸 완성

단 수		복수/쌍수	
절대형	연계형	절대형	연계형
אִישׁ '남자'	אִישׁ־	אֲנָשִׁים '남자들'	אַנְשֵׁי־
חָזָק '강한 자'	חֲזַק־	חֲזָקִים '강한 자들'	חַזְקֵי־
יָד '손'	יַד־[a]	יָדַ֫יִם '두 손'	יְדֵי־
כּוֹכָב '별'	כּוֹכַב־	כּוֹכָבִים '별들'	כּוֹכְבֵי־

a. 단음절 명사 중 순장모음을 가진 단어들을 포함 단음절 명사들은 대체로 HHP 영향을 받지 않으나(אִישׁ סוּס אֵשׁ שֵׁם) יָד와 같은 일부 단어들은 HHP가 적용된다(דָּם '피' → דַּם־ '..의 피')

예제 2) 잘못된 연계형 표현들

① תּוֹרַת־(연계형에 관사 못 붙임) ② אֱלֹהֵי־(אֱלֹהִים은 가끔 אֱלוֹהַּ으로도 나타나는데 אֱלֹ의 홀렘[ֹ]이 원래 순장모음임을 의미한다. 따라서 개음절 אֱלֹ는 쉐바로 바뀌지 않고 모음을 유지한다)

③ תּוֹרַת אֱלֹהִים הַטּוֹבָה '하나님의 그 좋은 율법'
(형용사가 절대형과 연계형 사이에 위치할 수 없음)

II. (1) ① חֲכַם ② חַכְמֵי ③ תּוֹרַת ④ אִישׁ

(2) ① דְּבַר־הַמֶּ֫לֶךְ ② זֶה הַקּוֹל ③ הַסּוּס הַזֶּה 혹은 הַסּוּסִים הָאֵ֫לֶּה

(3) ① 우리의 말씀(일) ② 그의 율법들 ③ 너희(남)의 말씀(일)들
④ 너(남)의 율법

III. 문장 해석

(1) 나는 아브라함의 종입니다. (2) 그 선지자들이 그 왕 앞으로 왔다.
(3) 보라, 이것은 그 전(집)의 율법이다. (4) 그 말씀이 그 왕의 입에서 나왔다.
(5) 그리고 이스라엘 자손들은 그 바다 가운데로 걸어갔다.
(6) 요셉이 그의 형제들을 보았다.
(7) 그리고 그 종이 말했다. "너(여)는 누구의 딸이냐?"
(8) 보라, 이것들은 여호와의 전(집)의 기물들(그릇들)이니라.
(9) 모세가 거룩한 물을 취했다. (72쪽, 물을 수식하는 복수 형용사)
(10) 너희(남)는 여호와 너희(남)의 하나님에게 속한 자녀들(아들들)이다.
(11) 그 날(들)에(저 날[들]에) 이스라엘에 왕이 없었다. (문맥상 과거)

(12) 여호와께서 그가 다윗에게(을 위해) 맺었던(잘랐던) (그)언약을 지키셨다.
(13) 아브라함이 그의 아들의 이름을 이삭이라 불렀다.
(14) 요셉이 그의 형제들에게 파라오의 말을 따라(입 위에서) 은혜를 베풀었다.
(15) 그 백성은 요나단이 갔다는 것을 알지 못했다.
(16) 모세가 여호와 앞에 왔다.
(17) 생명에는 생명, 눈에는 눈, 손에는 손. (여기서 전치사 בְּ의 뜻은 '..에 대적하여, against.' 4과 연습문제 16번과 비교하라)
(18) 그 일이 그러한 것이 아니었으니 이는 에브라임 산에서 온 어떤 사람이 그의 손을 다윗 왕에게(문자적, '그 왕에게, 다윗에게') 대적해서 들었기 때문이다. (여기서도 전치사 בְּ의 뜻은 '..에 대적하여.' 한편, 히브리어는 동일한 대상이 이중적으로 표현될 때 전치사를 각각 붙이는 특징을 갖는다: '그 왕에게, 다윗에게')
(19) 그 악한 왕은 하나님의 전(집)의 크고 작은 모든 기물들을 취했다.
(20) 우리는 형제들, 곧 가나안 땅에 계시는 한 사람의 아들들입니다.
(21) 보소서! 한 목소리로(이구동성으로, 문자적으로 '한입') (말한) 그 선지자들의 말씀들이 (그)왕에게 좋습니다. (거짓 예언으로 왕을 기쁘게 함)
(22) (그)여선지자, 아론의 누이인 미리암이 자신의 손으로 그 물건을 취했다.
(23) 그 악한 선지자가 외쳐 말하기를, "평화, 평화로다!"하나 평화가 없다.
(24) 기드온은 그의 아버지의 집(가족들)과 그 성읍의 사람들을 두려워했다.
(25) 여호와 우리의 하나님께서 또한 가나안의 왕과 그의 모든 백성도 우리 손에 넘기셨다.
(26) 하나님께서 (그)빛을 낮이라 칭하셨고 (그)어둠을 밤이라 칭하셨다. 그리고 저녁이 되고 아침이 되어 첫째 날이 되었다.
(27) 모든 민족들 중에서 사람들이(그들이) 그 왕의 지혜를 듣기 위해 왔으니, 곧 그의 지혜에 대해(소문을) 들었던 (그)땅의 모든 왕들 중에서 왔다. (מִן의 '부분의 [partitive] 용법'으로 '..의 일부'의 뜻)
(28) 그리고 그가 말했다. "나는 히브리 사람이오. 나는 여호와 하늘의 하나님, 바다와 땅(대지)를 만드신 분을 두려워한다오." (אֲשֶׁר는 앞의 '여호와 하늘의 하나님'을 수식한다고 볼 수 있다)
(29) 이것들은 여호와께서 그 산에서 모세의 손을 통해 그분과 이스라엘 자손들 사이에 주신 그 율법들이다. (תּוֹרֹת = תּוֹרוֹת)
(30) 그리고 야곱이 자신의 어머니의 형제(외삼촌)인 라반의 딸 라헬을 보았을 때, (자신의) 목소리를 높여 말했다(이르기를). "나는 가나안 땅에서 온 당신(여)의 형제 야곱입니다."

8과 전치사의 대명사 접미, 소유 표현, 방향의 지시

A. 전치사의 대명사 접미

1. 개요

1) 전치사들과 일부 불변사들(particles)은 접미 대명사가 뒤에 붙을 수 있다.[76] 이것들이 전치사에 붙을 때는 비분리 전치사에 붙는 경우와 분리 전치사에 붙는 경우로 나뉜다.

2) 비분리 전치사 בְּ/לְ/כְּ와 מִן을 비롯해 일부의 전치사는 단수용 접미 대명사가 붙고 그 외의 전치사들은 복수용이 붙는다.

3) 접미 대명사가 붙은 전치사는 다음과 같이 해석된다.

בְּךָ '네 안에' / לְךָ '너에게'

2. 단수용 접미 대명사가 붙는 전치사들

1) 앞서 말한 대로, 단수용 접미 대명사가 붙는 전치사들은 매우 흔하게 쓰이는 비분리 전치사들(בְּ/לְ/כְּ)과 מִן이다.

2) 그 외에 일부 단수용이 붙는 전치사들이 있는데 비분리 전치사만큼이나 많이 쓰이는 것들이다.

3) 아래 도표는 그 전치사들의 목록이다. 여기에 목적어를 이끄는 기능을 하는 목적격 불변사(particle) אֵת('..를')는 전치사가 아니지만, 동일한 형태로 자주 혼동을 일으키는 전치사 אֵת('..와 함께')와 비교되도록 함께 수록하였다.

---

76) 불변사(不變詞), 혹은 불변화사(不變化詞, particle)란 관사, 전치사, 접속사 등과 같이 자체적인 어형 변화를 하지 않고 더 이상 분해가 안 되는 미소한 문법적 요소들을 말한다(particle이 물리학에서는 물질의 최소 단위인 소립자를 의미함). 히브리어에서는 때로 어떤 특정한 품사나 문법적 요소로 분류하기 어려운 불변사들도 여럿 존재한다. 대표적인 것으로는 존재의 불변사들인 יֵשׁ('..이 있다')와 אַיִן('..이 없다')와 같은 것들이다. 또한 목적 표시의 אֵת는 전치사 אֵת와 동음이어로서 전치사가 아닌 불변사로 분류된다.

	접미어		בְּ	לְ	כְּ	מִן	עִם[c]	אֵת ..와 함께	אֵת[e] ..를
단수	1.공.단	ִי	בִּי	לִי	כָּמוֹנִי	מִמֶּנִּי	עִמִּי =עִמָּדִי	אִתִּי	אֹתִי
	2.남.단	ְךָ	בְּךָ[a]	לְךָ[a]	כָּמוֹךָ	מִמְּךָ	עִמְּךָ[d]	אִתְּךָ	אֹתְךָ
	2.여.단	ֵךְ	בָּךְ	לָךְ	כָּמוֹךְ	מִמֵּךְ	עִמֵּךְ	אִתָּךְ	אֹתָךְ
	3.남.단	הוּ/וֹ	בּוֹ	לוֹ	כָּמוֹהוּ	מִמֶּנּוּ[b]	עִמּוֹ	אִתּוֹ	אֹתוֹ
	3.여.단	ָהּ	בָּהּ	לָהּ	כָּמוֹהָ	מִמֶּנָּה	עִמָּהּ	אִתָּהּ	אֹתָהּ
복수	1.공.복	ֵנוּ	בָּנוּ	לָנוּ	כָּמוֹנוּ	מִמֶּנּוּ[b]	עִמָּנוּ	אִתָּנוּ	אֹתָנוּ
	2.남.복	ְכֶם	בָּכֶם	לָכֶם	כָּכֶם	מִכֶּם	עִמָּכֶם	אִתְּכֶם	אֶתְכֶם
	2.여.복	ְכֶן	בָּכֶן	לָכֶן	כָּכֶן	מִכֶּן	עִמָּכֶן	אִתְּכֶן	אֶתְכֶן
	3.남.복	ָם	בָּהֶם = בָּם	לָהֶם	כָּהֶם	מֵהֶם	עִמָּם	אִתָּם	אֶתְהֶם = אֹתָם
	3.여.복	ָן	בָּהֶן	לָהֶן	כָּהֶן	מֵהֶן	עִמָּן	אִתָּן	אֶתְהֶן

a. בְּךָ와 לְךָ는 아트나와 실룩, 즉 휴지에서 흔히 בָּךְ/בָּֽךְ:와 לָךְ/לָֽךְ:로 나타난다. 이것은 2.여.단과 동일한 형태인데 이때에는 문맥에서 어느 것인지 분별해야 한다.

b. 각주 78을 보라.

c. עִם은 전치사 אֵת(־אֶת)와 동일하게 '..와 함께(with)'라는 뜻이다.

d. 휴지에서는 a.와 마찬가지로 עִמָּךְ/עִמָּֽךְ:가 된다.

e. 이 אֵת는 전치사가 아닌 목적격 불변사다.

4) 도표에서 보듯이 בְּ와 לְ를 비롯한 다른 전치사들은 별다른 변형이 없으나 כְּ와 מִן은 약간 변형되어 כְּ는 כָּמוֹ(정확히는 כְּ의 다른 형태로 주로 시가서에서 나타나는 כְּמוֹ '..처럼')에, מִן은 מִמֶּן(מִמְ)에 붙이는 형태가 된다. 전치사 אֵת와 불변사 אֵת는 원형의 형태는 동일하나 접미된 형태에서 차이를 보인다.

5) 이 모든 접미 형태들을 한꺼번에 외우려하기 보다는 연습문제의 다양한 문장 속에서 점차 익히는 것이 바람직하다. 그러나 각각의 공통적 특징들을 간추려낼 수 있는데 그것은 다음과 같다.

① *בְּ와 לְ의 접미형:* □בָּ/□בְּ

이 둘은 접미 대명사와 결합하는 방식이 동일하므로 בְּ를 기준으로 설명한다. בְּ가 ךְ ֵ와 결합되어 בְּךָ가 아닌 בָּךְ가 되는 등, 약간의 모음의 변동이 있으나 비교적 단순하다. ם ָ과 ן ָ은 ה가 덧붙여진 중접미어 הֶם과 הֶן이 되어 בְּ와 결합한다: בָּהֶם '그들과 함께'/ בָּהֶן '그녀들과 함께.' 이것은 다른 비분리 전치사들의 경우도 모두 그러하다.

② *כְּ의 접미형:* □כָּ/□+כָּמוֹ(분리형은 כְּמוֹ)

כְּ에 י ִ가 결합하면 י ִ + כָּמוֹ가 되는데 모음과 모음이(וֹ와 י ִ) 충돌하게 되므로 '삽입 눈(נ)'을[77] 끼워 넣어 כָּמוֹנִי가 된다. וֹ는 원래 형태인 הוּ로 되돌아가 결합되는데(כָּמוֹהוּ) הוּ의 וּ를 보고 3인칭 남성단수(וֹ)라는 힌트를 얻을 수 있다. 3.여.단 הּ ָ는 הָ로 약간 달라졌다(כָּמוֹהָ). 그럼에도 여성 요소 ה는 유지된다. 한편, 중접미어들은 כָּמוֹ가 아닌 본래의 형태인 כְּ와 결합한다: כָּכֶם '너희들(남)처럼'/ כָּהֵם '그들처럼.' 분리형인 경우의 예: כְּמוֹ צֹאן '양처럼.'

③ *מִן의 접미형:* □+מִמֶּן(מִמְּ)/·מִ/מֵ

3.남.단과 1.공.복이 동일한 형태인데 문맥에서 구별된다.[78] 중접미어일 때는 역시 מִמֶּן(מִמְּ)이 아닌 본래의 형태인 מִן과 결합하는데, 다만 הֶם과 הֶן은 후음 ה가 중강점을 받지 못해 앞 모음의 연장으로 מֵ가 된다(מִן의 נ이 자음 동화되어 발생하는 중강점). 다음의 둘을 비교하라.

מִכֶּם '너희들(남)로부터' / מֵהֶם '그들로부터'

---

77) 두 모음의 충돌을 막기 위해 둘 사이에 끼워 넣는 נ을 '삽입 눈'(additional nun)이라 부른다.

78) 3.남.단이 מִמֶּנּוּ('그로부터')는 다음과 같이 만들어졌다: הוּ + מִמֶּן → מִמֶּנְהוּ → מִמֶּנּוּ(ה가 선행 자음 נ에 역동화되어 נּ이 됨). 역시 마지막의 וּ를 보고 וֹ라는 힌트를 얻으면 된다. 한편, 1.공.복 מִמֶּנּוּ('우리로부터')가 만들어진 과정은 이렇다: נוּ + מִמֶּן → מִמֶּנְנוּ → מִמֶּנּוּ(נ이 중복되어 נּ이 됨). 1.공.단 מִמֶּנִּי('나로부터')가 만들어진 과정도 이와 비슷한데 다만 י ִ 대신 '삽입 눈'을 가진 נִי와 מִמֶּן이 결합한다: נִי + מִמֶּן → מִמֶּנִּי '나로부터.'

④ *עִם의 접미형*: □עִמּ

언급했듯이, 단음절 단어는 접미어가 붙을 때 자주 중강점이 찍힌다. 1. 공.단의 형태는 특이한데 자주 쓰인다: עִמָּדִי '나와 함께.'

⑤ *אֵת의 접미형*: □אִתּ

전치사 אֵת는 목적격 불변사 אֵת와 형태가 동일하다. 그러나 양자는 서로 다른 단어로 그 뜻과 문법적 기능이 다르다. עִם과 비슷한 뜻을 가진 이 전치사 אֵת는 명사 앞에서 אֵת나 ־אֶת이지만, *접미 대명사와 결합한 형태는 항상 □אִתּ이다*: אֶת־יִצְחָק '이삭과 함께'/ אִתִּי '나와 함께'/ אִתְּכֶם '너희와 함께.' 목적격 불변사 אֵת의 특징과 용법은 아래 별도로 설명한다.

3. 목적격 불변사 אֵת/־אֶת

1) *한정(definite) 목적어 앞에 붙임*[79)]

הַדָּבָר אֵת = אֶת־הַדָּבָר '그 말씀을'

79) 한정 목적어란 목적어에 관사나 접미 대명사 등이 붙어서 그것이 한정된 경우를 말한다. אֵת(־אֶת)는 대체로 한정 목적어 앞에 붙으나 가끔 비한정 목적어 앞에 오는 경우도 있다. 이를테면, '어떤 여자를'과 달리 '나의 여자를'은 특정한 여자로 한정되어 있다. 이러한 명사들이 목적어가 될 때는 대부분 목적격 불변사 אֵת(־אֶת)가 앞에 위치한다. 고유 명사 역시 한정 명사이기 때문에 אֵת를 취하는 것이 일반적이다. 그러나 종종 비한정 목적어에 אֵת가 선행하는 경우도 있으며, 반대로 한정 목적어에 אֵת가 없는 경우도 있다.

בָּאָרֶץ עָשָׂה [a]אֶת־הָאָדָם
'(그) 땅에-그가 만드셨다-(그) 사람을(אֵת)'(창 6:6) a. 관사로 한정

וַיִּקְרָא עֵלִי [a]אֶת־שְׁמוּאֵל
'그리고 불렀다-엘리가-사무엘을(אֵת)'(삼상 3:16) a. 고유명사로 한정

בָּרָא אֱלֹהִים [a]אָדָם עַל־הָאָרֶץ
'창조하셨다-하나님이-사람을-(그) 땅위에'(신 4:32) a. 비한정

וַיהוה נָתַן [a]אֶת־חֵן
'그리고 여호와께서-주셨다-은혜를'(출 12:36) a. 비한정이나 אֵת를 사용

יהוה שֹׁמֵר [a]הַבְּרִית
'여호와께서 그 언약을 지키신다(분사)'(신 7:9) a. אֵת 없는 한정 목적어

2) *목적격 불변사 אֵת의 접미형: □אֹת/□אֶת*

이 אֵת에 접미 대명사가 붙으면 אֹת와 אֶת 두 형태로 나타난다. 일반적으로 '모음접미'이거나 '경접미'일 때는 אֹת, '중접미'일 때는 אֶת이다: אֹתִי '나를'/ אֶתְכֶם '너희들(남)을.' 반면에 앞서 말한 대로 전치사 אֵת는 접미 대명사가 붙은 경우에 항상 □אִתּ이므로 불변사 אֵת와 구분된다: אִתִּי '나와 함께'/ אִתְּכֶם '너희와 함께.'

3) *전치사 אֵת와 목적격 불변사 אֵת의 구별*

이것들이 명사에 붙을 경우에는 둘 다 אֵת(אֶת־)이므로 문맥에서 구별해야 한다. 아래 두 문장의 전치사 אֵת와 목적격 불변사 אֵת를 비교하라.

אֲנִי מֵקִים[a] אֶת־בְּרִיתִי אִתְּכֶם   a. 분사 '세우고 있다'

'내가-세우고 있다-내 언약을(אֶת)-너희와 함께(□אִתּ)'(창 9:9)

אֶת־בְּרִיתִי אָקִים[a] אֶת־יִצְחָק   a. 미완료 '내가 세울 것이다'

'내 언약을(אֶת)-내가 세우리라-이삭과 함께(אֶת)'(창 17:21)

4. 복수용 접미 대명사가 붙는 분리 전치사들

1) 대다수 분리 전치사들은 י가 달린 복수용 접미 대명사가 붙는다. 다음 도표는 이에 대한 몇 가지 예시다.

אֶל '..에게'	עַל '..위에'	תַּ֫חַת '..아래, 대신'	אַחַר '..뒤에'
אֵלַי '나에게'	עָלַי	תַּחְתַּי	אַחֲרַי
אֵלֶ֫יךָ '너(남)에게'	עָלֶ֫יךָ	תַּחְתֶּ֫יךָ	אַחֲרֶ֫יךָ
אֲלֵיכֶם '너희들(남)에게'	עֲלֵיכֶם	תַּחְתֵּיכֶם	אַחֲרֵיכֶם

2) 그 외 전치사 בֵּין('..사이에, between')은 특이하게 단수용 접미 대명사와 복수용 접미 대명사 둘 다 붙을 수 있다. 이 전치사는 비슷한 뜻의 영어 'between'과는 달리 비교 대상이 둘일 때 양자 모두에 전치사를 붙인다.

בֵּינִי וּבֵינְךָ '나와 너 사이에' / בֵּינֵיכֶם '너희들 중에(사이에)'

בֵּינֵ֫ינוּ[a] וּבֵינֵיכֶם '우리와 너희 사이에'[80]   a. = בֵּינוֹתֵ֫ינוּ(드물게 나타남)

3) 그러나 위의 전치사들에 단수용 접미 대명사가 붙든 복수용이 붙든, 해석에는 지장을 주지 않는다. *단지 그 전치사의 뜻과 거기에 붙은 접미 대명사의 뜻만 알고 있으면 된다.* 결국 전치사에 접미어가 붙은 형태를 보고 의미를 파악하는 요령이 중요하다.

B. 소유의 표현과 יֵשׁ / אֵין(אַ֫יִן) 용법

1. 소유의 표현

1) 히브리어의 소유 표현은 소유와 소속을 나타내는 전치사 לְ와 동사 הָיָה의 조합과 더불어 존재와 부재(不在)의 불변사 יֵשׁ('..이 있다')와 אֵין('..이 없다')를 사용한다. 따라서 히브리어에는 영어의 소유 동사인 'have'나 'possess'에 해당되는 동사가 별도로 존재하지 않는다.

2) אֵין은 형태론적으로 אַ֫יִן의 연계형으로 간주되는데 절대형 אַ֫יִן은 사용 빈도가 높지 않다.

3) 히브리어 소유 표현은 일반적으로 다음과 같이 정리해 볼 수 있다.

	소 유	무소유
과거	הָיָה לִי בֵּן '나에게 아들이 있었다'	לֹא הָיָה לִי בֵּן '나에게 아들이 없었다'
현재	יֵשׁ לִי בֵּן '나에게 아들이 있다'	אֵין לִי בֵּן '나에게 아들이 없다'
미래	יִהְיֶה לִי בֵּן '나에게 아들이 있을 것이다'	לֹא יִהְיֶה לִי בֵּן '나에게 아들이 없을 것이다'

4) 위 도표에서 볼 수 있듯이 대체로 יֵשׁ와 אֵין(אַ֫יִן)은 현재의 소유 표현에 사용되며 과거는 לְ הָיָה를, 미래는 לְ יִהְיֶה를 사용한다.[81)]

---

80) 엄밀히 구분하자면, '나의'/'너의'와 같은 단수 접미어일 경우에 단수용(예, ִי/ךָ) 이 בֵּין에 붙는 반면, '우리의'/'너희의'와 같은 복수 접미어일 경우에는 복수용(예, ֵ֫ינוּ/ֵיכֶם)이 붙는다.

81) 그러나 יֵשׁ와 אֵין(אַ֫יִן)이 문맥에서 과거나 미래를 지시하는 경우도 있다.
(과거) אֵין[a] בֵּן לוֹ '그에게는 아들이 없었다 = 그는 아들을 갖지 못했다'(민 27:4)
(미래) אֵין[a] לוֹ דָמִים '그에게는 피 흘림(문자적, '피들')이 없으리라'(출 22:1)

5) 다른 예들을 살펴보면 다음과 같다.

יֶשׁ־לִי[a] רָב[b] '나에게는 많은 것이 있다(나는 풍족하다)'(창 33:9)

a. יֵשׁ가 마켑이 붙으면서 악센트가 사라져 יֶשׁ로 단모음화됨

b. '많음, 풍족함'

אֵין־לָהֶם רֹעֶה[a] '그들에게 목자가 없다'(민 27:17) a. '목자'

6) 불변사 יֵשׁ와 אֵין(אַ֫יִן)은 이외에도 다양한 용법들이 있는데 그것은 아래 설명에서 별도로 다룬다.

2. יֵשׁ와 אֵין(אַ֫יִן)의 용법과 특징

1) 소유 표현을 포함하여 이 불변사들의 주요 용법은 다음과 같다.

① *לְ와 함께 소유/비소유의 표현* - 이에 대해서는 위에서 살펴보았다.

② *존재/비존재의 표현* - 어떤 대상의 존재 유무를 표현할 수 있다. 시제는 대체로 현재지만 문맥에 따라 미래나 과거도 될 수 있다.

יֵשׁ יהוה עִמָּ֫נוּ '여호와가 우리와 함께 계신다'(삿 6:13)

אֵין־יוֹסֵף בַּבּוֹר '요셉이 그 구덩이에 없었다'(창 37:29) -과거

לֶ֫חֶם אֵין בְּכָל־הָאָ֫רֶץ '온 땅에 식량이 없었다'(창 47:13) - 과거

יֶשׁ־יוֹם '한 날이 있을 것이다'(렘 31:6) - 미래

③ *부정어로서 אֵין(אַ֫יִן)* - 흔히 동사가 없는 문장에서 לֹא/אַל 대신 이것이 부정어(no, not)로 쓰이는데 분사 문장이 뒤따르는 경우가 많다.

אֵין־אֲנַ֫חְנוּ פֹּשְׁטִים[a] בְּגָדֵ֫ינוּ[b] a. פָּשַׁט('옷을 벗다')의 분사 b. בֶּ֫גֶד '옷'

'우리는 우리의 옷을 벗지 않고 있습니다'(느 4:23; *BHS* 4:17)

אִם אַ֫יִן '만일 그것이 아니라면'(if not)(삼하 17:6)

2) 이 불변사들에는 주어를 지시하는 접미 대명사가 붙을 수 있다. 이때 ‘강세 눈(נ)’(energetic nun, נֶּ)이 추가될 수 있다.[82] 특히 אֵין의 경우가 빈번하며, יֵשׁ에 접미어가 붙은 형태는 많지 않다.

① יֶשְׁנוֹ ‘그가 ..이다(있다)’/ יֶשְׁךָ ‘네가 ..이다’/ יֶשְׁכֶם ‘너희(남)가 ..이다’
אִם־יֶשְׁנוֹ בָּאָרֶץ ‘만일 그가 그 땅에 있다면’(삼상 23:23)

② אֵינֶ֫נִּי ‘나는 ..이 아니다’(נִי + נֶּ + אֵין)/ אֵינְךָ ‘너는 ..이 아니다’/
אֵינֶ֫נּוּ ‘그가/우리가 ..이 아니다’[83]

אֵינְךָ אֹכֵל[a] לֶ֫חֶם[b] ‘당신은 떡을 먹지 않고 있다’(왕상 21:5)
a. אָכַל(‘먹다’)의 분사 b. ‘떡’

אֵינֶ֫נִּי נֹתֵן[a] לָכֶם תֶּ֫בֶן[b] ‘나는 너희에게 짚을 주지 않으리라’(출 5:10)
a. נָתַן(‘주다’)의 분사 b. ‘짚’

3. 불변사들의 대명사 접미

1) יֵשׁ와 אֵין(אַ֫יִן) 외에 다른 불변사들에도 마찬가지로 접미 대명사가 붙을 수 있으며 이 경우 대부분 단수용 접미 대명사가 붙는다.

2) 이 접미 대명사들은 주어로 해석된다.

3) 다음은 몇 가지 예들이며 나머지 경우들은 연습문제를 통해 학습할 수 있을 것이다.

---

82) 강세 눈(energetic nun, נֶּ)은 삽입 눈(additional nun)과 비슷하게 이어지는 모음과 연결시키기 위해 삽입되는데, 다만 악센트를 가진 모음 세골(ֶ)을 갖는다는 점에서 다르다.

83) 각주 78과 비교하라. 강세 눈과 더불어 이것들은 다음과 같은 과정을 겪었다:
נִי + נֶּ + אֵין → אֵינֶ֫נִּי ‘나는 .. 아니다’
הוּ + נֶּ + אֵין →(ה가 נ에 역동화) → אֵינֶ֫נּוּ ‘그는 .. 아니다’
(마지막의 וּ를 보고 וֹ[‘그가’]를 유추해야 한다)
נוּ + נֶּ + אֵין →(נ이 נ에 동화)→ אֵינֶ֫נּוּ ‘우리는 ..아니다’
(위와 동일한 형태이므로 구분해야 한다)

① הִנֵּה '보라(behold)!'

הִנְנִי[a](=הִנֶּנִּי) '보라 내가'/ הִנּוֹ[b] '보라 그가'/ הִנְנוּ(=הִנֶּנּוּ)[84] '보라 우리가'

a. נִי + הִנֵּה → הִנְנִי b. וֹ + הִנֵּה → הִנּוֹ (a.와 b. 모두 ה의 탈락)

הִנְנִי עֹמֵד[a] לְפָנֶיךָ a. עָמַד('서다')의 분사

'보라, 내가 네 앞에 설 것이다'(출 17:6)

② עוֹד '여전히(still),' '다시(again)'

עוֹדֶנִּי[85] '내가 여전히'/עוֹדְךָ '네가 여전히'/עוֹדֶנּוּ[86] '그가 여전히'

שָׁאוּל עוֹדֶנּוּ בַגִּלְגָּל[a] a. גִּלְגָּל '길갈'

'사울, 그는 여전히 길갈에 있었다'(삼상 13:7)

C. 방향의 지시

방향을 지시하는 방법은 크게 두 가지로 나뉜다. 하나는 방향 지시사 הָ 를 장소나 지명 뒤에 접미시키는 방식과 다른 하나는 전치사 אֶל을 사용하는 방식이다.

1. 방향 지시사 הָ

1) 이것은 고대의 여격 표시의 흔적인데 지명 뒤에 붙어서 방향을 지시해 주는 역할을 한다. 뜻은 '..로 향하여'이다.

2) 이것과 비슷하거나 동일한 형태의 어미/접미어들이 존재하므로 서로 혼동이 생길 수 있다. 그러나 *방향 지시사 הָ 는 장소나 지명 뒤에만 붙으며* 또한 접미어가 추가되더라도 악센트의 이동이 없다는 점이 특징이다.[87] 특히

---

84) 괄호는 강세 눈의 삽입: הִנֶּנִּי ← י ִ + נ ֶ + הִנֵּה / הִנֶּנּוּ ← נוּ + נ ֶ + הִנֵּה

85) עוֹדֶנִּי ← נִי + נ ֶ + עוֹד

86) עוֹדֶנּוּ ← הוּ + נ ֶ + עוֹד('우리가'도 동일형임: עוֹדֶנּוּ ← נוּ ֵ + נ ֶ +עוֹד)

87) 방향 지시사 הָ 와 비슷한 앞서 배운 어미들을 구별해야 한다: 명사 어미 여.단 הָ (סוּסָה '암말')/접미 대명사 3.여.단 הּ ָ ('그녀의') (סוּסָהּ '그녀의 말[horse]')/ 동사 주격 접미어 3.여.단 הָ ('그녀는') (אָמְרָה '그녀가 말했다'). 우선 동사 주격 접미어 הָ 는 동사에 붙고 접미 대명사 הּ ָ 는 활점이 찍히기 때문에 구별이 쉬

여성어미 ָה와 방향 지시사 ָה는 다음과 같이 비교된다.

ָה(여성 어미) + נָבִיא → נְבִיאָה '여선지자'

ָה(방향 지시사) + הָעִיר → הָ֫עִירָה '그 성읍을 향해'

3) 위에서 전자의 경우 악센트가 종음절로 이동하면서 악센트에서 두 음절 떨어진 첫 음절이 약화된다. 그러나 이와 대조적으로 후자의 경우 장소 명사이면서 악센트는 종음절로 이동하지 않고 제자리에 머물러있다.

4) 추가적인 예를 들면 다음과 같다.

שָׁ֫מָּה[a] '거기로, 그곳으로' a. שָׁם '거기, 그곳'[88]

מִצְרַ֫יְמָה[a] '이집트를 향해' a. מִצְרַ֫יִם '이집트, 애굽'

5) 한편, אֶ֫רֶץ가 지명과 연계 사슬을 이루면서 방향 지시사 ָה를 접미시키는 방식도 흔하다. 이 경우 אֶ֫רֶץ의 연계형은 방향 지시사가 붙은 אַ֫רְצָה로 나타난다.

אַרְצָה כְּנַ֫עַן '가나안 땅을 향해' / אַרְצָה מִצְרַ֫יִם '이집트 땅을 향해'

2. 방향의 전치사 אֶל

1) 방향의 지시에 있어서 전치사 אֶל을 사용하는 것이 더 일반적인 방법이다: אֶל־הָעִיר '그 성읍을 향해' / אֶל־אֶ֫רֶץ כְּנַ֫עַן '가나안 땅을 향해'

2) 그러나 지명에 אֶל이나 ָה가 붙지 않고 지명 자체가 방향을 가리키는 경우도 있다. 아래 두 문장을 비교하라.

בָּ֫אוּ יְרוּשָׁלַ֫יִם '그들이 예루살렘으로 왔다'(삼하 16:15)

בָּא אֶל־יְרוּשָׁלָ֫יִם '그가 예루살렘으로 왔다'(스 7:9)

운데 명사의 여.단 어미 ָה와 방향 지시사 ָה는 혼동을 줄 수 있다.

88) שָׁם에 방향 지시사 ָה가 붙은 형태 שָׁ֫מָּה는 מ에 중강점이 찍힌다. 각주 54에서 설명한 대로, 히브리어는 두 자음으로 된 단어, 즉 한 음절로 구성된 단어들에 어미/접미어가 붙을 때 중복점이 찍히는 경우가 많다: עַם → עַמִּים '백성들'/ עַמִּי '나의 백성'/ אַף → אַפִּי '나의 코.'

8과 연습문제

I. 어휘

אַחַר אַחֲרֵי־ ..후에, 뒤에	אַחֵר 다른	עִם ..와 함께
אוֹת 표징, 이적	מִצְרַ֫יִם 이집트(사람)	סֵ֫פֶר 책
רַק 오직, 분명히	לָ֫מָּה = מַדּ֫וּעַ 왜?	שָׁם 거기
חַי 살아있는/(여) חַיָּה[a]	עוֹד 다시, 여전히	כֹּהֵן 제사장
אָדֹן אָדוֹן[b] 주인, 주님	זֶ֫רַע 씨, 후손	לֶ֫חֶם 떡(food)
שָׂרָה 사라/ שָׂרַי 사래	שָׁאוּל 사울	שְׁלֹמֹה 솔로몬
לְעֵינֵי(..의 눈 앞에서) ..앞에서	בְּעֵינֵי ..눈에, ..보기에	דָּבָר = דִּבֶּר
= לִפְנֵי, מִפְּנֵי(..의 얼굴 앞에서)	מָצָא 발견하다, 찾다	말하다

a. חַיָּה는 여성형 형용사지만 명사로 '살아있는 것,' 즉 '생명, 생물'을 뜻할 수 있다.

b. 이것이 호칭으로 사용될 때, 일반적인 귀한 대상은 흔하게 단수 אֲדוֹנִי('나의 주/주인'), 혹은 더욱 큰 존칭의 의미를 지닌 존엄 복수 אֲדוֹנָי('나의 주님')(문자적으로, '나의 주인들/주님들')로 표현한다. יהוה를 אֲדוֹנָי로 읽는 이유가 이 때문이다.

II. 다음 어구들의 뜻을 아래 빈 공간에 쓰시오

※ 일부 단어들의 뜻은 위의 어휘를 참고하라. 성과 수를 정확히 구별하라. 두 가지 해석이 가능한 경우 둘 다 쓰라.

1)	① בּוֹ	② בְּךָ	③ כָּמ֫וֹהוּ	④ תַּחְתֵּיכֶם	⑤ מִצְרַ֫יְמָה
2)	① בָּכֶן	② מִמְּךָ	③ אִתִּי	④ אֶתְכֶן	⑤ אַחֲרֶ֫יךָ
3)	① מִמֶּ֫נָּה	② עִמֵּךְ	③ אִתָּם	④ עָלַי	⑤ אַ֫רְצָה מִצְרַ֫יִם
4)	① כָּמ֫וֹנוּ	② מֵהֶם	③ עִמָּדִי	④ אֵלֶ֫יךָ	⑤ מִמֶּ֫נּוּ

※ 문장해석을 위한 도움말

지시 대명사 זֶה는 의문사 뒤에 오면서 의문사를 강조하거나 그 의문문의 뉘앙스를 강화한다(26번 문제). 예를 들어, "(이것이) 도대체"로 해석된다.

III. 다음을 해석하라.

(1) חָזָק הוּא מִמֶּנּוּ׃ (민 13:31)

(2) לֹא־הָיָה שָׁם מַיִם לָעָם (민 33:14)

(3) נֹחַ[a] מָצָא חֵן בְּעֵינֵי יְהוָה׃ (창 6:8) a. '노아'

(4) שָׁאוּל יָדַע כִּי יהוה עִם־דָּוִד (삼상 18:28)

(5) וֵאלֹהֵי אָבִי הָיָה עִמָּדִי׃ (창 31:5)

(6) לֶחֶם אֵין בְּכָל־הָאָרֶץ (창 47:13)

(7) נָתַן לִי אֱלֹהִים בֵּן אַחֵר תַּחַת הֶבֶל[a] a. '아벨.'

(8) עָשָׂה כֵּן מֹשֶׁה לְעֵינֵי זִקְנֵי יִשְׂרָאֵל׃ (출 17:6)

(9) וַיֹּאמֶר הַעוֹדֶנּוּ חַי אָחִי הוּא׃ (왕상 20:32)

(10) רַק יִהְיֶה יהוה אֱלֹהֶיךָ עִמָּךְ כַּאֲשֶׁר הָיָה עִם־מֹשֶׁה׃ (수 1:17)

(11) וְזֶרַע לֹא יִהְיֶה־[a]לָּנוּ (렘 35:9) a. 개음절 뒤의 ל에 간혹 강점이 찍힘.

(12) הֲיֵשׁ יהוה בְּקִרְבֵּנוּ אִם־[a]אָיִן׃ (출 17:7) a. אַיִן의 휴지(실룩) 형태.

(13) רָאָה עֵשָׂו כִּי רָעוֹת בְּנוֹת כְּנָעַן בְּעֵינֵי יִצְחָק אָבִיו׃ (창 28:8)

(14) אָמְרוּ שָׁלוֹם לְעַבְדְּךָ לְאָבִינוּ עוֹדֶנּוּ חָי[a]׃ (창 43:28)

a. 형용사 חַי의 휴지(아트나)에서 형태.

(15) וַיֹּאמֶר יוֹסֵף מַדּוּעַ פְּנֵיכֶם רָעִים הַיּוֹם׃ (창 40:7)

(16) פָּנִים בְּפָנִים דִּבֶּר יהוה עִמָּכֶם בָּהָר מִתּוֹךְ[a] הָאֵשׁ[b]׃ (신 5:4)

a. מִן + תּוֹךְ b. אֵשׁ '불.'

(17) יָדְעוּ[a] כָּל־הָאָרֶץ כִּי יֵשׁ אֱלֹהִים לְיִשְׂרָאֵל׃ (삼상 17:46)

a. וּ '그들이' + יָדַע

(18) וַיְהִי אַחַר הַדְּבָרִים הָאֵלֶּה וְהָאֱלֹהִים [a]נִסָּה אֶת־אַבְרָהָם וַיֹּאמֶר
אֵלָיו אַבְרָהָם וַיֹּאמֶר [b]הִנֵּנִי׃

a. '그가 시험했다.' b. נִי(= ִ י) + הִנֵּה = הִנְנִי의 휴지(실룩) 모음변화.

(19) הוּא יהוה הָאֱלֹהִים בַּשָּׁמַיִם [a]מִמַּעַל וְעַל־הָאָרֶץ [b]מִתָּחַת אֵין עוֹד׃

a. עַל + מִמֵּן(=מִן) b. תַּחַת + מִן로서 תַ가 휴지(아트나)에서 תָ가 됨. (신 4:39)

(20) דִּבֶּר מֹשֶׁה לִפְנֵי יהוה לֵאמֹר הֵן בְּנֵי יִשְׂרָאֵל לֹא־שָׁמְעוּ אֵלַי׃ (출 6:12)

(21) לֹא־שָׁמְעוּ אֲבֹתֵינוּ עַל־דִּבְרֵי הַסֵּפֶר הַזֶּה (왕하 22:13)

(22) וַיֹּאמֶר אֶל־אֵשֶׁת אֲדֹנָיו הֵן אֲדֹנִי לֹא־יָדַע אִתִּי מַה־בַּבָּיִת
וְכֹל אֲשֶׁר־יֶשׁ־לוֹ נָתַן בְּיָדִי׃ (창 39:8)

(23) בָּאוּ מִצְרָיְמָה יַעֲקֹב וְכָל־זַרְעוֹ אִתּוֹ׃ (창 46:6)

(24) מָצָא הַכֹּהֵן אֶת־סֵפֶר תּוֹרַת־יהוה בְּיַד־מֹשֶׁה׃ (대하 34:14)

(25) הֲלוֹא אָנֹכִי הַפְּלִשְׁתִּי וְאַתֶּם עֲבָדִים לְשָׁאוּל (삼상 17:8)

(26) [a]לָמָּה־זֶּה לָכֶם יוֹם יהוה הוּא־חֹשֶׁךְ וְלֹא־אוֹר׃ (암 5:18)

a. 지시 대명사 זֶה가 의문사 강조 '도대체.'

(27) אָמְרוּ אֵלָיו אַיֵּה שָׂרָה אִשְׁתֶּךָ וַיֹּאמֶר הִנֵּה בַבָּיִת׃ (창 18:9)

(28) [a]חָזַק הָעָם אֲשֶׁר אַחֲרֵי דָוִד אֶת־הָעָם אֲשֶׁר אַחֲרֵי שָׁאוּל

a. חָזַק אֶת '..를 압도하다(..보다 강하다).'

(29) כַּאֲשֶׁר הָיָה יהוה עִם־אֲדֹנִי הַמֶּלֶךְ כֵּן יִהְיֶה עִם־שְׁלֹמֹה (왕상 1:37)

(30) זֹאת אוֹת־הַבְּרִית בֵּין אֱלֹהִים וּבֵין כָּל־נֶפֶשׁ חַיָּה אֲשֶׁר עַל־הָאָרֶץ׃

(31) מִי מִשֶּׁלָּנוּ אֶל־מֶלֶךְ יִשְׂרָאֵל׃ (왕하 6:11)

8과 연습문제 해답

II. 어구들의 뜻

	①	②	③	④	⑤
1)	① בּוֹ	② בְּךָ	③ כָּמ֫וֹהוּ	④ תַּחְתֵּיכֶם	⑤ מִצְרַ֫יְמָה
	그/그것 안에	네(남) 안에	그/그것처럼	너희(남) 대신(아래)	이집트를 향해
2)	① בָּכֶן	② מִמְּךָ	③ אִתִּי[a]	④ אֶתְכֶן	⑤ אַחֲרֶ֫יךָ
	너희(여) 안에	너(남)로부터	나를	너희(여)를	네(남) 뒤에
3)	① מִמֶּ֫נָּה	② עִמָּךְ	③ אִתָּם[a]	④ עָלַי	⑤ אַ֫רְצָה מִצְרַ֫יִם
	그녀로부터	너(여)와 함께	그들과 함께	내 위에	이집트 땅을 향해
4)	① כָּמ֫וֹנוּ	② מֵהֶם	③ עִמָּדִי	④ אֵלֶ֫יךָ	⑤ מִמֶּ֫נּוּ[b]
	우리처럼	그들로부터	나와 함께	너(남)에게	그/우리로부터

a. אֵת에 접미 대명사가 붙을 때, אֵת가 전치사인지 목적격 불변사인지 구분하기 위해 〈ET(אִתִּי)와 '함께,' OT(אֹתִי) '를' 간다〉로 외우라. 그것이 전치사('..와 함께')일 때는 항상 '접미 대명사 + אִת'다.

b. '그로부터'와 '우리로부터' 둘 다 가능(각주 78을 보라).

III. 문장 해석

(1) 그는 우리(혹은 '그')보다 강하다. (2) 거기에 (그)백성을 위한 물이 없었다.

(3) 그리고 노아는 여호와의 눈에서 은혜를 보았다.
('..의 눈에서 은혜를 보았다'는 '..의 은혜를 입었다'는 뜻의 숙어다)

(4) 사울은 여호와께서 다윗과 함께 하심을 알았다.

(5) 그리고 나의 아버지의 하나님이 나와 함께(עִמָּדִי) 계셨다.

(6) 온 (그)땅에 양식이 없었다.

(7) 하나님께서 나에게 아벨 대신 다른 아들을 주셨다.

(8) 모세가 이스라엘의 장로들 (눈)앞에서 그렇게 행하였다.

(9) 그리고 그가 말했다. "그는 여전히 살아있는가? 그는 나의 형제니라."
(הַעוֹדֶ֫נּוּ ← הוּ[=וֹ '그의'] + נ ֶ + עוֹד + 의문사 הֲ)

(10) 오직 여호와 당신(남)의 하나님이 당신(남)과 함께 하실 것이오. 그분이 모세와 함께 하셨던 것처럼. (לָךְ는 לְךָ의 휴지에서 형태)

(11) 그리고 우리에게 씨(종자)가 없을 것입니다. (여기서는 파종할 '씨앗')

(12) 여호와가 우리 가운데 계십니까, 아니면(אִם) 안계십니까? (참고. 92쪽)
(בְּקִרְבֵּ֫נוּ ← נוּ ֵ + בְּקֶ֫רֶב. 세골명사 קֶ֫רֶב['내부']의 옛 형태 קִרְבּ)

(13) 에서가 보니 그의 아버지 이삭의 눈에 가나안의 딸들이 악했다.

(14) 그들이 말했다. "당신(남)의 종에게, 곧 우리의 아버지에게 평안이 있습니다(우리 아버지는 잘 계십니다). 그분은 여전히 살아계십니다."

(15) 그리고 요셉이 말했다. "오늘 너희 얼굴이 왜 나쁘냐(안색이 안 좋냐?)"

(16) 여호와가 대면해서(얼굴과 얼굴을 맞대고) 그 산에서 (그)불 가운데서 너희(남)와 말씀하셨다.

(17) 온 땅이 이스라엘에게 하나님이 계신다는 것을 알고 있다.

(동사 יָדַע['알다']는 헬라어 οἶδα['알다']와 마찬가지로 과거형이지만, 과거에 아는 것을 현재끼지 알고 있으므로 현재로 번역한다)

(18) 그리고 이 일들 후에 (그)하나님께서는 아브라함을 시험하셨다. 그리고 그분은 그에게 "아브라함아" 하고 부르셨다(말하셨다). 그리고 그는 "보소서 제가 여기 있습니다"(보소서 접니다)라고 대답했다(말했다).

(숙어 וַיְהִי אַחַר[= וַיְהִי אַחֲרֵי]은 '..한 후의 일이었다'로 해석된다)

(19) 여호와 그분은 위로부터 하늘에서 아래로부터 땅에서 (그)하나님이십니다. 다른 이는 없습니다(문자적으로, '더 이상은 없다').

(20) 모세가 여호와 앞에서 말하여 이르기를, "보소서, 이스라엘 자손들이 나에게(내 말을) 듣지 않습니다(나에게 순종하지 않습니다)."

(21) 우리의 조상들은 이 책의 말씀들을 듣지 않았다(순종하지 않았다).

(22) 그리고 그가 그의 주인의 부인에게 말했다. "보소서, 저의 주인님은 이(그) 집에 무엇이 나와 함께 있는지(집안의 어떤 일도) 알지 못합니다. 그리고 그 안에 있는 모든 것을 제 손에 위탁하셨습니다."

(23) 그들이, 곧 야곱과 그의 모든 씨(후손)가 그와 함께 이집트로 갔다.

(24) 그 제사장이 모세의 손에 의한(쓰인) 여호와의 율법 책을 발견했다.

(25) 나는 블레셋 사람이고, 너희(남)는 사울의 신복(종)들이 아니냐?

(26) 도대체 왜 여호와의 날이 너희를 위해 있다는 거냐? 그것(날)은 어둠이요 빛이 아니니라!

(27) 그들이 그에게 말했다. "당신(남) 아내 사라는 어디 있소?" 그리고 그가 말했다(대답했다). "보소서, 그 집에 있습니다."

(28) 다윗을 뒤따르는 군사(백성)가 사울을 뒤따르던 군사를 압도했다.

(עַם은 흔하게 군사적 문맥에서 백성이 아닌 '군인, 군사'를 뜻한다)

(29) 여호와께서 저의 주인이신 그 왕과 함께 계셨던 것처럼 그렇게 솔로몬과 함께 하실 것입니다.

(30) 이것은 하나님과 (그)땅위에 있는 모든 살아있는 생물들 사이의 언약의 징표(표시)다. (여기서 נֶ֫פֶשׁ은 생물을 뜻한다고 보는 것이 자연스럽다).

(31) 우리에게 속한 자 중에 누가 이스라엘의 왕의 편이냐(왕을 향하느냐)?

(관계사 אֲשֶׁר의 축약형 ·שֶׁ를 주목하라: לָ֫נוּ + ·שֶׁ + מִן이며, 여기서 שֶׁ는 '..에게 속한 자, who belongs to us'를 의미)

9과 동사 서론, 동사의 완료/미완료와 분사

A. 동사 서론

1. 강동사와 약동사

1) 히브리어 동사들은 어근(root)을 구성하는 세 자음의 종류에 따라 크게 두 가지로 나뉜다. 그것은 흔히 강동사(strong verbs)와 약동사(weak verbs)로 불린다.

2) 강동사는 동사 변화를 하더라도 동사의 세 어근 자음들은 전혀 변하지 않는 특징을 갖는 동사들을 말한다: 예, שָׁמַר '지키다'/ כָּרַת '자르다.'

3) 그러나 약동사는 세 어근 자음 중에 동사 변화에 의해 쉽게 변하거나 없어지는 '약자음'(후음 문자나 י נ 등에 대한 필자의 표현)을 포함하는 동사들이다: 예, הָיָה '있다'/ אָמַר '말하다'/ נָתַן '주다'/ יָשַׁב '거주하다.'[89]

4) 우리는 강동사를 먼저 배우고 약동사는 제2부에서 배우게 될 것이다. 약동사의 학습은 강동사에 대한 이해를 먼저 필요로 한다.

2. 동사 요소들

1) 히브리어 동사는 대체로 동작의 완료 여부에 따라 완료(perfect) 형태와 미완료(imperfect) 형태를 갖는다. 완료/미완료는 시제와는 무관한 단지 형태론적 명칭에 불과하며 완료와 미완료 동사의 시제는 문맥 속에서 결정된다. 말하자면, 반드시 완료가 과거를, 미완료가 미래를 의미하지는 않으며 시제는 문맥에서 드러난다.

2) 그 외에 동사 요소들로는 명령(imperative), 부정사(infinitive), 그리고 분사(participle)가 있다. 우리는 이 과에서 먼저 완료와 미완료, 그리고 분사를 배울 것이다.

---

89) 흔히 강동사를 규칙 동사, 약동사를 불규칙 동사로 부르기도 한다. 그러나 약동사도 거의 일정한 규칙에 의한 변화를 하므로 엄밀히 불규칙이라 할 수 없다. 그러므로 규칙/불규칙 동사보다는 강/약동사로 구분하는 것이 더 적절하다. 강동사와 약동사는 쉽게 변하지 않는 강한 어근을 가진 동사 종류와 쉽게 변하는 약한 어근을 가진 동사 종류를 구분하여 지칭하는 명칭이라 할 수 있다.

3. 동사의 완료/미완료, 분사

1) 앞서 말한 대로 동사는 동작 발생의 시간(과거/현재/미래)과 상관없이 *동작의 완료 여부에 따라* 크게 완료와 미완료를 지시하는 두 가지 형태로 나뉜다: 완료형(perfect form)과 미완료형(imperfect form).

2) 초급 문법에서는 편의상 잠정적으로 완료는 과거로, 미완료는 미래로 해석한다. 완료형과 미완료형의 기본 형태는 각각 □ָ□ַ□와 יִ□ְ□ֹ□이다.

שָׁמַר(완료) '그는 지켰다' / יִשְׁמֹר(미완료) '그는 지킬 것이다.'

3) 한편, 초급 문법에서 현재나 현재 진행은 잠정적으로 분사형으로 표현된다. 분사의 기본 형태는 □ֹ□ֵ□이다.

הוּא שֹׁמֵר '그가 지킨다,' 혹은 '그가 지키고 있다'

4) 그러나 학습자들은 나중에 고급 문법과 구문론을 공부할 때는 시제 해석에 있어서 이러한 단순한 도식에서 벗어나야 할 것이다. 예컨대, 동사의 형태가 완료형이라 해서 언제나 과거에 발생한 동작을 나타내는 것만은 아니며 경우에 따라 문맥 속에서 현재나 미래를 지시할 수 있다.[90]

---

90) 히브리어 동사의 시제(tense)와 시상(aspect)의 관계에 대한 이해와 논쟁은 매우 난해한 관계로 초급 문법에서는 생략한다. 시상(時相)이란 특정한 시간(시제) 속에서 발생되는 동작의 양상(樣相), 곧 어떤 동작의 완료, 반복, 진행, 습관 등을 말하며 흔히 '상'이라 칭한다. 엄밀히 '시상'은 시제와 상을 동시에 포함하는 용어지만, 여기서는 '상'과 동일한 의미로 사용하기로 한다. 히브리어 동사의 완료형과 미완료형은 시제보다는 사실상 동작의 양상, 곧 시상과 밀접히 관련되어 있다. 이것은 완료형이라 해서 무조건 과거로, 미완료형이라 해서 미래로 보는 도식이 성립되지 않는다는 것을 뜻한다. 오히려 문맥 속에서 결정된 시제 속에서 그 동작의 시상이 무엇이냐에 따라 완료형을 쓰기도 하고 미완료형을 쓰기도 한다. 따라서 과거 시제라 하더라도 만일 어떤 동작이 반복, 진행 중이라면 미완료 동사를 쓸 수 있다. 자세한 것은 왈키의 구문론을 참고하라: B. K. Waltke and M. O'Connor, *Introduction to Biblical Hebrew Syntax*, 452-476(이하 대표 저자는 '왈키'). 고급 문법에서는 이러한 시제와 시상에 대한 이해는 올바른 히브리어 해석에 있어서 가장 중요한 요소의 하나임을 직시해야 한다.

B. 동사의 인칭 변화: 완료/미완료

1. 개요

1) 동사 완료형은 동사 뒤에 주격을 나타내는 인칭 접미어(suffixes)가 붙는 어형 변화(conjugation)를 한다. 반면에 미완료형은 접미어뿐만 아니라 동사의 어두에는 주격을 나타내는 인칭 접두어(prefixes)가 붙는다.

2) 아래 동사 인칭 접미어 변화표를 보면 알겠지만 변화표는 1인칭부터 시작하는 접미 대명사나 인칭 대명사와 달리 3인칭부터 시작한다. 왜냐하면 사전에 등록된 동사의 기본형이 완료.3인칭.남성.단수이기 때문이다.[91)]

2. 완료와 미완료의 인칭 접사 변화표

완료 인칭 접미어				미완료 인칭 접두/접미어			
3.남.단		3.공.복	___וּ	3.남.단	י___	3.남.복	י___וּ
3.여.단	___ָה			3.여.단	תּ___	3.여.복	תּ___נָה
2.남.단	___תָּ	2.남.복	___תֶּם	2.남.단	תּ___	2.남.복	תּ___וּ
2.여.단	___תְּ	2.여.복	___תֶּן	2.여.단	תּ___ִי	2.여.복	תּ___נָה
1.공.단	___תִּי	1.공.복	___נוּ	1.공.단	א___	1.공.복	נ___

1) 앞서 언급했듯이, 완료는 접미어만 붙고, 미완료는 접두어와 접미어가 동시에 붙는 차이점이 있다.

2) 완료는 '아타트티 우템텐누'로 외우고, 미완료의 경우 접두어를 순서대로 모은 יתאן에 모음을 적당히 붙여 יִתֹאן('이톤')으로, 접미어 역시 순서대로 ִי/וּ/נָה/וּ/נָה('이 우나우나')로 기억하면 도움이 된다.

---

91) 그러나 우리는 인칭 대명사나 인칭 접미어들은 마지막의 모음이 동일하다는 것을 알 수 있다. 예를 들어, 1인칭의 경우는 각각 다음과 같다: אֲנִי(인칭 대명사) '나는'/ ִי(접미 대명사) '나의'/ תִּי(동사의 인칭 접미어) '나는 ..했다.' 2인칭과 3인칭의 경우도 마지막에 대명사들의 공통요소를 갖고 있음을 관찰할 수 있을 것이다: תָּ와 ךָ/ תֶּם과 ְכֶם / ָה와 ָהּ 등.

3. 동사 변화 도표: 강동사 칼(Qal)의 완료/미완료

1) 앞으로 자세히 배우지만, 하나의 동사는 일곱 가지 어간형을 가질 수 있는데 그 중 가장 기본적인 어간형이 칼(Qal)형이다. 다음 도표는 위의 접미어들을 동사 שָׁמַר('지키다')의 칼형에 적용한 것이다.

		완료			미완료	
단수	3.남.단	שָׁמַר	그는 지켰나	3.남.단	יִשְׁמֹר	그는 지킬 것이다
	3.여.단	שָֽׁמְרָה	그녀는 지켰다	3.여.단	תִּשְׁמֹר[b]	그녀는 지킬 것이다
	2.남.단	שָׁמַ֫רְתָּ	너(남)는 지켰다	2.남.단	תִּשְׁמֹר[b]	너(남)는 지킬 것이다
	2.여.단	שָׁמַרְתְּ	너(여)는 지켰다	2.여.단	תִּשְׁמְרִי	너(여)는 지킬 것이다
	1.공.단	שָׁמַ֫רְתִּי	나는 지켰다	1.공.단	אֶשְׁמֹר	나는 지킬 것이다
복수	3.공.복	שָֽׁמְרוּ[a]	그들은 지켰다	3.남.복	יִשְׁמְרוּ	그들은 지킬 것이다
			그녀들은..	3.여.복	תִּשְׁמֹ֫רְנָה[b]	그녀들은..
	2.남.복	שְׁמַרְתֶּם	너희들(남)은..	2.남.복	תִּשְׁמְרוּ	너희들(남)은..
	2.여.복	שְׁמַרְתֶּן	너희들(여)은..	2.여.복	תִּשְׁמֹ֫רְנָה[b]	너희들(여)은..
	1.공.복	שָׁמַ֫רְנוּ	우리는..	1.공.복	נִשְׁמֹר	우리는..

2) 영문 각주로 지시된 몇 가지 유의할 점은 다음과 같다.

a. 완료에서 שָֽׁמְרוּ는 공.복이므로 남성과 여성이 모두 가능하다.

b. 미완료에서 תִּשְׁמֹר와 תִּשְׁמֹ֫רְנָה는 각각 형태는 동일하나 인칭.성.수가 다른 접두어와 접미어가 붙음으로 말미암아 두 가지 해석이 가능하다. 어느 것인지는 문맥에서 결정된다.

3) 한편, 인칭 접미어가 추가된 동사의 모음 변화의 패턴이 다양하다는 것이 관찰된다. 그 이유는 다음에서 설명될 인칭 접미어의 종류에 따른 모음 변화의 양상이 다르기 때문이다.

4. 동사의 인칭 접미어와 모음의 변화

1) 위의 동사표에서 접미어가 붙으면서 동사의 모음이 제멋대로 변한 듯이 보이나, 동사는 접미어의 종류의 따라 동사의 모음이 일정한 변화의 패턴을 갖는다. 따라서 우선 접미어의 종류를 구분할 필요가 있다.

2) 동사의 인칭 접미어는 명사의 접미 대명사와 마찬가지로 다음과 같이 세 종류로 구분할 수 있다.

① 모음접미: 모음문자, 즉 모음으로만 구성된 접미어

ִי / וּ / ָה

② 경 접 미: 자음 하나가 있는 가벼운 접미어

תָּ / תְּ / תִּי / נוּ

③ 중 접 미: 자음 두개로 구성된 무거운 접미어

תֶּם / תֶּן

3) 이러한 세 종류의 접미어는 각각 다음과 같은 방식으로 모음 변화가 이루어진다.

접미 종류	HHP 유형	완료 שָׁמַר	미완료 יִשְׁמֹר
모음접미	역 HHP	שָׁמְרָה	יִשְׁמְרוּ
경 접 미	무 HHP	שָׁמַ֫רְתָּ	תִּשְׁמֹ֫רְנָה
중 접 미	정 HHP	שְׁמַרְתֶּם	없음

4) 동사의 각 접미어의 종류에 의한 모음의 변화를 이해하기 위해서는 2과에서 배운 히브리인의 발성 관습(HHP)을 숙지하고 있어야 한다.

① *모음접미어의 접미*

우선 모음 접미어가 붙으면 앞서 배운 HHP 법칙이 뒤집힌다. 우리는 이것을 '역 HHP'(reverse HHP)로 부르기로 한다(배제민의 용어를 차용함). 통상적인 '정 HHP'(normal HHP)라면 악센트에서 먼 개음절이 쉐바로 약화된다. 따라서 동사에 접미어가 추가될 경우 원래는 악센트가 그 접미어로 이동하면서 다음과 같은 변화를 해야할 것이다. 이해를 돕기 위해 모든 악센트를 표시한다.

ָה + שָׁמַ֫ר → שָׁמַ֫רָה → שְׁמָרָ֫ה '그녀가 지켰다'(완료)

그러나 모음 접미어가 붙을 경우 동사는 악센트 바로 앞의 모음이 쉐바로 약화되는 현상, 우리의 표현을 따르자면, '역 HHP' 현상이 발생된다. 이때 맨 앞의 개음절의 모음은 약화되지 않도록 메텍으로 막는다.

ָה + שָׁמַ֫ר → שָׁמַ֫רָה →(역 HHP)→ שָֽׁמְרָ֫ה '그녀가 지켰다'[92]

미완료의 경우도 완료와 마찬가지로 추가된 모음 접미어로 악센트가 이동하면서 바로 앞의 모음 홀렘(ֹ)이 쉐바로 약화된다.[93]

וּ + יִשְׁמֹ֫ר → יִשְׁמֹ֫רוּ →(역 HHP)→ יִשְׁמְר֫וּ '그들이 지킬 것이다'

② *경접미어의 접미*

경접미어가 접미되면 모음 약화 현상이 나타나지 않는다. 우리는 이것을 '무(無) HHP'로 부르기로 한다. 말하자면, 이 경우 접미어가 추가되더라도 악센트 이동 자체가 발생하지 않는다. 변화표에서 볼 수 있듯이, 경접미어가 붙은 동사 형태들은 악센트가 원래의 자리에 머물러 있다. 즉 완료와 미완료의 원형에 단지 경접미어만 뒤에 붙은 형태를 지닌다.

תָּ + שָׁמַ֫ר → שָׁמַ֫רְתָּ '너(남)는 지켰다'(완료)

נָה + יִשְׁמֹ֫ר + תִּ → תִּשְׁמֹ֫רְנָה '그녀들은/너희(여)는 지킬 것이다'(미완료)

이 경우 종음절에 악센트가 있는 것이 아니기 때문에 악센트 표시가 주어진다.[94]

---

92) 여기서 שָֽׁמְרָה를 보면 맨 앞의 모음은 유지되어야하기에 변화되지 않도록 메텍으로 보호되어 있음을 알 수 있다.

93) יִשְׁמְרוּ에서 두 개의 쉐바(ְְ)가 연속되어 언뜻 쉐바 유포니가 필요한 것으로 보인다. 그러나 쉐바 유포니는 항상 두 쉐바가 모두 유성일 때에 적용된다. 이 경우 두 쉐바(ְְ) 중 앞의 것은 무성 쉐바다. 왜냐하면 분절이 יִשְׁ/מְרוּ로 이루어지기 때문이다.

③ *중접미어의 접미*

중접미어가 붙으면 '정 HHP'가 발생된다. 위의 변화표에서 나타난 바와 같이 추가된 종음절인 중접미어로 악센트가 이동하면서 동시에 HHP도 정상적으로 작동되었다: תֶּם + שָׁמַ֫ר → שְׁמַרְתֶּ֫ם '너희(남)가 지켰다.' 약동사에서 배우지만 אָמַר와 같이 첫 자음이 후음인 경우에는 후음 법칙을 따라 단순쉐바가 아닌 합성쉐바가 온다: אֲמַרְתֶּ֫ם '너희가 말했다.' 미완료 동사의 중접미어는 존재하지 않는다.

5) 마지막 자음이 후음인 어떤 동사들은 '아'음을 좋아하는 후음의 영향으로 후음 앞의 모음 '오'가 '아'로 바뀐다. 이것 역시 약동사에서 배우지만 매우 흔한 현상이므로 미리 알아두어야 한다(49쪽을 보라).

קָרָא '부르다' → 미완료 יִקְרֹא 대신 יִקְרָא (א이 묵음이므로 장모음)
שָׁמַע '듣다' → 미완료 יִשְׁמֹע 대신 יִשְׁמַע (ע은 묵음이 아니므로 단모음)

6) 앞으로 문장 해석을 위해 우리는 동사의 분해(parsing)를 할 수 있어야 한다. 우리는 다음과 같이 동사를 분해 및 해석할 수 있다. 어간(stem)은 현재 모두 칼(Qal) 어간이다. 어간들은 추후에 자세히 설명되는데, 우리는 어근(root), 어간(stem), 그리고 형태(form)의 개념을 구분해야 한다.

동사	어근 (root)	어간 (stem)	형태 (form)	인칭·성·수	해석
שָׁמְרָה	שָׁמַר	칼	완료	3.여.단	그녀가 지켰다

예제 1) 다음 동사들을 위에 주어진 예와 같이 분해하고 해석하라. 형태는 완료 혹은 미완료 중 하나이다. 기본 동사는 שָׁפַט('재판하다')이다. *주어진 동사를 분해하기 전에 먼저 직관적으로 즉시 해석하는 시도를 습관화하라.* 주어가 공성인 경우 예시: שָׁמְרוּ '그들은/그녀들은 지켰다.'

94) 1과에서 언급한 대로 히브리어는 종음절에 악센트가 붙는 것이 일반적이기 때문에 문법서에서는 종음절의 악센트를 표시하지 않는다. 참고로 완료형의 2.여.단 접미어 תְּ가 붙을 때(שָׁמַרְתְּ) 악센트가 원래의 자리에 머물러 있으나 다른 경접미어와 달리 악센트 표시가 보이지 않는다. 그 이유는 תְּ가 독자적인 음절을 이루지 못하면서 종음절이 תְּ가 아닌 מַרְתְּ이기 때문이다.

동사		어근	어간	형태	인칭·성·수	해석(먼저 시도할 것)
예)	שָׁפְטָה	שָׁפַט	칼	완료	3.여.단	그녀가 재판했다
①	שָׁפְטוּ		칼			
②	שְׁפַטְתֶּם		칼			
③	תִּשְׁפֹּטְנָה		칼			
④	שָׁפַטְתְּ		칼			
⑤	יִשְׁפְּטוּ		칼			
⑥	שָׁפַ֫טְתִּי		칼			
⑦	תִּשְׁפְּטִי		칼			

C. 분사

1. 개요

1) 분사(participle)는 일종의 동사로 만든 형용사라 할 수 있다.[95] 따라서 분사는 동사 + 형용사라는 특징을 갖는다.

2) 분사는 형용사처럼 쓰이므로 동사와 달리 인칭이 없고 성과 수만 갖는다. 말하자면, 몸통만 동사일 뿐 어미 변화는 형용사(명사 어미와 동일)를 따른다.

3) 칼(Qal) 어간 동사(또는 단순히 '칼 동사')의 분사는 능동태와 수동태가 있으며 둘 다 동일한 어미 변화를 한다.[96] 우리는 우선 칼 동사의 능동 분사를 익힌 후 뒤이어 수동 분사를 다룰 것이다.

---

95) 영어에서도 동사의 분사형이 마치 형용사처럼 사용된다. 예컨대, an exciting scene '신나는 장면'(excite의 현재분사의 능동적인 형용적 용법); an excited audience '흥분된 관중'(excite의 과거분사의 수동적인 형용적 용법); They are excited '그들은 (현재) 흥분되었다, 흥분되어 있다'(excite의 과거분사의 수동적인 서술적 용법, 즉 수동태).

96) 현재의 설명은 칼 어간 동사에 국한되어 있다. 앞으로 설명하겠지만, 일곱 가지 동사 어간형 중에서 칼 어간의 분사만이 능동태와 수동태로 구분된다.

2. 칼(Qal) 능동 분사

1) 기본형이라 할 수 있는 칼.능동분사.남성.단수의 형태는 □ֹ□ֵ□이다.

קֹטֵל '죽이고 있는' / שֹׁמֵר '지키고 있는'

2) 이 기본형은 형용사(또한 명사)와 동일한 어미를 취한다.

	단 수	복 수
남성	□ֹ□ֵ□	□ֹ□ְ□ִים
여성	□ֹ□ְ□ָה = □ֹ□ֶ□ֶת[a]	□ֹ□ְ□וֹת

a. 분사의 여성단수의 어미 형태로 □ֶ□ֶת가 자주 쓰인다. 끝이 ת인데 명사 편에서 우리는 여성의 특징을 나타내는 어미 ה가 원래는 ת였음을 언급한 바 있다.

3) 아래의 분사 변화표를 명사나 형용사의 변화표와 비교해보면 동일한 특징을 발견할 수 있을 것이다. 한편, 분사 역시 명사나 형용사와 동일한 어미 형태의 연계형을 갖는다.

	능동 분사 절대형		능동 분사 연계형	
	단 수	복 수	단 수	복 수
남성	שֹׁמֵר[a]	שֹׁמְרִים[b]	שֹׁמֵר־	שֹׁמְרֵי־
여성	שֹׁמְרָה[b] = שֹׁמֶרֶת[c]	שֹׁמְרוֹת[b]	שֹׁמֶרֶת־[d]	שֹׁמְרוֹת־

동사 분해에서 분사의 경우 우리는 다음과 같이 성과 수를 구분하기 위한 해석을 따른다.

שֹׁמֵר '지키고 있는 (남자)'/ שֹׁמְרִים '지키고 있는 (남자들)'

שֹׁמְרָה=שֹׁמֶרֶת '지키고 있는 (여자)'/ שֹׁמְרוֹת '지키고 있는 (여자들)'

4) 다음은 영문 각주에 따른 동사 שָׁמַר의 능동 분사 변화의 특징이다.

a. שֹׁמֵר 앞의 모음 홀렘(□ֹ)은 순장모음이다. 따라서 שֹׁמֵר는 자주 자음 ו가 생략되지 않은 완전 필사법의 שׁוֹמֵר로도 나타난다.

b. 기본형 □□ֵ□에 어미가 접미되면 모음 체레(□ֵ)가 쉐바(□ְ)로 약화된다. 우리는 이것을 명사에서 나타나는 '역 HHP'로 볼 수 있다. 이것은 앞서 각주 54에서 설명한 제 3변화 명사의 특징이기도 하다. 분사형은 마지막 모음이 체레(□ֵ)이므로 제 3변화 명사처럼 취급되는 것이다.

c. 분사는 명사/형용사의 어미 변화와 동일하지만 여성단수에 한해 두 가지 형태가 나타난다. 둘 중에 모음 세골을 가진 형태(ת□ֶ□ֶ֫)인 שֹׁמֶ֫רֶת가 더 빈번히 사용된다. 우리는 이것을 '세골형 분사'라 칭하기로 한다.

d. 능동 분사 연계형에서 여.단은 명사와 형용사의 연계형(예, סוּסָה의 연계형 סוּסַת)을 따라 이론상 שֹׁמְרַת이지만 언제나 שֹׁמֶ֫רֶת로만 나타난다. 결국 절대형과 연계형이 다른 것은 사실상 남.복 뿐이다.

5) 추가적으로 동사의 마지막 문자에 어떤 후음이 올 경우 '아'음을 좋아하는 후음의 영향으로 도입 파타(furtive pataḥ)를 사용하거나 모음이 파타(□ַ)로 바뀐다. 다음은 동사 שָׁמַע('듣다')의 능동 분사 변화다.

	단수	복수
남성	שֹׁמֵ֫עַ	שֹׁמְעִים
여성	שֹׁמְעָה = שֹׁמַ֫עַת	שֹׁמְעוֹת

위에서 후음의 영향으로 שֹׁמֵע 대신 שֹׁמֵ֫עַ, שֹׁמֶ֫עֶת 대신 שֹׁמַ֫עַת로 나타나는 것을 볼 수 있다.[97] 앞으로 능동분사의 약어는 '능분'으로 통일한다.

D. 분사 용법과 시제

분사는 동사로 만들어진 일종의 형용사이므로 분사의 용법도 형용사의 용법과 동일하다. 따라서 분사의 용법도 형용적(attributive use), 서술적(predicative use), 명사적(substantive use) 용법의 세 가지로 나뉜다. 다

97) 이 경우 שֹׁמַע가 후음 앞의 체레(□ֵ)가 파타(□ַ)로 바뀐 형태, 즉 שֹׁמַע로는 나타나지 않는다. 항상 체레(□ֵ)를 보존하면서 도입 파타를 쓴 שֹׁמֵ֫עַ로 나타난다.

만 형용사와 차이가 있다면, 그 해석에 있어서 형용사와 달리 동사적 의미가 들어간다는 점이다. 한편, 분사의 시제는 문맥 속에서 결정된다. 그러나 아래 예문들에서는 그 시제를 잠정적으로 모두 현재로 취급하기로 한다.

1. 형용적 용법

1) 요점: *분사는 명사 뒤에 오며 성/수/관사가 일치함*

2) 이것은 분사가 명사를 직접 수식하는 경우인데, 형용사의 형용적 용법과 마찬가지로 분사는 명사 뒤에 위치한다. 그리고 분사와 그것이 수식하는 명사의 성/수/관사가 일치해야만 한다.

3) 이것은 분사가 영어의 관계 대명사의 절 문장(clause) 역할을 하는 것으로도 볼 수 있다.

הָאִישׁ הַטּוֹב (형용사) '그 좋은 남자'
('the good man' or 'the man who is good')

הָאִישׁ הַשֹּׁמֵר (분사) '그 지키고 있는 남자'
('the keeping man' or 'the man who is keeping')

אִישׁ שֹׁמֵר (분사) '지키고 있는 한 남자'
('a keeping man' or 'a man who is keeping')

4) 형용사와 마찬가지로 분사가 접미 대명사를 가진 명사나 고유 명사를 수식할 경우 관사를 갖는다.

אִישִׁי הַשֹּׁמֵר '지키고 있는 나의 남자(혹은 남편)'

לוֹט הַהֹלֵךְ אֶת־אַבְרָם '아브람과 걷는(동행하는) 롯'(창 13:5)

5) 다음은 분사의 형용적 용법의 예들이다.

יהוה אֵשׁ[a] **אֹכְלָה**[b] '여호와는 삼키는 불이시다'(신 4:24)

a. **אֵשׁ**('불')은 여.단. b. **אָכַל** '삼키다, 먹다'

כְּאֵשׁ אֹכֶלֶת[a] **בְּרֹאשׁ הָהָר**

'그 산의 정상에서 삼키는 불처럼'(출 24:17)

a. **אֹכֶלֶת**= **אֹכְלָה**로서 능분.여.단이다

2. 서술적 용법

1) 요점: *분사는 명사 앞뒤에 오며 성/수 일치, 관사 없음*

2) 이 용법은 분사가 동사 역할을 하는 경우다. 분사의 위치는 주어의 앞과 뒤 모두 가능하다. 이 때 분사는 성과 수에 있어서 명사와 일치하지만 결코 관사를 취하지는 않는다.

טוֹב הָאִישׁ(형) '좋다 그 남자가'
שֹׁמֵר הָאִישׁ(분) '지키고 있다 그 남자가'
= הָאִישׁ שֹׁמֵר '그 남자가 지키고 있다'
שֹׁמֵר אִישׁ '지키고 있다 한 남자가'
= אִישׁ שֹׁמֵר '한 남자가 지키고 있다'[a]

a. '지키고 있는 한 남자'도 가능(참고. 위의 형용적 용법)

3) 다음은 분사의 서술적 용법의 예들이다.98)

הוּא יֹשֵׁב בִּסְדֹם[a] a. סְדֹם '소돔'
'그는 소돔에 거하고 있다'(창 14:12)
הִיא יֹשֶׁבֶת בִּירוּשָׁלַ͏ִם
'그녀가 예루살렘에 거주하고 있다'(왕하 22:14)

3. 명사적 용법

1) 요점: *분사가 명사로 사용됨*

2) 이것은 분사가 문장 속에서 다른 명사를 수식하거나 서술적으로 사용되지 않고 독립적으로 명사로 사용된 경우다. 예컨대, שֹׁמֵר는 '지키는 사람(파수꾼)'이라는 뜻을 가질 수 있다.

---

98) 분사의 서술적 용법 중에 한 가지 독특한 용법은 '동사와의 연동'(Association with Finite Verbs)이다. 이것은 분사에 이어지는 동사가 분사와 연동되어 해석되는 용법이다. 이 때 그 동사를 포함한 문장은 분사에 종속된 관계 대명사 문장처럼 해석된다.

הַנִּשְׁבָּעִים[a] . . . אָֽמְרוּ a. שָׁבַע 니팔 분사 남.복(11과에서 배움) '맹세하는.'
'*맹세하여 말한* 자들'(They who swear . . . say . . .) (암 8:14)

3) 분사 중에는 동사에서 파생되어 어떤 사람의 전문 직업과 신분을 나타내는 고정된 의미의 명사로 전유된 것도 많다.[99]

שֹׁמֵר '파수꾼'(שָׁמַר '지키다') / סֹפֵר '서기관'(סָפַר '장부를 기록하다')
יֹצֵר '토기장이'(יָצַר '빚다') / שֹׁפֵט '재판관(사사)'(שָׁפַט '재판하다')
רֹעֶה '목자'(רָעָה '꼴을 먹이다')/ בֹּנֶה '건축가'(בָּנָה '집을 짓다').[100]

4) 다음은 명사적 용법의 예문들이다.

הוּא הַהֹלֵךְ עִמָּךְ
'그 분은 너와 함께 *걷는 분*(동행하시는 분)이시다'(신 31:6)

כִּי־אֱלֹהִים שֹׁפֵט הוּא
'왜냐하면 하나님 그분은 *심판자*이시기 때문이다'(시 50:6)

אֵין־לָהֶם רֹעֶה '그들에게 *목자*가 없다'(민 27:17)

4. 분사의 시제

1) 분사는 기초 문법에서는 일단 현재로 번역하나 엄밀히 동사의 완료 및 미완료와 마찬가지로 문맥 속에서 시제가 결정된다.

2) 예를 들어, 분사 문장 הָאִישׁ שֹׁמֵר는 문맥에 따라 다음과 같이 해석될 수 있다.

---

99) 명사의 형태가 □ֹ□ֵ□라 해서 모두 동사에서 전용된 분사형 명사인 것은 아니다. 어떤 것들은 동일한 명사 어원에서 유래되어 전용되었다: חֹבֵל '뱃사람, sailor'(← חֶ֫בֶל '밧줄'; 뱃사람은 안전한 항해를 위해 선박의 밧줄을 잘 다루는 사람을 가리킴), בּוֹקֵר '목축인, herdsman'(← בָּקָר '가축'). 한편, 전혀 어떤 요소에서 전용된 것이 아닌 □ֹ□ֵ□ 형태의 명사들도 있다: כֹּהֵן '제사장'(이 경우 '제사장 임무를 수행하다'란 뜻의 동사 כָּהַן이 오히려 명사 כֹּהֵן에서 온 것으로 보인다).

100) רֹעֶה와 בֹּנֶה가 그렇듯이 마지막 자음이 ה인 경우 흔히 □ֹ□ֶה 형태를 취한다. 연계형은 각각 רֹעֵה와 בֹּנֵה다(약동사에서 배움). 이 단어들은 악센트 위치가 종음절이기 때문에 세골 명사가 아니다. 이것들의 복수는 침묵인 ה가 탈락된 형태를 취하는데, 예를 들어, רֹעֶה의 복수는 ה가 없어지면서 רֹעִים('목자들')이다.

현재의 문맥에서 - '그 사람이 지키고 있다'
과거의 문맥에서 - '그 사람이 지키고 있었다'
미래의 문맥에서 - '그 사람이 지키고 있을 것이다'

(과거) עֵלִי שֹׁמֵר אֶת־פִּיהָ[a] a. ה ָ '그녀의' + פֶּה '입술'
'엘리는 그녀의 입을 지키고(지켜보고) 있었다'(삼상 1:12)

(현재) יהוה יֹשֵׁב הַכְּרוּבִים[a] a. כְּרוּב '그룹(cherubim)'
'여호와께서 그룹들 (사이에) 앉아 계신다'(사 37:16)

(미래) אִישׁ יֹשֵׁב עַל כִּסֵּא[a] דָוִד a. '보좌'
'(장차) 다윗의 보좌 위에 앉을 사람'(렘 22:30)

3) 덧붙여, 분사의 서술적 용법에서 한 가지 중요한 것은 '임박한 미래'(instant future) 용법이다. 이것은 곧 닥칠 미래의 사건을 바로 현재 눈앞에서 진행되는 것처럼 생생하게 묘사하는 용법이다. 마치 영어의 'I am going to do'와 비슷한 용법으로 볼 수 있다.

4) 따라서 הָאִישׁ שֹׁמֵר가 임박한 미래라면, '그 사람이 (곧) 지킬 것이다'로 해석된다.

שֹׁפֵט אֲנִי אֶת־בֵּיתוֹ עַד־עוֹלָם
'나는 (머잖아) 그의 집을 영원히 심판하리라'(삼상 3:13)

אָנֹכִי הֹלֵךְ בְּדֶרֶךְ כָּל־הָאָרֶץ
'나는 모든 땅의 길(모든 사람의 길)로 곧 갈 것이다'(왕상 2:2)

5) 분사는 형용사가 그런 것처럼 자주 동사 הָיָה와 함께 사용된다.

קַיִן הָיָה עֹבֵד[a] אֲדָמָה
'가인은 땅을 경작하고 있었다'(창 4:2)
a. עָבַד '섬기다, 예배하다(serve), 경작하다, 노동하다'

6) 분사는 명사로도 사용되는데 따라서 분사의 연계형이 만들어진다.

שֹׁמְרֵי[a] שָׂדַי '밭을 지키는 자들(밭의 파수꾼들)'(렘 4:17)
a. 절대형 שֹׁמְרִים(복수) ← שֹׁמֵר(능분.남.단) ← שָׁמַר

מִכֹּל יֹצְאֵי[a] הַתֵּבָה[b] '방주에서(를) 나온 모든 것 중에' (창 9:10)
a. 절대형 יֹצְאִים(복수) ← יֹצֵא(능분.남.단) ← יָצָא b. תֵּבָה '방주'

5. 칼(Qal) 수동 분사

1) 칼 수동 분사의 기본형인 남성단수의 형태는 □וּ□ָ□이다.

קָטוּל '죽임 당하는' / שָׁמוּר '지켜지는'

2) 이 기본형의 어미 변화는 능동 분사의 경우와 동일하다. 다만 능동분사와 달리 정상적인 HHP에 의한 모음 약화가 발생함을 유의해야 한다.

	수동 분사 절대형		수동 분사 연계형	
	단수	복수	단수	복수
남성	שָׁמוּר	שְׁמוּרִים	שְׁמוּר	שְׁמוּרֵי
여성	שְׁמוּרָה	שְׁמוּרוֹת	שְׁמוּרַת	שְׁמוּרוֹת

3) 어미가 접미되면서 맨 앞의 모음이 모두 쉐바로 변한다: שָׁ → שְׁ

4) 수동 분사의 용법 또한 능동의 경우와 동일하다.

הַתּוֹרָה הַשְּׁמוּרָה '지켜지고 있는(준수되고 있는) 그 율법'

הַתּוֹרָה שְׁמוּרָה '그 율법이 지켜지고 있다'

5) 다음은 분사의 세 가지 용법에 따른 수동 분사의 예문들이다.

① 형용적 용법

אִישׁ בָּחוּר[a] מִכָּל־יִשְׂרָאֵל a. בָּחַר '선택하다'

'온 이스라엘에서 선택된 사람'(삼상 24:3)

② 서술적 용법

הִנָּם[a] כְּתוּבִים[b] עַל־סֵפֶר הַמְּלָכִים

a. ם ָ '그것들의' + הִנֵּה '보라' b. כָּתַב '기록하다'

'보라, 그것들이 그 왕들의 책에 기록되어 있다!'(대하 16:11)

③ 명사적 용법

מִי בָחוּר[a] '누가 선택된 자냐?'(렘 49:19) a. בָּחַר '선택하다'

בְּחוּרֵי[a] יִשְׂרָאֵל '이스라엘의 선택된 자들' (삼하 10:9)

a. 연계형 בְּחוּרֵי ← 절대형 בְּחוּרִים(복수) ← בָּחוּר(수분.남.단) ← בָּחַר

9과 연습문제

I. 어휘

מָקוֹם	장소	מִדְבָּר	광야	אֵיכָה, אֵיךְ	어떻게?
בֹּקֶר	아침	גּוֹי	민족, 국민, 나라	שְׁנַיִם	(남) 둘(two)/שְׁנֵי־
אֵשׁ	불	צַדִּיק	의로운		(여) שְׁתַּיִם/שְׁתֵּי־[a]
לֵב	לֵבָב 마음, 심장	אֹזֶן	귀/(복) אָזְנַיִם	קֹדֶשׁ	거룩, 거룩한 것
עַד	..까지	לְבַד	오직, 홀로	אָכַל	먹다, 삼키다
עָבַד	섬기다, 노역하다	עָבַר	넘어가다, 어기다	עָמַד	서다, 서있다[b]
כָּתַב	쓰다, 기록하다	יָלַד	낳다	יָרַד	내려가다
שָׁפַט	심판(재판)하다/ (분) שֹׁפֵט 재판하는/ (명) 재판관, 사사				

a. 수사 '둘'의 남성형과 여성형을 익히라. 이것들의 연계형은 각각 שְׁנֵי־와 שְׁתֵּי־를 사용한다. 수사 사용법의 용례를 들자면, '두 아들'은 שְׁנֵי־בָנִים('아들들의 둘') 또는 בָּנִים שְׁנַיִם('아들들, 둘')으로 표현한다. '그들 둘(두 사람)'은 שְׁנֵיהֶם이다. 수사와 그 특징에 대해서는 13과에서 배운다.

b. עָמַד는 '일어서다'(동작)와 '서있다'(상태) 둘 다를 의미할 수 있다.

II. 다음 동사들을 분해(parsing)하라.

※ 형태는 완료, 미완, 능분, 수분 중 하나를 쓰라. 분사는 인칭이 없고 성과 수만 있다는 것에 유의하면서 성과 수의 구별을 위해 '..하는 (남자[들]/여자[들])'로 해석하라. 직관적인 해석을 먼저 시도하라. 능분-능동분사 / 수분-수동분사

동사		어근(root)	어간	형태	인칭·성·수	해 석
예) שָׁמְרָה		שָׁמַר	칼	완료	3.여.단	그녀가 지켰다
①	עָמַדְתִּי		칼			
②	עֹבֵר		칼			
③	שָׁפַטְנוּ		칼			
④	כְּתוּבִים		칼			
⑤	כְּתַבְתֶּם		칼			

	동사	어근(root)	어간	형태	인칭·성·수	해 석
⑥	תִּשְׁפֹּט		칼			
⑦	יָרְדוּ		칼			
⑧	שֹׁפְטִים		칼			
⑨	אָכְלָה		칼			
⑩	יֹלֶדֶת		칼			
⑪	יִשְׁפְּטוּ		칼			
⑫	אֶשְׁפֹּט		칼			
⑬	תִּכְתֹּבְנָה		칼			

III. 다음을 해석하라.

(1) הַדְּבָרִים יֵצְאוּ מִפִּי הַמֶּלֶךְ

(2) לָקַחְתִּי אֶת־לַחְמִי וְאֶת־מֵימַי (삼상 25:11)

(3) אֱלֹהִים שׁוֹפֵט צַדִּיק (시 7:11; *BHS* 7:12)

(4) אֶכְתֹּב אֶת־הַדָּבָר עַל־לְבָבָם

(5) יְדַעְתֶּן כִּי עָבַדְתִּי אֶת־אֲבִיכֶן׃ (창 31:6)

(6) שָׂרָה אִשְׁתְּךָ יֹלֶדֶת לְךָ בֵּן (창 17:19)

(7) הֵם לֹא יָדְעוּ כִּי שֹׁמֵעַ יוֹסֵף (창 42:23)

(8) זֶה הַגּוֹי אֲשֶׁר לֹא־שָׁמְעוּ בְּקוֹל יהוה אֱלֹהָיו (렘 7:28)

(9) וַיֹּאמֶר מֹשֶׁה אֶל־שֹׁפְטֵי יִשְׂרָאֵל (민 25:5)

(10) אָמְרוּ אֵיכָה יָדַע[a]־אֵל (시 73:11)

a. אֱלֹהִים의 짧은 이름.

(11) אֲנִי מָצָאתִי אֹתָהּ עַל־עֵין הַמַּיִם בַּמִּדְבָּר

(12) יָרְדוּ כָל־עֲבָדֶיךָ אֵלֶּה אֵלַי (출 11:8)

(13) צַדִּיק יהוה בְּכָל־דְּרָכָיו אֲשֶׁר שְׁמַרְתֶּם

(14) זֹאת בְּרִיתִי אֲשֶׁר תִּשְׁמְרוּ בֵּינִי וּבֵינֵיכֶם וּבֵין
זַרְעֲךָ אַחֲרֶיךָ (창 17:10)

(15) אַתָּה יָדַעְתָּ לְבַדְּךָ אֶת־לְבַב כָּל־בְּנֵי הָאָדָם׃ (왕상 8:39)

(16) קָרָא יַעֲקֹב אֶת־שֵׁם הַמָּקוֹם אֲשֶׁר דִּבֶּר אִתּוֹ שָׁם אֱלֹהִים
בֵּית־אֵל׃ (창 35:15)

(17) אֵיךְ כָּתַבְתָּ אֶת־כָּל־הַדְּבָרִים הָאֵלֶּה מִפִּיו׃ (렘 36:17)

(18) אָמְרָה הַנְּבִיאָה בְּאָזְנֵי זִקְנֵי הָעִיר־הַהִיא אֶת־דְּבָרֶיהָ

(19) נָתַן לוֹ הַכֹּהֵן קֹדֶשׁ כִּי לֹא־הָיָה שָׁם לֶחֶם [a]כִּי־אִם־[b]לֶחֶם הַפָּנִים

a. כִּי אִם의 용법은 6과 문장론 참고. b. '얼굴의 떡'=진설병. (삼상 21:6)

(20) יהוה אֱלֹהֶיךָ אֵשׁ אֹכְלָה הוּא אֵל [a]קַנָּא׃ (신 4:24) a. 질투.

(21) הָלְכוּ הָאֲנָשִׁים [a]סְדֹמָה וְאַבְרָהָם עוֹדֶנּוּ עֹמֵד
לִפְנֵי יהוה׃ (창 18:22) a. סְדֹם '소돔.'

(22) וַיֹּאמֶר עַבְדְּךָ אָבִי אֵלֵינוּ אַתֶּם יְדַעְתֶּם כִּי שְׁנַיִם יָלְדָה־לִּי
אִשְׁתִּי׃ (창 44:27)

(23) וַיֹּאמֶר לוֹ מַדּוּעַ אַתָּה [a]לְבַדֶּךָ וְאִישׁ אֵין אִתָּךְ׃ (삼상 21:2)

a. ךָ + לְבַד = לְבַדְּךָ의 휴지(아트나)에서 형태.

(24) נִכְתַּב עַל־הָאֲבָנִים אֶת־כָּל־דִּבְרֵי הַתּוֹרָה הַזֹּאת

(25) וַיֹּאמֶר מֹשֶׁה לָמָּה זֶה אַתֶּם עֹבְרִים אֶת־פִּי יהוה (민 14:41)

(26) וַיְהִי דְבַר־יהוה אֵלַי בַּבֹּקֶר לֵאמֹר׃ בֶּן־אָדָם הֲלֹא אָמְרוּ
אֵלֶיךָ בֵּית יִשְׂרָאֵל מָה אַתָּה [a]עֹשֶׂה׃ (겔 12:8-9) a. עָשָׂה의 분사.

(27) הַנְּבִיאָה אֲשֶׁר חָכְמָה בָּהּ שֹׁפְטָה אֶת־יִשְׂרָאֵל

(28) לֹא שָׁמַעְנוּ אֶל־דְּבָרֶיךָ מִימֵי אֲבוֹתֵינוּ עַד הַיּוֹם הַזֶּה

(29) לֹא אִתְּכֶם לְבַדְּכֶם אָנֹכִי כֹּרֵת אֶת־הַבְּרִית הַזֹּאת׃
כִּי אֶת־אֲשֶׁר יֶשְׁנוֹ פֹּה עִמָּנוּ עֹמֵד הַיּוֹם לִפְנֵי יהוה אֱלֹהֵינוּ
וְאֵת אֲשֶׁר אֵינֶנּוּ פֹּה עִמָּנוּ הַיּוֹם׃ (신 29:13-14)

(30) יִשְׁפֹּט יהוה הַשֹּׁפֵט בֵּין בְּנֵי יִשְׂרָאֵל וּבֵין בְּנֵי [a]עַמּוֹן׃ (삿 11:27)

a. '암몬.'

(31) הַמָּקוֹם אֲשֶׁר אַתָּה עוֹמֵד עָלָיו אַדְמַת־קֹדֶשׁ הוּא׃ (출 3:5)

(32) אָֽמְרוּ לְדָוִד לֹא־יָרַד [a]אוּרִיָּה אֶל־בֵּיתוֹ וַיֹּאמֶר דָּוִד אֶל־אוּרִיָּה
[b]הֲלוֹא מִדֶּרֶךְ אַתָּה בָא מַדּוּעַ לֹא־יָרַדְתָּ אֶל־בֵּיתֶךָ׃ (삼하 11:10)

a. '우리야.' b. לֹא의 완전 필사법.

(33) וַיֹּאמֶר יהוה אֱלֹהֵי יִשְׂרָאֵל אֵין־כָּמוֹךָ אֱלֹהִים
בַּשָּׁמַיִם מִמַּעַל וְעַל־הָאָרֶץ מִתָּחַת שֹׁמֵר הַבְּרִית וְהַחֶסֶד
לַעֲבָדֶיךָ הַהֹלְכִים לְפָנֶיךָ בְּכָל־[a]לִבָּם׃ (왕상 8:23)

a. ם ָ + לֵב으로서 אֵם('어머니')/אִמִּי('나의 어머니')처럼 모음이 변한다.

9과 연습문제 해답

예제 1) 동사 분해 연습 해답

동사		어근	어간	형태	인칭·성·수	해 석
①	שָׁפְטוּ	שָׁפַט	칼	완료	3.공.복	그들이 재판했다 그녀들이 재판했다
②	שְׁפַטְתֶּם	שָׁפַט	칼	완료	2.남.복	너희(남)가 재판했다
③	תִּשְׁפֹּטְנָה	שָׁפַט	칼	미완	3.여.복	그녀들이 재판할 것이다
			칼	미완	2.여.복	너희(여)가 재판할 것이다
④	שָׁפַטְתְּ	שָׁפַט	칼	완료	2.여.단	너(여)는 재판했다
⑤	יִשְׁפְּטוּ	שָׁפַט	칼	미완	3.남.복	그들(남)이 재판할 것이다
⑥	שָׁפַטְתִּי	שָׁפַט	칼	완료	1.공.단	내가 재판했다
⑦	תִּשְׁפְּטִי	שָׁפַט	칼	미완	2.여.단	너(여)는 재판할 것이다

연습문제 II. 동사 분해 해답

동사		어근	어간	형태	인칭·성·수	해 석
①	עָמַדְתִּי	עָמַד	칼	완료	1.공.단	내가 서 있었다/일어섰다
②	עֹבֵר	עָבַר	칼	능분	남.단	건너가는 (남자)
③	שָׁפַטְנוּ	שָׁפַט	칼	완료	1.공.복	우리가 심판했다
④	כְּתוּבִים	כָּתַב	칼	수분	남.복	기록된 (남자들)
⑤	כְּתַבְתֶּם	כָּתַב	칼	완료	2.남.복	너희(남)가 기록했다
⑥	תִּשְׁפֹּט	שָׁפַט	칼	미완	3.여.단	그녀가 심판할 것이다
				미완	2.남.단	너(남)는 심판할 것이다
⑦	יָרְדוּ	יָרַד	칼	완료	3.공.복	그들이/그녀들이 내려왔다
⑧	שֹׁפְטִים	שָׁפַט	칼	능분	남.복	심판하는 (남자들)
⑨	אֹכְלָה	אָכַל	칼	능분	여.단	먹는, 삼키는 (여자)
⑩	יֹלֶדֶת	יָלַד	칼	능분	여.단	낳는 (여자)
⑪	יִשְׁפְּטוּ	שָׁפַט	칼	미완	3.남.복	그들이 심판할 것이다
⑫	אֶשְׁפֹּט	שָׁפַט	칼	미완	1.공.단	내가 심판할 것이다
⑬	תִּכְתֹּבְנָה	כָּתַב	칼	미완	3.여.복	그녀들이 기록할 것이다
				미완	2.여.복	너희(여)가 기록할 것이다

III. 문장 해석

(1) 그 말씀들이 왕의 입에서 나갔다.
(2) 나는 내 떡과 내 물을 취했다.
(3) 하나님은 의로운 재판관(심판자)이시다.
(4) 내가 그 말씀을 그들의 마음에(위에) 새길 것이다.
(5) 너희(여)는 내가 너희(여)의 아버지를 섬겼다는 것을 안다.
(6) 네 아내 사라가 너에게 한 아들을 낳을 것이다. (분사의 임박한 미래)
(7) 그들은 요셉이 듣고 있음을 알지 못했다.
(8) 이것은 (그들이) 여호와 그들의 하나님의 음성을 듣지 않았던 그 민족이다. ('그의 하나님'에서 '그의'는 집합명사 גּוֹי의 대명사이므로 '그들의')
(9) 그리고 모세가 이스라엘의 재판관들에게 말했다.
(10) 그들이 말했다. "하나님이 어떻게 알겠느냐?"
(11) 나는 그 광야에 있는 우물(문자적, '물의 눈') 곁에서 그녀를 발견했다.
(12) 너(남)의 이 모든 종들이 나에게 내려왔다.
(13) 여호와는 너희가 지켰던 그분의 모든 길에서 의로우셨다.
(14) 이것은 너희(남)가 지킬, 나와 너희(남) 사이, 그리고 네 뒤의 너의 후손(씨) 사이의 나의 언약이다.
(15) 당신(남), 오직 당신(남)만이 모든 사람(문자적, '사람의 아들들, 아담의 후손들')의 마음을 아십니다. (여기서 בֵּן은 '아들, 후손'보다는 '부류, 종.' 예컨대, בֶּן־בָּקָר은 '소의 아들=송아지'가 아닌 '소 부류=소'를 뜻한다)
(16) 야곱이 하나님께서 거기서 자신과 말씀하셨던 그 장소의 이름을 벧엘(하나님의 집)이라 불렀다.
(17) 너(남)는 그분의 입에서 나오는 이 모든 말씀들을 어떻게 기록했는가?
(18) 그 여선지자는 그 성읍의 장로들의 귀(들)에 그녀의 말씀들을 말했다.
(19) (그) 제사장이 그에게 성물(성물 음식)을 건네주고 있었다. 이는 거기에 진설병 외에는 양식이 없었기 때문이다. (קֹ֫דֶשׁ는 '거룩,' '거룩한 것[성물]'인데, 여기서는 성물 음식이다. '진설병'의 문자적 의미인 '얼굴의 떡'은 '임재의 떡'을 의미하는데, 구약에서 '..의 얼굴이 ..에 있다'는 말은 그가 거기에 있다는 뜻이기 때문이다)
(20) 여호와 너(남)의 하나님, 그는 삼키는 불이시며 질투의 하나님이시다.
(21) 그 사람들이 소돔으로 갔다. 그리고 아브라함, 그는 여전히 여호와 앞에 서 있었다. (עוֹדֶ֫נּוּ '그는 여전히' ← הוּ[=וֹ] + ֶ֫נּ + עוֹד)

(22) 그리고 나의 아버지, 당신(남)의 종이 우리에게 말씀하셨습니다. "너희(남)는 나의 아내가 나에게 둘을 낳았다는 것을 알고 있다."

(23) 그리고 그가 그에게 말했다. "어찌하여 너(남) 혼자뿐이냐? (그리고) 너(남)와 함께 있는 사람이(아무도) 없느냐?" (אִתָּךְ:[휴지] ← אִתְּךָ)

(24) 우리는 이 돌들 위에 이 율법의 모든 말씀들을 기록할 것이다.

(25) 그리고 모세가 말했다. "도대체 왜 너희(남)는 여호와의 말(입)을 어기고 있느냐?"

(26) 그리고 여호와의 말씀이 아침에 내게 임하여(있었다) 말씀하셨다(이르기를). "인자(사람의 아들)야, 이스라엘의 집, 그들이 너(남)에세 밀하지 않더냐? '네(남)가 뭘 하고 있느냐'라고?"

(27) 자신 안에 지혜가 있었던 그 여선지자가 이스라엘을 치리하고 있었다.

(28) 우리는 우리의 조상들의 날들로부터 이날까지(오늘까지) 당신(남)의 말씀을 듣지 않았습니다.

(מִימֵי ←[י가 묶음]← מִיְּמֵי ← יְמֵי[연계형] + מִן ← יָמִים '날들'/יוֹם '날')

(29) 그리고 단지 너희(남)들과 만이 내가 이 언약을 세우고 있는 것이 아니라, 또한 우리와 더불어 여기에 (그가) 있는(יֶשְׁנוֹ) 자들(אֲשֶׁר), 곧 오늘 여호와 우리 하나님 앞에 서 있는 (자들)과 함께, 그리고 오늘 우리와 더불어 여기에 (그가) 없는(אֵינֶנּוּ) 자들과 함께 (세우고 있느니라).

(. . . כִּי . . . לֹא לְבַד 문장 구조는 영어의 not only . . . but also 문장과 동일하다. 관계사 אֲשֶׁר는 주격으로 'who stands here'로 '여기 우리와 함께 있는 사람'을 뜻한다.

יֶשְׁנוֹ ← וֹ + נ[삽입 눈] + יֵשׁ // אֵינֶנּוּ ← הוּ[=וֹ] + נֶּ [강세 눈] + אֵין)

(30) (그) 판관(사사)이신 여호와께서 이스라엘과 암몬 사이를 판결하시리라.

(31) 네가(남) 그 위에 서 있는 그 장소, 그곳은(הוּא) 거룩한 땅(거룩의 땅)이다.

(32) 그들이 다윗에게 말했다. "우리야가 자기 집으로 내려가지 않았습니다." 그러자 다윗이 우리야에게 말했다. "네가(남) 길로부터(길을 떠났다가) 온 것이 아니냐? 어찌하여 너(남)는 네 집으로 내려가지 않았느냐?"

(여기서 מִדֶּרֶךְ는 전쟁을 떠났던 '길로부터' 돌아온 것을 의미한다)

(33) 그리고 그가 말했다. "여호와 이스라엘의 하나님이여! 상천하지에(문자적으로 '위로 (그)하늘에, 아래로 (그)땅 위에'), 당신(남)같은 하나님은 없습니다. (당신은) (그)언약과 (그)자비를 그들의 온 마음으로 당신(남) 앞에서 행하고 있는(걷고 있는) 당신(남)의 종들을 위해 간직하고 계십니다."

10과　칼 동사, 명령, 부정사

A. 칼 동사

1. 개요

1) 앞서 언급한 대로, 칼(Qal) 동사란 앞으로 배울 히브리어의 일곱 어간(stem) 동사 중에서 가장 흔하게 사용되는 단순 능동태 동사형을 말한다. 우리는 이것을 '칼 동사,' 또는 '칼 어간'으로 부를 것이다. 칼 어간을 비롯하여 동사의 일곱 어간들은 앞으로 하나씩 배워 나간다.

2) 우리는 앞서 강동사 칼 어간의 완료, 미완료, 분사를 배웠는데, 여기서 추가로 칼 어간의 명령과 부정사를 배운다.

2. 칼 동사의 기본 도표

1) 아래 주어진 칼 동사의 기본 도표는 칼 동사의 여러 형태들의 기본형을 개괄적으로 제시한 것으로서 반드시 외워야 한다. 동사의 모든 문법과 변화표에 대한 설명은 이 표를 토대로 주어지기 때문이다.[101)]

형태	칼(Qal)	קָטַל '죽이다'
완료[a]	קָטַל	그가 죽였다
미완	יִקְטֹל	그가 죽일 것이다
명령	קְטֹל	너는 죽여라
부연	(=קְטוֹל) קְטֹל[102)]	죽이는 것
부절	(=קָטֹל) קָטוֹל	죽이는 것
능분	(=קוֹטֵל) קֹטֵל	죽이고 있는
수분	קָטוּל	죽임 당하고 있는

a. 완료 이하의 약자
완료=완료형
미완=미완료형
명령=명령법
부연=부정사 연계형
부절=부정사 절대형
능분=능동 분사
수분=수동 분사

---

101) 명령까지 외운 후, 나머지를 외우면 효과적이다. 일단 미완료형을 외우면 명령형과 부정사 연계형까지 자연스럽게 외울 수 있게 된다. 왜냐하면 미완료형에서 접두어 יִ를 떼면 명령형이 되고 그 명령형은 다시 부정사 연계형과 같은 형태이기 때문이다.

2) 위의 동사표에서 동사 קָטַל을 기본 동사로 사용한 이유는 문법학자들이 전통적으로 흔히 이 동사를 가지고 동사에 대한 문법 설명과 다양한 전문 용어를 만들어 사용하기 때문이다.[103] 그러나 이 책에서는 주로 동사 형태의 기본형의 경우에 국한해서 제한적으로 동사 קָטַל을 사용하며 기본형 동사 변화표의 활용은 주로 실제로 많이 사용되는 동사의 하나인 שָׁמַר('지키다')를 사용할 것이다.

3) 우리는 위의 동사의 형태들 중에서 이미 완료/미완료, 그리고 분사(능동과 수동)를 설명했다.[104] 따라서 이제 명령과 부정사를 설명할 순서이다.

---

102) 괄호 안에 있는 것들은 상대적으로 훨씬 덜 사용되는 것들이다. 이것들은 모음 문자였던 일부 자음이 완전 필사법으로 기록되기도 하고 불완전 필사법으로 그렇지 않기도 하는 특징으로 인해 나타나는 유형들이다. 이렇듯 서기관들의 모음 문자의 필사는 일관성이 없었다.

103) 예컨대, 문법학자들은 명사와 동사의 종류들을 세부적으로 분류하기 위한 방편으로 קָטַל의 어근(root) קטל(*qtl*)에 여러 가지 모음을 붙여서 다양한 문법적 명칭들을 만들어 사용한다. 이를테면, 동사의 경우에 많은 문법학자들은 완료형(perfect form)/미완료형(imperfect form) 대신 קָטַל/יִקְטֹל을 명칭화하여 '*qatal* form'(카탈 형)과 '*yiqtol* form'(이크톨 형)이라는 용어를 사용하기를 좋아한다. 왜냐하면 후자가 시제(tense) 개념이 빠진 더욱 중립적인 용어이기 때문이다. 또한 주로 분사형에서 유래된 □ֹ□ֵ□형 명사 군(群)을 일컬어 '*qotel* form'(코텔 형) 명사라 하며, 또한 נָגִיד('지도자')나 נָבִיא('선지자')와 같은 □ָ□ִי□형 명사 군은 '*qatil* form'(카틸 형) 명사로 분류하여 지칭한다. 그러나 이 책에서는 그런 전문 용어들을 사용하지 않았다.

104) 이 책에서는 완료/미완료, 명령, 부정사, 분사 등의 여러 가지 동사 요소들을 단순하게 동사의 '형태(form)'라는 범주로 분류하였다. 이것은 단순히 문법적 설명의 편의를 위함이다. 엄밀히 말하자면, 왈키(Waltke)의 전문적인 동사 분류법대로, 동사에 대해 어형론적 분류와 기능적 분류가 함께 적용되는 것이 타당하다. 그의 분류법에 따르면, 동사들은 크게 세 범주로 나뉘는데, 완료/미완료 동사는 어형 변화형(conjugation), 명령은 서법형(modal forms), 부정사/분사는 비한정 동사형(non-finite forms)으로 구분된다. 그러나 필자는 이것들을 모두 묶는 하나의 명칭으로 '형태(form)'를 사용한다. 동사에서 파생된 이런 형태들에 대해 '품사'(word class)라는 말은 적절하지 않은데, 이는 문법에서 '품사'란 9품사, 곧 명사, 대명사, 동사, 형용사, 조사, 감탄사, 관형사, 부사, 수사를 가리키기 때문이다.

3. 칼(Qal) 동사의 변화표

<table>
<tr><th></th><th>인칭.성.수</th><th>완료 שָׁמַר</th><th>인칭.성.수</th><th>미완료 יִשְׁמֹר</th><th>명령 שְׁמֹר[a]</th></tr>
<tr><td rowspan="5">단수</td><td>3.남.단</td><td>שָׁמַר</td><td>3.남.단</td><td>יִשְׁמֹר</td><td>—</td></tr>
<tr><td>3.여.단</td><td>שָׁמְרָה</td><td>3.여.단</td><td>תִּשְׁמֹר</td><td>—</td></tr>
<tr><td>2.남.단</td><td>שָׁמַרְתָּ</td><td>2.남.단</td><td>תִּשְׁמֹר</td><td>שְׁמֹר</td></tr>
<tr><td>2.여.단</td><td>שָׁמַרְתְּ</td><td>2.여.단</td><td>תִּשְׁמְרִי</td><td>שִׁמְרִי</td></tr>
<tr><td>1.공.단</td><td>שָׁמַרְתִּי</td><td>1.공.단</td><td>אֶשְׁמֹר</td><td>—</td></tr>
<tr><td rowspan="5">복수</td><td rowspan="2">3.공.복</td><td rowspan="2">שָׁמְרוּ</td><td>3.남.복</td><td>יִשְׁמְרוּ</td><td rowspan="2">—</td></tr>
<tr><td>3.여.복</td><td>תִּשְׁמֹרְנָה</td></tr>
<tr><td>2.남.복</td><td>שְׁמַרְתֶּם</td><td>2.남.복</td><td>תִּשְׁמְרוּ</td><td>שִׁמְרוּ</td></tr>
<tr><td>2.여.복</td><td>שְׁמַרְתֶּן</td><td>2.여.복</td><td>תִּשְׁמֹרְנָה</td><td>שְׁמֹרְנָה</td></tr>
<tr><td>1.공.복</td><td>שָׁמַרְנוּ</td><td>1.공.복</td><td>נִשְׁמֹר</td><td>—</td></tr>
</table>

<table>
<tr><th colspan="2" rowspan="2">부정사[b]</th><th rowspan="2"></th><th colspan="2">능동 분사[c] שֹׁמֵר</th><th colspan="2">수동 분사[c] שָׁמוּר</th></tr>
<tr><th>남성</th><th>여성</th><th>남성</th><th>여성</th></tr>
<tr><td>부연</td><td>שְׁמֹר</td><td>단수</td><td>שֹׁמֵר</td><td>שֹׁמְרָה
= שֹׁמֶרֶת</td><td>שָׁמוּר</td><td>שְׁמוּרָה</td></tr>
<tr><td>부절</td><td>שָׁמוֹר</td><td>복수</td><td>שֹׁמְרִים</td><td>שֹׁמְרוֹת</td><td>שְׁמוּרִים</td><td>שְׁמוּרוֹת</td></tr>
</table>

a. 이 과에서 명령을 배운다. 명령은 상대방인 '너'를 대상으로 하기 때문에 2인칭만 가능하다. 그런데 명령은 일종의 미완료 동작이므로 미완료 2인칭과 동일한 접미어를 취한다. 접미어의 첨가와 더불어 발생한 모음의 변화는 아래 설명을 보라.

b. 부정사 또한 이 과에서 배울 것이다.

c. 분사는 앞서 이미 배웠다.

1) 접미어 종류에 따른 모음의 변화를 주목하라.

2) 중접미어와 함께 맨 앞의 모음은 쉐바가 되는데 해당 자음이 후음일 경우에는 합성쉐바가 붙는다: תֶּם + עָזַב '버리다' →(HHP)→ עֲזַבְתֶּם '너희가 버렸다.' 이에 대해서는 약동사에서 자세히 배운다.

B. 명령

1. 개요

1) 칼 명령(Imperative)의 기본형은 קְטֹל('너는 죽이라')인데, 미완료형 יִקְטֹל('그는 죽일 것이다')에서 접두어 י를 떼어낸 형태다. 따라서 미완료형을 외워놓으면 명령형은 쉽게 습득된다.

2) 통상적으로 명령이란 2인칭을 대상으로 한다. 그러므로 히브리어의 명령형 역시 2인칭만 존재한다.105) 동시에 명령은 어떤 측면에서 역시 일종의 미완료 동작이다. 이제 앞으로 행해야할 동작이기 때문이다. 따라서 명령형의 접미어는 동사 미완료형의 2인칭의 몸통과 접미어를 그대로 사용한다.

2. 명령형의 변화

1) 명령형의 기본 도표는 다음과 같다. 2인칭 표시는 불필요하다.

단 수		복 수	
남.단	__	남.복	וּ __
여.단	ִי __	여.복	נָה __

2) שָׁמַר('지키다')와 마지막에 후음 문자가 있는 שָׁמַע('듣다')에 명령형의 기본 도표를 활용한 변화표이다.

단수	남.단	שְׁמֹר[a]	당신(남)은 지켜라	שְׁמַע[d]	당신(남)은 들으라
	여.단	שִׁמְרִי[b]	당신(여)은 지켜라	שִׁמְעִי	당신(여)은 들으라
복수	남.복	שִׁמְרוּ[b]	너희들(남)은 지켜라	שִׁמְעוּ	너희들(남)은 들으라
	여.복	שְׁמֹרְנָה[c]	너희들(여)은 지켜라	שְׁמַעְנָה[d]	너희들(여)은 들으라

---

105) 마치 영어에서 명령의 주어가 빠지는 것처럼 히브리어의 명령도 미완료 2인칭의 어두에 있는 주어 요소가 누락된다고 생각해 볼 수 있다. 즉 영어에서 명령을 'You (will) keep!'가 아닌 'Keep!'라고 하는 것과 같이 תִּשְׁמֹר('You will keep!')에서 주어 요소 תּ를 떼어 שְׁמֹר('Keep[지키라]!')로 표현한다.

3) 다음은 도표의 영문 각주에 대한 설명이다.

a. 기본형은 שְׁמֹר지만 첫 자음이 후음인 동사는 후음 아래 합성쉐바가 온다: עְבֹד → עֲבֹד '너는 섬기라' / אְכֹל → אֱכֹל '너는 먹으라'

b. 명령형 역시 완료/미완료와 마찬가지로 모음 접미어(ִי / וּ)가 붙을 때 바로 앞의 모음이 쉐바로 약화된다(역 HHP). 이 때 유성인 두 개의 단순쉐바가 나란히 있게 되어 쉐바 유포니(sheva euphony)가 적용된다.

ִי + שְׁמֹר → שְׁמֹרִי →(역 HHP)→ שְׁמְרִי →(쉐바 유포니)→ שִׁמְרִי

c. 나머지 נָה는 경접미어이므로 악센트가 이동하지 않고 제자리에 머물며 아무런 모음 변화도 없다(무 HHP): נָה + שְׁמֹר → שְׁמֹ֫רְנָה

d. 마지막 자음이 후음인 동사(예, שְׁמַע)의 명령형은 후음의 영향으로 모음 홀렘(ֹ◻)이 파타(◻ַ)로 바뀐다.

שְׁמֹע → שְׁמַע '너는 들으라'/ שְׁמֹ֫עְנָה → שְׁמַ֫עְנָה '너희(여)는 들으라'

4) 아래는 명령형의 예문들이다.

שְׁמֹר אֶת־הָאִישׁ הַזֶּה '너는 이 사람을 지켜라'(왕상 20:39)

נָשִׁים . . שְׁמַ֫עְנָה קוֹלִי '여자들아 . . 너희는 내 말을 들으라'(사 32:9)

3. 연장형 명령

1) 접미어가 없는 명령형의 기본형인 שְׁמֹר(남.단)에 연장 어미 ָה가 붙게 되면,[106] 연장형(long form, or lengthen form) 명령이 된다. 이것은 의미의 강조보다는 어조의 강조나 변화를 위해 발생된다.

2) 이때 연장 어미가 붙으면서 모음 변화가 생기는데 장모음 ◻ֹ[ō, 오]가 모음 도치되어 앞으로 이동하여 단모음 ◻ָ[o, 오])로 바뀐다.[107]

---

106) 이것을 전문 용어로 '연장의 헤'(paragogic[=extending] *he*)라 칭한다.

107) 흔히 게세니우스와 대부분의 기초 문법서들은 연장형 명령이 의미의 강조를 위한 것으로 설명하는 경향이 있다. 그러나 최근의 학자들은 어조(tone)의 강화를 위한 것일 뿐 일반형 명령형과 연장형 명령형 사이에 의미상의 차이가 없는 것으로 본다. 왜냐하면 이 두 가지 형태가 동일한 문맥에서 발생하는 경우가 자주 발견되

שְׁמֹר '너는 지켜라'/ ה ָ + שְׁמֹר → שְׁמֹרָה → שָׁמְרָה[o] '너는 지켜라'

שָׁמְרָה נַפְשִׁי '나의 생명을 지키소서'(시 25:20)
אֱלֹהִים שָׁפְטָה הָאָרֶץ '하나님이여, 그 땅을 심판하소서'(시 82:8)

3) 명령을 비롯한 문장의 강조를 위해 흔히 간투사 נָא־('부디, 원컨대, 제발')를 뒤에 덧붙인다. 이때 마켑과 더불어 악센트를 잃으면서 모음이 짧아진다: שְׁמָר־נָא '제발 지키십시오'; הִנֵּה־נָא '원컨대, 보소서.'

4. 부정 명령

1) 부정 명령은 어떤 행동을 중단 혹은 금지시키는 명령이다. 이때 흔히 부정어(negative adverbs) לֹא나 אַל을 사용하는 것이 일반적이다.[108)]

2) 그런데 주의할 것은 *히브리어의 부정 명령은 명령형에 부정어를 사용하는 방식을 취하지 않는다*는 점이다. 대신 *미완료 2인칭 앞에 부정어를 두어 부정 명령과 금지 명령을 표현한다.*

3) 대체로 부정어 לֹא와 אַל은 약간의 용법의 차이가 있다. 흔히 לֹא는 법정적 의미의 영구적인 금지를 나타내면서, 예컨대, 십계명을 비롯한 율법의 금지 조항에서 사용된다. 반면에 אַל은 흔히 일시적이거나 즉각적인 금지에 사용된다.[109)]

기 때문이다. 예컨대, 동일한 문맥의 사사기 9:8와 9:14에서 연장형 מָלְכָה עָלֵינוּ('당신이 우리 위에 왕이 되어라')와 일반형 מְלָךְ־עָלֵינוּ(מְלֹךְ)('당신이 우리 위에 왕이 되어라')이 아무런 차이 없이 나타난다.

108) 히브리어의 부정어들은 다음 몇 가지가 있으며 고유의 기능을 갖는다.
① 동사의 완료/미완료 문장의 부정문에는 לֹא를 사용한다.
② 명령의 부정은 אַל을 사용하지만 명령이 법정적일 때는 대체로 לֹא를 사용한다(그러나 다음 각주 109에서 보듯이 항상 그런 것은 아니다).
③ 그 외 אִם/לְבִלְתִּי/פֶּן이 동사의 부정어들로 사용된다(연습문제 참고).
④ 명사 문장의 부정문에는 אֵין('..이 없다, ..이 아니다')을 사용한다.
אֵין שָׁלוֹם לְכָל־בָּשָׂר '모든 육체에 평화가 없다'(렘 12:12).

109) 그러나 가끔 אַל이 법정적 금지에 사용되는 경우도 있다. 예를 들어, 유월절 규례에서, אַל־תֹּאכְלוּ מִמֶּנּוּ '너희(남)는 그것을 먹어선 안 된다'(출 12:9).

תִשְׁמֹר לֹא '너는 지키지 말지어다'(영구적 금지)
תִשְׁמֹר אַל '너는 지키지 마라'(일시적 금지)
דָם תֹאכַל[a] לֹא '너는 (결코) 피를 먹지 말지어다'(레 17:12)
לֶחֶם אַל-תֹאכַל[a] '너는 떡을 먹지 마라'(왕상 13:22)

a. 약동사 미완료 2인칭('너는 먹지 않을 것이다')이 명령으로 사용.

4) 반대로 긍정의 2인칭 미완료가 "..해야 한다"(must, should)는 의무, 혹은 명령의 의미를 지닐 수 있다: תִשְׁמֹר '너는 지켜야 한다(너는 지켜라)'

C. 부정사

1. 개요

1) 히브리어 동사에서 비한정동사(non-finite)는 두 범주로 나뉘는데, 그것은 분사(分詞)와 부정사(不定詞)이다.[110] 그 중에 분사는 형용사(명사)와 동일한 어미 변화형을 갖지만 부정사(Infinitive)는 전혀 어미 변화를 하지 않는다.

2) 분사가 동사로 만든 형용사와 같다면('..하는') 부정사는 일종의 동사로 만든 명사('..하는 것')라 할 수 있다. 따라서 히브리어 부정사는 명사처럼 부정사 절대형과 부정사 연계형으로 나뉘어 있다.

3) 먼저 칼형 동사표에 맞추어 칼형 부정사 연계형을 다룬다. 부정사 연계형이 부정사 절대형보다 압도적으로 많이 사용된다.

2. 부정사 연계형(Infinitive Construct)

1) 이미 칼형 동사표에서 익혔듯이 칼 부정사 연계형은 명령형과 동일한 형태인 קְטֹל이다. 그러나 명령형과는 달리 모음 홀렘(ֹ)이 순장모음이다. 따라서 칼 부정사 연계형은 자주 완전 필사법 קְטוֹל로도 나타난다.[111]

---

110) 비한정 동사란 인칭 변화를 통해 동작의 주체가 한정되어 있지 않는 동사를 말한다. 분사/부정사와 달리 완료/미완료/명령은 인칭 변화를 통해 동작의 주체를 한정시키는 한정 동사(finite verbs)에 속한다. 분사는 어미 변화형을 갖지만 주어를 가리키는 인칭 어미가 없이 형용사(명사)처럼 성과 수를 가리키는 어미 변화를 하는 비한정동사(non-finite verbs)에 속한다.

111) 이미 앞서 설명한대로, 명령형과 부정사 연계형의 모음 홀렘의 차이는 마지막

2) 명령과 마찬가지로 기본형은 שְׁמֹר지만 첫 자음이 후음일 때 후음 아래 합성쉐바가 온다: עְבֹד → עֲבֹד '섬기는 것'/ אְכֹל → אֱכֹל '먹는 것'

3) 앞서 말한 대로, 부정사는 자체적인 인칭 어미를 갖지 않는다. 다만 부정사 연계형은 부정사 절대형과는 달리 명사와 흡사하게 접미 대명사가 붙을 수 있으며, 또한 다른 명사가 뒤에 오면서 연계 사슬을 만들 수 있다.

ךָ + שְׁמֹר → שָׁמְרְךָ[a] '너의(네가) 지키는 것'

a. מֹר가 악센트를 잃으면서 단모음 [오]가 됨. 아래의 זְכֹר의 כֹר도 마찬가지.

זְכֹר הַמֶּלֶךְ 혹은 זְכָר־הַמֶּלֶךְ '그 왕의(그 왕이) 기억하는 것'

4) 접미 대명사가 붙는 경우, 명령형에서 연장 어미 ה ָ가 붙을 때와 마찬가지로 모음 도치의 발생으로 장모음 홀렘(ֹ)이 앞으로 이동하면서 단모음 카메츠 하툽(ָ[o])으로 바뀔 때가 많다. 그러나 항상 그런 것은 아니며 모음이 제자리를 유지하는 사례들도 흔하다.

וֹ + זְכֹר →(모음도치)→ זֹכְרוֹ → זָכְרוֹ[o] '그의(그가) 기억하는 것'

ךָ + שְׁמֹר → שְׁמֹרְךָ → שְׁמָרְךָ[a] = שָׁמְרְךָ '너(남)의 지키는 것'

a. 이 경우 모음 도치가 발생하지 않았다. 위에서 말한 대로 악센트가 종음절 ךָ에 있고 מָר는 폐음절이므로 단모음 [오]로 읽어야 한다. 그러나 모음 도치가 발생한 שָׁמְרְךָ도 가능하다.

כֶם + שְׁמֹר → שְׁמֹרְכֶם → שְׁמָרְכֶם = שָׁמְרְכֶם '너희의(남) 지키는 것'

כֶם + שְׁמֹעַ → שְׁמֹעֲכֶם → שָׁמְעֲכֶם[o][a] '너희(남)의(=너희가) 듣는 것'

a. 모음 도치된 형태만 나타나며 마지막 자음은 후음이므로 합성쉐바.

자음이 후음인 동사 שָׁמַע에서 분명하게 나타난다. שָׁמַע의 명령형은 모음 홀렘이 후음의 영향으로 파타(ַ)로 바뀐 שְׁמַע이지만 부정사 연계형은 순장모음 홀렘을 보존하고 대신 도입 파타를 사용한 שְׁמֹעַ(=שְׁמוֹעַ)이다. 그러나 명령형이라 해도 마지막 모음으로 모음 문자를 가진 홀렘 바브(וֹ)가 오는 명령형도 종종 나타난다: אֶת־מִצְוֹתָיו שְׁמוֹר '너는 그의 계명들을 지키라'(전 12:13). 그러나 주옹은 미완료 יִשְׁמֹר가 종종 יִשְׁמוֹר로 표기된 것처럼(참고. 17과 연습문제 14번), 이것을 서기관들의 일관성이 없는 필사 관행으로 인한 비정상적인 형태로 간주한다(Joüon-Muraoka, *A Grammar of Biblical Hebrew*, 151).

5) 드물게 부정사 연계형 또한 연장 어미 ה ָ(paragogic *he*)가 붙은 형태가 나타나는데, 이때도 모음 도치가 발생한다.

אֱכֹל '먹음'/ אַחֲרֵי אָכְלָה '먹은 후에'(삼상 1:9)

6) 앞서 말한 대로, 부정사 연계형은 명사가 뒤따르거나 접미 대명사가 붙어 그것들이 주어나 목적어로 기능을 한다. 이것은 동사에 붙는 주격의 인칭 접미어가 아니다. 위의 사례에서 일단 접미 대명사를 주어로 해석했으나 자주 그것이 목적어일 수도 있다. 그것이 *주어인지 목적어인지는 문맥에서 구별된다.* 부정사에 접미 대명사가 붙는 것에 대해서는 17과에서 더 자세히 다룰 것이다.

שָׁמְרֵךְ '네(남)가 지키는 것,' 혹은 '너(남)를 지키는 것'

3. 부정사 절대형(Infinitive Absolute)

1) 부정사 절대형의 기본형은 קָטוֹל(=קָטֹל)이다.

2) 이 기본형의 모음 홀렘(ֹ◌)은 부정사 연계형과 마찬가지로 ו가 없다 해도 순장모음임을 주의해야 한다. 따라서 마지막이 후음 문자인 שָׁמַע의 경우 부정사의 절대형은 후음이 선호하는 '아'음, 즉 도입 파타를 넣는다.

שָׁמוֹע → שָׁמוֹעַ '듣는 것' / (불완전 필사법) שָׁמֹע → שָׁמֹעַ

3) 히브리어의 부정사 절대형은 전혀 접미어가 붙지 않으며 또한 앞에 비분리 전치사도 붙지 않은 채 독립적으로만 사용된다. 그래서 이것을 부정사 절대형이라 칭한다.

4. 부정사의 용법들

1) 부정사 연계형 용법

히브리어 부정사는 연계형과 절대형이 각자 고유의 용법과 기능을 지닌다. 부정사 연계형의 용법은 다양한데 이 책에서는 기본적인 것만 다루기로 한다. 특히 부정사 연계형은 비분리 전치사(בְּ/לְ/כְּ)가 접두되면서 흔하게 전치사 구로 사용된다. 부정사의 연계형의 대표적 용법 몇 가지는 다음과 같다.

① *명사적 용법(Nominal Uses)*

영어의 to 부정사와 같이 명사적 의미로 사용될 수 있다.

שְׁמֹר '지키는 것'(to keep) / זְכֹר '기억하는 것'(to remember)

הִנֵּה שְׁמֹעַ[a] טוֹב מִזֶּבַח[b]

'보라, 순종하는 것이 제사보다 낫다'(삼상 15:22)

a. שָׁמַע('듣다')의 부연 '듣는 것, 순종하는 것' b. זֶבַח '제사'

② *בְּ כְּ와 함께 시간의 부사구*

전치사 בְּ와 כְּ가 부정사 연계형에 접두되어 시간을 나타내는 경우가 매우 흔하다. 이때 유성인 두 개의 단순쉐바가 연속되어 쉐바 유포니가 발생한다. 이러한 시간의 전치사구는 כְּ/בְּ가 흔하게 동사 הָיָה의 뒤에 따라 나오면서 וַיְהִי בְּ 또는 וַיְהִי כְּ로 표현되는 경우가 많으며, 시간을 나타내는 '..할 때'로 해석된다.

שְׁמֹר + בְּ → בְּשְׁמֹר →(쉐바 유포니)→ בִּשְׁמֹר '지킬 때에'

זְכֹר + כְּ → כְּזְכֹר →(쉐바 유포니)→ כִּזְכֹר '기억할 때에'

וַיְהִי בְּזָכְרוֹ[a] '그리고 그가 기억했을 때'

a. וֹ + זְכֹר →(모음 도치)→ זָכְרוֹ[o](여기서 וֹ는 주어로 해석됨)

וַיְהִי כִּזְכֹר הַמֶּלֶךְ '그리고 그 왕이 기억했을 때'

כִּשְׁמֹעַ[a] עֵשָׂו אֶת־דִּבְרֵי אָבִיו a. שָׁמַע('듣다')의 부연으로 הָיָה없이 사용됨

'에서가 그의 아버지의 말(들)을 들었을 때'(창 27:34)

③ *לְ와 함께 목적, 수단, 결과의 부사구*

전치사 לְ가 부정사 연계형에 접두되는 경우도 아주 흔한데 영어의 to 부정사의 부사구 용법과 동일하게 해석된다. 이때 마찬가지로 쉐바 유포니가 발생된다.

שְׁמֹר + לְ → לְשְׁמֹר →(쉐바 유포니)→ לִשְׁמֹר '지키도록'

לִשְׁמֹעַ אֵת חָכְמַת שְׁלֹמֹה '솔로몬의 지혜를 듣기 위해'(왕상 5:14)

④ *לְ와 함께 명사구*

전치사 לְ가 붙으면서 가끔 그 자체로 명사구 역할을 하는 때가 있다. 이 경우 위의 명사적 용법과 동일하며 마찬가지로 영어의 to 부정사의 명사 용법에 해당된다. 따라서 לִשְׁמֹר가 '지키기 위해'라는 의미뿐만 아니라, 문맥에 따라 '지키는 것'도 가능하다.

לָמַד[a] לִשְׁמֹר אֶת־מִצְוֹת יהוה   a. '배우다'

'그는 여호와의 계명을 지키는 것을(지키기를) 배웠다'

טוֹב לְהֹדוֹת[a] לַיהוה a. הֹדוֹת는 약동사의 부연('찬양 드리는 것')

'여호와께 찬양 드리는 것이 좋도다'(시 92:2)

⑤ *그 외 다른 전치사와 더불어*

אַחֲרֵי שָׁמְעוֹ[a]   a. וֹ는 주격과 목적격 모두 가능하며 문맥에서 구별

'그가 들은 후에,' 혹은 '그에 대해(그를) 들은 후에'

2) 부정사 절대형 용법

부정사 절대형은 부정사 연계형과 별개의 다양한 용법을 지닌다. 다음은 가장 일반적인 용법들이다.

① *명사 용법*: 부정사 연계형과 마찬가지로 명사 의미로 사용될 수 있다.

אָכֹל[a] דְּבַשׁ הַרְבּוֹת[b] לֹא טוֹב   a. אָכֹל '먹다, 삼키다'   b. '많은'

'많은 꿀을 먹는 것은 좋지 않다'(잠 25:27)

② *명령 용법*: 특이하게 부정사 절대형은 가끔 명령법으로 사용된다.

שָׁמוֹר אֶת־יוֹם הַשַּׁבָּת[a] '너는 안식일을 지켜라'(신 5:12)   a. '안식(일)'

③ *동사의 강조*: 이것은 부정사 절대형의 중요한 용법이다. 부정사 절대형이 동일한 어근(root)의 동사 앞이나 뒤에 위치하여 동어 반복을 통해 동사를 강조하는 역할을 한다. 쉽게 이해하자면, 사실상 동일한 동사가 두 번 반복됨으로써

그 동사가 강조되는 셈이다(예컨대, 문자적으로 '지키고 지키다'는 뜻으로 이해될 수 있다).[112] 주로 전치 부정사가 후치 부정사에 비해 훨씬 많은 편이다. 대체로 전치 부정사는 완료와 미완료에서, 후치 부정사는 명령과 분사에서 많이 사용된다. 양자의 경우를 대략 다음과 같이 구분해 볼 수 있다.

a. *전치인 경우*

완료와 함께: שָׁמוֹר שָׁמַר '그가 정녕 지켰다'[113]

미완료와 함께: שָׁמוֹר יִשְׁמֹר '그가 정녕 지킬 것이다'

b. *후치인 경우*

명령과 함께: שְׁמֹר שָׁמוֹר '정녕 지켜라,' '잘 지켜라'

분사와 함께: שֹׁמֵר שָׁמוֹר '정녕 지키는,' '확고히 지키는'[114]

---

112) 게세니우스(Gesenius)와 와인그린(Weingreen)을 비롯한 과거의 학자들은 전통적으로 부정사 절대형의 동사에 대해 전치냐 후치냐 따라 강조의 방식이 차이가 있다고 설명했다. 즉 전치는 '강화'의 의미이고 후치는 '지속'의 의미로서의 강조라는 것이다.

שָׁמוֹר יִשְׁמֹר '그는 정녕 지킬 것이다'(강화)

יִשְׁמֹר שָׁמוֹר '그는 계속 지킬 것이다'(지속)

그러나 왈키(Waltke)와 주옹-무라오까(Joüon-Muraoka)와 같은 일련의 학자들은 이러한 이분법적 구분은 근거가 없으며, 특히 후치일 때 '지속과 반복'의 강조를 지시한다는 주장은 신빙성이 없다고 말한다. 주옹에 따르면, 이러한 양자의 전통적 구분은 의심스러우며 따라서 어느 경우든 '강화(intensification)'일 뿐인데, 전치 부정사가 훨씬 흔하며 특별히 동사가 명령과 분사일 때는 대부분 후치다. 또한 대체로 전치가 후치보다 그 강화의 의미가 더 강력하고 다양하며 물론 후치도 전치와 동일한 가치를 지닐 수 있으나 많은 경우 후치는 그 뉘앙스가 전치보다 덜 분명하다. 자세한 것은 주옹과 왈키를 보라: Joüon-Muraoka, *A Grammar of Biblical Hebrew*, 420-425; Waltke and O'Connor, *Introduction to Biblical Hebrew Syntax*, 580-588.

113) 초급 문법에서는 부정사 절대형의 동사의 '강화' 혹은 '강조'를 단순히 '정녕,' '참으로,' '분명히' 등으로 해석하는 것이 상례이기에 이 책도 대체로 그런 단순한 해석을 취했다. 그러나 그 강화의 뉘앙스는 이보다 훨씬 다양하게 해석될 수 있다. 즉 문맥에 따라 그것은 '단언(affirmation),' '강한 의심,' '대조의 강화,' '절대 의무,' '강한 요구' 등 일 수 있으며, 독자들은 그 문맥에 가장 적절한 뉘앙스를 파악할 수 있어야 한다. 자세한 것은 역시 주옹과 왈키의 견해를 참고하라.

114) 덧붙여서 부정사 절대형은 가끔 동사로 사용될 수 있다. 이러한 '동사 용법'은

3) 부정사 절대형 הָלוֹךְ의 용법

강조 용법과 관련해서 הָלַךְ('걷다')의 부정사 절대형 הָלוֹךְ의 용법은 매우 특수하고 많이 쓰이므로 별도로 취급할 필요가 있다. 이것은 어떤 동사의 동작이나 상태의 지속, 반복 및 점진적 발전을 표현하는 강조 용법인 '계속해서,' '점차적으로'의 뜻으로 사용된다. 때로 우리말 '갈수록'이 '가다'의 뜻을 반영한 적절한 번역인 경우도 있다. 이 용법에서 부정사 절대형 הָלוֹךְ에 의해 강조되는 본동사는 הָלַךְ 자체일 수도 있으나 다른 동사도 가능하며, 형용사나 분사도 이와 같은 방식으로 강조될 수 있다. 이때 הָלוֹךְ의 위치는 본동사의 앞과 뒤 모두 가능하다. 또한 동사 הָלַךְ의 부정사 절대형만이 아닌 종종 הָלַךְ의 분사 역시 이어지는 동사나 서술적 형용사를 강조하기 위해 그 앞에 위치하는 경우도 있다.

הָלוֹךְ הָלְכוּ (전치) '그들이 계속 갔다'(삿 9:8) - הָלַךְ의 지속
הָלַךְ הָלוֹךְ (후치) '그는 계속 갔다'(삿 14:9) - הָלַךְ의 지속

נָסַע אַבְרָם הָלוֹךְ (후치) (동사 נָסַע['여행하다']의 지속)
'아브람은 계속해서 여행했다'(창 12:9)

הָלַךְ דָּוִד הָלוֹךְ[a] וְגָדוֹל (형용사 גָּדוֹל['위대한']의 점진적 발전)
a. גָּדוֹל앞에 הָלַךְ의 부정사 절대형
'다윗은 갈수록 점점(계속 나아가) 위대해졌다'(삼하 5:10)

שְׁמוּאֵל הֹלֵךְ[a] וְגָדֵל (동사 גָּדֵל['크다']의 점진적 발전)
a. גָּדֵל앞의 הָלַךְ 분사
'사무엘은 점점(갈수록) 자랐다(장성했다)'

가끔 부정사 절대형이 어떤 동사 뒤에서 이어지는 동작을 뜻하는 동사처럼 사용되는 경우다.

יָלְדָה וְעָזוֹב[a] a. עָזַב('버리다')의 부절
'그녀가 낳았다. 그러나 버렸다'

그 외 부정사 절대형의 여러 동사 용법에 대해서는 왈키를 참고하라(Waltke and O'Connor, *Introduction to Biblical Hebrew Syntax*, 580-588).

10과 연습문제

I. 어휘

רֶ֫גֶל	발/(쌍) רַגְלַ֫יִם	דּוֹר	세대/(복) דּוֹרוֹת	בֶּ֫גֶד	옷
מָ֫וֶת[a]	מוֹת־ 죽음	מֵת	죽은	צֹאן	양떼[b]
מִשְׁפָּט	심판(재판), 법도, 공의	חֹק	חֻקָּה 규례, 율례 /(복) חֻקִּים חֻקּוֹת	מִצְוָה	명령, 계명 /(복) מִצְוֹת[c]
עוֹלָם	세상, 영원 לְעוֹלָם=עַד־עוֹלָם 영원히	שָׂפָה	입술, 말, 테두리 /(쌍) שְׂפָתַ֫יִם	חַיִּים	생명 /(형) חַי의 복수[d]
מַלְאָךְ	사자, 천사	פְּרִי[e]	열매	נָא־	원컨대
שָׁבַר	깨뜨리다	יָשַׁב	앉다, 거주하다	שָׁלַח	(사람을) 보내다
מָלַךְ	다스리다	רָדַף	추격하다, 핍박하다	צִוָּה	명령하다
עָזַב	떠나다, 버리다				

a. 이 단어는[māveṯ, 마베트]로 읽는다.

b. צֹאן은 집합명사로 '양떼'와 '염소떼' 둘 다를 포함하는 개념이지만(영어 flock) 우리말로는 적절한 대응어가 없으므로 흔히 '양떼'로 옮긴다.

c. 복수 מִצְוֹת는 본래 מִצְווֹת이므로 [미츠보트]로 읽어야 한다. 참고로, 구약에서 חֹק와 מִצְוָה, מִשְׁפָּט는 정확히 어떤 의미상의 차이가 나는지 알기 어렵다. 우리는 각각 '규례'와 '명령/계명,' '법도'를 주 번역어로 취한다.

d. חַיִּים은 형용사 חַי(여. חַיָּה '살아있는')의 복수이면서 명사 '생명'을 뜻한다.

e. פְּרִי는 120회 사용되는 단어로 2쇄에서 어휘 목록에 추가됨

II. 다음 동사들을 분해하라.

※ 어간은 현재 모두 칼이며 형태는 여기서 배운 명령과 부정사, 그리고 9과에서 배운 완료와 미완료 중 하나다. 부정사는 인칭.성.수가 없다.

※ 해석할 때 성을 분명히 적시하라: 예, '너(남)는 지켜라.' 해석을 먼저 시도하라.

문제		어근	어간	형태	인칭·성·수	해석
	שָׁמְרָה	שָׁמַר	칼	완료	3.여.단	그녀가 지켰다
①	זָכוֹר	זָכַר	칼			
②	רְדַפְתֶּם	רָדַף	칼			
③	תִּרְדְּפוּ	רָדַף	칼			

문 제		어근	어간	형태	인칭·성·수	해 석
④	זִכְרוּ	זָכַר	칼			
⑤	שָׁפַטְתְּ	שָׁפַט	칼			
⑥	אֶמְלֹךְ	מָלַךְ	칼			
⑦	שְׁמֹר (= שְׁמוֹר)	שָׁמַר	칼			(명령 아님)
⑧	תִּכְתְּבִי	כָּתַב	칼			
⑨	כִּתְבִי[a]	כָּתַב	칼			
⑩	תִּזְכֹּר	זָכַר	칼			
⑪	תִּשְׁפֹּטְנָה	שָׁפַט	칼			

a. כְּתְבִי가 아닌 이유는 가운데의 쉐바가 모음이 약화된 유성쉐바이기 때문이다.

III. 다음을 해석하라.

(1) אֲנִי אֶכְרֹת אִתְּךָ בְּרִית (삼하 3:13)

(2) קִרְאוּ־זֹאת בַגּוֹיִם[a] (욜 4:9) a. גּוֹיִים의 불완전 필사법.

(3) שִׁמְעוּ־נָא דְבָרָי׃ (민 12:6)

(4) הֶאָכוֹל אָכַלְנוּ מִן־הַמֶּלֶךְ (삼하 19:43)

(5) זְכֹר יהוה מֶה־הָיָה לָנוּ (애 5:1)

(6) אָמְרוּ לוֹ אֶחָיו הֲמָלֹךְ תִּמְלֹךְ עָלֵינוּ (창 37:8)

(7) אֶשְׁבֹּר אֶת־הָעָם הַזֶּה וְאֶת־הָעִיר הַזֹּאת (렘 19:11)

(8) הֲלֹא קוֹל רַגְלֵי אֲדֹנָיו אַחֲרָיו׃ (왕하 6:32)

(9) פְּרִי־צַדִּיק עֵץ חַיִּים וְלֹקֵחַ נְפָשׁוֹת חָכָם׃ (잠 11:30)

(10) שִׁמְעוּ שָׁמוֹעַ אֵלַי וְאִכְלוּ־טוֹב (사 55:2)

(11) בִּירוּשָׁלַיִם יִהְיֶה־שְּׁמִי[a] לְעוֹלָם׃ (대하 33:4)

a. 종종 마켑이 붙은 개음절 뒤의 자음에 중강점이 찍힌다.

(12) כָּל־הָעִיר עֲזוּבָה וְאֵין־יוֹשֵׁב בָּהֵן אִישׁ׃ (렘 4:29)

(13) וַיְהִי בִּימֵי שְׁפֹט הַשֹּׁפְטִים וַיְהִי רָעָב בָּאָרֶץ (룻 1:1)

(14) וַיְהִי כָל־הָאָרֶץ שָׂפָה אֶחָת וּדְבָרִים אֲחָדִים׃ (창 11:1)

(15) דַּבֵּר יהוה אֶל־מֹשֶׁה אַחֲרֵי מוֹת [a]שְׁנֵי בְּנֵי אַהֲרֹן (레 16:1) a. 숫자.

(16) אַחֲרֵי מִי יָצָא מֶ֫לֶךְ יִשְׂרָאֵל אַחֲרֵי מִי אַתָּה רֹדֵף (삼상 24:15)

(17) הִנֵּה אָנֹכִי שֹׁלֵ֫חַ מַלְאָךְ לְפָנֶ֫יךָ לִשְׁמֹר אֹתְךָ בַּדָּ֑רֶךְ׃ (출 23:20)

148וֹרַת מֹשֶׁה עַבְדִּי (말 4:4; *BHS* 3:22)

(18) זִכְרוּ תּ

(19) יהוה אֱלֹהִים צַדִּיק הוּא־אֱלֹהִים חַיִּים וּמֶ֫לֶךְ עוֹלָם (렘 10:10)

(20) זֹאת אוֹת־הַבְּרִית אֲשֶׁר־אֲנִי נֹתֵן בֵּינִי וּבֵינֵיכֶם וּבֵין כָּל־נֶ֫פֶשׁ חַיָּה
אֲשֶׁר אִתְּכֶ֑ם לְדֹרֹת עוֹלָֽם׃ (창 9:12)

(21) קְרָא אֵלָיו מַלְאַךְ יהוה מִן־הַשָּׁמַ֫יִם וַיֹּ֫אמֶר אַבְרָהָם אַבְרָהָ֑ם
וַיֹּ֫אמֶר הִנֵּֽנִי׃ (창 22:11)

(22) תִּשְׁמְרוּ אֶת־הַדָּבָר הַזֶּה לְחָק־לְךָ וּלְבָנֶ֫יךָ עַד־עוֹלָם (출 12:24)

(23) וַיֹּ֫אמֶר הַמֶּ֫לֶךְ זֹאת אֹמֶ֫רֶת זֶה־בְּנִי הַחַי וּבְנֵךְ הַמֵּ֑ת וְזֹאת
אֹמֶ֫רֶת לֹא כִּי בְּנֵךְ הַמֵּת וּבְנִי [a]הֶחָֽי׃ (왕상 3:23) a. חַי의 휴지형 חָי.

(24) בָּ֫אוּ שְׁנֵי הַמַּלְאָכִים [a]סְדֹמָה בָּעֶ֫רֶב [b]וְלוֹט יֹשֵׁב בִּסְדֹם

a. סְדֹם ‘소돔.’ b. לוֹט ‘롯.’

(25) [a]עֲבֹד אֶת־יהוה אֱלֹהֶ֫יךָ בְּכָל־לְבָבְךָ וּבְכָל־נַפְשְׁךָ a. 후음아래 합성쉐바

(26) עָשָׂה הָאִישׁ אֲשֶׁר־ר֫וּחַ בּוֹ אֶת־בִּגְדֵי הַקֹּ֫דֶשׁ אֲשֶׁר לְאַהֲרֹן
כַּאֲשֶׁר צִוָּה יהוה אֶת־מֹשֶֽׁה׃ (출 39:1)

(27) וַיֹּ֫אמֶר אֱלֹהִים אֶל־אַבְרָהָם וְאַתָּה אֶת־בְּרִיתִי תִשְׁמֹר אַתָּה
וְזַרְעֲךָ אַחֲרֶ֫יךָ לְדֹרֹתָם (창 17:9)

(28) וַיֹּ֫אמֶר שְׁמוּאֵל וּמֶה קוֹל־הַצֹּאן אֲשֶׁר אָנֹכִי שֹׁמֵֽעַ׃ (삼상 15:14)

(29) קָרָא מֹשֶׁה אֶל־כָּל־יִשְׂרָאֵל וַיֹּ֫אמֶר [a]אֲלֵהֶם שְׁמַע יִשְׂרָאֵל
אֶת־הַמִּשְׁפָּטִים אֲשֶׁר אָנֹכִי דֹּבֵר בְּאָזְנֵיכֶם הַיּוֹם (신 5:1)

a. אֲלֵיהֶם(‘그들에게’)의 י가 종종 생략되는데 일종의 불완전 필사법이다.

(30) כֹּה־אָמַר יהוה אַתֶּם עֲזַבְתֶּם אֹתִי וְאַף־אֲנִי עָזַ֫בְתִּי אֶתְכֶם
בְּיַד־הַמֶּ֫לֶךְ הָרָֽע׃ (대하 12:5)

(31) וְאַל־תִּשְׁמְעוּ אֶל־דִּבְרֵי [a]הַנְּבִאִים הָאֹמְרִים אֲלֵיכֶם (렘 27:14)

a. נְבִיאִים의 불완전 필사법.

(32) אִם רַע בְּעֵינֵיכֶם לַעֲבֹד אֶת־יהוה עִבְדוּ אֶת־אֱלֹהֵי [a]הָאֱמֹרִי אֲשֶׁר
אַתֶּם יֹשְׁבִים בְּאַרְצָ֑ם וְאָנֹכִי וּבֵיתִי נִשְׁמֹר אֶת־דֶּ֫רֶךְ־יהוָֽה׃ a. אֱמֹרִי ‘아모리족.’

10과 연습문제 해답

II. 동사 분해 해답

문 제		어근	어간	형태	인칭·성·수	해 석
①	זָכוֹר	זָכַר	칼	부절	—	기억하는 것
②	רְדַפְתֶּם	רָדַף	칼	완료	2.남.복	너희(남)는 추적했다
③	תִּרְדְּפוּ	רָדַף	칼	미완	2.남.복	너희(남)는 추적할 것이다
④	זִכְרוּ	זָכַר	칼	명령	남.복	너희(남)는 기억하라
⑤	שָׁפַטְתְּ	שָׁפַט	칼	완료	2.여.단	너(여)는 재판했다
⑥	אֶמְלֹךְ	מָלַךְ	칼	미완	1.공.단	내가 다스릴 것이다
⑦	שְׁמֹר	שָׁמַר	칼	부연[a]		(= שָׁמוֹר) 지키는 것
⑧	תִּכְתְּבִי	כָּתַב	칼	미완	2.여.단	너(여)는 기록할 것이다
⑨	כִּתְבִי	כָּתַב	칼	명령	여.단	너(여)는 기록하라
⑩	תִּזְכֹּר	זָכַר	칼	미완	3.여.단	그녀가 기억할 것이다
					2.남.단	너(남)는 기억할 것이다
⑪	תִּשְׁפֹּטְנָה	שָׁפַט	칼	미완	3.여.복	그녀들이 재판할 것이다
				미완	2.여.복	너희(여)는 재판할 것이다

a. 명령이기도 하나 여기서는 부정사로 간주할 것을 요구했다.

III. 문장 해석 ※ 여기서부터는 해석에서 2인칭 남성의 약어 '남'을 생략한다.

(1) 나는 너와 언약(약조)을 맺을 것이다.

(2) 너희는 (그)민족들 가운데서 이것을 외치라!

(3) 원컨대, 너희는 내 말(들)을 들으라.

(4) 우리가 정녕 (그)왕의 것(왕에게서 나온 음식)을 먹었다는 건가?(의문사 הֲ).

(5) 여호와여 우리에게 무슨 일이 발생했는지 기억하소서!

(6) 그의 형제들이 그에게 말했다. "네가 정녕 우리를 다스린다는 거냐?"
(부정사 절대형이 동사 앞에 놓여 동사를 강조)

(7) 내가 이 백성을, 그리고 이 성읍을 쳐부술 것이다!

(8) 그의 주인의 발소리가 그의 뒤에 있지 않느냐?(רַגְלֵי ← רְגָלִים ← רֶגֶל)

(9) 의의 열매는 생명의 나무요, 영혼(사람)을 얻는 자는 지혜롭다.
(마소라 본문이 נְפָשׁוֹת인데 구두점 오류임. 다른 사본들은 수정해서 נְפָשׁוֹת)

(10) 너희가 정녕 나에게 귀를 기울여 너희는 좋은 것을 먹으라(부절의 후치).

(11) 나의 이름이 영원히 예루살렘에 있을 것이다.

(12) 온 성읍이 버려지고(עָזֻב 수분.여.단) 그것들 안에 사람이 거하지 않으리라(יֹשֵׁב 능분.남.단). ("온 성읍"은 여러 "모든 성읍"의 집합명사. 뒤에서는 복수 "그것들의"가 받는다)

(13) 사사들이 치리하던(판결하던) 시대(날들)에 그 땅에 기근이 있었다.
(14) 그리고 온 땅에(온 땅이) 한 가지 언어와 한 가지 말(들)이 있었다.
(15) 여호와께서 아론의 두(שְׁנֵי־/שְׁנַיִם) 아들의 죽음 후에 모세에게 말씀하셨다.
(16) 이스라엘 왕이 누구를 뒤쫓아 나오셨으며 당신은 누구를 뒤쫓아 추적하고 계십니까? (רֹדֵף - רָדַף 능분)
(17) 보라, 나는 네 앞에 사자를 보내리라. 그 길에서 너를 지키기 위해.
(분사 שֹׁלֵחַ의 임박한 미래)
(18) 너희는 나의 종 모세의 율법을 기억하라.
(19) 여호와는 의로운 하나님이시고, 그분은 살아계신 하나님이시며, 영원한 왕이시다.
(20) 이것은 나와 너희 사이, 너희와 함께하는 모든 생물들 사이에 내가 세세무궁토록(דּוֹר의 복수) 베풀려는 언약의 징표니라.
(21) 여호와의 사자(천사)가 (그)하늘로부터 그에게 외쳐(그를 불러) 말했다. “아브라함아, 아브라함아.” 그러자 그가 말했다(대답했다). “보소서, 제가 여기 있나이다(문자적, ‘보소서, 접니다’).”
(22) 너희는 이 말씀을 너를 위한, 그리고 너의 후손들을 위한 규례(חֹק)로 영원토록 지켜야 한다. (이 미완료 ‘의무’의 미완료다)
(23) 그러자 그 왕이 말했다. “이 여자가 말하고 있다. ‘이것(얘)은 내 아들, 곧 (그)살아있는 얘(חַי)이고, 네 아들은 (그)죽은 얘다’고. 그러나 이(저) 여자는 말하고 있다. ‘아니다! 왜냐하면 네 아들은 죽은 얘고 내 아들은 살아있는 얘니까’라고.”
(24) 두 천사가 (그)저녁에 소돔으로 왔고 롯은 소돔에 거하고 있었다.
(25) (너는) 온 마음으로 온 영혼으로 여호와 네 하나님을 섬기라.
(26) 그의 안에 영이 있었던 그 사람이 여호와께서 모세에게 명하신 대로 아론을 위해 거룩한 옷(들)(문자적, ‘거룩의 옷들’)을 제작했다.
(27) 하나님께서 아브라함에게 말씀하셨다. “그리고 너는 나의 언약을 지켜야 하리라(must keep, 의무의 미완료). 너와 네 뒤에 올 너의 후손(씨)이 그들 대대로.”
(28) 그리고 사무엘이 말했다. “그러나 내가 듣고 있는 그 양떼의 소리는 무엇이냐?”
(29) 모세가 온 이스라엘을 향해 외쳐 그들에게 말했다. “이스라엘아 오늘 내가 너희의 귀에 말하고 있는 이 법도들을 들으라!”
(30) 여호와께서 이렇게 말씀하셨다. “너희는 나를 내버렸으나 내가 너희를 그 악한 왕의 손에 내버렸다.”
(31) 그러나 너희는 너희에게 말하고 있는 그 선지자들의 말들을 듣지 말라.
(부정명령은 미완료 2인칭을 사용한다)
(32) 만일 여호와를 섬기는 것이 너희 눈(들)에 악하다면, 너희는 너희가 그들의 땅에 거할 아모리 족속의 신들을 섬기라. 그러나 나와 내 집은 여호와의 길을 지킬 것이다. (부정사 + לְ의 명사 용법은 163쪽을 보라)

11과 상태 동사, 니팔 동사, 비교급과 최상급

A. 상태 동사

1. 개요

1) 동사의 기본형은 קָטַל/□ָ□ַ□형태인 것을 배웠다. 이것은 동작을 나타내는 동작 동사의 기본형에 해당된다: 예, שָׁמַר '지키다/ הָלַךְ '가다'

2) 그러나 히브리어에는 상태 동사(Stative verbs)가 존재한다. 이것은 동작이 아닌 '크다,' '작다,' '무겁다'와 같이 어떤 대상의 상태를 나타내는 동사이다.

3) 상태 동사의 기본형은 동작 동사와 달리 종음절에 체레(□ֵ)나 홀렘(□ֹ)을 갖는 형태인 □ָ□ֵ□와 □ָ□ֹ□이다: כָּבֵד '무겁다'/ קָטֹן '작다.' 또한 어떤 것은 동작 동사의 유형과 동일한 □ָ□ַ□이다: שָׁכַב '눕다, 누워있다.'

4) 결국 상태 동사는 다음과 같은 세 가지 기본 유형을 갖는다.[115)]

□ָ□ֵ□(כָּבֵד)　　□ָ□ֹ□(קָטֹן)　　□ָ□ַ□(שָׁכַב)

2. 상태 동사의 특징

형태	상태 동사	해 석
완료	כָּבֵד	그것이 무겁다
미완	יִכְבַּד[a]	그것이 무거울 것이다
명령	כְּבַד	(너는 무거워라)(?)[b]
부연	כְּבַד[c]	무거운 것
부절	כָּבוֹד	무거운 것
분사	כָּבֵד[d]	무거운

115) 문법학자들은 이 세 가지 동사 유형들을 동사 어근 קטל에 해당 모음을 붙여 각각 *qāṭal*, *qāṭēl*, *qāṭōl*로 부른다. 한편, קָרֵב/קָרַב와 같은 어떤 상태 동사들은 두 가지 유형을 동시에 갖는다. 양자의 유형에 따른 특별한 의미상의 차이는 없다. 이 동사는 원래 상태 동사였으나(be near, '가까이 있다') 성경 히브리어에서 동작의 의미(draw near to '가까이 가다')를 동시에 갖게 되었다.

1) 위의 상태 동사의 기본 도표를 보라. 상태 동사는 기본형인 완료형뿐만 아니라 다른 형태들의 특징도 동작 동사와 차이를 보인다.

2) 다음은 기본 도표의 영문 각주 순서에 따른 설명이다.

a. 상태 동사의 미완료는 어떤 유형의 동사이든 항상 종음절의 모음이 파타(□ַ)인 יִ□ְ□ַ□이다: יִכְבַּד '그것은 무거울 것이다.' 바로 이것이 상태 동사와 동작 동사의 가장 두드러진 차이점이다. 그러므로 שָׁכַב처럼 완료형이 동작 동사와 모음의 차이가 없는 상태 동사라도 미완료는 יִשְׁכַּב('그가 누울 것이다') 이다. 명령형 כְּבַד도 미완료의 י가 탈락된 형태다. 이미 배웠듯이, 동작 동사의 미완료는 יִקְטֹל로 종음절에 홀렘(□ֹ)이 온다.[116)]

b. כָּבֵד와 같이 어떤 대상의 *내재적 상태*를 지시하는 동사들(크다, 작다, 무겁다 등)은 명령이 불가능하다. 다시 말해, '작아라,' 혹은 '무거워라'는 가능한 명령이 아니다. 그러나 *변화 가능한 상태나 상황*을 지시하는 '상태 변화 동사'(fientive verbs)의 경우 명령이 존재한다: שָׁכַב '눕다, 누워있다' → שְׁכַב '누우라.' 따라서 동사 כָּבֵד의 명령은 불가능하나 상태 동사 명령형의 모형으로 인위적으로 넣었다.

c. 상태 동사의 부정사는 드물다.[117)]

d. 상태 동사의 완료와 분사는 형태가 동일하다. 이것은 상태 동사의 가장 큰 특징이다: כָּבֵד '그것이 무겁다' → כָּבֵד '무거운.'[118)] 결국 상태 동사의 분사는 사실상 형용사다. 따라서 우리는 상태 동사들 중 다수가 원래는 어떤

---

116) 좀 더 정확히 말하자면, 상태 동사의 이러한 미완료형에서의 특징은 소위 칼(Qal) 미완료에서만 나타나고 곧이어 배울 니팔(Niphal)형을 비롯한 나머지 동사 어간 유형들에서는 미완료형이라 하더라도 동작 동사와 차이가 없다. 따라서 이 책 뒷부분의 〈부록 4〉에 있는 동사 어형 변화표(paradigm)에도 상태 동사는 칼형만 수록된다. 현재 우리는 동사의 일곱 어간형들 중 칼(Qal)형만을 다루고 있다.

117) 상태 동사 כָּבֵד의 부정사 연계형과 절대형 둘 다 구약에서 나타나지 않지만 다른 상태 동사의 부정사의 모형으로 제시되었다.

118) 그러나 변화 가능한 상태나 상황을 표현하는 어떤 상태 동사는 명령과 마찬가지로 분사 역시 동작 동사에 준한 형태를 취한다. 예를 들어, שָׁכַב('누워 있다')의 분사는 שֹׁכֵב('누워 있는')이다. 이는 '크다,' '작다' 등과 달리 상태의 전환이 가능한 경우에 해당되는 것으로 보인다. 이러한 동사들을 전문 용어로 '상태 변화 동사'(fientive verbs)라 칭한다.

상태를 지시했던 형용사가 동사로 전용된 것으로 생각해 볼 수 있다. 즉 이것은 동사적 형용사(verbal adjective)이다.[119] 예컨대, קָטֹן('작은')은 우선 형용사로서 일단 형용사 קָטָן('작은')과 동의어일 수 있으나 그것이 서술적으로 사용되면 '작다'라는 뜻의 동사로 기능한다.

3. 상태 동사의 변화

1) 다음 쪽에 제시된 상태 동사의 변화표를 살펴보면서 아래 영문 각주들에 대한 설명을 숙지하라.

a. 완료형 כָּבֵד에 경접미어와 중접미어가 붙으면 모음 '에'(체레 ◌ֵ)가 '아'(파타 ◌ַ)로 바뀌어 동작 동사 שָׁמַר의 접미형과 동일한 형태가 된다.

b. 그러나 קָטֹן은 '오' 발음을 유지하는데 다만 중접미어가 붙을 때 악센트가 중접미어로 이동하면서 자연히 장모음 '오'(홀렘 ◌ֹ)가 단모음 '오'(카메츠 하툽 ◌ָ)로 짧아진다는 점을 주의하라.

c. 따라서 קְטָנְתֶּם에서 טָנְ의 ◌ָ는 [o]로 발음한다.

d. קָטֹן의 마지막 자음 נ이 접미어 נוּ(1.공.복)와 겹쳐 중강점으로 처리되었다: נוּ + קָטֹן → קָטֹנּוּ '우리는 작다.' 아래 תִּקְטַנָּה도 마찬가지다.

e. 언급했듯이 상태 동사의 미완료는 모두 ◌◌ַ◌ְיִ(יִכְבַּד) 형태를 갖는다.

f. 명령의 접미형 כִּבְדוּ/כִּבְדִי가 아닌 경강점이 없는 כִּבְדוּ/כִּבְדִי인 이유는 가운데의 단순쉐바가 명령형의 모음 홀렘[◌ֹ]이 약화되어 만들어진 유성 단순쉐바이기 때문이다(10과 연습문제 II-⑨번 문제의 설명 참고).

---

119) 덧붙여 말하자면, 예컨대, 형용사 טוֹב('좋은, 선한')가 서술적 용법에서는 동사처럼 쓰이는데('좋다, 선하다') 마찬가지로 어떤 측면에서 상태 동사 כָּבֵד는 형용사 כָּבֵד('무거운')가 동사로 전용된 결과이다. *BDB* 사전에는 동사 כָּבֵד와 그것의 분사로 쓰이는 형용사 כָּבֵד가 따로 수록되어 있다. 이 동사의 경우 상태 동사의 분사는 사실 형용사다. 예컨대, 창 12:10의 כִּי כָבֵד הָרָעָב בָּאָרֶץ('그 땅에 기근이 심했을 때')에서 כָּבֵד를 완료형(3.남.단)으로 볼 수도 있고 혹은 분사=형용사(남.단)로 볼 수도 있다.

〈상태 동사의 변화표〉

완료		כָּבֵד	קָטֹן	שָׁכַב	שָׁמַר(동작)
단수	3.남.단	כָּבֵד	קָטֹן	שָׁכַב	שָׁמַר
	3.여.단	כָּבְדָה	קָטְנָה	שָׁכְבָה	שָׁמְרָה
	2.남.단	כָּבַדְתָּ[a]	קָטֹנְתָּ[b]	שָׁכַבְתָּ	שָׁמַרְתָּ
	2.여.단	כָּבַדְתְּ	קָטֹנְתְּ	שָׁכַבְתְּ	שָׁמַרְתְּ
	1.공.단	כָּבַדְתִּי	קָטֹנְתִּי	שָׁכַבְתִּי	שָׁמַרְתִּי
복수	3.공.복	כָּבְדוּ	קָטְנוּ	שָׁכְבוּ	שָׁמְרוּ
	2.남.복	כְּבַדְתֶּם[a]	קְטָנְתֶּם[c]	שְׁכַבְתֶּם	שְׁמַרְתֶּם
	2.여.복	כְּבַדְתֶּן	קְטָנְתֶּן	שְׁכַבְתֶּן	שְׁמַרְתֶּן
	1.공.복	כָּבַדְנוּ	קָטֹנּוּ[d]	שָׁכַבְנוּ	שָׁמַרְנוּ
미완료					
단수	3.남.단	יִכְבַּד[e]	יִקְטַן	יִשְׁכַּב	יִשְׁמֹר
	3.여.단	תִּכְבַּד	תִּקְטַן	תִּשְׁכַּב	תִּשְׁמֹר
	2.남.단	תִּכְבַּד	תִּקְטַן	תִּשְׁכַּב	תִּשְׁמֹר
	2.여.단	תִּכְבְּדִי	תִּקְטְנִי	תִּשְׁכְּבִי	תִּשְׁמְרִי
	1.공.단	אֶכְבַּד	אֶקְטַן	אֶשְׁכַּב	אֶשְׁמֹר
복수	3.남.복	יִכְבְּדוּ	יִקְטְנוּ	יִשְׁכְּבוּ	יִשְׁמְרוּ
	3.여.복	תִּכְבַּדְנָה	תִּקְטַנָּה[d]	תִּשְׁכַּבְנָה	תִּשְׁמֹרְנָה
	2.남.복	תִּכְבְּדוּ	תִּקְטְנוּ	תִּשְׁכְּבוּ	תִּשְׁמְרוּ
	2.여.복	תִּכְבַּדְנָה	תִּקְטַנָּה[d]	תִּשְׁכַּבְנָה	תִּשְׁמֹרְנָה
	1.공.복	נִכְבַּד	נִקְטַן	נִשְׁכַּב	נִשְׁמֹר

כָּבֵד의 명령/분사/부정사					
명령[f]			분사[g]	부정사	
단	남.단	כְּבַד	כָּבֵד	연계형	כְּבַד
	여.단	כִּבְדִי	כְּבֵדָה[h]		
복	남.복	כִּבְדוּ	כְּבֵדִים	절대형	כָּבוֹד
	여.복	כְּבַדְנָה	כְּבֵדוֹת		

g. 상태 동사는 동작을 지시하는 동사가 아니기에 수동 분사가 존재하지 않고 능동 분사만을 갖는다.

h. 분사 כָּבֵד에 접미어가 붙을 때 동작 동사의 분사와 달리 첫 모음이 쉐바로 약화되는 정상적인 HHP가 발생된다.

2) 앞서 우리는 동작 동사의 분사의 경우 악센트 바로 앞의 체레(◌ֵ)가 쉐바(◌ְ)로 약화된다는 사실을 배웠다(예, שֹׁמֵר의 복수 שֹׁמְרִים). 상태 동사의 분사에 정상적인 HHP가 발생되는 이유는 아마도 그것이 실은 형용사이기에 명사/형용사의 어미변화의 특징을 따르기 때문일 것이다.

ִים (남.복)+ גָּדוֹל '큰' →(HHP)→ גְּדוֹלִים

B. 니팔 동사

1. 개요

1) 동사가 일곱 가지 어간을 가졌음은 이미 언급하였다. 우리는 지금까지 능동태에 해당되는 칼 어간(Qal stem) 동사를 배웠다. 이제 칼형의 재귀태(중간태)와 수동태 역할을 하는 니팔 어간(Niphal stem) 동사를 배울 차례다(재귀태와 중간태의 차이는 아래 각주 122를 참고하라). 동사 어간들의 명칭이 왜 칼, 니팔 등으로 불리는지는 14과에서 설명된다.

2) 칼형의 기본형이 □ָ□ַ□(קָטַל)인 반면, 니팔형은 □ִ□ְ□ַ□(נִקְטַל)이다.

2. 니팔의 기본 도표

1) 아래 도표는 니팔형 어간 동사의 각 형태의 기본형들이다. 칼형과 마찬가지로 이 기본형들도 외워야 한다. 왜냐하면 그것을 토대로 인칭 접미어가 붙은 변화형이 만들어지기 때문이다.

2) 기본 동사는 קָטַל을 사용한다. 덧붙여 칼형과의 비교를 위해 그것을 함께 수록하였다. 참고로 니팔형은 재귀태(중간태)와 수동태의 의미가 모두 가능하나 여기서는 능동인 칼형과의 대조를 위해 수동태로 해석하겠다.

형태	Qal(능동)	Niphal(재귀/수동)	해 석
완료	קָטַל	נִקְטַל[a]	그가 살해되었다
미완	יִקְטֹל	יִקָּטֵל[b]	그가 살해될 것이다
명령	קְטֹל	הִקָּטֵל[b]	(너는 살해되어라)[c]
부연	קְטֹל = קְטוֹל	הִקָּטֵל[b]	살해되는 것
부절	קָטֹל = קָטוֹל	הִקָּטֵל = נִקְטֹל[d]	살해되는 것
능분	קֹטֵל = קוֹטֵל	נִקְטָל[e]	살해되는
수분	קָטוּל		

a. 니팔 동사의 완료 기본형의 특징은 접두어 נִ이 있다는 것이다.

b. נ은 앞서 배운 대로 자주 이어지는 자음에 동화되어 중강점이 찍히는데 니팔 동사는 그것의 전형적인 사례다. 니팔 미완료/명령/부정사의 ק에 찍혀 있는 점은 נ이 동화된 중강점이다. 말하자면, 미완료 יִקָּטֵל은 다음과 같은 과정을 거쳤다.

יִנְקָטֵל →(נ 동화)→ יִקָּטֵל(니팔 미완) '그가 살해될 것이다.'

c. 수동 명령이란 가능하지 않으므로 니팔 명령은 수동으로 해석될 수 없다. 따라서 명령의 해석은 괄호로 처리했다.[120] 그러나 재귀태(중간태) 명령은 가능하다. 동사 קָטַל은 재귀태(중간태)의 의미 '스스로 살해되라' 역시 가능하지 않기에 다른 동사를 예로 든다: הִשָּׁמֵר(니팔 명령) '너는 스스로 지켜라.'

d. 니팔 동사의 부정사 절대형은 두 가지 유형이 존재하는데 הִקָּטֵל 형태가 더 많이 사용된다. 그러나 가끔 부정사 연계형이 절대형으로도 사용된다.

e. 니팔 분사의 기본형은 완료형의 마지막 모음이 길어진 형태다. 참고로 칼형에서만 분사가 능동과 수동으로 나뉜다. 따라서 칼 수동 분사는 경우에 따라 수동태 의미를 지닌 니팔 분사와 동일한 의미를 취한다.

3) 이어지는 니팔 변화표에는 앞서 배운 칼형 어간 동사표와 비교되도록 칼형을 함께 수록하였다. 현재의 니팔 동사를 배우면서 지금까지 배운 칼형을 니팔형과 비교해서 일괄적으로 살펴보면 큰 도움이 될 것이다.

120) 영어에서 'be seated'(착석해주십시오)와 같이 정중한 수동태 명령이 간혹 관례적으로 사용되지만 이론적으로 수동태 명령이란 존재할 수 없다. 예를 들어, 우리말에서 '너 앉아져라,' 혹은 '너 밥 먹어져라'는 이상한 표현이다.

3. 니팔 동사의 변화표

완료		Qal	해석	Niphal	해석
단수	3.남.단	שָׁבַר	그가 부쉈다	נִשְׁבַּר	그는 부서졌다
	3.여.단	שָׁבְרָה	그녀가 부쉈다	נִשְׁבְּרָה	그녀는 부서졌다
	2.남.단	שָׁבַרְתָּ	너(남)는 부쉈다	נִשְׁבַּרְתָּ	너(남)는 부서졌다
	2.여.단	שָׁבַרְתְּ	너(여)는 부쉈다	נִשְׁבַּרְתְּ	너(여)는 부서졌다
	1.공.단	שָׁבַרְתִּי	나는 부쉈다	נִשְׁבַּרְתִּי	나는 부서졌다
복수	3.공.복	שָׁבְרוּ	그(녀)들은 부쉈다	נִשְׁבְּרוּ	그(녀)들은 부서졌다
	2.남.복	שְׁבַרְתֶּם	너희(남)는 부쉈다	נִשְׁבַּרְתֶּם	너희(남)는 부서졌다
	2.여.복	שְׁבַרְתֶּן	너희(여)는 부쉈다	נִשְׁבַּרְתֶּן	너희(여)는 부서졌다
	1.공.복	שָׁבַרְנוּ	우리는 부쉈다	נִשְׁבַּרְנוּ	우리는 부서졌다

미완료		Qal	해석	Niphal	해석
단수	3.남.단	יִשְׁבֹּר	그가 부술 것이다	יִשָּׁבֵר[a]	그는 부서질 것이다
	3.여.단	תִּשְׁבֹּר	그녀가 부술 것이다	תִּשָּׁבֵר	그녀는 부서질 것이다
	2.남.단	תִּשְׁבֹּר	너(남)는 부술 것이다	תִּשָּׁבֵר	너(남)는 부서질 것이다
	2.여.단	תִּשְׁבְּרִי	너(여)는 부술 것이다	תִּשָּׁבְרִי[b]	너(여)는 부서질 것이다
	1.공.단	אֶשְׁבֹּר	나는 부술 것이다	(אִ)אֶשָּׁבֵר[c]	나는 부서질 것이다
복수	3.남.복	יִשְׁבְּרוּ	그들은 부술 것이다	יִשָּׁבְרוּ	그들은 부서질 것이다
	3.여.복	תִּשְׁבֹּרְנָה	그녀들은 부술 것이다	תִּשָּׁבַרְנָה[d]	그녀들은 부서질 것이다
	2.남.복	תִּשְׁבְּרוּ	너희(여)는 부술 것이다	תִּשָּׁבְרוּ	너희(남)는 부서질 것이다
	2.여.복	תִּשְׁבֹּרְנָה	너희(남)는 부술 것이다	תִּשָּׁבַרְנָה[d]	너희(여)는 부서질 것이다
	1.공.복	נִשְׁבֹּר	우리는 부술 것이다	נִשָּׁבֵר	우리는 부서질 것이다

명령		Qal	해석	Niphal	해석
단	남.단	שְׁבֹר	너(남)는 부숴라	הִשָּׁבֵר	너(남)는 부서져라
	여.단	שִׁבְרִי	너(여)는 부숴라	הִשָּׁבְרִי	너(여)는 부서져라
복	남.복	שִׁבְרוּ	너희(남)는 부숴라	הִשָּׁבְרוּ	너희(남)는 부서져라
	여.복	שְׁבֹרְנָה	너희(여)는 부숴라	הִשָּׁבַרְנָה	너희(여)는 부서져라

Qal 부정사		분사	능동	수동	Niphal 부정사		분사	
부연	שְׁבֹר = שְׁבוֹר	남.단	שֹׁבֵר	שָׁבוּר[e]	부연	הִשָּׁבֵר	남.단	נִשְׁבָּר[e]
		남.복	שֹׁבְרִים[e]	שְׁבוּרִים			남.복	נִשְׁבָּרִים[f]
부절	שָׁבוֹר = שָׁבֹר	여.단	שֹׁבְרָה = שֹׁבֶרֶת	שְׁבוּרָה	부절	הִשָּׁבֹר (= נִשְׁבֹּר)	여.단	נִשְׁבָּרָה =נִשְׁבֶּרֶת
		여.복	שֹׁבְרוֹת	שְׁבוּרוֹת			여.복	נִשְׁבָּרוֹת

1) 니팔 동사의 변화표는 동사 שָׁבַר('부수다')를 모형 동사로 사용한다. 이 동사는 니팔 이하 다른 동사 어간들의 고유한 의미의 차이점을 설명하기에 적절하다.

2) 다음은 니팔 동사 변화표의 설명이다.

a. 니팔 동사는 미완료를 비롯하여 많은 형태가 접두어 נ이 동화되어 발생된 중강점을 갖는다.

b. תִּשָּׁבְרִי - 모음 접미어(ִי /ּו)가 붙으면 역 HHP가 발생되어 모음 체레(ֵ)가 유성 단순쉐바로 약화된다. 그러나 שָּׁ는 본래 모음인 장모음 [ā]를 유지하여 읽도록 메텍을 찍는다. 이는 만일 메텍을 찍지 않으면 이것을 단모음 [o], 즉 שָׁבְ[šob]로 읽게 되기 때문이다. 만일 쉐바로 약화된 자리의 자음이 후음이면 합성쉐바가 붙는다: תִּלָּחְמוּ → תִּלָּחֲמוּ '너희(남) 는 싸울 것이다.'

c. 미완.1.공.단의 경우 맨 앞에 אֶ뿐 아니라 אִ도 올 수 있다: אִשָּׁבֵר '내가 부서질 것이다.' 이것의 연장형은 אִשָּׁבְרָה '내가 부서지게 하라.'

d. תִּשָּׁבַ֫רְנָה - 미완료의 경우 경접미어(נָה)가 붙으면 모음 체레(ֵ)가 파타(ַ)로 바뀐다. 한편, תִּשָּׁבַ֫רְנָה는 두 가지 해석이 가능하다(3.여.복, 그리고 2.여.복).

e. 니팔 분사 נִשְׁבָּר의 의미는 '부서진'이다. 이것은 칼 수분 שָׁבוּר와 동일한 의미로 사용될 수 있다.

שְׁבוּרֵי לֵב '마음이 부서진(상한) 자들'(시 147:3) - 칼 수동 분사 남복
נִשְׁבְּרֵי לֵב '마음이 부서진(상한) 자들'(시 34:19) - 니팔 분사 남복

f. 니팔 분사에 어미가 붙을 때는 통상적인 '정 HHP'가 적용된다. 따라서 칼 분사 שֹׁבֵר의 복수형처럼 악센트 바로 앞의 모음이 약화되지 않는다.[121] 니팔.분.여.단 נִשְׁבָּרָה('부서지는 [여자]')와 비슷한 니팔.완.3.여.단 נִשְׁבְּרָה('그녀가 부서졌다')를 구별하라. 후자는 분사가 아닌 완료 동사에 모음 접미어(3.여.단)가 접미되어 '역 HHP'가 발생된 결과다.

121) 이미 배운 대로 그리고 현재의 도표에서 볼 수 있는 대로 칼 분사의 경우 모음 체레(ֵ)가 쉐바로 약화되는 역 HHP가 발생한다.

4. 니팔의 의미와 용법

1) 니팔 동사는 마치 헬라어에서 형태가 동일한 미완료 과거의 중간태(재귀태)와 수동태에 상응하는 개념을 갖는다.122)

2) 니팔의 의미와 용법은 다양한데 크게 다음 세 가지로 정리될 수 있다: 칼(Qal)에 대한 재귀적 의미와 단순 수동 의미, 그리고 다양한 '재귀적 능동 의미.'

① *재귀적(reflexive) 의미*: 동작의 결과가 자신에게 돌아간다.

נִשְׁמַר '스스로 지키다'(to guard oneself)

הִשָּׁמֶר[a] לְךָ '너를 위해 스스로 지키라/삼가라'(신 4:9) a. 니팔 명령

② *단순 수동(simple passive)*: 니팔의 주요 의미 중 하나이다.

שָׁבַר '그가 부쉈다'(능동) / נִשְׁבַּר '그가(그것이) 부서졌다'(수동)

נִשְׁבַּר לִבִּי '나의 마음이 부서졌다'(렘 23:9)

③ *재귀적 능동 의미*

נִלְחַם '(서로) 싸우다'(상호적 용법)123)

יהוה נִלְחָם[a] לָהֶם בְּמִצְרָיִם a. לָחַם의 니팔 분사

'여호와께서 그들을 위해 이집트를 대적해서 싸우고 계신다'(출 14:25)

---

122) 게세니우스는 중간태가 재귀태를 포함하는 개념으로 취급하는데 이 책은 그것을 따라 특별히 양자의 구분을 두지 않았다. 그러나 문법적으로 중간태와 재귀태는 엄밀히 구분된다. 중간태는 어떤 원인자(agent)가 암묵적으로 가정되어 있긴 해도 사실상 '스스로 발생되는 동작'을 지시하는 반면, 재귀태는 행동의 주체가 자신이면서 동시에 '결과나 혜택이 자신에게 돌아가는 동작'에 사용된다. 그와 반면에 수동태는 어떤 원인자에 의해 '파생적으로 발생되는 동작'을 의미한다. 다음은 영어에서의 차이점이다.

'그는 그 문을 부쉈다'(He broke the door) - 능동태
'그 문은 열렸다'(The door opened) - 중간태
'그는 자신을 숨겼다'(그는 숨었다, He hid himself) - 재귀태
'그 문은 부서졌다'(The door was broken) - 수동태

123) 상호적(reciprocal) 용법이란 여러 사람들의 쌍방 간(mutual)의 어떤 동작과 행동을 지시하는 것으로 능동 의미를 지닌다. 따라서 이것을 단순하게 수동 의미를 부여하여 '싸워졌다'라고 해석하면 곤란하다. 결국 이 동사는 니팔형인데도 '싸우다'라는 능동 의미로 해석한다.

נִמְלַט '탈출하다'[124)]

לֹא אִישׁ נִמְלַט '한 사람도 탈출하지 못했다'(삿 3:29)[125)]

3) 마지막으로 위의 נִמְלַט가 그런 것처럼 어떤 니팔 동사는 칼형이 존재하지 않는다. 따라서 칼은 능동, 니팔은 수동/재귀라는 도식이 모든 동사에 항상 들어맞는 것은 아니다: (סָתַר)[126)] (칼형 없음)→ נִסְתַּר(니팔) '숨다'

C. 비교급과 최상급

1. 비교급

1) 이미 우리는 6과 문장론에서 전치사 מִן의 용법의 하나인 비교급에 대해 간단히 살핀 바 있다.

2) 히브리어는 영어나 헬라어와 같이 단어 자체가 형용사의 비교급이나

---

124) 어떤 사람들은 נִלְחַם('싸우다'), נִמְלַט('탈출하다'), נִשְׁבַּע('맹세하다')와 같은 동사들을 단순히 니팔의 능동 의미로만 설명한다. 즉 형태는 니팔형이지만 뜻은 능동이라는 것이다. 하지만 엄밀히 따지면, נִמְלַט의 원뜻은 '구출되다'(수동), '스스로를 구하다'(재귀)의 의미를 갖는다. נִלְחַם('싸우다') 역시 상호적인 복수의 재귀 의미로 '(서로 간에 스스로) 싸우다'를 뜻한다. 이러한 이유로 여러 학자들은 니팔이 단순한 능동 의미가 아닌 재귀적, 상호적 관계의 능동을 나타낼 수 있다고 본다. 그러나 초급 문법을 다루는 이 책에서는 이러한 니팔 동사들을 단지 특수한 능동 의미를 갖는 것들로 취급한다.

125) 재귀적 능동의미를 비롯한 능동 의미의 여러 사례들도 실상 따지고 보면 대부분 동작의 결과나 혜택이 자신에게 돌아가는 것을 지시하기 때문에 넓은 의미에서는 재귀적 용법의 범주에 포함될 수 있다. 게세니우스는 이것을 '자신(oneself)을 동반하는 능동 의미'(the meaning of active, with the addition of oneself)라고 부르는 반면, 왈키는 주어가 동작을 하는 주체이자 동시에 그 동작의 결과와 혜택을 받는 대상 역할을 하기 때문에 이러한 재귀적 의미의 용법을 '이중 지위 용법'(double-status use)이라 부른다. 필자는 이러한 다양한 니팔의 능동 의미들을 단순히 '재귀적 능동 의미'로 부를 것을 제안한다.

126) 초급 문법서에서는 존재하지 않는 동사 어간형은 대체로 괄호로 표시한다. 이 책에서도 필요한 경우를 제외하고는 그것을 따랐다.

최상급 형태로 변하는 것이 아니다. 앞서 배운 대로, 비교급은 주로 전치사 מִן이 사용된다.[127)]

אֶגְדַּל מִמֶּךָּ׃[128)] '나는 *너보다* 위대할 것이다'(창 41:40)
אָהַבְתָּ רָע מִטּוֹב '너는 *선보다* 악을 사랑한다'(시 52:5)

2. 최상급

1) 최상급 또한 전치사 מִן을 사용하며 그 외에 몇 가지 방식이 가능하다.

① *전치사 מִן과 더불어.* כֹּל + מִן의 형태인 מִכָּל־/מִכֹּל이 사용된다.

יהוה גָּדוֹל מִכָּל־הָאֱלֹהִים
'여호와는 모든 신들 중 *가장 위대하시다*'(출 18:11)

② *전치사 בְּ와 더불어.* 전치사 בְּ에 복수나 집합 명사, 혹은 지역(예, '땅' 이나 '성읍')이 뒤따른다. 이 때 원급의 형용사에 관사를 붙여 한정시킴으로써 최상급의 의미를 만든다.

שֵׁם הַגְּדֹלִים אֲשֶׁר בָּאָרֶץ
'그 땅에서 *가장 위대한 자들*의 이름'(삼하 7:9)

③ *형용사의 한정에 의해.* 전치사 בְּ없이도 일반적으로 형용사가 관사에 의해, 접미 대명사에 의해, 또는 연계 사슬에서 한정되면서 최상급을 나타낼 수 있다.

---

127) 참고로 이것은 우열 비교에 대한 것이고 동급 비교는 전치사 כְּ를 사용하는 것이 일반적이다.

מִי־אֵל גָּדוֹל כֵּאלֹהִים '누가 하나님만큼 큰 신이냐?'(시 77:14)
('so great as God,' or 'great like God')

128) מִמְּךָ('너로부터')는 휴지에서(아트나/실룩) 항상 מִמֶּךָּ׃/מִמֶּךָּ로 나타난다. ךּ의 점은 중강점이다. 이것은 ךָ + מִן(מִמֶּ֫)의 조합의 결과로 נ이 ךָ에 동화되어 점이 되었다. ךּ에 중강점이 찍히면 모음을 아래에 표기하여 ךָּ가 된다.

הַקָּטָן[a] בְּנוֹ '그의 막내아들' / הַגְּדוֹלָה[a] בִּתִּי '나의 맏딸'[129)]

a. 관사 הַ에 의한 한정

קְטַנָּם[a/b] '그들 중 가장 작은 자' / גְּדוֹלָם[a] '그들 중 가장 큰 자'

a. 접미 대명사 ם ָ('그들의')에 의한 한정

b. קָטָן('작은')은 접미어가 붙을 때 נ에 중복점이 붙는 특징을 갖는다.

קְטֹן[a] בָּנָיו '그의 아들들중 막내'(대하 21:17)

a. קְטֹן은 קָטֹן의 연계형으로 뒤의 단어 בָּנָיו에 의해 한정됨

2) 한편, 강조 부사나 단어의 반복, 혹은 하나님의 이름을 사용해 최상급이나 최상에 가까운 상태를 표현할 수 있다.

① 강조 부사 מְאֹד('매우,' '지극히')에 의한 표현

טוֹב מְאֹד '심히 좋았다,' '가장 좋았다'(창 1:31)

מְאֹד מְאֹד '극도로'(문자적으로, '매우, 매우')

② 동일 명사의 반복이나 하나님의 명칭에 의한 표현

שְׁמֵי הַשָּׁמַיִם[a] a. שָׁמַיִם의 연계형

'하늘의 하늘(=가장 높은 하늘)'(시 148:4)

קֹדֶשׁ הַקֳּדָשִׁים '지성소,' 혹은 '지성물'(문자적으로, '거룩들 중의 거룩')

נְשִׂיא אֱלֹהִים '지극히 존귀한 방백'(문자적으로, '하나님의 방백')(창 23:6)

129) 비교 대상이 셋 이상 일 때 최상급 의미인 막내아들/맏딸이 가능하며 단지 둘 일 때는 비교급인 작은아들/큰딸을 의미한다. 둘 중의 맏이는 결국 최상급이다.

11과 연습문제

I. 어휘 (약어 '닢'은 '니팔'을 의미함)

עַתָּה	이제, 지금	לָכֵן	그러므로	לְמַעַן	..하기 위하여
זֶבַח	제사, 희생	בְּרָכָה	복, 축복	קְלָלָה	저주
נַעַר	소년	יַרְדֵּן	요단(강)	יְהוֹשֻׁעַ	여호수아
נָשִׂיא	귀인, 지도자, 방백	נֹחַ	노아	נָפַל	떨어지다
רֵעַ	동료, 친구, 이웃 /(여) רְעוּת	זָקֵן	(상) 늙다/ 늙은	קָטֹן	(상) 작다[a]/ 작은
גָּדֵל	(상) 크다 큰, 위대한 = גָּדוֹל	שָׁכַב	(상) 눕다 누워있다	נִמְלַט (מָלַט)	(닢) 탈출하다 피신하다
נִלְחַם (לָחַם)	(닢)싸우다	נִשְׁבַּע (שָׁבַע)	(닢) 맹세하다	אָהַב	= אָהֵב 사랑하다

a. (상)은 상태동사. כָּבֵד('무거운'/'무겁다')처럼 어떤 상태동사는 또한 형용사(분사)다.

II. 다음 니팔 동사들을 분해하시오.

※ 형태는 완료, 미완, 명령, 부절/부연, 분사 중의 하나다. 해석을 먼저 시도하라!

	동사	어근	어간	형태	인칭·성·수	해 석
①	נִשְׁבַּעְתָּ		니팔			
②	נִשְׁבְּעוּ		니팔			
③	תִּלָּחֲמוּ[a]		니팔			
④	נִמָּלֵט		니팔			
⑤	נִשְׁמָר		니팔			
⑥	נִמְלַטְתֶּם		니팔			
⑦	הִלָּחֲמוּ[a]		니팔			
⑧	נִמְלָטָה		니팔			
⑨	תִּשָּׁפְטִי		니팔			
⑩	אִמָּלֵט		니팔			
⑪	הִשָּׁמֹר		니팔			
⑫	נִשְׁבַּעְנוּ		니팔			

a. 약화된 쉐바 자리의 자음이 후음이므로 합성쉐바가 붙음.

III. 다음을 해석하라.

(1) וַתֹּ֫אמֶר[a] רָחֵל לָכֵן יַעֲקֹב יִשְׁכַּב עִמָּךְ הַלַּיְלָה. a. יֹ֫אמֶר + ת(3.여.단).

(2) עַתָּה יָדַ֫עְתִּי כִּי־גָדוֹל יהוה מִכָּל־הָאֱלֹהִים׃ (출 18:11)

(3) הַקֹּל נִשְׁמַע בֵּית פַּרְעֹה לֵאמֹר בָּ֫אוּ אֲחֵי יוֹסֵף (창 45:16)

(4) חָזַק לֵב[a] פַּרְעֹה וְלֹא שָׁמַע אֲלֵהֶם כַּאֲשֶׁר דִּבֶּר יהוָֽה׃ (출 7:13)

a. לֵב의 절대형과 연계형은 동일함.

(5) נִכְרְתוּ מֵימֵי הַיַּרְדֵּן מִפְּנֵי[a] אֲרוֹן בְּרִית־יהוה (수 4:7) a. = לִפְנֵי

(6) יָרַד אַבְרָם מִצְרַ֫יְמָה כִּי־כָבֵד הָרָעָב בָּאָֽרֶץ׃ (창 12:10)

(7) טוֹב חַסְדְּךָ מֵחַיִּים (시 63:4)

(8) זִבְחֵי אֱלֹהִים רוּחַ נִשְׁבָּרָה לֵב־נִשְׁבָּר (시 51:17; *BHS* 51:19)

(9) אֵינֶ֫נּוּ[a] גָדוֹל בַּבַּ֫יִת הַזֶּה מִמֶּ֫נִּי (창 39:9) a. 각주 83을 보라.

(10) הִנֵּה זָקַ֫נְתִּי לֹא יָדַ֫עְתִּי יוֹם מוֹתִי (창 27:2)

(11) יִשְׂרָאֵל אָהַב אֶת־יוֹסֵף מִכָּל־בָּנָיו (창 37:3)

(12) עָמְדוּ הַכֹּהֲנִים נֹשְׂאֵי אֲרוֹן בְּרִית־יהוה בְּתוֹךְ הַיַּרְדֵּן (수 3:17)

(13) וַיְהִי בִּרְכַּת יהוה בְּכָל־אֲשֶׁר יֶשׁ־לוֹ בַּבַּ֫יִת (창 39:5)

(14) וַאֲנַ֫חְנוּ נִכְרֹת עֵצִים מִן־[a]הַלְּבָנוֹן (대하 2:16; *BHS* 2:15) a. '레바논'

(15) זֶה יִהְיֶה לְךָ לְאוֹת עַל־יָֽדְךָ לְמַ֫עַן תִּהְיֶה תּוֹרַת יהוה בְּפִ֫יךָ (출 13:9)

(16) יִלָּֽחֲמוּ[a] אִישׁ־בְּאָחִיו וְאִישׁ בְּרֵעֵ֫הוּ עִיר בְּעִיר (사 19:2)

a. יִלָּחְמוּ대신 후음 아래 합성쉐바.

(17) אֵין־לִי טוֹב כִּי הִמָּלֵט אִמָּלֵט אֶל־אֶ֫רֶץ פְּלִשְׁתִּים (삼상 27:1)

(18) וּשְׁמוּאֵל שֹׁכֵב בְּהֵיכַל יהוה אֲשֶׁר־שָׁם אֲרוֹן אֱלֹהִים׃ (삼상 3:3)

(19) רָאָה אֱלֹהִים אֶת־כָּל־אֲשֶׁר עָשָׂה וְהִנֵּה־טוֹב מְאֹד (창 1:31)

(20) עָשָׂה יהוה לְךָ שֵׁם גָּדוֹל כְּשֵׁם הַגְּדֹלִים אֲשֶׁר בָּאָֽרֶץ׃ (삼하 7:9)

(21) יהוה אֱלֹהֵיכֶם הַהֹלֵךְ עִמָּכֶם לְהִלָּחֵם לָכֶם בִּכְנַעֲנִי׃ (신 20:4)

(22) יָשַׁב מֹשֶׁה לִשְׁפֹּט אֶת־הָעָם וְהָעָם עֹמֵד עַל־[a]מֹשֶׁה מִן־הַבֹּ֫קֶר
עַד־הָעָֽרֶב׃ (출 18:13) a. עַל이 여기서는 '..곁에.'

(23) יהוה אֱלֹהֵיכֶם הַהֹלֵךְ לִפְנֵיכֶם הוּא יִלָּחֵם לָכֶם כְּכֹל אֲשֶׁר
עָשָׂה אִתְּכֶם בְּמִצְרַיִם לְעֵינֵיכֶם׃ (신 1:30)

(24) לָכֵן שִׁמְעוּ דְבַר־יהוה כָּל־יְהוּדָה הַיֹּשְׁבִים בְּאֶרֶץ מִצְרָיִם
הִנְנִי נִשְׁבַּעְתִּי בִּשְׁמִי הַגָּדוֹל אָמַר יהוה [a]אִם־יִהְיֶה עוֹד שְׁמִי נִקְרָא
בְּפִי כָּל־אִישׁ יְהוּדָה׃ (렘 44:26) a. אִם이 여기서는 '..이 아니다.'

(25) הַנַּעַר שְׁמוּאֵל הֹלֵךְ וְגָדֵל וָטוֹב גַּם עִם־יהוה
וְגַם עִם־אֲנָשִׁים׃ (삼상 2:26)

(26) אַחֲרֵי־כֵן קָרָא אֶת־כָּל־דִּבְרֵי הַתּוֹרָה הַבְּרָכָה וְהַקְּלָלָה
כְּכָל־הַכָּתוּב בְּסֵפֶר הַתּוֹרָה (수 8:34)

(27) יָדַע נֹחַ אֵת אֲשֶׁר־עָשָׂה־לוֹ בְּנוֹ הַקָּטָן׃ (창 9:24)

(28) אָמְרוּ כָל־הַנְּשִׂיאִים אֶל־כָּל־[a]הָעֵדָה אֲנַחְנוּ נִשְׁבַּעְנוּ לָהֶם
בַּיהוה אֱלֹהֵי יִשְׂרָאֵל (수 9:19) a. עֵדָה '회중.'

(29) וַיֹּאמֶר־לוֹ אֱלֹהִים שִׁמְךָ יַעֲקֹב לֹא־יִקָּרֵא שִׁמְךָ עוֹד יַעֲקֹב
[a]כִּי אִם־יִשְׂרָאֵל יִהְיֶה שְׁמֶךָ׃ (창 35:10) a. כִּי אִם의 용법은 6과를 참고하라.

(30) נָפַל יְהוֹשֻׁעַ עַל־פָּנָיו אַרְצָה לִפְנֵי אֲרוֹן יהוה עַד־הָעֶרֶב
הוּא וְזִקְנֵי יִשְׂרָאֵל (수 7:6)

(31) לָכֵן כֹּה אָמַר יהוה אֱלֹהֵי יִשְׂרָאֵל לֹא־יִכָּרֵת אִישׁ
[a]לְיוֹנָדָב עֹמֵד לְפָנַי כָּל־הַיָּמִים׃ (렘 35:19) a. יוֹנָדָב '요나답.'

(32) מַדּוּעַ לֹא־[a]אֲכַלְתֶּם אֶת־[b]הַחַטָּאת בִּמְקוֹם הַקֹּדֶשׁ כִּי קֹדֶשׁ קָדָשִׁים
[c]הִוא (레 10:17)

a. אֲכַלְתֶּם 대신 א아래 합성쉐바. b. חַטָּאת는 기본 뜻은 '죄'이나 제사 용어로는 '속죄제'를 의미한다. c. 이것은 읽기는 הִיא(케레)로 읽음. 아마 기록된 הוא(케팁)는 הִיא의 오기(誤記)였을 것으로 추론되나 원문을 그대로 두고 הִיא로 읽으면서 해석한다. 자세한 것은 각주 12와 〈부록 1〉을 보라.

11과 연습문제 해답

II. 동사 분해 해답

	문제	어근	어간	형태	인칭·성·수	해 석
①	נִשְׁבַּ֫עְתָּ	שָׁבַע	니팔	완료	2.남.단	너(남)는 맹세했다
②	נִשְׁבְּעוּ	שָׁבַע	니팔	완료	3.공.복	그들/그녀들이 맹세했다
③	תִּלָּחֲמוּ	לָחַם	니팔	미완	2.남.복	너희(남)는 싸울 것이다
④	נִמָּלֵט	מָלַט	니팔	미완	1.공.복	우리가 탈출할 것이다
⑤	נִשְׁמָר	שָׁמַר	니팔	분사	남.단	지켜지는 (남자)
⑥	נִמְלַטְתֶּם	מָלַט	니팔	완료	2.남.복	너희(남)가 탈출했다
⑦	הִלָּחֲמוּ	לָחַם	니팔	명령	남.복	너희(남)는 싸우라
⑧	נִמְלָטָה	מָלַט	니팔	분사	여.단	탈출하는 (여자)
⑨	תִּשָּׁפְטִי	שָׁפַט	니팔	미완	2.여.단	너(여)는 재판받을 것이다
⑩	אִמָּלֵט	מָלַט	니팔	미완	1.공.단	내가 탈출할 것이다
⑪	הִשָּׁמֵר	שָׁמַר	니팔	부절		지켜지는 것
⑫	נִשְׁבַּ֫עְנוּ	שָׁבַע	니팔	완료	1.공.복	우리가 맹세했다

III. 문장 해석

(1) 그리고 라헬이 말했다. "그러므로 야곱이 오늘 밤에 너(여)와 함께 누울 것이다(잠을 잘 것이다)." (הַיּוֹם은 '오늘, 오늘날,' הַלַּיְלָה는 '오늘 밤')

(2) 이제 저는 압니다. 여호와는 모든 신들 중에 가장 위대하시다는 것을.

(3) 그 소리(소식)가 파라오의 궁전(집)에 들려서 이르기를 "요셉의 형제들이 왔도다!"

(4) 파라오의 마음은 완강해서 여호와께서 말씀하셨던 대로 그는 그들을(그들의 말을) 듣지 않았다. (חָזַק는 상태 동사)

(5) 요단강 물이 여호와의 언약궤 앞에서 갈라졌다. (מֵימֵי['물']는 103쪽을 보라)

(6) 아브람이 이집트로 내려갔는데, 이는 그 땅에 기근이 심했기 때문이다.

(7) 당신의 인자가 생명보다 좋습니다.

(8) 하나님의 제사들은 부서진 심령, 부서진 마음입니다.(זִבְחֵי[연계형]← זְבָחִים/זֶ֫בַח)

(9) 이(그) 집에서 나보다 큰 이는 없다. (אֵינֶ֫נּוּ ← הוּ['그의'] + ֶ֫נּ + אֵין/ '그가 없다'는 뜻인데, 여기서 '그'는 불특정 3인칭으로 간주되면서 이 문장은 '어떤 이가 나보다 크지 않다'는 의미로 이해될 수 있다)

(10) 보라, 나는 늙었고 나는 나의 죽을 때(죽음의 날)를 알지 못한다.

(11) 이스라엘은 그의 모든 아들들보다 요셉을 더 사랑했다(가장 사랑했다).

(12) 여호와의 언약궤를 메고 있는(들고 있는) 채로 그 제사장들이 요단강 한 가운데에 서있었다. (*BHS* 본문에서는 '여호와의 언약궤'의 히브리어 בְּרִית־יהוה אֲרוֹן가 הָאָרוֹן בְּרִית־יהוה로 나타난다. 즉 연계형 위치의 אֲרוֹן이 관사가 붙은 הָאָרוֹן이다. 이것은 *BHS*의 하단의 비평주[apparatus]에서 사본의 문제로 간주되고 있다.)

(13) 그리고 여호와 복이 그 집에서 그에게 속해 있던 모든 것에 있었다(임했다).

(בִּרְכַּת ←[쉐바 유포니]← בְּרְכַּת ←[HHP]←בְּרָכַת[연계형 어미]← בְּרָכָה)

(14) 그리고 우리가 레바논의(레바논에서 생산되는) 나무들을 벨 것입니다.

(15) 이것이 너를 위해 네 손 위에서 표식이 될 것이다. 여호와의 율법이 네 입에 있도록 하기 위해서.

(16) 그들은 서로 싸울 것이다. 사람이 그의 형제를 대적하고(בְּ) 사람이 그의 이웃을 대적하며 성읍이 성읍을 대적하면서. (בְּ의 '..에 대적하여, against'의 뜻은 7과 연습문제 17번 참고. רֵעֵהוּ ← הוּ['그의'] + רֵעַ)

(17) 내게 좋은 일이 없으니 이는 내가 블레셋 땅으로 정녕 도망갈 것이기 때문입니다. (טוֹב의 명사 용법. 어떤 동사의 니팔 부정사는 연계형과 절대형이 같다. הִמָּלֵט는 부정사 절대형이며 동사 앞에 위치하여 강조용법으로 사용된다)

(18) 그리고 사무엘은 누워있었다(잠을 자고 있었다). 거기 여호와의 궤가 있던 여호와의 성전에.

(휴지 악센트 아트나가 찍힌 שֹׁכֵב까지 나누고 일단 번역한다. 그래서 혹자는 사무엘이 누운 장소가 '여호와의 성전'이 아니며 그곳이 정확히 명시되지 않았다고 말한다. 추가적 이유는 일반 사람이 제사장만 들어가는 공간인 '성전 안'[성전 내실, 곧 지성소와 내성소]에서 잠을 잘 수 없기 때문이라는 논지다. 그러나 이어지는 문장은 앞 문장의 보충 설명으로 덧붙여진 것으로 보는 것이 문장 구성상 자연스럽다. 따라서 사무엘은 '성전에서' 잠을 잤다고 이해되어야 한다. 이때 여기서 '법궤가 안치된 성전'이란 여러 건물을 포함한 '성전 단지[temple complex]'를 가리킬 것이다. 실로 성전에는 여러 부속 건물들이 있었다)

(19) 하나님께서 그가 만드신 모든 것을 보시니 보라 매우 좋았다!

(20) 여호와께서 너를 위해 큰 이름을 만드셨다(네 이름을 크게 만들었다). 땅에 있는 가장 위대한 자들의 이름처럼. (בְּ가 사용된 최상급 표현. 이하 '그 땅'은 몇몇의 경우를 제외하고 '땅'으로 번역한다)

(21) 여호와 너희 하나님은 너희를 위해 (그)가나안 족속과 싸우기 위해 너희와 함께 행하시는 분이시다. (הַהֹלֵךְ은 분사의 명사 용법. נִלְחַם בְּ '..에 맞서 싸우다')

(22) 모세가 그 백성을 판결하기 위해 앉았고 (그)백성은 아침부터 저녁까지 모세 곁에 서 있었다.

(23) 너희 앞서 걸으시는(행하시는) 여호와 너희의 하나님, 그분께서 너희를 위해 싸우실 것이다. 이집트에서 너희 곁에서(너희와 함께), 너희(눈)앞에서 행하셨던 모든 일과 같이. (위의 21번 문장과 비교하라. 21번의 아트나 위치로 인해 구문의 차이가 발생하며 따라서 동일한 분사 הַהֹלֵךְ의 용법이 달라진다. 여기서 הַהֹלֵךְ은 형용적 용법이다.)

(24) 그러므로 이집트 땅에서 살고 있는 너희 온 유다는(유다 사람들은) 여호와의 말씀을 들으시오. "'보라, 내가 나의 큰 이름으로 맹세했느니라'라고 여호와께서 말씀하셨소. '다시는 내 이름이 모든 유다 사람의 입에서 불릴까 싶구나(불리지 않을 것이다)'라고." (여기서 אִם은 '만일, 행여나'의 뉘앙스로 부정을 의미하는 부정어다. 각주 108을 보라)

(25) (그)소년 사무엘은 갈수록 자라면서 점점 선해졌다(호감스러워졌다). 여호와에게도(여호와와 함께) 사람들에게도(사람과 함께). (아트나의 위치로 볼 때, '크다'와 '선하다'는 '갈수록/점점 ..해지다'는 용법의 동사 הָלַךְ의 분사 הֹלֵךְ의 지배를 함께 받는다)

(26) 그리고 그렇게 한 후에 그는 그 율법의 모든 말씀들, 곧 (그)축복과 (그)저주를 그 율법서(율법의 책)에 모든 기록된 (것들)대로 낭독했다(소리쳤다). ('복'과 '축복'은 국문법상 다른 개념의 단어들이다. 축복은 복을 비는 행위이지 복 자체가 아니다. 그러나 오래도록 '축복'은 '복'과 같은 개념으로 사용되어온 이유로 현재는 '축복'이 '복'과 같은 개념의 표준어로 등재되었다. 따라서 이 책에서도 복과 축복을 같은 개념으로 교호적으로 사용한다)

(27) 노아는 그의 막내아들이 자신에게 행한 일을 알았다.

(28) 모든 방백들이 온 회중을 향해 말했다. "우리가 그들에게 여호와 이스라엘의 하나님으로 맹세했습니다."

(29) 그리고 하나님께서 그에게 말씀하셨다. "너의 이름은 야곱이다. (그러나) 너의 이름이 다시는 야곱으로 불리지 않고 다만 너의 이름이 이스라엘이 될 것이다."

(30) 여호수아가 여호와의 궤 앞에서 땅에 자신의 얼굴을 대고(자신의 얼굴 위에) 저녁까지 엎드렸다. 그와 이스라엘의 장로들이.

(31) 그러므로 여호와 이스라엘의 하나님께서 이렇게 말씀하셨다. "요나답에게 속한(혹은, 요나답을 위해) 내 앞에 서 있을 사람이 항상(모든 날 동안) 끊어지지 않을 것이다."

(32) 어찌하여 너희는 그 성소(거룩한 장소)에서 그 속죄제(고기)를 먹지 않았느냐? 왜냐하면 그것은 지극히 거룩한 것이기 때문이니라. (거룩들 중의 거룩 = 가장 거룩한 것. 이것은 최상급이다)

12과 지시법과 의지법, 바브 연속법

A. 지시법과 의지법

1. 개요

1) 히브리어에는 지시법(Jussive)과 의지법(Cohortative)이라는 특수한 서법(mood)이 존재한다.[130] 이 서법들의 문법적 기능들과[131] 이어서 배울 바브 연속법(waw consecutive)은 히브리어 이해에 있어서 대단히 중요하므로 학습자들은 잘 숙지할 필요가 있다.

2) 하지만 이 지시법과 의지법 및 바브 연속법의 문법적 기능과 형태론적 특징을 파악하기란 쉽지 않다. 히브리어에서 가장 난해한 요소들이다.

3) 지시법과 의지법은 둘 다 화자(話者, speaker)의 강한 소원과 의지의 표현인데, 이 중 의지법은 1인칭과, 지시법은 2, 3인칭과 관련된다. 화자의 강한 소원과 의지는 문맥에 따라 명령, 지시, 충고, 권고, 요구, 희망, 그리고 의무 등의 다양한 의미를 가질 수 있다. 어떤 면에서 지시법과 의지법은 미완료이되 직설법 단순미래와 비교되는 의지미래라 할 수 있다.

4) 이것들이 상대에게 하달되는 명령의 힘을 가질 수 있는 이유는 화자의 강한 소원이 상대방에게 강한 요구로 전달되기 때문이다.

---

130) Jussive를 '지시법'으로 cohortative를 '의지법'으로 번역한 이유에 대해서는 〈부록 3〉을 보라. 일반적으로 jussive는 '간접 명령,' cohortative는 '권유법,' 혹은 '청유법'으로 번역되는데 〈부록 3〉에서 상세히 설명한 대로 이것은 많은 한계가 있는 용어들로 적절치 않다.

131) '법' 혹은 '서법'(敍法, mood)이란 말하는 사람의 심리적 분위기(mood)나 태도(mode)를 말한다(mood와 mode는 둘 다 심리 상태를 묘사하는 동일 어원의 단어이며, 동사가 갖는 그런 서법적 특성을 'modality'라 한다). 그것들은 사실과 주장의 서술(직설), 추정, 명령, 기원 등일 수 있다. 일반적인 법의 종류로는 직설법, 명령법, 가정법, 희구법(기원문) 등이 있다. 그런데 히브리어의 지시법과 의지법은 명령법이나 희구법의 범주에 넣을 수 없는 독특한 서법들이다. 영어의 예를 들자면, will, shall, would, should, may, might, must, can, could 등 많은 조동사들이 다양한 서법적 뉘앙스(modal nuance)를 표현한다. 그러나 히브리어에는 이러한 조동사들이 존재하지 않으며 단순하게 완료/미완료 및 지시법/의지법의 문맥 속에서 화자의 의도와 말의 분위기(mood)가 형성된다.

2. 지시법과 의지법의 형태

1) 이 법들은 미완료 및 명령과 밀접한 관련이 있다. 앞서 말한 대로 의지법은 1인칭, 지시법은 2, 3인칭에서 사용되는데 우선 그 형태들은 직설법으로 사용되는 미완료의 형태와 동일하거나 비슷하다.

2) 다음은 미완료와 지시법/의지법의 형태를 비교한 것이다.

<table>
<tr><th colspan="4">미완료(직설법)</th><th colspan="3">지시법과 의시법</th></tr>
<tr><th colspan="2">단수</th><th colspan="2">복수</th><th>법</th><th>단수</th><th>복수</th></tr>
<tr><td>3.남.단</td><td>יִשְׁמֹר</td><td>3.남.복</td><td>יִשְׁמְרוּ</td><td rowspan="4">지시법</td><td rowspan="4" colspan="2">① 미완료 2, 3인칭과 동일 형태
② 일부 동사는 단축형</td></tr>
<tr><td>3.여.단</td><td>תִּשְׁמֹר</td><td>3.여.복</td><td>תִּשְׁמֹרְנָה</td></tr>
<tr><td>2.남.단</td><td>תִּשְׁמֹר</td><td>2.남.복</td><td>תִּשְׁמְרוּ</td></tr>
<tr><td>2.여.단</td><td>תִּשְׁמְרִי</td><td>2.여.복</td><td>תִּשְׁמֹרְנָה</td></tr>
<tr><td>1.공.단</td><td>אֶשְׁמֹר</td><td>1.공.복</td><td>נִשְׁמֹר</td><td>의지법</td><td>אֶשְׁמְרָה</td><td>נִשְׁמְרָה</td></tr>
</table>

3) 미완료(직설법)와 형태의 차이가 있다면, 의지법은 미완료 1인칭에 연장 어미 ָה (paragogic *he*)가 첨가되어 미완료보다 길어진 연장형(lengthen form)이고(ָה + 미완료 1인칭), 지시법의 경우 대부분 미완료 2, 3인칭과 형태상 동일하며 일부 동사는 미완료보다 짧아진 단축형(shorten form, 혹은 apocopated form)을 갖는다.

3. 지시법

1) 앞서 말한 대로, 지시법은 많은 경우 미완료 2, 3인칭의 형태가 그대로 사용되므로 문맥에서 양자를 구별해야한다.

2) 용법과 관련해서 지시법이 2인칭일 경우에는 사실상 상대방에게 직접적인 강한 요구로 전달되어 명령과 동일하다. 반면에 지시법이 3인칭일 경우 화자가 제 삼자에 대한 소원과 요구를 나타낸다. 또한 그것은 간접적인 명령의 의미로 사용될 수 있다.[132]

---

132) 이러한 이유로 많은 문법서가 jussive를 '간접명령'으로 번역하기도 한다. 그러나 〈부록 3〉에서 말한 대로 이것은 jussive에 대한 적절한 번역은 아니다.

3) 다음은 미완료 및 동일 형태의 지시법의 해석의 차이를 보여준다.

	미완료	해석	지시법	해석
3인칭	יִשְׁמֹר	그가 지킬 것이다 (He will keep)	יִשְׁמֹר	그가 지키게 하라 = 그가 지키기를! (Let him keep!)
2인칭	תִּשְׁמֹר	너는 지킬 것이다 (You will keep)	תִּשְׁמֹר	너는 지킬지어다 (You shall keep! = Keep!)

4) 위의 방식대로라면 יִשְׁפֹּט הַמֶּלֶךְ은 우선 지금까지 배운 대로 직설법(indicative mood) 단순 미래인 '그 왕이 재판할 것이다'로 해석할 수 있다. 그러나 그것은 동시에 문맥에 따라 직설법이 아닌 지시법(jussive mood)으로 '그 왕이 재판할지어다,' 혹은 '그 왕이 재판하게 하라'(Let him judge)라는 해석도 가능하다. 이 경우 양자의 서법적(modal) 차이는 문맥에서 결정된다.

5) 지시법이 미완료의 단축형으로 나타나는 경우도 많은데 이 경우 미완료와 형태적 차이가 나므로 쉽게 구별된다.[133] 이 단축형을 갖는 동사들은 크게 두 가지 경우로 분류된다: (1) 강동사의 히필형(Hiphil); (2) 일부 약동사들. 우리는 이 동사들에 대해 곧 배울 것인데 여기서 미리 간단히 소개한다.

① *강동사 히필* / 미완료 יַמְלִיךְ '그가 다스리게 할 것이다' (직설법)
단축형 יַמְלֵךְ '그가 다스리게 할지어다!' (지시법)

② *일부 약동사* / 미완료 יִהְיֶה '그것이 있을 것이다' (직설법)
단축형 יְהִי '그것이 있을지어다' (지시법)[134]

---

133) 게세니우스(Gesenius)는 지시법이 자주 단축된 형태로 나타나는 이유가 화자가 긴급한 지시와 명령을 내리기 위해 짧게 발음을 하기 때문인 것으로 설명한다(*Gesenius' Hebrew Grammar*, 129-132). 반면에 의지법이 '연장형'으로 나타나는 이유는 1인칭 화자의 강한 의지와 소원을 나타내기 위해 동사를 길게 연장해 주기 때문일 수 있다. 실제로 학자들은 이 연장 어미 הָ 를 화자의 의지적 요소(volitive element)로 간주한다.

134) 그러나 종종 미완료 단축형이 있음에도 미완료 일반형이 가끔 지시법처럼 사용되

위에서 הָלַךְ의 히필 미완료 יַמְלִיךְ이 יַמְלֵךְ로, 또한 약동사 הָיָה의 미완료 יִהְיֶה가 יְהִי로 짧아진 것을 볼 수 있다.135)

4. 의지법

1) 앞서 말한 대로 이것은 미완료 1인칭에 연장 어미 הָ 가 첨가되어 길어진 '연장형'(lengthen form)을 갖는다. 다음 도표는 연장형의 의지법과136) 미완료의 해석상의 차이를 보여준다.

	미완료	해석(직설법)	연장형	해석(의지법)
1인칭 단수	אֶשְׁמֹר	나는 지킬 것이다 (I shall keep)[a]-단순미래	אֶשְׁמְרָה	내가 지키리라 (I will keep)-의지미래 내가 지키게 하라 (Let me keep!)-요청
1인칭 복수	נִשְׁמֹר	우리는 지킬 것이다 (We shall keep)-단순미래	נִשְׁמְרָה	우리가 지키리라 (We will keep)-의지미래 우리가 지킵시다 (Let us keep)-청유

a. 현대 영어에서 1인칭 단순미래로 'I will'을 쓰는 경향이 있으나 원래는 'I shall'이다.

는 경우들도 있다: 예, לֹא יִהְיֶה־לְךָ אֱלֹהִים אֲחֵרִים '다른 신들(혹은 하나님)이 너에게 없을지어다(없어야 한다)'(출 20:3). 이것을 직설법 '없을 것이다'로 해석할 수 없다. 여기서 יִהְיֶה는 단순 미래가 아닌 의무(must)의 미완료로 지시법처럼 사용되었다고 볼 수 있다.

135) 흔히 미완료 단축형을 '지시형'(jussive form)으로 칭하기도 한다. 그러나 미완료 단축형은 지시법에만 사용되는 것이 아니라 이 과에서 배울 바브 연속법에도 사용되므로 '지시형'은 정확한 용어는 아니다. 엄밀히 말하자면, 지시형은 서법적(modal) 명칭이고 미완료 단축형은 형태론적(morphologic) 명칭이다. 미완료 '단축형'이 지시법과 바브 연속법 양쪽 모두에 사용되므로 이 용어가 정확하다. 따라서 단축형의 지시법은 모두 형태론적으로 일단 '미완료 단축형'으로 칭해야 한다. 그러나 필요에 따라 제한적으로 우리는 간혹 '지시형'이라는 용어를 사용할 것이다.

136) '의지형'(cohortative form, 다른 문법서에서는 '권유형') 또한 엄밀히 서법적(modal) 명칭이며, '연장형'이 올바른 형태론적(morphologic) 명칭이다. 따라서 אֶשְׁמְרָה을 동사 분해에서 '의지형'보다는 '연장형'으로 칭해야 한다.

2) 연장 어미를 가진 의지법은 형태적으로 미완료 1인칭과 명확히 구분되므로 문맥을 통해 구분해야 하는 어려움은 없다.

3) 연장 어미 הָ 는 동사 뒤에 붙는 일종의 모음 어미라 할 수 있으므로 바로 앞 모음이 쉐바로 약화되는 역 HHP 현상이 나타난다.

אֶשְׁמֹר '내가 지킬 것이다' → אֶשְׁמְרָה '내가 지키리라'

4) 이것은 1인칭 단수와 복수 모두에 적용될 수 있다. 특히 1인칭 복수는 청유로서 '.. 합시다'로 번역되는 경우가 많다: נִשְׁמְרָה '우리가 지킵시다.' 참고로 이 칼형 복수 의지법 נִשְׁמְרָה는 니팔.완.3.여.단 נִשְׁמְרָה('그녀가 지켜졌다')와 동일한 형태이므로 양자를 구별할 필요가 있다.

5) 한편, 칼 동사뿐만 아니라 당연히 니팔 동사들을 비롯한 앞으로 배울 여러 동사 어간들에도 지시법과 의지법의 형태적 특징과 용법이 동일하게 적용된다. 예컨대, 앞서 배운 니팔 동사의 지시법과 의지법은 다음과 같다. 여기서 니팔의 해석은 수동태로 통일한다.

יִשָּׁמֵר '그가 지켜지게 하소서(하라)' (지시법)

אִשָּׁמְרָה '내가 지켜지게 하소서(하라)' (의지법)/ אִשָּׁמֵר '내가 지켜질 것이다'

6) 지시법과 의지법은 의지의 불변사(volitive particle), 혹은 탄원의 불변사(entreating particle)인 간투사 נָא가 뒤에 붙어 의미가 더욱 강화되는 경우가 많다. 불변사 נָא는 흔히 '부디(please),' 혹은 '바라건대(I pray)'로 번역되는데 지시법과 의지법 외에도 명령법을 비롯한 의지를 나타내는 문장들에서 자주 나타난다.

אִשָּׁמְרָה־נָּא (니팔 의지법) '원컨대, 내가 지켜지게 하소서' (강조의 의지)

שְׁמָר־נָא[a](칼 명령) '제발 지키소서(지켜라)' (강조의 명령)

a. שְׁמֹר가 악센트를 잃고 모음이 짧아짐

5. 지시법과 의지법의 용례들

1) 지시법과 의지법은 화자의 소원이나 의지를 나타내므로 영어의 다양한 조동사의 기능을 한데 포함하고 있다. 따라서 문맥에 따라 적절한 해석을 필요로 한다.

2) 우선 지시법 3인칭의 해석이다. 앞서 살핀 대로, יִשְׁפֹּט הַמֶּ֫לֶךְ을 해석한다면, 일단 '그 왕이 통치할 것이다'(미완료)가 가능하다. 그런데 יִשְׁפֹּט가 지시법일 경우 문맥에 따라 다음과 같은 다양한 해석이 가능해진다.

① *3인칭 명령(간접명령)*: '그 왕은 재판하라'(Judge, the King!)
= '그 왕이 재판하게 하소서'(Let the king judge!)
② *권고/충고/의무*: '그 왕이 재판해야한다'
(The king should/must judge!)
③ *화자의 소원/요청*: '그 왕이 재판하기를!'
= '그 왕이 재판하기를 원한다'(May the king judge!)

3) 다음은 지시법 3인칭의 예문들이다.

מֶ֫לֶךְ יִמְלֹךְ עָלֵ֫ינוּ
'한 왕이 우리를(문자적으로, '우리 위에서') 다스리게 하소서'(삼상 12:12)

לֹא־יִזָּכֵר[a] שֵׁם־יִשְׂרָאֵל a. זָכַר 니팔 미완료
'이스라엘의 이름이 기억되지 않게 되기를(않기를)!'(시 83:5)

תְּהִי־נָא[a] לָךְ a. 칼 미완료 תִּהְיֶה의 단축형 지시법.[137)]
'바라건대(־נָא), 그녀가 너에게 속했으면 한다' (문자적)
= '부디, 그녀가 너의 아내가 되었으면 좋겠다' (의역)

יְחִי[a] הַמֶּ֫לֶךְ a. חָיָה('살다')는 הָיָה ('있다')와 첫 자음이 다른 별개의 동사
'(그) 왕은 살지어다'(문자적) = '(그) 왕은 만수무강하소서'(삼상 10:24)

אַל תְּהִי יָדִי בוֹ[a] a. 여기서 בְּ는 'against'의 의미
'내 손이 그를 대적하지 않게 하라/않기를 원한다'(삼상 18:17)

---

137) 이와 같이 단축형이 지시법으로 사용되는 경우에는(예, יְהִי '있을지어다') 형태에 의해 지시법인 것을 알 수 있으므로 문맥 속에서 미완료와 구분할 필요가 없다: יְהִי אוֹר '빛이 있을지어다'(창1:3).

4) 어떤 경우에는 미완료 3인칭이 지시법인지 단순 미래인지 모호할 때도 있다. 예컨대, 잠언 1:5의 יִשְׁמַע חָכָם에 대한 영어 번역들은 두 가지로 나뉜다.

'지혜로운 자는 들을 것이다'(a wise man will hear) (직설법): KJV/NASB
'지혜로운 자는 들을지어다'(let the wise listen) (지시법): NIV/RSV[138)]

יִמְלֹךְ יהוה לְעוֹלָם (시 146:10) 또한 두 가지 해석이 가능하다.
'여호와께서 영원히 다스릴 것이다' (직설법-단순미래)
'여호와께서 영원히 다스리소서' (지시법)

5) 지시법 2인칭은 3인칭과 비슷한 서법적 의미를 갖지만 그것이 2인칭인 이유로 주로 '명령'과 '의무'다. 예컨대, תִּשְׁמֹר는 직설법 '너는 지킬 것이다'로 해석될 뿐 아니라 문맥에 따라 지시법으로서 명령의 의미인 '너는 지킬지어다,' 혹은 '너는 지켜야 한다'로 해석된다. 앞서 명령법에서 이미 배운 대로, 특히 <u>*부정 명령은 언제나 지시법 2인칭을 부정하는 방식을 사용한다.*</u>

① *명령/권고/의무*: תִּשְׁמֹר '너는 지킬지어다,' '너는 지켜야한다'[a]
a. 명령법 שְׁמֹר와 사실상 동일 의미
② *소원/요청*: תִּשְׁמֹר־נָא '제발(please) 당신은 지키소서'
③ *부정 명령*: אַל תִּשְׁמֹר[139)] '너는 지키지 말지어다' '지키지 마라'[a]
a. 명령형을 부정하는 אַל/לֹא שְׁמֹר는 잘못된 어법이다

6) 다음은 지시법 2인칭의 예문이다. 직설법과 비교하라.
אַתָּה אֶת־בְּרִיתִי תִשְׁמֹר (지시법)
'너는 나의 언약을 지켜야 한다/지킬지어다'(창 17:9)
אַתָּה תִּמְלֹךְ עַל־יִשְׂרָאֵל (직설법-단순미래)
'네가 이스라엘을 다스릴 것이다'(삼상 23:17)

7) 의지법은 앞서 말한 대로 1인칭에만 해당되는 것으로 1인칭 화자의 의지, 요청, 소원과 기원 등을 표현할 수 있다. 따라서 אֶשְׁמְרָה는 다음과 같은 다양한 해석이 가능하다.

---

138) KJV - King James Version; NASB - New America Standard Bible; NIV - New International Version; RSV - Revised Standard Version

139) 지시법의 부정은 אַל이 더 흔하게 사용된다.

① *의지*: '내가 지키리라'(I will keep!)
② *소원/요청*: '내가 지키게 하라' (Let me keep!)
'내가 지키길 원합니다' (I wish to keep!)
'내가 지켰으면 한다' (May I keep!)
③ *청유*: 1인칭 복수 נִשְׁמְרָה[140]
'우리가 지키리라' / '우리가 지키게 하라' 외에
'우리가 지킵시다'(청유)

8) 다음은 의지법의 예문들이다.

אֶעְבְּרָה[a] בְאַרְצֶךָ׃ a. עָבַר '지나가다, 건너가다'
'내가 당신의 땅을 지나가게 하소서'(민 21:22)
= '나는 당신의 땅을 지나가고 싶습니다'

נַעְבְּרָה־נָּא בְאַרְצְךָ
'부디(**נָא**), 우리가 당신의 땅을 지나가게 하소서'(삿 11:19)
(Please, let us pass through your land)
= '바라건대, 우리는 당신의 땅을 지나가고 싶습니다'

נִשְׁמְעָה[a] מָה־בְּפִיו a. שָׁמַע '듣다'
'우리가 그의 입에 무엇이 있는지 들읍시다'(청유) (삼하 17:5)
= '그가 무슨 말을 하는지 우리가 들읍시다'

B. 바브 연속법

1. 개요

1) 바브 연속법은 매우 독특한 히브리어의 언어적 특징으로서 히브리어 동사의 이해에서 가장 중요한 요소라 할 수 있다.

---

140) 앞서 말한 대로, נִשְׁמְרָה는 형태론적으로 두 가지로 분해(parsing)가 가능하다: ① 니팔.완.3.여.단('그녀가 지켜졌다'); ② 칼.미완(연장).공.복.의지('우리가 지키리라/우리가 지킵시다'). 한편, 이와 비슷한 נִשְׁמָרָה는 니팔.능분.여.단('지키는 [여자]')이다. 비슷한 이 동사형들을 혼동하지 않도록 주의해야한다.

2) 히브리어에서 인과 관계의 동작이나 연속되는 동작을 나타내는 동사들이 접속사 바브(וְ)로 계속 연결되어 나타날 때 그것을 '바브 연속법'(Waw consecutive)이라 칭한다.

3) 이때 히브리어의 매우 독특한 현상이 나타나는데 연속되는 바브(וְ) 뒤의 동사들의 시제가 뒤바뀌는 것이다. 즉 바브(וְ) 뒤의 미완료형 동사는 완료의 의미를, 완료형 동사는 미완료의 의미를 지니게 된다. 따라서 동사를 해석할 때 바브와 연결된 동사의 시제를 바꾸어 주어야한다.

4) 그러나 만일 이것이 인과 관계나 연속 동작이 아니라면 바브 연속법으로 간주되지 않으며 따라서 시제도 뒤바뀌지 않는다. 이 경우 접속사 바브(וְ)는 등위(等位) 관계의 동작을 나열하는 일반적인 접속사 기능을 하는 것으로 바브 접속법(Waw conjunctive)이라 부른다.[141]

2. 바브 연속법의 용례

1) 이를테면 다음과 같은 문장 형식으로 연속 동작을 표현할 수 있다. 먼저 완료에 이어 미완료가 연속되는 패턴이다.

... C(미완료)ו ... B(미완료)ו ... A(완료)
'A했고, 그리고 B했으며, 그리고 C했다'

מָלַךְ וַיִּשְׁפֹּט אֶת־הָעָם וַיִּשְׁמֹר אֶת־הַתּוֹרָה
'그가 통치했고 (그)백성을 재판했으며 (그)율법을 지켰다'

141) 동작의 연속과 불연속의 예를 들면 다음과 같다. '나는 아침에 일어났다. 그리고 밥을 먹었다. 그리고 학교에 갔다'는 세 가지 동작이 관계적 연속성을 가진다. 그러나 '나는 오늘 냉면을 먹었다. 그리고 어제 나는 영화를 보았다. 그리고 나는 내일 미국에 갈 것이다'는 세 동작의 관계적 연속이 아니라 개별적인 동작들의 나열이다. 히브리어에서 반드시 그런 것은 아니지만 대체로 전자는 바브 연속법으로, 후자는 바브 접속법으로 표현된다. 바브 연속법과 바브 접속법을 둘러싼 자세한 논쟁에 대해서는 〈부록 3〉을 보라.

2) 다음은 미완료에 이어 완료가 연속되는 패턴이다.

... C(완료)ו ... B(완료)ו ... A(미완료)
'A할 것이고, 그리고 B할 것이며, 그리고 C할 것이다'

יִמְלֹךְ וְשָׁפַט אֶת־הָעָם וְשָׁמַר אֶת־הַתּוֹרָה
'그가 통치할 것이고 (그)백성을 재판할 것이며
(그)율법을 지킬 것이다'

3) 어느 경우든 만일 문두에서부터 동사 앞에 접속사 바브(ו)가 오면 처음부터 시제를 바꾸어 해석한다.

וַיִּמְלֹךְ וַיִּשְׁפֹּט אֶת־הָעָם וַיִּשְׁמֹר אֶת־הַתּוֹרָה
'그리고 그가 통치했고 (그)백성을 재판했으며
(그)율법을 지켰다'

3. 바브 연속법의 주요 특징들

1) *바브(וְ)의 모음 변화*

① 바브 연속법에서 접속사 וְ는 뒤에 이어지는 동사가 완료형인지 미완료형인지에 따라 모음의 변화가 약간 다르다. 완료형과 연결되는 경우 접속사의 기본 형태는 우리가 지금까지 배운 것과 동일한 형태인 וְ이고, *미완료형과 연결되는 경우는 ·וַ이다*(바브, 파타, 점). 모음이 파타(ַ)이며 중강점을 포함하고 있다는 것을 유의해야 한다.

(*완료 + וְ*) שָׁמַר '그가 지켰다' → וְשָׁמַר '그리고 그가 지킬 것이다'
(*미완료 + ·וַ*) יִשְׁמֹר '그가 지킬 것이다' → וַיִּשְׁמֹר '그리고 그가 지켰다'

② וְ가 완료형 앞에 오는 경우, 앞서 배웠던 접속사 וְ의 변화와 동일한 규칙이 적용된다.[142] 그러나 미완료형 앞에서는 항상 ·וַ인데 단지 미완료에서

---

142) 이것은 접속사 וְ의 모음 변화에서 배운 것과 동일하다. 여기서 그것을 동사를 가지고 복습하면 다음과 같다.
① 일반적으로 וְ가 사용된다.
שָׁמַר '그가 지켰다' → וְשָׁמַר '그리고 그가 지킬 것이다'

1인칭 단수의 경우는 וָאֶשְׁמֹר이다. 이것은 ·וַ 대신 וָ가 된 것인데 이는 א이 중강점을 받지 못하고 앞의 모음을 보상해주기 때문이다.

2) *악센트의 이동*

① 대체로 접속사 바브가 완료형과 연결되면 흔하게 악센트가 뒤로 빠지고, 반면에 미완료형과 연결되면 앞으로 이동하는 경향이 있다. 다만 전자의 경우 악센트가 뒤로 옮겨가도 악센트에서 두 음절 떨어진 개음절이 쉐바로 약화되지는 않는다. 이해를 돕기 위해 종음절에 악센트를 표시한다.

(완료) שָׁמַ֫רְתָּ '너는 지켰다' → וְשָׁמַרְתָּ֫ '그리고 너는 지킬 것이다.'
(미완료) יֵשֵׁב '그가 앉을 것이다' → וַיֵּ֫שֶׁב '그리고 그가 앉았다'

② 위의 미완료 יֵשֵׁב는 약동사에서 배울 동사 יָשַׁב('앉다')의 미완료형이다. 여기에 바브가 붙으면서 악센트가 앞으로 이동하였고 결국 종음절 שֵׁב가 악센트 없는 폐음절이 되면서 단모음 שֶׁב로 변했다.

3) *단축형의 사용*

① 바브 연속 미완료의 경우 그 미완료의 단축형이 별도로 있다면 미완료형 대신 그것을 사용하는 것이 원칙이다. 말하자면, 지시법에 사용되는 미완료 단축형이 바브 연속법에도 사용된다. 이런 이유로 바브 연속법에도 사용되는 미완료 단축형을 지시형이라 칭하는 것은 적절지 않다.

---

② 순음(脣音)인 ב מ פ 앞과 단순쉐바를 지닌 자음 앞에서는 וּ가 된다.
מָשַׁל '그가 지배했다' → וּמָשַׁל '그리고 그가 지배할 것이다'
שְׁמַרְתֶּם '너희가 지켰다' → וּשְׁמַרְתֶּם '그리고 너희가 지킬 것이다'

③ 그러나 יְ 앞에서는 예외로 쉐바 유포니가 적용되면서 י가 침묵된다.
יְדַעְתֶּם '너희는 안다' → וְיְדַעְתֶּם → וִידַעְתֶּם '그리고 너희는 알 것이다'

④ 합성쉐바 앞에서 쉐바 유포니가 적용된다.
אֲמַרְתֶּם '너희가 말했다' → וְאֲמַרְתֶּם →(쉐바 유포니)→ וַאֲמַרְתֶּם '그리고 너희는 말할 것이다.' 이 완료 동사 앞의 וַ를 미완료에 붙는 바브 연속법의 ·וַ과 혼동해선 안 된다. 점을 가진 ·וַ는 미완료 동사 앞에서 붙고 더구나 א앞에서는 וָא가 되기 때문이다.

יַבְדִּיל '그가 나눌 것이다' → וַיַּבְדֵּל '그리고 그가 나누었다' (단축형)[143]
יִהְיֶה '그리고 ..이 있을 것이다' → וַיְהִי '그리고 ..이 있었다' (단축형)[144]

② 참고로 וַיְהִי는 원래 중강점을 가진 וַיְּהִי인데, 항상 י 안에 있는 중강점이 생략된 וַיְהִי로 나타난다.

③ 앞서 배웠듯이, 만일 이 단축형들이 바브 연속법에서 바브에 연결되어 나타나지 않고 문장 속에서 단독으로 나타나면 그것은 단축형이 지시법으로 사용된 경우이다.

יְהִי אוֹר '빛이 있을지어다' / יַבְדֵּל '그는 ..를 나눌지어다'

4. 기타 사항

1) 접속사 וְ와 동사 사이에 어떤 다른 요소가 삽입되면 바브 연속법이 아니다. 즉 바브 연속법은 항상 וְ에 곧바로 동사가 이어져야 한다. 다음은 바브 연속법이 아니다.

שָׁפַט וְלֹא אָמַר '그가 심판하였다. 그러나 그는 말하지 않았다'

2) 매우 중요하게도, *바브 연속법 완료 2인칭과 3인칭은 지시법(Jussive)으로, 1인칭은 의지법(Cohortative)으로 해석될 수 있다*. 이것은 바브 연속법으로 인해 완료 동사가 미완료 동사의 효력을 지니게 되어 나타나는 현상이다. 그 문장이 직설법인지 지시법/의지법인지는 문맥 속에서 구별해야 한다.

וְשָׁמַרְתָּ אֶת־הַתּוֹרָה הַזֹּאת
'그리고 너는 이 율법을 지킬 것이다'(= תִּשְׁמֹר) (직설법-단순미래)
혹은 '그리고 너는 이 율법을 지킬지어다'(= תִּשְׁמֹר) (지시법)

143) 여기서 יַבְדִּיל의 바브 연속법으로 וַיַּבְדִּיל은 잘못이다. 왜냐하면 יַבְדִּיל은 단축형 יַבְדֵּל을 가지고 있기 때문이다. 그러므로 וַיַּבְדֵּל이 되어야 한다. 그러나 1인칭 단수의 경우 단축형이 없으므로 미완료형을 그대로 사용한다: וָאַמְלִיךְ '그리고 내가 다스리게 했다.'

144) הָיָה의 미완료인 יִהְיֶה의 경우도 마찬가지로 단축형이 יְהִי이므로 그것을 사용해야 한다. 이렇듯 미완료 단축형은 지시법(Jussive)과 바브 연속법 양자 모두에 사용된다.

וְשָׁמַרְתִּי אֶת־הַתּוֹרָה הַזֹּאת
'그리고 나는 이 율법을 지킬 것이다'(= אֶשְׁמֹר) (직설법-단순미래)
혹은 '그리고 나는 이 율법을 지키리라'(= אֶשְׁמְרָה) (의지법)

3) 바브 연속법에서 강조의 부정사 절대형은 당연히 항상 후치한다.
וַיִּשְׁמֹר שָׁמוֹר '그리고 그는 정녕 지켰다'

4) 앞서 말한 대로 [동사 + ו]라 해서 항상 바브 연속법은 아니므로 주의해야 한다. 종종 그것이 단순히 접속사의 연결에 의한 바브 접속법인 경우도 있기 때문이다. 많은 경우 일단 접속사의 모양만으로 양자가 쉽게 구분된다. 앞서 설명한대로, 미완료의 경우 바브 연속법일 때는 접속사 ו가 항상 ·ַו이고(단, 1인칭 단수는 후음 א 때문에 וָ) 그것이 아닐 때는 기본 형태 וְ이므로(더불어 각주 142의 그것의 변형들) 쉽게 바브 연속법을 구분할 수 있다. 다만, 완료의 경우는 접속사가 바브 연속법일 때와 바브 접속법일 때 공히 기본 형태 וְ가 붙기에 וְ의 형태가 아니라 문맥으로 둘을 구분해야 한다.

① 미완료 + וְ : 접속사의 형태로 양자가 쉽게 구분된다.
(바브 접속) וְיִשְׁמֹר '그리고 그는 지킬 것이다' (직설법-단순미래)
혹은 '그리고 그는 지킬지어다' (지시법)
(바브 연속) וַיִּשְׁמֹר '그리고 그는 지켰다' (직설법-과거)

② 완료 + וְ : 접속사 형태가 같으므로 문맥으로 양자를 구분해야한다.

완료 + וְ의 경우 그것이 바브 연속법이 아닌 경우는 드물기 때문에 대체로 바브 연속법으로 간주할 수 있다. 간혹 문맥상 시제가 어울리지 않으면 바브 접속법인 것으로 볼 수 있다.

(바브 접속) וְשָׁמַר '그리고 그는 지켰다' (직설법-과거)
(바브 연속) וְשָׁמַר '그리고 그는 지킬 것이다' (직설법-단순미래)
혹은 '그리고 그는 지킬지어다' (지시법)

(바브 접속) וּשְׁמַרְתֶּם(וְ의 변형) '그리고 너희가 지켰다' (직설법-과거)
(바브 연속) וּשְׁמַרְתֶּם '그리고 너희가 지킬 것이다' (직설법-단순미래)
혹은 '그리고 너희는 지킬지어다' (지시법)

5) 지시법과 의지법, 바브 연속법을 포함한 동사 분해는 다음 방식을 따른다. 연습문제 문장 속에서는 미완료 2, 3인칭이 지시법으로도 사용되는데, *분해 연습에서는 이것들을 모두 직설법으로 간주하고 단지 미완료 단축형만 지시법으로 간주하여 분해한다.* 분해 순서의 원칙을 정하자면, 단축형의 지시법, 연장형의 의지법은 인칭.성.수 뒤에 각각 '지시'와 '의지'로 명시하고, 바브 연속법의 경우에는 완료/미완 앞에 '바연'을 명시한다. 예시된 어근은 앞서 사용된 שָׁמַר와 הָיָה다.

종류	동사	분 해	해 석
직설법	יִשְׁמֹר	칼.미완.3.남.단	그가 지킬 것이다
지시법	יְהִי	칼.미완(단축).3.남.단.지시[145]	그가/그것이 있을지어다
바브연속	וַיְהִי	칼.바연.미완(단축).3.남.단	그리고 그가/그것이 있었다
	וַיִּשְׁמֹר	칼.바연.미완.3.남.단	그리고 그가 지켰다
	וַתִּשָּׁמְרוּ	니팔.바연.미완.2.남.복	그리고 너희(남)가 지켜졌다
의지법	אֶשְׁמְרָה	칼.미완(연장).1.공.단.의지	내가 지키리라
	אִשָּׁמְרָה	니팔.미완(연장).1.공.단.의지	내가 지켜지게 하라

예제) 다음 동사들을 위의 방식으로 분해하라. תְּהִי는 2인칭으로 간주하라.

동사	어근	분해	해석
תְּהִי			
וַתְּהִי			
וָאֶשְׁמֹר			
נִשְׁמְרָה			

145) 반복하지만, 어떤 문법서는 יְהִי를 칼.지시.3.남.단으로 분해하는데, יְהִי는 지시법뿐 아니라 바브 연속법의 직설법에도 사용되기 때문에(וַיְהִי '그리고 ..이 있었다') 적절하지 않다. וְשָׁמַרְתִּי/יִשְׁמֹר 또한 문맥 속에서 지시법/의지법으로 사용된다면, 형태론적으로 각각 칼.미완.3.남.단.지시('그가 지키게 하소서')/칼.바연.완.1.남.단.의지('그리고 내가 지키리라')으로 분해해야 한다. 이와 같이 동사 분해는 형태론적 기준을 따라 이루어져야 한다.

12과 연습문제

I. 어휘

שַׁבָּת	안식일	**קָהָל**	회중	**כִּסֵּא**	자리, 왕좌
כָּבוֹד	영광, 영화 (כָּבֵד에서)	**צָבָא** / **צְבָאוֹת**	무리, 군상 /(복) 만군	**עֵד** / **עֵדָה**, **עֵדוּת**	증거, 증인 /(여)
לֵוִי	레위, 레위인	**אֱמֶת**	진리, 진실	**תֵּבָה**	방주, 상자
מִנְחָה	선물(예물), 소제물[a]	**חֲלוֹם**	꿈	**רָשָׁע**	악한
יוֹמָם	낮에	**שָׁכַן**	거하다	**זָכַר**	기억하다
חָלַם	꿈꾸다	**עָלָה**	올라가다	**יָסַף**	더하다, 소집하다

a. **מִנְחָה**는 '선물, 공물'의 의미를 지니나 동시에 제사 전문 용어로 '소제물(곡식 제물)'을 가리킨다.

II. 다음을 해석하라.

(1) יוֹמָם וָלַיְלָה תִּכְבַּד עָלַי יָדֶךָ׃ (시 32:4)

(2) וְעָמְדוּ רַגְלָיו בַּיּוֹם־הַהוּא עַל־הָהָר (슥 14:4)

(3) וְלָקַחְתָּ מִנְחָתִי מִיָּדִי (창 33:10)

(4) וַיְהִי יהוה עִמָּדִי בַּדֶּרֶךְ אֲשֶׁר הָלָכְתִּי׃ (창 35:3)

(5) לֹא יִהְיֶה־לְךָ אֱלֹהִים אֲחֵרִים עַל־פָּנָי[a]׃ (출 20:3) a. פְּנֵי + עַל '..앞에.'

(6) וַיֹּאמֶר אֱלֹהִים יְהִי אוֹר וַיְהִי־אוֹר׃ (창 1:3)

(7) וְאָמַרְתְּ בִּלְבָבֵךְ מִי יָלַד לִי אֶת־אֵלֶּה (사 49:21)

(8) וְזָכַרְתִּי אֶת־בְּרִיתִי אֲשֶׁר בֵּינִי וּבֵינֵיכֶם וּבֵין כָּל־נֶפֶשׁ חַיָּה (창 9:15)

(9) עַתָּה נִכְרְתָה בְרִית אֲנִי וָאָתָּה וְהָיָה לְעֵד בֵּינִי וּבֵינֶךָ׃ (창 31:44)

(10) וַעֲבַדְתֶּם[a] אֹתוֹ בֶּאֱמֶת בְּכָל־לְבַבְכֶם (삼상 12:24)

a. עְבַדְתֶּם대신 후음 아래 합성쉐바.

(11) וַתִּקְרָא אֶת־שְׁמוֹ יוֹסֵף לֵאמֹר יֹסֵף יהוה לִי בֵּן אַחֵר׃ (창 30:24)

(12) זָכַרְתִּי בַלַּיְלָה שִׁמְךָ יהוָה וָאֶשְׁמְרָה תּוֹרָתֶךָ׃ (시 119:55)

(13) וְשָׁמְרוּ בְנֵי־יִשְׂרָאֵל אֶת־הַשַּׁבָּת לְדֹרֹתָם בְּרִית עוֹלָם (출 31:16)

(14) וְאָהַבְתָּ לְרֵעֲךָ כָּמוֹךָ אֲנִי יהוה׃ (레 19:18)

(15) אֲמַרְתֶּם בַּמִּדְבָּר נִשְׁלְחָה אֲנָשִׁים לְפָנֵינוּ (신 1:22)
(16) עַתָּה אִם־מָצָאתִי חֵן בְּעֵינֶיךָ אִמָּלְטָה שָּׁמָּה
(17) הֲלֹא אֲחֹתָהּ הַקְּטַנָּה טוֹבָה מִמֶּנָּה תְּהִי לְךָ תַּחְתֶּיהָ (삿 15:2)
(18) אָמַרְתִּי בְּלִבִּי אֶת־הַצַּדִּיק וְאֶת־הָרָשָׁע יִשְׁפֹּט הָאֱלֹהִים (전 3:17)
(19) וְיָדְעוּ מִצְרַיִם אֶת־יהוה בַּיּוֹם הַהוּא וְעָבְדוּ זֶבַח וּמִנְחָה׃ (사 19:21)
(20) אֶת־הַדְּבָרִים הָאֵלֶּה דִּבֶּר יהוה אֶל־כָּל־קְהַלְכֶם בָּהָר
מִתּוֹךְ הָאֵשׁ וְלֹא יָסָף וַיִּכְתֹּב אֹתָם עַל־הָאֲבָנִים׃ (신 5:22)
(21) וַיִּשְׁמַע אֶת־דִּבְרֵי בְנֵי־לָבָן לֵאמֹר לָקַח יַעֲקֹב אֵת כָּל־אֲשֶׁר
לְאָבִינוּ וּמֵאֲשֶׁר לְאָבִינוּ עָשָׂה אֵת כָּל־הַכָּבֹד הַזֶּה׃ (창 31:1)
(22) [a]וַתֹּאמֶר אֶל־הַמֶּלֶךְ אֱמֶת הָיָה הַדָּבָר אֲשֶׁר שָׁמַעְתִּי בְּאַרְצִי
עַל־דְּבָרֶיךָ וְעַל־חָכְמָתֶךָ׃ (왕상 10:6) a. יֹאמֶר + תְּ(3.여.단).
(23) עָלָה הַמֶּלֶךְ בֵּית־יהוה וְכָל־אִישׁ יְהוּדָה וְיֹשְׁבֵי יְרוּשָׁלִַם
וְהַכֹּהֲנִים וְהַלְוִיִּם וְכָל־הָעָם מִגָּדוֹל וְעַד־קָטָן וַיִּקְרָא בְאָזְנֵיהֶם
אֶת־כָּל־דִּבְרֵי סֵפֶר הַבְּרִית הַנִּמְצָא בֵּית יהוה׃ (대하 34:30)
(24) וַיִּכְרֹת כָּל־הַקָּהָל בְּרִית בְּבֵית הָאֱלֹהִים עִם־הַמֶּלֶךְ וַיֹּאמֶר הַכֹּהֵן לָהֶם
הִנֵּה בֶן־הַמֶּלֶךְ יִמְלֹךְ כַּאֲשֶׁר דִּבֶּר יהוה עַל־בְּנֵי דָוִיד׃ (대하 23:3)
(25) וְשָׁכַנְתִּי בְּתוֹךְ יְרוּשָׁלִָם וְנִקְרְאָה יְרוּשָׁלִַם עִיר־הָאֱמֶת
וְהַר־יהוה צְבָאוֹת הַר הַקֹּדֶשׁ׃ (슥 8:3)
(26) שְׁנַיִם שְׁנַיִם בָּאוּ אֶל־נֹחַ אֶל־הַתֵּבָה כַּאֲשֶׁר צִוָּה אֱלֹהִים אֶת־נֹחַ (창 7:9)
(27) אַתָּה תִּהְיֶה עַל־בֵּיתִי וּבְקֹלְךָ יִשְׁמְעוּ כָּל־עַמִּי רַק הַכִּסֵּא
אֶגְדַּל מִמֶּךָּ׃ (창 41:40)
(28) מִי הוּא זֶה מֶלֶךְ הַכָּבוֹד יהוה צְבָאוֹת הוּא מֶלֶךְ
הַכָּבוֹד [a]סֶלָה׃ (시 24:10) a. ‘셀라’의 뜻은 정확히 알려지지 않음.
(29) וַיֹּאמֶר אֲלֵיהֶם שִׁמְעוּ־נָא הַחֲלוֹם הַזֶּה אֲשֶׁר חָלָמְתִּי׃
(30) וַיֹּאמֶר אֱלֹהִים אֶל־אַבְרָהָם שָׂרַי אִשְׁתְּךָ לֹא־תִקְרָא אֶת־שְׁמָהּ
שָׂרָי כִּי שָׂרָה שְׁמָהּ׃ (창 17:15)

12과 연습문제 해답

예제) 동사 분해

동사	어근	분 해	해 석
תְּהִי	הָיָה	칼.미완(단축).2.남.단.지시	너(남)는 있을지어다
וַתְּהִי	הָיָה	칼.바연.미완(단축).2.남.단	그리고 네(남)가 있었다
וָאֶשְׁמֹר	שָׁמַר	칼.바연.미완.1.공.단	그리고 내가 지켰다
נִשְׁמְרָה	שָׁמַר	칼.미완(연장).1.공.복.의지	우리가 지킵시다
		니팔.완.3.여.단	그녀가 지켜졌다

II. 문장 해석

(1) 밤낮으로(낮과 밤에) 당신의 손이 내 위에서 무겁습니다.

(2) 그리고 그날에 그 산 위에 그의 발(두발)이 설 것이다.

(3) 그리고 당신은 내 손에서 내 선물을 취하소서(취할지어다).

(바브 연속법 וְלָקַחְתָּ은 미완료로 해석하는데 여기서는 2인칭 미완료이며 지시법으로 해석된다)

(4) 그리고 여호와께서 내가 행하던(걸었던) 그 길에서 나와 함께 하셨다.

(5) 너를 위해(혹은 '너에게') 다른 신들이(혹은 '다른 하나님') 내 앞에(내 얼굴을 향해) 있어서는 안 된다(내 앞에 있지 않게 하라).

(단축형 יְהִי가 아닌 미완료 יִהְיֶה가 의무[must]의 지시법으로 사용된 경우로 보아야 한다. 이것을 단순미래 '있지 않을 것이다'로 해석하는 것은 적절하지 않다. 각주 134를 보라)

(6) 그리고 하나님께서 "빛이 있으라"고 말씀하시니 빛이 있었다.

(7) 그리고 너(여)는 네(여) 마음으로 말할 것이다. "누가 나를 위해 이들을(복수) 낳았는가?" (위 3번 문장과 비교. 여기서는 וְאָמַרְתְּ가 지시법 '말할지어다'가 아닌 문맥상 직설법[단순미래] '말할 것이다'가 타당하다)

(8) 그리고 나는 나와 너희들 사이에, 그리고 모든 생물들 사이에 맺은(있는) 내 언약을 기억할 것이다. (바브 연속법이므로 1인칭 미완료로 해석된다. 의지법 '내가 기억하리라'도 가능)

(9) 지금 우리가, 나와 당신이, 언약(약조)을 맺읍시다. 그리고 그것이 나와 당신 사이에 증거가 되게 합시다(증거가 될지어다, 증거가 되리라).

(נִכְרְתָה - כָּרַת 니팔.미완[연장].1.공.복.의지)

(10) 그리고 너희는 진심으로 온 맘을 다해 그를 섬길지어다.

(וַעֲבַדְתֶּם ←(쉐바 유포니)← עֲבַדְתֶּם + וְ)

(11) 그리고 그녀가 그의 이름을 요셉이라 부르며 말했다(가로되). "여호와께서 나에게 다른 아들을 더하실 것이다." (분사 יֹסֵף의 임박한 미래)

(12) 제가 밤중에 여호와 당신의 이름을 기억했으며 제가 당신의 율법을 (굳게) 지켰습니다. (1인칭 미완료 연장형 וָאֶשְׁמְרָה는 바브 연속법이므로 과거로 해석해야 하며 현재까지 이어지는 과거의 굳은 의지와 결심의 표현으로 볼 수 있다. 동일한 구문인 15과 연습문제 7번을 보라)

(13) 그리고 이스라엘 자손들은 (그)안식일을 그들의 대대손손 영원한 언약으로 지킬지어다. (바브연속법 완료이며 문맥에서 지시법으로 번역된다).

(14) 그리고 너는 너의 이웃을 너처럼 사랑할지어다. 나는 여호와니라.

(15) 너희가 그 광야에서 말했다. "우리가 우리 앞에 사람들을 보내자."

(16) 이제(지금) 제가 당신의 눈에서 은혜를 보았다면(은혜를 입었다면), 제가 거기로 피하게 하소서.

(17) 그녀의 동생(작은 자매)이 그녀보다 더 아름답지 아니하냐? 그녀가 그녀 대신 너의 것이 될지니라. (지시법이며 문자적으로, '너에게 속할지어다')

(18) 내가 내 심중에 말했다. "(그)하나님께서 의인과 악인을 심판하시리라."

(19) 그리고 그 날에 이집트(인들)가 여호와를 알게 될 것이다. 그들이 희생물과 소제물로 섬길 것이다(예배할 것이다). (제의 본문에서는 보통 זֶ֫בַח는 동물 제물[희생제물]을, מִנְחָה는 곡식 제물[소제물]을 가리킨다. 그러나 מִנְחָה는 "선물, 예물"이라는 기본 의미와 더불어 하나님께 바치는 예물, 곧 모든 제물을 가리키는 경우도 있다)

(20) 여호와께서 이 말씀들을 그 산에서 (그)불로부터(불 가운데서) 너희 모든 회중을 향해 말씀하시고 덧붙이지 않으셨다. 그리고 그분이 그것들을 그 돌들에 새기셨다.

(21) 그리고 그가 라반의 아들들의 말(들)을 들었는데 이르기를, "야곱이 우리의 아버지에게 속한 모든 것을 거머쥐었다. 그래서 그가 우리의 아버지에게 속한 것으로부터 이 모든 영화를 이룩했다(만들었다)"(고 말했다). (מֵאֲשֶׁר에서 אֲשֶׁר는 관계사의 명사절 용법 '..하는 것')

(22) 그리고 그녀가 그 왕에게 말했다. "내가 내 땅에서 당신의 일들(혹은 '말씀들')과 당신의 지혜에 대해서 들었던 그 말이 참이로군요."

(여기서 דָּבָר/[복] דְּבָרִים이 '일, 사건'과 더불어 '말씀'을 의미할 수 있다는 것

을 알 수 있다. 때로 이것을 문맥에서 구별하기 어려운 경우도 있다. 이 구절에서 NIV는 דְּבָרִים을 '업적들, achievements'로, ESV는 '말들, words'로 각기 상반된 번역을 한다)

(23) 그 왕이 여호와의 전(집)으로 올라갔다. 그리고 온 유다 사람들이, 그리고 예루살렘의 주민들과 제사장들과 레위인들과 큰 자로부터 작은 자에 이르기까지 온 백성이 (함께 올라갔다). 그리고 그가 그들의 귀(들)에 여호와의 집(전)에서 발견된(נִמְצָא) 그 언약서(언약의 책)의 모든 말씀들을 낭독했다(외쳤다).

(24) 그리고 온 회중이 (그)하나님의 전(집)에서 그 왕과 언약(약조)을 맺었다. 그리고 (그)제사장이 그들에게 말했다. "보라, 여호와께서 다윗의 자손들(아들들)에 대해 말씀하신 대로 그 왕의 아들이 통치할 것이다."

(25) 그리고 내가 예루살렘 가운데 거하리라. 예루살렘은 진리의 성읍으로 일컬어지리라. 그리고 만군의 여호와의 산은 성산(그 거룩의 산)으로 (일컬어지리라). (문맥상 직설법 '내가 거할 것이다'보다는 의지법 '내가 거하리라'로 번역되어야 한다. וְשָׁכַנְתִּי의 악센트는 종음절로서 생략되어 있다)

(26) 둘씩(문자적으로, "둘, 둘") 노아에게 (그)방주로 왔다. 하나님께서 노아에게 명하셨던 대로.

(27) 네가 나의 집을 다스릴 것이다(나의 집 위에 있을 것이다). 그리고 너의 목소리를 나의 모든 백성이 들을 것이다(너의 목소리에 복종할 것이다). 오직 (그)보좌에 대해서만 내가 너보다 클 것이다. (미완 2인칭이 단순 미래보다는 부탁과 명령의 지시법이라 할 수 있다)

(28) 도116대체(זֶה) 그분은 누구신가? 영광의 왕, 만군의 여호와로다. 그분은 영광의 왕이로다. 셀라! (흔히 의문사에 동반된 זֶה는 의문문을 강조함)

(29) 그리고 그가 그들에게 말했다. "내가 꾼 이 꿈을 여러분들이 제발 들어보십시오."

(30) 그리고 여호와께서 아브라함에게 말씀하셨다. "너의 아내는 사래인데(혹은 '네 아내 사래에 대해 말하자면[as for Sarai]'), 너는 그녀의 이름을 사래로 부르지 말라. 왜냐하면 사라가 그녀의 이름이기 때문이다."

13과 동사의 일곱 어간, 수사

A. 동사의 일곱 어간

1. 개요

1) 히브리어 동사는 동작의 방식에 따라 모두 일곱 개의 유형을 가지고 있다. 예컨대, 앞서 배운 대로 단순 능동 동작은 칼(Qal)이라 하고, 그것의 수동은 니팔(Niphal)이라 한다. 이 둘은 이미 우리가 배운 유형들이다.

2) 그 외 유형들로는 칼의 강조 동작인 피엘(Piel), 그것의 수동태인 푸알, 그리고 그것의 재귀태(중간태)인 히트파엘(Hithpael)이 있으며 마지막으로 사역 능동 동작인 히필(Hiphil)과 그것의 수동인 호팔(Hophal)이 존재한다. 이론적으로는 하나의 동사는 이 일곱 유형 모두를 가지고 있다.

	단순형	강조형	사역형
능동태	칼(Qal)	피엘(Piel)	히필(Hiphil)
수동태	니팔(Niphal)	푸알	호팔(Hophal)
중간태		히트파엘(Hithpael)	—

3) 앞서 우리는 이러한 각 동사의 유형들을 어간(stem)으로 부르기로 했다.[146] 이를테면 '칼 어간,' '피엘 어간' 따위이다. 그러나 우리는 '칼 동사,' '니팔 동사,' 또는 '칼형,' '니팔형'이라는 용어도 같은 의미로 사용할 것이다.

4) 칼(Qal)은 가장 흔한 단순 능동 동작을 가리킨다. 그래서 이것을 동사 קַל(= קָלַל, '가볍다')을 그 명칭으로 삼아 칼이라 부른다. 그러나 다른 어간들은 동사 פָּעַל('행하다, 만들다')을 기준으로 붙여진 이름들이다.

5) 예컨대, 니팔(Niphal)이라는 이름은 어간형이 נִ□ְ□ַ□인 동사들의 이름인데 동사 פָּעַל에 이것의 모음을 붙여서 נִפְעַל(niphal), 즉 니팔이라는 명칭이 만들어졌다. 마찬가지로 어간형이 □ִ□ֵ□인 동사들은 פִּעֵל(piel), 즉 피엘 형이라 칭한다.

---

146) 이러한 동사의 일곱 가지의 고유한 유형들에 대해 학자들은 저마다 다양한 명칭을 붙여 형식(formative), 활용형(conjugation), 변화형(modification), 동사 줄기(stripe) 등으로 부른다. 그러나 어간(stem)이 가장 적절한 용어로 보인다.

2. 어간들의 의미와 형태적 특징

1) 각 어간 동사들의 기본 형태는 다음과 같다. 문법에서 모형 동사로 쓰이는 קָטַל을 예로 들어보겠다. 일곱 어간형의 형태적 특징과 차이를 유심히 살피라.

<table>
<tr><th></th><th>단순형</th><th>강조형</th><th>사역형</th></tr>
<tr><td>능동태</td><td>קָטַל</td><td>קִטֵּל</td><td>הִקְטִיל</td></tr>
<tr><td>수동태</td><td rowspan="2">נִקְטַל</td><td>קֻטַּל</td><td>הָקְטַל</td></tr>
<tr><td>재귀태</td><td>הִתְקַטֵּל</td><td>없음</td></tr>
</table>

2) 단순(simple) 동작은 칼과 니팔로 구성된다. 앞서 말한 대로 칼은 그 의미가 단순 동작의 능동이다. 그것의 수동태와 재귀태(중간태)를 나타내는 형태는 니팔로 부른다. 니팔의 고유한 형태적 특징은 어간의 어두에 נ이 접두된다는 것이다.

3) 강조(intensive) 동작은 이론적으로 단순 동작의 강조를 의미한다. 그것은 능동태와 수동태, 그리고 재귀태(중간태)가 있는데, 각각 피엘, 푸알, 히트파엘이라 부른다. 일반적으로 푸알은 피엘의 수동태이며 히트파엘은 피엘의 재귀태(중간태)다. 강조형 어간들의 가장 중요한 형태적 특징은 가운데 어근 자음에 중강점이 찍힌다는 것이다. 다른 형태적 특징으로 히트파엘의 경우 어간의 어두에 הִתְ가 붙는다.

4) 사역(causative) 동작은 당사자가 직접 어떤 동작을 하기 보다는 그 동작을 하게 만들거나 발생시키는 동작을 가리키는 것으로 능동은 히필, 그것의 수동은 호팔로 칭한다. 히필과 호팔은 어간의 어두에 ה가 접두된다.

5) 그러나 이와 같은 각 어간이 갖는 동작의 의미(능동/수동/중간)의 규정은 일반적인 구분일 뿐이며 실상 각 어간들은 매우 다양한 고유의 의미와 용법을 갖는다. 각 동사 어간의 특징적인 의미들과 용법들은 이후의 각과에서 상세하게 다루어질 것이다.

6) 일곱 어간 중에 수동태인 푸알과 호팔은 히브리어 성경에서 상당히 사용빈도가 낮으며 특히 호팔은 매우 드물다. 반면에 칼은 압도적으로 많이 등장하고 그 외 니팔, 피엘, 히필도 흔하며 히트파엘은 상대적으로 적은 편이다.

7) 다음 도표는 각 어간의 가장 일반적인 고유한 의미를 제시한 것이다. 앞서 모형 동사로 사용된 קָטַל('죽이다')을 가지고 설명한다. 이 동사는 실제로는 히브리어 성경에서 전혀 이 도표처럼 사용되지는 않는다. 따라서 각 어간의 해석도 단지 인위적이다.

	어간	태	동사	예 문
단순	칼	능동	קָטַל	그는 죽였다(He killed)
	니팔	수동/재귀	נִקְטַל	그는 죽임 당했다(He was killed) 그는 스스로를 죽였다(He killed himself)
강조	피엘	능동	קִטֵּל	그는 잔혹하게 죽였다(He brutally killed)
	푸알	수동	קֻטַּל	그는 잔혹하게 죽임 당했다 (He was brutally killed)
	히트파엘	재귀	הִתְקַטֵּל	그는 스스로를 잔혹하게 죽였다 (He brutally killed himself)
사역	히필	능동	הִקְטִיל	그는 (..로 하여금) 죽이게 했다 (He made someone kill)
	호팔	수동	הָקְטַל	그는 죽이게 되었다 (He was made to kill)

8) 하나의 동사가 이론적으로는 일곱 어간을 모두 가질 수 있으나, 실제적으로 일곱 어간이 모두 나타나는 동사는 극히 드물다. 말하자면, 대부분의 동사들이 일부의 어간들을 갖지 않는다.

3. 동사 어간의 기본 도표

1) 다음 쪽의 도표에서 보듯이 일곱 어간 동사들은 모두 칼과 니팔과 같이 완료/미완료뿐만 아니라, 명령/부정사/분사를 갖는다.

2) 이 도표는 반드시 외워야 한다. 이 도표를 외우면, 강동사뿐만 아니라 약동사도 그리 어렵지 않게 숙달할 수 있기 때문이다. 독자들은 이미 칼 어간과 니팔 어간의 각 형태들을 학습했다. 이제 나머지 어간들의 각 형태들을 외우는데, 칼/니팔을 외울 때와 마찬가지로 완료형부터 명령까지 외우고 나머지를 외운다.[147)]

어간 / 형태	단 순		강 조[f]			사 역	
	Qal 능	Niphal 수(중)	Piel 능	Pual 수	Hithpael 중	Hiphil 능	Hophal 수
완료	קָטַל	נִקְטַל	קִטֵּל	קֻטַּל	הִתְקַטֵּל	הִקְטִיל	(הֻ)הָקְטַל[l]
미완[a]	יִקְטֹל	יִקָּטֵל[g]	יְקַטֵּל	יְקֻטַּל	יִתְקַטֵּל	יַקְטִיל	(יֻ)יָקְטַל
명령[b]	קְטֹל	הִקָּטֵל	קַטֵּל	(קֻטַּל)[h]	הִתְקַטֵּל	הַקְטֵל[k]	(הָקְטַל)[m]
부연[c]	קְטֹל	הִקָּטֵל	קַטֵּל	קֻטַּל[i]	הִתְקַטֵּל[j]	הַקְטִיל	(הֻ)הָקְטַל[n]
부절[d]	קָטוֹל	הִקָּטֹל (=נִקְטֹל)	(קַטֹּל)[i]	קֻטֹּל	(הִתְקַטֹּל)	הַקְטֵל	(הֻ)הָקְטֵל
분사[e]	קוֹטֵל(능) קָטוּל(수)	נִקְטָל	מְקַטֵּל	מְקֻטָּל	מִתְקַטֵּל	מַקְטִיל	(מֻ)מָקְטָל

3) 도표를 외울 때 영문 소문자 각주 순서를 따라 주어진 각 형태들의 몇 가지 주요 특징을 잘 파악하면 큰 도움이 될 것이다.

a. 모든 미완료는 어두에 접두어 י가 온다.

b. 명령형은 미완료형에서 접두어 י를 뗀 형태이거나 어두에 ה가 온 형태다.

c. 부정사 연계형은 히필 명령을 제외하고 모두 명령형과 동일한 형태를 지닌다. 따라서 명령형과 마찬가지로 י를 뗀 형태이거나 어두에 ה가 온 형태이다. 여기서 모음 홀렘(ׂ)은 명령과 달리 자음 ו가 없어도 순장모음임을 유념해야 한다.

d. 부정사 절대형은 사역형을 제외하고는 종음절의 모음이 모두 홀렘 (ׂ)이다. 역시 자음 ו가 없는 불완전 필사법이 빈번하지만 순장모음이다.

e. 분사의 두드러진 특징은 먼저 피엘형부터는 모두 어두에 מ이 붙는다는 것이다. 그리고 일곱 어간의 분사의 종음절이 모두 장모음이다. 예를 들어, 니팔 분사형을 니팔 완료형과 비교해보면 분사가 장모음이라는 차이밖에 없다148): נִקְטַל(니팔 완료) / נִקְטָל(니팔 분사)

147) 앞서 말한 대로 이 책에서는 완료/미완료, 명령, 부정사, 분사, 지시법/의지법 등의 여러 동사 요소들을 단순하게 동사의 '형태(form)'라는 범주로 분류하였다.

148) 능동 분사와 수동 분사의 구분은 칼(Qal) 동사 외에는 존재하지 않는다. 왜냐하면, 나머지 동사 어간들은 어간 자체가 태(態)의 의미를 간직하기 때문이다.

f. 강조형의 공통적인 특징은 가운데 자음에 중강점이 찍혀있다는 것이다. 기초 문법에서는 중강점에 의해 동사가 강조되는 것으로 간주된다.

g. 그러나 니팔형의 경우 미완료부터 가운데 자음이 아닌 첫 자음에 중강점이 찍혀있음을 유의하라. 니팔형에서 이미 배운 대로 이것은 완료형 נִקְטַל의 첫 자음 נ이 동화되어 발생한 중강점이다.

4) 각 어간형의 형태론적 특징에 이어 그 외 몇 가지 특징들도 살펴볼 필요가 있다. 위를 이어서 영문 각주 순서를 따라 설명할 것이다. 칼과 니팔은 앞서 설명했으므로 나머지에 대해 간략히 살펴본다.

h. 각주 120에서 말한 대로, 수동태 명령은 영어에 일부 있지만(예, Be seated!) 문법적으로 적절하지 않다. 수동 명령은 존재하지 않기에 괄호로 묶었는데 단지 일정한 규칙성에 의한 암기의 편리성을 위해서 제시된다.

i. 피엘 부정사 절대형은 대부분 부정사 연계형과 동일 형태로 나타나며 독자적인 형태의 별개의 부정사 절대형은 드물다. 푸알의 부정사는 극히 드물어 연계형과 절대형 포함 단 2회 사용될 뿐이다.

j. 히트파엘의 부정사도 많이 나타나지 않는다. 또한 부정사 הִתְקַטֵּל이 연계형과 절대형으로 함께 쓰인다. 이것은 명사 중에 절대형과 연계형의 형태가 동일한 단어들이 있는 것과 비슷하다. 우리는 이러한 부정사는 앞으로 '공동부정사'라 칭할 것인데 동사 분해 연습에서는 부정사 연계형으로 분류한다. 존재하지 않는 부정사 절대형 הִתְקַטֹּל을 괄호로 넣은 이유는 푸알 명령과 마찬가지로 암기를 돕기 위해서다.

k. 모든 동사 어간들이 한결같이 명령형과 부정사 연계형이 동일한데, 다만 히필은 오히려 부정사 절대형이 명령형과 동일한 형태를 띤다.

l. 호팔의 어두의 모음 ◌ָ는 카메츠 하툽[o, 오]으로 읽는다. 또한 이 단모음 '오'(◌ָ)는 '우'(◌ֻ)로 바뀔 수 있으므로 자주 הֻקְטַל로도 나타난다. 미완료를 비롯한 다른 형태들도 마찬가지다: 미완료 יֻקְטַל/분사 מֻקְטָל 등. 앞서 제시된 음의

즉 피엘은 능동이고 푸알은 수동이기에 자연히 피엘 분사는 능동적 의미를 푸알 분사는 수동적 의미를 갖게 된다. 칼이 단순 능동임에도 분사가 능동과 수동으로 나뉜 것은 매우 특이하다.

삼각형에서 보듯이 이 둘은 동질 모음으로 상호 교환이 가능하다. 그러나 암기는 더 많이 나타나는 유형인 הָקְטַל을 따르라.

m. 호팔도 수동태이므로 명령이 존재하지 않는다.

n. 호팔의 부정사도 푸알과 마찬가지로 매우 드물다.

B. 수사

1. 개요

1) 히브리어 성경에서 숫자는 매우 많이 나오며 신학적 측면에서도 숫자는 매우 중요하다. 독자들은 당장 모든 수사들과 숫자 표기법을 외울 필요는 없으며 여기서는 일단 1-10의 숫자만 익히라. 이어서 수사 표현법 전체를 개괄적으로 살펴본 뒤 진도를 나갈 것을 권한다. 연습문제 문장들에 나온 수사들을 통해 반복 훈련을 하는 것이 바람직하다.

2) 수사는 기수와 서수로 나뉘는데 기수는 남성 명사의 계수에 사용되는 종류(남성 명사용)와 여성 명사의 계수에 사용되는 종류(여성 명사용)로 나뉘며 각각 절대형과 연계형을 갖는다. 반면에 서수는 남성과 여성의 절대형만을 갖는다.

2. 기수와 서수의 도표: 1-10

1) 다음 쪽 도표의 숫자 1-10에 해당되는 기수와 서수의 목록을 보라.

2) 히브리어의 숫자는 남성 명사의 계수에 사용되는 기수 1부터 10까지의 남성 절대형을 암기해놓으면 나머지는 모두 비슷하므로 어렵지 않다.

אֶחָד '1' / שְׁנַיִם '2'/ שְׁלֹשָׁה '3'/ אַרְבָּעָה '4' . . .

3) 기수에서 특이하게 남성 기수가 1과 2를 제외하고 *3부터는 여성어미 ָה를 취하므로 주의해야 한다.*

4) 서수에서 남성 서수는 רִאשׁוֹן('첫째, first')을 제외하고 모두 기수의 끝에 ִי를 붙인 형태이며, 여성 서수는 남성 서수의 끝에 ת를 붙인 형태다.

	기수(Cardinals)				서수(Ordinals)		
수	남성		여성		수	남성	여성
	절대형	연계형	절대형	연계형			
1	אֶחָד	אַחַד	אַחַת	אַחַת	1st	רִאשׁוֹן	רִאשׁוֹנָה
2	שְׁנַ֫יִם	שְׁנֵי	[149]שְׁתַּ֫יִם	שְׁתֵּי	2nd	שֵׁנִי	שֵׁנִית
3	שְׁלֹשָׁה	שְׁלֹ֫שֶׁת	שָׁלֹשׁ	שְׁלֹשׁ	3rd	שְׁלִישִׁי	שְׁלִישִׁית
4	אַרְבָּעָה	אַרְבַּ֫עַת	אַרְבַּע	אַרְבַּע	4th	רְבִיעִי	רְבִיעִית
5	חֲמִשָּׁה	חֲמֵ֫שֶׁת	חָמֵשׁ	חֲמֵשׁ	5th	חֲמִישִׁי	חֲמִישִׁית
6	שִׁשָּׁה	שֵׁ֫שֶׁת	שֵׁשׁ	שֵׁשׁ	6th	שִׁשִּׁי	שִׁשִּׁית
7	שִׁבְעָה	שִׁבְעַת	שֶׁ֫בַע	שְׁבַע	7th	שְׁבִיעִי	שְׁבִיעִית
8	שְׁמֹנָה	שְׁמֹנַת	שְׁמֹנֶה	שְׁמֹנֶה	8th	שְׁמִינִי	שְׁמִינִית
9	תִּשְׁעָה	תִּשְׁעַת	תֵּ֫שַׁע	תְּשַׁע	9th	תְּשִׁיעִי	תְּשִׁיעִית
10	עֲשָׂרָה	עֲשֶׂ֫רֶת	עֶ֫שֶׂר	עֶ֫שֶׂר	10th	עֲשִׂירִי	עֲשִׂירִית

기수 1-10의 표현과 활용

수	남성 명사의 계수		여성 명사의 계수	
	절대형	연계형	절대형	연계형
1	אֶחָד[a]	אַחַד	אַחַת	אַחַת
	אִישׁ אֶחָד '한 남자'	אַחַד[b] הֶהָרִים '그 산들 중 하나'	אִשָּׁה אַחַת '한 여자'	אַחַת הֶעָרִים '그 성읍들 중 하나'
2	שְׁנַ֫יִם[c]	שְׁנֵי	שְׁתַּ֫יִם	שְׁתֵּי
	שְׁנַ֫יִם[d] אֲנָשִׁים = אֲנָשִׁים שְׁנַ֫יִם '두 남자'	= שְׁנֵי אֲנָשִׁים '두 남자'	שְׁתַּ֫יִם[d] נָשִׁים = נָשִׁים שְׁתַּ֫יִם '두 여자'	= שְׁתֵּי[e] נָשִׁים '두 여자'
3	שְׁלֹשָׁה[f]	שְׁלֹשֶׁת	שָׁלֹשׁ[f]	שְׁלֹשׁ
	שְׁלֹשָׁה בָּנִים = בָּנִים שְׁלֹשָׁה '세 아들'	= שְׁלֹשֶׁת בָּנִים '세 아들'	שָׁלֹשׁ בָּנוֹת = בָּנוֹת שָׁלוֹשׁ[g] '세 딸'	= שְׁלֹשׁ בָּנוֹת '세 딸'
4 ↓	'3'부터 '10'은 모두 '3'과 마찬가지로 계수되는 명사와 반대 성을 취함			

3. 기수 1-10의 표현법

1) 위의 기수 표현법의 각 영문 각주를 설명하면 다음과 같다.

a. 기수 '1'의 절대형 אַחַת/אֶחָד는 유일하게 형용사다. 따라서 형용사의 형용적 용법과 마찬가지로 명사의 뒤에 위치하면서 그 명사와 성이 일치된다.

b. 기수 '1'의 연계형 אַחַת/אַחַד는 복수 명사나 집합 명사 앞에 위치하면서 '..중(의) 하나'를 표현할 때 사용된다.

c. 기수 '2'부터 '10'은 명사들이다. *'1'과 마찬가지로 '2'는 계수되는 명사와 성이 일치된다. 그러나 '3'부터는 성이 일치되지 않는다.* 또한 '2' 이상의 계수되는 명사는 당연히 복수를 취한다.

d. 절대형 기수는 명사로서 계수되는 명사의 앞, 뒤 어디에나 위치할 수 있는데, 이 경우 문법적으로는 계수되는 명사와 동격이다.[150] 대체로 숫자가 명사 앞에 오는 것이 더 일반적이다. 명사 뒤에 올 때는 기수가 마치 אֶחָד('1')과 같이 형용사처럼 기능하는 것으로도 볼 수 있으나 형용사는 아니다.

e. 그러나 d.의 방법 외에 계수되는 명사의 앞에 연계형 기수가 위치하는 형식도 매우 흔하다. 결국 '2' 이상의 기수 표현법은 세 가지 방식이 가능하게 된다: שְׁנַ֫יִם אֲנָשִׁים = אֲנָשִׁים שְׁנַ֫יִם = שְׁנֵי אֲנָשִׁים '두 남자'

f. 가장 중요한 특징은 앞서 말한 대로 *'3'부터 '10'은 한결같이 기수의 성이 계수되는 명사의 성과 반대*라는 것이다.

g. 완전 필사법인 שְׁלוֹשָׁה/שָׁלוֹשׁ도 흔하게 사용된다.

2) '11' 이상, 즉 십 단위 이상의 기수의 표현은 아래 도표와 같다.

4. 십 단위 이상의 기수 표현법

1) 다음 쪽의 기수 표현법의 도표를 보라. '10' 이상의 기수 표현법은 '1' 부터'10'의 법칙에 준하나 약간 새로운 특징들이 추가된다.

---

149) שְׁתֵּי/שְׁתַּ֫יִם은 특이하게 유성 단순쉐바에 이어 중강점이 찍힌 자음 תּ가 뒤따른다.

150) 문법적으로 동격 관계인 이 표현법을 굳이 문자적으로 해석한다 각각 다음과 같다: שְׁנַ֫יִם אֲנָשִׁים '둘, 남자들' / אֲנָשִׁים שְׁנַ֫יִם '남자들, 둘.'

기수 11 이상의 표현과 활용

수	남성 명사의 계수	여성 명사의 계수
11	אַחַד [a]עָשָׂר [b]עַשְׁתֵּי עָשָׂר =	אַחַת [a]עֶשְׂרֵה [b]עַשְׁתֵּי עֶשְׂרֵה =
12	[c]שְׁנֵים עָשָׂר שְׁנֵי עָשָׂר =	[c]שְׁתֵּים עֶשְׂרֵה שְׁתֵּי עֶשְׂרֵה =
13	שְׁלֹשָׁה עָשָׂר	שְׁלֹשׁ עֶשְׂרֵה
14	אַרְבָּעָה עָשָׂר	אַרְבַּע עֶשְׂרֵה
예)	חֲמִשָּׁה עָשָׂר בָּנִים '15명의 아들들'[d]	חֲמֵשׁ אֶשְׂרֵה [e]שָׁנָה '15년'
20	[f]עֶשְׂרִים	
21	[g]עֶשְׂרִים וְאֶחָד אֶחָד וְעֶשְׂרִים =	עֶשְׂרִים וְאַחַת אַחַת וְעֶשְׂרִים =
22	עֶשְׂרִים וּשְׁנַיִם	עֶשְׂרִים וּשְׁתַּיִם
예)	'23년'[h] עֶשְׂרִים וְשָׁלֹשׁ שָׁנָה שָׁלֹשׁ וְעֶשְׂרִים שָׁנָה = עֶשְׂרִים שָׁנָה וְשָׁלֹשׁ שָׁנִים =	
30	[f]שְׁלֹשִׁים	
31	שְׁלֹשִׁים וְאֶחָד	שְׁלֹשִׁים וְאַחַת
32	שְׁלֹשִׁים וּשְׁנַיִם	שְׁלֹשִׁים וּשְׁתַּיִם
예)	'33일'[i] שְׁלֹשִׁים יוֹם וּשְׁלֹשֶׁת יָמִים	
40	אַרְבָּעִים	
50	חֲמִשִּׁים	

수	남성 명사의 계수(여성은 드묾)
60	שִׁשִּׁים
70	שִׁבְעִים
예)	[j]חָמֵשׁ שָׁנִים וְשִׁבְעִים שָׁנָה '75년'
80	שְׁמֹנִים
90	תִּשְׁעִים
100	מֵאָה / מְאַת(연계형) מֵאוֹת(복) '백들'
200	[k]מָאתַיִם(쌍)
예)	'130년' [l]מֵאָה וּשְׁלֹשִׁים שָׁנָה שְׁלֹשִׁים וּמְאַת שָׁנָה =
300	שְׁלֹשׁ מֵאוֹת
예)	שְׁלֹשׁ מֵאוֹת עֶשְׂרִים וּשְׁמֹנָה '328'[m]
천	אֶלֶף / אֲלָפִים(복) '천들'
2천	אַלְפַּיִם(쌍)
3천	שְׁלֹשֶׁת אֲלָפִים
예)	שְׁלֹשֶׁת אֲלָפִים וּשְׁבַע מֵאוֹת '3,700'
만	[n]רְבָבָה / רְבָבוֹת(복) '만들'
2만	רִבּוֹתַיִם(쌍)
4만	אַרְבַּע [n]רִבּוֹא

2) 도표에서 볼 수 있지만, '11'에서 '19'까지는 '10'을 나타내는 단어가 기수 '10'(עֶשֶׂר/עֲשָׂרָה)과 비슷한 עָשָׂר(남)/עֶשְׂרֵה(여)이며 그것은 항상 '1'의 자리 뒤에 위치한다. 예컨대, '11'은 אַחַד עָשָׂר(남)/אַחַת עֶשְׂרֵה(여).

3) '20' 이상의 십 단위 기수에서 '20'의 표현은 עֶשֶׂר('10')의 복수인 עֶשְׂרִים('20')을 사용하나 '30'부터는 모두 한 자리 기수의 복수로 표현한다.

עֶשֶׂר '10' → עֶשְׂרִים '20'

그러나 שָׁלֹשׁ '3' → שְׁלֹשִׁים '30' / אַרְבַּע '4' → אַרְבָּעִים '40'

4) 이러한 '20' 이상의 숫자 단위들은 모두 남녀 공용 계수로서 별도로 각각의 남성과 여성의 단위를 갖지 않는다. 즉 '20,' '30,' '40,' '100' 이상의 숫자 단위들은 남성과 여성이 구분되지 않고 공용이다. 다만 일 단위에서 성이 구분될 뿐이다. 그러나 구약에서 20이상의 여성 계수는 매우 드물다.

עֶשְׂרִים וְאֶחָד אִישׁ[g] '21명의 남자'/ עֶשְׂרִים וְאַחַת אִשָּׁה '21명의 여자'

5) '백,' '천,' '만'은 별도의 숫자 단어가 존재한다. '만'이 최고 단위지만 잘 사용되지 않는다: מֵאָה '백'/ אֶלֶף '천'/ רְבָבָה '만'

6) 다음은 도표에 있는 영문 각주의 설명이다.

a. 앞서 말한 대로, '1'부터 '19'까지는 '10'을 나타내는 단어 עָשָׂר(남)/עֶשְׂרֵה(여)가 항상 뒤에 위치한다.

b. '11'의 '1'을 지시하는 독특한 עַשְׁתֵּי는 오직 '11'에서만 사용된다.

c. '12'의 '2'를 지시하는 שְׁנֵים(남)/שְׁתֵּים(여)은 기수 '2' שְׁנַיִם(남)/שְׁתַּיִם(여)와 약간 다르다. 이 '2'의 형태는 오직 12에서만 나타난다.

d. 앞서 말한 대로, '2' 이상의 계수되는 명사는 당연히 복수인데 이것은 십 단위 이상의 숫자 표현에서도 마찬가지이다. 따라서 복수 בָּנִים('아들들')이 사용된다. 계수되는 명사는 대체로 뒤에 위치하지만, 그것이 앞에 오는 경우도 있다: בָּנִים חֲמִשָּׁה עָשָׂר '아들들, 15명'/ בָּנָיו וּבְנוֹתָיו שְׁלֹשִׁים וְשָׁלֹשׁ '그의 아들들과 딸들 33명' = '33명의 그의 아들딸들.'

e. 그러나 십 단위 이상의 표현에서 소수의 명사들은 예외적으로 단수를 취할 수 있으며 항상 뒤에 위치한다: אִישׁ '남자'/ יוֹם '날'/ שָׁנָה '해, 년'/ נֶפֶשׁ '혼' 등. 예컨대, '3년'은 שָׁלֹשׁ שָׁנִים이지만 '30년'은 단수 שָׁנָה를 사용한 שְׁלֹשִׁים שָׁנָה로 표현될 수 있다. 복수와 함께 שְׁלֹשִׁים שָׁנִים=שָׁנִים שְׁלֹשִׁים도 가능하나 거의 사용되지 않는 편이다. 마찬가지로 '3명(사람)'은 שָׁלֹשׁ אֲנָשִׁים이지만 '12명'은 שְׁנֵים עָשָׂר אִישׁ이다(שְׁנֵים עָשָׂר אֲנָשִׁים도 가능).

f. 위에서 언급한 '20'과 '30'이상의 표현 방법의 차이가 확인된다.

g. '21'부터는 접속사 וְ를 사용하여 단위 별 숫자를 병렬시키는 방식을 취한다. 예컨대, '21'은 '20과 1'로 표현한다. 이것은 순서를 바꾸어도 상관없다. 즉 '1과 20'도 가능하다. 결국 이것은 두 가지 방식으로 표현된다.

h. '23'년에 대한 표현은 문자적으로 각각 다음과 같다.
'20과 3년' = '3과 20년' = '20년과 3년.'[151)]

i. 문자적으로 '30일과 3일.' 역시 다른 방식의 표현법이 가능하다.

j. 문자적으로 '70년과 5년.' 역시 다른 방식의 표현법이 가능하다.

k. '2백', '2천', '2만'은 각각의 기본 단위 수의 쌍수로 표현한다.

l. '백'(מֵאָה)은 대체로 절대형이 많이 쓰이나 연계형도 나타난다. 문자적으로 각각 '100과 30년,' '30과 100년.'

m. 세 자리 수 이상의 숫자는 흔히 마지막 숫자 단위 앞에 וְ를 붙인다. 그러나 중간에 וְ를 추가로 넣는 경우도 자주 나타난다. 예컨대, '365'년은 각 숫자에 וְ를 넣어 חָמֵשׁ וְשִׁשִּׁים שָׁנָה וּשְׁלֹשׁ מֵאוֹת שָׁנָה('5와 60[=65]년, 그리고 300년')으로 표현할 수 있다.

n. '만'은 후대에는 드물게 רִבּוֹ(=רִבּוֹא)(단)/ רִבּוֹת(=רִבֹּאוֹת)(복)로 나타나기도 한다. 예컨대, אַרְבַּע רִבּוֹ('4만')은 후대의 표현법이다. 원래는 '만' 단위의 숫자 표현은 영어와 마찬가지로 십 배수의 אֶלֶף('천')을 사용하는 것이 관례다. '4만'은 '40천'을 의미하는 אַרְבָּעִים אֶלֶף으로 표현한다. 마찬가지로 מֵאָה אֶלֶף는 '100천,' 즉 '10만'이다.

7) 기타 기수 표현법들

① 사람의 나이를 표현할 때, 숫자 앞에 בֶּן을 쓸 수 있다(숫자־בֶּן).
בֶּן־מֵאָה וְעֶשְׂרִים שָׁנָה '120세' (문자적으로 '120년의 아들')

② '2'부터 '10'의 연계형 기수에는 접미 대명사가 붙기도 한다.
שְׁנֵינוּ '우리 둘' / שְׁלָשְׁתָּם[a] '그들 셋'(שְׁלֹשֶׁת + ָם) a. לָשׁ[o]

151) 마지막의 עֶשְׂרִים שָׁנָה וְשָׁלֹשׁ שָׁנִים('20년과 3년')은 '년'을 각각에 붙인 경우인데, '20년'은 e.의 원칙을 따라 단수 שָׁנָה가, '3년'은 d.의 원칙을 따라 복수 שָׁנִים이 붙는다. 나머지 두 경우는 '년'이 한번만 붙는데 e.의 원칙이 적용되어 단수 שָׁנָה가 붙는다.

③ 횟수나 반복은 수사 뒤에 발걸음이나 일정한 간격을 뜻하는 פַּ֫עַם을 사용하며 가끔은 여성 기수를 쌍수로 만들어 표현한다.

שֶׁ֫בַע פְּעָמִים = שִׁבְעָתַ֫יִם '일곱 번'

8) 큰 숫자 표현의 예들

שֵׁ֫שֶׁת אֲלָפִים שְׁבַע מֵאוֹת וְעֶשְׂרִים '6,720'

שְׁלֹ֫שֶׁת אֲלָפִים וְשֵׁשׁ[a] מֵאוֹת וּשְׁלֹשִׁים '3,630' a. 중간에 וְ가 추가됨

תִּשְׁעָה וַחֲמִשִּׁים אֶ֫לֶף וּשְׁלֹשׁ מֵאוֹת '59,300'

(9와 50천[=59천=5만 9천], 그리고 300)

5. 서수의 표현법

1) '첫째'에서 '열째'까지의 서수는 형용사로 간주된다. 명사를 수식할 때 서수에 관사가 붙기도 하고 안 붙기도 한다. 그러나 시간을 표현할 때는 몇몇의 경우를 제외하고 대체로 서수에 관사가 붙는 것이 관례다. 서수에 관사가 붙으면 명사에도 관사가 붙는 것이 일반적이나 명사에 붙지 않는 경우도 있다.

בֵּן שֵׁנִי '둘째 아들'/ הַפַּר הַשֵּׁנִי '두 번째 황소'

אֲנִי רִאשׁוֹן וַאֲנִי אַחֲרוֹן '나는 처음이요, 그리고 나는 나중이다'

בַּיּוֹם הָרִאשׁוֹן '첫째 날에'/ בַּיּוֹם הַשֵּׁנִי '둘째 날에'

יוֹם הַשִּׁשִּׁי '여섯째 날'(창 1:31) (명사에 관사가 안 붙은 사례)

2) 기수 '1'인 אֶחָד는 가끔 서수 '첫째'를 의미할 수 있다.

יוֹם אֶחָד '첫째 날'(창 1:5) בְּאֶחָד לַחֹ֫דֶשׁ '그달의 첫째 날에'(창 8:5)

3) 수식을 받는 명사가 복수인 경우 서수도 동일한 복수 어미를 취한다.

אִישׁ שְׁלִישִׁי '세 번째 사람' / אֲנָשִׁים שְׁלִישִׁים '세 번째 사람들'

4) '열한 번째'부터 그 이상은 *기수가 서수로도* 사용된다.

שִׁשִּׁים יוֹם וְשֵׁ֫שֶׁת יָמִים '66(60일과 6일) 동안'(레 12:5) - 기수

בִּשְׁנַת עֶשְׂרִים וָשֶׁ֫בַע שָׁנָה '제27년(20년과 7년)에'- 서수

13과 연습문제

이제 숫자 표기법을 마지막으로 중요한 문법 사항들을 대부분 다루었다. 남은 것은 동사의 여러 어간형들과 그것들의 용법이다. 현재까지 배운 모든 문법 사항은 단지 칼형 동사와 니팔 동사를 가지고 다루어졌다. 앞으로 남은 주요 학습 내용은 문법이 아닌 각 동사 어간들의 형태적 특징과 용법에 대한 것이다. 이것은 약동사까지 이어질 것이다.

I. 어휘 ※ 숫자 단어는 어휘 목록에서 제외됨.

דָּם	피/(복) דָּמִים (흘린) 피	פַּ֫עַם	발걸음, 횟수 /(복) פְּעָמִים	צִיּוֹן	시온
שָׁנָה	해, 년(year)	בְּכוֹר	초태생, 장자	אֹיֵב	대적, 원수
אוֹ	또는, 혹은	אֹ֫כֶל	식량, 먹을 것	חֶ֫רֶב	칼, 검
לֵאָה	레아	רִבְקָה	리브가	פֶּן	..하지 않도록
לָכַד	붙잡다, 탈취하다	יָכֹל	..할 수 있다	שָׁפַךְ	쏟다, 흘리다
שָׁאַל	질문하다, 구하다	שָׂרַף	불태우다	קָבַר	매장하다
קָבַץ	모으다 (닢) נִקְבַּץ 모이다	בָּחַר בְּ־	..를 선택하다	שָׁכַח[a]	잊다

a. 앞서 기본적인 내용을 언급했고 약동사에서 자세히 배우지만 שָׁכַח('잊다')와 같이 마지막 자음이 후음인 동사는 '아'음을 선호하는 후음의 특징으로 인해 미완료나 명령형의 마지막 모음 홀렘이 파타로 바뀌거나 도입 파타를 사용한다: 예컨대, 미완료 יִשְׁכֹּח 대신 יִשְׁכַּח/ 부정사 절대형 שָׁכֹח 대신 שָׁכֹ֫חַ

※ 문장 해석을 위한 도움말

הָיָה(완)/יִהְיֶה(미완)에 인칭 접미어와 접두어가 붙는 형태는 약동사에서 자세히 배울 것이나 매우 흔하게 쓰이므로 여기서 기본적인 것을 익힌다. 특히 어떤 인칭 접미어가 붙으면 침묵음인 마지막 자음 ה가 사라진다.

ו(완료 접미) + הָיָה → הָיוּ[hāyû, 하유] '그들이/그녀들이 ..이었다'
ו(완료 접미) + יִהְיֶה → יִהְיוּ[yihyû, 이흐유] '그들이 ..일 것이다'
יִהְיֶה + תּ(미완 접두) → תִּהְיֶה '그녀는/너(남)는 ..일 것이다'
ו(미완 접미) + תִּהְיֶה → תִּהְיוּ '너희들(남)이 ..일 것이다'

II. 다음 동사들을 분해하라. 어간은 칼과 니팔중 하나다.

※ 형태는 완료, 미완/미완(연장), 명령, 부절/부연, 분사 중 하나다.

※ 미완 2,3인칭은 모두 직설법이며 지시법은 없다.

※ 바브 연속은 완료/미완 앞에 '바연'이라 쓰라. 직관적 해석을 먼저 시도하라.

문 제		어근	어간	형태	인칭·성·수	해 석
	אֶקְטְלָה	קָטַל	칼	미완(연장)	1.공.단	내가 죽이게 하라
	וַיִּקְטֹל	קָטַל	칼	바연.미완	3.남.단	그리고 그가 죽였다
①	יִקָּֽבְצוּ					
②	בְּחַרְתֶּם					
③	יִהְיוּ					
④	תִּשְׁפֹּטְנָה					
⑤	וַיִּלְכְּדוּ					
⑥	אֶמְלֹךְ					
⑦	יָֽכְלָה					
⑧	תִּכְתְּבִי					
⑨	קִבְרוּ					
⑩	יִשָּׁפֵךְ					
⑪	שָׁאוֹל					
⑫	וַתִּשְׂרְפוּ					
⑬	הִקָּֽבְצוּ					
⑭	יִזָּֽכְרוּ					
⑮	נִלְכְּדָה					
⑯	אֶקְבְּרָה					

III. 다음을 해석하라.

(1) עָלָה כְּבוֹד יהוה מֵעַל תּוֹךְ הָעִיר (겔 11:23)

(2) וּמָלַךְ יהוה עֲלֵיהֶם בְּהַר צִיּוֹן מֵעַתָּה וְעַד־עוֹלָם׃ (미 4:7)

(3) וּרְדַפְתֶּם אֶת־אֹיְבֵיכֶם וְנָפְלוּ לִפְנֵיכֶם לֶחָרֶב׃ (레 26:7)

(4) הוֹלֵךְ בְּחָכְמָה הוּא יִמָּלֵט (잠 28:26)

(5) וְאֶקְבְּרָה אֶת־אָבִי בְּאֶרֶץ כְּנַעַן שָׁמָּה

(6) נִלְכְּדָה הָעִיר וַתִּנָּתֵן בְּיָדָם וַתִּשָּׂרֵף בָּאֵשׁ הִיא וְכָל־אֲשֶׁר בָּהּ׃

(7) לְלָבָן שְׁתֵּי בָנוֹת שֵׁם הַגְּדֹלָה לֵאָה וְשֵׁם הַקְּטַנָּה רָחֵל׃ (창 29:16)

(8) וַיִּקְרָא מַלְאַךְ יהוה אֶל־אַבְרָהָם [a]שֵׁנִית מִן־הַשָּׁמָיִם׃ (창 22:15) a. 서수.

(9) לָכֵן הִנְנִי קֹבֵץ אֶתְכֶם אֶל־תּוֹךְ יְרוּשָׁלָםִ׃ (겔 22:19)

(10) נִקְבְּצוּ אֵלָיו מִיִּשְׂרָאֵל קָהָל רַב־מְאֹד אֲנָשִׁים וְנָשִׁים (스 10:1)

(11) לֹא יִשְׁכַּח יהוה אֶת־בְּרִית אֲבֹתֶיךָ אֲשֶׁר נִשְׁבַּע לָהֶם׃ (신 4:31)

(12) וִידַעְתֶּם כִּי אֲנִי יהוה אֱלֹהֵיכֶם שֹׁכֵן בְּצִיּוֹן הַר־קָדְשִׁי׃ (욜 4:17)

(13) אֲדֹנִי שָׁאַל אֶת־עֲבָדָיו לֵאמֹר הֲיֵשׁ־לָכֶם אָב אוֹ־אָח׃ (창 44:19)

(14) וְאַתָּה בֶן־אָדָם הֲתִשְׁפֹּט הֲתִשְׁפֹּט אֶת־עִיר הַדָּמִים (겔 22:2)

(15) וַיִּשְׁאַל לָהֶם לְשָׁלוֹם וַיֹּאמֶר הֲשָׁלוֹם אֲבִיכֶם הַזָּקֵן (창 43:27)

(16) וַיְהִי מֹשֶׁה בָּהָר [a]אַרְבָּעִים יוֹם [a]וְאַרְבָּעִים לָיְלָה׃ (출 24:18) a. 숫자.

(17) וְיָסַפְתָּ לְךָ עוֹד [a]שָׁלֹשׁ עָרִים עַל [a]הַשָּׁלֹשׁ הָאֵלֶּה׃ (신 19:9) a. 숫자.

(18) לֹא־נִמְלַט מֵהֶם אִישׁ כִּי אִם־[a]אַרְבַּע מֵאוֹת[a] אִישׁ־נַעַר (삼상 30:17)

a.-a. 숫자.

(19) וּמֹשֶׁה בֶּן־[a]מֵאָה וְעֶשְׂרִים[a] שָׁנָה בְּמֹתוֹ (신 34:7) a.-a. 숫자.

(20) יָשַׁב [a]יִרְמְיָהוּ בַּמָּקוֹם עַד־יוֹם אֲשֶׁר־נִלְכְּדָה יְרוּשָׁלָםִ׃ (렘 38:28)

a. 예레미야.

(21) לֹא יָכֹלְתִּי אָנֹכִי לְבַדִּי לִשְׁפֹּט אֶת־כָּל־הָעָם הַזֶּה כִּי כָבֵד מִמֶּנִּי׃ (민 11:14)

(22) עַם קָדוֹשׁ אַתָּה לַיהוה אֱלֹהֶיךָ בְּךָ בָּחַר יהוה אֱלֹהֶיךָ
מִכֹּל הָעַמִּים אֲשֶׁר עַל־פְּנֵי הָאֲדָמָה׃ (신 7:6)

(23) שֹׁפֵךְ דַּם הָאָדָם בָּאָדָם דָּמוֹ יִשָּׁפֵךְ כִּי [a]בְּצֶלֶם אֱלֹהִים
עָשָׂה אֶת־הָאָדָם׃ (창 9:6) a. צֶלֶם '형상'(image)

(24) וַאֲנִי הִנֵּה לָקַחְתִּי אֶת־הַלְוִיִּם מִתּוֹךְ בְּנֵי יִשְׂרָאֵל
תַּחַת כָּל־בְּכוֹר וְהָיוּ לִי הַלְוִיִּם׃ (민 3:12)

(25) שָׁמָּה קָבְרוּ אֶת־אַבְרָהָם וְאֵת שָׂרָה אִשְׁתּוֹ שָׁמָּה קָבְרוּ אֶת־יִצְחָק
וְאֵת רִבְקָה אִשְׁתּוֹ וְשָׁמָּה קָבַרְתִּי אֶת־לֵאָה׃ (창 49:31)

(26) וַיִּשְׁלַח אֵלָיו [a]אֱלִישָׁע מַלְאָךְ לֵאמֹר הָלוֹךְ [b]וְרָחַצְתָּ [c]שֶׁבַע־פְּעָמִים
בַּיַּרְדֵּן (왕하 5:10) a. 엘리사. b. רָחַץ '목욕하다, 씻다.' c. 숫자.

(27) רַק הִשָּׁמֶר־לְךָ וּשְׁמֹר נַפְשְׁךָ מְאֹד פֶּן־תִּשְׁכַּח אֶת־הַדְּבָרִים
אֲשֶׁר־[a]רָאוּ עֵינֶיךָ (신 4:9) a. ו + רָאָה

(28) אָמְרוּ [a]שְׁנֵים עָשָׂר[a] עֲבָדֶיךָ אַחִים אֲנַחְנוּ בְּנֵי אִישׁ־אֶחָד בְּאֶרֶץ כְּנָעַן
וְהִנֵּה הַקָּטֹן אֶת־אָבִינוּ הַיּוֹם וְהָאֶחָד אֵינֶנּוּ׃ (창 42:13) a.-a. 숫자.

(29) וַיִּקְבֹּץ אֶת־כָּל־אֹכֶל [a]שֶׁבַע שָׁנִים אֲשֶׁר הָיוּ בְּאֶרֶץ מִצְרַיִם
(창 41:48) a. 숫자.

(30) נִשְׁבַּעְנוּ [a]שְׁנֵינוּ אֲנַחְנוּ בְּשֵׁם יהוה לֵאמֹר יהוה יִהְיֶה בֵּינִי
וּבֵינֶךָ וּבֵין זַרְעִי וּבֵין זַרְעֲךָ עַד־עוֹלָם׃ (삼상 20:42) a. ֵנוּ + 숫자.

(31) וַיִּשְׁכַּב [a]יְהוֹאָשׁ עִם־אֲבֹתָיו וַיִּקָּבֵר [b]בְּשֹׁמְרוֹן עִם מַלְכֵי יִשְׂרָאֵל
וַיִּמְלֹךְ [c]יָרָבְעָם בְּנוֹ תַּחְתָּיו׃ (왕하 14:16)
a. '요아스.' b. שֹׁמְרוֹן '사마리아.' c. 발음 [yā-rob-'ām], '여로보암.'

13과 연습문제 해답

II. 동사 분해 해답

	문제	어근	어간	형태	인칭·성·수	해석
①	יִקָּבְצוּ	קָבַץ	니팔	미완	3.남.복	그들이 모일 것이다
②	בְּחַרְתֶּם	בָּחַר	칼	완료	2.남.복	너희(남)가 선택했다
③	יִהְיוּ	הָיָה	칼	미완	3.남.복	그들이 있을 것이다
④	תִּשְׁפֹּטְנָה	שָׁפַט	칼	미완	3.여.복	그녀들이 심판할 것이다
				미완	2.여.복	너희(여)가 심판할 것이다
⑤	וַיִּלְכְּדוּ	לָכַד	칼	바연.미완	3.남.복	그리고 그들이 탈취했다
⑥	אֶמְלֹךְ	מָלַךְ	칼	미완	1.공.단	내가 다스릴 것이다 /왕이 될 것이다
⑦	יָכְלָה	יָכַל	칼	완료	3.여.단	그녀는 ..할 수 있었다
⑧	תִּכְתְּבִי	כָּתַב	칼	미완	2.여.단	너(여)는 쓸 것이다
⑨	קִבְרוּ	קָבַר	칼	명령	남.복	너희(남)는 매장하라
⑩	יִשָּׁפֵךְ	שָׁפַךְ	니팔	미완	3.남.단	그것이 쏟아질 것이다
⑪	שָׁאוֹל	שָׁאַל	칼	부절		묻는 것, 질문하는 것
⑫	וַתִּשְׂרְפוּ	שָׂרַף	칼	바연.미완	2.남.복	그리고 너희(남)가 불살랐다
⑬	הִקָּבְצוּ	קָבַץ	니팔	명령	남.복	너희(남)는 모이라
⑭	יִזָּכְרוּ	זָכַר	니팔	미완	3.남.복	그들이 기억될 것이다
⑮	נִלְכְּדָה	לָכַד	칼	미완(연장)	1.공.복	우리가 탈취하자
			니팔	완료	3.여.단	그녀가 탈취되었다
⑯	אֶקְבְּרָה	קָבַר	칼	미완(연장)	1.공.단	내가 묻으리라

※ 15번 문제 설명

1) הָ (연장 어미) + נִלְכֹּד(칼 미완, '우리가 탈취할 것이다')

2) הָ (3.여.단) + נִלְכַּד(니팔 완료, '그가 탈취되었다')

III. 문장 해석

(1) 여호와의 영광이 그 성읍의 중앙으로부터 올라왔다. (תּוֹךְ는 연계형)

(2) 그리고 여호와가 시온산에서 지금부터 영원까지 너희를 다스리실 것이다.

(3) 그리고 너희는 너희의 적들을 뒤쫓을 것이요 그들이 너희(남) 앞에서 검에 쓰러질 것이다.

(4) 지혜 안에서 걷는 자, 그는 탈출할 것이다(구출될 것이다, 안전할 것이다).

(5) 그리고 제가 가나안 땅 거기에 저의 아버지를 묻고 싶습니다(묻게 하소서)! (바브의 형태[וְ]를 볼 때 바브 연속법[וָ]이 아닌 바브 접속법이다)

(6) 그 성읍이 탈취되었다. 그리고 그것이 그들의 손에 넘겨졌으며 그것(여)과 그(여) 안에 있는 모든 것이 (그)불에 태워졌다.

(7) 라반에게 두 딸이 있었다. 큰 애의 이름은 레아이고 작은 애의 이름은 라헬이었다.

(8) 그리고 여호와의 사자(천사)가 하늘에서 아브라함을 두 번째 불렀다.

(9) 그러므로 보라, 내가 너희를 예루살렘 한복판으로 모으리라. (임박한 미래)

(10) 이스라엘로부터(이스라엘 백성으로부터) 매우 큰(많은) 회중이, 남자들과 여자들이(할 것 없이), 그에게 모였다.

(11) 여호와는 그들에게 맹세했던 너의 조상들의 언약을 잊지 않으실 것이다. (יִשְׁכַּח의 모음에 대해 어휘의 설명을 보라)

(12) 그리고 너희는 내가 나의 성산(거룩한 산) 시온에 거하는 여호와 너희의 하나님이라는 것을 알게 되리라. (כִּי이하는 명사절)

(13) 저의 주인님이 그분의 종들에게 물어 이르셨습니다. "너희에게 아버지나 형제가 있느냐?"

(14) 그리고 인자야(사람의 아들아, 사람아) 너는 치리하겠느냐? 그 피의(피 흘린) 성읍을 치리하겠느냐? ('피'의 복수는 보통 '흘린 피'를 의미한다)

(15) 그리고 그는 그들에게 안부(평안)를 물어 말했다. "너희 연로하신 아버지는 평안하시냐?"

(16) 그리고 모세는 40일 낮과 40일 밤 동안 그 산에 있었다.

(17) 그리고 너는 다시 이 셋(성읍) 위에 세 성읍을 너에게 더할지어다.

(18) 400명의 소년들 외에 한 사람도 그들로부터 도망가지 못했다(구출되지 못했다). (כִּי אִם의 용법은 6과를 보라)

(19) 그리고 모세는 그의 죽음에서(그가 죽을 때) 120세(120년의 아들)였다.

(20) 예레미야는 그 장소에 머물렀다. 예루살렘이 함락되던 날까지.

(21) 저는 나 홀로 이 모든 백성을 판결(판결하는 것을) 할 수 없습니다. 왜냐하면, 그것(그일)은 저에게 너무 과중하기(나보다 무겁기) 때문입니다.
(부정사 + לְ יָכֹל는 숙어로 영어의 'be able to do'와 동일하다. 또한 여기서 לְ가 이끄는 부정사구는 명사 용법으로 볼 수 있다: '..하는 것을 할 수 있다')

(22) 너는 여호와 너의 하나님께 거룩한 백성이다. 여호와 너의 하나님이 지면(그 땅의 표면) 위에 모든 백성들 중에서 너를 선택하셨다.

(23) 사람의 피를 흘리는 자는 그 사람에 의해(בָּאָדָם) 그의 피가 흘려야 한다. 왜냐하면, 그가 하나님의 형상으로 (그)사람을 만드셨기 때문이다.

(24) 그리고 보라, 내가 (그)레위인들을 이스라엘 자손들 중에서 취했느니라. 모든 장자를 대신해서. 그래서 (그)레위인들은 내게 속할 것이다(지시법으로 '속할지니라, 속해야 한다'도 가능). (הָיוּ ← וּ + הָיָה)

(25) 그들이 거기에 아브라함과 그의 아내 사라를 묻었고, 거기에 그들이 이삭과 그의 아내 리브가를 묻었으며, 그리고 거기에 내가 레아를 묻었습니다. (여기서 앞부분은 수동태 해석이 가능하다. '그들이'는 불특정 복수이기에 '아브라함과 그의 아내 사라가 묻혔고 . . 이삭과 리브가가 묻혔고'로 번역될 수 있다)

(26) 그리고 엘리사가 그에게 전령(사신, 사자)을 보내 말했다. "당신은 가시오. 그리고 요단강에서 일곱 번 목욕하시오." (부정사 절대형이 가끔 명령으로 사용되는데 여기서 הָלוֹךְ이 그 용법의 한 가지 사례다)

(27) 오직 너는 자신을 위해 스스로 삼가라(지키라, 주의하라) 그리고 너의 영혼을 힘써 지키라. 너희 눈(들)이 보았던 그 일들을 네가 잊지 않도록.

(28) 그들이 말했다. "당신의 종들은 12명인데, 우리는 형제요 가나안 땅에 계시는 한 사람의 아들들입니다. 그리고 보소서, 오늘 막내가 우리 아버지와 함께 있습니다. 그리고 한명은 (그는)없어졌습니다(없습니다)."

(29) 그리고 그가 이집트 땅에 있었던 칠년간의 모든 식량을 모았다.
(여기서 אֹכֶל은 연계형으로 '..년의 식량'을 뜻한다)

(30) 우리 둘은 여호와의 이름으로 맹세하여 말했다. "여호와께서 나와 너 사이에, 나의 씨(후손)과 너의 씨(후손) 사이에 영원토록 계실 것이다." (여기서 יִהְיֶה가 지시법 '..계실지어다'도 가능하다. 참고. 각주 134)

(31) 그리고 요아스가 그의 조상들과 함께 잠들었다. 그리고 그는 이스라엘의 왕들과 함께 사마리아에 묻혔다. 그리고 그의 아들 여로보암이 그를 대신하여(뒤이어) 왕이 되었다(다스렸다).

14과 피엘과 푸알 동사

A. 피엘과 푸알의 변화

1. 개요

1) 이 과에서는 동사의 강조 어간형들(intensive stems), 곧 피엘과 푸알, 그리고 히트파엘 중에서 앞의 두 개를 배울 것이다. 가장 기본적인 의미로 피엘(Piel)은 능동태로서 칼의 강조이며 푸알(Pual)은 피엘의 수동이다.

2) 이미 언급했듯이, 이 동사들의 형태상의 공통적 특징은 동사 어근(root)의 세 자음 중 중간의 것에 중강점이 찍힌다는 것이다.

קִטֵּל(피엘) / קֻטַּל(푸알) / הִתְקַטֵּל(히트파엘)

2. 피엘과 푸알의 기본 도표

1) 먼저 앞서 외운 〈동사 어간의 기본 도표〉에서 피엘과 푸알 어간을 동사 שָׁבַר('부수다, break')에 적용하면 아래와 같다. 이 동사의 피엘형인 שִׁבֵּר는 '박살내다'(shatter), '산산조각 내다'(break into pieces)라는 강화된 의미를 갖는다.

2) 피엘과 푸알의 기본 도표는 다음과 같다. 동사 שָׁבַר의 수동형 푸알은 히브리어 성경에 나타나지 않으나 문법적 설명을 위해 만들어 넣었다.

형태	피엘	해 석	푸알	해 석
완료	שִׁבֵּר	그가 박살냈다	שֻׁבַּר	그가 박살났다
미완	יְשַׁבֵּר	그가 박살낼 것이다	יְשֻׁבַּר	그가 박살날 것이다
명령	שַׁבֵּר	너는 박살내라	(שֻׁבַּר)	—
부연	שַׁבֵּר	박살내는 것	שֻׁבַּר	박살나는 것
부절	שַׁבֹּר	박살내는 것	שֻׁבֹּר	박살나는 것
분사	מְשַׁבֵּר	박살내는	מְשֻׁבָּר	박살나는

3. 피엘과 푸알의 변화표

완료		Piel	해 석	Pual	해 석
단수	3.남.단	שִׁבֵּר	그는 박살냈다	שֻׁבַּר	그는 박살났다
	3.여.단	שִׁבְּרָה[a]	그녀는 박살냈다	שֻׁבְּרָה	그녀는 박살났다
	2.남.단	שִׁבַּ֫רְתָּ[b]	너(남)은 박살냈다	שֻׁבַּ֫רְתָּ	너(남)는 박살났다
	2.여.단	שִׁבַּרְתְּ	너(여)는 박살냈다	שֻׁבַּרְתְּ	너(여)는 박살났다
	1.공.단	שִׁבַּ֫רְתִּי	나는 박살냈다	שֻׁבַּ֫רְתִּי	나는 박살났다
복수	3.공.복	שִׁבְּרוּ	그들/그녀들은 박살냈다	שֻׁבְּרוּ	그들/그녀들은 박살났다
	2.남.복	שִׁבַּרְתֶּם[b]	너희(남)는 박살냈다	שֻׁבַּרְתֶּם	너희(남)는 박살났다
	2.여.복	שִׁבַּרְתֶּן	너희(여)는 박살냈다	שֻׁבַּרְתֶּן	너희(여)는 박살났다
	1.공.복	שִׁבַּ֫רְנוּ	우리는 박살냈다	שֻׁבַּ֫רְנוּ	우리는 박살났다
미완료		**Piel**	**해 석**	**Pual**	**해 석**
단수	3.남.단	יְשַׁבֵּר	그는 박살낼 것이다	יְשֻׁבַּר	그는 박살날 것이다
	3.여.단	תְּשַׁבֵּר	그녀는 박살낼 것이다	תְּשֻׁבַּר	그녀는 박살날 것이다
	2.남.단	תְּשַׁבֵּר	너(남)는 박살낼 것이다	תְּשֻׁבַּר	너(남)는 박살날 것이다
	2.여.단	תְּשַׁבְּרִי	너(여)는 박살낼 것이다	תְּשֻׁבְּרִי	너(여)는 박살날 것이다
	1.공.단	אֲשַׁבֵּר	나는 박살낼 것이다	אֲשֻׁבַּר	나는 박살날 것이다
복수	3.남.복	יְשַׁבְּרוּ	그들은 박살낼 것이다	יְשֻׁבְּרוּ	그들은 박살날 것이다
	3.여.복	תְּשַׁבֵּ֫רְנָה[b]	그들은 박살낼 것이다	תְּשֻׁבַּ֫רְנָה	그녀들은 박살날 것이다
	2.남.복	תְּשַׁבְּרוּ	너희(남)는 박살낼 것이다	תְּשֻׁבְּרוּ	너희(남)는 박살날 것이다
	2.여.복	תְּשַׁבֵּ֫רְנָה	너희(여)는 박살낼 것이다	תְּשֻׁבַּ֫רְנָה	너희(여)는 박살날 것이다
	1.공.복	נְשַׁבֵּר	우리는 박살낼 것이다	נְשֻׁבַּר	우리는 박살날 것이다
연장		אֲשַׁבְּרָה[c]	나는 박살내기를 원한다	—[a]	—
명령		**Piel**	**해 석**	**Pual**	**—**
단	남.단	שַׁבֵּר	너(남)는 박살내라	—[b]	
	여.단	שַׁבְּרִי	너(여)는 박살내라		
복	남.복	שַׁבְּרוּ	너희(남)는 박살내라		
	여.복	שַׁבֵּ֫רְנָה	너희(여)는 박살내라		

분사 '박살내는'			부정사		분사 '박살나는'			부정사	
단	남.단	מְשַׁבֵּר	부연	שַׁבֵּר '박살내는 것'	단	남.단	מְשֻׁבָּר	부연	שֻׁבַּר[d] '박살나는 것'
	여.단	מְשַׁבְּרָה[d]				여.단	מְשֻׁבָּרָה[c]		
복	남.복	מְשַׁבְּרִים	부절	(שַׁבֹּר)[e]	복	남.복	מְשֻׁבָּרִים	부절	שֻׁבֹּר[d] '박살나는 것'
	여.복	מְשַׁבְּרוֹת				여.복	מְשֻׁבָּרוֹת		

1) 피엘과 푸알의 기본 도표를 토대로 완료부터 분사에 이르기까지 모든 변화형을 만들어볼 수 있다. 예컨대, 완료는 기본형 שִׁבֵּר에 완료 접미어를, 미완료는 יְשַׁבֵּר에 미완료 접미어를, 분사는 기본형 מְשַׁבֵּר에 명사 어미를 붙이면 된다. 이미 배운 대로 부정사는 어미 변화가 없다.

2) 동사 접미어들을 붙일 때 HHP의 작용을 기억해야 한다. 피엘의 경우 변수가 더 있다면 완료에서 니팔형과 마찬가지로 경접미어나 중접미어가 붙을 때 각 기본 형태의 마지막 모음 체레(◌ֵ)가 파타(◌ַ)로 바뀌는 현상이 나타난다는 점이다. 니팔에서도 살펴봤지만, 접미와 더불어 칼 어간(קָטַל)의 종음절 모음인 '아'음으로 돌아가는 현상은 다른 어간들에서도 두드러진다. 예컨대, 피엘 완료 שִׁבֵּר에 3.여.단 접미어 ה ָ 가 붙으면 שִׁבְּרָה('그녀가 박살냈다')가 된다(역 HHP). 그러나 שִׁבֵּר에 2.남.단 접미어 תָּ가 붙으면 שִׁבַּ֫רְתָּ('너[남]는 박살냈다')이다.

3) 미완료의 경우 נָה + יְשַׁבֵּר + תְּ → תְּשַׁבֵּ֫רְנָה('그녀들이/너희[여]가 박살낼 것이다')와 더불어 기본형 두 번째 모음이 '아'인 תְּשַׁבַּ֫רְנָה 유형도 빈번히 사용된다: תְּרַטַּ֫שְׁנָה '(그 화살들이[여.복]) 쓰러트릴 것이다'(사 13:18)[152]

---

152) 종합하자면, 완료형의 경우 경/중접미어가 접미될 때 모음이 파타(◌ַ)로 바뀐다. 반면에, 미완료형은 파타(◌ַ)로 바뀌거나 자신의 모음을 유지한다. 다만, 뒤에서 배울 히필 미완료의 경우 히렉(◌ִ)이 동질 모음인 체레(◌ֵ)로 바뀐다. 우리는 동사의 접미어가 붙을 때 발생되는 모든 동사 어간들의 전반적인 모음 변화의 규칙을 다음과 같이 정리해볼 수 있다. 그러나 각 어간들의 변화에서 모음의 변화보다는 자음 형태의 특징을 우선 주목하라.

1) 동사 접미어 종류에 따른 HHP
① 모음접미: 역 HHP (단, 히필의 경우 무 HHP)
② 경 접 미: 무 HHP
③ 중 접 미: 정 HHP

2) HHP외 추가적인 모음 변화(경/중접미어가 붙는 경우)
① 완료: 모두 파타(◌ַ)로 변경
② 미완료: 파타(◌ַ)로 변경되거나 모음 유지(단, 히필은 체레(◌ֵ)로 변경)

4) 이미 3과의 경강점과 중강점에서 배운 대로, 후음이 아님에도 특정한 문자들(특히 ל와 ק)에는 종종 중강점이 찍히지 않는데 우리는 이것을 예외로 분류한다. 예를 들어, בִּקֵּשׁ에 접미어가 붙은 형태가 중강점이 생략된 בִּקְשָׁה나 בִּקְשׁוּ로 나타난다. 피엘 명령 הַלֵּל의 접미형 הַלְלוּ('너희는 찬양하라')도 마찬가지다(가운데에 강점이 원래 있었던 영향으로 [할루]가 아닌 [할^{렐}루]로 읽는다). 이러한 특징은 다른 강조 어간인 푸알과 히트파엘에서도 발견된다.

5) 다음은 영문 각주를 따른 피엘 변화의 특징이다.

a. 모음 접미어는 다른 동사 어간들과 마찬가지로 역 HHP가 발생된다.

b. 완료와 미완료에 경접미어나 중접미어가 붙을 때의 모음 변화는 위의 설명과 각주 152를 보라. 피엘의 경우 중접미어에 HHP의 모음 변화가 적용되지 않는데 어두가 폐음절이기 때문이다: שִׁבַּרְתֶּם ← תֶּם + שִׁבֵּר

c. 히필을 제외한 강동사의 모든 어간의 지시법은 미완료와 형태가 동일하며 의지법은 항상 연장 어미 ◌ָה가 공통적으로 접미되므로 별도로 외울 필요는 없다. 피엘 의지법의 1.공.복은 נְשַׁבְּרָה('우리가 박살내자/우리가 박살내리라')이다.

d. 피엘 분사 여.단의 경우 세골형(◌ֶ◌ֶת)도 자주 나타나며 이 경우 מְשַׁבֶּרֶת다. 한편, 분사 מְשַׁבֵּר의 마지막 모음은 체레(◌ֵ)인데 체레형 명사의 특징을 따라 역 HHP가 작용된다. 따라서 여기에 여.단 어미 ה ָ가 붙으면 מְשַׁבְּרָה가 된다. 그러나 푸알 분사의 경우 체레형이 아니므로 어미와 더불어 역 HHP가 적용되지 않아 모음 '아'(◌ָ 카메츠)를 유지한 מְשֻׁבָּרָה가 된다.

e. 피엘 부정사 절대형은 대부분 부정사 연계형과 공동부정사로 사용된다. 독자적인 부정사 절대형이 있긴 하나 매우 드물다.

6) 다음은 푸알 변화의 특징이다.

a. 푸알의 미완 연장형(의지법)은 나타나지 않는다.

b. 푸알은 수동이므로 명령이 존재하지 않는다.

c. 분사 여.단인 세골형(◌ֶ◌ֶת)은 푸알 어간에서 드물다. 즉 מְשֻׁבֶּרֶת와 같은 분사형은 거의 사용되지 않는다.

d. 푸알의 부정사는 매우 드물게 사용될 뿐이다(총 2회).

B. 피엘과 푸알의 의미와 용법

1. 개요

1) 피엘과 푸알의 기본적인 개념은 어근의 기본 의미의 강조나 강화다. 흔히 어근의 가운데 문자의 중복점이 그 어근의 의미의 강화를 암시하는 것으로 간주된다.

2) 피엘은 능동이며 푸알은 그것의 수동으로 간주된다.

3) 그러나 피엘과 푸알은 그 외에도 다양한 고유의 의미를 지닌다.

2. 피엘의 의미와 용법

1) 피엘은 기본적으로 칼의 강조라 할 수 있다.

2) 피엘은 강조를 포함하여 다음과 같은 몇 가지 의미를 지닌다.

① *강조(intensification)*

שָׁבַר(칼) '그는 부쉈다' → שִׁבֵּר(피엘) '박살냈다'(he shattered)

혹은 '깨부쉈다'(he broke into piece)

② *사역(causative)*

뒤에 배울 히필형의 기본 용법과 동일하게 일부 동사의 피엘은 또한 어떤 동작을 하게 만들거나 어떤 상태가 되도록 만드는 의미를 지닌다.

כָּבֵד(칼) '무겁다' → כִּבֵּד(피엘) '무겁게 만들다' = '영화롭게 하다'
קָלַל(칼) '가볍다' → קִלֵּל(피엘) '가볍게 만들다' = '멸시/저주하다'
לָמַד(칼) '배우다' → לִמֵּד(피엘) '배우게 만들다,' 즉 '가르치다'[153]

③ *지속(duration)과 반복(repetition)* - 가끔 나타나는 용법이다

הָלַךְ(칼) '그는 걸었다' → הִלֵּךְ(피엘) '계속 걸었다'
צָעַק(칼) '그는 부르짖었다' → צִעֵק(피엘)[154] '계속 부르짖었다'

---

153) 따라서 לָמַד의 피엘 לִמֵּד를 '철저히 배우다'로 해석하면 잘못이다.

154) 가운데 문자가 후음이므로 중강점을 찍지 않았다. 약동사에서 배우지만, 동일한 종류의 다른 여러 동사들에서 앞의 모음이 보상된다: מָאֵן(칼) → מֵאֵן(피엘)

④ *단순 능동*

니팔이 그렇듯이 어떤 피엘 동사는 단순 능동 의미만을 갖는다. 이때 그 피엘 동사의 칼형은 사용되지 않는 경우가 대부분이다. 왜냐하면 피엘형이 칼형 대신 단순 능동 의미로 사용되기 때문이다. 예컨대, 동사 어근 בָּקַשׁ는 피엘형 בִּקֵּשׁ가 '그가 찾았다'(he sought)를 의미하면서 칼형 בָּקַשׁ은 사용되지 않는다. 그러나 이 칼형은 다만 사전에 등록된 이 동사의 기본형(어근)으로 기억해두어야 한다. 더욱 중요하게는 명사에서 파생된 많은 동사들이 단순 능동 의미의 피엘 형태를 갖는다.[155] 이때 이 피엘 동사를 의미가 강조된 것으로 간주하기는 어렵다.

דָּבָר '말, 말씀' → דִּבֶּר/דִּבֵּר '말하다'[156] ('힘주어 말하다'가 아니다)

כֹּהֵן '제사장' → כִּהֵן[157] '제사장 직무를 행하다'

3. 푸알의 의미와 용법

1) 푸알의 기본 의미는 피엘에 대응하는 수동 동작이다.

2) 푸알의 용법은 단순하며 다음과 같다.

① *피엘의 수동*

앞서 살폈듯이, שִׁבֵּר(피엘)가 '깨부쉈다'(he broke into pieces)인 반면 수동인 שֻׁבַּר(푸알)는 '깨뜨려졌다'(it was broken into pieces)이다.

② *칼의 수동*

드물긴 하지만, 형태상 푸알인 어떤 동사는 그것과 짝을 이루는 능동태로 피엘이 아닌 칼 동사를 갖는다. 아래의 예와 같이 특이하게 어떤 칼 동사의 수동태가 니팔이 아닌 푸알의 형태로 존재하는 것이다. 이때 이 푸알 동사는 칼의 수동 의미로 사용된 셈이다.

לָקַח(칼) '..을 취했다'(능동) / לֻקַּח(푸알) '..이 취해졌다'(수동)[158]

---

155) 이런 동사를 '명사 파생 동사'(denominative)라 칭한다.

156) 피엘형 דִּבֵּר는 더욱 빈번하게는 דִּבֶּר로 나타난다.

157) כִּהֵן 또한 가운데 문자가 후음인 이유로 중강점을 찍지 않는다.

158) לֻקַּח의 형태는 푸알이지만 많은 학자들은 이 동사를 푸알이 아닌 '칼 수동형'(Qal passive)으로 분류한다. 그들의 견해에 의하면, 이것이 푸알형일 수 없는 이유가 이것의 능동인 피엘형이 전혀 발견되지 않기 때문이다. 그러나 우리는 이것을 일단 형태로는 푸알로 간주할 것이다. 이에 대해서는 약동사 편에서 더 배운다.

14과 연습문제

I. 어휘 (약어 '피'는 '피엘'을 의미함)

※ 앞으로 인명과 지명은 어휘 목록에서 제외되고 연습문제 문장에서 제시된다.

어휘	뜻	어휘	뜻	어휘	뜻
בָּשָׂר	육체, 살	זָהָב	금	עֵדָה	회중[a]
מִלְחָמָה	전쟁	כֶּסֶף	은, 돈(은전)	שֶׁקֶל	세겔(무게 단위)
נֶגֶד	..에 맞서	רַב	많은/(복) רַבִּים	חָטָא	죄짓다
בִּקֵּשׁ (בִּקַּשׁ)	(피) 찾다	צָעַק = זָעַק	외치다, 부르짖다	יִרְאָה	경외/(부정사) ..를 두려워함
הִלֵּל (הִלַּל)	(피) 찬양하다, 칭송하다	קָלַל קִלֵּל	=קַל 가볍다, 하찮다 (피) 경멸하다, 저주하다	קָדַשׁ קִדֵּשׁ	거룩하다 (피) 성별하다, 거룩하게 만들다
לָמַד לִמֵּד	배우다 (피) 가르치다	כָּבֵד כִּבֵּד	무겁다/(분) 무거운 (피) 공경하다 무겁게 하다	סָפַר סִפֵּר	세다(count) (피) 이야기하다, 상술하다

a. '회중'이란 뜻으로 קָהָל과 거의 비슷한 개념의 단어다.

II. 다음 동사들을 분해하라. 어간은 피엘과 푸알중 하나다.

※ 바브가 붙으면 바브 연속이며 완료/미완 앞에 '바연'이라 쓰라. 지시법은 없다.

	문 제	어근	어간	형태	인칭·성·수	해 석
①	קִדַּשְׁתִּי					
②	מְהַלֵּל					
③	יְבַקְשׁוּ					
④	בִּקַּשְׁתֶּם					
⑤	הַלְלוּ[a]					
⑥	כַּבֵּד					(명령 아님)
⑦	מְלֻמָּד					
⑧	אֲסַפְּרָה					
⑨	וַתְּבַקְשִׁי[a]					
⑩	סִפַּרְתִּי					

a. 원래 הַלְּלוּ이지만 ל가 연이어져 중강점이 빠졌다. [할렐루]로 읽는다.

b. ק의 중강점도 자주 생략된다.

III. 다음을 해석하라.

(1) שֹׁמֵר אֲדֹנָיו יְכֻבָּד׃ (잠 27:18)

(2) קִרְאוּ־זֹאת בַגּוֹיִם קַדְּשׁוּ מִלְחָמָה (욜 4:9)

(3) עַתָּה שֻׁלַּחְתִּי אֵלֶיךָ (단 10:11)

(4) הַשָּׁמַיִם מְסַפְּרִים כְּבוֹד־אֵל (시 19:1; *BHS* 19:2)

(5) בִּשְׂפָתַי סִפַּרְתִּי כֹּל מִשְׁפְּטֵי־פִיךָ׃ (시 119:13)

(6) כַּבֵּד אֶת־אָבִיךָ וְאֶת־אִמֶּךָ כַּאֲשֶׁר צִוְּךָ יהוה אֱלֹהֶיךָ (신 5:16)

(7) יָרַד מֹשֶׁה מִן־הָהָר אֶל־הָעָם וַיְקַדֵּשׁ אֶת־הָעָם׃ (출 19:14)

(8) יִמְלֹךְ יהוה לְעוֹלָם אֱלֹהַיִךְ צִיּוֹן לְדֹר וָדֹר הַלְלוּ־[a]יָהּ׃

a. יהוה(여호와)의 약식 이름. (시 146:10)

(9) וַיֹּאמֶר דָּוִיד אֶל־זִקְנֵי הָעָם סִפְּרוּ אֶת־יִשְׂרָאֵל

(10) כָּל־בָּשָׂר שָׁמַע קוֹל אֱלֹהִים חַיִּים מְדַבֵּר מִתּוֹךְ־הָאֵשׁ (신 5:26)

(11) וְקִבַּצְתִּי אֹתָם מֵאַרְצוֹת אֹיְבֵיהֶם וְנִקְדַּשְׁתִּי בָם
לְעֵינֵי הַגּוֹיִם רַבִּים׃ (겔 39:27)

(12) וַתִּשְׁמַע הַנְּבִיאָה אֶת־קוֹל הָעָם הַמְהַלְלִים אֶת־הַמֶּלֶךְ

(13) וִידַעְתֶּם כִּי שִׁלַּחְתִּי אֲלֵיכֶם אֵת הַמִּצְוָה הַזֹּאת (말 2:4)

(14) בָּא הַמֶּלֶךְ דָּוִד עַד־הַמָּקוֹם וְהִנֵּה מִשָּׁם אִישׁ יוֹצֵא מִבֵּית־שָׁאוּל
וּשְׁמוֹ [a]שִׁמְעִי יֹצֵא יָצוֹא וּמְקַלֵּל׃ (삼하 16:5) a. '시므이.'

(15) וַיֹּאמֶר יהוה אֶל־מֹשֶׁה מַה־תִּצְעַק אֵלָי דַּבֵּר אֶל־בְּנֵי־יִשְׂרָאֵל
אֵת כָּל־אֲשֶׁר אֲנִי דֹבֵר אֵלֶיךָ׃

(16) אַתָּה פֹּה עֲמֹד עִמָּדִי וַאֲדַבְּרָה אֵלֶיךָ אֵת כָּל־הַמִּצְוָה
וְהַחֻקִּים וְהַמִּשְׁפָּטִים (신 5:31)

(17) וַיְדַבֵּר יוֹסֵף אֶל־בֵּית פַּרְעֹה לֵאמֹר אִם־נָא מָצָאתִי חֵן
בְּעֵינֵיכֶם דַּבְּרוּ־נָא בְּאָזְנֵי פַרְעֹה׃ (창 50:4)

(18) וְאֶכְתֹּב עַל־[a]הַלֻּחֹת אֶת־הַדְּבָרִים אֲשֶׁר הָיוּ עַל־הַלֻּחֹת [b]הָרִאשֹׁנִים
אֲשֶׁר שִׁבַּרְתָּ (신 10:2) a. לוּחַ '돌판'/(복) לֻחֹת=לוּחוֹת '돌판들.' b. 서수.

(19) וַיֹּאמֶר חָטָאתִי עַתָּה כַּבֵּד אֹתִי נָא נֶגֶד זִקְנֵי־עַמִּי
וְנֶגֶד יִשְׂרָאֵל (삼상 15:30)

(20) [a]וּבִקְשׁוּ בְּנֵי יִשְׂרָאֵל אֶת־יהוה אֱלֹהֵיהֶם וְאֵת דָּוִד מַלְכָּם (호 3:5)

a. ק에서는 종종 중강점이 생략됨.

(21) דַּבֵּר אֶל־כָּל־עֲדַת בְּנֵי־יִשְׂרָאֵל וְאָמַרְתָּ אֲלֵהֶם קְדֹשִׁים [a]תִּהְיוּ
כִּי קָדוֹשׁ אֲנִי יהוה אֱלֹהֵיכֶם׃ (레 19:2) a. 13과 문장해석 도움말을 보라.

(22) הַלְלוּ [a]יָהּ הַלְלוּ־אֵל בְּקָדְשׁוֹ (시 150:1) a. יהוה('여호와')의 축약형.

(23) רָאָה דָוִד כִּי־יָצָא שָׁאוּל לְבַקֵּשׁ אֶת־נַפְשׁוֹ (삼상 23:15)

(24) לִמַּדְתִּי אֶתְכֶם חֻקִּים וּמִשְׁפָּטִים כַּאֲשֶׁר צִוָּה אֹתִי
יהוה אֱלֹהָי׃ (신 4:5)

(25) [a]וַיְשַׁלַּח אֹתוֹ יהוה אֱלֹהִים מִגַּן־[b]עֵדֶן לַעֲבֹד אֶת־הָאֲדָמָה
אֲשֶׁר לֻקַּח מִשָּׁם׃ (창 3:23) b. '에덴.' a. יְשַׁלֵּחַ 대신 후음의 영향으로 יְשַׁלַּח

(26) וַיְבֻקַּשׁ הַדָּבָר וַיִּמָּצֵא וַיִּכָּתֵב בְּסֵפֶר דִּבְרֵי הַיָּמִים
לִפְנֵי הַמֶּלֶךְ׃ (에 2:23)

(27) וַיֹּאמֶר עֵשָׂו יֶשׁ־לִי רָב אָחִי יְהִי לְךָ אֲשֶׁר־לָךְ׃ וַיֹּאמֶר יַעֲקֹב
אַל־נָא אִם־נָא מָצָאתִי חֵן בְּעֵינֶיךָ וְלָקַחְתָּ מִנְחָתִי מִיָּדִי׃ (창 33:9-10)

(28) לָמָּה תְכַבְּדוּ אֶת־לְבַבְכֶם כַּאֲשֶׁר כִּבְּדוּ מִצְרַיִם וּפַרְעֹה
אֶת־לִבָּם (삼상 6:6)

(29) שְׁמַע יִשְׂרָאֵל אֶת־הַחֻקִּים וְאֶת־הַמִּשְׁפָּטִים אֲשֶׁר אָנֹכִי
דֹּבֵר בְּאָזְנֵיכֶם הַיּוֹם וּלְמַדְתֶּם אֹתָם (신 5:1)

(30) אֲסַפְּרָה אֶל חֹק יהוה אָמַר אֵלַי בְּנִי אַתָּה אֲנִי הַיּוֹם
יְלִדְתִּי [a]אֹתָךְ׃ (시 2:7) a. אֹתָךְ׃(휴지) ← אֹתְךָ ← ךָ + אֶת(אֹת)

(31) דַּבֶּר־נָא בְּאָזְנֵי הָעָם [a]וְיִשְׁאֲלוּ אִישׁ מֵאֵת רֵעֵהוּ וְאִשָּׁה מֵאֵת
רְעוּתָהּ כְּלֵי־כֶסֶף וּכְלֵי זָהָב׃ (출 11:2) a. יִשְׁאְלוּ 대신 א아래 합성쉐바.

(32) וּבְנֵיהֶם אֲשֶׁר לֹא־יָדְעוּ אֶת־כָּל־דִּבְרֵי הַתּוֹרָה הַזֹּאת יִשְׁמְעוּ
וְלָמְדוּ לְיִרְאָה אֶת־יהוה אֱלֹהֵיכֶם כָּל־הַיָּמִים אֲשֶׁר אַתֶּם חַיִּים
עַל־הָאֲדָמָה אֲשֶׁר אַתֶּם עֹבְרִים אֶת־הַיַּרְדֵּן שָׁמָּה׃ (신 31:13)

(33) אֶרֶץ אַרְבַּע מֵאֹת שֶׁקֶל־כֶּסֶף בֵּינִי וּבֵינְךָ מַה־הִוא וְאֶת־מֵתְךָ קְבֹר׃ (창 23:15)

14과 연습문제 해답

II. 동사 분해 해답

	문 제	어근	어간	형태	인칭·성·수	해 석
①	קִדַּשְׁתִּי	קָדַשׁ	피엘	완료	1.공.단	내가 거룩하게 했다
②	מְהַלֵּל	הָלַל	피엘	분사	남.단	찬양하는 (남자)
③	יְבַקְשׁוּ	בָּקַשׁ	피엘	미완	3.남.복	그들이 찾을 것이다
④	בִּקַּשְׁתֶּם	בָּקַשׁ	피엘	완료	2.남.복	너희(남)가 찾았다
⑤	הַלְלוּ	הָלַל	피엘	명령	남.복	너희(남)는 찬양하라
⑥	כַּבֵּד	כָּבַד	피엘	부연[a]		무겁게 하는 것, 공경하는 것
⑦	מְלֻמָּד	לָמַד	푸알	분사	남.단	배우는/가르침 받는 (남자)[b]
⑧	אֲסַפְּרָה	סָפַר	피엘	미완(연장)	1.공.단	내가 이야기(설명)하게 하라[c]
⑨	וַתְּבֻקְשִׁי	בָּקַשׁ	푸알	바연.미완	2.여.단	그리고 네(여)가 수색되었다
⑩	סִפַּרְתִּי	סָפַר	피엘	완료	1.공.단	내가 이야기(설명)했다

a. 명령이기도 하나 여기서는 부정사로 간주되었다.

b. לָמַד('배우다, 학습하다')는 일반적으로 사람에게서 뿐만 아니라 이런저런 경험을 통해 배우는 것을 의미하나 피엘의 수동인 לֻמַּד('가르침 받다')는 더욱 전문적인 배움과 짐승의 경우 길들여지는 것에 초점이 있다.

c. סָפַר의 칼은 기본적으로 '숫자를 세다'를 뜻하나, 피엘(סִפֵּר)에서 아마 숫자를 열거하듯 이야기를 풀어내는 이유로 '상술하다, 자세히 설명하다'는 뜻을 지닌다. 또한 סָפַר에서 '서기관'을 뜻하는 סֹפֵר와 '책'을 뜻하는 סֵפֶר가 파생되었다. 서기관은 아마도 장부에 숫자나 연대를 기록하는 관리직이었을 것으로 추론된다.

III. 문장 해석

(1) 그의 주인을 보호하는(지키는) 자는 존귀케 될 것이다.

(2) 너희는 (그)열국 중에서 이것을 외치라! 너희는 전쟁을 준비하라(거룩하게 하라)! (קִרְאוּ - קָרָא 칼.명령/ קַדְּשׁוּ ← קַדֵּשׁ[קָדַשׁ 피엘.명령]. 문자적 의미인 '전쟁을 거룩하게 한다'는 전쟁 준비를 뜻한다)

(3) 지금 내가 너에게 보냄을 받았다.

(4) (그)하늘이 하나님의 영광을 선포(이야기)하고 있다.

(5) 내 입술로 내가 상술(나열)했습니다. 당신의 입의 모든 법도들을.

(6) 너의 부모를 공경하라. 여호와 너의 하나님께서 너에게 명하신대로.

(7) 모세가 그 산으로부터 그 백성에게 내려왔다. 그리고 그는 그 백성을 성결케 했다.

(8) 시온아, 여호와께서 영원히 통치하실 것이다! 너(여)의 하나님이 대대무궁토록('세대와 세대에 이르도록')! 너희는 여호와를 송축하라(할렐루야)!

(9) 그리고 다윗이 (그)백성의 장로들에게 말했다. "너희는 이스라엘을 계수하라." (סַפְּרוּ ← סַפֵּר[סָפַר 칼 명령])

(10) 모든 육체가 (그)불 가운데서 말씀하시는 살아계신 하나님의 음성을 들었다.

(11) 그리고 내가 그들을 그들의 적들의 땅들로부터 (계속해서) 모을 것이다. 그리고 내가 많은 민족들의 눈앞에서 그들에 의해 거룩히 여김을 받을 것이다. (קָבַץ의 피엘 קִבֵּץ는 피엘의 반복의 강조 용법)

(12) 그리고 그 여선지자는 그 왕을 칭송하는 그 백성의 소리를 들었다.

(13) 그리고 너희는 내가 너희에게 이 명령을 보냈다는 것을 알게 될 것이다.

(14) 다윗 왕이 그 장소까지 왔다. 그리고 보라 그곳으로부터, 사울의 집으로부터 한 사람이 나오고 있었다. 그리고 그의 이름은 시므이였는데 그는 계속 나오면서 저주를 하고 있었다." (부정 יָצוֹא이 동사에 후치).

(15) 그리고 여호와께서 모세에게 말씀하셨다. "너는 나에게 무엇을 외치고 있느냐(나에게 왜 부르짖느냐)? 이스라엘 자손들에게 내가 너에게 말하고 있는 모든 것을 말하라" (미완료[תִּצְעַק]는 현재나 과거의 문맥에서 동작의 지속을 의미할 수 있다. דֹּבֵר - דָּבַר 칼 능분)

(16) 너는 여기서 나와 함께 서라. 그러면 내가 너에게 모든 명령과 규례들과 법도들을 말하리라. (וַאֲדַבְּרָה는 바브 연속법이 아닌 바브 접속법이다. אֲ + וְ → וַאֲ[쉐바 유포니]. 바브 연속법은 וָאֲדַבְּרָה이다.)

(17) 그리고 요셉이 파라오의 집을 향해 고하여 말했다(이르기를). "부디 제가 당신들의 은혜를 입었다면(당신들의 눈에서 은혜를 보았다면), 원컨대 당신들이 파라오의 귀(들)에 말하소서."

(18) 그리고 내가 이 돌판들 위에 네가 부쉈던 첫 번째 돌판 위에 (그것들이) 있었던 (적혀 있었던) 그 말씀들을 기록할 것이다. (וְאֶכְתֹּב은 접속사 형태[미완+ וְ]로 바브 연속법이 아님을 알 수 있다)

(19) 그리고 그가 말했다. 제가 범죄했나이다. 부디 지금 내 백성의 장로들과 이스라엘 앞에서(맞은편에서) 저를 존귀히 여기소서.

(20) 그리고 이스라엘 자손들이 여호와 그들의 하나님과 그들의 왕 다윗을 찾을 것이다. (מַלְכָּם ← ָם + מַלְךְ[옛 형태] ← מֶ֫לֶךְ)

(21) 너는 이스라엘 자손들의 온 회중에게 고하라. 그리고 그들에게 말할지어다. "너희는 거룩할지어다. 왜냐하면 나 여호와 너희 하나님이 거룩하기 때문이다"라고. (미완.2.남.복 תִּהְיוּ는 문맥상 지시법이다. 단축형이 아닌 미완료 יִהְיֶה가 가끔 지시법의 의미로 사용될 수 있다[참고. 각주 134])

(22) 할렐루야(너희는 여호와를 찬양하라)! 너희는 그분의 성소에서 하나님을 찬양하라.

(קָדְשׁוֹ ← וֹ + קָדְשׁ[옛 형태] ← קֹ֫דֶשׁ '거룩한 것, 성물, 성소')

(23) 다윗은 사울이 자신의 목숨을 찾기 위해 나온 것을 보았다.

(24) 나는 여호와 나의 하나님께서 나에게 명하신 대로 너희에게 규례들과 법도들을 가르쳤다.

(25) 그리고 여호와 하나님께서 에덴동산으로부터 그를 멀리 내보내셨다. 그가 거기(땅)로부터 취해졌던 그 땅을 경작하도록(섬기도록).
(칼형 שָׁלַח는 '보내다'인 반면, 피엘은 강조적 의미인 '멀리 보내다'이다. מִשָּׁם은 שָׁם + מִן이며 שָׁם은 관계사 אֲשֶׁר 앞의 '그 땅'이다. לֻקַּח는 푸알 형태의 칼 수동. 칼 수동에 대해서는 각주 158을 보라)

(26) 그리고 그 일이 조사되어 밝혀졌다(발견되었다). 그리고 그것이 그 왕 앞에서 역사 실록(문자적으로, '날들의 일들의 책'; 개역개정 '궁중실록')에 기록되었다.

(27) 그리고 에서가 말했다. "나에겐 충분하다(많다). 나의 형제여, 너에게 속한 것은 너에게 있게 하라(있을지어다)." 그리고 야곱이 말했다. "원컨대, 그건 아닙니다. 부디 만일 제가 형의(당신의) 눈에서 은혜를 보았다면(형의 은혜를 입었다면) 형은 저의 손에서 저의 선물을 취하소서."
(לְךָ가 휴지에서 לָךְ:되었음을 주의할 것. 즉 '너[여자]]에게'가 아님)

(28) 왜 너희는 너희 마음을 완고히 하느냐? 이집트와 파라오가 그들의 마음을 완고히 한 것처럼(문자적, '무겁게 한 것처럼')? (피엘의 사역 용법. 피엘과 히필의 사역 용법에 대해서는 반드시 〈부록 2〉를 참고하라)

(29) 이스라엘아 내가 오늘 너희 귀에 말하고 있는 규례들과 법도들을 들으라. 그리고 너희는 그것들을 배우라.

(30) 내가 여호와의 규례를(에 대하여) 자세히 말하리라. 그 분이(여호와께서) 나에게 말씀하셨다. "너는 내 아들이다. 내가 오늘(날) 너를 낳았노라."

(31) 바라건대, 너는 그 백성의 귀에 말하라. 그리하여 남자가 그의 이웃으로부터, 여자가 그녀의 이웃으로부터 은패물(기물)과 금패물을 구하게 할지어다(지시법). (וְיִשְׁאֲלוּ는 바브 연속법이 아닌 바브 접속법이며 동사는 지시법이다. רְעוּת는 11과 어휘를 보라)

(32) 그리고 이 율법의 말씀들을 몰랐던 그들의 후손들이 들을 것이다(들어야 한다). 그리고 그들이 여호와 너희 하나님을 경외하기를 배울 것이다(배워야 한다). 너희가 요단을 건너 거기로 갈 그 땅에서 사는 모든 날 동안 말이다. (יִרְאָה는 רָאָה['보다']의 특수한 형태의 부정사이면서 또한 명사로 사용된다. 여기서는 부정사이며 부정사 + לְ의 명사 용법에 대해 163쪽을 보라. 또한 직설법 미래 '들을 것이다'는 지시법 '들어야 한다'로도 해석이 가능하다)

(33) 땅은 은 4백 세겔인데 나와 당신 사이에 그것이 무엇이겠습니까? 그리고 당신의 죽은 자를 매장하소서. (형용사 מֵת['죽은']의 명사적 용법).

15과 히트파엘 동사, 휴지 모음변화, 눈(נ)의 첨가

A. 히트파엘의 변화

1. 개요

1) 이 과에서는 세 가지 강조형 동사 어간 중에 남은 히트파엘(Hithpael)을 다룰 것이다. 이 동사의 설명은 간단하므로 여기서 또한 휴지(pause)에서의 모음 변화와 동사에 첨가되는 눈(נ)에 대해 살펴볼 것이다.

2) 히트파엘 역시 다른 강조 어간과 마찬가지로 어근의 중간 문자에 중강점이 있으며 덧붙여 어두에 고유한 הִתְ가 접두되어 있는 특징을 갖는다.

קִטֵּל(피엘) / קֻטַּל(푸알) / הִתְקַטֵּל(히트파엘)

3) 히트파엘의 가장 기본적인 개념은 피엘의 재귀적 행위이며 드물게 수동 의미로 사용될 수 있다.

2. 히트파엘의 기본 도표

1) 동사 שָׁבַר('부수다')의 히트파엘은 히브리어 성경에서 사용되지 않으므로 자주 쓰이는 중요한 동사 קָדַשׁ('거룩하다, be holy')를 모형 동사로 사용한다.

형태	Hithpael	해 석
완료	הִתְקַדֵּשׁ	그는 자신을 거룩하게 했다
미완	יִתְקַדֵּשׁ	그는 자신을 거룩하게 할 것이다
명령	הִתְקַדֵּשׁ	너는 자신을 거룩하게 하라
부연 부절	הִתְקַדֵּשׁ	자신을 거룩하게 하는 것
분사	מִתְקַדֵּשׁ	자신을 거룩하게 하는

2) 반복하지만, 앞서 배운 동사 קָטַל의 기본 도표를 외워놓으면 다른 동사들의 활용이 용이해진다.

3. 히트파엘의 변화표

완료		Hithpael	해 석
단수	3.남.단	הִתְקַדֵּשׁ	그는 자신을 거룩하게 했다
	3.여.단	הִתְקַדְּשָׁה	그녀는 자신을 거룩하게 했다
	2.남.단	הִתְקַדַּשְׁתָּ[a]	너(남)는 자신을 거룩하게 했다
	2.여.단	הִתְקַדַּשְׁתְּ	너(여)는 자신을 거룩하게 했다
	1.공.단	הִתְקַדַּשְׁתִּי	나는 자신을 거룩하게 했다
복수	3.공.복	הִתְקַדְּשׁוּ	그/그녀들은 자신을 거룩하게 했다
	2.남.복	הִתְקַדַּשְׁתֶּם	너희(남)는 자신을 거룩하게 했다
	2.여.복	הִתְקַדַּשְׁתֶּן	너희(여)는 자신을 거룩하게 했다
	1.공.복	הִתְקַדַּשְׁנוּ	우리는 자신을 거룩하게 했다
미완료		**Hithpael**	**해 석**
단수	3.남.단	יִתְקַדֵּשׁ	그는 자신을 거룩하게 할 것이다
	3.여.단	תִּתְקַדֵּשׁ	그녀는 자신을 거룩하게 할 것이다
	2.남.단	תִּתְקַדֵּשׁ	너(남)는 자신을 거룩하게 할 것이다
	2.여.단	תִּתְקַדְּשִׁי	너(여)는 자신을 거룩하게 할 것이다
	1.공.단	אֶתְקַדֵּשׁ	나는 자신을 거룩하게 할 것이다
복수	3.남.복	יִתְקַדְּשׁוּ	그들은 자신을 거룩하게 할 것이다
	3.여.복	תִּתְקַדֵּשְׁנָה[b]	그녀들은 자신을 거룩하게 할 것이다
	2.남.복	תִּתְקַדְּשׁוּ	너희(남)는 자신을 거룩하게 할 것이다
	2.여.복	תִּתְקַדֵּשְׁנָה[b]	너희(여)는 자신을 거룩하게 할 것이다
	1.공.복	נִתְקַדֵּשׁ	우리는 자신을 거룩하게 할 것이다
연장		אֶתְקַדְּשָׁה	나는 자신을 거룩하게 하리라
명령		**Hithpael**	**해 석**
단	남.단	הִתְקַדֵּשׁ	너(남)는 자신을 거룩하게 하라
	여.단	הִתְקַדְּשִׁי	너(여)는 자신을 거룩하게 하라
복	남.복	הִתְקַדְּשׁוּ	너희(남)는 자신을 거룩하게 하라
	여.복	הִתְקַדֵּשְׁנָה	너희(여)는 자신을 거룩하게 하라

분사		Hithpael	해 석	부정사	
단	남.단	מִתְקַדֵּשׁ	자신을 거룩하게 하는 (남자)	연계형	הִתְקַדֵּשׁ[d] 자신을 거룩하게 하는 것
	여.단	מִתְקַדְּשָׁה[c]	자신을 거룩하게 하는 (여자)		
복	남.복	מִתְקַדְּשִׁים	자신을 거룩하게 하는 (남자들)	절대형	
	여.복	מִתְקַדְּשׁוֹת	자신을 거룩하게 하는 (여자들)		

1) 다음은 영문 각주에 따른 특징 설명이다.

a. 언급했듯이 모든 동사 어간들의 완료에 경접미어(תָּ)나 중접미어(תֶּם)가 붙으면 그 앞의 어간 모음은 파타(ַ)로 바뀐다.

b. 미완료의 경우 경접미어(נָה)가 붙을 때 그 앞의 모음은 자기 모음을 유지하거나 파타(ַ)를 취한다. 즉 תִּתְקַדֵּ֫שְׁנָה은 תִּתְקַדַּ֫שְׁנָה로도 나타난다.

c. 분사는 일종의 체레(ֵ)형 명사와 같으므로 접미어가 붙으면 역 HHP가 적용된다.

d. 히트파엘의 부정사는 공동 부정사다. 기본 도표에서는 암기를 위해 별개의 부정사 절대형이 괄호로 예시되었으나 실제로는 존재하지 않는다.

2) 히트파엘의 가장 두드러진 특징은 히트파엘 동사의 첫 자음으로 치찰음(sibilant: ס/צ/שׂ/שׁ)이 올 경우[159] הִתְ의 ת는 어근의 치찰음과 자음도치가 된다는 것이다. 이런 발음 조정은 동사의 발음을 자연스럽고 쉽게 하기 위한 것이다.[160]

שָׁמַר/ הִתְשַׁמֵּר → הִשְׁתַּמֵּר '스스로를 지키다(= 조심하다)'

(סָתַר)/ הִתְסַתֵּר → הִסְתַּתֵּר '숨다'(hide oneself)[161]

3) 어떤 동사들의 경우 הִתְ의 ת가 동사 어근의 첫 자음에 동화되는 경우가 있다. 특히 비슷한 음을 가진 자음들(ד/ט/ת)이 뒤따르거나 자음 동화에 친숙한 נ이 뒤따르며 역동화될 때 그러하다.

דָּבַר/ מִתְדַּבֵּר → מִדַּבֵּר (분사) '말하는'(speaking)

(נָבָא)/ הִתְנַבֵּא = הִנַּבֵּא (완료) '그가 예언했다' - 둘 다 나타난다

---

159) 치찰음이란 'ㅅ'이나 'ㅊ'처럼 이빨 사이로 공기가 마찰되어 나오는 소리를 말한다.

160) 첫 자음이 □□צ인 경우 □□הִצְתַּ 대신 특이하게 ת가 ט로 바뀐 □□הִצְטַ가 되지만 극히 드물게 발생한다(3회): צָדַק('의롭다') → הִצְטַדֵּק('자신의 의로움을 드러내다').

161) 이 동사의 칼형은 나타나지 않으며 재귀적 행동을 의미하는 니팔형 נִסְתַּר('숨다[자신을 숨기다]')가 능동 의미로 사용된다. 히트파엘형 הִסְתַּתֵּר은 그보다 의미가 강한 '철저히 자신을 숨기다'(hidden oneself carefully)를 뜻하는 것으로 간주된다(*BDB*).

B. 히트파엘의 의미와 용법

1. 개요

1) 앞서 말한 대로 히트파엘은 기본적으로 피엘의 재귀적 행위를 지시한다. 즉 피엘 동작의 결과가 자신에게 돌아오는 것을 표현하는 것이다.

2) 그러나 이 어간은 더 광범위하게 어떤 습관적이고 반복적인 행위를 나타낼 수 있으며 여러 용법의 재귀적 능동 의미가 가능하다. 그 외 드물지만 수동 의미로도 쓰인다. 따라서 여러 측면에서 히트파엘은 니팔과 상당히 유사한 의미로 사용된다.162)

2. 히트파엘의 용법

1) 위에 설명한 대로 히트파엘은 기본적으로 재귀적 의미를 지니지만 드물게 수동으로 사용되기도 하며 흔하게는 능동의 의미를 지닌다.

2) 히트파엘의 주요 용법은 다음과 같다.

① *재귀적(reflexive) 의미*: 니팔의 재귀적 의미와 동일하다.
גָּדַל(칼) '위대하다' → הִתְגַּדֵּל '스스로를 높이다,' '거만하게 행동하다'

② *동작의 지속(duration)과 반복(repetition)*: 피엘 강조 용법과 비슷하다.
הָלַךְ(칼) '걷다' → הִתְהַלֵּךְ '계속 걷다,' '(이리저리) 배회하다'
אָבַל(칼) '애도하다' → הִתְאַבֵּל '애도 의식을 행하다'163)

---

162) 히트파엘이 강조형 어근을 갖지만 일부의 경우를 제외하고 대체로 그것이 강화된 의미를 지시하는 것은 아니다. 위의 예로 든 הִתְקַדֵּשׁ('너는 스스로를 거룩하게 했다')도 별다른 의미상의 강화는 없다. 그러나 게세니우스에 따르면 어떤 히트파엘 동사는 강화된 의미를 지닐 수도 있는데, 예컨대, נָקַם의 니팔 נִקַּם(약동사)이 단순히 '복수하다'를 뜻하지만 히트파엘 הִתְנַקֵּם은 깊은 복수심을 표출하는 '(단호히) 복수하다'를 뜻한다(*Gesenius's Hebrew Grammar*, 149). 또한 히트파엘이 반드시 피엘을 대응(counterpart) 어간으로 갖는 것은 아니다. 예컨대, 히트파엘인 הִתְאַבֵּל('애도 의식을 행하다, observe mourning rites')의 피엘은 존재하지 않고 칼형 אָבַל이 '애도하다'를 뜻한다.

③ *재귀적 능동 의미*: 다양한 용법의 재귀적 능동 의미가 가능하다.
רָאָה(칼) '보다' → הִתְרָאָה[164] '서로 쳐다보다'(상호적 용법)[165]
(פָּלַל) → הִתְפַּלֵּל '(자신을 위해) 기도하다'(혜택의 재귀)[166]

④ *수동 의미*: 히트파엘은 위의 용법 외에 가끔 수동 의미도 가능하다.
שָׁכַח(칼) '잊다' → הִשְׁתַּכַּח(자음도치) '잊혀지다'[167]

C. 휴지(休止)에서의 모음 변화

1. 개요

1) 앞서 배운 대로(31쪽) 아트나('Atnāḥ)와 실룩(Silûq)에서는 휴지(休止)가 발생한다. 즉 그것들은 분리형 악센트로서 잠시 쉬는 지점이다.

2) 이때 그 지점에서 모음이 길어지거나 편한 발음으로 바뀌는 현상이 나타난다.

2. 휴지에서의 형태들(Pausal forms)

1) 앞서 우리는 간단히 휴지에서 파타(◌ַ)가 카메츠(◌ָ[ā])로 길어지고 유성의 단순쉐바(◌ְ)가 세골(◌ֶ)로 변형된다는 것을 배웠다. 그러나 그것보다 훨씬 더 다양한 모음의 변화가 휴지에서 발생한다.

2) 매우 빈번하게 휴지 악센트가 앞으로 이동하면서 모음이 길어진다.

3) 다음은 휴지에서 발생되는 다양한 모음 변화의 양상들이다. 이것들은 당장 암기하기보다는 대략 살펴본 뒤 문장 해석 연습을 통해 숙달하라. 이해를 돕기 위해 종음절에도 악센트 부호를 표시한다.

---

163) 애도를 반복한다는 것은 곧 애도 의례의 준수를 의미한다.

164) 약동사 רָאָה의 히트파엘은 הִתְרָאָה다. 이것은 원래 הִתְרַאֵה이어야 하지만 후음들의 영향으로 모음들이 '아'음으로 바뀌며 길어졌다. 상세한 것은 약동사 편을 참고하라.

165) 이것은 히트파엘의 '상호적 용법'(reciprocal)으로 불린다.

166) 왈키(Waltke)의 용어를 빌자면, 이동작의 혜택이 자신에게 돌아가는 '혜택의 재귀 용법'(benefactive reflexive)이다.

167) 약동사로서 마지막의 후음 ח의 영향으로 הִשְׁתַּכֵּחַ 대신 הִשְׁתַּכַּח가 되었다.

① 파타(ַ)는 카메츠(ָ[ā])로 길어진다.

שָׁמַ֫ר → שָׁמָֽר׃[a] / שָׁמָ֑ר a. 부호 ׃는 문장의 마침표인 '소프파숙'

מַ֫יִם → מָֽיִם׃ / מָ֑יִם

אַתָּ֫ה → אָֽתָּה׃ / אָ֑תָּה[a] a. 악센트가 앞으로 이동함

② 유성인 합성쉐바는 같은 음가의 장모음으로 길어지면서 휴지 악센트가 거기에 붙는다.

אֲנִ֫י → אָֽנִי׃[ā] / אָ֑נִי[ā]

חֳלִ֫י → חֹֽלִי׃ / חֹ֑לִי

③ 유성 단순쉐바는 세골(ֶ)로 길어지면서 휴지 악센트가 거기에 붙는다.

יָדְךָ֫ → יָדֶֽךָ׃ / יָדֶ֑ךָ   יְהִי → יֶֽהִי׃ / יֶ֑הִי

④ 쉐바로 약화되어 사라진 모음이 복원되는데, 복원된 모음이 장모음이 되면서 휴지 악센트가 거기에 붙는다.

יָלְדָ֫ה (ה ָ + יָלַד) → יָלָֽדָה׃ / יָלָ֑דָה

יָדְע֫וּ (וּ + יָדַע) → יָדָֽעוּ׃ / יָדָ֑עוּ168)

יִשְׁמְר֫וּ (וּ + יִשְׁמֹר) → יִשְׁמֹֽרוּ׃ / יִשְׁמֹ֑רוּ

יִכָּרְת֫וּ (וּ + יִכָּרֵת) → יִכָּרֵֽתוּ׃169)/ יִכָּרֵ֑תוּ

⑤ 어떤 동사들은 특수한 모음 변화가 나타난다.

וַיֹּ֫אמֶר → וַיֹּאמַֽר׃ / וַיֹּאמַ֑ר '그리고 그가 말했다'

יֹאכַ֫ל → יֹאכֵֽל׃ / יֹאכֵ֑ל '그가 먹을 것이다'

וָאֹכַ֫ל → וָאֹכֵֽל׃ / וָאֹכֵ֑ל '그리고 내가 먹었다'170)

---

168) 그러나 שָׁמְעוּ(שָׁמַע)는 특이하게 שָׁמָֽעוּ׃/שָׁמָ֑עוּ대신 שָׁמֵֽעוּ׃/שָׁמֵ֑עוּ로만 나타난다.

169) יִכָּרְת֫וּ에서 כָּ의 부호는 악센트 앞에 위치하는 메텍이며 יִכָּרֵֽתוּ׃에서 רֵ의 부호는 휴지 악센트 실룩이다.

170) יֹאכַל → אֹאכַל(미완.1.공.단) → אֹכַל(א이 겹쳐 하나가 생략됨) '내가 먹을 것이다.' 약동사 אָכַל의 변화에 대해서는 약동사 편에서 배운다.

D. 눈(נ) 첨가형 미완료 동사

1. 개요

1) 어떤 미완료 동사는 접미어에 눈(נ)이 첨가된 형태를 갖는다. 이것은 두 가지 경우로 나뉘는데 '연장의 눈'(paragogic nun, 혹은 extending nun)과 '강세 눈'(energetic nun)이 그것이다.

2) 완료 동사에서는 נ 첨가형이 나타나지 않는다.

3) 앞서 우리는 강세 눈(נ)이 접미 대명사 앞에 첨가되는 것을 자세히 배웠는데(אֵינֶ֫נּוּ ← נוּ + נֶ֫ + אֵין) 이것은 동사의 접미어에도 첨가된다. 자세한 강세 눈(נ)에 대해서는 17과의 〈동사의 대명사 접미〉에서 배우기로 하고 여기서는 연장의 눈(נ)이 붙는 경우만 살펴보기로 한다.

2. 연장의 눈(נ)

1) 앞서 말한 대로, 연장의 נ은 미완료 동사의 모음 접미어에 첨가되며 완료 동사에는 붙지 않는다.[171)]

יִקְטְלוּ →(연장의 눈 첨가)→ יִקְטְלוּן '그들이 죽일 것이다'

2) נ 첨가 형태는 우가릿어, 아랍어, 아람어 등과 같은 다른 동족어들에서도 나타나는 이유로 우선 고대 셈어의 흔적으로 추정된다. 덧붙여 연장의 נ에는 항상 강세가 주어지는데 추정컨대 이 연장의 נ의 목적은 또렷한 발음을 통한 어조(tone)의 강화나 운율의 조정과 관련 있어 보인다.[172)]

---

171) 주옹(Joüon)에 따르면, 예외적으로 완료형 קָטְלוּ 유형에 נ이 붙은 קָטְלוּן 유형이 세 번 나타나긴 하지만 의심스럽거나 잘못된 형태다.

172) Joüon-Muraoka, *A Grammar of Biblical Hebrew*, 145-146. 이 연장의 눈의 목적은 그 동사를 눈에 띄게 하여 강조하기 위함이거나 의도적인 고어체의 보존, 또는 어조나 운율의 변화를 위함일 수 있는데 정확한 것은 알기 어렵다. 어떤 서사학(narrative) 연구자들의 주장대로 만일 그것이 동사를 강조하기 위함이라면, 왜 미완료에만 그것이 붙는지 의문이다. 기원이 무엇이든 주로 신명기, 이사야, 욥기, 그리고 시편과 같은 운문체에서 두드러지게 나타나는 것으로 보아 많은 경우

3) 아마도 어조와 관련된 이유로 이 연장의 눈을 가진 미완료 동사는 주로 휴지에서 나타나는 경향이 있다. 그러나 이것은 문장 중간이나 심지어 문두에서도 종종 나타난다.

4) 이 연장의 눈은 미완료의 모음 접미어(וּ / ִי) 뒤에 붙는다. 그러나 대부분 접미어 וּ에만 해당되며 ִי에 붙는 연장의 눈은 매우 드물다.[173)]

5) 휴지에서는 연장의 눈(נ) 앞의 원래의 모음이 살아나면서 거기에 휴지 악센트가 찍힌다.

6) 다음은 연장의 눈을 가진 동사들이다.

> נ + יִקְטְלוּ → יִקְטְלוּן '그들이 죽일 것이다/지어다' (휴지 아님)
> נ + יִקְטְלוּ(יִקְטֹל) → יִקְטֹ֑לוּן '그들이 죽일 것이다/지어다' (아트나)
>
> נ + תִּשְׁמְעוּ → תִּשְׁמְעוּן '너희(남)는 들을 것이다/지어다' (휴지 아님)
> נ + תִּשְׁמְעוּ(תִּשְׁמַע) → תִּשְׁמָֽעוּן׃ '너희(남)는 들을 것이다/지어다' (실룩)

어조의 강화나 운율의 조정을 목적으로 첨가되었을 것으로 추론된다.

173) 예를 들어, נ + תַּעֲשִׂי(약동사) → תַּעֲשִׂין '너(여자)는 행할지어다'(룻 3:4).

15과 연습문제

I. 어휘 (약어 '힡'은 '히트파엘을 의미함)

עָוֹן[a] 불의, 죄	יַחְדָּו 함께, 더불어	בַּעַד ..를 위하여
אֹהֶל 막사, 장막(천막)	תְּפִלָּה 기도	נְאֻם 선언, 말씀[b]
כַּפֹּרֶת 속죄소(속죄판)	תּוֹלְדוֹת 족보, 계보[c]	מוֹעֵד 만남(의 때)
תָּם תָּמִים 흠 없는/ תֹּם(명) 완전함	דָּרַשׁ 추구하다, 탐색하다	חִלֵּל (피) 더럽히다, (חָלַל) 속되게 하다
הִתְקַדֵּשׁ (힡) (자신을) (קָדַשׁ) 성별하다	הִתְפַּלֵּל (힡) 기도하다 (פָּלַל)	הִסְתַּתֵּר (힡) 숨다 (סָתַר)
הִתְנַבֵּא (힡) 예언하다	הִתְהַלֵּךְ (힡) 돌아다니다	
(נָבָא) =(닢) נִבָּא	הָלַךְ (칼) 걷다/יֵלֵךְ(칼.미완) 걸을 것이다[d]	

a. 이 단어는 [아본]으로 읽는다.

b. 이 단어는 대부분 숙어 נְאֻם־יהוה('여호와의 말씀[이니라]')로 사용되는데 이 관용구는 선지서들에서 반복적으로 나타나며 하나님의 계시를 지시한다.

c. 어근 יָלַד('낳다')에서 파생된 단어다.

d. 동사 הָלַךְ의 칼 미완료는 특이한 형태이며 아주 많이 사용된다.

II. 다음 히트파엘형 동사들을 분해하라.

※ 히트=히트파엘. 연장형은 없으며 부정사는 '부연'으로 여기라.

	문 제	어근	어간	형태	인칭·성·수	해 석
①	הִתְקַדְּשָׁה		히트			
②	נִתְקַדֵּשׁ		히트			
③	מִתְנַבְּאִים		히트			
④	הִתְנַבֵּאתֶם		히트			
⑤	הִתְקַבַּצְנוּ		히트			
⑥	מִסְתַּתֵּר		히트			
⑦	יִתְפַּלְלוּ		히트			
⑧	אֶשְׁתַּמֵּר		히트			
⑨	הִתְקַדֵּשׁ		히트			완료/명령 아님
⑩	הִתְהַלַּכְתִּי		히트			

※ 문장해석을 위한 도움말

וּ '그들이' + **וַיֹּ֫אמֶר** → **וַיֹּאמְרוּ** '그리고 그들이 말했다'(악센트는 종음절)

III. 다음을 해석하라.

(1) נִמְלַט הַמֶּ֫לֶךְ מִיָּדֶךָ׃

(2) וַיִּתְחַזֵּק הָעָם אִישׁ יִשְׂרָאֵל (삿 20:22)

(3) וְיִתְגַּדֵּל הַמֶּ֫לֶךְ עַל־כָּל־אֵל (단 11:36)

(4) שָׁמַ֫רְתִּי אֵת אֲשֶׁר־דִּבַּ֫רְתִּי לָךְ׃

(5) לֹא תִשְׁמְעוּן בְּקוֹל יהוה אֱלֹהֵיכֶם׃ (신 8:20)

(6) חֻקֹּתַי יְחַלֵּלוּ וּמִצְוֹתַי לֹא יִשְׁמֹרוּ׃ (시 89:32)

(7) וָאֶהְיֶה תָמִים לוֹ וָאֶשְׁתַּמְּרָה מֵעֲוֹנִי׃ (삼하 22:24)

(8) בָּ֫אוּ אֶל־יַעֲקֹב אֲבִיהֶם אַרְצָה כְּנָעַן׃ (창 42:29)

(9) אֶתְהַלֵּךְ לִפְנֵי יהוה בְּאַרְצוֹת הַחַיִּים׃ (시 116:9)

(10) יָסֶף שָׁאוּל וַיִּשְׁלַח מַלְאָכִים שְׁלִשִׁים[a] וַיִּתְנַבְּאוּ גַּם־הֵמָּה׃

a. 복수 명사를 수식하는 서수에 대해 219쪽을 보라. (삼상 19:21)

(11) וַיֹּאמְרוּ לְשָׁאוּל הֲלֹא דָוִד מִסְתַּתֵּר עִמָּנוּ׃ (*BHS* 시 54:2)

(12) שָׁמוֹר תִּשְׁמְרוּן אֶת־מִצְוֹת יהוה אֱלֹהֵיכֶם (신 6:17)

(13) וַיִּתְקַבְּצוּ יַחְדָּו לְהִלָּחֵם עִם־יְהוֹשֻׁעַ וְעִם־יִשְׂרָאֵל פֶּה אֶחָד׃ (수 9:2)

(14) עַתָּה הִתְקַדְּשׁוּ וְקַדְּשׁוּ אֶת־בֵּית יהוה אֱלֹהֵי אֲבֹתֵיכֶם (대하 29:5)

(15) אִשָּׁה אֹהֶ֫בֶת יהוה הִיא תִתְהַלָּל[a]׃ a. 히트파엘의 수동 의미.

(16) יהוה אֹהֵב מִשְׁפָּט וְזָכַר אֶת־עַמּוֹ לְעוֹלָם נִשְׁמָרוּ
וְזֶ֫רַע רְשָׁעִים נִכְרָת׃ (시 37:28)

(17) לָכֵן נְאֻם־יהוה אֱלֹהֵי יִשְׂרָאֵל אָמוֹר אָמַ֫רְתִּי בֵּיתְךָ וּבֵית אָבִ֫יךָ
יִתְהַלְּכוּ לְפָנַי עַד־עוֹלָם (삼상 2:30)

(18) אֵ֫לֶּה תּוֹלְדֹת נֹחַ נֹ֫חַ אִישׁ צַדִּיק תָּמִים הָיָה בְּדֹרֹתָיו
אֶת־הָאֱלֹהִים הִתְהַלֶּךְ־נֹחַ׃ (창 6:9)

(19) דִּרְשׁוּ אֶת־שְׁלוֹם הָעִיר וְהִתְפַּלְלוּ בַעֲדָהּ אֶל־יהוה כִּי בִשְׁלוֹמָהּ
יִהְיֶה לָכֶם שָׁלוֹם׃ (렘 29:7)

(20) וַיִּתְהַלֵּךְ [a]חֲנוֹךְ אֶת־הָאֱלֹהִים וְאֵינֶנּוּ כִּי־לָקַח אֹתוֹ אֱלֹהִים׃
a. '에녹.' (창 5:24)

(21) וַיֹּאמֶר לִי הַמֶּלֶךְ עַל־מַה־זֶּה אַתָּה מְבַקֵּשׁ וָאֶתְפַּלֵּל
אֶל־אֱלֹהֵי הַשָּׁמָיִם׃ (느 2:4)

(22) וְגַם־אִישׁ הָיָה מִתְנַבֵּא בְּשֵׁם יהוה וַיִּנָּבֵא עַל־הָעִיר הַזֹּאת
וְעַל־הָאָרֶץ הַזֹּאת כְּכֹל דִּבְרֵי [a]יִרְמְיָהוּ׃ (렘 26:20) a. '예레미야.'

(23) עַל־כֵּן מָצָא עַבְדְּךָ אֶת־לִבּוֹ לְהִתְפַּלֵּל אֵלֶיךָ אֶת־הַתְּפִלָּה
הַזֹּאת׃ (삼하 7:27)

(24) וָאֶתְנַפַּל לִפְנֵי יהוה [a]כָּרִאשֹׁנָה [b]אַרְבָּעִים יוֹם וְאַרְבָּעִים לַיְלָה
לֶחֶם לֹא אָכַלְתִּי (신 9:18) a. רִאשֹׁנָה 서수(13과 수사를 보라). b. 숫자(기수)

(25) וַיֹּאמֶר מֶלֶךְ־יִשְׂרָאֵל אֶל־[a]יְהוֹשָׁפָט הֲלוֹא אָמַרְתִּי אֵלֶיךָ לוֹא־יִתְנַבֵּא
עָלַי טוֹב [b]כִּי אִם־רָע׃ (왕상 22:18) a. '여호사밧.' b. 숙어 כִּי אִם(6과).

(26) בָּא מֹשֶׁה אֶל־אֹהֶל מוֹעֵד לְדַבֵּר אִתּוֹ וַיִּשְׁמַע אֶת־הַקּוֹל
מִדַּבֵּר אֵלָיו מֵעַל הַכַּפֹּרֶת אֲשֶׁר עַל־אֲרוֹן הָעֵדוּת (민 7:89)

(27) בָּאוּ עַל־מֹשֶׁה וְעַל־אַהֲרֹן וַיֹּאמְרוּ [a]אֲלֵהֶם רַב־לָכֶם כִּי כָל־הָעֵדָה
כֻּלָּם קְדֹשִׁים וּבְתוֹכָם יהוה וּמַדּוּעַ תִּתְנַשְּׂאוּ עַל־קְהַל יהוה׃
a. אֲלֵיהֶם의 י가 불완전 필사법에 의해 종종 생략된다.

(28) כִּי־אֶת־קֹדֶשׁ יהוה חִלֵּל וְנִכְרְתָה הַנֶּפֶשׁ [a]הַהִוא מֵעַמֶּיהָ׃ (레 19:8)
a. 이것은 הַהִיא로 읽고 해석한다(11과 연습문제 32번 참고).

(29) וַנֹּאמֶר יְהִי נָא שָׁלוֹם בֵּינוֹתֵינוּ בֵּינֵינוּ [a]וּבֵינֶךָ וְנִכְרְתָה בְּרִית
[a]עִמָּךְ׃ (창 26:28) a. עִמְּךָ의 휴지(아트나와 실룩)에서의 모음 변화.

(30) וַיֹּאמֶר לוֹ יִצְחָק אָבִיו מִי־אָתָּה וַיֹּאמֶר אֲנִי בִּנְךָ [a]בְּכֹרְךָ
עֵשָׂו׃ (창 27:32) a. בְּכוֹר의 불완전 필사법. ךָ + בְּכוֹר

(31) וַיִּשְׁמְעוּ אֶת־קוֹל יהוה אֱלֹהִים מִתְהַלֵּךְ בַּגָּן לְרוּחַ הַיּוֹם
[a]וַיִּתְחַבֵּא הָאָדָם וְאִשְׁתּוֹ מִפְּנֵי יהוה אֱלֹהִים בְּתוֹךְ עֵץ הַגָּן׃ (창 3:8)
a. הִתְחַבֵּא('숨다')는 הִסְתַּתֵּר와 동의어.

15과 연습문제 해답

II. 동사 분해 해답

	문 제	어근	어간	형태	인칭·성·수	해 석
①	הִתְקַדְּשָׁה	קָדַשׁ	히트	완료	3.여.단	그녀가 자신을 성별했다
				명령(연장)	남.단	너(남)는 제발 성별하라
②	נִתְקַדֵּשׁ	קָדַשׁ	히트	미완	1.공.복	우리가 자신을 성별할 것이다
③	מִתְנַבְּאִים	נָבָא	히트	분사	남.복	예언하는 (남자들)
④	הִתְנַבֵּאתֶם	נָבָא	히트	완료	2.남.복	너희(남)가 예언했다
⑤	הִתְקַבַּ֫צְנוּ	קָבַץ	히트	완료	1.공.복	우리가 모였다
⑥	מִסְתַּתֵּר	סָתַר	히트	분사	남.단	숨는 (남자)
⑦	יִתְפַּלְּלוּ	פָּלַל	히트	미완	3.남.복	그들이 기도할 것이다
⑧	אֶשְׁתַּמֵּר	שָׁמַר	히트	미완	1.공.단	내가 스스로 지킬 것이다 (스스로 삼갈 것이다)
⑨	הִתְקַדֵּשׁ	קָדַשׁ	히트	부연[a]		자신을 성별하는 것
				완료	3.남.단	그는 자신을 성별했다
⑩	הִתְהַלַּ֫כְתִּי	הָלַךְ	히트	완료	1.공.단	내가 돌아다녔다

a. 히트.완료.3.남.단도 가능하고 명령이기도 하나 여기서는 부정사로 간주되었다.

III. 문장 해석

(1) 그 왕이 당신의 손아귀에서 벗어났다(탈출했다).

(2) 그리고 그 백성, 곧 이스라엘 각 사람이 용기를 냈다(스스로 강하게 했다).

(3) 그리고 그 왕은 모든 신들 위에 스스로를 높일 것이다(바브 접속법).

(4) 제가 당신에게 말씀드렸던 것을 제가 지켰습니다. (לָֽךָ׃는 לְךָ의 휴지형)

(5) 너희가 여호와 너희 하나님의 음성을 듣지 않을 것이다. (연장의 נ)

(6) 그들이 나의 규례들을 더럽힐 것이며(속되게 할 것이며), 그들이 나의 계명들을 지키지 않을 것이다.

(7) 그리고 나는 그분에게 완전했으며 내가 나의 죄(불의)로부터 스스로 삼갔습니다. (미완료 연장형이 바브 연속법으로 사용되었다. 이것은 화자 자신의 과거 행동의 의지를 반영하고 있다. 12과 연습문제 12번 참고.)

(8) 그들이 가나안 땅으로 그들의 아버지 야곱에게 왔다.

(9) 제가 그 생명의 땅(들)에서 여호와 앞에서 거닐 것입니다. (חַיִּים은 명사)

(10) 그리고 사울은 추가로 세 번째 사신들을 보냈는데 그들 또한 예언을 했다. (문자적으로, '사울은 더했다. 그리고 그는 세 번째 사신들을 보냈다')

(11) 그리고 그들이 사울에게 말했다. "다윗이 우리 곁에(와 함께) 숨어 있지 않느냐?" (이 구절은 한글 개역에 없으나 *BHS* 원문의 시편 54편의 긴 표제의 내용이다. 원문은 표제를 1, 2절로 할당한다)

(12) 진정으로 너희는 여호와 너희의 하나님의 계명을 지킬지어다.
(부정사 절대형이 앞에 놓인 강조 용법. תִּשְׁמְרוּן에 연장의 נ)

(13) 그리고 그들이 더불어(함께) 모였다. 한 뜻으로(한 입으로) 여호수아와 이스라엘과 함께 싸우기 위해.

(14) 지금 너희는 스스로 성별하라. 그리고 너희는 여호와 너희 조상의 하나님의 전(집)을 성별하라(거룩하게 만들어라).

(15) 여호와를 사랑하는 여자, 그녀는 칭송을 받을 것이다. (잠 31:30의 드물게 사용되는 동사 '경외하다' 대신 동사 '사랑하다'로 수정한 문장임. '칭송받다'는 히트파엘인데, 어떤 동사의 히트파엘은 수동 의미를 지닐 수 있다)

(16) 여호와는 공의를 사랑하신다. 그리고 그분은 자신의 백성을 기억하실 것이다. 그들은 영원히 지켜지리라(니팔 완료). 그러나 악인의 씨(후손)는 끊어지리라(니팔 완료). (נִשְׁמָ֫רוּ와 נִכְרָת는 니팔 완료지만 여기서는 문맥상 과거로 해석되지 않는다. 완료와 미완료 자체는 시제 개념이 없이 동작의 완료와 미완료의 상태, 즉 동작의 시상[aspect]과 관련되어 있다. 기초 문법에서는 단순히 완료는 과거, 미완료는 미래로 번역하는 것이 일반적 관례지만, 위의 완료 동사들은 미래 완료의 의미로 이해될 수 있다. 말하자면, 이것은 완료 동사가 미래에 성취되고 완료될 동작을 가리킬 수 있음을 말해주는 한 가지 사례다[Waltke and O'Connor, *Introduction to Biblical Hebrew Syntax*, 484; Joüon-Muraoka, *A Grammar of Biblical Hebrew*, 395])

(17) 그러므로 이스라엘의 하나님이신 여호와의 선언(말씀)이니라! 내가 진정으로 말하였노라! "너의 집과 너의 아비의 집은 내 앞에서 영원히 행하게 되리라(거닐게 되리라)"라고.

(18) 이것은 노아의 족보다(이것들은 노아의 계보다). 노아는 그의 시대(세대들)에 의롭고 완전한 사람이었다. 노아는 하나님과 동행했다(거닐었다).

(19) 너희는 그 성읍의 평화를 추구하라. 그리고 너희는 그것(여, '성읍')을 위해 여호와께 기도하라. 이는 그것(여)의 평화 중에 너희에게 평강이 있을 것이기 때문이다.

(20) 그리고 에녹은 (그)하나님과 동행했으며 그는 사라졌다(אֵינֶ֫נּוּ)존재하지 않았다). 왜냐하면 하나님이 그를 취하셨기 때문이다.

(21) 그리고 그 왕이 내게 말했다. "너는 도대체 무엇을 원하느냐(찾고 있느냐)?" 그래서 나는 하늘의 하나님께 기도를 드렸다.

(22) 그리고 또 한 사람이 여호와의 이름으로 예언하고 있었다. 그런데 그는 예레미야의 모든 말(들)대로 이 성읍과 이 땅을 향해 예언했다.

(23) 그로 인하여 당신의 종이 당신께 이 기도를 (기도)드릴 마음을 얻었습니다(찾았습니다).

(24) 그리고 나는 처음과 같이 40일 낮, 40일 밤(40주야)을 여호와 앞에 엎드렸다. 나는 음식을 먹지 않았다.

(25) 그리고 이스라엘의 왕이 여호사밧에게 말했다. "내가 당신에게 말하지 않았느냐? 그가 나에게 흉한 것 외에는 길한 것을 예언하지 않을 것이라고."

(26) 모세가 그분과 함께 말하려고 회막(만남의 천막)으로 들어갔다. 그리고 그는 증거의 궤위에 놓인 (그)속죄소(속죄판) 위로부터 자신에게 말씀하시는 그 음성을 들었다. (עֵדוּת는 12과 어휘. מִדַּבֵּר ← מִתְדַּבֵּר)

(27) 그리고 그들이 모세와 아론에게 왔다. 그리고 그들은 그들에게 말했다. "당신들에게 지나침이 있소(많다). 왜냐하면, 온 회중은 그들 모두가 거룩하고 여호와는 그들 가운데 있기 때문이오. 그러니 왜 너희가 여호와의 회중 위에 스스로를 높이는가?" (בְּתוֹכָם ← ם ָ + בְּתוֹךְ)

(28) 그가 여호와의 성물을 속되게 했기 때문에 그 사람(영혼)은 그의(여.단) 백성으로부터 끊어질 것이다. (נֶ֫פֶשׁ가 여성이며 מֵעַמֶּיהָ의 여.단 접미 대명사 ֶ֫יהָ ['그녀의']는 이것을 받는다: ֶ֫יהָ + עַם + מִן)

(29) 그리고 우리가 말했습니다. "우리들 사이에, 곧 우리와 당신 사이에 부디 평화가 있기를 원하나이다(있게 하소서). 그리고 우리가 당신과 함께 조약을 맺으렵니다." (בֵּינוֹתֵ֫ינוּ = בֵּינֵ֫ינוּ. 120쪽 하단을 보라).

(30) 그리고 이삭이 그에게 말했다. "너(남)는 누구냐?" 그러자 그가 말했다(대답했다). "저는 당신의 아들, 당신의 장남 에서입니다."

(31) 그리고 그 날 바람이 불 때(날이 서늘할 때) 그들은 (그)동산에 거니시는 여호와 하나님의 음성을 들었다. 그리고 아담과 그의 아내가 여호와 하나님의 면전으로부터 (그)동산 나무 가운데에 숨었다.

(לְר֫וּחַ הַיּוֹם는 매우 어려운 어구다. 많은 역본을 따라 문자적으로 '그날의 바람이 불 때'로 번역이 가능하다. 개역개정 이전의 한글개역은 '날이 서늘할 때'로 번역했다. 그러나 이 문구의 정확한 번역과 의미는 모호하다. 참고로 '바람'을 뜻하는 ר֫וּחַ는 단순히 자연풍이 아닌 자주 '신적 바람,' 즉 마치 바람과 같은 '성령,' 혹은 '성령의 기운'을 뜻하는 경우가 많다)

16과 히필과 호팔 동사, 히브리어 사전 사용법

A. 히필과 호팔의 변화

1. 개요

1) 히필(Hiphil)은 기본적으로 사역 동작이며 호팔(Hophal)은 그것의 수동이다. 사역이란 자신이 직접 동작을 하는 것이 아니라 어떤 행위나 결과를 발생시키는 동작을 말한다.

2) 히필과 호팔의 기본형은 첫 자음이 ה라는 특징을 갖는다.

הִקְטִיל(히필) / הָקְטַל(호팔)

2. 히필과 호팔의 기본 도표

1) מָלַךְ('다스리다, 왕이 되다')의 히필과 호팔의 뜻은 다음과 같다.

B הִמְלִיךְ(히필) A: 'A가 B로 하여금 다스리게 했다'(A made B rule)
= 'A가 B를 왕으로 세웠다'(A made B a king)

הָמְלַךְ(호팔) B: 'B가 다스리게 되었다'(B was made to rule)
= 'B가 왕으로 세워졌다'(B was made a king)

2) 히필과 호팔의 기본 도표는 다음과 같다.

형태	Hiphil	해 석	Hophal	해 석
완료	הִמְלִיךְ	그가 다스리게 했다	הָמְלַךְ/הֻמְלַךְ[b]	그가 다스리게 되었다
미완	יַמְלִיךְ	그가 다스리게 할 것이다	יָמְלַךְ/ יֻמְלַךְ[b]	그가 다스리게 될 것이다
명령	הַמְלֵךְ[a]	너는 다스리게 하라	(הָמְלַךְ)[c]	—
부연	הַמְלִיךְ	다스리게 하는 것	הָמְלַךְ	다스리게 되는 것
부절	הַמְלֵךְ[a]	다스리게 하는 것	הָמְלֵךְ	다스리게 되는 것
분사	מַמְלִיךְ	다스리게 하는	מָמְלָךְ	다스리게 되는

a. 히필의 경우 명령과 부정사 절대형이 동일한 형태를 취한다. 다른 모든 어간들은 명령과 부정사 연계형이 동일한 형태였다.

b. 각각 הֻמְלַךְ와 יֻמְלַךְ로도 나타난다('오'와 '우'의 가변성은 음의 삼각형을 참고하라). 완료와 미완 외에 다른 형태들도 마찬가지다.

c. 호팔 역시 수동태이므로 명령이 사용되지 않는다.

3. 히필과 호팔의 변화표

완료		Hiphil	해 석	Hophal	해 석
단수	3.남.단	הִמְלִיךְ	그가 다스리게 했다	הָמְלַךְ[a]	그가 다스리게 되었다
	3.여.단	הִמְלִיכָה[a]	그녀가 . . .	הָמְלְכָה[b]	그녀가 . . .
	2.남.단	הִמְלַכְתָּ[b]	너(남)는 . . .	הָמְלַכְתָּ	너(남)는 . . .
	2.여.단	הִמְלַכְתְּ	너(여)는 . . .	הָמְלַכְתְּ	너(여)는 . . .
	1.공.단	הִמְלַכְתִּי	내가 . . .	הָמְלַכְתִּי	내가 . . .
복수	3.공.복	הִמְלִיכוּ	그(녀)들이 다스리게 했다	הָמְלְכוּ	그(녀)들이 다스리게 되었다
	2.남.복	הִמְלַכְתֶּם[b]	너희(남)가 . . .	הָמְלַכְתֶּם	너희(남)가 . . .
	2.여.복	הִמְלַכְתֶּן	너희(여)가 . . .	הָמְלַכְתֶּן	너희(여)가 . . .
	1.공.복	הִמְלַכְנוּ	우리가 . . .	הָמְלַכְנוּ	우리가 . . .
미완료		**Hiphil**	**해 석**	**Hophal**	**해 석**
단수	3.남.단	יַמְלִיךְ	그가 다스리게 할 것이다	יָמְלַךְ[a]	그가 다스리게 될 것이다
	3.여.단	תַּמְלִיךְ	그녀가 . . .	תָּמְלַךְ	그녀가 . . .
	2.남.단	תַּמְלִיךְ	너(남)는 . . .	תָּמְלַךְ	너(남)는 . . .
	2.여.단	תַּמְלִיכִי[a]	너(여)는 . . .	תָּמְלְכִי	너(여)는 . . .
	1.공.단	אַמְלִיךְ	내가 . . .	אָמְלַךְ	내가 . . .
복수	3.남.복	יַמְלִיכוּ	그들이 . . .	יָמְלְכוּ	그들이 . . .
	3.여.복	תַּמְלֵכְנָה[c]	그녀들이 . . .	תָּמְלַכְנָה	그녀들이 . . .
	2.남.복	תַּמְלִיכוּ	너희(남)가 . . .	תָּמְלְכוּ	너희(남)는 . . .
	2.여.복	תַּמְלֵכְנָה	너희(여)가 . . .	תָּמְלַכְנָה	너희(여)는 . . .
	1.공.복	נַמְלִיךְ	우리가 . . .	נָמְלַךְ	우리가 . . .
단축		יַמְלֵךְ[d]	그가 다스리게 할지어다	יָמְלֵךְ	그가 다스리게 되리라
연장		אַמְלִיכָה[a]	내가 다스리게 하리라	אָמְלְכָה	내가 다스리게 되기를
명령		**Hiphil**	**해석**	**Hophal**	**—**
단	남.단	הַמְלֵךְ	너(남)는 다스리게 해라	—[c]	
	여.단	הַמְלִיכִי[e]	너(여)는 . . .		
복	남.복	הַמְלִיכוּ	너희(남)가 . . .		
	여.복	הַמְלֵכְנָה	너희(여)가 . . .		

		분사 '다스리게 하는'	부정사		분사 '다스리게 된'	부정사	
단	남.단	מַמְלִיךְ	연계형	הַמְלִיךְ	מָמְלָךְ	연계형	הָמְלַךְ[d]
	여.단	מַמְלִיכָה[f]			מָמְלָכָה		
복	남.복	מַמְלִיכִים	절대형	הַמְלֵךְ	מָמְלָכִים	절대형	הָמְלֵךְ[d]
	여.복	מַמְלִיכוֹת			מָמְלָכוֹת		

1) 우선 두드러진 특징을 짚어본다면 히필에서는 모음 접미어가 붙더라도 악센트가 이동하지 않으며 따라서 히렉 요드(יִ◌)가 쉐바로 약화되지 않는다.

הָ + הִמְלִיךְ → הִמְלִ֫יכָה '그녀가 다스리게 했다'

2) 앞서 각주 152의 동사의 모음 변화에서 정리한대로, 히필형의 경우 완료에 경/중접미어가 붙으면 히렉 요드(יִ◌)가 파타(◌ַ)로, 미완료에 경접미어가 붙으면 히렉 요드(יִ◌)가 체레(◌ֵ)로 바뀐다.

תָּ + הִמְלִיךְ → הִמְלַ֫כְתָּ '네가 다스리게 했다'(완료)

תַּמְלֵ֫כְנָה '그녀들이/너희(여)가 다스리게 할 것이다'(미완료)[174]

3) 다음은 영문 각주에 따른 히필 변화의 특징이다.

a. 앞서 말한 대로, 모음 접미어가 붙더라도 악센트가 위치 이동하지 않으며 따라서 역 HHP가 발생하지 않는다.

b. 완료에 경/중접미어가 접미될 때 히렉 요드(יִ◌)는 파타(◌ַ)로 바뀐다.

c. 미완료에 경접미어가 접미될 때 히렉 요드(יִ◌)가 체레(◌ֵ)로 바뀐다.

d. 히필은 미완료형이 짧아진 *단축형을 별도로 갖는다.* 이것은 히필 변화의 가장 큰 특징 중 하나다. 강동사의 다른 어간형들은 한결같이 미완료형과 지시법의 형태가 동일하지만, 히필만큼은 예외로 단축형을 갖는다. 그 단축형이 지시법에 사용되며, 또한 바브 연속법에도 사용된다.

יַמְלִיךְ '그가 ..로 하여금 다스리게 할 것이다' (직설법)

יַמְלֵךְ '그가 ..로 하여금 다스리게 하소서' (지시법)

וַיַּמְלֵךְ '그리고 그가 ..로 하여금 다스리게 했다'[175] (바브 연속법)

e. 히필 명령에서 모음 어미(연장 어미 포함)가 붙으면 히렉 요드(יִ◌)가 되살아난다: הַמְלִ֫יכָה '너는 통치하게 하라'(명령의 연장어미 הָ).

---

174) 그러나 히필 미완료에 경접미어가 붙은 사례는 히브리어 성경에서 불과 6회, 그것도 모두 약동사에서만 나타날 뿐이다.

175) 예외적으로 히필의 바브 연속법 미완료 1인칭에 한해서는 단축형을 쓰지 않는다: וָאַמְלִיךְ '그리고 내가 다스리게 할 것이다.'

f. 분사는 형용사/명사에 준한 어미변화를 하므로 어미가 붙으면 HHP를 따라 악센트는 새로운 종음절인 그 어미로 이동한다.

4) 다음은 호팔 변화의 특징들이다.

a. 모음 ◌ָ를 카메츠[ā]로 읽지 않도록 주의하라. 이것은 카메츠 하툽(◌ָ), 즉 단모음 [o]로 읽는다: הָמְלַךְ[hom-lak̠] / יָמְלַךְ[yom-lak̠]. 그러나 모음 '오'(◌ָ 카메츠 하툽)가 경우에 따라 '우'(◌ֻ 슈렉)로 바뀌어 나타날 때도 많다. 이것은 음의 삼각형에서 보듯이 동급의 두 모음의 속성상 상호 치환이 흔하게 발생하기 때문이다. 따라서 הָקְטַל/יָקְטַל 유형은 הֻקְטַל/יֻקְטַל 유형으로도 나타날 수 있다: מָקְטָל = מֻקְטָל '죽이게 된 (남자).'

b. 모음 접미어와 함께 역 HHP가 작용한다.

c. 푸알과 마찬가지로 수동이므로 명령은 사용되지 않는다.

d. 호팔 부정사도 매우 드물다.

히필은 히브리어 성경에서 칼 동사에 이어 가장 많이 나타나는 어간형인 반면 수동형인 호팔은 또 다른 수동형인 푸알에 이어 가장 드물게 사용될 뿐이다. 그럼에도 우리는 호팔 동사 또한 익혀야만 한다.

B. 히필과 호팔의 의미와 용법

1. 개요

1) 다음 문장 구조는 사역형 어간인 히필과 호팔의 기본적인 용법을 이해하는데 도움이 될 수 있을 것이다.

칼	C מָלַךְ עַל A	A는 C를(위에서) 다스렸다(통치했다)
히필	C עַל B הִמְלִיךְ A	A는 B로 하여금 C를 다스리게 했다
호팔	C עַל הָמְלַךְ B	B는 C를 다스리게 되었다

2) 그러나 이러한 사역적 용법은 실상 다양한 방식으로 나타난다. 다음은 히필의 의미와 용법에 대한 설명이다.

2. 히필의 의미와 용법

1) 히필의 가장 기본적인 의미는 사역(causative)인데 이것은 어떤 동사들에서는 피엘의 사역 용법과 비슷하다. 예컨대, שָׁחַת의 피엘 שִׁחֵת와[176] 히필 הִשְׁחִית는 둘 다 '파괴를 발생시키다,' 즉 '파괴하다, 망가트리다'로서 유의미한 차이가 있다고 보기 어렵다.

קָרַב(칼) '가까이 오다'
→ הִקְרִיב(히필) '(가까이 오게 하다) 가져오다, 데려오다'
כָּבֵד(칼) '무겁다'
→ הִכְבִּיד(히필) '(무겁게 하다) 존중하다, 존경하다' = כִּבֵּד(피엘)

2) 여기서는 자세한 설명을 생략하지만, 어떤 학자들의 견해를 따라 히필의 사역의 의미들이 상세히 구분될 수도 있고, 또한 그것이 피엘의 사역 용법과 미묘한 차이가 있을 수도 있다. 그러나 대체로 초급 문법에서는 히필의 사역 용법은 피엘의 사역 용법과 큰 차이가 없는 것으로 보아도 무방하다. 피엘과 히필이 갖는 사역의 의미에 대한 논쟁에 대해서는 〈부록 2〉를 참고하라.

3) 많은 경우 단순 능동 의미로 해석될 수 있다.

הִקְרִיב '가져오다, 데려오다' / הִכְבִּיד '존중하다, 존경하다'
הִשְׁלִיךְ '던지다' / הִשְׁמִיד '파괴하다'

4) 히필에는 몇 가지 용법이 더 있으나 초급 문법에서는 생략한다.[177]

---

176) שָׁחַת는 약동사의 하나인데 피엘 שִׁחֵת에서 후음 ח에 강점이 찍히지 않는다.

177) 예를 들어, 선언(declaratory)의 용법이 있다. 선언은 어떤 사람/사물의 신분이나 상태를 선언적으로 규정한다.

צָדֵק(칼) '의롭다' → הִצְדִּיק(히필) '..를 의롭다고 선언하다'

3. 호팔의 의미와 용법

1) 호팔의 기본 의미는 히필의 수동이다. 이것은 히필의 수동 동작이지만 니팔이나 호팔처럼 어떤 행위자나 원인에 의해 '발생된 동작' 자체를 의미하기보다는 '발생된 동작의 결과를 주어가 경험하고 있는 것'을 지시한다. 우리말로 '..하게 되었다'가 아주 적절한 어감이라 할 수 있다. *그러나 많은 경우 호팔은 사실상 니팔과 별 차이 없이 단순히 수동 의미를 지닌다.*

שָׁבַר(칼) '부수다' → נִשְׁבַּר(니팔) '부서졌다'
הִשְׁבִּיר(히필) '부서지게 했다'
הָשְׁבַּר(호팔) '부서지게 되었다' = '부서졌다'

שָׁכַב(칼) '눕다' → הִשְׁכִּיב(히필) '눕게 했다' = '눕혔다'
הָשְׁכַּב(호팔) '눕게 되었다' = '눕혀졌다'

2) 한편, 푸알 형태의 어떤 동사들이 칼 수동형으로 분류되는 것과 마찬가지로, 호팔 형태의 어떤 동사들 중에 극히 일부는 형태는 호팔이지만 칼 수동인 것들이 있다. 여러 학자들에 따르면, 이것들이 엄밀히 호팔형일 수 없는 이유는 이것들의 능동형인 히필형이 발견되지 않기 때문이다. 따라서 문법적으로 이러한 동사들도 형태는 호팔형을 취하나 '칼 수동'으로 분류된다.

לָקַח (칼) '취하다'
לֻקַּח (푸알 완료-칼 수동) '취해지다'
יֻקַּח (호팔 미완료-칼 수동)[178] '취해질 것이다'

178) יֻקַּח를 형태상 호팔과 동일하게 보는 이유는 그것이 원래 호팔 형태의 יֻלְקַח인데 자음 ל가 동화되어 중강점이 찍힌 형태이기 때문이다.

※ 일곱 동사 어간의 의미의 요약

다음은 동사 בָּקַע를 가지고 일곱 가지 어간의 동작의 의미를 비교한 것이다. 이 동사는 아직 배우지 않은 약동사인 이유로 일부 어간형의 마지막 모음이 현재 배운 것과 약간 차이가 나지만 히브리어 성경에 일곱 어간이 모두 나타난다는 점에서 유익한 비교가 된다. 특히 수동형들의 차이를 주의 깊게 관찰할 필요가 있다(참고. Waltke and O'Connor, *Introduction to Biblical Hebrew Syntax*, 448-449).

단순형

1) בָּקַע(칼) '쪼갰다'(cleave, split): 단순히 쪼갠 동작을 지시한다.
2) נִבְקַע(니팔) '쪼개졌다'(be cleft): 니팔은 어떤 행위자(agent)에 의해 주어(subject)가 쪼개지는 동작, 즉 단순한 수동적 동작을 지시한다. 혹은 단순 재귀적 의미인 '스스로 쪼개졌다'도 가능하다.

강조형

3) בִּקַּע(피엘) '산산조각 냈다'(cleave to pieces): 이 동사의 피엘은 기본적으로 칼의 강화된 동작이다. 동시에 이것은 어떤 결과적 상태에 이르게 한 사역적 의미를 내포한다. 즉 어떤 행위자(agent)가 '쪼개서 조각나게 했다'는 뜻이다.
4) בֻּקַּע(푸알) '산산조각 났다'(be made to be cleft to pieces): 푸알은 피엘의 수동 의미를 지닌다. 즉 이것은 어떤 행위자에 의해 주어가 산산조각 난 결과적 상태에 이르게 된 동작을 지시한다.
5) הִתְבַּקַּע(히트파엘) '(저절로, 스스로) 쪼개졌다'(cleave oneself): 이것은 중간태나 재귀적 동작이다. נִבְקַע(니팔)의 재귀적 의미와 동일하다.

사역형

6) הִבְקִיעַ(히필) '조각나게 했다'(cause to be breached): 피엘의 사역 용법과 사실상 거의 차이가 없다고 볼 수 있다. 그러나 어떤 학자들은 피엘 동작이 조각난 '상태'라는 결과를 발생시키는 사역적 동작인 반면, 히필은 조각을 내는 '사건'을 발생시키는 동작으로 보기도 한다. 그러나 초급 문법에서는 중요하지 않은 구분이다(〈부록 2〉를 보라).
7) הָבְקַע(호팔) '조각나게 되었다'(be caused to be breached): 이것은 어떤 원인에 의해 무엇이 부서진 결과를 주어가 경험하는 동작이다.

C. 히브리어 사전 사용법

1. 개요

1) 초급 히브리어 문법을 배울 때 히브리어 사전 사용법을 익혀 두는 것이 바람직하다.[179)]

2) 여기서는 가장 보편적으로 많이 이용하는 *BDB* 사전을 기준으로 요점만 간략하게 설명하겠다.[180)]

---

179) 최근에는 탁월한 컴퓨터용 성경 프로그램들이 많이 사용되고 있기에 사전 사용법이 불필요해진 측면이 있다. 왜냐하면 이런 성경 프로그램들의 경우, 컴퓨터 화면에서 마우스의 커서를 히브리어 본문이나 헬라어 본문에 올려놓으면 히브리어 단어와 헬라어 단어들이 자동적으로 사전과 연결되어 화면에 단어 설명이 뜨기 때문이다. 그럼에도 불구하고 우리는 *BDB* 사전을 비롯한 주요 종이 사전들의 사용법을 알고 있어야한다. 종이 사전이 주는 장점과 유익함은 여전하기 때문이다. 또한 사전은 가급적 한글 번역판보다는 영어판을 이용할 것을 권한다. 영어판은 오역의 가능성을 피할 수 있는 것 외에 의미의 이해가 훨씬 정확할뿐더러 많은 경우 우리말로 옮기기 어려운 뉘앙스를 잘 반영한다.

180) 소개할만한 좋은 히브리어 사전들은 다음과 같다.

① *BDB*: 이것은 Brown, Driver, Briggs, *Hebrew and English Lexicon of OT*를 일컫는다. 가장 고전적이고 대표적인 히브리어 사전이라 할 수 있다. 이 사전은 고대 근동의 히브리어 동족어들과의 심도 있는 비교를 통한 탁월하고 전문적인 어원 추적과 단어들의 성경에서의 다양한 의미들, 그리고 풍부한 성경의 참고 구절을 담고 있다. 이것은 어느 사전보다도 뛰어난 독보적인 업적이다. 그러나 *BDB*는 어원적 의미의 설명에 집중하지만 후대에 발전된 우가릿어 연구를 비롯한 고대 근동어 연구의 풍부한 결과가 반영되지 못했으며 단어들의 문맥적 의미에 대한 설명은 부족하다. 현재 이 약점을 보완해줄 좋은 사전들이 많이 나와 있다.

② *HALOT*: 이 사전은 Koehler-Baumgartner에 의한 독일어판 사전을 영어로 번역한 *The Hebrew and Aramaic Lexicon of the OT* (5 vols)을 지칭한다. 원저자들의 이니셜인 (KB로 불림)이것은 *BDB*의 어원 중심의 설명을 충분히 보완하여 단어의 풍부한 문맥적 의미들을 제공한다. 이것의 요약판인 Holladay, *Concise Hebrew and Aramaic Lexicon of the OT*가 별도로 제작되었다. 이 요약판은 'Holladay 사전'이라 불리는데 한국어로 번역되어 있으며 위의 사전들에 비해 두께가 훨씬 얇기에 휴대가 간편하고 내용 정리가 매우 간결하여 쉽게 눈에 들어온다. 얇은 사이즈임에도 불구하고 이 사전은 필요한 내용을 충실히 담고 있는 좋은 사전이다. 이하에 소개

3) 우선 사전에는 히브리어 단어의 변화형이 아닌 기본형(basic form)이나 어근(root)이 수록되어 있다는 사실을 인식해야할 것이다. 동사의 경우 어근이 수록되어 있고, 다른 품사들의 경우는 기본형이 수록되어 있다. 따라서 동사와 기타 품사들로 구분해서 사전 사용법을 설명할 필요가 있다.

2. 동사 단어 찾기

1) 동사는 일곱 가지 어간형(칼부터 히필까지)으로 나뉘며, 그것들이 각각 다양한 형태들, 곧 완료/미완료/명령/부정사/분사/단축형(지시법)/연장형(의지법)으로 나타난다. 그것들에 접두어와 접미어가 붙어 결국 동사 변화형들은 헤아리기 어려울 만큼 많이 만들어진다. 그러나 동사는 항상 세 자음으로 된

하는 것들은 구약 신학 사전들이다.

③ *TWOT*: 이것은 *Theological Word Book of OT* (2 vols)로서 다소 보수적인 사전이지만, 마찬가지로 단어들의 다양한 문맥적 용례들을 제시하는 상당히 좋은 사전이다. 동시에 충실한 어원의 추적이 시도된다.

④ *TDOT*: 이 사전은 *Theological Dictionary of OT* (15 vols)로서 15권으로 구성되어 있다. 방대한 독일어 원본(1995년 완성)의 영역본이 2006년에 모두 발간 완료되었다. 이것은 신약 대사전 *TDNT*(Theological Dictionary of NT)의 대응판으로 작성된 것인데 *TDNT*와 달리 원어 중심의 설명의 한계를 크게 극복한 작품이다. 따라서 *TDOT* 또한 앞서 말한 *BDB*의 약점과 기존 사전들의 약점을 충분히 보완했다.

⑤ *NIDOTTE*: 이 사전은 다섯 권으로 구성된 *New International Dictionary of Old Testament Theology & Exegesis* (5 vols)를 일컫는다. 이 사전의 명성은 널리 알려져 있다. 기존의 사전들은 *TWOT*를 제외하고 대부분 독일 학자들에 의해 제작된 뒤 영어권에서 이것들을 번역을 하거나 재작업을 해서 영어판을 내놓았으나 이 사전은 영어권의 보수적 학자들이 직접 작업해서 내놓은 탁월한 대작이다. 이 사전 역시 단어의 어원학적 설명 외에도 최근의 연구 결과들을 수록하여 그것의 문맥적, 신학적인 의미를 상세히 설명한다.

그 외 최근에는 스마트폰에서 사용가능한 원어 성경 프로그램들이 보급되어 있는데 그 중에는 가끔 히브리어와 헬라어 사전 사용도 가능한 어플리케이션(Application)도 있다. 무엇보다 독자들에게 권하고 싶은 것은 이와 같은 편리한 성경 프로그램들에 먼저 친숙해지되 종이 사전 사용 또한 반드시 습관을 들이라는 것이다.

어근만이 사전에 수록된다: שָׁמַר(일반 동사)/ כָּבֵד(상태 동사)/ קוּם(약동사). 어떤 동사라도 동사의 기본 어근은 세 자음으로 구성된다. 따라서 어떤 동사 단어를 사전에서 찾아보기 위해서는 그 동사 단어의 어근을 찾아낼 수 있어야 한다. 그것을 위해 바로 동사 분해 훈련이 필요하다.

2) 예컨대, 니팔 어간형 동사 נִשְׁמַר는 니팔 완료형이다. 이 단어를 사전에서 아무리 찾아도 나타나지 않는다. 이 동사의 어근이 사전에 수록되어 있기 때문이다. 따라서 일차로 이 동사의 어근을 빨리 파악해야 하는데, נִשְׁמַר의 어근은 שָׁמַר이다.

3) 동사 שָׁמַר를 *BDB* 사전에서 찾아보면, 다음과 같은 내용들이 수록되어 있다: (1) 이 어근 단어의 기본 뜻과 어원, 고대 근동의 동족어와의 비교; (2) 칼형부터 히필형에 이르기까지 성경에 나타나는 שָׁמַר의 모든 어간 변화형들의 예시; (3) 각 어간형들의 의미(즉 칼일 때의 뜻, 니팔일 때의 뜻 등등); (4) 각 용례들이 나타나는 성경의 주요 참고 구절들; (5) 다른 단어들과 결합된 숙어적 사용 등. 이렇듯 이 사전에 그 어근 단어에 대한 모든 것이 총망라되어있음을 볼 수 있다.

4) 마찬가지로 칼 완료에 주격 접미어가 붙은 형태, 예컨대, שְׁמַרְתֶּם이나 어미가 변한 형태, 예컨대, 분사 שֹׁמְרוֹת 등도 이 자체로는 사전에서 발견할 수 없다. 따라서 이것들의 어근이 שָׁמַר임을 재빨리 파악할 수 있어야 한다. 자칫 혼동할 수 있는 한 가지 예로, הִשְׁתַּמֵּר의 경우 어간(stem)이 히트파엘이고 어근(root)은 שָׁמַר다. 자칫 תָּמֵר를 어근으로 간주하는 실수를 범할 수 있는데, 히트파엘의 어두 הִתְ의 ת와 첫 자음 쉰(שׁ)이 자음 도치되었음을 주의해야 한다.

5) 다른 예로, אֲבַקְשָׁה의 어근은 בִּקֵּשׁ('찾다')이며, 피엘 의지법 1인칭이다. 따라서 사전에서 בִּקֵּשׁ를 찾아야 한다. 이 동사의 경우 칼형이 존재하지 않는다. 이 동사와 같이 칼형이 없는 동사의 경우 사전에 따라서 괄호를 친 (בָּקַשׁ)로 수록되어 있거나, 모음이 없이 어근만, 즉 בקשׁ로 수록되어 있다.

3. 동사 외 다른 단어들의 사전 찾기

1) 동사 외의 다른 단어들은 사전 찾기가 훨씬 수월하다. 이것들은 기본형(basic form)이 사전에 수록되어 있다. 이것들의 기본형은 동사의 경우처럼 세 자음이 될 수도 있으나 두 자음, 또는 네 자음 이상인 단어들도 광범위하게 존재한다. 그러나 많은 경우 그 기본형이 어떤 어근에서 기원했다면, 그 어근을 찾아가야하는 번거로움이 있다.

2) 예컨대, **דְּבָרִים**의 뜻을 사전에서 찾기 위해 이 단어 자체를 히브리어 사전에서 찾으면 나타나지 않는다. 이 단어의 복수 어미 **ִים**을 제거한 기본형 **דָּבָר**('말씀[word], 일[thing]')를 찾아야 한다. **הַסֵּפֶר**는 어두에 관사 **הַ**가 붙어 있으므로 **סֵפֶר**('책')이 기본형이며, **בַּמִּדְבָּר**는 앞에 전치사 **בְּ**와 관사 **הַ**가 붙은 명사로 **מִדְבָּר**('광야')가 기본형이다. **מִדְבָּר**와 관련하여 *BDB*는 초학자에게는 번거롭게 **מִדְבָּר**를 알파벳 순서의 위치에 넣은 뒤 거기서 어근 **דבר**를 다시 찾아가도록 편성되어 있다. **דבר**를 찾으면 관련 파생어들이 나열되어 있는데 거기에 **מִדְבָּר**에 대해 단어 설명이 나와 있다. 이것은 번거롭긴 하지만 어근과 더불어 어근에서 파생된 모든 단어가 함께 수록되어 있어 파생어들을 한눈에 파악하는 것이 가능하기에 이런 편집 방법은 또한 큰 장점이기도 하다.

예제 1) 다음 문장을 읽고 번호가 달린 단어들의 기본형을 히브리어 사전에서 찾아보라.

(신 31:13) ①וּבְנֵיהֶם אֲשֶׁר לֹא־②יֵדְעוּ ③יִשְׁמְעוּ ④וְלָמְדוּ
לְיִרְאָה אֶת־יהוה ⑤אֱלֹהֵיכֶם כָּל־הַיָּמִים אֲשֶׁר אַתֶּם חַיִּים
עַל־הָאֲדָמָה אֲשֶׁר אַתֶּם ⑥עֹבְרִים אֶת־הַיַּרְדֵּן שָׁמָּה לְרִשְׁתָּהּ

① וּבְנֵיהֶם ② יֵדְעוּ ③ יִשְׁמְעוּ
④ וְלָמְדוּ ⑤ אֱלֹהֵיכֶם ⑥ עֹבְרִים

16과 연습문제

I. 어휘 (약어 '힢'은 '히필'을 의미함)

חֵטְא	죄/(복) חֲטָאִים	חַטָּאת	죄, 속죄제[a]	גֵּר	나그네(객), 거류민
קָרְבָּן	예물, 고르반	עֵת	때, 시간	אֶת־פְּנֵי	..앞에서
מָכַר	팔다	מָשַׁל (בְּ)	통치하다	בַּעַל	바알, 주인, 남편
חָיָה	살다, 살아있다	הָרַג	죽이다	אָבַד	멸망하다
הִשְׁמִיד (שָׁמַד)	(힢) 파괴하다	הִסְתִּיר (סָתַר)	(힢) 숨기다[b]	הִבְדִּיל (בָּדַל)	(힢) 나누다
הִשְׁלִיךְ (שָׁלַךְ)	(힢) 던지다	קָרַב[c]	접근하다	הִשְׁחִית (שָׁחַת)	(힢) 망쳐놓다
		הִקְרִיב	(힢) 바치다, 가져오다		(닢) נִשְׁחַת 망가지다
חָיוּ	그들이 살았다/ יִחְיוּ 그들이 살 것이다				

a. 이 단어는 '죄'라는 뜻을 지니면서 동시에 '속죄제'라는 제사 용어다.

b. 앞서 니팔형 נִסְתַּר('숨다')와 히트파엘 הִסְתַּתֵּר('숨다')를 숙지한 바 있다.

c. קָרְבָּן('예물, 고르반')의 어근이며 קָרְבָּן의 어원적 의미는 '가까이 가져가는 것.'

II. 다음 동사들을 분해하라. 어간은 히필과 호팔 중 하나다.

※ 형태 중에 어떤 것은 미완(단축)이다.

※ 바브 연속은 완료/미완 앞에 '바연,' 바브 접속은 '바접'이라 쓰라.

	문 제	어근	어간	형태	인칭·성·수	해 석
①	הִבְדִּילָה					
②	וָאַשְׁמִיד					
③	הִקְדִּישׁוּ					
④	הִמְלַכְתִּי					
⑤	הַשְׁחִיתִי					부정사 아님
⑥	וַתַּסְתֵּר					2인칭
⑦	מַבְדִּיל					
⑧	הַמְלֵךְ					부정사 아님
⑨	מָשְׁלָךְ					
⑩	הָשְׁלַכְתָּ					

III. 다음을 해석하라.

※ 각 문장에 히필과 호팔 동사만이 아닌 여러 어간들이 사용되었다.

(1) הַסְתֵּר פָּנֶיךָ מֵחֲטָאָי׃ (시 51:9; *BHS* 51:11)

(2) וְאַתָּה הָשְׁלַכְתָּ מִקִּבְרְךָ[a] (사 14:19) a. קֶבֶר '무덤.'

(3) מִן־הָאֲדָמָה לֻקָּחְתָּ וְעָפָר אַתָּה

(4) הִבָּדְלוּ מִתּוֹךְ הָעֵדָה הַזֹּאת (민 16:21)

(5) וַתְּהִי חַטַּאת הַנְּעָרִים גְּדוֹלָה מְאֹד אֶת־פְּנֵי יהוה (삼상 2:17)

(6) אַזְכִּירָה שִׁמְךָ בְּכָל־דֹּר וָדֹר׃ (시 45:17; *BHS* 45:18)

(7) דָוִיד זָקֵן וַיַּמְלֵךְ אֶת־שְׁלֹמֹה בְנוֹ עַל־יִשְׂרָאֵל׃ (대상 23:1)

(8) דָּרֹשׁ יִדְרֹשׁ אֶת־דָּמָיו יהוה אֱלֹהֶיךָ מֵעִמָּךְ וְהָיָה בְךָ חֵטְא׃
(신 23:21; *BHS* 23:22)

(9) הָכְרַת מִנְחָה וָנֶסֶךְ[a] מִבֵּית יהוה (욜 1:9) a. נֶסֶךְ '전제.'

(10) עַל־שֶׁבֶר[a] בַּת־עַמִּי הָשְׁבָּרְתִּי (렘 8:21) a. '상처.' שָׁבַר('부수다')의 파생어.

(11) גֵּר אָנֹכִי בָאָרֶץ אַל־תַּסְתֵּר מִמֶּנִּי מִצְוֹתֶיךָ׃ (시 119:19)

(12) וַיְלַמְּדוּ בִּיהוּדָה וְעִמָּהֶם סֵפֶר תּוֹרַת יהוה (대하 17:9)

(13) וַנִּלְכֹּד אֶת־כָּל־עָרָיו בָּעֵת הַהִוא[a] (신 2:34) a. הִיא로 읽고 해석한다.

(14) וְהִבְדַּלְתָּ אֶת־הַלְוִיִּם מִתּוֹךְ בְּנֵי יִשְׂרָאֵל וְהָיוּ לִי הַלְוִיִּם׃ (민 8:14)

(15) וַיֹּאמֶר יהוה אֶל־שְׁמוּאֵל שְׁמַע בְּקוֹלָם וְהִמְלַכְתָּ מֶלֶךְ (삼상 8:22)

(16) אֲנִי וְכָל־הָעָם אֲשֶׁר אִתִּי נִקְרַב אֶל־הָעִיר (수 8:5)

(17) אֲנִי יהוה אֱלֹהֵיכֶם אֲשֶׁר־הִבְדַּלְתִּי אֶתְכֶם מִן־הָעַמִּים׃ (레 20:24)

(18) וַתִּקְרְבוּן אֵלַי כֻּלְּכֶם וַתֹּאמְרוּ נִשְׁלְחָה אֲנָשִׁים לְפָנֵינוּ (신 1:22)

(19) אִם־מָצָאתִי חֵן בְּעֵינֶיךָ הַמֶּלֶךְ אִם־עַל־הַמֶּלֶךְ טוֹב תִּנָּתֶן־לִי נַפְשִׁי
וְעַמִּי כִּי נִמְכַּרְנוּ אֲנִי וְעַמִּי לְהַשְׁמִיד לַהֲרוֹג[a] וּלְאַבֵּד׃ (에 7:3-4)

a. הָרַג의 부정사 הְרוֹג 대신 후음 아래 합성쉐바.

(20) דִּרְשׁוּ־טוֹב וְאַל־רָע לְמַעַן תִּחְיוּ וִיהִי־כֵן יהוה אֱלֹהֵי־צְבָאוֹת
אִתְּכֶם כַּאֲשֶׁר אֲמַרְתֶּם׃ (암 5:14)

(21) הִכְבִּיד פַּרְעֹה אֶת־לִבּוֹ וְלֹא שָׁמַע [a]אֲלֵהֶם כַּאֲשֶׁר דִּבֶּר יהוָה׃

a. אֲלֵיהֶם의 불완전 필사법. (출 8:11)

(22) [a]מַשְׁחִתִים אֲנַ֫חְנוּ אֶת־הַמָּקוֹם הַזֶּה כִּי־גָֽדְלָה חַטָּאתָם
אֶת־פְּנֵי יהוָה׃ (창 19:13)

a. מַשְׁחִיתִים의 불완전 필사법.

(23) רָאָה אֱלֹהִים אֶת־הָאָ֫רֶץ וְהִנֵּה נִשְׁחָ֫תָה כִּי־הִשְׁחִית
כָּל־בָּשָׂר אֶת־דַּרְכּוֹ עַל־הָאָֽרֶץ׃ (창 6:12)

(24) וַיֹּ֫אמֶר אֲלֵהֶם [a]רְאוּבֵן אַל־תִּשְׁפְּכוּ־דָם הַשְׁלִיכוּ אֹתוֹ
אֶל־[b]הַבּוֹר הַזֶּה אֲשֶׁר בַּמִּדְבָּר וְיָד אַל־תִּשְׁלְחוּ־בוֹ (창 37:22)

a. '르우벤.' b. בּוֹר '구덩이.'

(25) וַיְדַבֵּר מֹשֶׁה אֶל־כָּל־עֲדָתוֹ לֵאמֹר בֹּ֫קֶר אֵת אֲשֶׁר יהוה יִבְחַר־בּוֹ
יַקְרִיב אֵלָיו׃ (민 16:5)

(26) יהוה אֱלֹהֶ֫יךָ הוּא עֹבֵר לְפָנֶ֫יךָ הוּא־יַשְׁמִיד אֶת־הַגּוֹיִם הָאֵ֫לֶּה
מִלְּפָנֶ֫יךָ (신 31:3)

(27) רָאָה אֱלֹהִים אֶת־הָאוֹר כִּי־טֽוֹב וַיַּבְדֵּל אֱלֹהִים בֵּין הָאוֹר
וּבֵין הַחֹֽשֶׁךְ׃ (창 1:4)

(28) דַּבְּרוּ־נָא בְּאָזְנֵי כָל־בַּעֲלֵי הָעִיר מַה־טּוֹב לָכֶם הַמְשֹׁל בָּכֶם [a]שִׁבְעִים
אִישׁ כֹּל בְּנֵי [b]יְרֻבַּ֫עַל אִם־מְשֹׁל בָּכֶם אִישׁ אֶחָד וּזְכַרְתֶּם כִּי־[c]עַצְמְכֶם
וּבְשַׂרְכֶם אָנִי׃ (삿 9:2)

a. 숫자. b. '여룹바알.' c. עֶ֫צֶם '뼈.'

(29) עַתָּה יהוה אֱלֹהָי אַתָּה הִמְלַכְתָּ אֶת־עַבְדְּךָ תַּ֫חַת דָּוִד אָבִי (왕상 3:7)

(30) בָּא [a]אֱלִישָׁע הַבַּ֫יְתָה וְהִנֵּה הַנַּ֫עַר מֵת מֻשְׁכָּב עַל־[b]מִטָּתוֹ׃ (왕하 4:32)

a. '엘리사.' b. מִטָּה '침대.'

(31) צֶ֫דֶק צֶ֫דֶק תִּרְדֹּף לְמַ֫עַן תִּחְיֶה וְהָיָה לְךָ הָאָ֫רֶץ אֲשֶׁר־יהוה
אֱלֹהֶ֫יךָ נֹתֵן לָֽךְ׃ (신 16:20) תִּנָּתֶן

(32) דַּבֵּר אֶל־בְּנֵי יִשְׂרָאֵל וְאָמַרְתָּ אֲלֵהֶם אָדָם כִּי־יַקְרִיב מִכֶּם
קָרְבָּן לַיהוָה מִן־הַצֹּאן תַּקְרִ֫יבוּ אֶת־קָרְבַּנְכֶם׃ (레 1:2)

16과 연습문제 해답

예제 1) 사전 찾기: ① וּבְנֵיהֶם → בֵּן/ '그리고 너희의 아들들' ② יָדְעוּ → יָדַע/ '그들이 알았다' ③ יִשְׁמְעוּ → שָׁמַע/ '그들이 들을 것이다' ④ וְלָמְדוּ → לָמַד/ '그리고 그들이 배웠다' ⑤ אֱלֹהֵיכֶם → אֱלֹהִים '너희의 하나님' ⑥ עֹבְרִים → עָבַר/ '건너가는 (남자들)'

II. 동사 분해

	문제	어근	어간	형태	인칭·성·수	해 석
①	הִבְדִּילָה	בָּדַל	히필	완료	3.여.단	그녀가 나누었다
②	וְאַשְׁמִיד	שָׁמַד	히필	바접.미완	1.공.단	그리고 내가 망쳐놓을 것이다 = 망가트릴 것이다[a]
③	הִקְדִּישׁוּ	קָדַשׁ	히필	완료	3.공.복	그들/그녀들이 거룩하게 했다
④	הִמְלַכְתִּי	מָלַךְ	히필	완료	1.공.단	내가 통치하게 했다
⑤	הַשְׁחִיתִי	שָׁחַת	히필	명령	여.단	너(여)는 파괴하라
⑥	וַתַּסְתֵּר	סָתַר	히필	바연.미완(단축)	2.남.단	그리고 너(남)는 숨겼다 (* 가능: 그리고 그녀는 숨겼다)
⑦	מַבְדִּיל	בָּדַל	히필	분사	남.단	분리시키는 (남자)
⑧	הַמְלֵךְ	מָלַךְ	히필	명령[b]	남.단	너(남)는 통치하게 하라
⑨	מֻשְׁלָךְ	שָׁלַךְ	호팔	분사	남.단	던져지는 (남자)
⑩	הָשְׁלַכְתָּ	שָׁלַךְ	호팔	완료	2.남.단	너(남)는 던져졌다

a. 접속사 모양을 볼 때 바브 연속법이 아닌 바브 접속법임을 알 수 있다.

b. 히필 부정사 연계형이기도 하나 여기서 명령으로 간주되었다.

III. 문장 해석

(1) 당신은 당신의 얼굴을 내 죄들로부터 숨기소서(감추소서) (히필 명령)

(2) 그리고 너는 네 무덤으로부터 내던져졌다. (호팔 완료)

(3) 너는 (그)땅으로부터 취해졌다. 그래서 너는 흙이다. (לֻקָּחְתָּ는 푸알 형태의 칼 수동)

(4) 너희(남)는 이 회중 중에서 스스로 분리하라(니팔 명령). (מִתּוֹךְ = תּוֹךְ + מִן)

(5) 그리고 그 소년들의 범죄가 여호와 앞에서 심히 컸다.

(חַטַּאת는 연계형. אֶת־פְּנֵי[..'앞에서']는 문자적으로 '..의 얼굴과 더불어')

(6) 나는 세대무궁토록(모든 세대와 세대에서) 당신의 이름을 기억케하리라. (히필 미완 연장. 히필이므로 해석은 '기억하리라'가 아님)

(7) 다윗은 늙었고 그는 자신의 아들 솔로몬을 이스라엘 위에 왕이 되게 했다.
(8) 여호와 너의 하나님께서 그의 피('피들'=흘린 피)를 너로부터 반드시 찾을 것이다. 그리고 네 안에 죄가 있으리라. (מֵעִמָּךְ׃[휴지]← ךָ + עִם + מִן)
(9) 예물(혹은 소제물)과 전제가 여호와의 전(집)으로부터 끊겼다. (כָּרַת 호팔)
(10) 내 백성의 딸의 상처로 인해 내가 상처를 입었다(부서졌다).
(הָשְׁבַּרְתִּי - שָׁבַר 호팔 완료)
(11) 나는 땅에서 객입니다. 당신은 나로부터 당신의 계명들을 숨기지 마소서.
(12) 그리고 그들이 유다에서 가르쳤으며 그들과 함께(에게) 여호와의 율법서가 있었다.
(13) 그리고 우리가 그 때에 그의 모든 성읍들을 점령했다(취했다).
(14) 그리고 너는 이스라엘 자손들 중에서 레위인(들)을 구별할지어다. 그러면 그들이 내게 레위인(들)이 될 것이다.
(15) 그리고 여호와께서 사무엘에게 말씀하셨다. "너는 그들의 말(음성)을 들으라(말대로 하라). 그리고 너는 한 왕이 다스리게 할지어다."
(16) 나, 그리고 나와 함께 하는 모든 백성이 (우리가) 그 성읍으로 접근할 것이다. (נִקְרַב '우리가 접근할 것이다.' 상태 동사이므로 모음이 '아')
(17) 나는 (내가) 너희를 그 민족들(백성들, 만민)로부터 구별했던 여호와 너희의 하나님이니라.
(18) 그리고 너희 모두가 나에게 가까이 왔다. 그리고 너희가 말했다. "우리가 우리 앞서 사람들을 보냅시다." (כֻּלְּכֶם ← כֶם ְ + כֹּל)
(19) 만일 내가 왕이신 당신의 은혜를 입었다면(당신의 눈에서 은혜를 보았다면), 그것이 왕에게 좋다면, 내 목숨과 내 백성이 내게 주어지게 하소서(의역, '내 백성을 내게 주소서'). 왜냐하면 우리가, 곧 나와 내 백성이 파멸되고 살육되고 멸망되도록 팔렸기 때문입니다. (תִּנָּתֶן/ תִּנָּתֶן־ נָתַן 니팔.미완. תִּנָּתֶן이 마켑으로 뒷 단어와 연결되어 악센트를 잃고 모음이 짧아짐. לְהַשְׁמִיד이하의 부정사의 어간들은 모두 능동 의미이므로 문자적으로 '파멸하는 것을 위해,' '죽이는 것을 위해,' '멸망시키는 것을 위해'이다. 그러나 번역은 수동태로 하는 것이 매끄럽다. אַבֵּד은 אָבַד 피엘 부연이며 피엘은 사역의 의미인 '멸망시키다'를 뜻한다)
(20) 너희는 선을 구하고 악을 구하지 말라. 너희가 살기 위해서(그리하면 너희가 살리라). 그리고 너희가 말한 대로 여호와 만군의 하나님께서 그렇게 너희와 함께 하시기를 원한다(하실지어다).
(וַיְהִי가 아닌 וִיהִי이므로 이것은 바브 연속법이 아닌 바브 접속법이다. 즉 וִיהִי는 יְהִי + וְ로서 וְ는 등위 접속사다. 따라서 이것은 지시법 '그리고 ..할지어다'로 해석해야 한다).

(21) 파라오가 그의 마음을 완고하게 했다. 그리고 여호와께서 말씀하신 대로 그는 그들의 말을 듣지 않았다(그들에게 듣지 않았다).
(22) 우리가 이곳을 곧 파괴할 것이다. 왜냐하면, 그들의 죄가 여호와 앞에서 크기 때문이다. ('파괴하리라'는 분사의 임박한 미래)
(23) 하나님께서 (그)땅을 보셨다. 그런데 보라, 그것이 엉망이 되었다. 이는 모든 육체가 땅 위에서 각자의(그의) 길을 망가트렸기 때문이다.
(**נִשְׁחָתָה** - 니팔 완료 '그녀[땅]가 망가졌다')
(24) 그리고 르우벤이 그들에게 말했다. "너희는 피를 흘리지 마라. 너희는 그를 (그)들판에 있는 이 구덩이로 던지거라. 그리고 너희는 그에게 손을 대지(보내지) 말라."
(25) 그리고 모세가 그의 온 회중에게 고하여 말했다(이르기를). 아침에 여호와께서 (그를) 선택한 자를(**אֵת אֲשֶׁר**) 그가 자신에게 가까이 오게 하실 것이다. (관계사 **אֲשֶׁר**의 명사 용법, '..하는 것/사람').
(26) 여호와 너의 하나님, 그분이 네 앞서 곧 건너가실 것이다. 그분이 이 열국(민족들)을 네 앞에서(네 앞으로부터) 파멸시키리라.
('건너가리라'는 분사의 임박한 미래. **מִלְּפָנֶ֫יךָ** = **ֶ֫יךָ** + **לִפְנֵי** + **מִן**)
(27) 하나님께서 그 빛을 보시니 좋았다. 그리고 하나님께서 (그)빛과 (그)어둠 사이를 나누셨다.
(28) 너희는 그 성읍의 모든 군주들(**בְּעָלִים** '주인들')의 귀에 말하라. "너희에게 무엇이 좋겠느냐? 70명, 곧 여룹바알의 모든 아들이 너희를 다스리는 것이냐, 아니면(**אִם**) 한 사람이 너희를 다스리는 것이냐? 너희는 내가 너희의 골육지친(너희의 뼈와 너희의 살)인 것을 기억하라. (**מְשֹׁל**[칼.부연]의 명사 용법. **הַמְשֹׁל**의 **הַ**는 의문사)
(29) 이제 여호와 나의 하나님이여 당신께서 당신의 종을 저의 아버지 다윗에 이어(다윗 뒤에/대신하여) 통치하게(왕이 되게) 하셨습니다.
(30) 엘리사가 그 집으로 왔다. 그리고 보라, 그 소년이 그의 침대 위에서 죽은 채 눕혀져 있었다. (**מֻשְׁכָּב** - **שָׁכַב** 푸알 분사).
(31) 너는 오직 의를(의에 의를) 구하라. 그러면 네가 살 것이다. 그리고 네가 여호와 너의 하나님께서 네게 주실 그 땅은 네 것이 될 것이다(네게 속할 것이다). (같은 명사를 두 번 사용하는 것은 강조 용법이다)
(32) 너는 이스라엘 자손들에게 고하여 그들에게 이르라. 사람이(누군가) 너희 중에서 여호와께 예물(고르반)을 가져올 때, 너희는 양떼 중에서 너희의 예물을 가져와야 한다.

17과 동사의 대명사 접미

A. 동사의 목적격 접미 대명사

1. 개요

1) 동사는 완료의 경우 인칭 접미어, 미완료의 경우 인칭 접두어와 인칭 접미어가 주어를 지시한다는 것은 이미 살펴보았다. 그런데 명사에 붙었던 접미 대명사들이(ִי /ְךָ /ֵךְ 등) 동사에 접미됨으로써 동사의 목적어(두 가지 목적어인 '..에게' 뜻의 여격과 '..를' 뜻의 대격)의 역할을 할 수 있다.

2) 이때 만일 이미 주격의 인칭 접미어(ָה /תָּ /תְּ 등)가 접미되어 있는 동사에 이 목적격의 접미 대명사들이 추가된다면 접미어가 이중으로 겹치므로 초보자들에게 어려움을 준다.

3) 구별을 위해 우리는 주격의 인칭 접미어는 '주격 접미어'로, 목적격의 접미 대명사는 '목적격 접미어'로 칭하기로 한다.

2. 주격 접미어와 목적격 접미어

1) 만일 지금까지 배운 내용만 가지고 '너(남)는 그녀를 지켰다'를 히브리어 문장으로 만든다면 다음과 같을 것이다.

שָׁמַ֫רְתָּ אֹתָהּ[a]　　a. אֵת(אֹת)는 목적격 불변사

2) 그러나 이와 동일한 표현을 목적격 불변사를 사용하지 않고 접미 대명사를 동사의 목적격 접미어로 동사에 바로 접미시켜 만들 수 있다. 주격 접미어가 없는 동사의 경우에는 목적격 접미어만 접미된다. 이해를 돕기 위해 종음절의 악센트를 표기한다.

ָהּ '그녀를' + שָׁמַ֫רְתָּ → שְׁמַרְתָּ֫הּ '너(남)는 그녀를 지켰다'
ְךָ '너를' + שָׁמַר '그가 지켰다' → שְׁמָֽרְךָ֫ '그는 너(남)를 지켰다'

3) 위의 첫 번째 사례인 שְׁמַרְתָּ֫הּ('너[남]는 그녀를 지켰다')에서 우리는 주격 접미어 תָּ와 더불어 목적격 접미어 ָהּ가 나란히 첨가되어 이중적인 접미어가 붙은 형태를 발견한다. 이와 같이 동사에 주격 접미어와 목적격 접미

어가 동시에 첨가될 때 동사가 복잡한 형태로 변하여 혼란을 일으킨다. 그러나 우리가 이미 배운 동사의 주격 접미어와 더불어 목적격 접미어의 기본 형태를 알고 있다면 그리 어려움은 없다.

3. 동사의 목적격 접미 대명사의 형태

1) 다음 도표의 오른쪽은 동사에 붙는 접미 대명사의 형태들이다.

인칭.성.수		명사의 접미 대명사		동사의 접미 대명사		
		단수용	복수용	완료용	미완료용	강세 נ[f]
1	공.단	ִי '나의'	ַי	ַנִי[a] '나를'	ֵנִי[a]	ֶנִּי
2	남.단	ְךָ	ֶיךָ	ְךָ	ְךָ	ֶךָּ[g]
	여.단	ֵךְ	ַיִךְ	ֵךְ	ֵךְ	
3	남.단	הוּ /ֹו	ָיו / ֵיהוּ	הוּ /ֹו[b]	ֵהוּ[b]	ֶנּוּ[h]
	여.단	ָהּ	ֶיהָ	ָהּ / ָהָ[c]	ֶהָ[c]	ֶנָּה
1	공.복	ֵנוּ	ֵינוּ	ָנוּ	ֵנוּ	ֶנּוּ[h]
2	남.복	ְכֶם	ֵיכֶם	ְכֶם	ְכֶם	
	여.복	ְכֶן	ֵיכֶן	(ְכֶן)[d]	(ְכֶן)[d]	
3	남.복	ָם	ֵיהֶם	ָם / ָמוֹ[e]	ֵם / ֵמוֹ[e]	
	여.복	ָן	ֵיהֶן	ָן	(ֵן)[d]	

2) 명사에 붙는 단수용 접미 대명사를 기준으로 나머지를 비교해 보라. 동사의 접미 대명사, 즉 목적격 접미어는 완료에 붙는 경우와 미완료에 붙는 경우가 약간의 형태 차이를 보인다. 그러나 기준이 되는 단수용 접미 대명사의 기본 형태만 알고 있으면 대부분 그것을 파악하는데 어려움은 없다.

3) 다음은 영문 각주에 따른 주요 특징들의 설명이다.

a. 완료의 목적격 접미어의 연결 모음(connecting vowel)[181]은 '아'(ַ/ָ), 미

---

181) '연결 모음'이란 접미와 더불어 *두 자음이 연속되는 경우 발음상의 연결을 위해 둘 사이에 들어가는 모음*을 말하며 강세가 주어진다. 목적격 접미어가 동사에 붙을 때 그 앞에 연결 모음이 추가되어 그 동사의 마지막 자음과 연결해서 읽을 수 있게 한다. 예를 들어, ֵנִי의 체레(ֵ)와 ֶהָ의 세골(ֶ), 그리고 ָמוֹ의 카메츠(ָ) 등은 연결 모음이다: 예) יִשְׁמְרֵנִי '그가 나를 지킬 것이다.'

완료는 ‘에’(◌ֵ)이다. 이 두 모음의 차이만으로 양자가 우선 구별된다.

b. 명사에 접미되는 경우와 마찬가지로 3.남.단에서 ה가 첨가되어 약간 달라지나(ָהוּ / ֵהוּ) 3.남.단의 기본 요소인 ו로 분별해 낼 수 있다.

c. 3.여.단의 경우도 약간의 변형이 있지만 역시 3.여.단의 기본 요소인 ה로 분별해 낼 수 있다.

d. 2.여.복/3.여.복이 사용된 목적격 사례는 한 번도 나타나지 않는다.

e. 드물게 목적격 접미어 3.남.복의 경우 가끔 מ이 추가된 ָמוֹ/ֵמוֹ 형태도 존재하는데 모두 시(詩)에서 사용된다.

f. 미완료의 경우 일부의 목적격 접미어 앞에 ‘강세 눈’(energetic nun), 즉 세골 눈(ֶנ)이 첨가된 형태들이 나타난다.[182] 이것은 강세를 동반하므로 거기에 악센트 부호가 붙는다. 이로 인하여 נ이 동화되어 생긴 중강점이 나타난다. 강세 눈이 첨가되어 형태가 좀 더 복잡해지긴 했지만 역시 단수용 접미 대명사의 기본 요소들의 특징이 그대로 유지된다:[183] 1.공.단의 기본 요소 י/ 2.남.복의 기본 요소 ךָ/ 3.남.단의 기본 요소 ו/ 3.여.단의 기본 요소 ה 등. 강세 눈을 가진 형태의 목적격 접미어는 모두 주격 인칭 접미어가 전혀 없는 미완료 형태들에만 붙는다.

---

182) 앞서 각주 82와 83에서 ‘강세 눈(נ)’(energetic nun)을 설명한 바 있다. 강세 눈(נ)이 중간에 첨가됨으로써 음조의 추가적인 강화가 발생한다. 주옹(Joüon)은 이것이 동사의 의미를 강조하기 위한 목적은 없으며 단지 음조의 강화를 위한 것이라고 단정 짓는다. 이러한 현상은 주로 휴지(pause)에서 나타난다. 강세 눈은 앞서 배운 미완료의 끝에 붙는 ‘연장의 눈(נ)’(paragogic nun) 및 각주 77의 ‘삽입 눈(נ)’(additional nun)과 다르다. 다음을 비교하라.

① 강세 눈: ֵנִי + ֶנ + יִשְׁמֹר → יִשְׁמְרֶנִּי ‘그가 나를 지킬 것이다’
② 연장의 눈: ן + יִשְׁמְרוּ → יִשְׁמְרוּן ‘그들이 지킬 것이다’
③ 삽입 눈; ִי + נ + כְּמוֹ(접미될 때 כָּמוֹ) → כָּמוֹנִי ‘나처럼’

183) 강세 눈(ֶנ)이 첨가되어 만들어진 접미어 형태는 같은 과정을 거쳤다.

① ֵנִי ‘나를’ + ֶנ → ֶנִּי (נ이 동화되어 נּ이됨)
② ְךָ ‘너(남)를’ + ֶנ → ֶךָּ (נ이 ך에 동화됨. 따라서 ךָּ의 점은 중강점)
③ ֵהוּ ‘그를’ + ֶנ → ֶנּוּ (ה가 נ에 역동화되어 נּ에 중강점 찍힘)
④ ָהּ ‘그녀를’ + ֶנ → ֶנָּה (ה의 역동화로 נּ이 됨. 마지막은 모음문자 ָה)
⑤ ֵנוּ ‘우리를’ + ֶנ → ֶנּוּ (נ의 동화로 נּ이 되어 결국 ③과 동일 형태)

יִשְׁמֹר → יִשְׁמְרֵנִי → 강세 눈(נֶּ) → יִשְׁמְרֶנִּי '그가 나를 지킬 것이다'

יִשְׁמְרוּ → יִשְׁמְרוּנִי '그들이 나를 지킬 것이다'

(주격 접미어가 있을 때는 강세 눈이 붙지 않음)

g. ךָּ ְ에 찍힌 점 또한 נ이 동화된 중강점이며 따라서 모음 ◌ָ는 아래 표기된다.

h. 미완료 3.남.단과 1.공.복의 강세 눈이 첨부된 형태가 동일하므로 혼동하지 않도록 주의하라.

4) 목적격 접미어는 능동 어간인 칼, 피엘, 히필에서만 붙을 수 있다. 왜냐하면 수동태나 재귀태(중간태) 동사는 목적어가 동반될 수 없기 때문이다. 예컨대, 수동 의미인 '내가 너를 지켜졌다'란 애초에 불가능한 표현이다. 재귀적 의미인 '내가 스스로를 지켰다'는 가능한데 이 경우 목적격 접미어를 사용하지 않고 재귀형 동사 어간인 니팔이나 히트파엘을 사용한다. 재귀형 역시 목적어를 동반할 수 없기 때문이다.

חִזַּקְתִּינִי (칼) / הֶחֱזַקְתִּינִי (힢) '내가 나를 강하게 했다'(X)

הִתְחַזַּקְתִּי (힡) '나는 스스로를 강하게 했다(내가 힘을 냈다)'(O) (스 7:28)

5) 목적격 접미어는 피엘과 히필 동사들에도 접미되지만 앞으로 동사의 목적격 접미어의 변화형들의 예시는 주로 칼형 동사를 활용할 것이다. 모든 동사 어간이 동일한 규칙을 따라 목적격 접미어가 붙기 때문에 칼형으로 접미형들을 숙달해 놓으면 다른 어간들의 사례들도 쉽게 이해된다.

6) 나아가 이러한 각 능동 어간형 동사들의 완료형/미완료형뿐만 아니라, 명령형과 부정사, 분사에도 접미 대명사가 목적격으로 붙는다. 부정사의 사례는 부정사 편에서 간략히 살펴본 바 있다.

B. 완료/미완료의 대명사 접미

1. 완료/미완료의 대명사 접미의 규칙

1) 완료/미완료, 그리고 이어서 배울 명령의 접미 대명사는 모두 목적격이다. 동사에 접미될 때에 이들 접미 대명사들은 자체의 형태적 특징 외에도 다양한 모음의 변화와 형태의 변형이 발생된다.

2) 그러나 우리는 당장 접미 요소들의 기본 형태만으로 주격 접미어와 목적격 접미어를 찾아내 대부분의 정확한 의미를 파악해낼 수 있다. 이를테면, יִשְׁמְרוּנִי는 접미 요소가 וּ('그들이')와 נִי('나를')이므로 '그들이 나를 지킬 것이다'라는 뜻이다. 또한 שְׁמַרְתָּהוּ에는 접미 요소 תָּ('너[남]는')와 הוּ('그를')가 붙어있으므로 '너(남)는 그를 지켰다'가 된다.

3) 단지 찾아내기 어려운 형태적 특징이 있다면, 목적격 접미어가 붙을 때 주격 접미어의 형태가 바뀌는 경우다. 한 가지 예로, שְׁמַרְתּוּנִי는 접미 요소 תֶּם/תֶּן의 변형인 תּוּ('너희[남]'/'너희[여]')와 נִי('나를')의 결합이다. 따라서 이것은 '너희(남 혹은 여)가 나를 지켰다'로 해석한다.

4) 이러한 기본적인 이해를 바탕으로 이제 목적격 접미 시에 나타나는 변화들의 몇 가지 일정한 규칙을 더 상세히 살펴볼 수 있다. 그러나 초학자는 이것들을 모두 무시해도 좋기에 필요한 경우 아래 각주에 있는 내용을 참고하기 바란다.[184]

---

184) 동사에 목적격 접미어가 붙는 규칙은 다음 다섯 가지로 압축된다.

① *접미어의 연결 모음의 차이*: 위에서 언급했듯이 완료의 목적격 접미어의 모음은 대체로 '아'(◌ַ/◌ָ), 미완료는 '에'(◌ֵ)다.

② *악센트는 주격 우선*: 목적격 접미어가 붙으면 악센트는 그곳으로 이동한다: הָ '그녀를' + שָׁמַר '그는 지켰다' → שְׁמָרָהּ '그는 그녀를 지켰다.' 그러나 주격 접미어와 목적격 접미어가 나란히 첨가될 때 악센트는 주격 접미어가 우선이다. 이것은 아마 주어가 더 중요하기 때문일 것이다. 이 규칙은 악센트 이동이 없던 완료의 주격 경접미어에도 적용되어 언제나 악센트는 주격 접미어로 이동한다: הָ + שָׁמַרְתָּ → שְׁמַרְתָּהּ '너(남)는 그녀를 지켰다.'

③ *HHP의 차이*: 완료형과 미완료형의 HHP의 작용이 다르다.

a. 완료형의 경우: 위의 예에서 드러나지만 완료형의 경우 목적격 접미어가 붙으면 명사의 경우처럼 '정 HHP'가 작용된다. 만일 목적격 접미어와 더불어 주격 접미어가 함께 오는 경우 접미어 종류에 따른 HHP 법칙은 무시되고 주격 접미어에 악센트가 붙으며 역시 정 HHP가 작용된다.

הָ + שָׁמַר(완료) →(악센트 이동)→ שָׁמָרָהּ→(HHP)→ שְׁמָרָהּ
הָ + שָׁמַרְתָּ(완료) →(악센트 이동)→ שָׁמַרְתָּהּ →(HHP)→ שְׁמַרְתָּהּ

b. 미완료형의 경우: 완료형과 대조적으로 미완료형에 목적격 접미어가 붙

5) 다만 다음 두 가지는 중요하다.

첫째, 악센트는 주격 접미어가 우선이다. 말하자면, 주격 접미어가 없이 목적격 접미만 붙으면 악센트는 목적격 접미에 오지만 주격 접미와 목적격 접미를 동시에 가지면 악센트 위치는 항상 주격 접미어에 붙는다.

을 경우에는 목적격 접미어의 연결 모음의 영향으로 바로 앞 모음이 쉐바로 약화되는 '역 HHP'가 작용된다. 그것은 연결 모음이 마치 모음 접미어처럼 역할을 하기 때문이다. 예를 들면, יִשְׁמְרֵנִי('그는 나를 지킬 것이다')는 다음과 같은 과정으로 만들어졌다.

ֵנִי + יִשְׁמֹר →(악센트 이동)→ יִשְׁמֹרֵנִי →(역 HHP)→ יִשְׁמְרֵנִי

위의 예에서, 미완료형에 연결 모음 체레(◌ֵ)를 가진 목적격 접미어가 붙었다. 이 때 규칙 ②를 따라 목적격 접미어에 악센트가 이동하면서 역 HHP에 의해 바로 앞 모음이 쉐바로 약화되었다.

④ *주격 접미어의 모음 우선*: 연결 모음은 바로 앞에 모음, 즉 주격 접미어의 모음과 충돌되면 사라진다. 즉 주격의 모음이 우선인 것이다. 원래 히브리어에서 모음끼리 충돌하면 모음 하나가 없어지든지 모음과 모음 사이를 연결하는 '삽입 눈(נ)'을 넣든지 둘 중 하나로 해결하는데 여기서는 목적격 접미어의 연결 모음이 주격 접미어의 모음에 양보하면서 없어진다. 악센트의 경우와 마찬가지로 주어의 모음이 더 중요하기 때문일 것이다. 다만 예외적으로, 완료 주격 접미어 תָּ는 목적격 접미어에 모음을 양보한다.

a. 일반적인 경우(주어의 모음 우선): ָהוּ + שָׁמַרְתִּי → שְׁמַרְתִּיהוּ '나는 그를 지켰다.' 이 경우 목적격 접미어 ָהוּ와 주격 접미어 תִּי가 이중 접미되면서 연결 모음 카메츠(◌ָ)와 모음 히렉 요드(◌ִי)가 서로 부딪힌다. 이 때 목적격 접미어의 연결 모음 카메츠(◌ָ)가 사라지고 주격 접미어의 모음 히렉 요드(◌ִי)가 유지된다. 동시에 규칙 ②와 ③을 따라 악센트는 주격 תִּי로 이동하면서 HHP가 발생되었다. 한편, 이것은 ָהוּ 대신 ֹו가 접미될 수도 있다. ֹו + שָׁמַרְתִּי → שְׁמַרְתִּיו '나는 그를 지켰다.' 이 경우에도 목적격 접미어 ֹו의 모음 홀렘(◌ֹ)이 주격 접미어 모음 히렉 요드(◌ִי)에 양보하고 자음 ו만 남게 되었다.

b. 예외적인 경우(תָּ): ַנִי + שָׁמַרְתָּ → שְׁמַרְתַּנִי '당신이 나를 지켰다.' 여기서 תָּ의 모음 카메츠(◌ָ)가 목적격 접미어의 연결모음 파타(◌ַ)에 양보하였다.

⑤ *주격 접미어의 변형*: ָה → ַת / תְּ → תִּי / תֶּם과 תֶּן 모두 → תּוּ(문맥에서 구별).

שְׁמָרָהּ '그는 그녀를 지켰다'/ שְׁמַרְתָּהּ '너(남)는 그녀를 지켰다'
שְׁמָרְךָ '그가 너(남)를 지켰다'/ שְׁמַרְתִּיךָ '나는 너(남)를 지켰다'

<u>*둘째, 일부 주격 접미어 형태가 바뀐다.*</u> 주격 접미어 뒤에 목적격 접미어가 이어지면 다음과 같이 일부 주격 접미어의 형태가 약간 바뀐다. 그러나 이 중에서 매우 흔한 ָה가 원래 형태 ַת로 바뀐 경우가 빈번하며 나머지는 각각 드물게 사용될 뿐이다. 자세한 사례 설명은 각주를 참고하라.[185)]

> ָה → ַת(원래 형태로 복귀)
>
> תְּ → תִּי(1.공.단과 문맥에서 구별)/ תֶּם과 תֶּן → תּוּ(문맥에서 구별)

ֶנִי + שָׁמְרָה →(ָה가 ַת로)[186)]→ שְׁמָרַתְנִי[a] '그녀가 나를 지켰다'

a. 모음변화는 각주 184를 보라.

6) 아래 각주에서 볼 수 있는 드물게 나타나는 두 번째 사례들은 통상적으로 목적격 접미어가 아닌 목적격 불변사 אֵת를 사용한다.

שָׁמַרְתְּ אֹתִי '너(여)는 나를 지켰다'
שְׁמַרְתֶּם/שְׁמַרְתֶּן אֹתִי '너희(남)/너희(여)는 나를 지켰다'

7) 목적격 중접미어들 또한 목적격 불변사 אֵת와 사용되는 경향이 크다.

יִשְׁמָרְכֶם '그는 너희를 지킬 것이다' = יִשְׁמֹר אֶתְכֶם (더 많이 쓰임)

---

185) תְּ와 תֶּם-/תֶּן-에 목적격 접미어가 붙는 경우는 매우 드문데 다음과 같다.

① ָהוּ + שָׁמַרְתְּ →(תְּ가 תִּי로)→ שְׁמַרְתִּיהוּ(혹은 ה가 탈락된 שְׁמַרְתִּיו) '너(여)는 그를 지켰다.' 이것은 완료의 1인칭 주격 접미어 תִּי의 경우와 동일하므로 혼동을 일으킨다: ָהוּ + שָׁמַרְתִּי '나는 지켰다' → שְׁמַרְתִּיהוּ = שְׁמַרְתִּיו '나는 그를 지켰다.' 결국 שְׁמַרְתִּיהוּ와 שְׁמַרְתִּיו는 두 가지 해석이 가능한데 양자는 문맥에서 구별하는 수밖에 없다. 그러나 תְּ('너는'[여])에 목적격 접미어가 붙은 사례는 단 두 번만 나타날 뿐이다(Joüon).

② ֶנִי + שְׁמַרְתֶּם →(תֶּם/תֶּן이 תּוּ로)→ שְׁמַרְתּוּנִי '너희(남/녀)가 나를 지켰다'
ֶנִי + שְׁמַרְתֶּן ↗

186) 주격 접미어 ָה('그녀가')는 뒤에 다른 접미 요소가 이어질 때 원래의 형태인 ַת로 바뀌는데 이러한 현상은 명사의 여.단 어미 ָה의 경우도 마찬가지였다: סוּסָה '암말' → סוּסָתִי '나의 암말.'

2. 완료/미완료 동사의 대명사 접미의 사례들

1) 완료/미완료 동사에 대명사 접미어가 붙는 몇 가지 사례들을 살펴본다.

2) 먼저 직관적으로 형태만 보고 그것들의 해석을 시도해본 뒤 설명을 읽으라. 이해를 돕기 위해 종음절의 악센트도 표시한다.

① שְׁמָרוֹ - 이것은 주격 접미어가 없이 목적격 접미어 וֹ('그를')만 붙어 있는 형태이다: וֹ + שָׁמַר → שְׁמָרוֹ[187] '그가 그를(그분을) 지켰다.'[188]

② שְׁמַרְתִּיךָ - 주격 접미어 תִּי('나는')에 목적격 접미어 ךָ ('너를')가 붙은 이중 접미다: ךָ + שָׁמַרְתִּי → שְׁמַרְתִּיךָ '나는 너를 지켰다.'[189] 이것의 주격을 תְּ('너는[여]')의 변형 תִּי로 볼 수 없는 이유는 그 경우 '너는(여) 너(남)를 지켰다'로 해석되는 비논리적인 문장이 되기 때문이다.

③ שְׁמַרְתִּים - 주격 접미어 תִּי('나는')에 목적격 접미어 ◌ָם ('그들을')이 붙은 이중 접미다: ◌ָם + שָׁמַרְתִּי → שְׁמַרְתִּים '나는 그들을 지켰다.'[190]

④ שְׁמַרְתּוֹ - 주격 접미어 תָּ('너[남]는')에 목적격 접미어 וֹ('그를')가 붙은 이중 접미다: וֹ + שָׁמַרְתָּ → שְׁמַרְתּוֹ '너(남)는 그를 지켰다.'[191] 이 경우에 וֹ 대신 ◌ָהוּ가 접미될 수도 있다: ◌ָהוּ + שָׁמַרְתָּ → שְׁמַרְתָּהוּ '너(남)는 그를 지켰다.'

---

187) 이 경우 악센트가 목적격 접미어 위치로 이동하면서 악센트에서 먼 שָׁ가 שְׁ로 약화되었다(HHP).

188) 이것을 '그가 자신을 지켰다'로 해석하지 않도록 주의하라. 그러한 표현을 위해서는 히브리어에서 재귀형 동사가 사용된다: נִשְׁמַר(니팔) 혹은 הִשְׁתַּמֵּר(히트파엘) '그가 자신을 지켰다, 삼가 조심했다.'

189) 본래 שָׁמַרְתִּי는 경접미어가 붙으면서 악센트 이동이 없이 변화가 없다. 그러나 앞서 말한 대로, 목적격 접미어가 추가되면서 악센트가 주격 접미어로 이동하게 되어 HHP가 작용하였다.

190) 여기서 목적격 접미어 ◌ָם의 모음 카메츠(◌ָ)가 주격 접미어의 모음 히렉 요드(◌ִי)에 양보하여 사라졌다. 역시 악센트는 주격 접미어로 이동하면서 HHP가 발생했다.

191) 주격 접미어와 목적격 접미어의 모음이 충돌하면 주격 접미어의 모음이 우선적으로 살아남지만 단지 תָּ의 경우는 예외적으로 자신의 모음을 양보한다(각주 184).

⑤ שְׁמָרַ֫תּוּ - 약간 파악하기 어려운 형태인데 주격 접미어 הָ ('그녀가')에 목적격 접미어 ה֫וּ ('그를')가 나란히 붙어 있다. 주격 접미어 הָ 가 תַ 로 바뀌고 목적격 접미어 ה֫וּ 의 자음 ה는 תַ 에 역동화되어 중강점이 찍힌다: ה֫וּ + שָׁמְרָה →(הָ 가 תַ 로)→ ה֫וּ + שָׁמְרַת →(ה의 역동화, 역 HHP가 풀리고 정 HHP)→ שְׁמָרַ֫תּוּ '그녀가 그를 지켰다.' 다소 복잡하지만 이 경우도 마지막 자음 ו를 보고 '그를'을 짐작할 수 있다.

⑥ יִשְׁמְרֵ֫ךְ - 미완료의 경우인데 주격 접미어 없이 난시 목적격 접미어 ֵךְ ('너[여]를')만 붙어 있다: ֵךְ + יִשְׁמֹר → יִשְׁמְרֵ֫ךְ '그가 너(여)를 지킬 것이다.'[192]

⑦ יִשְׁמָרְךָ֫ - 위와 마찬가지로 미완료에 단지 목적격 접미어 ְךָ ('너[남]') 만 붙어 있다: ְךָ + יִשְׁמֹר → יִשְׁמָרְךָ֫ '그가 너(남)를 지킬 것이다.'[193]

⑧ יִשְׁמְר֫וּהוּ - 미완료에 주격 접미어 וּ('그들이')와 나란히 목적격 접미어 ֵ֫הוּ ('그를')가 붙은 형태다: ֵ֫הוּ + יִשְׁמְר֫וּ → יִשְׁמְר֫וּהוּ '그들은 그를 지킬 것이다.'[194]

⑨ יִשְׁמְרֶ֫ךָּ - 강세 눈(ֶ֫נ)을 가진 미완료 동사의 목적격 접미어의 사례다.[195] יִשְׁמֹר에 ֶ֫ךָּ ('너[남]를')가 접미되었다: ְךָ + ֶ֫נ + יִשְׁמֹר → יִשְׁמְרֶ֫ךָּ '그가 너(남)를 지킬 것이다.'

---

192) ֵךְ 의 연결 모음 체레(◌ֵ)의 영향으로 바로 앞 모음이 쉐바로 약화되었다.

193) ְךָ 는 연결 모음이 없는 목적격 접미어이다. 그러므로 바로 앞 모음은 쉐바로 약화되지 않고 מֹר가 폐음절이 되면서 장모음 홀렘(◌[ō])이 단모음 카메츠 하툽(◌ָ[o])으로 짧아진다. 왜냐하면 악센트가 목적격 접미어로 이동하면서 이것의 음절이 악센트 없는 폐음절이 되었기 때문이다. יִשְׁמָרְכֶם('그가 너희들을 지킬 것이다')도 또한 연결모음이 없는 ְכֶם 이 붙은 경우다.

194) 목적격 접미어 ֵ֫הוּ 와 주격 접미어 וּ가 이중 접미되면서 주격의 모음은 남고 목적격의 연결 모음 체레(◌ֵ)가 양보하여 사라졌다. 물론 악센트는 주격 וּ에 위치한다.

195) 앞서 말한 대로, 미완료에서는 강세 눈을 가진 목적격 접미어가 붙는데 사실은 모두 주격 접미어가 없는 형태에 붙는다. 즉 미완료에 주격 접미어 ִי 나 וּ가 붙는 경우에는 강세 눈을 가진 목적격 접미어가 붙지 않는다.

⑩ 드물게 미완료 1인칭의 연장형(의지법)에 목적격 접미어가 붙을 경우에는 연장 어미 ה ָ 가 탈락되면서 미완료 1인칭 형태에 목적격 접미어가 붙는 경우와 동일한 형태를 보이게 된다. 이때 양자는 문맥에서 어렵지 않게 구별된다: ךָ ְ + אֶשְׁמְרָה → ךָ + אֶשְׁמֹר → אֶשְׁמָרְךָ '내가 너를 지키게 하라/지키고 싶다'(의지법) = '내가 너를 지킬 것이다'(직설법). 그러나 의지법의 경우 통상적으로 목적격 불변사가 사용된다: אֶשְׁלְחָה אֹתְךָ '내가 당신을 보내리라'(삼하 14:32).

예제 1) 목적격 접미어가 붙은 동사들을 분해하고 해석하라.

※ 직관적 해석을 먼저 시도하고 지시법과 의지법은 없는 것으로 간주하라.

	문 제	어근	어간	형태	주격	목적격	해 석
①	שְׁמָרַתְנִי	שָׁמַר	칼	완료	3.여.단	1.공.단	그녀가 나를 지켰다
②	שְׁמָרָנוּ		칼				
③	יִשְׁמְרֵךְ		칼				
④	שְׁמָרַתְךָ		칼				
⑤	שְׁמַרְתִּיו		칼				
⑥	תִּשְׁמְרוּהָ		칼				
⑦	יִשְׁמְרֶנּוּ		칼				
⑧	שְׁמַרְתִּיךָ		칼				
⑨	תִּשְׁמְרֶנָּה		칼				

C. 명령/부정사/분사의 대명사 접미

1. 개요

1) 명령과 부정사 연계형, 그리고 분사 역시 동사 요소들인 이유로 접미 대명사가 붙을 수 있다. 특히 명령과 부정사의 기본 형태는 히필을 제외한 모든 어간들에서 동일한 형태를 지니므로 접미 대명사가 붙은 형태들도 동일하거나 비슷하다.

2) 명령과 분사에 붙는 접미 대명사는 목적격이지만 부정사 연계형에 붙는 것은 목적격뿐만 아니라 문맥에 따라 주격이 될 수 있다. 예컨대, שָׁמְרְךָ ('너의 지키는 것')은 문맥에 따라 '네가 지키는 것'(주격)과 '너를 지키는 것'(목적격)으로 해석될 수 있다.

2. 명령과 부정사의 접미 도표

<table>
<tr><th colspan="2" rowspan="2">인칭.성.수</th><th colspan="3">부정사 연계형의 접미</th><th colspan="2">명령의 접미</th></tr>
<tr><th>שְׁמֹר</th><th colspan="2">'지키는 것'</th><th>שְׁמֹר</th><th>'너는 지켜라'</th></tr>
<tr><td>1</td><td>공.단</td><td>שָׁמְרִי[a]</td><td>내가 지키는 것</td><td>שָׁמְרֵ֫נִי[b] 나를</td><td>שָׁמְרֵ֫נִי[d]</td><td>나를 지켜라</td></tr>
<tr><td rowspan="2">2</td><td>남.단</td><td>שָׁמְרְךָ
=שְׁמָרְךָ[c]</td><td colspan="2">네(남)가/너(남)를 지키는 것</td><td rowspan="2">—[f]</td><td rowspan="2">—</td></tr>
<tr><td>여.단</td><td>שָׁמְרֵךְ</td><td colspan="2">네(여)가/너(여)를 지키는 것</td></tr>
<tr><td rowspan="2">3</td><td>남.단</td><td>שָׁמְרוֹ</td><td colspan="2">그가/그를 지키는 것</td><td>שָׁמְרֵ֫הוּ[g]</td><td>그를 ...</td></tr>
<tr><td>여.단</td><td>שָׁמְרָהּ</td><td colspan="2">그녀가/그녀를 지키는 것</td><td>שָׁמְרֶ֫הָ</td><td>그녀를 ...</td></tr>
<tr><td>1</td><td>공.복</td><td>שָׁמְרֵ֫נוּ[d]</td><td colspan="2">우리가/우리를 지키는 것</td><td>שָׁמְרֵ֫נוּ[d]</td><td>우리를 지켜라</td></tr>
<tr><td rowspan="2">2</td><td>남.복</td><td>שְׁמָרְכֶם[e]</td><td colspan="2">너희(남)가/너희(남)를 지키는 것</td><td rowspan="2">—[f]</td><td rowspan="2">—</td></tr>
<tr><td>여.복</td><td>(שְׁמָרְכֶן)</td><td colspan="2">(사용되지 않음)</td></tr>
<tr><td rowspan="2">3</td><td>남.복</td><td>שָׁמְרָם</td><td colspan="2">그들이/그들을 지키는 것</td><td>שָׁמְרֵם</td><td>그들을 ...</td></tr>
<tr><td>여.복</td><td>שָׁמְרָן</td><td colspan="2">그녀들이/그녀들을 지키는 것</td><td>שָׁמְרֵן</td><td>그녀들을 ...</td></tr>
</table>

1) 위의 도표는 명령과 부정사 연계형의 접미 형태다. 명령보다 부정사의 접미 형태가 훨씬 많이 쓰이므로 그것을 기준으로 명령과 비교한다.

2) 영문 각주에 대한 설명은 뒤로 미루고 우선 명령과 부정사 접미형의 개괄적인 특징을 살펴본다.

3. 명령의 대명사 접미의 특징

1) 명령의 경우 미완료용 접미 대명사가 목적격 접미어로 붙으면서 미완료에 준한 규칙을 따른다. 왜냐하면 명령은 일종의 미완료 동작이기 때문이다.

2) 다만 한 가지 주의할 점은 *명령의 기본형(남.단)에* 목적격 접미어가 붙을 때 흔히 모음 도치가 발생된다는 것이다. 우리는 앞서 10과에서 이미 접미어와 더불어 발생하는 명령과 부정사의 모음 도치 현상을 살펴본 바 있다. 명령형에서 모음 도치는 앞서 연장 어미 ָה 가 붙을 때, 또한 부정사의 경우에는 접미 대명사가 붙을 때 나타났었다. *주격 접미어를 가진 명령은 모음 도치가 발생되지 않는다.* 아래 두 예문을 비교하라.

ֶנִי + שְׁמֹר '너는 지켜라' →(모음도치)→ שָׁמְרֵנִי '너는 나를 지켜라'
ֶנִי + שִׁמְרוּ '너희(남)는 지켜라' → שִׁמְרוּנִי '너희(남)는 나를 지켜라'

4. 부정사의 대명사 접미의 특징

1) 부정사 연계형에 접미어가 붙으며 언제나 독립적으로 사용되는 절대형에는 붙지 않는다. 부정사는 동사가 일종의 명사화된 것이므로 동사용 목적격 접미 대명사가 붙는 명령과 달리 명사용 접미 대명사(ִי / ךָ/ ֵךְ 등)가 붙는다.

2) 앞서 설명한 대로, 부정사의 접미 대명사는 주격과 목적격 둘 다로 해석될 수 있는데 문맥과 단어의 의미를 통해 어렵지 않게 양자가 구별된다. 접미가 될 때 명령형에서와 마찬가지로 흔하게 모음도치가 발생된다.

ךָ + שְׁמֹר → שְׁמָרְךָ=שָׁמְרְךָ[쇼므-레하](모음도치) '네가/너를 지키는 것'

3) 단지 접미 대명사 1인칭 단수가 붙을 때만 주격과 목적격이 다른 형태로 접미되는데 주격일 때는 명사용 접미 대명사, 반면에 목적격일 때는 동사용 접미 대명사가 붙는다.

ִי + שְׁמֹר →(모음도치)→ שָׁמְרִי '내가 지키는 것' (주격)
ֶנִי + שְׁמֹר →(모음도치)→ שָׁמְרֵנִי '나를 지키는 것' (목적격)

4) 다음은 부정사 접미형의 예문들이다.

① מֶלֶךְ לְשָׁפְטֵנוּ '우리를 다스릴(재판할) 왕'

이 어구의 경우 ֵנוּ 를 주어로 보고 '우리가 다스릴 왕'으로 해석할 수도 있으나 이 해석은 괴이하다. 따라서 이 경우 ֵנוּ 는 문맥상 목적어다.

② בְּזָכְרֵ֫נוּ אֶת־צִיּוֹן '우리가 시온을 기억할 때'

이 어구의 ֵ֫נוּ 는 주어로 보는 것이 당연하다. 목적어 '시온'이 뒤에 따르기 때문이다.

5) 한편, 명령형과 달리 부정사 연계형은 접미 대명사가 수동형과 재귀형 어간들에도 붙을 수 있는데 이 경우 항상 주격일 수밖에 없다. 왜냐하면, 앞서 말한 대로 수동형이나 재귀형 어간에 목적격 접미어가 붙는 것은 문법적으로 타당하지 않기 때문이다.

הִשָּׁמֵר(니팔) '지켜지는 것' → הִשָּׁמֶרְךָ '네가 지켜지는 것' (O)
'너를 지켜지는 것' (X)

6) 다음은 도표의 영문 각주에 대한 설명이다.

a. 부정사 또한 접미어와 더불어 흔하게 모음 도치가 발생된다(중접미어는 제외).

b. 언급했듯이, 접미 대명사 1.공.단이 붙는 경우에 한하여 주격과 목적격의 형태가 다르다. 나머지는 동일한 형태의 접미 대명사가 주격과 목적격으로 쓰인다.

c. 부정사의 접미 대명사 2.남.단의 경우, 일반형과 모음 도치형 둘 다 가능하다. 둘 다 주격도 될 수 있고 목적격도 될 수 있다.

d. 명령형과 부정사 연계형의 접미 형태가 동일한 것들이 나타난다.

e. 중접미어는 모음 도치가 발생되지 않는다. 악센트가 종음절로 이동하면서 מֹ֫ר가 악센트 없는 폐음절 מָרְ가 되어 단모음이 되므로 카메츠 하툽[o]으로 읽어야 한다: שָׁמְרְכֶם[쉐모르-헴].196) שָׁמְרְךָ[쉐모르-ᅘᅡ]도 마찬가지다.

f. 명령은 2인칭이므로 목적격 접미 2인칭이 붙을 수 없다. 앞서 말한 대로, '너는 너를 지켜라(스스로를 지키라)'는 표현은 니팔이나 히트파엘을 사용한다.

---

196) שָׁמְרְכֶם에서 ְכֶם 이 폐음절 뒤에 오는데도 불구하고 כ에 중강점이 찍혀 있지 않다. 접미 대명사 ְכֶם/ְכֶן 의 쉐바(ְ)는 항상 유성이며 심지어 앞의 음절이 폐음절인 경우에도 특이하게 그 특성은 사라지지 않기 때문이다. 미완료의 목적격 접미형인 יִשְׁמָרְכֶם('그가 너희[남]를 지킬 것이다')와 107쪽의 동일한 중접미 대명사가 붙은 명사 형태인 דִּבְרְכֶם('너희의 말씀')도 그러하다. 어떤 학자는 이 단순쉐바를 사라진 고대 모음의 흔적으로 보는 등, 이 현상의 언어학적 기원에 대한 나름의 설명이 있지만 여기서는 생략한다.

5. 접미형 부정사 연계형의 용례

1) 부정사 연계형 용법에서 배운 대로, 부정사 연계형이 전치사 בְּ나 כְּ와 함께 때를 나타내는 구문을 만든다. 이때 뒤따라 וְ로 시작되는 문장이 이어진다. 추가로 전치사 אַחַר(‘..후에’) 또한 시간의 부사구에 사용된다.

2) 이러한 시간의 부사구들은 일종의 ‘상황절’(circumstantial clause)을 만드는데 흔히 ‘때’로 해석된다: ‘..한 상황에서(..할 때), ..한 일이 발생했다’/‘..한 후에, ..한 일이 발생했다.’

.. 동사A וַיְהִי כְּזָכְרוֹ וְ ‘그가 기억했을 때, A하게 되었다’ (과거)
.. 동사A וְהָיָה בְּזָכְרוֹ וְ ‘그가 기억하게 될 때, A하게 될 것이다’ (미래)
.. 동사A וַיְהִי אַחֲרֵי אָכְלוֹ וְ ‘그가 먹은 후에, A하게 되었다’ (과거)

6. 분사의 대명사 접미

1) 드물긴 하지만 분사에도 접미 대명사가 붙을 수 있다.

2) 분사는 동사적 형용사/명사이므로 명사용 접미 대명사가 붙는다. 또한 부정사와 달리 분사의 경우 접미된 대명사는 항상 목적격이다. 이는 분사의 대명사 주어가 필요할 때는 별도로 인칭 대명사를 사용하기 때문이다.

ִים + שֹׁפֵט ‘심판하는’ → שֹׁפְטִים ‘심판하는 (남자들)’
ֵ֫נוּ + שֹׁפֵט ‘심판하는’ → אִישׁ שֹׁפְטֵ֫נוּ ‘우리를 심판하는 남자’(O)
‘우리가 심판하는 남자’(X)
אִישׁ אֲשֶׁר אֲנַ֫חְנוּ שֹׁפְטִים ‘우리가 심판하는 남자’(O)
ֵ֫ינוּ[a] + שֹׁפְטִים(복수) → אֲנָשִׁים שֹׁפְטֵ֫ינוּ ‘우리를 심판하는 사람들’
ֶ֫יךָ[a] + שֹׁמְרִים → שֹׁמְרֶ֫יךָ ‘너를 지키는 사람들’

a. 분사는 명사처럼 작용하는데 분사 복수형이므로 י를 가진 복수용 접미 대명사가 붙는다.

3) 동사에 이중적 접미어가 붙은 형태는 이와 같이 상당히 복잡한 데 간략히 자음만 가지고 뜻을 유추해 보는 것도 우선 좋은 방법이다.

שמרתך → שְׁמָרַ֫תְךָ ‘그녀가 너(남)을 지켰다’
תשמרוה → תִּשְׁמְר֫וּהָ ‘그녀들이/너희(남)가 그녀를 지켰다’

D. 칼 동사의 대명사 접미 도표

완료 שָׁמַר '..를 지켰다'						
목적격 접미어		שָׁמַר 그는	שָׁמְרָה 그녀는	שָׁמַרְתָּ 너(남)는	שָׁמַרְתְּ 너(여)는	שָׁמַרְתִּי 나는
ַנִי	나를	שְׁמָרַנִי	שְׁמָרַתְנִי	שְׁמַרְתַּנִי	שְׁמַרְתִּינִי	—
ְךָ	너(남)를	שְׁמָרְךָ	שְׁמָרַתְךָ	—[c]		שְׁמַרְתִּיךָ
ֵךְ	너(여)를	שְׁמָרֵךְ	שְׁמָרָתֶךְ[b]			שְׁמַרְתִּיךְ
וֹ = ָהוּ	그를	שְׁמָרוֹ שְׁמָרָהוּ	שְׁמָרַתְהוּ שְׁמָרַתּוּ	שְׁמַרְתּוֹ שְׁמַרְתָּהוּ	(שְׁמַרְתִּיו) שְׁמַרְתִּיהוּ	שְׁמַרְתִּיו שְׁמַרְתִּיהוּ
ָהּ = ָה	그녀를	שְׁמָרָהּ	שְׁמָרַתָּה	שְׁמַרְתָּהּ	שְׁמַרְתִּיהָ	שְׁמַרְתִּיהָ
ָנוּ	우리를	שְׁמָרָנוּ	שְׁמָרַתְנוּ	שְׁמַרְתָּנוּ	שְׁמַרְתִּינוּ	—
ְכֶם	너희(남)를	(שְׁמַרְכֶם)[a]	(שְׁמָרַתְכֶם)	—[c]		שְׁמַרְתִּיכֶם
ְכֶן	너희(여)를	(שְׁמַרְכֶן)	(שְׁמָרַתְכֶן)			(שְׁמַרְתִּיכֶן)
ָם = ָמוֹ	그들을	שְׁמָרָם שְׁמָרָמוֹ	שְׁמָרָתָם שְׁמָרַתְמוֹ	שְׁמַרְתָּם (שְׁמַרְתָּמוֹ)	שְׁמַרְתִּים (שְׁמַרְתִּימוֹ)	שְׁמַרְתִּים (שְׁמַרְתִּימוֹ)
ָן	그녀들을	שְׁמָרָן	(שְׁשָׁרָתָן)	(שְׁמַרְתָּן)	(שְׁמַרְתִּין)	שְׁמַרְתִּין
목적격 접미어		שָׁמְרוּ 그들(그녀들)은		שְׁמַרְתֶּם 너희(남)는	שְׁמַרְתֶּן 너희(여)는	שָׁמַרְנוּ 우리는
ַנִי	나를	שְׁמָרוּנִי		שְׁמַרְתּוּנִי		—
ְךָ	너(남)를	שְׁמָרוּךָ		—		שְׁמַרְנוּךָ
ֵךְ	너(여)를	שְׁמָרוּךְ				שְׁמַרְנוּךְ
וֹ = ָהוּ	그를	שְׁמָרוּהוּ		שְׁמַרְתּוּהוּ		שְׁמַרְנוּהוּ
ָהּ = ָה	그녀를	שְׁמָרוּהָ		(שְׁמַרְתּוּהָ)		שְׁמַרְנוּהָ
ָנוּ	우리를	שְׁמָרוּנוּ		שְׁמַרְתּוּנוּ		—
ְכֶם	너희(남)를	(שְׁמָרוּכֶם)		—		שְׁמַרְנוּכֶם
ְכֶן	너희(여)를	(שְׁמָרוּכֶן)				(שְׁמַרְנוּכֶן)
ָם = ָמוֹ	그들을	שְׁמָרוּם שְׁמָרוּמוֹ		(שְׁמַרְתּוּם) (שְׁמַרְתּוּמוֹ)		שְׁמַרְנוּם (שְׁמַרְנוּמוֹ)
ָן	그녀들을	שְׁמָרוּן		(שְׁמַרְתּוּן)		(שְׁמַרְנוּן)

a. 완료/미완료 공히 괄호 안의 접미 형태들은 나타나지 않는다.

b. שְׁמָרָתֶךְ의 종음절 תֶךְ는 악센트가 없는 폐음절이 되므로 단모음 세골(ֶ).

c. 불가능한 표현이다. 예컨대, '너는 너희를 지켰다'는 말은 성립되지 않는다.

미완료 יִשְׁמֹר '...를 지킬 것이다'					명령 שְׁמֹר '지켜라'	
목적격 접미어		יִשְׁמֹר[a] 그는	תִּשְׁמְרִי 너(여)는	יִשְׁמְרוּ[b] 그들은	שְׁמֹר 너는	שִׁמְרוּ[b] 너희(남)는
ֵנִי ֶנִּי	나를	יִשְׁמְרֵנִי יִשְׁמְרֶנִּי	תִּשְׁמְרִינִי	יִשְׁמְרוּנִי	שָׁמְרֵנִי	שִׁמְרוּנִי
ְךָ ֶךָּ	너(남)를	יִשְׁמָרְךָ יִשְׁמְרֶךָּ	—	יִשְׁמְרוּךָ	—	
ֵךְ	너(여)를	יִשְׁמְרֵךְ		יִשְׁמְרוּךְ		
ֵהוּ ֶנּוּ	그를	יִשְׁמְרֵהוּ יִשְׁמְרֶנּוּ	תִּשְׁמְרִיהוּ	יִשְׁמְרוּהוּ	שָׁמְרֵהוּ	שִׁמְרוּהוּ
ֶהָ ֶנָּה	그녀를	יִשְׁמְרֶהָ יִשְׁמְרֶנָּה	תִּשְׁמְרִיהָ	יִשְׁמְרוּהָ	שָׁמְרֶהָ	שִׁמְרוּהָ
ֵנוּ ֶנּוּ	우리를	יִשְׁמְרֵנוּ יִשְׁמְרֶנּוּ	תִּשְׁמְרִינוּ	יִשְׁמְרוּנוּ	שָׁמְרֵנוּ	שִׁמְרוּנוּ
ְכֶם	너희(남)를	יִשְׁמָרְכֶם	—	יִשְׁמְרוּכֶם	—	
(ְכֶן)	너희(여)를	(יִשְׁמָרְכֶן)		(יִשְׁמְרוּכֶן)		
ֵם ֵמוֹ	그들을	יִשְׁמְרֵם יִשְׁמְרֵמוֹ	תִּשְׁמְרִים תִּשְׁמְרִימוֹ	יִשְׁמְרוּם יִשְׁמְרוּמוֹ	שָׁמְרֵם	שִׁמְרוּם
(ֵן)	그녀들을	(יִשְׁמְרֵן)	(תִּשְׁמְרִין)	(יִשְׁמְרוּן)	(שָׁמְרֵן)	(שִׁמְרוּן)
위와 동일한 규칙을 따르는 인칭 변화형들		תִּשְׁמֹר[a] אֶשְׁמֹר[a]		תִּשְׁמְרוּ[b]		שִׁמְרִי[b]

부정사 연계형 שְׁמֹר '지키는 것'						
단수	שָׁמְרִי 네가 שָׁמְרֵנִי 나를	שָׁמְרְךָ = שָׁמְרְךָ	네(남)가/너(남)를	שָׁמְרוֹ	그가/그를
		שָׁמְרֵךְ	네(여)가/너(여)를	שָׁמְרָהּ	그녀가/그녀를
복수	שָׁמְרֵנוּ 우리가/우리를	שָׁמָרְכֶם	너희(남)가/너희(남)를	שָׁמְרָם	그들이/그들을
		(שָׁמָרְכֶן)	너희(여)가/너희(여)를	(שָׁמְרָן)	그녀들이/그녀들을

a. יִשְׁמֹר('그는')/תִּשְׁמֹר('그녀는,' 혹은 '너[남]는')/אֶשְׁמֹר('나는')는 끝 모양이 동일하므로 접미 형태가 모두 같다.

b. יִשְׁמְרוּ('그들이')/תִּשְׁמְרוּ('너희가'), 그리고 명령의 שִׁמְרִי('너[여]는')/שִׁמְרוּ('너희[남]는')도 각각 동일한 변화를 겪는다. 참고로 תִּשְׁמֹרְנָה('그녀들/너희[여]들은 지킬 것이다')에는 목적격 접미어가 안 붙는다.

E. 피엘과 히필 동사의 대명사 접미 도표

피엘과 히필의 대명사 접미형도 칼과 동일한 규칙을 따르기에 크게 다를 바 없다. 각 경우에 일부 표본적 사례들만 도표에 수록한다. 모형 동사로 שִׁבֵּר('박살내다, 깨부수다')와 הִמְלִיךְ('다스리게 하다')를 각각 사용한다.

1. 피엘의 대명사 접미

완료 שִׁבֵּר (שָׁבַר) '..를 박살냈다'						
목적격 접미어		שִׁבֵּר 그는	שִׁבְּרָה 그녀는	שִׁבַּ֫רְתָּ 너(남)는	שִׁבַּרְתְּ 너(여)는	שִׁבַּ֫רְתִּי 나는
ַ֫נִי	나를	שִׁבְּרַ֫נִי	שִׁבְּרַ֫תְנִי	שִׁבַּרְתַּ֫נִי	שִׁבַּרְתִּ֫ינִי	—
ְךָ	너(남)를	שִׁבֶּרְךָ[a]	שִׁבְּרַ֫תְךָ	—		שִׁבַּרְתִּ֫יךָ
이하 생략						
목적격 접미어		שִׁבְּרוּ 그들(그녀들)은		שִׁבַּרְתֶּם 너희(남)는	שִׁבַּרְתֶּן 너희(여)는	שִׁבַּ֫רְנוּ 우리는
ָ֫נוּ	우리를	שִׁבְּר֫וּנוּ		שִׁבַּרְתּ֫וּנוּ		—
ָם ָ֫מוֹ	그들을	שִׁבְּרוּם שִׁבְּר֫וּמוֹ		שִׁבַּרְתּוּם (שִׁבַּרְתּ֫וּמוֹ)		שִׁבַּרְנוּם שִׁבַּרְנ֫וּמוֹ
이하 생략						

미완료 יְשַׁבֵּר (שָׁבַר) '..를 박살낼 것이다'					명령 שַׁבֵּר '박살내라'	
목적격 접미어		יְשַׁבֵּר 그는	תְּשַׁבְּרִי 너(여)는	יְשַׁבְּרוּ 그들은	שַׁבֵּר 너는	שַׁבְּרוּ 너희(남)는
ֵ֫נִי ֶ֫נִּי	나를	יְשַׁבְּרֵ֫נִי יְשַׁבְּרֶ֫נִּי	תְּשַׁבְּרִ֫ינִי	יְשַׁבְּר֫וּנִי	שַׁבְּרֵ֫נִי	שַׁבְּר֫וּנִי
ְךָ ֶ֫ךָּ	너(남)를	יְשַׁבֶּרְךָ יְשַׁבְּרֶ֫ךָּ	—	יְשַׁבְּר֫וּךָ	—	
ְכֶם	너희(남)를	יְשַׁבֶּרְכֶם	—	יְשַׁבְּר֫וּכֶם	—	
이하 생략						

부정사 연계형 שַׁבֵּר '박살내는 것'		
שַׁבְּרִי 내가 שַׁבְּרֵ֫נִי 나를	שַׁבֶּרְךָ 네(남)가 너(남)를	שַׁבְּרוֹ 그가 그를

a. ְךָ + שִׁבֵּר → שִׁבֶּרְךָ('그는 너를 박살냈다')에서 폐음절 בֵּר가 악센트를 잃으며 단모음을 가진 בֶּר가 되었다.

2. 히필의 대명사 접미

완료 הִמְלִיךְ (מָלַךְ) '..로 하여금 다스리게 했다'						
목적격 접미어		הִמְלִיךְ 그는	הִמְלִיכָה 그녀는	הִמְלַכְתָּ 너(남)는	הִמְלַכְתְּ 너(여)는	הִמְלַכְתִּי 나는
ַנִי	나를	הִמְלִיכַנִי	הִמְלִיכַתְנִי	הִמְלַכְתַּנִי	הִמְלַכְתִּינִי	—
ְךָ	너(남)를	הִמְלִיכְךָ	הִמְלִיכַתְךָ	—	—	הִמְלַכְתִּיךָ
이하 생략						

목적격 접미어		הִמְלִיכוּ 그들(그녀들)은	הִמְלַכְתֶּם 너희(남)는	הִמְלַכְתֶּן 너희(여)는	הִמְלַכְנוּ 우리는
ָנוּ	우리를	הִמְלִיכוּנוּ	הִמְלַכְתּוּנוּ		—
ָם ָמוֹ	그들을	הִמְלִיכוּם (הִמְלִיכוּמוֹ)	הִמְלַכְתּוּם —		הִמְלַכְנוּם —
이하 생략					

미완료 יַמְלִיךְ (מָלַךְ) '..로 하여금 다스리게 할 것이다'					명령 הַמְלֵךְ '..로 하여금 다스리게 하라'	
목적격 접미어		יַמְלִיךְ 그는	תַּמְלִיכִי 너(여)는	יַמְלִיכוּ 그들은	הַמְלֵךְ 너는	הַמְלִיכוּ 너희(남)는
ֵנִי ֶנִּי	나를	יַמְלִיכֵנִי יַמְלִיכֶנִּי	תַּמְלִיכִינִי	יַמְלִיכוּנִי	הַמְלִיכֵנִי	הַמְלִיכוּנִי
ְךָ ֶךָּ	너(남)를	יַמְלִיכְךָ יַמְלִיכֶךָּ	—	יַמְלִיכוּךָ	—	
ְכֶם	너희를	יַמְלִיכְכֶם	—	יַמְלִיכוּכֶם	—	
이하 생략						

부정사 연계형 הַמְלִיךְ '다스리게 하는 것'		
הַמְלִיכִי 내가 הַמְלִיכֵנִי 너를	הַמְלִיכְךָ 네(남)가 너(남)를	הַמְלִיכוֹ 그가 그를

17과 연습문제

I. 어휘

אַף	코, 콧구멍, 분노	אַף	역시, 정녕 ('코'와 동음이어)	חֵמָה	진노, 분노
מַלְכוּת	왕국, 왕권	גִּבּוֹר	장수, 용사	פַּר	숫소/ פָּרָה 암소
אֱלוֹהַּ = אֱלֹהִים	하나님	חָרָה	뜨겁다, 분노하다	שָׂם (שִׂים)	두다, 놓다
מָשַׁח	기름 붓다	כִּפֶּר (כָּפַר)	(피) 씻다, 속죄하다[a] (칼) 덮다	שָׁלֵם	(상) 온전하다 /(형) 온전한
בָּטַח בְּ/אֶל-	..을 믿다, 신뢰하다			שִׁלֵּם	(피) 온전케 하다[b]

a. 동사 כָּפַר(칼)/כִּפֶּר(피엘)의 의미를 둘러싼 논쟁은 매우 복잡하다. 이것의 칼은 '덮다'라는 의미로 단 1회만 나타난다(창 6:14). 그러나 피엘은 '씻다'와 '속죄하다'의 의미로 해석될 수 있다. 법궤 위에 놓인 כַּפֹּרֶת('속죄소[속죄판]'; 15과 어휘)는 이 동사와 관련성을 지닌 것이 명백하다.

b. שָׁלֵם의 피엘 שִׁלֵּם은 어떤 잘못에 대한 배상을 통해 관계를 정상화시킨다('온전케 하다')는 의미를 지닌다. 따라서 '배상하다, 갚다'는 뜻으로도 사용된다.

II. 다음 목적격 접미어가 붙은 동사들을 간단히 분해하고 해석하라.

	문 제	어근	어간	형태	해 석
①	הֲרַגְתִּיךָ				
②	וַעֲזַבְתִּים				(바연.으로 간주)
③	יְכַפְּרֶנָּה				
④	הִמְלַכְתִּיךָ				
⑤	יְדַעְתִּיךָ				
⑥	זָכְרֵנוּ				
⑦	וַיַּמְלִיכֻהוּ				
⑧	יְשַׁלְּמוּנִי				
⑨	נְשָׂאתַנִי				
⑩	דֹּרְשֶׁיךָ				

III. 다음을 해석하라.

(1) עַתָּה לֹא הֲרַגְתִּ֫יךְ

(2) לָ֫מָּה זֶּה שְׁלַחְתָּ֫נִי (출 5:22)

(3) אֲנִי יְדַעְתִּ֫יךָ בַּמִּדְבָּר (호 13:5)

(4) לַ֫מָּ֫וֶת לֹא נְתָנָֽנִי׃ (시 118:18)

(5) אֱל֫וֹהַּ יִשְׁמְרֵ֫נִי

(6) לִכְבוֹדִי בְּרָאתִיו (사 43:7)

(7) יְשַׁלְּמ֫וּנִי רָעָה תַּ֫חַת טוֹבָה (시 35:12)

(8) וַיַּמְלִיכֻ֫הוּ יהוה עַל־יִשְׂרָאֵל

(9) נְשָׂאתַ֫נִי וַתַּשְׁלִיכֵֽנִי׃ (시 102:10; *BHS* 102:11)

(10) שָׁפְטֵ֫נִי יהוה כִּי־אֲנִי בְּתֻמִּי הָלַ֫כְתִּי וּבַיהוה בָּטַ֫חְתִּי׃ (시 26:1)

(11) וִידַעְתֶּם כִּי־יהוה צְבָאוֹת שְׁלָחָֽנִי׃ (슥 2:13)

(12) שָׁם יָשַׁ֫בְנוּ בְּזָכְרֵ֫נוּ אֶת־צִיּֽוֹן׃ (시 137:1)

(13) חֲמַת־מֶ֫לֶךְ מַלְאֲכֵי־מָ֫וֶת וְאִישׁ חָכָם יְכַפְּרֶֽנָּה׃ (잠 16:14)

(14) תִּשְׁפּוֹט אֶת־עַמִּי אֲשֶׁר הִמְלַכְתִּ֫יךָ עָלָֽיו׃ (대하 1:11)

(15) וַתֹּ֫אמֶר צִיּוֹן עֲזָבַ֫נִי יהוה וַאדֹנָי [a]שְׁכֵחָֽנִי׃ (사 49:14)

a. שְׁכָחַ֫נִי 대신 불규칙하게 모음 체레(ֵ)가 붙었다.

(16) אֵלִי אֵלִי [a]לָ֫מָה עֲזַבְתָּ֫נִי (시 22:2) a. 후음 앞에서는 לָ֫מָּה 대신 לָ֫מָה

(17) וְאָמַרְתָּ אֲלֵהֶם לָ֫מָּה שִׁלַּמְתֶּם רָעָה תַּ֫חַת טוֹבָֽה׃ (창 44:4)

(18) וְהִקְרִיב אַהֲרֹן אֶת־פַּר [a]הַֽחַטָּאת אֲשֶׁר־לוֹ וְכִפֶּר בַּעֲדוֹ וּבְעַד בֵּיתֽוֹ׃ (레 16:6) a. 16과 어휘를 보라.

(19) וַאֲמַרְתֶּם אֵלָיו כֹּה אָמַר בִּנְךָ יוֹסֵף שָׂמַ֫נִי אֱלֹהִים לְאָדוֹן לְכָל־מִצְרָ֫יִם (창 45:9)

(20) כֹּה אָמַר יהוה הִנָּתֹן תִּנָּתֵן הָעִיר הַזֹּאת בְּיַד־הַמֶּ֫לֶךְ וּלְכָדָֽהּ׃ (렘 38:3)

(21) וְיִבְטְחוּ בְךָ יוֹדְעֵי שְׁמֶךָ כִּי לֹא־עָזַבְתָּ דֹרְשֶׁיךָ יהוה׃
(시 9:10; *BHS* 9:11)

(22) וְעָבְדוּ אֱלֹהִים אֲחֵרִים וְחָרָה אַף־יהוה בָּכֶם וְהִשְׁמִידְךָ׃ (신 7:4)

(23) וַתֹּאמֶר לָהּ נָעֳמִי וִיהִי בְשָׁכְבוֹ [a]וְיָדַעַתְּ אֶת־הַמָּקוֹם אֲשֶׁר יִשְׁכַּב־שָׁם

a. יָדַעַתְּ는 바브연속법에서 언제나 악센트가 뒤로 이동하면서 וְיָדַעַתְּ로 나타난다.

(24) וְזָכַרְתִּי אֶת־בְּרִיתִי יַעֲקוֹב וְאַף אֶת־בְּרִיתִי יִצְחָק וְאַף אֶת־בְּרִיתִי
אַבְרָהָם אֶזְכֹּר וְהָאָרֶץ אֶזְכֹּר׃ (레 26:42)

(25) וַאֲמַרְתֶּם גַּם הִנֵּה עַבְדְּךָ יַעֲקֹב אַחֲרֵינוּ כִּי־אָמַר אֲכַפְּרָה פָנָיו
בַּמִּנְחָה הַהֹלֶכֶת לְפָנָיו׃ (창 32:21)

(26) יהוה זְכָר־נָא אֵת אֲשֶׁר הִתְהַלַּכְתִּי לְפָנֶיךָ בֶּאֱמֶת וּבְלֵבָב שָׁלֵם (왕하 20:3)

(27) וְיָשַׁב בָּעִיר הַהִיא עַד־עָמְדוֹ לִפְנֵי הָעֵדָה לַמִּשְׁפָּט
עַד־מוֹת הַכֹּהֵן הַגָּדוֹל (수 20:6)

(28) וְאֵלֶּה רָאשֵׁי הַגִּבּוֹרִים אֲשֶׁר לְדָוִיד הַמִּתְחַזְּקִים עִמּוֹ בְמַלְכוּתוֹ
עִם־כָּל־יִשְׂרָאֵל לְהַמְלִיכוֹ כִּדְבַר יהוה עַל־יִשְׂרָאֵל׃ (대상 11:10)

(29) וַיִּמְצָאָהּ מַלְאַךְ יהוה עַל־עֵין הַמַּיִם בַּמִּדְבָּר עַל־הָעַיִן
בְּדֶרֶךְ [a]שׁוּר׃ (창 16:7) a. '술'(Shur).

(30) וַיֹּאמֶר [a]נָתָן אֶל־דָּוִד אַתָּה הָאִישׁ כֹּה־אָמַר יהוה אֱלֹהֵי יִשְׂרָאֵל
אָנֹכִי מְשַׁחְתִּיךָ לְמֶלֶךְ עַל־יִשְׂרָאֵל׃ (삼하 12:7) a. '나단.'

(31) אַף כִּי־אֲנָשִׁים רְשָׁעִים הָרְגוּ אֶת־אִישׁ־צַדִּיק בְּבֵיתוֹ
וְעַתָּה הֲלוֹא אֲבַקֵּשׁ אֶת־דָּמוֹ מִיֶּדְכֶם (삼하 4:11)

(32) וְחָרָה אַפִּי בָעָם בַּיּוֹם־הַהוּא וַעֲזַבְתִּים וְהִסְתַּרְתִּי פָנַי מֵהֶם (신 31:17)

(33) וְקִדַּשְׁתּוֹ כִּי־אֶת־לֶחֶם אֱלֹהֶיךָ הוּא מַקְרִיב קָדֹשׁ יִהְיֶה־לָּךְ כִּי
קָדוֹשׁ אֲנִי יהוה [a]מְקַדִּשְׁכֶם׃ (레 21:8) a. מְקַדֶּשְׁכֶם 대신 ד아래 히렉.

17과 연습문제 해답

예제 1) 해답

문 제		어근	어간	형태	주격	목적격	해 석
①	שְׁמָרַ֫תְנִי	שָׁמַר	칼	완료	3.여.단	1.공.단	그녀는 나를 지켰다
②	שְׁמָרָ֫נוּ	שָׁמַר	칼	완료	3.남.단	1.공.복	그는 우리를 지켰다
③	יִשְׁמְרֵךְ	שָׁמַר	칼	미완	3.남.단	2.여.단	그는 너(여)를 지킬 것이다
④	שְׁמָרַ֫תְךָ	שָׁמַר	칼	완료	3.여.단	2.남.단	그녀는 너(남)를 지켰다
⑤	שְׁמַרְתִּיו	שָׁמַר	칼	완료	1.공.단	3.남.단	나는 그를 지켰다
				완료	2.여.단	3.남.단	너(여)는 그를 지켰다[a]
⑥	תִּשְׁמְר֫וּהָ	שָׁמַר	칼	미완	2.남.복	3.여.단	너희(남)는 그녀를 지킬 것이다
⑦	יִשְׁמְרֶ֫נּוּ[b]	שָׁמַר	칼	미완	3.남.단	3.남.단	그는 그를 지킬 것이다[c]
					3.남.단	1.공.복	그는 우리를 지킬 것이다
⑧	שְׁמַרְתִּיךְ	שָׁמַר	칼	완료	1.공.단	2.여.단	나는 너(여)를 지켰다[d]
⑨	תִּשְׁמְרֶ֫נָּה	שָׁמַר	칼	미완	3.여.단	3.여.단	그녀는 그녀를 지킬 것이다[c]
					2.남.단	3.여.단	너(남)는 그녀를 지킬 것이다

a. תְּ('너[여]는')이 תִּי로 바뀜. b. ֶנּוּ ← ֵהוּ('그를') + ֶנ 혹은 ֵנוּ('우리를') + ֶנ

c. '그는 그를 지켰다'와 '그녀는 그녀를 지켰다'는 제3자의 주어와 목적어가 서로 다른 대상인 경우에 해당된다. 즉 '그(A)는 그(B)를 지켰다'는 뜻이다.

d. 이것의 תִּי를 תְּ의 변형으로 볼 수 없는데, '너(여)는 너(여)를 지켰다'는 불가능한 표현이기 때문이다.

II. 간단한 분해와 해석

문 제		어근	어간	형태	해 석
①	הֲרַגְתִּ֫יךְ	הָרַג	칼	완료	내가 너(여)를 죽였다
②	וַעֲזַבְתִּים	עָזַב	칼	완료	그리고 나는 그들을 버릴 것이다(וְ ← וַ)
③	יְכַפְּרֶ֫נָּה	כָּפַר	피엘	미완	그는 그녀에게 대속(배상)할(갚을) 것이다
④	הִמְלַכְתִּ֫יךָ	מָלַךְ	히필	완료	내가 너를 다스리게 했다(왕으로 세웠다)
⑤	יְדַעְתִּ֫יךָ	יָדַע	칼	완료	내가 너를 알았다
⑥	זָכְרֵ֫נוּ	זָכַר	칼	명령	너는 우리를 기억하라
				부연	우리가/우리를 기억하는 것
⑦	וַיַּמְלִכֵ֫הוּ	מָלַךְ	히필	바연.미완	그리고 그가 그를 다스리게 했다
⑧	יְשַׁלְּמ֫וּנִי	שָׁלַם	피엘	미완	그들이 나에게 배상할 것이다(갚을 것이다)
⑨	נְשָׂאתַ֫נִי	נָשָׂא	칼	완료	너(남)는 나를 들어 올렸다
⑩	דֹּרְשֶׁ֫יךָ	דָּרַשׁ	칼	능분	너를 찾는 (남자들)

III. 문장 해석

(1) 지금 내가 너(여)를 죽이지 않았다.

(הֲרַגְתִּ֫יךָ[후음 아래 합성쉐바] ←[HHP]← הָרַגְתִּ֫יךָ ← ךָ + תִּי + הָרַג)

(2) 도대체 왜 당신은 나를 보냈습니까?

(3) 내가 (그)광야에서 너를 알았다.

(여기서 יָדַע는 단순한 지식이 아닌 깊은 인격적 관계를 말한다)

(4) 그분은 저를 (그)죽음에 내주지 않으셨습니다! (־֫נִי + נָתַן)

(5) 하나님께서 나를 지키실 것이다.

(6) 나의 영광을 위해 내가 그를 창조했느니라. (בְּרָאתִיו = וֹ + תִּי + בָּרָא)

(7) 그들이 선 대신 악으로 나에게 갚을(보상할) 것입니다.

(8) 그리고 여호와께서 그를 이스라엘 위에 왕으로 세웠다(다스리게 했다).

(9) 당신께서 나를 들어 올리셨다가 나를 내던지셨습니다.

(10) 여호와여 나를 판결하소서! 왜냐하면, 저는 저의 완전함 가운데 행하였고 저는 여호와를 신뢰했기 때문입니다.

(בְּתֻמִּי ← ִי + תֹּם + בְּ. 명사 תֹּם은 15과의 어휘를 보라. 각주 54에서 설명한 대로, 한 음절 단어들은 어미가 붙을 때 흔히 중강점이 찍힌다. 이 때 תֹּם는 접미어 ִי가 붙으면서 모음이 '우'로 바뀌는데, 음의 삼각형에서 살핀 대로 모음 '오'는 동일 군의 '우'로 변환이 가능하다: בְּתֻמִּי)

(11) 그리고 너희는 만군의 여호와가 나를 보내셨음을 알게 될 것이다.

(문맥에서 이 문장은 지시법[너희는 알지어다]이 아닌 직설법 미래이다)

(12) 우리가 시온을 기억할 때 우리는 거기에 앉았다(= 우리는 거기에 앉아 시온을 기억했다).

(13) 왕의 진노(חֵמָה)가 죽음의 사신들일지라도 지혜로운 자는 그것(진노)을 덮을(속죄할/배상할) 것이다. (יְכַפְּרֶ֫נָּה ← ָה + ֶ֫נּ[강세 눈] + יְכַפֵּר[피엘 미완]/כִּפֶּר[피엘 완료]. 이 피엘형[כִּפֶּר]의 종음절 모음은 דִּבֶּר처럼 언제나 세골[◌ֶ]이다. 많은 문맥에서 כִּפֶּר는 배상을 통해 '죄를 덮다, 속죄하다' 혹은 '죄를 씻어내다'는 의미로 이해될 수 있다)

(14) 너는 내가 너를 그(들) 위에 왕으로 세운 내 백성을 치리할지어다.

(15) 그리고 시온이 말했다. “여호와께서 나를 버리셨구나. 그리고 나의 주께서 나를 잊으셨도다.” (שְׁכֵחָנִי:[휴지] ← שְׁכֵחַנִי[שְׁכָחַנִי 대신]← נִי + שָׁכַח)

(16) 나의 하나님, 나의 하나님, 어찌하여 당신은 나를 버리셨습니까?

(17) 그리고 너는 그들에게 말하라. “왜 너희는 악으로 선을 갚았느냐?”(선 대신 악을 갚았느냐)

(18) 아론은 자신의 것인(자신에게 속한) 속죄제의 소를 바쳐야 한다(가져와야 한다). 그리고 그는 자신과 자신의 집을 위해 속죄해야 한다. (의무의 지시법들이며 ‘바칠지어다’와 ‘속죄할지어다’로 해석해도 무방하다)

(19) 그리고 너희는 그분께 말씀드리거라. “당신의 아들 요셉이 이렇게 말하더이다. ‘하나님께서 나를 온 이집트를 위한 주인으로 세우셨습니다’라고.”
(שָׂמַנִי ← נִי + שָׂם[칼 완료, ‘그가 두었다’]. 이런 유형의 동사는 약동사에서 자세히 배운다)

(20) 여호와께서 이렇게 말씀하셨다. “이 성읍이 진정으로 그 왕의 수중에 넘겨져 그가 그것(그녀)을 취할 것이다.” (부정사 절대형의 강조 용법)

(21) 그리고 당신의 이름을 아는 자들이 당신을 신뢰할 것입니다(וְיִבְטְחוּ는 바브 접속법). 이는 여호와 당신께서 당신을 찾는 자들을 버리지 않으셨기 때문입니다.
(יוֹדְעֵי ←[연계형]← יוֹדְעִים[능분.남.복] ← יוֹדֵעַ[능분]/יָדַע
דֹּרְשֶׁיךָ ← ךָ + דֹּרְשִׁים[능분.남.복] ← דֹּרֵשׁ[능분]/דָּרַשׁ)

(22) 그리고 그들이 다른 신들을 섬길 것이다. 그래서 여호와의 진노(코, 콧구멍)가 너희로 인해 뜨거울 것이며 그가 너를 멸하실 것이다. (동사들은 바브 연속법 완료)

(23) 그리고 나오미가 그녀에게 말했다. “그리고 그분이 누울 때 너는 그분이 거기 눕는 곳을 알아야 한다.” (יָדַעַתְּ처럼 마지막 자음이 후음인 동사에 תְּ가 붙은 완료형은 바브 연속법에서 악센트가 뒤로 이동하면서 언제나 앞의 단순 쉐바가 ‘아’음을 취한다: לָקַחְתְּ → וְלָקַחַתְּ ‘그리고 너[여]는 취할지어다’[왕상 14:3])

(24) 그리고 나는 야곱과의 내 언약을 기억할 것이다. 또한 이삭과의 나의 언약도, 아브라함과의 언약도 내가 기억할 것이다. 그리고 그 땅을 내가 기억할 것이다.

(25) 그리고 너희는 정녕 말하라! “보소서, 당신의 종 야곱이 우리 뒤에 계십니다”라고. 이는 그가 말했기(생각했기) 때문이다. “내가 그분 앞으로 가는 선물을 가지고 그분의 얼굴(안색)을 풀고(감정을 풀고) 싶다”라고. (אֲכַפְּרָה는 피엘 미완

אֲכַפֵּר의 연장형. 여기서도 כִּפֶּר가 '배상을 통해 달래다'는 뜻으로 사용된다. 이것은 곧 '속죄하다'는 뜻이기도 하다. הֹלֶ֫כֶת - הָלַךְ 능분.여.단)

(26) 여호와여 내가 당신 앞에서 진심으로 온전한 마음으로 행하는 것을 부디 기억하소서.

(27) 그리고 그는 그 성읍에 거해야 한다. 그가 재판을 위해 회중 앞에 설 때까지, (또는) (그)대제사장이 죽을 때까지.

(28) 그리고 이들은 나윗의(다윗에게 속한) 용사들의 우두머리들, 곧 그의 왕국에서 그(다윗)와 함께, (또한) 온 이스라엘과 함께 그가 다스리도록(왕이 되도록) 결의를 다진 자들(스스로 강하게 한 자들)이다. 이스라엘에 대한 여호와의 말씀대로 말이다.

(29) 그리고 여호와의 사자가 그녀를 발견했다. 광야에 있는 그 우물곁에서, 곧 술 길에 있는 그 우물곁에서.

(30) 그리고 나단이 다윗에게 말했다. "당신이 그 사람이오! 여호와 이스라엘의 하나님께서 이렇게 말씀하셨소. '내가 너를 이스라엘 위에 왕으로 기름부었느니라'라고."

(31) 정녕 악인들이 의인을 그의 집에서 의인을 죽였을 때는(혹은, 이유의 כִּי로 '죽였기 때문에') 내가 이제 너희의 손에서 그의 피를 요구해야하지(찾아야하지) 않겠는가? (יֶדְכֶם['너희의 손']은 110쪽의 불규칙 명사 도표를 보라)

(32) 그리고 그 날에 그 백성을 향해(בְּ, against) 내 진노(코)가 뜨거워질 것이다(내가 분노할 것이다). 내가 그들을 버릴 것이며 내가 그들로부터 내 얼굴을 숨길 것이다.

(33) 그리고 너는 그를 성별할지어다. 왜냐하면, 그는 네 하나님의 떡을 바치는(가져오는) 자이기 때문이다. 그는 너에게 거룩할 것이다(혹은, '거룩해야 한다'). 왜냐하면, 너희를 거룩하게 하는 나 여호와는 거룩하기 때문이다.

(קִדַּשְׁתּוֹ ← וֹ + קִדַּ֫שְׁתָּ[피엘]/קִדַּשׁ

מְקַדִּשְׁכֶם은 원래 이렇다: כֶ֫ם + מְקַדֵּ֫שׁ[피엘 분사] → מְקַדֵּשְׁכֶ֫ם → מְקַדִּשְׁכֶ֫ם/ 그러나 ד아래 히렉[ִ]이 붙은 מְקַדִּשְׁכֶם는 네 번 나타나는데 예외적인 사례다)

Part 2

약동사와 원문 강독

18과 약동사 개론, 강동사 분해 연습

A. 약동사 개론

1. 개요

1) 우리는 동사 중에 강동사 편을 모두 마무리했으며 이제 약동사 공부를 할 순서가 되었다. 이 과에서는 약동사에 대한 개론적인 설명과 더불어 추가로 충분한 강동사 분해 연습과 문장 해석 연습을 할 것이다. 왜냐하면 약동사를 배우기 전에 강동사를 충분히 숙지하지 않으면 약동사를 이해하기 어렵기 때문이다.

2) 또한 우리는 강동사의 설명과 더불어 사실상 히브리어의 기초 문법에 대한 대부분의 공부를 마쳤다. 따라서 약동사 편에서는 각 과마다 단지 약동사의 종류를 하나씩 소개하고 그 동사를 익히는데 중점을 둘 것이다. 이제부터는 오직 약동사 습득과 문장 해석 훈련만이 남아있을 뿐인데, 다양한 연습문제의 문장 해석을 통해 필요한 경우 추가적인 히브리어 구문과 숙어, 각 품사의 용법들을 학습할 것이다. 연습문제 문장들은 거의 대부분 원문 그대로를 반영했기 때문에 약동사 학습과 더불어 실질적인 기초 원문 강독이 시작된다.

2. 약동사의 정의

1) 약동사(weak verbs)란 동사가 우리가 '약자음'으로 부른 것들, 곧 후음(א/ע/ה/ח/[ר])을 비롯하여 변화가 잘 발생되는 특수한 자음들(י/נ 가끔 ל)을 가지고 있는 이유로 동사에 접두어와 접미어가 붙을 때 자음이나 모음이 쉽게 변하는 동사들을 말한다. 그러므로 이런 동사들은 '강자음'으로 구성되어 일정한 규칙성을 갖는 '강동사'(strong verbs)와 구별되도록 '약동사'(weak verbs)라 칭한다.[197]

---

197) 각주 89에서 말한 대로, 어떤 사람들은 강동사를 '규칙 동사,' 약동사를 '불규칙 동사'라고 칭한다. 이는 약동사가 강동사와 달리 다양한 변화를 보여주며, 많은 경우 불규칙하게 보이는 변화의 특징을 보이기 때문이다. 그러나 반복하지만 약동사도 대체로 규칙성을 띄고 있기에 엄밀히 약동사 전체를 불규칙 동사의 범주에 넣을 수는 없다.

2) 초학자들이 히브리어를 어려워하는 가장 큰 이유 중에 하나가 바로 약동사 때문이다. 약동사의 종류가 매우 많으며 약동사마다 변화의 패턴도 다양하여 학습에 많은 어려움을 준다. 그러나 기본적으로 강동사 변화를 정확히 숙지하고 있다면, 실제로 약동사가 그리 어렵지는 않다. 독자들은 약동사를 공부하다 보면 그것이 강동사로부터 일정한 규칙아래 변형된 형태임을 자연히 깨닫게 될 것이다.

3) 또한 약동사를 이해하기 위해서는 이 책에서 이미 배운 히브리어의 후음과 일부 자음의 고유한 특성, HHP, 그리고 쉐바 유포니 현상 등을 잘 알고 있어야 한다. 사실상 약동사도 일부를 제외하고는 이러한 법칙들의 지배를 받으면서 거의 규칙적인 변화를 하기 때문이다. 약동사 공부를 통해 히브리어는 원리를 통한 이해가 매우 중요하다는 사실이 거듭 확인될 것이다.

3. 약동사의 분류와 명칭

1) 약동사는 여러 종류가 있는데 모두 고유의 이름을 가지고 있다. 각각의 이름은 강동사의 어간형들의 이름과 마찬가지로 동사 פָּעַל('행하다, 만들다')을 토대로 만들어졌다.

2) 그것은 פָּעַל의 각각의 자음의 자리를 약동사의 이름에 사용하는 방식이다. 동사의 기본형인 □□ַ□ָ에서 □ָ는 פָּעַל의 페(פ) 자리이며, □ַ는 아인(ע) 자리, 그리고 마지막 자음 □는 라메드(ל) 자리다. 이것을 기준으로 만일 페(פ) 자리에 נ이 온 동사라면, 그 동사는 '페-눈 동사,' 아인(ע) 자리에 후음을 가진 동사는 '아인-후음 동사'라 칭한다.

3) 예를 들어, 동사 נָפַל('떨어지다')은 פָּעַל을 기준으로 페(פ) 자리에 נ이 왔다. 그러므로 이 동사는 '페-눈 동사'로 분류된다. 반면에 동사 בָּחַר('선택하다')는 פָּעַל의 아인(ע) 자리에 후음 ח가 위치한다. 따라서 이 동사는 '아인-후음 동사'로 분류된다. 다른 예로, שָׁמַע('듣다')는 라메드(ל) 자리에 후음 ע이 있으므로 '라메드-후음 동사'다. 이와 같은 방식으로 약동사 종류가 분류되어 명칭이 부여되며 도합 열 서너 가지 종류의 약동사가 존재한다.

4) 다음은 약동사의 명칭들의 추가적인 몇 가지 예이다.

חָזַק	페-후음 동사	אָכַל	페-알렙 동사
יָטַב	페-요드 동사	בָּחַר	아인-후음 동사
גָּלָה	라메드-헤 동사	מָצָא	라메드-알렙 동사

5) 앞으로 각 과에서 약동사를 배울 때 강동사처럼 일곱 가지 어간형의 총괄적인 변화표를 제시하지는 않을 것이다. 그것은 책의 끝에 있는 〈부록 4〉를 참고하라. 대신 우리는 약동사를 하나씩 다룰 때 각 약동사의 핵심적인 특징들을 요약한 뒤 대표적인 변화 유형들을 도표로 제시하여 그 특징들을 설명하는데 초점을 맞출 것이다.

6) 약동사를 공부하기 전에 이 과에서 우리는 다양한 형태의 강동사의 분해 연습과 강동사들이 사용된 문장 훈련을 보완할 것이다.

B. 강동사 분해 연습

1. 동사 קָטַל의 기본 동사 어간

아래 도표의 빈칸 채우기 연습을 모두 외워지기까지 반복하라. 일부 약자는 다음과 같다.

Niph = Niphal/ Hith = Hithpael/ Hiph = Hiphil/ Hoph = Hophal

	단순		강조			사역	
	Qal	Niph	Piel	Pual	Hith	Hiph	Hoph
완료	קָטַל						
미완							
명령							
부연							
부절							
분사	(능)						
	(수)						

2. 강동사 분해 연습 (1)

1) 아래 주어진 문제들의 강동사 형태는 완료, 미완/미완(단축)/미완(연장), 명령, 부연/부절, 분사 가운데 하나이다. 다만, 칼의 분사는 능분/수분으로 나누어 분해하라. 미완료 단축은 지시법으로 해석하라.

2) 목적격 접미 대명사가 붙지 않은 형태는 목적격란을 공란으로 남기라.

3) 동사의 해석은 각 과의 어휘들이나 이 책의 끝의 〈어휘 목록〉을 참고하여 그 동사의 각 어간형이 갖는 뜻을 따르라. 이를테면, 동사 בָּדַל의 경우 히필형 הִבְדִּיל이 '나누다, 분리하다'라는 뜻을 갖는다. 이것을 굳이 히필의 기본 용법인 사역(causative)의 의미를 집어넣어 '나누어지게 하다'라고 해석할 필요는 없다.

4) 동사 형태를 보고 먼저 즉각적인 해석을 시도하는 습관을 들이라. 이를 위해 해석 칸을 우선 채우라.

※ 미완료 2,3인칭은 지시법이 아닌 직설법으로 해석하라.
※ 주어진 동사들의 피엘은 모두 사역적 의미로 해석하라.
※ 어간에서 히트파엘은 '히트'로 쓸 것: 칼, 니팔, 피엘, 푸알, 히트, 히필, 호팔

	문 제	어근	어간	형태	주격	목적격	해 석
	וַיִּמְלְכוּ	מָלַךְ	칼	바연.미완	3.공.복		그리고 그들이 통치했다
	שְׁמָרַתְנוּ	שָׁמַר	칼	완료	3.여.단	1.공.복	그녀가 우리를 지켰다
①	הִמְלַכְתִּי						
②	שָֽׁפְטָה						
③	שָׁפַטְנוּ						
④	אֶשְׁפְּטֵם						
⑤	הִמְלַכְתַּנִי						
⑥	שְׁפָטָנוּ						
⑦	נִסְתְּרָה		니팔				
⑧	מָשְׁלָךְ						
⑨	קִדְּשׁוּ						
⑩	וַיְסַפַּר						

3. 강동사 분해 연습 (2)

이번 문제는 분해 연습이라기보다는 동사의 즉각적인 해석 연습이다. 두 가지 해석이 가능한 것들은 둘 다 쓰라.

	문 제	어근	어간	형태	해 석
①	מִסְתַּתֵּר				
②	וָאַשְׁמִיד				
③	קִדְּשׁוּהוּ				
④	שָׁפְטֵנוּ				
⑤	תַּסְתִּיר				
⑥	אֶסָּתֵר				
⑦	מִתְקַדֶּשֶׁת				
⑧	אֲגַדְּלָה				
⑨	גִּדְּלוּהוּ				
⑩	וְיִשְׁמְרֶנּוּ				
⑪	יַסְתֵּר				
⑫	שִׁלְּחוּ				
⑬	מְקַדְּשָׁם				
⑭	הִשְׁלַחְתִּי				
⑮	תְּגַדְּלֶנּוּ[a]				
⑯	שִׁלַּחְתִּי				

a. ⑮번 동사의 주격은 2.남.단으로 간주하라(3.여.단도 가능하지만). 또한 이것의 목적격 접미는 ⑩번처럼 두 가지 해석이 가능한데 둘 다 쓰라.

18과 연습문제

I. 어휘

בָּקָר	소(떼)=פַּר	עִבְרִי[a]	히브리인	שַׁ֫עַר	성문, 성안
שָׂדֶה	들판	עֹלָה	번제	שֵׁ֫בֶט	막대기, 지파(tribe)[b]
סִינַי	시내(산)	רִאשׁוֹן	처음의, 첫째	אַחֲרוֹן	나중의, 마지막
יֶ֫לֶד	아이(남아) (여) יַלְדָּה 여아	פָּנָה	얼굴을 돌리다, 방향을 바꾸다	פָּקַד	방문하다, 돌아보다, 마음에 두다, (사람) 수를 세다[c]
סָלַח	용서하다			בִּלְתִּי	..없이(without, except)
נִסְלַח	(니팔) 용서받다			לְבִלְתִּי	..하지 않는(not to)

a. 국가나 지명, 혹은 인명과 같은 단어 끝에 י ִ 가 붙으면 '..인(人), 족(族)'을 뜻한다. יִשְׂרָאֵל '이스라엘' → יִשְׂרְאֵלִי '이스라엘인' / מִצְרַ֫יִם '이집트' → מִצְרִי '이집트인' / כְּנַ֫עַן '가나안' → כְּנַעֲנִי '가나안인.' 여성은 끝에 여성요소 ת(가끔 ה ָ)가, 복수는 ים ִ (가끔 여.복 וֹת)이 붙는다: מִצְרִית '이집트 여인' / מִצְרִים '이집트인들' / עִבְרִית '히브리 여인/ עִבְרִים '히브리인들'(여성복수는 드물다: עִבְרִיּוֹת '히브리 여인들').

b. '막대기,' 혹은 '지팡이'란 뜻의 이 단어가 '지파'를 의미하게 된 이유는 지팡이가 지파의 통치권을 상징한데서 비롯되었을 것이다.

c. 동사 פָּקַד는 신학적으로 중요한 단어인데 단어의 기원이 모호하고 뜻이 다양하여 때로 해석에 어려움을 준다. 기본적으로 '방문하다, 심방하다'는 의미로서 이것이 인구 조사의 의미와 연결된 것으로 보인다.

II. 다음을 해석하라.

(1) עִבְרִים עָבְרוּ אֶת־הַיַּרְדֵּן (삼상 13:7)

(2) אֲנִי בְּחַסְדְּךָ בָטַ֫חְתִּי (시 13:5; *BHS* 13:6)

(3) וּרְדַפְתֶּם אֶת־אֹיְבֵיכֶם וְנָפְלוּ לִפְנֵיכֶם לֶחָרֶב׃ (레 26:7)

(4) וְיָדְעוּ הַגּוֹיִם כִּי־אֲנִי יהוה קָדוֹשׁ בְּיִשְׂרָאֵל׃ (겔 39:7)

(5) אָנֹכִי נֹתֵן לִפְנֵיכֶם הַיּוֹם בְּרָכָה וּקְלָלָה׃ (신 11:26)

(6) אֲנִי אֲנִי דִּבַּ֫רְתִּי אַף־קְרָאתִיו (사 48:15)

(7) אֱלֹהֵי אֲבוֹתֵיכֶם שְׁלָחַ֫נִי אֲלֵיכֶם (출 3:13)

(8) בִּקַּשְׁתִּ֫יהוּ וְלֹא מְצָאתִ֫יהוּ (아 5:6)

(9) הִנֵּה שְׁמֹ֫עַ מִזֶּ֫בַח טוֹב (삼상 15:22)

(10) אֵיךְ נָפְלוּ גִבֹּרִים בְּתוֹךְ הַמִּלְחָמָה (삼하 1:25)

(11) יהוה יִשְׁמָרְךָ מִכָּל־רָ֑ע יִשְׁמֹר אֶת־נַפְשֶֽׁךָ׃ (시 121:7)

(12) מָלַךְ אֱלֹהִים עַל־גּוֹיִ֑ם אֱלֹהִים יָשַׁב עַל־כִּסֵּא קָדְשֽׁוֹ׃ (시 47:8; *BHS* 47:9)

(13) וַיֹּ֫אמֶר שְׁמוּאֵל וּמֶה קוֹל־הַצֹּאן הַזֶּה בְּאָזְנָ֑י וְקוֹל הַבָּקָר
אֲשֶׁר אָנֹכִי שֹׁמֵֽעַ׃ (삼상 15:14)

(14) בָּ֫אוּ [a]שְׁנֵי הַמַּלְאָכִים [a]סְדֹ֫מָה בָּעֶ֫רֶב וְלוֹט יֹשֵׁב
בְּשַׁ֫עַר־[a]סְדֹם (창 19:1) a. 숫자. b. סְדֹם '소돔.'

(15) הִשָּׁמֶר־לְךָ פֶּן־תִּשְׁכַּח אֶת־יהוה אֱלֹהֶ֑יךָ לְבִלְתִּי שְׁמֹר מִצְוֺתָיו
וּמִשְׁפָּטָיו וְחֻקֹּתָיו אֲשֶׁר אָנֹכִי מְדַבֵּר לְךָ הַיּֽוֹם׃ (신 8:11)

(16) וַיֹּ֫אמֶר יִצְחָק אֶל־אַבְרָהָם אָבִיו וַיֹּ֫אמֶר אָבִי וַיֹּ֫אמֶר הִנֶּ֫נִּי בְנִ֑י
וַיֹּ֫אמֶר אַיֵּה [a]הַשֶּׂה לְעֹלָֽה׃ (창 22:7) a. שֶׂה '양.'

(17) [a]וְכָרַתִּי לָהֶם בְּרִית בַּיּוֹם הַהוּא עִם־חַיַּת הַשָּׂדֶה
וְעִם־[b]עוֹף הַשָּׁמַ֫יִם וּמִלְחָמָה אֶשְׁבּוֹר מִן־הָאָ֫רֶץ וְהִשְׁכַּבְתִּים
בְּשָׁלוֹם (호 2:18; *BHS* 2:20) a. כָּרַ֫תְּתִּי에서 ת 하나가 생략. b. '새.'

(18) כַּאֲשֶׁר צִוָּה יהוה אֶת־מֹשֶׁ֑ה וַיִּפְקְדֵם בְּמִדְבַּר סִינָֽי׃ (민 1:19)

(19) וַיֹּ֫אמֶר יהוה אֶל־[a]קַ֫יִן אֵי [b]הֶ֫בֶל אָחִ֑יךָ וַיֹּ֫אמֶר לֹא יָדַ֫עְתִּי
הֲשֹׁמֵר אָחִי אָנֹֽכִי׃ (창 4:9) a. קַ֫יִן '가인.' b. הֶ֫בֶל '아벨.'

(20) וּשְׁאֵלְךָ עֵשָׂו לֵאמֹר לְמִי־אַתָּה וּלְמִי אֵ֫לֶּה לְפָנֶֽיךָ׃ וְאָמַרְתָּ
לְעַבְדְּךָ לְיַעֲקֹב מִנְחָה [a]הִוא שְׁלוּחָה לַאדֹנִי לְעֵשָׂ֑ו וְהִנֵּה גַם־הוּא
אַחֲרֵֽינוּ׃ (창 32:17-18; *BHS* 32:18-19) a. הִיא로 읽고 해석한다.

(21) עָשָׂה יהוה אֶת־הַשָּׁמַ֫יִם וְאֶת־הָאָ֫רֶץ אֶת־הַיָּם וְאֶת־כָּל־אֲשֶׁר־בָּם (출 20:11)

(22) וַיִּשְׁמְרֵ֫נוּ יהוה אֹתָ֫נוּ בְּכָל־הַדֶּ֫רֶךְ אֲשֶׁר הָלַ֫כְנוּ בָהּ וּבְכֹל הָעַמִּים
אֲשֶׁר עָבַ֫רְנוּ בְּקִרְבָּם (수 24:17)

(23) וְאֵת אֲשֶׁר חָטָא מִן־הַקֹּדֶשׁ יְשַׁלֵּם וְאֶת־[a]חֲמִישִׁתוֹ יוֹסֵף עָלָיו
וְנָתַן אֹתוֹ לַכֹּהֵן וְהַכֹּהֵן יְכַפֵּר עָלָיו וְנִסְלַח לוֹ׃ (레 5:16)
a. 서수.

(24) יָצָא [a]יוֹאָב לִפְנֵי הַמֶּלֶךְ לִפְקֹד אֶת־הָעָם אֶת־יִשְׂרָאֵל׃
a. '요압.' (삼하 24:4)

(25) כֹּה אָמַר יהוה צְבָאוֹת פָּקַדְתִּי אֵת אֲשֶׁר־עָשָׂה [a]עֲמָלֵק
לְיִשְׂרָאֵל (삼상 15:2)
a. '아말렉.'

(26) בַּיהוה אֱלֹהֵי־יִשְׂרָאֵל [a]חִזְקִיָּה בָּטָח וְאַחֲרָיו לֹא־הָיָה כָמֹהוּ
בְּכֹל מַלְכֵי יְהוּדָה וַאֲשֶׁר הָיוּ לְפָנָיו׃ (왕하 18:5)
a. '히스기야.'

(27) אָנֹכִי הַסְתֵּר אַסְתִּיר פָּנַי בַּיּוֹם הַהוּא עַל כָּל־הָרָעָה
אֲשֶׁר עָשָׂה כִּי פָנָה אֶל־אֱלֹהִים אֲחֵרִים׃ (신 31:18)

(28) הָלַךְ [a]רְחַבְעָם [b]שְׁכֶמָה כִּי [b]שְׁכֶם בָּאוּ כָל־יִשְׂרָאֵל
לְהַמְלִיךְ אֹתוֹ׃ (대하 10:1)
a. '르호보암.' b. שְׁכֶם '세겜.'

(29) וַיִּתְפָּקְדוּ בְּנֵי [a]בִנְיָמִן בַּיּוֹם הַהוּא מֵהֶעָרִים [b]עֶשְׂרִים וְשִׁשָּׁה
אֶלֶף[b] אִישׁ (삿 20:15)
a. '베냐민.' b.-b. 숫자.

(30) וַיְהִי אַחֲרֵי קָבְרוֹ אֹתוֹ וַיֹּאמֶר אֶל־בָּנָיו לֵאמֹר בְּמוֹתִי וּקְבַרְתֶּם
אֹתִי [a]בַּקֶּבֶר אֲשֶׁר אִישׁ הָאֱלֹהִים קָבוּר בּוֹ (왕상 13:31)
a. קֶבֶר '무덤.'

(31) וַיְהִי [a]כְּשָׁמְעֲכֶם אֶת־הַקּוֹל מִתּוֹךְ הַחֹשֶׁךְ וְהָהָר [b]בֹּעֵר בָּאֵשׁ
וַתִּקְרְבוּן אֵלַי כָּל־רָאשֵׁי שִׁבְטֵיכֶם וְזִקְנֵיכֶם׃ (신 5:23)
a. כֶם + ְ + שְׁמֹעַ(부연) + כְּ의 조합(160쪽과 각주 111을 보라) b. בָּעַר '불타다.'

(32) וַנֹּאמֶר אֶל־אֲדֹנִי יֶשׁ־לָנוּ אָב זָקֵן וְיֶלֶד קָטָן וְאָבִיו אֲהֵבוֹ׃ (창 44:20)

(33) כַּאֲשֶׁר הָיָה יהוה עִם־אֲדֹנִי הַמֶּלֶךְ כֵּן יְהִי עִם־שְׁלֹמֹה וִיגַדֵּל
אֶת־כִּסְאוֹ מִכִּסֵּא אֲדֹנִי הַמֶּלֶךְ דָּוִד׃ (왕상 1:37)

(34) גָּדוֹל יִהְיֶה כְּבוֹד הַבַּיִת הַזֶּה הָאַחֲרוֹן מִן־[a]הָרִאשׁוֹן אָמַר
יהוה צְבָאוֹת (학 2:9)
a. 서수 '첫 번째(의), 처음(의).'

18과 연습문제 해답

강동사 분해 연습 (1) 해답: 주격과 목적격 분해를 함께 해답으로 제시한다.

	문 제	어근	어간	형태	주격	목적격	해 석
①	הִמְלַכְתִּי	מָלַךְ	히필	완료	1.공.단		나는 다스리게 했다
②	שָׁפְטָה	שָׁפַט	칼	완료	3.여.단		그녀가 재판했다
③	שָׁפַטְנוּ	שָׁפַט	칼	완료	1.공.복		우리가 재판했다
④	אֶשְׁפְּטֵם	שָׁפַט	칼	미완	1.공.단	3.남.복	나는 그들을 재판할 것이다
⑤	הִמְלַכְתַּנִי	מָלַךְ	히필	완료	2.남.단	1.공.단	네(남)가 나를 다스리게 했다
⑥	שְׁפָטָנוּ	שָׁפַט	칼	완료	3.남.단	1.공.복	그가 우리를 재판했다
⑦	נִסְתְּרָה	סָתַר	니팔	완료	3.여.단		그녀가 숨었다[a]
⑧	מָשְׁלָךְ	שָׁלַךְ	호팔	분사	남.단		던져지게 된(던져진) (남자)
⑨	קַדְּשׁוּ	קָדַשׁ	피엘	명령	남.복		너희(남)가 거룩케 하라 = 성별하라
⑩	וַיְסֻפַּר	סָפַר	푸알	바연.미완	3.남.단		그리고 그것이 상술되었다

a. 칼 복수 의지법 '우리가 숨읍시다'는 오답이다. 동사 סָפַר는 칼형으로 사용되지 않기 때문이다.

강동사 분해 연습 (2) 해답 * 주격과 목적격 접미 파싱은 참고만 하라.

	문 제	어근	어간	형태	주격	목적격	해 석
①	מִסְתַּתֵּר	סָתַר	히트	분사	남.단		숨는 (남자)
②	וָאַשְׁמִיד	שָׁמַד	히필	바연.미완	1.공.단		그리고 내가 파괴했다
③	קִדְּשׁוּהוּ	קָדַשׁ	피엘	완료	3.공.복	3.남.단	그들이/그녀들이 그를 거룩하게 했다
④	שָׁפְטֵנוּ	שָׁפַט	칼	명령	남.단	1.공.복	너(남)는 우리를 재판하라
				부연			우리가/우리를 재판하는 것
⑤	תַּסְתִּיר	סָתַר	히필	미완	3.여.단		그녀가 숨길 것이다
					2.남.단		네(남)가 숨길 것이다
⑥	אֶסָּתֵר	סָתַר	니팔	미완	1.공.단		내가 숨을 것이다
⑦	מִתְקַדֶּשֶׁת	קָדַשׁ	히트	분사	여.단		자신을 성별하는 (여자)

	문 제	어근	어간	형태	주격	목적격	해 석
⑧	אֲגַדְּלָה	גָּדַל	피엘	미완 (연장)	1.공.단		내가 크게 만들리라(의지법)
⑨	גִּדְּל֫וּהוּ	גָּדַל	피엘	완료	3.공.복	3.남.단	그들이/그녀들이 그를 크게 했다(키웠다)
⑩	וְיִשְׁמְרֶ֫נוּ	שָׁמַר	칼	미완	바접.3.남.단	3.남.단	그리고 그가 그를 지키리라[a]
						1.공.복	그리고 그가 우리를 ...
⑪	יַסְתֵּר	סָתַר	히필	미완 (단축)	3.남.단		그는 숨길지어다(지시법)
⑫	שֻׁלְּחוּ	שָׁלַח	푸알	완료	3.공.복		그들이/그녀들이 멀리 보내졌다
⑬	מְקַדְּשָׁם	קָדַשׁ	피엘	분사	남.단	3.남.복	그들을 거룩하게 하는 (남자)
⑭	הִשְׁלַ֫חְתִּי	שָׁלַח	히필	완료	1.공.단		내가 내보냈다[b]
⑮	תְּגַדְּלֶ֫נּוּ	גָּדַל	피엘	미완	2.남.단	3.남.단	네(남)가 그를 크게 하리라
						1.공.복	네(남)가 우리를 ..
⑯	שֻׁלַּ֫חְתִּי	שָׁלַח	푸알	완료	1.공.단		내가 (멀리) 보내졌다

a. 접속사 바브의 형태를 주목할 것. '지킬 것이다'도 가능한 답이다.

b. שָׁלַח(칼) '보내다' / שִׁלַּ֫ח(피엘) '멀리 보내다, 추방하다'
/ הִשְׁלִ֫יחַ(히필) '(심판을 위해 재앙, 적, 짐승을) 풀어서 보내다'

II. 문장 해석

(1) 히브리 사람들이 요단강을 건넜다.

(2) 나는 당신의 자비하심을 믿습니다.

(3) 그리고 너희가 너희의 적들을 추적할 것이며 그들이 너희 앞에서 검에 쓰러질 것이다.

(4) 그리고 (그)민족들이 나 여호와가 이스라엘 중에 거룩한 자임을 알게 되리라. (קָדוֹשׁ יהוה에서 קָדוֹשׁ는 관사가 없으므로 형용사의 형용적 용법이 아니다. 고유명사 יהוה를 수식한다면, 그것에 관사가 붙어야 한다)

(5) 내가 오늘 너희 앞에 축복과 저주를 두고 있다.

(6) 바로 내가 말하였고 정녕(אַף) 내가 그를 불렀노라!
(אֲנִי의 반복은 강조를 위함이다. קְרָאתִיו ← וֹ[목적격] + תִּי[주격] + קָרָא)

(7) 너희 조상들의 하나님께서 나를 너희에게 보내셨다.

(8) 내가 그를 찾았으나 내가 그를 발견하지 못했다.
(מְצָאתִ֫יהוּ ← הוּ[= וֹ, 목적격] + תִּי[주격] + מָצָא. 6번 문제의 동사 קְרָאתִיו['내가 그를 불렀다']와 동일한 결합이다. 각주 184와 277쪽을 보라)

(9) 보라, 순종하는 것(듣는 것)이 제사보다 더 나으니라.
(10) 어찌하여 용사들이 그 전쟁 중에 쓰러졌는가?
(11) 여호와께서 모든 악으로부터 너를 지키시리라 그분이 네 영혼을 지키시리라. (직설법['지킬 것이다']와 지시법['지키기를 원한다'] 둘 다 가능)
(12) 하나님께서 민족들을 통치하신다. 하나님께서 그분의 거룩한 보좌(거룩의 보좌) 위에 앉아 계신다. (과거에 완료된 동작이 현재까지 지속될 때 완료를 사용한다. 즉 현재 완료 개념이다['통치해오셨다'])
(13) 그리고 사무엘이 말했다. "그리고 내 귀에 (들리는) 이 양떼 소리와 내가 듣고 있는 소떼 소리는 무엇이요?" (בָּקָר는 집합 명사로 '소떼,' 단수 명사로 '소' 둘 다 가능하다. 단수일 때는 פַּר['소']와 동의어다.)
(14) 두 천사가 (그)저녁에 소돔으로 왔을 때, 롯은 소돔 성문에 앉아 있었다.
(15) 너는 자신을 위해 스스로 주의하라. 네가 여호와 너의 하나님을 잊지 않도록. 내가 오늘(날) 네게 말하고 있는 그 분의 계명들과 그분의 법도들과 그분의 규례들을 지키지 않으면서 말이다.
(16) 그리고 이삭이 그의 아버지 아브라함에게 말했다. 그리고 그는 "(나의) 아버지!"라고 말했다. 그러자 그가 대답했다(말했다). "(내) 아들아, 내가 여기 있다(보라, 나로다!)." 그러자 그가 물었다(말했다). "번제를 위한 (그)양은 어디 있습니까?" ('말했다'가 연속되므로 어색하나 우리는 가급적 직역을 고수한다. 그러나 연속적인 '말했다'는 의역해야 매끄럽다)
(17) 그리고 내가 너희를 위해 그 날에 들의 짐승과 함께, 그리고 하늘의 새와 함께 약조를 맺을 것이다. 그리고 내가 땅으로부터 전쟁을 철폐하리라(파괴하리라). 그리고 내가 그것들을 편히 눕게 하리라. (들짐승과 새가 더 이상 재앙이 되지 않도록 한다는 비유적 표현)
(18) 여호와께서 모세에게 명하신 대로, 그는 시내 광야에서 그들을 계수했다.
(19) 그리고 여호와께서 가인에게 말씀하셨다. "네 형제(아우) 아벨이 어디있느냐?" 그가 말했다(대답했다). "저는 모릅니다. 제가 제 형제를 지키는 자입니까?"
(20) 그리고 에서가 너에게 질문하여 말할 것이다. "너는 누구의 사람이냐(누구에게 속하느냐)? 네 앞에 있는 이것들은 누구의 것이냐(누구에게 속하느냐)?" 그러면 너는 말하라(대답하거라). "당신의 종, 야곱에게 속합니다. 그것은 저의 주인나리이신 에서에게 보내어지는(שְׁלוּחָה) 예물입니다. 그리고 보소서, 그분(야곱) 또한 우리 뒤에 계십니다."
(21) 여호와께서 (그)하늘과 (그)땅을, (그)바다와 그것들 안에 있는 모든 것을 만드셨다.
(22) 그리고 여호와께서 그 안에서 우리가 걸어왔던 그 모든 길에서, 그리고 우리가 그들 한복판을 지나왔던 그 모든 민족들 가운데서 우리를 지키셨다.

(23) 그리고 (그)성물로 인해(원인의 מִן) 잘못한 것을 그는 갚아야 한다. 그리고 그것에 더한(덧붙인) 오분의 일을 함께. 그리고 그는 그것을 (그)제사장에게 주어야 한다. 그러면 (그)제사장은 그를 위해 속죄할 것이요. 그는 자신을 위해 용서를 받을 것이다. (חֲמִשִׁיתוֹ는 서수 '5'로서, 문자적으로 '그것의 다섯 번째 부분'이다. 이것은 1/5을 뜻한다)

(24) 요압이 (그)왕 앞에서 그 백성 이스라엘을 계수하려고 (밖으로) 나갔다.

(25) 만군의 여호와께서 이렇게 말씀하셨다. "내가 아말렉이 이스라엘에게 행한 일을 마음에 두고 있다." (פָּקַד는 '계산하다, 권념하다'는 뜻인데 여기서는 어떤 일을 염두해 두고 있음을 뜻한다)

(26) 히스기야는 여호와 이스라엘의 하나님을 신뢰했다. 그리고 그의 이후에 유다의 모든 왕들 중에서 그와 같은 자가 없었으며 또한 그의 앞서 있었던 자들도(없었다).

(27) 나는 그 날에 정녕코 내 얼굴을 숨길 것이다. 그가 행한 그 모든 악한 일로 인해서. 이는 그가 다른 신들에게로 돌이켰기 때문이다.

(28) 르호보암이 세겜을 향하여 갔다. 왜냐하면, 온 이스라엘이 그를 왕으로 삼기 위해 세겜으로 왔기 때문이다.

(29) 그리고 베냐민 족속(자손들)이 그 날에 그 성읍들로부터 계수되었는데 26,000명이었다. (20과 6 천 = 26천 = 26,000. 히트파엘의 수동 의미)

(30) 그리고 그가 그를 묻은 후에 그는 그의 아들들에게 말하여 일렀다. "내가 죽을 때(나의 죽음에서) 너희는 나를 그 하나님의 사람이 그곳에 묻힌 그 무덤에 나를 묻으라."

(31) 그리고 너희가 그 어둠속에서 나오는 그 음성을 들었을 때, 그 산이 (그)불에 타고 있었다. 그리고 너희가, 모든 지파의 머리들과 너희의 장로들이, 내게 다가왔다.

(32) 그리고 저의 나리(주인)께 우리가 말했습니다. "우리에게 늙은 아버지와 작은 아이가 있습니다. 그의 아버지는 그를 사랑합니다."
(אֲהֵבוֹ = וֹ['그를'] + אָהֵב[=אָהַב])

(33) 여호와께서 나의 주 왕과 함께 하신 것처럼, 그렇게 그분이 솔로몬과 함께 하시기를 원합니다. 그리고 그분이 나의 주, 다윗 왕(그 왕 다윗)의 보좌보다 그분의 보좌를 더 위대하게 하시길 원합니다.
(וִיגַדֵּל = יְגַדֵּל + וְ의 조합으로 바브 연속법이 아니다)

(34) 이 집의 나중의 영광이 처음보다 클 것이다. 만군의 여호와의 말이니라.
(הָאַחֲרוֹן은 형용사로 연계형 כְּבוֹד를 수식한다. 연계 사슬에서 그 명사들을 수식하는 형용사는 연계 사슬의 뒤에 배치된다[102쪽의 설명을 보라])

19과 페-눈 동사, 동사 לָקַח/נָתַן

A. 페-눈 동사

1. 개요

1) 페/눈 동사는 어근의 첫 자음이 נ인 동사이다: 예, נָפַל '떨어지다.'

2) 첫 자음 נ은 동화 작용이 발생되곤 한다. נ의 동화는 강동사 변화를 기준으로 첫 자음 נ이 폐음절의 נְ이 되는 경우에 발생된다.

נָפַל →(미완료)→ יִנְפֹּל →(נ이 פ에 동화)→ יִפֹּל[a] '그는 떨어질 것이다'

a. 강동사 יִשְׁמֹר('그는 지킬 것이다')와 비교하라

3) 첫 자음 נ이 נְ으로 되는 경우는 칼/니팔/히필/호팔이다. 강조형인 피엘/푸알/히트파엘은 נְ이 되지 않으므로 강동사와 동일한 변화를 한다.

2. 페-눈 동사의 도표와 특징

1) 〈부록 4〉의 페-눈 변화표를 참고하라. 여기서는 중요한 변화의 특징들을 중심으로 정리된 도표를 가지고 설명하도록 한다.

2) 페-눈 동사들의 예: נָפַל '떨어지다'/נָגַשׁ '가까이 가다'/נָצַל '구출하다.'

3) 참고로 다음은 페-눈 동사를 포함, 앞으로 모든 약동사 도표들을 설명할 때의 통일된 원칙들이다.

① 약동사 도표에는 가능한 한 해당 어간에서 실제로 쓰이는 동사들을 제시하였다. 따라서 수록된 변화형들 중에는 실제 사용되지 않고 모형 동사로만 예시된 것들도 많은데 그 경우 괄호로 표시하였다. 예컨대, נָגַשׁ는 נָפַל과 달리 칼 완료로 사용되지 않으므로 (נָגַשׁ)로 예시하였다.

② 강동사와 동일한 패턴으로 변하는 것들은 생략하고 대신 '규칙,' 혹은 화살표로 표시한다. 예컨대, 페-눈 동사의 강조형 동사들은 모두 강동사 변화와 동일하므로 생략된다: נִפֵּל(피엘)/נֻפַּל(푸알)/הִתְנַפֵּל(히트파엘).

③ 예시된 변화형들은 각각 모음접미, 경접미, 그리고 중접미가 붙은 형태들을 하나씩 보여준다.

4) 페-눈 동사 이후의 약동사 도표들을 학습할 때 기본 형태를 일단 아는 것이 가장 중요하다. 예컨대, 모든 약동사 도표에서 다음 페-눈 동사 기본 도표와 같이 각 어간들의 기본 형태들을 반드시 먼저 숙지해야 한다.

형태	Qal		Niph	강조형	Hiph	Hoph
완료	נָפַל	(נָגַשׁ)	נִגַּשׁ	규칙	הִגִּישׁ	הֻגַּשׁ
미완	יִפֹּל	יִגַּשׁ	(יִנָּגֵשׁ)		יַגִּישׁ	יֻגַּשׁ
명령	נְפֹל	גַּשׁ	הִנָּגֵשׁ		הַגֵּשׁ	
부연	נְפֹל	גֶּשֶׁת	הִנָּגֵשׁ	↓	הַגִּישׁ	הֻגַּשׁ
부절	נָפוֹל	נָגוֹשׁ	הִנָּגֵשׁ =נִגּוֹשׁ		הַגֵּשׁ	הֻגֵּשׁ
능분	נֹפֵל =נֹפֶלֶת	נֹגֵשׁ	נִגָּשׁ		מַגִּישׁ	מֻגָּשׁ
수분	נָפוּל	נָגוּשׁ				

5) 기본 어간형들의 해석

נָפַל(칼) '그는 떨어졌다'

נִגַּשׁ(니팔) '그는 가까이 왔다(갔다)'

הִגִּישׁ(히필) '그는 가까이 오게 했다(데려왔다)'(cause to bring near)

הֻגַּשׁ(호팔) '그는 가까이 오게 되었다'(be caused to come near)

6) 아래는 다음 쪽의 각 어간의 변화형이 예시된 도표와 그것의 영문 각주에 따른 설명이다.

① 칼(Qal)

a. 칼형에 두 개의 동사 נָפַל(일반 동사)과 נָגַשׁ(상태 동사)를 나란히 수록한 이유는 페-눈 동사들이 이 두 종류의 동사에 따라 칼형의 명령, 부정사 등에서 전형적으로 서로 다른 특징을 보여주기 때문이다. 여기서 칼 완료 נָגַשׁ는 사용되지 않으므로 괄호로 묶었다. 대신 이 동사는 נָגַשׁ가 아닌 니팔 완료를 능동 의미('그가 가까이 갔다')로 사용한다.

b. 칼 미완료 יִפֹּל/יִגַּשׁ는 נ 동화 작용의 좋은 예이다. 강동사를 기준으로 미완료형에서 נ은 נְ이 되어 נ 동화가 발생된다: נָפַל → יִנְפֹּל →(נ이 פ에 동화)→ יִפֹּל '그가 떨어질 것이다.' 여기서 נָגַשׁ는 상태 동사이므로 미완료 יִגַּשׁ는 마지막 모음으로 파타(ַ)를 취한다.[198]

형태	Qal		Niph	강조형	Hiph	Hoph
완료	נָפַל[a]	(נָגַשׁ)[a]	נִגַּשׁ[a]		הִגִּישׁ[a]	הֻגַּשׁ[a]
	נָפְלָה נָפַלְתָּ נְפַלְתֶּם	—	נִגְּשָׁה[b] נִגַּשְׁתָּ נִגַּשְׁתֶּם		הִגִּישָׁה הִגַּשְׁתָּ הִגַּשְׁתֶּם	הֻגְּשָׁה הֻגַּשְׁתָּ הֻגַּשְׁתֶּם
미완	יִפֹּל[b]	יִגַּשׁ[b]	(יִנָּגֵשׁ)[c]		יַגִּישׁ / יַגֵּשׁ[b]	יֻגַּשׁ
	אֶפֹּל יִפְּלוּ תִּפֹּלְנָה נִפֹּל	אֶגַּשׁ יִגְּשׁוּ תִּגַּשְׁנָה נִגַּשׁ[c]	אֶנָּגֵשׁ יִנָּגְשׁוּ תִּנָּגַשְׁנָה נִנָּגֵשׁ		אַגִּישׁ יַגִּישׁוּ תַּגֵּשְׁנָה נַגִּישׁ	אֻגַּשׁ יֻגְּשׁוּ תֻּגַּשְׁנָה נֻגַּשׁ
연장	אֶפְּלָה	נִגְּשָׁה[d]	אֶנָּגְשָׁה	규칙 ↓	אַגִּישָׁה	אֻגְּשָׁה
명령	נְפֹל[e]	גַּשׁ[e]	הִנָּגֵשׁ		הַגֵּשׁ	—
	נִפְלוּ נְפֹלְנָה	גְּשׁוּ גַּשְׁנָה	הִנָּגְשׁוּ הִנָּגַשְׁנָה		הַגִּשׁוּ הַגֵּשְׁנָה	
연장	נָפְלָה[f]	גְּשָׁה[f]	הִנָּגְשָׁה		הַגִּישָׁה[c]	
부연	נְפֹל[g] נָפְלִי	גֶּשֶׁת[g] גִּשְׁתִּי	הִנָּגֵשׁ[d] הִנָּגְשִׁי		הַגִּישׁ	הֻגַּשׁ
부절	נָפוֹל	נָגוֹשׁ	הִנָּגֵשׁ[d] (נִגּוֹשׁ)		הַגֵּשׁ	הֻגֵּשׁ
능분	נֹפֵל[h] = נֹפֶלֶת	נֹגֵשׁ[h]	נִגָּשׁ		מַגִּישׁ	מֻגָּשׁ
수분	נָפוּל	נָגוּשׁ				

c. 그로 인하여 נִגַּשׁ 칼.미완.1.공.복('우리가 가까이 갈 것이다')는 니팔.완.3.남.단('그가 가까이 갔다')과 동일한 형태가 된다. 이 둘은 문맥에서 구별해야 한다.

198) 앞서 배운 대로, 상태 동사의 미완료는 마지막 모음이 파타(ַ)이다: יִכְבַּד '그것이 무거울 것이다.'

d. נָגַשׁ의 의지법 칼.미완(연장).1.공.단은 אֶגְּשָׁה다. 칼.미완(연장).1.공.복('우리가 가까이 가자') נִגְּשָׁה는 니팔.완.3.여.단('그녀가 가까이 갔다')과 동일한 형태이므로 주의하라. 참고로, נָפַל은 니팔로 사용되지 않으므로 נִפְּלָה은 언제나 칼.미완(연장).1.공.복('우리가 떨어지자')이다.

e. 페-눈 동사의 가장 큰 특징 중 하나로 칼 명령은 부정사 연계형과 더불어 두 가지 형태를 가진다는 것이다: '눈(נ) 보존형'(נְפֹל)과 '눈(נ) 탈락형'(גַּשׁ). 어느 형태를 취하는지는 동사마다 다른데, 대체로 미완료의 마시막 모음이 홀렘(◌ֹ)인 동작 동사는 'נ 보존형'(יִפֹּל → נְפֹל), 파타(◌ַ)나 체레(◌ֵ)인 상태 동사를 비롯한 일부 동사는 'נ 탈락형'이다(יִגַּשׁ → גַּשׁ).

f. 이것은 명령의 연장형으로서 연장 어미 ◌ָה 가 붙는데 נ이 탈락된 명령형 גַּשׁ의 강조형은 גְּשָׁה('너는 [정녕]199) 가까이 가라')가 된다. 이것과 명령.2.복 גַּשְׁנָה('너희[여]는 가까이 가라')를 혼동하지 않아야 한다.

g. 방금 말한 대로, 부정사 연계형도 두 형태를 가진다. נ 탈락형 גֶּשֶׁת는 분사 여성단수의 특징인 여성 종결형 ◌ֶ◌ֶת을 취하여 그 형태가 마치 세골 명사처럼 보인다. 우리는 이것을 '세골형 부정사'라 칭하기로 한다. 이것은 세골 명사처럼 대명사 접미어가 붙을 때 세골 명사의 특징이 그대로 나타난다: גֶּשֶׁת '가까이 함'→ גִּשְׁתִּי '나의(내가) 가까이 함.'200)

h. 칼 분사형은 강동사의 칼 분사와 동일한 형태이다. 여성 종결형 ◌ֶ◌ֶת을 취하는 '세골형 분사' 능분.여.단 נֹפֶלֶת를 주목하라. נֹגֶשֶׁת는 나타나지 않는다.

② 니팔(Niphal)

a. נָפַל은 니팔로 사용되지 않으므로 נָגַשׁ가 니팔의 모형 동사로 활용된

---

199) 명령법에서 배운 바와 같이 주로 휴지(pause)에서 나타나는 연장형 명령이 어조(tone)의 변화를 위한 기능 외에 의미의 강조를 내포하는지는 의심스럽다(각주 107을 보라).

200) 세골 명사는 특정 접미어가 붙을 때 첫 모음이 세골인 세골 명사는 옛 모음인 파타(◌ַ)로 변한다: מֶלֶךְ '왕' → מַלְכִּי '나의 왕.' 그러나 세골 명사에서 배운 대로 첫 모음의 세골의 옛 모음이 파타(◌ַ)가 아닌 히렉(◌ִ)이었던 세골 명사도 존재한다. 부정사 גֶּשֶׁת는 이것을 따라 접미어가 붙을 때 첫 모음 세골이 히렉(◌ִ)이 된다: גִּשְׁתִּי '나의 가까이함/가는 것.'

다. 니팔 완료형에서 역시 נ 동화 현상이 나타난다: נִנְגַּשׁ → נִגַּשׁ('그가 가까이 갔다'). 위에서 말했듯이, נִגַּשׁ 완료.3.남.단('그가 가까이 갔다')는 미완.1.공.복('우리가 가까이 갈 것이다')과 동일한 형태이므로 주의해야 한다. 역시 반복되지만, נָגַשׁ는 니팔 완료형을 능동 의미로 사용하므로 별도로 능동의 칼 어간의 완료형이 존재하지 않는다.

b. 앞서 말한 대로, 여기의 נִגְּשָׁה는 니팔.완.3.여.단('그녀가 가까이 갔다')로서 칼.미완(연장).1.공.복('우리가 가까이 가자')과 동일한 형태이다.

c. 동사 נָגַשׁ의 니팔 미완료와 명령은 나타나지 않으나 모형 동사로 제시된다. 예컨대, יִנָּגֵף('그가 타격될 것이다')가 이 유형에 속한다. 이것의 미완료는 강동사의 니팔(יִשָּׁמֵר)과 동일하다. 즉 폐음절의 נְ이 만들어지지 않기 때문에 נ 동화가 발생하지 않는다.

d. 페-눈 동사의 니팔 부정사는 대체로 공동 부정사로서 절대형과 연계형이 공동으로 사용된다(הִנָּגֵשׁ).[201] 앞서 말한 대로 이것은 명사 중에 절대형과 연계형이 동일한 형태인 명사가 있는 것과 비슷하다. 물론 페-눈 동사가 다 그런 것은 아니다. נָתַן의 경우 니팔 부정사 연계형은 הִנָּתֵן, 절대형은 הִנָּתוֹן이다.

③ 강조형(Piel, Pual, Hithpael): 이후 이것들은 '강조형'으로 묶는다.

언급했듯이, 페-눈 동사의 강조형은 강동사와 동일한 변화를 하므로 생략했다: נִפֵּל(피엘)/ נֻפַּל(푸알)/ הִתְנַפֵּל(히트파엘).

④ 히필(Hiphil)

a. 역시 נְ이 나타나며 거기서 נ 동화작용이 발생된다: נָגַשׁ →(히필)→ הִנְגִּישׁ →(נ 동화)→ הִגִּישׁ '그는 가까이 가게(오게) 했다=그는 데려 갔다(왔다).'[202] 마찬가지로 נָפַל의 히필은 הִפִּיל('그는 떨어뜨렸다')이다. 이러한 נ 동화작용이 나타난다는 것 외에는 모두 강동사의 히필과 동일한 특징을 갖는다.

---

201) 강동사에서 니팔 부정사 절대형의 다른 형태는 נִקְטֹל인데, 페-눈 동사에서 이 유형의 니팔 부정사 절대형(נִגּוֹשׁ)은 단 한번 사용될 뿐이다: נִגּוֹף '치는 것.'

202) 여기서 גּ의 강점은 경강점이며 동시에 중강점이다. 왜냐하면 중강점을 풀어내면 הִנְגִּישׁ이기 때문이다. 중강점이 풀어진 상태에서 גּ의 점은 경강점이다. 거기에 נְ이 동화되어 들어가 גּ이 되며 따라서 이 점은 경강점이면서 중강점이다.

b. 강동사에서도 배웠지만 히필은 특별히 지시법(jussive)과 바브 연속법에 쓰이는 단축형을 별도로 갖는데 히필 미완료 יַגִּישׁ의 단축형은 יַגֵּשׁ이다.

יַגִּישׁ(직설법) '그는 가까이 갈 것이다'

יַגֵּשׁ(지시법) '그가 가까이 가게 하소서/그는 가까이 갈지어다'

וַיַּגֵּשׁ(바브 연속법) '그리고 그가 가까이 갔다'

c. הַגִּישָׁה는 연장형 명령이다. 강동사와 마찬가지로 명령형에서 연장 어미 הָ 나 모음 접미어 ִי 등이 붙을 때 י가 다시 살아난다.

⑤ 호팔(Hophal)

a. 호팔 또한 נְ이 발생되는 위치에서 동화 작용이 발생한다. 다만 이 동사의 경우 단모음 [o]가 같은 군(class)의 동질 모음인 [u]로 바뀐다:[203] הָנְגַּשׁ →(נ 동화)→ הֻגַּשׁ '그는 가까이 가게 되었다'(He was caused to come near). 이와 같이 [o]는 자주 중강점 뒤에서, 혹은 몇몇 이유로 [u]로 바뀐다. נָצַל('구출하다')의 호팔형도 마찬가지다: הֻצַּל '그는 구출되었다).'

B. 동사 נָתַן과 לָקַח

1. 개요

1) 이 두 동사는 약간 특수하다. 왜냐하면 נָתַן은 마지막 자음도 נ이기 때문이고 לָקַח는 ל가 נ처럼 동화작용을 하기 때문이다.[204] 게다가 이 둘은 페-눈 동사와도 약간 다른 특징적 변화를 보이며 대단히 자주 사용된다. 따라서 이 두 동사는 별도로 취급되어 설명될 필요가 있다.

2) נָתַן은 마지막 자음이 נ인 관계로 앞뒤에서 동화작용이 발생하는 특징을 지닌다. 또한 נָתַן은 칼과 니팔에서만 나타나며 따라서 강조형과 사역형은 존재하지 않는다.

---

203) 모음 '우'(ֻ[u] 슈렉)는 수동형 동사의 특징적 모음이다. 우리는 푸알에서도 첫 모음이 '우'인 것을 알 수 있으며 칼 수동 분사 역시 קָטוּל이었다.

204) לָקַח외에 ל가 첫 자음인 다른 동사에서는 이러한 특징이 나타나지 않는다.

3) לָקַח는 독특하게 칼에서만 ל의 동화작용이 발생하고 나머지는 동화작용이 없이 강동사와 동일하다. לָקַח은 또한 강조형은 거의 사용되지 않는다. 다만 사역형에서 칼 수동형으로 분류될 수 있는 형태들이 존재한다.

2. נָתַן과 לָקַח의 도표와 특징

1) 다음 기본 도표를 숙지하라.

형태	Qal		Niph		강조	사역	Pual/Hoph	
완료	נָתַן	לָקַח	נִתַּן	נִלְקַח			—	לֻקַּח
미완	יִתֵּן	יִקַּח	יִנָּתֵן	יִלָּקַח			יֻתַּן	יֻקַּח
명령	תֵּן	קַח	(הִנָּתֵן)	הִלָּקַח				
부연	תֵּת	קַחַת	הִנָּתֵן	הִלָּקַח	—	—		
부절	נָתוֹן	לָקוֹחַ	הִנָּתֹן	הִלָּקֹחַ			—	—
능분	נֹתֵן	לֹקֵחַ	נִתָּן	נִלְקָח				
수분	נָתוּן	לָקוּחַ						

2) 기본 어간형들의 해석

נָתַן(칼) '그가 주었다(give)' / לָקַח(칼) '그는 취했다(take)'

נִתַּן(니팔) '그는 주어졌다(be given)' / נִלְקַח(니팔) '그는 취해졌다'

לֻקַּח(푸알[칼 수동]) '그는 취해졌다' (니팔과 동일 의미)

יֻקַּח(호팔[칼 수동]) '그는 취해질 것이다'

3) 동사 נָתַן의 특징

아래 도표는 이 두 동사의 각 어간의 변화형이 예시된 도표와 그것의 영문 각주에 따른 설명이다. נָתַן을 먼저 다루고 동사 לָקַח는 별도로 이어서 다룬다. 이후의 각 약동사의 전체 변화표는 〈부록 4〉를 보라.

① 칼

a. 완료형 נָתַן에 경접미어(תָּ/תְּ/תִּי/נוּ)나 중접미어(תֶּם/תֶּן)가 접미되면 끝자음 ן이 ת에 동화되어 사라진다.

תָּ + נָתַן → נָתַנְתָּ →(נ 동화)→ נָתַתָּ '너는 주었다'
(תּ의 점은 중강점이자 경강점)

형태	Qal		Niph		강조	사역	Pual/Hoph (칼 수동)	
완료	נָתַן	לָקַח	[a]נִתַּן	נִלְקַח				לֻקַּח
	נָתְנָה [a]נָתַתָּ נְתַתֶּם	לָקְחָה לָקַחְתָּ לְקַחְתֶּם	[b]נִתְּנָה נִתַּתָּ נִתַּתֶּם	נִלְקְחָה ↓				לֻקְּחָה לֻקַּחְתָּ
미완	[b]יִתֵּן	[a]יִקַּח	[c]יִנָּתֵן	[a]יִלָּקַח			[a]יֻתַּן	יֻקַּח
	אֶתֵּן יִתְּנוּ [c]תִּתֵּנָּה [d]נִתֵּן	אֶקַּח [b]יִקְחוּ תִּקַּחְנָה נִקַּח	אֶנָּתֵן יִנָּתְנוּ תִּנָּתֵנָּה נִנָּתֵן	↓	—[a]	—[a]	—	—
연장	אֶתְּנָה/[a]נִתְּנָה	[b]אֶקְחָה/[b]נִקְחָה	אֶנָּתְנָה					
명령	[f]תֵּן תְּנוּ תֵּנָּה	[c]קַח קְחוּ קַחְנָה	(הִנָּתֵן)	הִלָּקַח				
연장	תְּנָה	קְחָה		↓				
부연	[g]תֵּת תִּתִּי	[d]קַחַת קַחְתִּי	הִנָּתֵן	הִלָּקַח			—	—
부절	[h]נָתוֹן	[e]לָקוֹחַ	הִנָּתֹן	הִלָּקֹחַ				
능분	נֹתֵן	[f]לֹקֵחַ לֹקַחַת	נִתָּן	נִלְקָח				
수분	נָתוּן	[f]לָקוּחַ						

b. 칼 미완료 또한 앞부분에서의 נ 동화 작용으로 יִנְתֵּן → יִתֵּן('그는 줄 것이다')이 되었다. 마지막 모음이 미완료형의 통상적인 모음인 홀렘(ֹ)이나 파타흐(ַ)가 아니라 체레(ֵ)임을 주의하라.

c. 이 미완료형에 접미어 נָה가 붙으면 끝자음 ן이 נָה의 נ에 동화된다.

נָה + תִּתֵּן →(נ 동화)→ תִּתֵּנָּה '그녀들/너희(여)는 줄 것이다.'

d. נִתֵּן 칼.미완.1.공.복('우리가 줄 것이다')은 נִתַּן 니팔.완.3.남.단('그가 주어졌다')과 비슷하니 주의하라.

e. 특히 נִתֵּן의 연장형 נִתְּנָה 칼.미완(연장).1.공.복('우리가 주리라/우리가 주자')은 니팔.완.3.여.단('그녀는 주어졌다')와 형태가 같으므로 구별해야 한다.

f. 명령 תֵּן은 נ 탈락형이다. תְּנוּ('너희[남]는 주어라')와 תֵּ֫נָּה('너희[여]는 주어라')는 접미어가 붙은 형태다(תְּנִי '너[남]는 주어라'). תֵּ֫נָּה는 다음과 같은 과정을 거쳤다: נָה + תֵּן → תֵּ֫נְנָה →(נ 동화)→ תֵּ֫נָּה '너희(여)는 주어라.'

g. 부정사 연계형이 불규칙인데 사용빈도가 많으므로 외우라. 본래는 גֶּ֫שֶׁת(נָגַשׁ의 부연)와 동일한 유형의 세골형 부정사인 תֶּ֫נֶת였는데 중간의 נ이 역동화된 후 없어져 תֵּת가 되었다. 그러나 여기에 어미가 붙는 경우에는 원래 형태 תֶּ֫נֶת의 사라진 נ이 되살아난다. 이 때 동일한 유형의 גֶּ֫שֶׁת와 마찬가지로 첫 모음이 히렉(ִ)이며(גִּשְׁתִּי) 눈(נ) 동화 작용이 발생된다.

ִי + תֶּ֫נֶת → תִּנְתִּי →(נ 동화)→ תִּתִּי '내가 주는 것'

ֵ֫נוּ + תֶּ֫נֶת → תִּנְתֵּ֫נוּ →(נ 동화)→ תִּתֵּ֫נוּ '우리가/우리를 주는 것'

h. 칼의 나머지 종류인 부절, 그리고 능분과 수분은 강동사와 같다.

② 니팔

a. נ 동화 작용으로 נִתַּן이 되었다: נִנְתַּן →(נ 동화)→ נִתַּן '그는 주어졌다(be given).' 앞서 말한 대로, 이것은 נִתֵּן 칼.미완.1.공.복('우리가 줄 것이다')과 비슷하므로 주의해야 한다.

b. 특히 נִתְּנָה 니팔.3.여.단('그녀가 주어졌다')은 칼.미완(연장).1.공.복('우리가 주리라')과 형태가 동일하다.

c. נָתַן의 니팔 미완료 이하 부정사와 분사는 נ 동화 작용이 발생하지 않으므로 강동사와 동일한 패턴의 변화를 한다. 명령은 사용되지 않는다.

③ 강조형과 사역형: 이후 히필과 호팔은 자주 '사역형'으로 묶는다.

a. נָתַן과 לָקַח의 강조형과 사역형은 거의 나타나지 않는다(강조형의 경우 לָקַח의 히트파엘만 2회 나타남).

④ 칼 수동

a. יֻתַּן의 형태는 호팔의 미완료지만 칼 수동으로 분류된다. 더 자세한 내용은 이어지는 לָקַח에 대한 설명을 보라.

3) 동사 לָקַח의 특징

① 칼

a. 칼 미완료에서 페-눈 동사처럼 ל가 동화된다. 즉 לָקַח는 칼에서 ל가 נ처럼 뒤의 자음에 동화된다. 따라서 칼 미완료가 יִלְקַח →(ל 동화)→ יִקַּח가 되었다. 마지막 모음이 홀렘(ֹ)대신 파타흐(ַ)가 온 이유는 상태 동사이기 때문이 아니라 후음의 영향으로 홀렘(ֹ) 대신 파타흐(ַ)가 되었기 때문이다. 이것은 뒤에서 배울 라메드-후음 동사의 주요 특징이다.

b. 자음 ק의 뒤에 모음이 이어지면 흔하게 ק의 중강점이 생략된다. 즉 יִקְּחוּ 대신 יִקְחוּ('그들이 취할 것이다')이며 다른 사례들도 마찬가지다. 이때 ק의 단순 쉐바는 유성이다.

c. 명령은 페-눈 동사의 נ 탈락형과 동일한 형태 קַח('너는 취하라')다.

d. 부정사 연계형 또한 נ 탈락형인 גֶּשֶׁת(페-눈 동사 참고)의 유형을 따르는데 후음의 영향으로 קַחַת가 되었을 뿐이다. 가운데 있는 후음 ח가 앞뒤로 영향을 주어서 모음이 파타(ַ)로 변한 것이다. קַחְתִּי('나의/내가 취하는 것')는 접미된 형태의 한 사례인데 종음절 תִּי를 완료 주격 접미어 תִּי('내가')와 혼동해선 안 된다.

e. 부정사 절대형이나 분사의 경우 마지막 자음이 강후음(ח)인 관계로 도입 파타가 사용되어 לָקוֹחַ(부절)/לֹקֵחַ(능동분사)/לָקוּחַ(수동분사)가 되었음을 주목하라.

f. 능분.여.단의 경우 본래 어미가 세골형 분사(ֶֶת)인데 후음 때문에 לֹקַחַת가 되었다.

② 니팔

g. לָקַח의 니팔은 후음의 영향으로 '아'음을 선호한다는 것 외에 별다른 특징은 없이 강동사와 동일한 변화를 보인다.

③ 강조형과 사역형

앞서 말한 대로 לָקַח의 히트파엘(분사형)만 2회 나타난다: מִתְלַקַּחַת

④ 칼 수동(푸알, 호팔)

לֻקַּח의 형태는 푸알 완료, 그리고 יֻתַּן과 יֻקַּח는 각각 호팔 미완료다(נָגַשׁ의 호팔 미완료 יֻגַּשׁ와 비교하라).[205] 그러나 많은 학자들은 이것들을 칼 수동으로 분류한다. 이 동사들의 능동형인 피엘과 히필이 발견되지 않기 때문이다. 그러나 우리는 편의상 이것들을 형태에 따른 이름으로 칭한다.[206]

3. 기타 페-눈 동사들

1) נ 다음에 후음이 오는 일부 동사 중에 동화 작용이 일어나지 않는 것들이 있다: נָהַג → יִנְהַג '인도하다, 이끌다' / נָאַף → יִנְאַף '간음하다.' 이 특징을 가진 동사들은 많지 않으며 오히려 쉽게 페-눈 동사라는 것을 알 수 있다. 이 동사들은 후음의 영향으로 마지막 모음을 홀렘(◌ֹ) 대신 파타(◌ַ)를 취한다.

2) 다만, נ 다음의 후음이 ח인 동사의 경우 נ이 동화되기도 하고 그렇지 않기도 한다. 동화되는 경우라도 ח는 중강점을 잠재적으로 받는 후음이므로 ◌ִ은 ◌ֵ로 모음 보상이 되지 않는다.

נָחַם → נִנְחַם→ נִחַם(니팔 완: נ이 동화됨) '그가 위안을 얻을 것이다'
נָחַל → יִנְחַל(칼 미완: נ이 동화 안됨) '그가 상속받을 것이다'

---

205) יֻתַּן은 형태만으로 볼 때 푸알인 것처럼 보이는데 사실은 호팔형의 특징을 따라 모음 카메츠 하툽(◌ָ[o])이 키부츠(◌ֻ[u])로 변한 것이다(נָגַשׁ의 호팔을 보라): יֻנְתַּן → יֻתַּן '그는(그것은) 주어질 것이다.'

206) לָקַח('..를 취하다')의 수동태는 니팔형 נִלְקַח도 사용되지만 형태상으로 푸알인 לֻקַּח도 흔하게 니팔과 별 차이가 없는 동일한 수동 의미로 사용된다. 앞서 말한 대로, 학자들은 푸알형 לֻקַּח를 푸알이 아닌 고대의 칼 수동형(old passive Qal)으로 간주하는데, 이는 이 동사의 피엘형이 존재하지 않기 때문이다. 학자들은 칼 수동의 흔적이 칼 수동 분사형(קָטוּל)에도 남아 있다고 설명한다. יֻתַּן과 יֻקַּח도 형태로는 호팔 미완료로 보이나 역시 히필이 존재하지 않는 이유로 호팔이 아닌 칼 수동으로 분류된다. 그러나 우리는 이러한 유형들을 편의상 형태론을 따라 각각 푸알과 호팔로 간주한다. 참고로, לָקַח의 미완료인 יִקַּח은 원래 호팔처럼 יִלְקַח였으나 ל가 동화되어 중강점(이중점)이 되었다.

19과 연습문제

I. 어휘

תְּשׁוּעָה יְשׁוּעָה 구원	פֶּתַח 입구, 문	נַחֲלָה 유산, 상속물
מִסְפָּר 숫자, 수량	מַחֲנֶה[a] 군대, 진영	מִקְנֶה[a] 가축
מִשְׁפָּחָה 혈족, 가문	שַׂר 관리, 지도자	מִצְרִי 이집트인
לִקְרַאת[b] 만나기 위해	הִגִּיד (נָגַד)(힢) 알리다	נָגַשׁ 가까이가다
נָחַל 상속하다 הִנְחִיל (힢) 물려주다	נִצַּל (닢) 구출되다 הִצִּיל (힢) 빼내다, (נָצַל) 구출하다	נִחַם (닢) 후회하다 תְנַחֵם (힢) 마음을 달래다 הִ (피) 위로하다 (נָחַם)[c]

a. 끝이 ◌ֶה-인 명사들의 연계형의 끝은 ◌ֵה-이다: מַחֲנֵה־/ מִקְנֵה־

b. קָרָא('부르다')와 동음이어인 קָרָא('만나다, 마주치다')의 부정사 קְרַאת

c. נָחַם은 중요한 단어다. 이 어근의 기본 의미는 '가슴아파하다'로 보는 것이 무난하다. 칼은 나타나지 않으며 니팔과 히트파엘에서 '후회하다'와 더불어 문맥상 '마음을 달래다, 스스로를 위안하다'(comfort oneself), '한을 풀다'는 뜻이 가능하다. 이것의 피엘은 아인-후음 동사에서 배우는데 '위로하다'(comfort)는 뜻을 갖는다.

II. 다음을 해석하라.

(1) יָרְאוּ מִגֶּשֶׁת אֵלָיו׃

(2) הִנֵּה הָאִשָּׁה נֹפֶלֶת פֶּתַח הַבַּיִת (삿 19:27)

(3) וַיֹּאמֶר יִצְחָק אֶל־יַעֲקֹב גְּשָׁה־נָּא (창 27:21)

(4) לָמָּה לֹא־הִגַּדְתָּ לִּי כִּי אִשְׁתְּךָ הִוא׃ (창 12:18)

(5) רָאָה שָׁם יְהוּדָה בַּת־אִישׁ כְּנַעֲנִי וַיִּקָּחֶהָ (창 38:2)

(6) מִי יִתֵּן מִצִּיּוֹן יְשׁוּעַת יִשְׂרָאֵל (시 14:7)

(7) אֲרוֹן הָאֱלֹהִים נִלְקָחָה׃ (삼상 4:17)

(8) וַיִּנָּחֶם יהוה כִּי־עָשָׂה אֶת־הָאָדָם בָּאָרֶץ (창 6:6)

(9) זֹאת הָאָ֫רֶץ אֲשֶׁר־תַּפִּ֫ילוּ מִנַּחֲלָה לְשִׁבְטֵי יִשְׂרָאֵל (겔 48:29)

(10) הַצִּילֵ֫נִי נָא מִיַּד אָחִי מִיַּד עֵשָׂו כִּי־יָרֵא אָנֹכִי אֹתוֹ׃
(창 32:11; *BHS* 32:12)

(11) נִחַ֫מְתִּי כִּי־הִמְלַ֫כְתִּי אֶת־שָׁאוּל לְמֶ֫לֶךְ (삼상 15:11)

(12) וַיַּצֵּל אֱלֹהִים אֶת־מִקְנֵה אֲבִיכֶם וַיִּתֶּן־לִי׃ (창 31:9)

(13) וַיְהִי יִצְחָק בֶּן־[a]אַרְבָּעִים שָׁנָה בְּקַחְתּוֹ אֶת־רִבְקָה (창 25:20) a. 숫자.

(14) וַיִּמְצְאוּ אִישׁ־מִצְרִי בַּשָּׂדֶה וַיִּקְחוּ אֹתוֹ אֶל־דָּוִד וַיִּתְּנוּ־לוֹ לֶ֫חֶם (삼상 30:11)

(15) וַיֹּ֫אמֶר יוֹסֵף אֶל־אֶחָיו גְּשׁוּ־נָא אֵלַי וַיִּגָּ֑שׁוּ וַיֹּ֫אמֶר אֲנִי יוֹסֵף
אֲחִיכֶם אֲשֶׁר־מְכַרְתֶּם אֹתִי מִצְרָֽיְמָה׃ (창 45:4)

(16) וַיֹּ֫אמֶר [a]אֲבִימֶ֫לֶךְ לֹא יָדַ֫עְתִּי מִי עָשָׂה אֶת־הַדָּבָר הַזֶּ֑ה וְגַם אָנֹכִי
לֹא שָׁמַ֫עְתִּי וְגַם־אַתָּה לֹא־הִגַּדְתָּ לִּי בִּלְתִּי הַיּוֹם׃ (창 21:16) a. '아비멜렉.'

(17) יהוה אֱלֹהֶ֫יךָ מִתְהַלֵּךְ בְּקֶ֫רֶב [a]מַחֲנֶ֫ךָ לְהַצִּילְךָ וְלָתֵת
אֹיְבֶ֫יךָ לְפָנֶ֫יךָ וְהָיָה מַחֲנֶ֫יךָ קָדוֹשׁ (신 23:15) a. ךָ + מַחֲנֶה(108쪽을 보라).

(18) וַיֹּ֫אמֶר דָּוִד אֶל־הַנַּ֫עַר הַמַּגִּיד לוֹ אֵיךְ יָדַ֫עְתָּ כִּי־מֵת שָׁאוּל
[a]וִיהוֹנָתָן בְּנוֹ׃ (삼하 1:5) a. יְהֽוֹנָתָן '요나단.' 종음절의 악센트 앞에 메텍(ֽ).

(19) וְהָיוּ [a]שְׁלֹ֫שֶׁת הָאֲנָשִׁים הָאֵ֫לֶּה בְּתוֹךְ־הָאָ֫רֶץ נֹחַ [b]דָּנִיאֵל [c]וְאִיּוֹב
הֵ֫מָּה בְצִדְקָתָם יְנַצְּלוּ נַפְשָׁם נְאֻם יהוה׃ (겔 14:14)
a. 숫자. b. 다니엘. c. 욥.

(20) וַיִּקַּח עֵשָׂו אֶת־נָשָׁיו וְאֶת־בָּנָיו וְאֶת־בְּנֹתָיו וְאֶת־כָּל־נַפְשׁוֹת בֵּיתוֹ
וְאֶת־[a]מִקְנֵ֫הוּ (창 36:6) a. הוּ(=וֹ, 108쪽을 보라) '그의' + מִקְנֶה

(21) וַיֹּ֫אמֶר אֲנִי יהוה אֱלֹהֵי אַבְרָהָם אָבִ֫יךָ וֵאלֹהֵי יִצְחָק
הָאָ֫רֶץ אֲשֶׁר אַתָּה שֹׁכֵב עָלֶ֫יהָ לְךָ אֶתְּנֶ֫נָּה וּלְזַרְעֶךָ׃ (창 28:13)

(22) וְעַתָּה אַל־יִפֹּל דָּמִי אַ֫רְצָה מִנֶּ֫גֶד פְּנֵי יהוה (삼상 26:20)

(23) וַעֲבַרְתֶּם אֶת־הַיַּרְדֵּן וִישַׁבְתֶּם בָּאָ֫רֶץ אֲשֶׁר־יהוה אֱלֹהֵיכֶם מַנְחִיל
אֶתְכֶם (신 12:10)

(24) [a]וַיִּרְאוּ אֹתָהּ שָׂרֵי פַרְעֹה וַיְהַלְלוּ אֹתָהּ אֶל־פַּרְעֹה וַתֻּקַּח
הָאִשָּׁה בֵּית פַּרְעֹה׃ (창 12:15) a. רָאָה + ו

(25) וַיֹּאמֶר דָּוִד אֶל־[a]גָּד נִפְּלָה־נָּא בְיַד־יהוה וּבְיַד־אָדָם אַל־אֶפֹּלָה׃
a. '갓.' (삼하 24:14)

(26) וַיִּקְרָא אֶל־יהוה וַיֹּאמַר אַתָּה נָתַתָּ בְיַד־עַבְדְּךָ
אֶת־הַתְּשׁוּעָה הַגְּדֹלָה הַזֹּאת (삿 15:18)

(27) עָשׂוּ־כֵן בְּנֵי־יִשְׂרָאֵל כַּאֲשֶׁר צִוָּה יְהוֹשֻׁעַ וּמִתּוֹךְ הַיַּרְדֵּן נָשְׂאוּ
[a]שְׁתֵּי־עֶשְׂרֵה אֲבָנִים כַּאֲשֶׁר דִּבֶּר יהוה אֶל־יְהוֹשֻׁעַ לְמִסְפַּר שִׁבְטֵי
בְנֵי־יִשְׂרָאֵל׃ (수 4:8) a. 숫자.

(28) שְׂאוּ אֶת־רֹאשׁ כָּל־עֲדַת בְּנֵי־יִשְׂרָאֵל לְמִשְׁפְּחֹתָם לְבֵית אֲבֹתָם
בְּמִסְפַּר שֵׁמוֹת כָּל־[a]זָכָר׃ (민 1:2) a. '수컷, 남성.'

(29) וַיִּגְדַּל שְׁמוּאֵל וַיהוה הָיָה עִמּוֹ וְלֹא־הִפִּיל מִכָּל־דְּבָרָיו אָרְצָה׃ (삼상 3:19)

(30) תִּלְקְדוּ אֶת־הָאָרֶץ אֲשֶׁר נִשְׁבַּע יהוה לַאֲבֹתֵיכֶם לְאַבְרָהָם
לְיִצְחָק וּלְיַעֲקֹב לָתֵת לָהֶם וּלְזַרְעָם אַחֲרֵיהֶם׃ (신 1:8)

(31) וַיַּגֵּד הָאִישׁ לְדָוִד כִּי הָרַג שָׁאוּל אֵת כֹּהֲנֵי יהוה (삼상 22:21)

(32) יֵצְאוּ לִקְרַאת דָּוִד וְלִקְרַאת הָעָם אֲשֶׁר־אִתּוֹ וַיִּגַּשׁ דָּוִד אֶת־הָעָם
וַיִּשְׁאַל לָהֶם לְשָׁלוֹם׃ (삼상 30:21)

(33) וַיֹּאמְרוּ אִם־מָצָאנוּ חֵן בְּעֵינֶיךָ [207]יֻתַּן אֶת־הָאָרֶץ הַזֹּאת
לַעֲבָדֶיךָ (민 32:5)

(34) וַיֹּאמֶר [a]יִרְמְיָהוּ אֶל־כָּל־הַשָּׂרִים וְאֶל־כָּל־הָעָם לֵאמֹר יהוה
שְׁלָחַנִי לְהִנָּבֵא אֶל־הַבַּיִת הַזֶּה וְאֶל־הָעִיר הַזֹּאת אֵת כָּל־הַדְּבָרִים
אֲשֶׁר שְׁמַעְתֶּם׃ (렘 26:12) a. '예레미야.'

(35) וַיֻּגַּד לְרִבְקָה אֶת־דִּבְרֵי עֵשָׂו בְּנָהּ הַגָּדֹל וַתִּשְׁלַח וַתִּקְרָא
לְיַעֲקֹב בְּנָהּ הַקָּטָן וַתֹּאמֶר אֵלָיו הִנֵּה עֵשָׂו אָחִיךָ מִתְנַחֵם לְךָ
לְהָרְגֶךָ׃ (창 27:42)

---

207) 이것은 중요한 구문으로서 수동태 동사의 주어는 목적격 불변사 אֶת를 수반하는 경우가 흔하다는 것을 보여준다(35번 문장도 마찬가지). 그러나 아래 문장에서 보듯이 능동태 동사와 마찬가지로 אֶת 없이 수동태 주어가 사용될 수 있다.

19과 연습문제 해답

II. 문장 해석

(1) 그들은 그에게 가까이가기를 두려워했다. (יָרֵא מִן '..을 두려워하다')

(2) 보라! 그 여자가 그 집 문(입구)에 쓰러져 있다.

(3) 그리고 이삭이 야곱에게 말했다. "원컨대, 가까이 오거라" (연장형 명령)

(4) 왜 너는 내게 그녀가 네 아내(여자)라는 것을 알리지 않았느냐?
(הִגַּ֫דְתָּ ← הִגִּיד[히필 완료]/נָגַד ※ 앞으로 연습문제 해답에서 특정 동사의 변화 과정을 추적하는 경우에는 맨 오른쪽에 어근을 표기하는 방식을 취한다)

(5) 유다가 거기서 한 가나안 사람의 딸을 보았다. 그리고 그는 그녀를 취했다.
(יִקָּחֶ֫הָ ← ֶ֫הָ '그녀를' + יִקַּח[칼 미완]/לָקַח)

(6) 누가 시온으로부터 이스라엘의 구원을 주겠는가?

(7) (그)하나님의 궤가 탈취되었다.

(8) 그리고 여호와께서 자신이 땅에 사람을 지으신 것을 한탄하셨다.

(9) 이것은 너희가 이스라엘 지파들에게 상속물의 몫으로 할당해야할(떨어지게 해야할) 땅이다.
(מִנַּחֲלָה의 전치사 מִן의 용법은 '부분의 용법'[partitive use]으로 볼 수 있다. 즉 '상속물의 몫, 일부'이다)

(10) 부디 당신께서 나를 구하소서. 나의 형제의 손에서, 에서의 손에서. 왜냐하면 나는 그를 두려워하기 때문입니다. (הַצִּילֵ֫נִי ← ֵ֫נִי + הַצֵּל[히필 명령]/נָצַל)

(11) 나는 내가 사울을 왕으로 다스리게 한 것을 후회하노라.

(12) 그리고 하나님께서 당신들의 아버지의 가축(연계형)을 빼내서 내게 주셨소.

(13) 그리고 이삭은 그가 리브가를 취했을 때 40세였다. ('40세의 아들' = 나이.
בְּקַחְתּוֹ ← וֹ + קַ֫חַת[칼 부정사] + בְּ/לָקַח)

(14) 그리고 그들이 그 들판에서 이집트 사람을 발견해서 그를 다윗에게 데려갔다(다윗에게로 취했다). 그리고 그들은 그에게 양식을 주었다.

(15) 그리고 요셉이 그의 형들에게 말했다. 바라건대, 당신들은 내게 가까이 오십시오. 그래서 그들이 가까이 갔다. 그러자 그가 말했다. "저는 여러분이 이집트로 (나를) 팔았던 여러분의 형제인 요셉입니다."

(16) 그리고 아비멜렉이 말했다. “나는 이 일을 누가 했는지 모르오. 그리고 오늘 외에는 나 역시 듣지 못했고 여러분도 내게 알리지 않았소.”

(17) 여호와 너의 하나님께서 너의 진영 가운데 거닐고 계신다. 너를 구출하고 너의 적들을 네 앞에 넘겨주기 위해서. 그러니 너의 진영은 거룩해야 한다.

(18) 그리고 다윗이 자신에게 알려주는 그 소년들에게 말했다. “어떻게 너는 사울과 그의 아들 요나단이 죽은 것을 알게 되었느냐?”
(מַגִּיד - נָגַד 히필 분사 ‘알리는’)

(19) 그리고 그 땅에 이 세 사람, 노아, 다니엘, 그리고 욥이 있을 때(있더라도), 그들은 그들의 의로 그들의 생명을 건질 것이다. 여호와의 선언이니라. (비슷한 상황절 구문에 대해 각주 62를 보라. 더불어 문맥상 앞 문장은 양보절 ‘..할지라도’로 해석될 수도 있다)

(20) 그리고 에서가 그의 아내들과 그의 아들들과 그의 딸들과 그의 집의 모든 사람들(נֶפֶשׁ의 복수)과 그의 가축을 취했다.

(21) 그리고 그분이 말씀하셨다. “나는 여호와 네 조상 아브라함의 하나님, 이삭의 하나님이니라. 네가 그 위에 누워있는 그 땅을, 내가 그것(그녀)을 너에게, 그리고 너의 씨에게 줄 것이다.”
(אֶתְּנֶנָּה ← הָ ‘그녀를’ + נ [강세 눈] + אֶתֵּן[칼.미완]/נָתַן)

(22) 그리고 이제 여호와의 면전의(얼굴의) 맞은편에서 나의 피가 땅에 떨어지지 않게 하소서. (한글개역과 많은 역본들은 מִנֶּגֶד[‘맞은편에서’]를 ‘[여호와로부터] 먼 곳에서’로 번역한다)

(23) 그리고 너희는 요단(강)을 건너갈 것이다. 그리고 너희는 여호와 너희 하나님이 너희에게 물려주실(상속되게 하실) 그 땅에 거할 것이다.
(וִישַׁבְתֶּם ← יְשַׁבְתֶּם + וְ / מַנְחִיל - נָחַל 히필 분사)

(24) 파라오의 관리들이 그녀를 보았다. 그리고 그들이 파라오에게 그녀를 칭송했다. 그래서 그 여자는 파라오의 궁(집)으로 취해졌다.

(25) 그리고 다윗이 갓에게 말했다. “우리가 여호와의 수중에 떨어지게 하고 사람의 수중에는 내가 떨어지지 않게 하소서.”
(אֶפְּלָה:[휴지]← אֶפְּלָה← ה [연장 어미] + אֶפֹּל ← יִפֹּל[칼 미완]/נָפַל)

(26) 그리고 그가 여호와께 소리쳐 말하였다. “당신께서 당신의 종의 손을 통해 이 큰 구원을 주셨습니다.”

(27) 이스라엘 자손들이 여호수아가 명한대로 그렇게 행하였다. 그리고 여호와께서 여호수아에게 명하신 바와 같이 요단강으로부터 그들이 열두 돌을 운반했다. 이스라엘 자손들의 지파들의 수효대로.

(28) 너희는 이스라엘 자손들의 모든 회중의 인원을 헤아리라(문자적, '머리를 들어 올리라'). 그들의 혈족들대로, 그들의 조상들의 집안대로, 모든 남자들의 이름들의 숫자를 따라.

(29) 그리고 사무엘이 자랐다. 그리고 여호와께서 그와 함께 하셨고 그분은 그의 모든 말들 중 어떤 것도 땅에 떨어지지 않게 하셨다.

(30) 너희는 그 땅을 취할지어다. 여호와께서 너희 조상들에게 아브라함에게 이삭에게, 그리고 야곱에게 맹세하여 그들과 그들 뒤의 그들의 씨(후손)에게 주시겠다고 하신 (그 땅을).

(31) 그리고 그 사람이 다윗에게 사울이 여호와의 제사장들을 죽였다는 것을 알렸다.

(32) 그들이 다윗을 만나러, 그리고 그와 함께 하던 그 백성을 만나러 나갔다. 그리고 다윗은 그 백성과 함께 다가왔고 그들에게 안부를 물었다.
(일부 역본들은 '다윗은 그 백성[찾아온 무리들]에게 다가갔고 그들에게 안부를 물었다'로 번역한다. 두 번역 모두 가능하나 목적격 불변사 אֵת는 '..에게 다가가다'의 뜻에 어울리지 않는다. 이 경우 전치사 לְ/אֶל를 사용하는 것이 자연스럽다)

(33) 그리고 그들이 말했다. 만일 우리가 당신에게 은혜를 입었다면, 이 땅이 당신의 종들에게 주어지게 하소서.

(34) 그리고 예레미야가 모든 관리들에게, 그리고 모든 백성에게 고하여 일렀다. "여호와께서 나를 보내셨습니다. 이 집을 향해, 이 성읍을 향해 여러분이 들은 모든 말씀들을 예언하도록 말입니다."

(35) 그리고 리브가에게 그녀의 큰 아들 에서의 말들이 전해졌다. 그리고 그녀는 사람을 보내 그녀의 작은 아들 야곱을 불러 그에게 말했다(소리쳤다). "보라, 네 형 에서가 너를 죽여서(by killing) 너에게 한풀이를 하려 한다(분사)." (33번 문장처럼 여기서도 목적격 אֵת가 주어로 역할한다. שָׁלַח는 목적어 '사람을'이 없이 그 자체로 '사람을 보내다'는 뜻으로 사용된다. '한풀이를 하려 한다'는 분사의 '임박한 미래' 용법으로 볼 수 있다)

20과 페-후음 및 페-알렙 동사 / 아인-후음 동사

A. 페-후음 동사와 페-알렙동사

1. 개요

1) 첫 자음이 후음인 동사를 페-후음 동사라 한다. 다만 첫 자음이 **א**인 동사들 중 몇 개는 페-알렙 동사로 구분하는데 페-후음 동사와 약간 다른 특징을 보여준다.

2) 페-후음 동사와 이어서 배우게 될 아인-후음 및 라메드-후음 동사는 동사 어근의 세 자음 중 하나에 후음이 있는 동사 유형들로서 '후음 동사'라 한다.[208] 따라서 이 동사들은 후음의 법칙과 원리를 잘 알고 있어야한다.

2. 페-후음 동사의 도표와 특징

1) 다음 기본 도표를 숙지하라.

형태	Qal		Niph	강조	Hiph	Hoph
	동작	상태				
완료	עָמַד	חָזַק	נֶעֱמַד		הֶעֱמִיד	הָעֳמַד
미완	יַעֲמֹד	יֶחֱזַק	יֵעָמֵד		יַעֲמִיד	יָעֳמַד
명령	עֲמֹד	חֲזַק	הֵעָמֵד		הַעֲמֵד	
부연	עֲמֹד	חֲזַק	הֵעָמֵד	—	הַעֲמִיד	הָעֳמֵד
부절	עָמוֹד	חָזֹק	הֵעָמֹד = נַעֲמֹד		הַעֲמֵד	
능분	עֹמֵד	חָזֵק	נֶעֱמָד		מַעֲמִיד	מָעֳמָד
수분	עָמוּד					

208) 후음 동사는 세 개의 자음 중 하나가 후음 중에서 강후음인 **ע**/**ח**/(**ר**)를 가진 동사들을 가리킨다. 반면에 약후음인 **א**/**ה**가 단어의 첫 자음이나 마지막 자음으로 오는 동사들은 또 다른 특징을 갖는 별개의 약동사 종류에 속한다. 그것들은 페-알렙, 라메드-알렙, 그리고 라메드-헤 동사 등으로 불린다.

2) 페-후음 동사를 비롯한 후음 동사에서 후음 법칙과 관련해서 기억할 것은 특히 다음 두 가지다. 첫째, 후음 동사는 어형 변화를 할 때 후음에 합성쉐바가 동반되면서 쉐바 유포니(sheva euphony)가 발생된다. 둘째, 후음 자리에 중강점이 오면 후음의 특징상 중강점이 찍히지 않고 대신 앞의 모음으로 보상된다.

3) 다음 도표는 각 어간의 변화형의 예시다.

형태	Qal		Niph	강조	Hiph	Hoph
	동작	상태				
완료	עָמַד	חָזַק	נֶעֱמַד[a]	규[a] 칙 ↓	הֶעֱמִיד[a]	הָעֳמַד[d]
	עָמְדָה עָמַ֫דְתָּ עֲמַדְתֶּם	חָזְקָה חָזַ֫קְתָּ חֲזַקְתֶּם	נֶעֶמְדָה נֶעֱמַ֫דְתָּ נֶעֱמַדְתֶּם		הֶעֱמִ֫ידָה הֶעֱמַ֫דְתָּ הֶעֱמַדְתֶּם	הָעָמְדָה[e] הָעֳמַ֫דְתָּ הָעֳמַדְתֶּם
미완	יַעֲמֹד[b] / יַחְתֹּם[c]	יֶחֱזַק[a]	יֵעָמֵד[b]		יַעֲמִיד[b] / יַעֲמֵד[c]	יָעֳמַד[d]
	אֶעֱמֹד יַעַמְדוּ[d] תַּעֲמֹ֫דְנָה נַעֲמֹד	אֶחֱזַק יֶחֶזְקוּ[d] תֶּחֱזַ֫קְנָה נֶחֱזַק	אֵעָמֵד יֵעָמְדוּ תֵּעָמַ֫דְנָה נֵעָמֵד		אַעֲמִיד יַעֲמִ֫ידוּ תַּעֲמֵ֫דְנָה נַעֲמִיד	אָעֳמַד יָעָמְדוּ תָּעֳמַ֫דְנָה נָעֳמַד
연장	אֶעֶמְדָה[d]	אֶחֶזְקָה[d]	אֵעָמְדָה		אַעֲמִ֫ידָה	אָעָמְדָה
명령	עֲמֹד	חֲזַק	הֵעָמֵד		הַעֲמֵד	—
	עִמְדוּ[e] עֲמֹ֫דְנָה	חִזְקוּ חֲזַ֫קְנָה	הֵעָמְדוּ הֵעָמַ֫דְנָה		הַעֲמִ֫ידוּ הַעֲמֵ֫דְנָה	
연장	עָמְדָה	חִזְקָה[e]	הֵעָמְדָה		הַעֲמִ֫ידָה	
부연	עֲמֹד עָמְדִי[f]	חֲזַק(חֲזֹק)[g] חָזְקִי	הֵעָמֵד הֵעָמְדִי		הַעֲמִיד הַעֲמִ֫ידִי	הָעֳמֵד[f]
부절	עָמוֹד[i]	חָזוֹק	הֵעָמֹד = נַעֲמֹד		הַעֲמֵד	
능분	עֹמֵד	חָזֵק[h]	נֶעֱמָד		מַעֲמִיד	מָעֳמָד
수분	עָמוּד					

4) 기본 어간형들의 해석

עָמַד(칼) '그는 섰다'(stand) / חָזַק(칼) '그는 강했다'

נֶעֱמַד(니팔) '그는 세워졌다'(be stood)

הֶעֱמִיד(히필) '그는 세웠다 = 서게 했다'(make stand)

הָעֳמַד[ho](호팔) '그는 서게 되었다'(be caused to stand)

5) 다음은 위 도표의 영문 각주에 따른 각 어간들의 특징이다.

① 칼

a. 페-후음 동사의 가장 두드러진 특징은 후음 앞에 히렉(□ִ)이 올 때, 그것이 아마도 편한 발음을 위해 주로 세골(□ֶ)로 바뀐다는 점이다. 이것은 칼 미완료 및 니팔과 히필에서 쉽게 관찰된다. 칼 미완료에서는 그것이 파타(□ַ)로 바뀐 페-후음 동사들도 많다. 이 때 후음 아래에는 후음의 특성상 합성쉐바가 오는 것이 일반적인데, 그 합성쉐바는 후음 앞의 단모음의 음가를 따라간다.

b. 따라서 페-후음 동사의 칼 미완료는 두 형태를 갖는다. 그것은 각각 □□□ֲ□ַ(יַעֲמֹד)와 □□□ֱ□ֶ(יֶחֱזַק)이다. 대체로 첫 자음이 ע인 경우 전자를, ח인 경우 후자를 따르나 그렇지 않은 경우도 흔하다.[209] 편의상 우리는 전자는 '파타 유형,' 후자는 '세골 유형'으로 부르기로 한다. 그러나 미완료 1인칭 단수는 모두 세골 유형을 취한다(אֶעֱמֹד/אֶחֱזַק). 그 외 모음 히렉(□ִ)이 후음 앞에 오는 나머지 어간들인 니팔과 히필은 모두 히렉(□ִ)이 세골(□ֶ)로 바뀌는 세골 유형이다.

c. 이런 유형들 외에 후음 아래, 특히 ח아래에서 합성쉐바 대신 단순쉐바가 오는 미완료형도 흔하다: חָשַׁב → יֶחְשַׁב '생각하다, 숙고하다'/ חָתַם → יַחְתֹּם '봉인하다(seal up).' 이 동사들도 니팔과 히필에서 앞 모음이 히렉(□ִ) 대신 세골(□ֶ)로 바뀌지만 여전히 후음 아래 단순쉐바가 온다: נֶחְשַׁב(니팔)/ הֶחְתִּים(히필). 그 외 הָיָה('..이 있다')와 그와 비슷한 חָיָה('살다')의 미완료는 첫 모음 히렉(□ִ)을 유지해 각각 יִהְיֶה('..이 있을 것이다')와 יִחְיֶה('살 것이다')이다.[210]

---

209) יֶחֱזַק는 상태 동사라 칼 미완료의 종음절에 '오'(□ֹ, 홀렘) 대신 '아'(□ַ, 파타)가 왔다고 볼 수 있으나 앞 모음이 □□□ֱ□ֶ인 경우 동작 동사의 경우에도 흔하게 이 유형을 따라 종음절의 모음은 파타(□ַ)를 취한다: יֶחֱרַץ '그가 자를 것이다.'

d. 칼 완료의 기본형에 접미어가 붙은 끝의 형태는 대체로 강동사와 같지만 모음 접미어를 가진 미완료(יַעַמְדוּ)와 연장형(אֶעֶמְדָה)에서 쉐바 유포니가 작용된다:[211] ה ָ + אֶעֱמֹד →(역 HHP)→ אֶעֱמְדָה →(쉐바 유포니)→ אֶעֶמְדָה '내가 서리라.' 이것은 칼.미완.1.공.복 נַעֲמֹד('우리가 설 것이다')의 연장형 נַעַמְדָה('우리가 서자')에서도 동일하다.

e. 명령의 경우 첫 자음의 쉐바는 유성인데, 후음이므로 합성쉐바가 온다. 앞서 배운 원칙으로는 모음 접미어가 붙으면 쉐바 유포니의 작용으로 עַמְדוּ (← עֲמְדוּ ← וּ + עֲמֹד)가 될듯하나 강동사와 동일한 패턴인 עִמְדוּ('너[남]는 서라')로 나타난다. 이것은 상태 동사 명령의 연장형도 마찬가지다: חֲזַק의 연장형 חִזְקָה '너는 강하라'; שְׁכַב의 연장형 שִׁכְבָה '너는 누우라.'

f. 강동사에서 배웠듯이 부정사 연계형에 대명사 접미어가 붙으면 모음 도치에 의해 장모음 [o]가 단모음이 되면서 앞으로 이동한다.

g. 상태 동사 부정사 연계형은 끝 모음이 [a]이나 가끔 [o]일 수도 있다. 따라서 어떤 동사는 חֲזֹק로도 나타난다.

h. 어떤 사람은 상태 동사의 분사 חָזֵק('강한')과 형용사 חָזָק('강한')에 의미론적 차이를 두면서 전자가 '강해져 가는'이라는 의미로 쓰인다고 주장하나 불필요한 구분으로 보인다.

i. 부정사 절대형, 능동 분사, 그리고 수동 분사는 강동사와 같다. 다만 어미 변화와 더불어 단순쉐바 자리에 마찬가지로 합성쉐바가 오는 것을 주의하라: עָזוּב 수분.남.단 '버려진 (남자); עֲזוּבָה 수분.여.단 '버려진 (여자).'

② 니팔

a. 앞서 말한 대로 후음 앞의 히렉(◌ִ)은 세골(◌ֶ)로 바뀐다. 그리고 후음아래 합성쉐바 역시 그 음가를 따른 하텝 세골(◌ֱ)이다. 따라서 니팔 완료형은 נֶעֱמַד('그는 세워졌다')이다. 그런데 이미 언급했듯이 נֶחְשַׁב('그가 숙고되었다=소

---

210) 이 두 동사는 라메드-헤 동사이기도하다. 앞으로 배울 라메드-헤 동사의 칼 미완의 마지막 형태는 ה ֶ 이다.

211) 참고로 이 경우 후음 앞의 단모음에는 원칙상 메텍이 붙어야 하나 흔하게 메텍이 생략된다: יֶֽחֱזַק 혹은 יֶחֱזַק / 아래 설명되는 תֶּֽחֶזְקִי 혹은 תֶּחֶזְקִי

중히 여겨졌다)'처럼 합성쉐바가 아닌 단순쉐바를 취하는 페-후음 동사도 있다.

b. 강동사 니팔 미완료(יִקָּטֵל)는 어근의 첫 자음에 중강점이 찍혀 있다: 그러나 페-후음 동사는 그 자리가 후음이므로 중강점을 찍을 수 없다. 그러므로 중강점을 빼고 앞에 있는 모음을 보상해준다: יֵעָמֵד '그가 세워질 것이다.' 이러한 모음보상은 명령형과 부정사 연계형에서도 나타난다.

③ 강조형

a. 피엘, 푸알, 그리고 히트파엘은 강동사와 동일한 패턴을 따르므로 생략되었다. 각각을 만들어 본다면 עִמֵּד עֻמַּד הִתְעַמֵּד로서 강동사와 다른 점이 없는데, 이는 후음 앞이 아닌 후음 아래에 강동사의 모음들이 오기 때문이다(주로 후음 앞에 오는 모음이 '아'로 바뀌는 경향이 있다).

④ 사역형

a. 히필 הֶעֱמִיד 역시 히렉(□ִ)이 세골(□ֶ)로 바뀌고 후음 아래엔 합성쉐바가 온다. 그러나 언급했듯이 후음 아래에 합성쉐바가 아닌 단순쉐바가 오는 동사도 있다: הֶחְתִּים '그가 봉인하게 만들었다.'

b. יַ의 모음 [a]는 원래의 히필 미완료의 모음(יַקְטִיל)이다.

c. 히필은 단축형이 별도로 존재한다: יַעֲמֵד '그가 서게 할지어다.'

d. 호팔의 경우 첫 모음이 카메츠 하툽(□ָ)이므로 단모음 [o '오']로 읽는다: הָעֳמַד[ho-ʿ^{o}mad̲] '그가 서게 되었다'/ יָעֳמַד[yo-ʿ^{o}mad̲] '그가 서게 될 것이다.'

e. 완료형에 모음 접미어가 붙는 경우, 바로 앞의 모음이 약화되면서 동시에 쉐바 유포니가 작용한다: ה ָ + הָעֳמַד → הָעֳמְדָה →(쉐바 유포니)→ הָֽעָמְדָה[ho-ʿ^{o}m-d̲â]. 쉐바 유포니 □ְ□ֳ → □ְ□ָ이 적용된 사례다. 이때 맨 앞의 הָֽ는 메텍을 찍어 모음이 약화되지 않도록 보존하되 [호]로 읽어야 한다.

f. 호팔 부정사는 공동 부정사다.

6) 페-후음 동사 הָלַךְ('그가 걸었다')의 칼 미완료는 특수한 형태인 יֵלֵךְ('그가 걸을 것이다')이다. 이것은 매우 자주 쓰이므로 숙지하고 있어야 한다(연습문제 15과 어휘). הָלַךְ에 대해서는 22과에서 추가로 자세히 다룬다.

3. 페-알렙 동사의 도표와 특징

1) 첫 자음이 א인 동사들 가운데 아래 다섯 개가 페-알렙 동사에 속한다.

אָבָה '열망하다(desire)'/ אָפָה '굽다(bake)'/ אָכַל '먹다'
אָבַד '망하다'/ אָמַר '말하다'

2) 이 다섯을 제외한 א으로 시작하는 나머지 동사들은 페-알렙 동사가 아닌 페-후음 동사로 분류된다. 왜냐하면 그것들은 모두 페-후음 동사와 동일하게 변화하기 때문이다. 반복하자면, 첫 자음이 א인 동사들 중에서 위의 다섯 개만 공통의 특수한 변화를 하기 때문에 페-알렙 동사로 분류된다.

3) 그러나 페-알렙 동사가 페-후음 동사와 다른 점은 단지 *칼 미완료*뿐이며 그 외의 변화는 페-후음 동사와 동일하다. 페-후음 동사와 페-알렙 동사의 차이점을 비교할 수 있도록 도표에 두 동사 종류를 나란히 배치해 놓았다.

4) 페-알렙 동사의 기본 어간형은 다음과 같다.

형태	Qal		Niph 이하 →
	페-후음	페-알렙	
완료	אָסַף	אָכַל	페-후음과 동일
미완	יֶאֱסֹף	יֹאכַל	
명령	אֱסֹף	אֱכֹל	
부연	אֱסֹף	אֱכֹל	
부절	אָסוֹף	אָכוֹל	
능분	אֹסֵף	אֹכֵל	
수분	אָסוּף	אָכוּל	

5) 기본 어간형들의 해석

אָסַף(칼) '그는 더했다(add)' / אָכַל(칼) '그는 먹었다'

6) 다음은 각 어간의 변화형의 예시와 영문 각주에 따른 설명이다.

형태	Qal		Niph 이하 →
	페-후음	페-알렙	
완료	אָסַף אָסְפָה אָסַפְתָּ אֲסַפְתֶּם	אָכַל / אָמַר אָכְלָה אָכַלְתָּ אֲכַלְתֶּם	페-후음과 동일
미완	[a]יֶאֱסֹף וַיֶּאֱסֹף	[a]יֹאכַל [d]וַיֹּאכַל / [a]יֹאמַר [d]וַיֹּאמֶר	
	תֶּאֱסֹף אֶאֱסֹף וָאֶאֱסֹף יֶאֶסְפוּ תֶּאֱסֹפְנָה	תֹּאכַל [b]אֹכַל [d]וָאֹכַל / [d]אֹמַר [d]וָאֹמַר יֹאכְלוּ תֹּאכַלְנָה	
연장	[c](אֶסְפָה)	[c]אֹכְלָה	
명령	[e]אֱסֹף אִסְפוּ אֱסֹפְנָה	[e]אֱכֹל אִכְלוּ אֱכֹלְנָה	
연장	אָסְפָה	אָכְלָה	
부연	אֱסֹף	אֱכֹל לֶאֱכֹל / [f]לֵאמֹר אָכְלוֹ	
부절	אָסוֹף	אָכוֹל	
능분	אֹסֵף [g]אֹסְפָה	אֹכֵל [g]אֹכְלָה=אֹכֶלֶת	
수분	אָסוּף	אָכוּל	

① 칼

a. 페-후음 동사 중 첫 자음이 **א**인 경우 대체로 세골 유형이다: **יֶאֱסֹף** '그가 덧붙일 것이다.' 도표에서 볼 수 있듯이 페-알렙 동사와 페-후음 동사 사이의 차이점은 칼 미완료에서만 나타난다. 페-알렙 동사의 칼 미완료가 매우 독특하다: **יֹאכַל** '그가 먹을 것이다'/ **יֹאמַר** '그가 말할 것이다.' 다만 **יֹאכַל**은 휴지(pause)에서는 또한 **יֹאכֵל/יֹאכַל:**이다. 이하 칼 명령을 비롯해서 나머지 칼 형태들과 니팔부터는 페-후음과 페-알렙 둘 다 동일한 동사 변화를 한다.

b. 칼.미완.1.공.복 אֹכַל('나는 먹을 것이다')은 본래 אֹאכַל이나 뒤의 침묵된 א이 생략되어 אֹכַל이 되는 특징을 갖는다: 마찬가지로 אֹמַר('내가 말할 것이다') ← אֹאמַר. 이러한 중복된 א의 생략은 의지법인 אֹכְלָה('내가 먹으리라')와 드물게 나타나는(1회) אֹסְפָה('내가 더하리라')에서도 동일하다.

c. 연장 어미 ָה 가 붙는 의지법 1.미완(연장).공.단 אֹכְלָה('내가 먹으리라')는 능분.여.단 אֹכְלָה('먹는 [여자]')와 동일한 형태이므로 구분해야 한다.

d. 칼 미완료가 바브 연속법이 될 때 고유한 특징들이 나타난다. 보통 וַיֹּאכַל('그리고 그가 먹었다')처럼 되지만 אָמַר는 언제나 약간의 불규칙인 וַיֹּאמֶר('그리고 그가 말했다')이다. 즉 마지막 모음이 파타(◌ַ)가 아니라 세골(◌ֶ)이다. 다만 이것이 휴지(休止)에서, 혹은 어떤 이유로 악센트가 원래의 자리에 찍힐 때는 다른 페-알렙 동사와 똑같이 וַיֹּאמַר/וַיֹּאמַר가 된다. 1인칭 단수의 바브 연속법은 역시 겹친 א하나가 생략된 형태다: וָאֹמַר / וָאֹכַל

e. 명령부터는 다시 페-후음 동사와 동일해진다.

f. 부정사 연계형이 전치사 לְ와 연결될 때 일반적인 형태는 לֶאֱכֹל('먹기 위하여')이지만, לֶאֱמֹר는 앞서 배운대로 א이 침묵되면서 לֵאמֹר('말하기 위하여')가 된다는 점을 유의하라.

g. 위의 c.를 보라. 세골형 분사 אֹכֶלֶת가 더 많이 쓰이는 편이다.

② 니팔 이하 다른 어간들

니팔 이하, 강조형과 사역형 어간들의 변화는 페-후음 동사와 동일하다.

B. 아인-후음 동사

1. 개요

1) 동사의 두 번째 모음이 후음인 동사를 아인-후음 동사라 한다.

2) 이 동사도 후음 법칙이 적용되는데 특히 강조형 어간들에서 후음에는 중강점을 찍지 않고 모음 보상이 발생된다. 그러나 일부 동사는 모음 보상이 안 되는 것들도 있다.

3) 칼부터 히트파엘까지 아인-후음 동사의 특징이 나타나지만 히필과 호팔은 후음으로 인한 영향이 없으므로 강동사와 동일한 변화를 하게 된다.

2. 아인-후음 동사의 도표와 특징

1) 다음 기본 도표를 숙지하라.

형태	Qal	Niph	Piel	Pual	Hith
완료	בָּחַר	נִבְחַר	בֵּרֵךְ נִחַם (=בֵּרַךְ)	בֹּרַךְ נֻחַם	הִתְבָּרֵךְ הִתְנַחֵם
미완	יִבְחַר	יִבָּחֵר	יְבָרֵךְ יְנַחֵם	יְבֹרַךְ יְנֻחַם	יִתְבָּרֵךְ יִתְנַחֵם
명령	בְּחַר	הִבָּחֵר	בָּרֵךְ נַחֵם	— —	הִתְבָּרֵךְ —
부연	בְּחֹר	הִבָּחֵר	בָּרֵךְ נַחֵם	בֹּרַךְ נֻחַם	הִתְבָּרֵךְ —
부절	בָּחוֹר	הִבָּחֹר = נִבְחֹר			
능분	בֹּחֵר	נִבְחָר	מְבָרֵךְ מְנַחֵם	מְבֹרָךְ מְנֻחָם	מִתְבָּרֵךְ —
수분	בָּחוּר				

2) 기본 어간형들의 해석

בָּחַר(칼) '그는 선택했다' / **נִבְחַר**(니팔) '그는 선택되었다'

בֵּרֵךְ(피엘) '그는 축복했다' / **נִחַם**(피엘) '그는 위로했다'

בֹּרַךְ(푸알) '그는 축복 받았다' / **נֻחַם**(푸알) '그는 위로 받았다'

הִתְבָּרֵךְ(히트파엘) '그는 자신을 축복했다'(bless oneself)

הִתְנַחֵם(히트파엘) '그는 후회했다(스스로를 달랬다)'

3) 다음은 각 어간의 변화형이 예시된 도표와 그것의 영문 각주에 따른 설명이다.

① 칼

a. 완료형에 접미어 ָה 가 붙으면 역 HHP로 바로 앞의 모음이 쉐바로 약화되는데 이 경우 후음 아래의 쉐바이므로 합성쉐바가 붙는다: **בָּחֲרָה** '그녀가 선택했다.'

b. 칼 미완료의 경우 후음의 영향으로 종음절이 파타(ַ)이다: **יִבְחַר** '그가 선택할 것이다.' 그 밖의 어간들의 완료/미완료에서는 모두 종음절이 강동사의 경우와 같다.

형태	Qal	Niph	Piel		Pual		Hith	
완료	בָּחַר	נִבְחַר[a]	בֵּרֵךְ[a] (=בֵּרַךְ)	נִחַם[b]	בֹּרַךְ[a]	נֻחַם[b]	הִתְבָּרֵךְ	הִתְנַחֵם
	בָּחֲרָה[a] בָּחַרְתָּ בְּחַרְתֶּם	נִבְחֲרָה נִבְחַרְתָּ נִבְחַרְתֶּם	בֵּרְכָה בֵּרַכְתָּ בֵּרַכְתֶּם	— נִחַמְתָּ נִחַמְתֶּם	בֹּרְכָה בֹּרַכְתָּ בֹּרַכְתֶּם	נֻחֲמָה נֻחַמְתָּ —	הִתְבָּרְכָה הִתְבָּרַכְתָּ —	—
미완	יִבְחַר[b]	יִבָּחֵר[b]	יְבָרֵךְ[c]	יְנַחֵם	יְבֹרַךְ[c]	יְנֻחַם[b]	יִתְבָּרֵךְ	יִתְנַחֵם
	אֶבְחַר יִבְחֲרוּ תִּבְחַרְנָה נִבְחַר[c]	אֶבָּחֵר יִבָּחֲרוּ תִּבָּחַרְנָה נִבָּחֵר	אֲבָרֵךְ יְבָרֲכוּ תְּבָרֵכְנָה נְבָרֵךְ	אֲנַחֵם יְנַחֲמוּ —	אֲבֹרַךְ יְבֹרְכוּ —	—	אֶתְבָּרֵךְ יִתְבָּרְכוּ תִּתְבָּרֵכְנָה נִתְבָּרֵךְ	—
연장	אֶבְחֲרָה	אֶבָּחֲרָה	אֲבָרֲכָה	—	—	—	—	—
명령	בְּחַר בַּחֲרוּ[d]	הִבָּחֵר הִבָּחֲרוּ	בָּרֵךְ בָּרֲכוּ	נַחֵם נַחֲמוּ	—	—	הִתְבָּרֵךְ הִתְבָּרֲכוּ	—
연장	—[e]	—	—	—			—	—
부연	בְּחֹר[f]	הִבָּחֵר	בָּרֵךְ[d]	נַחֵם	בֹּרַךְ	נֻחַם	הִתְבָּרֵךְ	—
부절	בָּחוֹר	הִבָּחוֹר = נִבְחֹר						
능분	בֹּחֵר	נִבְחָר	מְבָרֵךְ	מְנַחֵם	מְבֹרָךְ	מְנֻחָם	מִתְבָּרֵךְ	—
수분	בָּחוּר							

c. **נִבְחַר** 칼.미완.1.공.복('우리가 선택할 것이다')은 니팔.완.3.남.단('그가 선택되었다')과 동일한 형태다.

d. 명령형에 모음 접미어가 붙은 경우에 쉐바 유포니가 발생한다.

וּ + **בְּחַר** → **בְּחֲרוּ** →(쉐바 유포니)→ **בַּחֲרוּ** '너희(남)는 선택하라.'

e. 이 약동사의 각 어간의 연장형 명령은 나타나지 않는다.

f. 부정사 연계형 이하는 강동사와 동일하다. 따라서 부정사 연계형은 명령형과 달리 부정사의 특징인 모음 홀렘(ֹ)을 유지한다.

בְּחֹר(= **בְּחוֹר**) '선택하는 것'

② 니팔

a. 위에 언급했듯이 **נִבְחַר** 니팔.완.3.남.단('그가 선택되었다')은 칼.미완.1.공.복('우리가 선택할 것이다')와 동일한 형태이다.

b. 완료 및 미완료 이하 모든 종류의 형태가 강동사와 다를 바 없다. 다만 후음 아래 합성쉐바가 온다는 점만 다를 뿐이다.

③ 강조형

a. 강조형인 피엘, 푸알, 히트파엘은 모두 중강점이 찍히는 자리에 후음이 있다. 그러나 후음의 특성상 후음에는 중강점이 찍히지 못하므로 앞의 모음을 보상한다.212) בֵּרֵךְ는 아마도 후음처럼 작용하는 ר의 영향으로 בֵּרַךְ로도 나타난다. 푸알은 ֻ가 ֹ로 보상됨을 주의하라: בֻּרַךְ → בֹּרַךְ

b. 하지만 נִחַם의 경우처럼 후음에 따라 모음보상이 안 되는 경우도 있다.213) 피엘 완료 נִחַם은 끝 모음이 체레(ֵ)가 아닌 파타(ַ)인데 역시 후음의 영향 때문이다. 이로 인해 동사 נָחַם은 니팔 완료와 피엘 완료가 동일한 형태로 나타난다.214) 니팔 완료는 다음과 같은 과정으로 피엘 완료와 같은 형태를 갖게 된다: נִנְחַם →(נ 동화)→ נִחַם(니팔 완료) '후회하다, 자신을 위안하다.'

c. 강조형의 미완료 또한 ר에 중강점이 찍히지 못하고 보상된다: יְבָרֵךְ/ יְבֹרַךְ/ הִתְבָּרֵךְ(ַ는 ָ로, ֻ는 ֹ로 보상된다). 그러나 נִחַם의 경우는 피엘, 푸알, 히트파엘의 미완료 모두 모음이 보상되지 않는다: יְנַחֵם/יְנֻחַם/יִתְנַחֵם

d. 아인-후음 동사들은 대체로 한 가지 형태의 공동 부정사가 절대형과 연계형 둘 다에 사용된다.

④ 사역형

사역형 히필과 호팔은 후음의 영향은 없으므로 강동사와 동일하다. 따라서 도표에서 생략한다: הִבְרִיךְ(히필) / הָבְרַךְ(호팔).

---

212) 3과에서 배웠지만 후음(א/ע/ה/ח/[ר])은 중강점을 못 찍는다. 대신에 앞에 있는 모음에 보상을 해서 그 모음을 길게 해준다. 이 때 ִ는 ֵ로 보상된다. 그러나 후음에 따라 보상 여부가 다르다.

213) 각주 34에서 설명한 대로, א/ה/ר는 보상이 잘 되는 편이나 ע/ח는 그렇지 않은 경향이 있다. 이때는 후음이 잠재적 중복점을 갖는 것으로 여긴다.

214) 연습문제에서 확인되지만 양자는 문맥에서 구별해야 하는데 목적어가 없으면 니팔, 목적어가 있으면 피엘이다. 그러나 그와 달리 피엘에서 모음 체레(ֵ)를 유지하는 동사들도 있다: כִּהֵן(כָּהַן 피엘) '제사장의 직무를 수행하다.'

20과 연습문제

I. 어휘

מַעֲשֶׂה	행위, 일	(אֵל) שַׁדַּי	전능자 (하나님)	חַיִל- חֵיל־	힘, 권세
גֹּאֵל	속량자, 보복자[a]	אָז	그때, מֵאָז 그후	אַךְ	오로지, 확실히[b]
אָמֵן	(부) 아멘! 분명히!	מַלְכוּת, מַמְלָכוּת, מַמְלָכָה	왕국, 왕권, 통치[c]	גָּאַל	구속하다, 속량하다, 무르다
שָׁאַר	(닢) 남다 (힢) 남기다	בָּרַךְ	축복하다, 찬양하다	שָׁבַת	중단하다, 안식하다
חָשַׁב	생각하다, 평가/계산하다	אָמַן/אָמֵן	(닢) 확증되다 (힢) 확신하다	אָסַף	모으다(gather)

a. גֹּאֵל은 '속량자,' 곧 빚을 대신 갚아주는 사람을 말하는데 누군가 가족의 생명을 해친 경우 가족의 형제들이 대신 그 빚을 갚아주기 때문에 또한 '보복자'를 의미한다.

b. אַף('또한, 정녕')와 철자가 비슷하므로 혼동하기 쉬운데, 또한 두 단어의 의미도 때로 비슷하다.

c. 비슷한 세 단어가 '왕국,' '왕권'이라는 뜻으로 혼용되며 신학적으로 중요한 단어들이다. 이것은 영토의 개념을 포함할 수 있으나 그것 이상의 통치(reign)의 개념을 갖는다.

II. 다음을 해석하라.

(1) זֹאת הָאָ֫רֶץ אֲשֶׁר תִּתְנַחֲלוּ אֹתָהּ (민 34:13)

(2) וַיֶּאֱסֹף לָבָן אֶת־כָּל־אַנְשֵׁי הַמָּקוֹם (창 29:22)

(3) גֹּאֲלֵךְ קְדוֹשׁ יִשְׂרָאֵל׃ (사 41:14)

(4) מַה־שַּׁדַּי כִּי־נַעַבְדֶ֫נּוּ (욥 21:15)

(5) אֲבָרֲכָה אֶת־יהוה בְּכָל־עֵת (시 34:1; *BHS* 34:2)

(6) נַחֲמוּ נַחֲמוּ עַמִּי יֹאמַר אֱלֹהֵיכֶם׃ (사 40:1)

(7) וּפָנָה עַמִּי אֶל־אֱלֹהִים אֲחֵרִים וַעֲבָדוּם (신 31:20)

(8) אֲנִי נֶאֱסָף אֶל־עַמִּי קִבְרוּ אֹתִי אֶל־אֲבֹתָי׃ (창 49:29)

(9) וַיֹּ֫אמֶר אֲלֵהֶם [a]רְאוּבֵן יָד אַל־תִּשְׁלְחוּ־בוֹ לְמַ֫עַן הַצִּיל אֹתוֹ
מִיָּדָם׃ (창 37:22) a. '르우벤.'

(10) אַךְ לֹא־יֵחָשֵׁב אִתָּם הַכֶּ֫סֶף הַנִּתָּן עַל־יָדָם (왕하 22:7)

(11) וְהֶאֱמִן בַּיהוָה וַיַּחְשְׁבֶ֫הָ לּוֹ צְדָקָה׃ (창 15:6)

(12) וַיַּחַלְמוּ חֲלוֹם שְׁנֵיהֶם אִישׁ חֲלֹמוֹ בְּלַ֫יְלָה אֶחָד (창 40:5)

(13) וַתִּלָּקַח [a]אֶסְתֵּר אֶל־הַמֶּ֫לֶךְ אֶל־בֵּית מַלְכוּתוֹ בִּשְׁנַת־[b]שֶׁ֫בַע
לְמַלְכוּתוֹ (에 2:16) a. '에스더.' b. 숫자.

(14) [a]וְיֹאמַר אָדָם אַךְ־פְּרִי לַצַּדִּיק אַךְ יֵשׁ־אֱלֹהִים שֹׁפְטִים
בָּאָרֶץ׃ (시 58:11; *BHS* 58:12) a. 악센트 위치는 מַר이다.

(15) וַיִּשָּׁאֲרוּ שְׁנֵי־אֲנָשִׁים בַּמַּחֲנֶה שֵׁם הָאֶחָד [a]אֶלְדָּד וְשֵׁם [b]הַשֵּׁנִי
[a]מֵידָד (민 11:26) a. 각각 '엘닷'과 '메닷.' b. 서수

(16) וַיִּקְחוּ אֶת־כָּל־[a]רְכוּשׁ הָעִיר וְאֶת־כָּל־אָכְלָם וַיֵּלֵכוּ׃
a. '재산, 물품.' (창 14:11)

(17) רָאָה עֵשָׂו כִּי־בֵרַךְ יִצְחָק אֶת־יַעֲקֹב וְשִׁלַּח אֹתוֹ [a]פַּדֶּ֫נָה אֲרָם
לָקַֽחַת־לוֹ מִשָּׁם אִשָּׁה (창 28:6) a. ה ָ (방향) + פַּדַּן אֲרָם '밧단 아람.'

(18) וַתֹּא֫מַרְנָה הַנָּשִׁים אֶל־[a]נָעֳמִי בָּרוּךְ יהוה אֲשֶׁר לֹא הִשְׁבִּית לָךְ
גֹּאֵל הַיּוֹם וְיִקָּרֵא שֵׁם־הַיֶּ֫לֶד בְּיִשְׂרָאֵל׃ (룻 4:14) a. '나오미.' 발음 [노오미].

(19) בָּרֵךְ יְבָרֶכְךָ יהוה בָּאָרֶץ אֲשֶׁר יהוה אֱלֹהֶ֫יךָ נֹתֵן־לְךָ
נַחֲלָה (신 15:4)

(20) כִּשְׁמֹ֫עַ עֵשָׂו אֶת־דִּבְרֵי אָבִיו וַיִּצְעַק [a]צְעָקָה גְּדֹלָה עַד־מְאֹד
וַיֹּ֫אמֶר לְאָבִיו בָּרְכֵ֫נִי גַם־[b]אָ֫נִי אָבִי׃ (창 27:34)
a. '부르짖음, 외침.' b. 가끔 강조적으로 אֲנִי 대신 אָ֫נִי

(21) זֹאת הַבְּרָכָה אֲשֶׁר בֵּרַךְ מֹשֶׁה אִישׁ הָאֱלֹהִים אֶת־בְּנֵי יִשְׂרָאֵל
לִפְנֵי מוֹתוֹ (신 33:1)

(22) אִם־לֹא יִגְאַל אֶת־הַשָּׂדֶה וְאִם־מָכַר אֶת־הַשָּׂדֶה לְאִישׁ אַחֵר
לֹא יִגָּאֵל עוֹד׃ (레 27:20)

(23) עַתָּה יהוה אֱלֹהִים יֵאָמֵן דְּבָרְךָ עִם דָּוִיד אָבִי כִּי אַתָּה
הִמְלַכְתַּנִי עַל־עַם רַב כַּעֲפַר הָאָרֶץ׃ (대하 1:9)

(24) וַיַּעֲבֹר אַבְרָם בָּאָרֶץ עַד מְקוֹם [a]שְׁכֶם וְהַכְּנַעֲנִי אָז
בָּאָרֶץ׃ (창 12:6) a. ‘세겜.’

(25) וַיִּקְרָא אֶת־שְׁמוֹ נֹחַ לֵאמֹר זֶה יְנַחֲמֵנוּ מִמַּעֲשֵׂנוּ מִן־הָאֲדָמָה׃ (창 5:29)

(26) וְקָרְאוּ לָהֶם עַם־הַקֹּדֶשׁ גְּאוּלֵי יהוה וְלָךְ יִקָּרֵא דְרוּשָׁה׃ (사 62:12)

(27) וַיִּבְחַר מֹשֶׁה אַנְשֵׁי־חַיִל מִכָּל־יִשְׂרָאֵל וַיִּתֵּן אֹתָם רָאשִׁים עַל־הָעָם
שָׂרֵי [a]אֲלָפִים שָׂרֵי [a]מֵאוֹת שָׂרֵי [a]חֲמִשִּׁים וְשָׂרֵי [a]עֲשָׂרֹת׃ (출 18:25) a. 숫자들

(28) הַהִצִּילוּ אֹתָם אֱלֹהֵי הַגּוֹיִם אֲשֶׁר [a]שִׁחֲתוּ אֲבוֹתַי (왕하 19:12)

a. 16과의 단어 שָׁחַת를 보라.

(29) וְיֵשׁ אֲשֶׁר אֹמְרִים בָּנֵינוּ וּבְנֹתֵינוּ אֲנַחְנוּ רַבִּים וְנִקְחָה לֶחֶם
וְנֹאכְלָה וְנִחְיֶה׃ (느 5:2)

(30) בָּרוּךְ יהוה אֱלֹהֵי יִשְׂרָאֵל מֵהָעוֹלָם וְעַד הָעוֹלָם אָמֵן וְאָמֵן׃
(시 41:13; *BHS* 41:14)

(31) וַיֵּלֶךְ דָּוִד הָלוֹךְ וְגָדוֹל ויהוה אֱלֹהֵי צְבָאוֹת עִמּוֹ׃ (삼하 5:10)

(32) וַיַּשְׁבִּעֵנִי אֲדֹנִי לֵאמֹר לֹא־תִקַּח אִשָּׁה לִבְנִי מִבְּנוֹת הַכְּנַעֲנִי
אֲשֶׁר אָנֹכִי יֹשֵׁב בְּאַרְצוֹ׃ אִם־לֹא אֶל־בֵּית־אָבִי תֵּלֵךְ וְאֶל־מִשְׁפַּחְתִּי
וְלָקַחְתָּ אִשָּׁה לִבְנִי׃ (창 24:37-38)

(33) וַיְהִי מֵאָז אֲדֹנָיו הִפְקִיד אֶת־יוֹסֵף בְּבֵיתוֹ וְעַל כָּל־אֲשֶׁר יֶשׁ־לוֹ
וַיְבָרֶךְ יהוה אֶת־בֵּית הַמִּצְרִי וַיְהִי בִּרְכַּת יהוה בְּכָל־אֲשֶׁר יֶשׁ־לוֹ
בַּבַּיִת וּבַשָּׂדֶה׃ (창 39:5)

(34) שְׁמַע אֵלַי יַעֲקֹב וְיִשְׂרָאֵל [a]מְקֹרָאִי אֲנִי־הוּא אֲנִי רִאשׁוֹן
אַף אֲנִי אַחֲרוֹן׃ (사 48:12) a. 푸알 분사.

20과 연습문제 해답

II. 문장 해석

(1) 이것은 너희가 (그것을) 상속받을 그 땅이다.

(2) 그리고 라반은 그 곳의 모든 사람을 소집했다(모았다).

(3) 너의 속량자는 이스라엘의 거룩하신 분이시다.

(4) 전능자가 누구시기에(무엇이라고) 우리가 그를 섬겨야 하는가?
(נַעַבְדֶ֫נּוּ ←[쉐바 유포니]← נַעֲבְדֶ֫נּוּ ← הוּ '그를' + נ ֶ֫ [강세 눈] + נַעֲבֹד)

(5) 나는 언제나 여호와를 송축하리이다. (미완료 연장)

(6) "너희는 위로하라, 너희는 내 백성을 위로하라!"고 너희 하나님이 말씀하신다.
(נַחֲמוּ ← וּ + נַחֵם[피엘 명령] ← יְנַחֵם[피엘 미완]/נָחַם)

(7) 그리고 내 백성이 다른 신들에게로 돌이킬 것이다. 그리고 그들이 그것들을 섬길 것이다. (עֲבָדוּם ← ם ָ + עָבְדוּ ← וּ + עָבַד)

(8) 나는 내 혈족에게 합류될 것이다(돌아갈 것이다)(אָסַף 니팔). 너희는 나를 나의 조상들에게 데려가 묻으라. (여기서 עַם은 '백성'이라기보다는 먼저 죽은 '혈족의 사람들'이다)

(9) 그리고 르우벤이 그들에게 말했다. "너희는 그에게 손을 대지 말라"고. 그를 그들의 손에서 구출하기 위해서.

(10) 단연코 그들의 손에 (이미) 주어진 그 은전은 그들과 더불어 계산될 필요가 없습니다. ('은'은 흔하게 당시의 화폐 단위인 '세겔'이라는 일정한 무게의 '은전'을 가리킨다)

(11) 그리고 그가 여호와를 믿었다. 그래서 그분은 그것을 그에게 의로 여기셨다(평가하셨다). (וְהֶאֱמִן은 불완전 필사법이며 완전 필사법은 וְהֶאֱמִין이다. 이 문장은 난해하다. וַיַּחְשְׁבֶ֫הָ에 목적격 대명사 ֶ֫הָ ['그녀를']가 왜 붙었으며, 게다가 왜 여성형이 붙었는가? 이것은 앞선 문장에서 설명된 아브라함의 믿음을 가리킨다. 보통 앞선 문장의 동작이나 상태가 이렇게 대명사로 표현될 수 있는데, 이런 경우 그 대명사는 일반적으로 3인칭 여성단수다[Waltke and O'Connor, *Introduction to Biblical Hebrew Syntax*, 175, 304]).

(12) 그리고 그 두 사람이 꿈을 꿨다. 같은 날(한 날) 밤에 각각(אִישׁ) 자신의 꿈을.

(13) 그리고 에스더가 그 왕에게로 그의 왕국의 집(왕궁)으로 취해졌다. 그의 통치(왕권)의(그의 통치에 속한) 제 7년에.
(여기서 מַלְכוּת가 단순히 영토를 넘은 통치 개념임이 드러난다. תִּלָּקַח[니팔 미완]은 19과의 동사 לָקַח의 도표와 설명을 보라.)

(14) 그리고 사람이 말할 것입니다. “진정으로 의인에게 열매(보상)가 있으며 진정으로 땅에는 심판하시는 하나님이 계시구나!”

(15) 그리고 두 사람이 진영에 남았다. 첫 번째(219쪽 서수) 이름은 엘닷, 두 번째 이름은 메닷이었다. (יִשָּׁאֲרוּ ← וּ + יִשָּׁאֵר[니팔 미완]/שָׁאַר)

(16) 그리고 그들이 그 성읍의 모든 재물과 그들의 모든 양식을 취했다. 그리고 그들이 갔다.

(יִקְחוּ[칼 미완]는 19과의 לָקַח의 도표와 설명을 보라)

(17) 에서는 보았다(알았다). 이삭이 야곱을 축복했으며 그가 그를 밧단아람으로 거기서 그를 위한 아내를 취하기 위해 보냈다는 것을.

(18) 그리고 그 여자들이 나오미에게 말했다. “오늘 너(여)를 위해 속량자를 그치게 하지 않으신 여호와가 찬양 받으시기를! 그 아이의 이름이 이스라엘 가운데서 외쳐지기를(유명해지기를)!”

(칼 수동 분사 בָּרוּךְ을 ‘축복받고 있다’고 번역할 수 없다. 하나님이 주어이기 때문이다. 이 경우 하나님이 찬양과 영광을 받는다는 의미로 이해되어야 한다)

(19) 여호와께서 너를 반드시 축복하실 것이다. 여호와 너의 하나님이 너에게 상속물로 줄 그 땅에서. (피엘 부정사 절대형 בָּרַךְ의 강조 용법)

(20) 에서가 그의 아버지의 말(들)을 들었을 때, 그는 심히 큰 부르짖음으로 울부짖었다. 그리고 그는 그의 아버지에게 말했다. “(나의) 아버지여, 저 또한 축복하여주소서!”

(בָּרֲכֵנִי = ֵנִי + בָּרֵךְ[명령]. 부정사 שְׁמֹעַ에 대해 각주 111을 보라)

(21) 이것은 (그)하나님의 사람 모세가 그의 죽음 전에 이스라엘 자손들을 축복했던 복이다.

(22) 만일 그가 그 밭을 무르지 않고 그 밭을 다른 사람에게 팔았다면, 그것은 더 이상(다시는) 무르기가 되지 않아야 한다.

(23) 이제 여호와 하나님이여, 나의 아버지 다윗과 함께 있는(의역, ‘다윗과 말씀하셨던’) 당신의 말이 확증되게 하소서(니팔 미완)! 왜냐하면, 당신께서 저를 땅의 먼지처럼 많은 백성 위에 왕으로 세우셨기 때문입니다.

(24) 그리고 아브람이 그 땅을(그 땅에서) 통과해서(지나서) 세겜의 (한)장소에 이르렀다. 그리고 그때 그 땅에 가나안 족속이 있었다.

(25) 그리고 그는 그의 이름을 노아라 불러 이르기를 “이 아이는(‘이것,’ זֶה) 땅에서의 우리의 노고(일)로부터 우리를 위로할 것이다.”

(26) 그리고 그들은 그들을 향해 거룩한 백성, 곧 여호와의 구속받은 자들이라 부를 것이다. 그리고 찾아진 자가 너에게 호칭될 것이다(의역, '너는 찾아진 자로 불릴 것이다').

('찾아진 자'[דְּרוּשָׁה]가 너에게[לָךְ] 호칭될 것이다.'

גְּאוּלֵי[수분.남.복.연계형] ← גְּאוּלִים[수분.남.복] ← גָּאוּל[수분.남.단])

(27) 그리고 모세가 온 이스라엘로부터 유력한(힘의) 사람들을 선택했다. 그리고 그들을 (그) 백성 위에 두령들(머리들)로 두었다(세웠다). 천부장, 백부장, 오십부장, 그리고 십부장으로.

(28) 나의 조상들이 파멸시켰던 그 열국의 신들이 그들을 구했느냐?

(29) "우리의 아들들과 우리의 딸들(과 더불어), 우리가 많다. 그러니 우리가 식량을 얻어서 우리가 먹고 생존하자"고 말하는 사람(אֲשֶׁר)이 있다. (여기서 관계사 אֲשֶׁר는 '..하는 사람'으로 해석된다. נִחְיֶה[חָיָה]는 미완료 의지법으로 해석된다. 마지막 자음에 ה인 경우 의지법에 연장 어미 ה ָ 가 붙지 않는다. 이것은 나중에 라메드-헤 동사에서 배울 것이다)

(30) 여호와 이스라엘의 하나님은 찬송 받으소서! 영원부터 영원까지 아멘! 아멘!

(31) 그리고 다윗은 갈수록 (문자적으로, '계속 전진하여') 위대해졌다. 그리고 여호와 만군의 하나님께서 그와 함께 계셨다.

(הָלַךְ의 부정사 절대형 הָלוֹךְ의 점진적 강조 용법에 대해서는 165쪽을 보라)

(32) 그리고 나의 주께서 나를 맹세하게 하시며 말씀하셨습니단. "너는 내가 (그의=그들의) 땅에 거하고 있는 가나안 족속의 딸들 중에서 내 아들을 위한 아내를 취하지 말라. 그것이 아니라면, 내 아버지의 집으로 가거라. 그리고 나의 혈족에게로 (가거라). 그리고 너는 내 아들을 위해 한 여자를 취하거라."

(יַשְׁבִּעֵנִי ← ֵנִי + יַשְׁבִּיעַ[히필 미완]/שָׁבַע)

(33) 그리고 그 후에 그의 주인은 자신의 집에서, 그리고 자신에게 속한 모든 것을 위해(위에서) 요셉이 관할하게(돌아보게) 했다. 그리고 여호와께서 그 이집트 사람의 집을 축복하셨다. 그리고 여호와의 복이 그에게 속한 모든 것에, 그 집과 그 밭에 임했다.

(34) 내게 들으라! 야곱아, 그리고 나의 부름을 받은 자, 이스라엘아! 나는 그니라. 나는 처음이요, 또한 마지막이니라!

(מְקֹרָאִי ← ִי + מְקֹרָא ←[강점 빠지고 보상]← מְקֻרָּא[푸알 분사]/קָרָא)

21과 라메드-후음 / 라메드-알렙 / 라메드-헤 동사

A. 라메드-후음 동사

1. 개요

1) 이 과에서는 라메드 자리, 곧 마지막 자음에 후음들이 오는 동사들이 모두 다루어질 것이다.

2) 후음 중에 강후음인 ע과 ח로 끝나는 동사만이 라메드-후음 동사로 분류되고 약후음인 א과 ה로 끝나는 약동사는 각각 별도로 라메드-알렙 동사, 라메드-헤 동사로 분류된다.[215] 우리는 먼저 라메드-후음 동사를 배우기로 한다.

2. 라메드-후음 동사의 도표와 특징

1) 다음 기본 도표를 숙지하라.

<table>
<tr><th>형태</th><th>Qal</th><th>Niph</th><th>Piel</th><th>Pual</th><th>Hith</th><th>Hiph</th><th>Hoph</th></tr>
<tr><td>완료</td><td>שָׁלַח</td><td>נִשְׁלַח</td><td>שִׁלַּח</td><td>שֻׁלַּח</td><td>הִשְׁתַּלַּח</td><td>הִשְׁלִיחַ</td><td>(הֻ)הָשְׁלַח</td></tr>
<tr><td>미완</td><td>יִשְׁלַח</td><td>יִשָּׁלַח</td><td>יְשַׁלַּח</td><td>יְשֻׁלַּח</td><td>יִשְׁתַּלַּח</td><td>יַשְׁלִיחַ</td><td>(יֻ)יָשְׁלַח</td></tr>
<tr><td>명령</td><td>שְׁלַח</td><td>הִשָּׁלַח</td><td>שַׁלַּח</td><td>—</td><td>הִשְׁתַּלַּח</td><td>הַשְׁלַח</td><td>—</td></tr>
<tr><td>부연</td><td>שְׁלֹחַ</td><td>הִשָּׁלַח</td><td>שַׁלַּח</td><td rowspan="2">שֻׁלַּח</td><td rowspan="2">הִשְׁתַּלַּח</td><td>הִשְׁלִיחַ</td><td rowspan="2">(הֻ)הָשְׁלַח</td></tr>
<tr><td>부절</td><td>שָׁלוֹחַ</td><td>הִשָּׁלֹחַ
= נִשְׁלֹחַ</td><td>שַׁלֵּחַ</td><td>הִשְׁלֵחַ</td></tr>
<tr><td>능분</td><td>שֹׁלֵחַ</td><td rowspan="2">נִשְׁלָח</td><td rowspan="2">מְשַׁלֵּחַ</td><td rowspan="2">מְשֻׁלָּח</td><td rowspan="2">מִשְׁתַּלֵּחַ</td><td rowspan="2">מַשְׁלִיחַ</td><td rowspan="2">(מֻ)מָשְׁלָח</td></tr>
<tr><td>수분</td><td>שָׁלוּחַ</td></tr>
</table>

215) 이와 같이 약동사가 후음에 따라 종류가 다른 이유는 3과에서 배운 대로(49쪽) 강후음과 약후음의 고유한 특성이 다르기 때문이다. 말하자면, 약후음인 א과 ה의 경우 접미어가 뒤에 오면 침묵이 되어 개음절이지만, 그것보다 강후음인 ע과 ח는 폐음절을 이루는 특징을 가져 동사 변화의 양상이 서로 상이하다.

2) 라메드-후음 동사의 변화 유형은 매우 단순하다. 강동사와 다른 점은 단지 후음 법칙 중에 후음 앞의 모음이 후음이 선호하는 '아'음으로 바뀌는 특징이 적용된다는 것뿐이다.

3) 동사 **שָׁלַח**의 히트파엘과 호팔은 나타나지 않으나 모형 동사로 제시된다. 기본 어간형들의 해석은 다음과 같다.

שָׁלַח(칼) '그는 보냈다' / **נִשְׁלַח**(니팔) '그가 보내졌다'

שִׁלַּח(피엘) '그는 멀리 보냈다(send away), 추방했다'

שֻׁלַּח(푸알) '그는 멀리 보내졌다' / **הִשְׁתַּלַּח**(히트파엘) - 없음

הִשְׁלִיחַ(히필) '그는 (짐승을) 풀어서 보냈다' / **הָשְׁלַח**(호팔) - 없음

4) 다음은 각 어간의 변화형의 예시와 영문 각주에 대한 설명이다.

형태	Qal	Niph	Piel	Pual	Hith	Hiph	Hoph
완료	שָׁלַח[a]	נִשְׁלַח	שִׁלַּח[a]	שֻׁלַּח	הִשְׁתַּלַּח[c]	הִשְׁלִיחַ[a]	(הֻ)הָשְׁלַח[a]
	שָׁלְחָה	נִשְׁלְחָה[a]	שִׁלְּחָה	שֻׁלְּחָה	הִשְׁתַּלְּחָה	הִשְׁלִיחָה	הָשְׁלְחָה
	שָׁלַחְתָּ	נִשְׁלַחְתָּ	שִׁלַּחְתָּ	שֻׁלַּחְתָּ	הִשְׁתַּלַּחְתָּ	הִשְׁלַחְתָּ	הָשְׁלַחְתָּ
	שְׁלַחְתֶּם	נִשְׁלַחְתֶּם	שִׁלַּחְתֶּם	שֻׁלַּחְתֶּם	הִשְׁתַּלַּחְתֶּם	הִשְׁלַחְתֶּם	—
미완	יִשְׁלַח[a]	יִשָּׁלַח	יְשַׁלַּח	יְשֻׁלַּח	יִשְׁתַּלַּח	יַשְׁלִיחַ	(יֻ)יָשְׁלַח[b]
	אֶשְׁלַח	אֶשָּׁלַח	אֲשַׁלַּח	אֲשֻׁלַּח	אֶשְׁתַּלַּח	אַשְׁלִיחַ	—
	יִשְׁלְחוּ	יִשָּׁלְחוּ	יְשַׁלְּחוּ	יְשֻׁלְּחוּ	יִשְׁתַּלְּחוּ	יַשְׁלִיחוּ	
	תִּשְׁלַחְנָה	תִּשָּׁלַחְנָה	תְּשַׁלַּחְנָה	תְּשֻׁלַּחְנָה	תִּשְׁתַּלַּחְנָה	תַּשְׁלַחְנָה	
연장	נִשְׁלְחָה	אֶשָּׁלְחָה	אֲשַׁלְּחָה	—	—	אַשְׁלִיחָה	—
명령	שְׁלַח[b]	הִשָּׁלַח	שַׁלַּח	—	הִשְׁתַּלַּח	הַשְׁלַח[b]	—
	שִׁלְחוּ	הִשָּׁלְחוּ	שַׁלְּחוּ		הִשְׁתַּלְּחוּ	הַשְׁלִיחוּ[c]	
연장	שִׁלְחָה	הִשָּׁלְחָה	—		—	הַשְׁלִיחָה	
부연	שְׁלֹחַ[c]	הִשָּׁלַח	שַׁלַּח[b]	שֻׁלַּח[b]	הִשְׁתַּלַּח[b]	הַשְׁלִיחַ	(הֻ)הָשְׁלַח[b]
부절	שָׁלוֹחַ[c]	הִשָּׁלֵחַ = נִשְׁלֹחַ	שַׁלֵּחַ[b]			הַשְׁלֵחַ	
능분	שֹׁלֵחַ[d] שֹׁלְחִים	נִשְׁלָח	מְשַׁלֵּחַ	מְשֻׁלָּח	מִשְׁתַּלֵּחַ	מַשְׁלִיחַ	(מֻ)מָשְׁלָח
수분	שָׁלוּחַ						

① 칼

a. 칼뿐만 아니라 모든 어간(stem)의 완료/미완료가 후음 앞에서 파타(◌ַ)를 취하였다. 피엘과 히트파엘, 곧 בִּקַּע/שִׁלַּח과 הִתְבַּקַּע/הִשְׁתַּלַּח도 마찬가지인데, 강동사에서는 이 어간들의 종음절 모음이 '아'가 아닌 '에'였다. 다만 히필은 히렉 요드(◌ִי)를 유지한 채 도입 파타(◌ַ)를 넣는다: הִשְׁלִיחַ

b. 칼 명령의 홀렘(◌ֹ)은 순장모음으로 간주되지 않아 후음 앞에서 파타(◌ַ)로 바뀐다: שְׁלַח '너는 보내라' / שְׁמַע '너는 들으라' (שְׁמֹר '너는 지키라')

c. 그러나 칼 부정사의 홀렘(◌ֹ)은 순장모음이므로 바뀔 수 없으며 따라서 도입 파타를 쓴다: שְׁלֹחַ(부연)/שְׁלוֹחַ(부절) '보내는 것'

d. 칼 분사의 체레(◌ֵ)는 기본형에서만큼은 자신의 모음을 유지하면서 도입 파타를 쓴다: שֹׁלֵחַ '보내는 (남자).' 그러나 어미가 붙으면 체레(◌ֵ)를 가진 제3변화 명사처럼(각주 54를 보라) 바로 앞 모음이 쉐바(◌ְ)로 약화된다: שֹׁלְחִים '보내는 (남자들).'

② 니팔

a. 니팔형을 비롯한 강조형 어간들도 후음의 영향으로 '아'음을 선호한다는 것 외에 별다른 특징은 없다. 다만, 니팔.완.3.여.단 נִשְׁלְחָה('그녀가 보내졌다')가 강동사에서와 마찬가지로 칼.미완(연장).1.공.복.의지('우리가 보냅시다')와 같은 형태임을 유의하라.

③ 강조형

a. 칼형 שָׁלַח는 단순히 '보내다'인 반면 피엘형 שִׁלַּח는 '멀리 보내다'는 뜻이다.

b. 강조형 부정사들의 모음 또한 후음의 영향으로 '아'음을 취한다. 다만 피엘 부정사 절대형의 모음은 체레(◌ֵ)임을 주의하라.

c. 치찰음이 도치되었음을 유의하라. 그러나 שָׁלַח의 히트파엘은 사용되지 않으며 다른 사례를 들자면, שָׁכַח('잊다')의 히트파엘 הִשְׁתַּכַּח('그가 잊혀졌다')가 나타난다(전 8:10). 첫 자음이 치찰음이 아닌 다른 동사의 예로 הִתְבַּקַּע('그것이 저절로 쪼개졌다')를 들 수 있다.

④ 히필

a. 히필 완료/미완료/부정사/분사는 히렉 요드(◌ִי)를 순장모음으로 간주하여 도입 파타를 쓴다: הִשְׁלִיחַ '그는 (풀어서) 멀리 보냈다'(피엘과 동일 의미)

b. 단지 명령형은 강동사에서 배웠듯이 히렉 요드(◌ִי)대신 파타(◌ַ)를 취한다: הַשְׁלַח

c. 그러나 그 파타(◌ַ)는 모음 접미어가 붙으면 ◌ִי로 되돌아간다: הַשְׁלִיחוּ

⑤ 호팔

a. 강동사와 약동사 모두 호팔형의 첫 모음으로 '오' 대신 '우'가 오는 경우가 흔하다: הָשְׁלַח = הֻשְׁלַח

b. 미완료(2회)와 부정사(1회)는 거의 사용되지 않는다.

B. 라메드-알렙 동사

1. 개요

1) 라메드-알렙 동사는 마지막 자음이 א인 동사들을 일컫는다.[216)]

2) '아'음을 좋아하는 후음은 강후음 ע/ח 앞에서는 주로 단모음 파타(◌ַ)가, 약후음 א/ה 앞에서는 그것들이 묵음이 되면서 장모음 카메츠(◌ָ)가 온다. 라메드-알렙 동사는 이 원칙에 따라 마지막 모음이 강동사를 기준으로 파타(◌ַ)인 경우에 모두 장모음 '아' 곧 카메츠(◌ָ)로 길어진다.

3) 라메드-알렙 동사의 가장 중요한 특징은 완료, 미완료와 명령에서 경접미어와 중접미어가 붙을 때 마지막 자음인 א앞의 모음이 א◌ֵ나 א◌ֶ로 바뀐다는 것이다(◌ֵ֫אתָ__/ ◌ֵאתֶם__/ ◌ֶ֫אנָה__). 이것은 모든 어간형들에서 공통적인 특징이다.

4) 마지막 자음 א은 접미어가 추가되면 가끔 사라지기도 한다.

---

216) 앞서 언급했듯이, 마지막 자음이 א/ה인 동사는 후음의 특성상 ע/ח와 차이가 있으므로 라메드-알렙/라메드-헤 동사로 별도로 취급된다.

2. 라메드-알렙 동사의 도표와 특징

1) 다음 기본 도표를 숙지하라.

<table>
<tr><th>형태</th><th>Qal</th><th>Niph</th><th>Piel</th><th>Pual</th><th>Hith</th><th>Hiph</th><th>Hoph</th></tr>
<tr><td>완료</td><td>מָצָא</td><td>נִמְצָא</td><td>מִצֵּא</td><td>מֻצָּא</td><td>הִתְמַצֵּא</td><td>הִמְצִיא</td><td>הֻמְצָא</td></tr>
<tr><td>미완</td><td>יִמְצָא</td><td>יִמָּצֵא</td><td>יְמַצֵּא</td><td>יְמֻצָּא</td><td>יִתְמַצֵּא</td><td>יַמְצִיא</td><td>יֻמְצָא</td></tr>
<tr><td>명령</td><td>מְצָא</td><td>הִמָּצֵא</td><td>מַצֵּא</td><td>—</td><td>—</td><td>הַמְצֵא</td><td>—</td></tr>
<tr><td>부연</td><td>מְצֹא</td><td>הִמָּצֵא</td><td>מַצֵּא</td><td rowspan="2">—</td><td rowspan="2">הִתְמַצֵּא</td><td>הַמְצִיא</td><td rowspan="2">—</td></tr>
<tr><td>부절</td><td>מָצוֹא</td><td>הִמָּצֹא
= נִמְצֹא</td><td>מַצֹּא</td><td>הַמְצֵא</td></tr>
<tr><td>능분</td><td>מֹצֵא</td><td rowspan="2">נִמְצָא</td><td rowspan="2">מְמַצֵּא</td><td rowspan="2">מְמֻצָּא</td><td rowspan="2">מִתְמַצֵּא</td><td rowspan="2">מַמְצִיא</td><td rowspan="2">מֻמְצָא</td></tr>
<tr><td>수분</td><td>מָצוּא</td></tr>
</table>

2) 기본 어간형들의 해석

동사 מָצָא의 강조형과 호팔은 나타나지 않으나 모형 동사로 사용했다.

מָצָא(칼) '그는 발견했다' / נִמְצָא(니팔) '그는 발견되었다'
מִצֵּא(피엘) 없음 / מֻצָּא(푸알) 없음 / הִתְמַצֵּא(히트파엘) 없음
הִמְצִיא(히필) '그가 발견하게 했다'(caused to find)
הֻמְצָא(호팔) - 없음

3) 다음은 각 어간의 변화형이 예시된 도표와 그것의 영문 각주에 따른 설명이다.

① 칼

a. 완료에서 경접미어나 중접미어가 붙자 그 앞에 א ֵ 가 온다. 이것은 칼을 제외한 모든 어간형들의 공통적 특징이다.

b. 단지 칼 완료만은 예외로 א ֵ 가 아닌 א ָ 이다: מָצָ֫אתָ'너(남)는 발견했다'/ מְצָאתֶם '너희(남)는 발견했다.'[217] 2인칭 여성(תְּ)이 붙은 מָצָאת('너[여]는 발견했다')는 א이 묵음이므로 תְּ의 쉐바가 사라진다. 나머지 니팔부터 히필까지는 모두 א ֵ 가 경/중접미어 앞에 온다: נִמְצֵ֫אתָ(니팔) '너(남)는 발견되었다' / נִמְצֵאתֶם(니팔) '너희(남)는 발견되었다.

217) 종종 라메드-알렙 동사의 마지막 자음 א은 접미어가 붙을 때 자주 사라지는데, 예를 들어, מָצָ֫אתִי('내가 발견했다')는 מָצָ֫תִי로도 나타난다.

형태	접미형	Qal	Niph	Piel	Pual	Hith	Hiph	Hoph
완료		מָצָא	נִמְצָא	מִצֵּא	מֻצָּא	הִתְמַצֵּא[a]	הִמְצִיא	הֻמְצָא
	 ◌ֵ֫אתָ-[a] ◌ֵאתֶם-	מָצְאָה מָצָ֫אתָ[b] מְצָאתֶם[b]	נִמְצְאָה נִמְצֵ֫אתָ נִמְצֵאתֶם	מִצְּאָה מִצֵּ֫אתָ מִצֵּאתֶם	מֻצְּאָה מֻצֵּ֫אתָ מֻצֵּאתֶם	הִתְמַצְּאָה הִתְמַצֵּ֫אתָ הִתְמַצֵּאתֶם	הִמְצִ֫יאָה הִמְצֵ֫אתָ הִמְצֵאתֶם	הֻמְצְאָה הֻמְצֵ֫אתָ הֻמְצֵאתֶם
미완		יִמְצָא[c]	יִמָּצֵא	יְמַצֵּא	יְמֻצָּא	יִתְמַצֵּא	יַמְצִיא	יֻמְצָא
	  ◌ֶ֫אנָה-[d]	אֶמְצָא יִמְצְאוּ תִּמְצֶ֫אנָה	אֶמָּצֵא יִמָּצְאוּ תִּמָּצֶ֫אנָה	אֲמַצֵּא יְמַצְּאוּ תְּמַצֶּ֫אנָה	אֲמֻצָּא יְמֻצְּאוּ תְּמֻצֶּ֫אנָה	אֶתְמַצֵּא יִתְמַצְּאוּ תִּתְמַצֶּ֫אנָה	אַמְצִיא יַמְצִ֫יאוּ תַּמְצֶ֫אנָה	—
연장		אֶמְצְאָה[e]	—	—	—	—	אַמְצִיאָה	—
명령	 ◌ֶ֫אנָה-[d]	מְצָא מִצְאוּ מְצֶ֫אנָה	הִמָּצֵא הִמָּצְאוּ הִמָּצֶ֫אנָה	מַצֵּא מַצְּאוּ מַצֶּ֫אנָה	—	—	הַמְצֵא הַמְצִאוּ הַמְצֶ֫אנָה	—
연장		(מְצָאָה)[e]	—	—			הַמְצִ֫יאָה	
부연		מְצֹא	הִמָּצֵא	מַצֵּא	—	הִתְמַצֵּא	הַמְצִיא	—
부절		מָצוֹא	הִמָּצֹא = נִמְצֹא	מַצֹּא			הַמְצֵא	
능분		מֹצֵא	נִמְצָא	מְמַצֵּא	מְמֻצָּא	מִתְמַצֵּא	מַמְצִיא	מֻמְצָא
수분		מָצוּא						

c. 칼 미완료는 마지막 모음이 후음의 영향으로 '아'음이 왔는데, **א**앞이므로 장모음 카메츠(◌ָ[ā])로 길어진다: **יִמְצָא** '그는 발견할 것이다.'

d. 미완료에 경접미어가 붙은 경우 모든 어간형들에서 그 앞에 **א**ֶ 이 오는 특징이 나타난다: **תִּמְצֶ֫אנָה** '그녀들/너희(여)는 발견할 것이다.' 명령에 경접미어가 붙은 경우도 마찬가지이다: **מְצֶ֫אנָה** '너희(여)는 발견하라.'

e. 라메드-알렙 동사의 모든 어간에서 미완료 및 명령의 연장형은 드물다. 아마 이것은 마지막 자음이 묵음인 **א**이기 때문일 것이다. 명령의 연장형 **מְצָאָה**(통상적인 **מִצְאָה**가 아님)는 단 한번 만 나타난다.

② 니팔과 강조형 및 사역형

니팔 이하 강조형과 사역형 모두에 경/중접미어가 붙을 때 동일하게 공통의 접미 형태가 나타나므로 이하 생략한다. 다만 강조형 히트파엘에서 어떤 동사는 마지막 모음이 '에'가 아닌 '아'이다: **הִתְחַטָּא** '자신을 깨끗케 하다'.

C. 라메드-헤 동사

1. 개요

1) 이것은 마지막 자음이 ה인 동사로서 가장 중요한 특징은 마지막 자음 ה가 자주 사라지고 그 자리에 י가 대신 나타난다는 점이다. 사실 본래 이 동사의 마지막 자음은 י였는데 나중에 ה로 바뀌었다. 그러므로 ה가 사라진다기보다는 원래의 י로 되돌아간다고 보아야 한다.

2) 이 동사는 라메드-알렙 동사와 같이 끝의 특징에 주목해야 한다.

> 라메드-헤 동사의 끝의 특징은 경/중접미어가 붙을 때 라메드-알렙 동사와 비슷하나 ה가 י로 바뀌면서 모음이 ◌ִי나 ◌ֵי가 된다는 점이다(◌ִיתָ/◌ֵיתֶם). 만일 모음 접미어가 붙으면 ה가 아예 사라진다. 예컨대, ו + הָיָה → הָיוּ에서 ה가 사라졌다.

2. 라메드-헤 동사의 도표와 특징

1) 아래 기본 도표에서 보듯이 일단 라메드-헤 동사는 칼부터 히필에 이르기까지 모든 어간형들이 각 형태의 기본형(미완/완료 이하)마다 각기 다른 공통의 고유한 끝 모양을 지닌다. 예컨대, 모든 어간들의 미완료형은 끝이 ה◌ֶ 이며, 명령은 ה◌ֵ 이다: 칼 미완료 יִגְלֶה/ 니팔 미완료 יִגָּלֶה/ 피엘 미완료 יְגַלֶּה 등; 칼 명령 גְּלֵה/ 니팔 명령 הִגָּלֵה/ 피엘 명령 גַּלֵּה 등.

형태	끝 모양	Qal	Niph	Piel	Pual	Hith	Hiph	Hoph
완료	-◌ָה	גָּלָה	נִגְלָה	גִּלָּה	גֻּלָּה	הִתְגַּלָּה	הִגְלָה	הָגְלָה
미완	-◌ֶה	יִגְלֶה	יִגָּלֶה	יְגַלֶּה	יְגֻלֶּה	יִתְגַּלֶּה	יַגְלֶה	יָגְלֶה
명령	-◌ֵה	גְּלֵה	הִגָּלֵה	גַּלֵּה	—	הִתְגַּלֵּה	הִגְלֵה	—
부연	-◌וֹת	גְּלוֹת	הִגָּלוֹת	גַּלּוֹת	גֻּלּוֹת	הִתְגַּלּוֹת	הִגְלוֹת	הָגְלוֹה
부절	-◌ֹה	גָּלֹה	הִגָּלֹה=נִגְלֹה	גַּלֹּה	גֻּלֹּה		הִגְלֹה	הָגְלֹה
분사	-◌ֶה	גֹּלֶה	נִגְלֶה	מְגַלֶּה	מְגֻלֶּה	מִתְגַּלֶּה	מִגְלֶה	מָגְלֶה
수분		גָּלוּי						

2) 기본 어간형들의 해석

גָּלָה(칼) '그는 드러냈다(reveal), 제거했다(remove)'218)

נִגְלָה(니팔) '드러났다(be revealed)'

גִּלָּה(피엘) '그는 벗겨냈다(uncover)'/ גֻּלָּה(푸알) '벗겨졌다'

הִתְגַּלָּה(히트파엘) '그는 자신을 드러냈다'

הִגְלָה(히필) '그는 잡아갔다(거둬갔다)'/ הָגְלָה(호팔) '잡혀갔다(거둬졌다)'

3) 다음은 각 어간의 변화형의 예시와 영문 각주에 대한 설명이다.

형태	끝 모양		Qal	Niph	Piel	Pual
	기본형	접미형				
완료	-◌ָה	접미 + גָּלָה	גָּלָה	נִגְלָה	גִּלָּה	גֻּלָּה
		-תָה / -◌וּ -◌ֵ֫יתָ / -◌ִ֫יתָ -◌ֵיתֶם/-◌ִיתֶם	גָּלְתָה / גָּלוּ [a] גָּלִ֫יתָ [b] גְּלִיתֶם [b]	נִגְלְתָה / נִגְלוּ נִגְלֵ֫יתָ נִגְלֵיתֶם	↓	↓
미완	-◌ֶה	접미 + יִגְלֶה	יִגְלֶה	יִגָּלֶה	יְגַלֶּה	יְגֻלֶּה
		-◌וּ -◌ֶ֫ינָה	יִגְלוּ [a] תִּגְלֶ֫ינָה [c]	יִגָּלוּ תִּגָּלֶ֫ינָה	↓	↓
단축	어간들마다 별개의 단축형[d]		יִ֫גֶל	יִגָּל	→	→
연장	끝 자음이 ה이므로 없음[e]		—			
명령	-◌ֵה	접미 + גְּלֵה	גְּלֵה	הִגָּלֵה	גַּלֵּה	—
		-◌וּ -◌ֶ֫ינָה	גְּלוּ [a] גְּלֶ֫ינָה [c]	↓	↓	
부연	-◌וֹת		גְּלוֹת	הִגָּלוֹת	גַּלּוֹת	גֻּלּוֹת
부절	-◌ֹה		גָּלֹה	הִגָּלֹה=נִגְלֹה	גַּלֹּה	גֻּלֹּה
분사	-◌ֶה		גֹּלֶה גֹּלָה [f] גֹּלוֹת גֹּלִים	נִגְלֶה	מְגַלֶּה	מְגֻלֶּה
수분			גָּלוּי [g]			

218) 동사 גָּלָה는 일곱 어간이 모두 나타나는데 기본 의미는 '드러내다, 제거하다'이다. 다만 사역형 히필과 호팔은 각각 '잡아가다'와 '잡혀가다'는 뜻이 가능하다.

① 칼

a. 모든 어간의 완료를 포함, 미완료, 명령에서 모음 접미어가 붙으면 두 모음의 충돌로 주어를 유지하기 위해 ה가 없어진다: ו + גָּלָה → גָּלוּ '그들이 드러냈다.' 다만 3.여.단 접미어 ָה 가 접미되어 ָה + גָּלָה가 된 경우는 끝의 ָה의 옛 형태가 마치 ת인 것 마냥 그것으로 바뀐 후(73쪽과 276쪽을 보라) 접미어 ָה 가 붙는다: גָּלְתָה '그녀가 드러낼 것이다.'[219]

b. 모든 어간의 완료에서 경/중접미어가 붙으면 ָה 가 ִי 나 ֵי 로 바뀐다. *능동 어간들과 히트파엘은 ִי 로, 수동 어간들(니팔/푸알)은 ֵי 로 바뀌는 규칙이 나타난다:* גָּלִיתָ(칼) '너(남)는 드러냈다'/ נִגְלֵיתָ(니팔) '너(남)는 드러났다.'

c. 반면 모든 어간의 미완료에서 경접미어 נָה가 붙으면 앞의 모음은 세골(ֶי)이 온다. 이것은 명령도 마찬가지다: גְּלֶינָה '너희(여)는 드러내라.'

d. 라메드-헤 동사는 히필 외에 다른 어간들도 별개의 미완료 단축형을 갖는다. 이에 대해서는 아래 자세한 설명을 보라.

e. 라메드-헤 동사의 미완료와 명령의 연장형은 존재하지 않는다. 역시 아래 설명을 참고하라.

f. 능동 분사에 어미가 붙는 변화형들을 보라. גֹּלָה '드러내는 (여자)'는 ָה + גֹּלֶה의 결과다. 나머지 경우도 어미가 붙으면서 모두 ה가 사라졌다.

g. 수동 분사 גָּלוּי의 끝의 י는 ה가 원래의 것이었던 י로 바뀐 결과다. 이것은 [갈루이]로 읽는다.

② 니팔 이하 나머지 어간도 모두 공통의 접미 형태를 지니면서 칼형의 특징을 따른다.

	Qal	Niph	Piel	Pual	Hith	Hiph	Hoph
완료	גָּלָה	נִגְלָה	גִּלָּה	גֻּלָּה	הִתְגַּלָּה	הִגְלָה	הָגְלָה
미완	יִגְלֶה	יִגָּלֶה	יְגַלֶּה	יְגֻלֶּה	יִתְגַּלֶּה	יַגְלֶה	יָגְלֶה

---

219) 만일 여기에서 다른 모음접미의 경우처럼 ָה가 없어진다면 גָּלָה가 되어 완료의 기본형(3.남.단)과 구분이 안 될 것이다.

③ 동사 גָּלָה의 칼과 피엘은 의미상의 차이가 없어 보이나 피엘은 약간 차별화된 '벗겨내다'(uncover)를 그 뜻으로 취한다. 참고로, 피엘 어간은 어떤 결과적 '상태'를 발생시키는 작위적 동작(factitive)을 의미할 수 있다. 따라서 גָּלָה의 피엘 גִּלָּה는 칼 어간의 뜻인 벗기는 동작 자체라기보다는 '벗겨진 상태로 만들다'는 의미다. 히필 הִגְלָה는 사역적 동작으로 '벗겨지게 했다, 제거되게 했다'는 기본뜻을 지니면서 '거두어갔다, 잡아갔다'는 확장된 의미로 사용된다. 사실상 여기서 피엘과 히필의 뜻은 본질적으로 비슷하다. 피엘과 히필의 추가적인 용법들과 양자의 차이는 〈부록 2〉을 보라.

3. 라메드-헤 동사의 단축형

1) 라메드-헤 동사의 또 다른 특징은 미완료 단축형이 각각의 어간별로 별도로 존재한다는 것이다. 이미 배운 대로, 강동사를 비롯해서 대다수 약동사 종류들은 모든 어간형들에서 미완료형이 동시에 지시법과 바브 연속법에 사용되었으며, 예외적으로 히필만 별도의 단축형이 존재하여 그것이 지시법과 바브 연속법에 사용되었다.

2) 그러나 라메드-헤 동사의 경우는 칼부터 히필에 이르기까지 명령의 표현이 불가능한 수동 어간(푸알/호팔)을 제외한 모든 어간들이 각각의 단축형을 갖는다.

3) 단축형들은 가급적 악센트를 앞으로 보내면서 짧게 발음을 하기 때문에 라메드-헤 동사의 단축형들의 경우 모두 마지막 자음 ה가 사라지면서 짧아지는 특징을 갖는다. 그것을 동사 גָּלָה('드러내다')의 경우를 들어 아래 별도의 도표로 제시하였다. 그러나 이 단축형들은 능동형인 칼, 피엘, 히필형 외에는 많이 사용되지는 않는다.

	Qal	Niph	Piel	Pual	Hith	Hiph	Hoph
단축형	יִ֫גֶל	יִגָּל	יְגַל	—	יִתְגַּל	יֶ֫גֶל	—
+ וַ	וַיִּ֫גֶל	וַיִּ֫גַּל	וַיְגַל	—	וַיִּתְגַּל	וַיֶּ֫גֶל	—

4) 이와 같이 라메드-헤 동사의 단축형의 경우 하나의 동사가 어간별로 각기 다른 형태를 갖고 있으며 라메드-헤 동사들은 대체로 이 도표에 있는

גָּלָה의 단축형들의 유형을 따르는 경우가 많다. 예컨대, בָּנָה의 칼 미완 단축형은 יִ֫גֶל과 동일 유형의 יִ֫בֶן('그는 [집을] 세울지어다')이다.

5) 그러나 많은 라메드-헤 동사들이 위의 도표의 유형들과 다른 단축형들을 갖는 경우가 많으므로 항상 사전의 도움을 받는 것이 바람직하다. 예컨대, רָאָה('보다')의 칼 미완료 יִרְאֶה의 단축형은 יִ֫רֶא가 아닌 יֵ֫רֶא('그가 볼지어다')로서 이것은 지시법으로 사용된다. 그러나 이 동사의 칼 단축형 바브 연속법은 그것과 별개로 불규칙한 형태인 וַיַּ֫רְא로서 아주 많이 사용되며, 게다가 이것은 히필 단축형 바브 연속법과 동일한 형태이기에 혼동을 일으킨다. 이러한 불규칙한 단축형들은 하나하나 사전에서 확인하는 수밖에 없으며 일부는 우리의 연습문제에서 확인된다.[220)]

6) 라메드-헤 동사의 미완료 단축형이 지시법으로 사용되는 것이 원칙이나 가끔 단축형이 있음에도 미완료형이 지시법으로 사용되는 경우가 있으니 그것이 직설법인지 지시법인지는 문맥에서 구별해야 한다(12과 연습문제 문장 해석 5번을 보라).

יְהִי יהוה אֱלֹהֵ֫ינוּ עִמָּ֫נוּ (왕상 8:57)
"여호와 우리의 하나님께서 우리와 함께 하소서/하시길 원한다"

יִהְיֶה יהוה אֱלֹהֶ֫יךָ עִמָּךְ (수 1:17)
"여호와 너의 하나님의 당신과 함께 하소서/하시길 원한다"

---

220) 추가적인 예를 들면, שָׁבָה('포로로 잡다')의 칼 미완료 יִשְׁבֶּה의 단축형은 יִשְׁבְּ로서 바브 연속법에서만 사용되는데, 예컨대, וַיִּשְׁבְּ('그리고 그가 포로로 잡았다')로 나타난다. 엄밀히 따지면, 이 모든 라메드-헤 동사의 칼 미완료 단축형들은 모두 יִ□ְ□ְ 형이 원래의 형태였던 것으로 볼 수 있다. 따라서 יִ֫גֶל과 יֵ֫רֶא도 사실은 동일하게 각각 יִגְל와 יִרְא였는데 보조 모음 세골(helping seghol)이 사용되었다. גָּלָה의 히필 미완료 단축형 יַ֫גֶל의 경우도 원래 히필의 모음 '아'를 가진 יַ□ְ□ְ 형이었으나 역시 보조 모음 세골이 사용된 형태로 변형되었다. 그러나 שָׁקָה의 히필 미완료 יַשְׁקֶה('물을 먹이다')의 단축형은 원래 형태 그대로 יַשְׁקְ로서 바브 연속법에서 וַיַּשְׁקְ('그리고 그가 물을 먹였다')로 나타난다. 이 모든 라메드-헤 동사의 미완료 단축형들은 외우려하기 보다는 문장 속에서 숙달하라.

7) 한편, 라메드-헤 동사의 의지법은 연장 어미 ה가 붙어 어떤 별개의 형태를 취하는 것이 아니라 미완료 1인칭이 문맥 속에서 의지법으로 사용된다. 말하자면, 라메드-헤 동사의 미완료 연장형은 존재하지 않는다. 이것은 라메드-헤 동사의 마지막 문자가 의지법의 연장 어미 ה와 동일하기 때문일 것이다.

אֶגְלֶה '내가 보여줄 것이다'(직설법)
혹은 '내가 보여주게 하라, 보여주리라'(의지법)

4. 라메드-헤 동사와 라메드-알렙 동사의 관계

1) 라메드-헤 동사는 라메드-알렙 동사와 비슷한 특징을 가질 뿐만 아니라 나아가 때로는 양자의 동사가 공통의 어원에서 비롯된 동일한 의미를 공유하는 경우들도 있다.

2) 예컨대, קָרָה('만나다')는 קָרָא와 같은 뜻을 갖는다. 여기서 후자의 동사 קָרָא('만나다')는 '부르다'라는 뜻의 קָרָא와는 별개의 동음이어 동사이다. 전자는 주로 부정사로, 특히 부정사의 부사구 לִקְרַאת('만나기 위해, 마주치기 위해, 대적하기 위해')에 사용된다(19과 연습문제 어휘를 보라).

5. 라메드 자리에 활점을 가진 동사

만일 마지막 자음이 헤(ה)이지만 활점이 찍힌 헤(הּ)를 가진 동사라면, 그것은 라메드-헤 동사가 아닌 강동사로 취급된다. 다만 접미어가 붙을 때 활점이 사라지면서 'ㅎ' 음가를 유지하는 특징을 지닌다. 그러나 실질적으로 'ㅎ'음은 거의 들리지 않는다.

גָּבַהּ '높다'
גָּבַהְתָּ[가바흐타] '너는 높다' / יִגְבְּהוּ '그들은 높을 것이다'

21과 연습문제

I. 어휘

מְלָאכָה	작업, 일	עֲבוֹדָה	섬김, 노역, 예배	יַ֫עַן	..로 인해, ..때문에
מִזְבֵּ֫חַ	제단	מָשִׁ֫יחַ	기름부음 받은 자	רֹעֶה	רֹעֵה־ 목동, 목자
שְׁלָמִים	화목제[a]	סְגֻלָּה	보물, 특별한 재산	כָּלָה	끝나다, 마치다
פָּתַח	열다	בָּנָה	건설하다, 짓다	גָּלָה	드러내다, 벗기다
רָעָה	목축하다, 기르다	כָּסָה	숨기다	מָלֵא	(칼) 가득 차다(상)
		כִּסָּה	(피) 덮다	מִלֵּא	(피) 가득 채우다
שָׂמַח	기뻐하다	קָרַע	찢다	זָבַח	희생을 드리다

a. 화목제를 가리키는 이 단어는 항상 복수로 나타난다.

II. 다음을 해석하라.

(1) וַתִּפְתַּח הָאָ֫רֶץ אֶת־פִּ֫יהָ (민 16:32)

(2) וַיִּ֫בֶן שְׁלֹמֹה אֶת־הַבַּ֫יִת וַיְכַלֵּ֫הוּ׃ (왕상 6:14)

(3) עַתָּה יֵ֫רֶא פַרְעֹה אִישׁ חָכָם (창 41:33)

(4) אַתָּה תִרְעֶה אֶת־עַמִּי אֶת־יִשְׂרָאֵל (삼하 5:2)

(5) וַיִּרְאוּ אֶת־הָאָרוֹן וַיִּשְׂמְחוּ לִרְאוֹת׃ (삼상 6:13)

(6) הֲלוֹא מֵעַתָּה קָרָאת לִי אָבִי (렘 3:4)

(7) וַיַּרְא בִּלְעָם[a] טוֹב בְּעֵינֵי יהוה לְבָרֵךְ יִשְׂרָאֵל a. '발람.'

(8) וַיֹּ֫אמֶר אַעֲלֶה אֲכַסֶּה־אֶ֫רֶץ אֹבִ֫ידָה[a] עִיר וְיֹשְׁבֵי בָהּ׃ (렘 46:8) a. אָבַד 히필.

(9) וַתֹּ֫אמֶר אֲלֵיהֶן אַל־תִּקְרֶ֫אנָה לִי נָעֳמִי[a] קְרֶ֫אןָ[b] לִי מָרָא[c]׃ (룻 1:20)

a. '나오미.' b. תִּקְרֶ֫אנָה로서 가끔 ה가 단어 끝에서 사라짐. c. '마라'('쓴 맛').

(10) וָאֶשְׁמַע אֶת־קוֹל אֲדֹנָי אֹמֵר אֶת־מִי אֶשְׁלַח וָאֹמַר הִנְנִי שְׁלָחֵ֫נִי׃ (사 6:8)

(11) וַיִּרְאוּ בְנֵי־הָאֱלֹהִים אֶת־בְּנוֹת הָאָדָם כִּי טֹבֹת הֵ֫נָּה וַיִּקְחוּ לָהֶם נָשִׁים מִכֹּל אֲשֶׁר בָּחָרוּ׃ (창 6:2)

(12) וַיֹּאמֶר אֵלָיו שְׁמוּאֵל קָרַע יהוה אֶת־מַמְלְכוּת יִשְׂרָאֵל
מֵעָלֶיךָ הַיּוֹם וּנְתָנָהּ לְרֵעֲךָ הַטּוֹב מִמֶּךָּ׃ (삼상 15:28)
(13) וַיֹּאמֶר אֱלֹהִים אֶל־מֹשֶׁה אֶהְיֶה אֲשֶׁר אֶהְיֶה וַיֹּאמֶר כֹּה תֹאמַר
לִבְנֵי יִשְׂרָאֵל אֶהְיֶה שְׁלָחַנִי אֲלֵיכֶם׃ (출 3:14)
(14) וַיְצַו יהוה אֱלֹהִים עַל־הָאָדָם לֵאמֹר מִכֹּל עֵץ־הַגָּן
אָכֹל תֹּאכֵל׃ (창 2:16)
(15) וַיִּרְאֶהָ יְהוּדָה וַיַּחְשְׁבֶהָ [a]לְזוֹנָה כִּי כִסְּתָה פָּנֶיהָ׃ (창 38:15)
a. זוֹנָה '창녀.'
(16) אֶשְׁמְעָה מַה־יְדַבֵּר הָאֵל יהוה כִּי יְדַבֵּר שָׁלוֹם אֶל־עַמּוֹ
(시 85:8; *BHS* 85:9)
(17) וַיְהִי כִּשְׁמֹעַ הַמֶּלֶךְ אֶת־דִּבְרֵי סֵפֶר הַתּוֹרָה וַיִּקְרַע אֶת־בְּגָדָיו׃ (왕하 22:11)
(18) וַיֵּלְכוּ כָל־הָעָם [a]הַגִּלְגָּל וַיַּמְלִכוּ שָׁם אֶת־שָׁאוּל לִפְנֵי יהוה
[a]בַּגִּלְגָּל וַיִּזְבְּחוּ־שָׁם זְבָחִים שְׁלָמִים לִפְנֵי יהוה וַיִּשְׂמַח שָׁם שָׁאוּל
וְכָל־אַנְשֵׁי יִשְׂרָאֵל עַד־מְאֹד׃ (삼상 11:15) a. גִּלְגָּל '길갈.'
(19) וַיִּבֶן שָׁם מִזְבֵּחַ וַיִּקְרָא לַמָּקוֹם אֵל בֵּית־אֵל כִּי שָׁם נִגְלוּ אֵלָיו
הָאֱלֹהִים [a]בְּבָרְחוֹ מִפְּנֵי אָחִיו׃ (창 35:7) a. בָּרַח('도주하다')의 부정사 בְּרֹחַ.
(20) וַיִּשְׁאַל יַעֲקֹב וַיֹּאמֶר הַגִּידָה־נָּא שְׁמֶךָ וַיֹּאמֶר לָמָּה זֶּה תִּשְׁאַל
לִשְׁמִי וַיְבָרֶךְ אֹתוֹ שָׁם׃ וַיִּקְרָא יַעֲקֹב שֵׁם הַמָּקוֹם [a]פְּנִיאֵל כִּי־רָאִיתִי
אֱלֹהִים פָּנִים אֶל־פָּנִים וַתִּנָּצֵל נַפְשִׁי׃ (창 32:30) a. '브니엘.'
(21) אִם־נָא מָצָאתִי חֵן בְּעֵינֶיךָ וְעָשִׂיתָ לִּי אוֹת [a]שָׁאַתָּה
מְדַבֵּר עִמִּי׃ (삿 6:17) a. אַתָּה앞에 שָׁ가 붙음. שָׁ에 대해 6과를 보라.
(22) וְעַתָּה אִם־שָׁמוֹעַ תִּשְׁמְעוּ בְּקֹלִי וּשְׁמַרְתֶּם אֶת־בְּרִיתִי וִהְיִיתֶם לִי
סְגֻלָּה מִכָּל־הָעַמִּים כִּי־לִי כָּל־הָאָרֶץ׃ וְאַתֶּם תִּהְיוּ־לִי מַמְלֶכֶת כֹּהֲנִים
וְגוֹי קָדוֹשׁ אֵלֶּה הַדְּבָרִים אֲשֶׁר תְּדַבֵּר אֶל־בְּנֵי יִשְׂרָאֵל׃ (출 19:5-6)
(23) אֲנִי־אֵל שַׁדַּי הִתְהַלֵּךְ לְפָנַי וֶהְיֵה תָמִים׃ (창 17:1)
(24) וְהָיָה כִּי־יִקְרָא לָכֶם פַּרְעֹה וְאָמַר מַה־מַּעֲשֵׂיכֶם׃ וַאֲמַרְתֶּם
אַנְשֵׁי מִקְנֶה הָיוּ עֲבָדֶיךָ׃ (창 46:33-34)

(25) אָז [a]יִבְנֶה יְהוֹשֻׁעַ מִזְבֵּחַ לַיהוה אֱלֹהֵי יִשְׂרָאֵל בְּהַר [b]עֵיבָל׃
a. 미완료가 אָז와 더불어 때로 과거를 가리킴.221) b. '에발.' (수 8:30)

(26) יְהוֹשֻׁעַ מָלֵא רוּחַ חָכְמָה וַיִּשְׁמְעוּ אֵלָיו בְּנֵי־יִשְׂרָאֵל
כִּי־[a]סָמַךְ מֹשֶׁה אֶת־יָדָיו עָלָיו (신 34:9) a. '안수하다.'

(27) וַיֹּאמֶר פַּרְעֹה מִי יהוה אֲשֶׁר אֶשְׁמַע בְּקֹלוֹ לְשַׁלַּח אֶת־יִשְׂרָאֵל
לֹא יָדַעְתִּי אֶת־יהוה וְגַם אֶת־יִשְׂרָאֵל לֹא אֲשַׁלֵּחַ׃ (출 5:2)

(28) וַיְכֻלּוּ הַשָּׁמַיִם וְהָאָרֶץ וְכָל־צְבָאָם׃ וַיְכַל אֱלֹהִים בַּיּוֹם [a]הַשְּׁבִיעִי
מְלַאכְתּוֹ אֲשֶׁר עָשָׂה וַיִּשְׁבֹּת בַּיּוֹם [a]הַשְּׁבִיעִי מִכָּל־מְלַאכְתּוֹ אֲשֶׁר עָשָׂה׃
וַיְבָרֶךְ אֱלֹהִים אֶת־יוֹם [a]הַשְּׁבִיעִי וַיְקַדֵּשׁ אֹתוֹ כִּי בוֹ שָׁבַת מִכָּל־מְלַאכְתּוֹ
אֲשֶׁר־בָּרָא אֱלֹהִים׃ (창 2:1-3) a. 서수.

(29) וַיֹּאמֶר מִי הִגִּיד לְךָ כִּי [a]עֵירֹם אָתָּה הֲמִן־הָעֵץ אֲשֶׁר צִוִּיתִיךָ
לְבִלְתִּי אֲכָל־מִמֶּנּוּ אָכָלְתָּ׃ וַיֹּאמֶר הָאָדָם הָאִשָּׁה אֲשֶׁר נָתַתָּה עִמָּדִי
הִוא נָתְנָה־לִּי מִן־הָעֵץ וָאֹכֵל׃ (창 3:11-12) a. '벌거벗은.'

(30) וַיִּתְפַּלֵּל [a]חִזְקִיָּהוּ לִפְנֵי יהוה [b]וַיֹּאמַר יהוה אֱלֹהֵי יִשְׂרָאֵל
יֹשֵׁב [c]הַכְּרֻבִים אַתָּה־הוּא הָאֱלֹהִים לְבַדְּךָ לְכֹל מַמְלְכוֹת הָאָרֶץ
אַתָּה עָשִׂיתָ אֶת־הַשָּׁמַיִם וְאֶת־הָאָרֶץ׃ (왕하 19:15)
a. '히스기야.' b. 악센트 위치는 מַר이다. c. כְּרוּב('그룹[cherub]')의 복수.

(31) מַלֵּא [a]שְׁבֻעַ זֹאת וְנִתְּנָה לְךָ גַּם־אֶת־זֹאת בַּעֲבֹדָה אֲשֶׁר תַּעֲבֹד
עִמָּדִי עוֹד [a]שֶׁבַע־שָׁנִים אֲחֵרוֹת׃ (창 29:27) a. 숫자.

(32) וַיֹּאמֶר אֵלָיו דָּוִד אֵיךְ לֹא יָרֵאתָ לִשְׁלֹחַ יָדְךָ לְשַׁחֵת
אֶת־מְשִׁיחַ יהוה׃ (삼하 1:14)

---

221) 왈키(Waltke)에 따르면, 미완료 동사가 과거로 사용되는 되는 사례들은 예외적이거나 특수한 용법들로서 총 715회가 발생되며 אָז로 시작되는 구문도 그런 사례에 속한다(Waltke and O'Connor, *Introduction to Biblical Hebrew Syntax*, 501).

(33) וַיִּפְנוּ מִשָּׁם הָאֲנָשִׁים וַיֵּלְכוּ [a]סְדֹמָה וְאַבְרָהָם עוֹדֶנּוּ עֹמֵד
לִפְנֵי יְהוָה׃ (창 18:22)
a. סְדֹם '소돔.'

(34) וְעַבְדִּי דָוִד מֶלֶךְ עֲלֵיהֶם וְרֹעֶה אֶחָד יִהְיֶה לְכֻלָּם וּבְמִשְׁפָּטַי
[a]יֵלֵכוּ וְחֻקֹּתַי יִשְׁמְרוּ וְעָשׂוּ אוֹתָם׃
a. וּ + יֵלֵךְ(15과 연습문제 어휘).

(35) וַיֹּאמֶר יהוה לִשְׁלֹמֹה יַעַן אֲשֶׁר הָיְתָה־זֹּאת עִמְּךָ וְלֹא שָׁמַרְתָּ
בְּרִיתִי וְחֻקֹּתַי אֲשֶׁר צִוִּיתִי עָלֶיךָ קָרֹעַ אֶקְרַע אֶת־הַמַּמְלָכָה מֵעָלֶיךָ
וּנְתַתִּיהָ לְעַבְדֶּךָ׃ אַךְ־בְּיָמֶיךָ לֹא אֶעֱשֶׂנָּה לְמַעַן דָּוִד אָבִיךָ מִיַּד בִּנְךָ
אֶקְרָעֶנָּה׃ רַק אֶת־כָּל־הַמַּמְלָכָה לֹא אֶקְרָע שֵׁבֶט אֶחָד אֶתֵּן לִבְנֶךָ
וּלְמַעַן יְרוּשָׁלִַם לְמַעַן דָּוִד עַבְדִּי אֲשֶׁר בָּחָרְתִּי׃ (왕상 11:11-13)

(36) וַיְבָרֶךְ אֶת־יוֹסֵף וַיֹּאמַר הָאֱלֹהִים אֲשֶׁר הִתְהַלְּכוּ אֲבֹתַי
לְפָנָיו אַבְרָהָם וְיִצְחָק הָאֱלֹהִים הָרֹעֶה אֹתִי [a]מֵעוֹדִי עַד־הַיּוֹם הַזֶּה׃
הַמַּלְאָךְ הַגֹּאֵל אֹתִי מִכָּל־רָע יְבָרֵךְ אֶת־הַנְּעָרִים וְיִקָּרֵא בָהֶם
שְׁמִי וְשֵׁם אֲבֹתַי אַבְרָהָם וְיִצְחָק׃ (창 48:15-16)
a. עוֹדִי '나의 여전함(인생 전반).'

21과 연습문제 해답

II. 문장 해석

(1) 그리고 (그)땅이 (그것의) 입을 열었다.

(2) 그리고 솔로몬이 그 전(집)을 건축했고 그것을 완성했다.

(יִ֫בֶן[단축]← יִבְנֶה[칼 미완]/בָּנָה
יְכַלֵּ֫הוּ ← ֵ֫הוּ ‘그를[그것을]’ + יְכַלֶּה[피엘 미완]/כִּלָּה)

(3) 이제 파라오께서는 지혜로운 사람을 살펴보소서.

(יֵ֫רֶא[단축] ← יִרְאֶה[미완]/רָאָה)

(4) 네가 내 백성 이스라엘을 돌볼 것이다(목축할 것이다).

(5) 그리고 그들이 (그)법궤를 보았으며 그들은 보는 것을 기뻐했다.

(6) 이제부터 네(여자)가 나더러 ‘나의 아버지’라고 부르지 않느냐?

(접미어 תְּ가 붙은 붙은 형태다: קָרָאת ← תְּ + קָרָא)

(7) 그리고 발람은 이스라엘을 축복하는 것이 여호와의 보시기(여호와의 눈에) 좋다는 것을 보았다(알았다).

(וַיַּרְא는 칼 미완 יִרְאֶה의 단축형. 이것은 히필 미완 단축형과 동일하므로 구분하라. לְבָרֵךְ은 בָּרֵךְ[בָּרַךְ 부연] + לְ로서 전치사가 붙은 명사구다. 여기서는 이것이 주어로 사용된다[참고. 163쪽])

(8) 그리고 그가 말했다. “내가 올라가리라(의지법). 내가 땅을 덮을 것이며 내가
성읍과 거기에 있는 주민들을 멸하리라.”

(אֲכַסֶּה와 אַעֲלֶה 둘 다 칼.미완.1.공.단.의지이다. 이것은 의지법으로 해석해야 한다. 이처럼 라메드-헤 동사는 미완료 연장 어미 הָ 가 붙지 않고 문맥에서 구별한다. 그런 이유로 동사 분해에서 〈의지법.1.공.단〉나 〈지시법.3.단〉 등의 방식은 사실 적절치 않다. 동사를 서법이 아닌 형태를 따라 완료/미완/미완[단축]/미완[연장]으로 구분한 뒤 필요하면 서법을 뒤에 별도로 적시해야 한다. 미완료 형태가 종종 지시법과 의지법으로도 사용되기 때문이다. 자세한 것은 각주 134를 보라. אֹבִ֫ידָה[연장]← הָ + אֹבִיד[א하나가 생략]← אאֹבִיד[אַאֲבִיד의 변형]. 원래 페-알렙 동사의 히필 미완료는 페-후음 동사와 동일한 변화를 따른다: יַאֲכִיל [히필 미완] ‘그가 먹일 것이다.’ 오직 칼 미완료에서만 모음 ‘오’가 올 뿐이다: יֹאכַל[칼 미완] ‘그가 먹을 것이다.’ 그러나 페-알렙 동사의 히필 미완료에서 모음 ‘오’가 동반되는 이런 특수한 형태가 드물게[2회] 나타난다: אֹבִיד와 אוֹכִיל)

(9) 그리고 그녀가 그녀들에게 말했다. "여러분(여)은 나를 나오미라 부르지 마세요. 여러분(여)은 저를 '마라'라 부르세요." (נָעֳמִי는 [노^{오}미]로 읽는다)

(10) 그리고 내가 나의 주님의 음성을 들었는데 그분이 말씀하고 계셨다(분사 אֹמֵר). "내가 누구를 보낼꼬?" 그래서 나는 말했다(대답했다). "제가 여기 있나이다(보소서, 저입니다). 저를 보내소서." (וָאֹמַר ← וָאאמַר)

(11) 그리고 하나님의 아들들이 사람의 딸들을 보니 그녀들이 아름다웠다(좋았다). 그래서 그들은 자신들을 위해 그들이 선택한 모든 이들 중에 여자들을 취했다.

(12) 그리고 사무엘이 그에게 말했다. "오늘(날) 여호와께서 이스라엘 왕국을 당신으로부터 찢으셨소. 그리고 그분은 그것(그녀)을 당신보다 더 나은 당신의 동료(이웃)에게 주실 것이오."

(13) 그리고 하나님께서 모세에게 말씀하셨다. "나는 나 스스로 존재하는 자다(나는 나다)." 그리고 그분이 이렇게 말씀하셨다. "너는 이스라엘 자손들에게 말하라. '에흐에(내가 존재한다)가 너희에게 나를 보내셨다'라고."

(이 구절은 구약에서 하나님의 이름인 יהוה 및 אֶהְיֶה와 관련되어 있는 신학적, 언어학적으로 가장 어려운 구절의 하나로 꼽힌다. 특히 여기서 אֶהְיֶה가 동사이면서 하나님의 이름으로 사용되고 있음을 볼 수 있다: '나는 에흐에니라,' 혹은 '에흐에는 에흐에니라')

(14) 그리고 여호와 하나님께서 아담(그 사람)에게 명하여 이르셨다. "동산의 모든 나무(열매)로부터 너는 실컷 먹어도 된다."

(יְצַו[단축]← יְצַוֶּה[피엘 미완]/צִוָּה[피엘]. מִכֹּל의 מִן은 '부분의 용법[partitive use]'로서 '모든 것으로부터의 어느 열매든지'를 뜻한다. 여기서 지시법의 뉘앙스는 의무[must]보다는 허락[may]이다. 이처럼 히브리어의 지시법은 영어의 다양한 뉘앙스를 동시에 포함하므로 문맥에 따른 뉘앙스의 차이를 간파해야한다. 또한 부정사 절대형 אָכֹל는 반복의 강조[문자적으로 '먹고 먹으라']의 의미로 여기서는 '실컷'이 적절해 보인다)

(15) 그리고 유다가 그녀를 보았고 그녀를 창녀로 생각했다. 왜냐하면, 그녀가 그녀의 얼굴을 가렸기 때문이다. (כִּסְּתָה ← ה ָ + כִּסָּה[피엘]/כָּסָה)

(16) 내가 듣겠나이다. (그)하나님(הָאֵל) 여호와께서 무엇을 말씀하시든. 왜냐하면 그분은 그의 백성에게 평안을 말씀하시기 때문입니다.

(17) 그리고 그 왕이 그 율법서의 말씀들을 들었을 때, 그는 자신의 옷들을 찢었다.

(18) 그리고 온 백성이 길갈로 갔다. 그리고 그들이 거기 길갈에서 여호와 앞에서 사울을 왕으로 세웠다. 그리고 거기서 그들은 여호와 앞에서 화목제의 희생을 바쳤다. 그리고 거기서 사울과 이스라엘의 모든 사람들이 심히 기뻐했다.

(19) 그리고 거기서 그가 제단을 쌓았다. 그리고 그 장소를 엘 벧엘(벧엘의 하나님)이라 불렀다. 왜냐하면 그가 그의 형으로부터 도주할 때 거기서 하나님께서 그에게 나타나셨기 때문이다.

(하나님이 주어인데 동사는 복수형 נִגְלוּ[그들이 드러났다]이다. 존엄 복수인 אֱלֹהִים이 '하나님'이라는 단수를 의미할 때도 동사는 종종 복수형을 취하곤 한다)

(20) 야곱이 물어 말했다. 부디 당신의 이름을 알려주십시오. 그러자 그가 말했다(대답했다). "도대체 왜 너는 내 이름을 물어보느냐?" 그래서 그분이 거기서 그를 축복했다. 그리고 야곱은 그 곳의 이름을 브니엘(하나님의 얼굴)이라 불렀다. 이는 내가 얼굴과 얼굴을 맞대고(대면하여) 하나님을 보았고 내 영혼이 구출되었기 때문이다(라고 하면서). (הַגִּידָה[연장형] ← ה ָ + הַגִּיד[히필 명령]/נָגַד)

(21) (제발) 만일 내가 당신에게 은혜를 입었다면, 당신은 나에게 당신이 나와 함께 말하고 있는 분이라는 표징을 만들어 보십시오. (שֶׁאַתָּה의 어두에 שֶׁ는 관계 대명사)

(22) 그리고 이제 너희가 정녕 내 음성을 듣는다면, 그리고 너희가 내 언약을 지킨다면, 너희는 모든 민족들 중에서 내게 보물이 될 것이다. 이는 온 땅이 내게 속했기 때문이다. 그리고 너희는 내게 제사장의 나라가 될 것이고 거룩한 민족이 될 것이다. 이것들은 네가 이스라엘 자손들에게 전해야 하는 말씀들이니라.

(וִהְיִיתֶם ← -וְהִ ← הֱיִיתֶם ← תֶּם + הָיָה)

(23) 나는 전능의 하나님(전능자 하나님)이니라. 너는 내 앞에서 행하고 완전하라. (הָיָה의 명령 הֱיֵה는 라메드-헤 동사의 명령형 패턴 그대로다: נִגְלָה[완료]/ יִגָּלֶה/[미완]/ הִגָּלֵה[명령]. הֱיֵה앞에 וְ가 올 때는 특이하게 항상 וֶהְיֵה로 나타난다)

(24) 그리고 파라오가 너희를 불러서 너희의 일들(직업)은 무엇이냐고 말할 때(물을 때), 너희는 말할지어다(대답하라). "당신의 종들은 가축의 사람들(목축업자들)입니다"라고.

(25) 그때 여호수아는 여호와 이스라엘의 하나님을 위해 에발 산에 제단을 축조했다.

(26) 여호수아는 지혜의 영으로 충만했다(가득했다). 그리고 이스라엘 자손들은 그의 말을 들었다(그에게 순종했다). 왜냐하면, 모세가 그의 손(들)을 그에게 안수했기 때문이다.

(27) 그리고 파라오가 말했다. “내가 이스라엘을 내보내라는 그의 음성을 들어야하는 여호와는 누구냐? 나는 여호와를 알지 못하고 또한 이스라엘도 내보내지 않을 것이다.”

(28) 그리고 하늘과 땅과 그것들의 모든 만물(군상)들이 완성되었다(כָּלָה 푸알 미완). 그리고 하나님께서 제7일에 그가 행하셨던 그의 작업을 마무리하셨다(כָּלָה 피엘 미완 단축). 그리고 그분은 제7일에 그가 행하셨던 그의 모든 작업으로부터 쉬셨다(멈추셨다). 하나님께서는 제7일을 축복하셨으며 그것(그날)을 거룩하게 하셨다. 이는 그 날에(그것 안에서) 하나님께서 창조하셨던 자신의 모든 작업으로부터 쉬셨기 때문이다.

(29) 그리고 그분이 말했다. “누가 너에게 네가 벌거벗었음을 알려줬느냐? 그것으로부터 먹지 말도록 내가 너에게 명령한 그 나무로부터 네가 먹었느냐?” 그리고 아담(그 사람)이 말했다(대답했다). “당신께서 나와 함께 있도록 주신 그 여자, 그녀가 저에게 그 나무로부터 주었고 내가 먹었습니다.”

(הֲמִן־의 어두에 הֲ는 의문사. לְבִלְתִּי אֲכָל־מִמֶּנּוּ은 부정어 לְבִלְתִּי[לְ + בִּלְתִּי]가 이끄는 부정사의 부사구다. 18과 연습문제 15번을 참고하라. 부정사 אֲכָל־은 אֱכֹל에 마켑이 붙으면서 모음이 짧아진 형태다. מִמֶּנּוּ['그것으로부터']는 각주 78을 보라. אֹכֵל[휴지] ← אֹכַל[א하나가 생략] ← אֹאכַל[1인칭] ← אָכַל/יֹאכַל)

(30) 그리고 히스기야가 여호와 앞에 엎드려 말했다. “그룹들 중에 거하시는 여호와 이스라엘의 하나님, 당신은 그분, 땅의 모든 왕국들에게 오직 당신만이 (그)하나님이십니다. 당신께서 하늘과 땅을 만드셨습니다.”

(31) 이 딸(이것)의 일곱(해)을 채우라. 그러면 너에게 이 딸(이것)도 주어질 것이다. 네가 다시(עוֹד) 또 다른(אַחֵר/אֲחֵרוֹת) 7년 동안 내 곁에서(עִם) 수고할 노역의 대가로(בְּ) 말이다.

(수동태 문장에서 목적어가 주어 역할을 하는 구문이 가능하다는 것은 19과 연습문제 33, 35번과 각주 207을 보라)

(32) 그리고 다윗이 그에게 말했다. “어찌하여 너는 여호와의 기름부음 받은 자를 파멸시키려고 네 손을 보내기를 두려워하지 않았느냐?”

(33) 그리고 그 사람들이 그곳에서 돌이켰다(פָּנָה). 그리고 소돔을 향해 갔다(יֵלֵךְ[미완]/הָלַךְ). 그리고 아브라함은 (그는)여전히 여호와 앞에 서 있었다.

(עוֹדֶנּוּ ← הוּ + נֶּ [강세 눈] + עוֹד)

(34) 내 종 다윗은 너희 위의 왕이다. 너희 모두를 위해 한 목자가 있을 것이니 그들이 내 법도 안에서 행할 것이고 그들이 내 규례를 지킬 것이며 그것들을 행할 것이다.

(35) 그리고 여호와께서 솔로몬에게 말씀하셨다. "이런 일(이것, זֹאת)이 너와 함께 있기 때문에, 그리고 네가 나의 언약과 내가 네게 명령했던 나의 규례들을 지키지 않았기 때문에, 내가 반드시 너로부터 (그)왕국을 찢을 것이다. 그리고 내가 그것을 너의 종에게 줄 것이다. 정녕 너의 날들 중에는 네 아비 다윗을 위하여 내가 이 일(그일, נָּה ֶ—, '찢는 일')을 행하지 않을 것이다. 네 아들의 손으로부터 내가 그것을(왕국) 찢을 것이다. 단지 온 나라를 내가 떼어내지는 않을 것이며 한 지파는 내가 너의 아들에게 줄 것이다. (그리고) 예루살렘을 위해, 그리고 내가 택한 나의 종 다윗을 위해."

(밑줄 그어진 대명사들의 용법에 대해 20과 11번 문제의 해설을 참고하라. 보통 앞선 문장의 동작이나 상태가 대명사 '그것(일), 이것(일)'으로 표현될 수 있는데, 보통 여성 대명사[זֹאת]가 사용된다.
אֶעֱשֶׂנָּה = הָ ֶ['그녀를=그 일을, 찢는 일'] + נ ֶ[강세 눈] + אֶעֱשֶׂה
אֶקְרָעֶנָּה = הָ ֶ['그녀를'=그 왕국을] + נ ֶ[강세 눈] + אֶקְרַע)

(36) 그리고 그가 요셉을 축복하여 말했다. "나의 조상들, 곧 아브라함과 이삭이 그 분 앞에서 행하였던(걸었던) (그)하나님은 나의 인생 전반으로부터 오늘(이날)까지 나를 기르시는(목축하시는) (그)하나님이시다. 나를 모든 악으로부터 구속하신 그 사자께서 이 소년들을 축복하소서. 그들에 의해 내 이름과 나의 조상들인 아브라함과 이삭의 이름이 불리게 하소서."

(וְיִקָּרֵא는 접속사 형태로 볼 때 바브 연속법이 아님을 주의해야 한다. 이것은 바브 접속법이며 따라서 미완료 יִקָּרֵא는 미완료 직설법이나 지시법으로 해석되어야 하는데, 여기서는 문맥상 지시법이다)

22과 이중 약동사 (1) / 페-요드 및 페-바브

A. 이중 약동사 (1)

1. 개요

1) 이중 약동사(double weak verbs)란 약동사의 특징이 한 동사에서 이중으로 나타나는 동사들이다. 예를 들어, נָגַע('만지다')는 페(פ) 자리에 눈(נ)이 왔으므로 페-눈 동사인데 동시에 라메드(ל) 자리에 후음 아인(ע)이 왔으므로 라메드-후음 동사도 된다: 페-눈 + 라메드-후음 동사.

2) 이로 인해 이중 약동사는 두 종류의 약동사의 특징이 중복해서 나타나며 그 결과 변화형이 좀 더 복잡해진다. 그러나 각각의 약동사의 특징만 잘 알고 있으면 그리 어렵지 않게 이중 약동사들을 식별해 낼 수 있다.

3) 이 과에서는 지금까지 배운 범위 내의 이중 약동사 종류들을 배울 것이다. 나머지 이중 약동사들에 대해서는 24과에서 추가로 배운다.

4) 아래 이중 약동사들의 특징 설명은 두드러진 특징이 나타나는 어간들을 중심으로 다룰 것이다. 예컨대, 〈페-눈 + 라메드-후음 동사〉의 경우 칼과 히필만을 살피는 것으로 충분하다. 다른 어간들은 몇 번 사용되지 않으며 별다른 특징을 보이지 않는다.

2. 이중 약동사의 종류 (1)

1) 페-눈 + 라메드-후음 동사: נָגַע '접촉하다, 만지다'

형태		칼	히필
완료		נָגַע	הִגִּיעַ[a]
미완		יִגַּע[a]	יַגִּיעַ / יַגַּע[b] / וַיַּגַּע[b]
명령		גַּע[b]	הַגַּע
부연 / 부절		נְגֹעַ[b] = גַּעַת	הַגִּיעַ
분사	능	נֹגֵעַ[c] / נֹגַעַת	מַגִּיעַ
	수	נָגוּעַ	

① 칼

a. 미완료 יִגַּע '그는 접촉할 것이다.' 칼 미완료(יִקְטֹל)의 특징인 마지막 모음 홀렘(◌ֹ)은 후음의 영향으로 파타(◌ַ)로 바뀐다. 그로 인해 이것은 페-눈 동사 중 상태 동사 יִגַּשׁ와 동일한 형태가 된다. 참고로 נָגַע는 상태 동사가 아니다. 이를 뒷받침하듯 이 동사의 분사 נֹגֵעַ는 동작 동사의 분사 유형이다.

b. 명령 גַּע('너는 접촉하라')는 נ 탈락형이다. 부정사('가까이 하는 것')는 공동 부정사인데, נ 탈락형과 보존형 둘 다 나타난다. 부정사는 원래 גֶּשֶׁת('가까이 오는 것')와 동일한 형태인 גֶּעֶת이나 후음의 영향으로 앞뒤 모음이 모두 파타(◌ַ)로 바뀌어 גַּעַת가 되었다.

c. 능분. נֹגֵעַ '접촉하는 (남자).' 능분.여.단 נֹגַעַת('접촉하는 [여자]')도 후음의 영향으로 모음이 파타(◌ַ)다.

② 히필

a. 히필의 형태들도 역시 앞 부분에서 נ 동화작용이 발생된다: 히필 완료 הִגִּיעַ '그는 접촉하게 했다'/ 히필 미완 יַגִּיעַ '그는 접촉하게 할 것이다.'

b. 이 약동사 또한 히필 미완료 단축형이 별도로 존재한다.

יַגַּע '그가 접촉하게 하라'(지시법)

וַיַּגַּע '그리고 그가 접촉하게 했다'(바브 연속법)

2) 페-눈 + 라메드-알렙 동사: נָשָׂא '들어 올리다'

형태		칼	니팔	히필
완료		נָשָׂאתָ[a] / נָשָׂא	נִשָּׂא	הִשִּׂיא
미완		תִּשֶּׂאנָה=תִּשֶּׂנָה[c] / יִשָּׂא[b]	יִנָּשֵׂא	יַשִּׂיא
명령		שְׂאוּ / שָׂא[d]	↓	הַשֵּׂא
부연		נְשֹׂא = שְׂאֵת[e]		↓
부절		נָשׂוֹא		
분사	능	נֹשֵׂאת / נֹשֵׂא[f]		
	수	נָשׂוּא		

① 칼

a. 어두의 נ의 동화 작용이 발생하지 않으므로 라메드-알렙 동사의 특징만이 나타난다. 강동사 קָטַ֫לְתָּ와 비교해 볼 때 נָשָׂ֫אתָ('너는 들어올렸다')는 א이 침묵되면서 그 앞에 장모음 카메츠(ָ)가 온다.

b. 그러나 칼 미완료 יִשָּׂא('그는 들어 올릴 것이다')는 페-눈 동사의 특징이 나타난다. 칼 미완료는 원래 יִנְשָׂא이지만 어두에서 נ이 동화되어 중강점이 되었고 끝 자음은 א이므로 그 앞은 마찬가지로 장모음이다. 즉 페-눈 동사와 라메드-알렙 동사의 특징이 동시에 나타난다.

c. תִּשֶּׂ֫אנָה('그녀들이/너희[여]가 들어 올릴 것이다')는 종종 א이 사라진 תִּשֶּׂ֫נָה로도 나타난다. 이렇듯 라메드-알렙 동사의 마지막 자음 א은 가끔 사라진다.

d. 명령 שָׂא('너[남]는 들어 올려라')는 נ 탈락형이다: שְׂאוּ '너희(남)는..'

e. 부정사 연계형은 נ 탈락형과 보존형 둘 다 사용된다. נ 탈락형 שְׂאֵת는 원래 שֶׂ֫אֶת이나 א의 영향으로 변형된 결과다.

f. 능분.여.단은 נֹשֵׂאת('들어 올리는 [여자]')다. 이것은 נֹשֶׂ֫אֶת의 후음 א이 침묵음이 되면서 그것이 변형된 형태다.

② 니팔: 완료 נִשָּׂא '그가 들어 올려졌다'/ נִבָּא '그가 예언했다'

③ 히필: 완료: הִשִּׂיא '그가 들어 올리게 했다'

3) 페-눈 + 라메드-헤 동사: נָטָה '..로 뻗다(stretch out), 향하다(turn)'

형태		칼	니팔	히필	호팔
완료		נָטָה / נָטִ֫יתָ[a]	נִטָּה[a]	הִכָּה[a]	הֻכָּה[a]
미완		יִטֶּה[b] / יִטּוּ / יֵט[c] / וַיֵּט	יִנָּטֶה	יַכֶּה / יַךְ[b] / וַיַּךְ	יֻכֶּה
명령		נְטֵה[d]	—	הַכֵּה	—
부연		נְטוֹת[d]	—	הַכּוֹת	—
부절		נְטֹה	—	הַכֹּה	—
분사	능	נֹטֶה=נוֹטֶה[e]	—	—	מֻכֶּה
분사	수	נָטוּי / נְטוּיָה[e]	—	—	מֻכֶּה

① 칼

a. 라메드-헤 동사의 특징대로 경/중접미어 앞에서 ה가 י로 바뀐 형태다.

b. 어두에서 페-눈 동사의 특징인 נ 동화작용이 나타난다.

미완료 יִטֶּה '그가 ..로 향할 것이다'/ יִטּוּ '그들이 ..로 향할 것이다'

c. 라메드-헤 동사의 특징을 따라 단축형이 칼 어간부터 별도로 존재한다.

יֵט(지시법) '그가 ..로 향할지어다'

וַיֵּט(바브 연속법) '그리고 그가 ..로 향했다'

d. 이 약동사의 칼 명령과 부정사 연계형은 모두 נ 보존형이다. 그러나 부정사 절대형은 단 1회만 나타난다.

명령: נְטֵה '너는 ..로 향하라'/ 부정사: נְטוֹת '..로 향하는 것'

e. 분사의 끝 모양도 라메드-헤 동사와 동일하다.

수분.남.단. נָטוּי[나투이] '..로 향해진 (남자)'/ 수분.여.단. נְטוּיָה

② 니팔

a. 완료 נִטָּה('그것이 ..로 향해졌다, be tuned to')는 נִנְטָה의 נ 동화작용의 결과다.

③ 히필

a. נָטָה의 히필 הִטָּה('그가 ..로 향하게 했다')에 대응하는 호팔 어간이 존재하지 않으므로 הִכָּה('그가 쳤다')를 도표에 예시했다. 히필 완료와 미완료 모두 어두에서 페-눈 동사의 특징이 나타난다.

완료 הִכָּה '쳤다, 때렸다'/ 미완료 יַכֶּה '칠 것이다'

완료 הִטָּה '..로 향하게 했다'/ 미완료 יַטֶּה '..로 향하게 할 것이다

b. 히필 미완료 단축형이다.

יַךְ(지시법) '그가 치게 하소서'

וַיַּךְ(바브 연속법) '그리고 그가 치게 했다'

יַט(지시법) '그가 ..로 향하게 할지어다'

וַיַּט(바브 연속법) '그리고 그가 ..로 향하게 했다'

④ 호팔

호팔 완료 הֻכָּה('그가 타격을 받았다[맞아 죽었다]')는 페-눈 동사의 특징이 나타나면서 페-눈 동사의 호팔 미완료(예, הֻגַּשׁ)와 동일한 유형이다.

4) 페-후음 + 라메드-알렙 동사: **חָטָא** '범죄하다, 죄짓다'

형태		칼	피엘	히트파엘	히필
완료		חֲטָאתֶם[a] / חָטָאתִי / חָטָא	חִטֵּא[a]	הִתְחַטָּא[a]	הֶחֱטִיא[a]
미완		יֶחֱטָא=יֶחְטָא[b]	יְחַטֵּא	יִתְחַטָּא	יַחְטִיא
명령		—	—	—	—
부연 / 부절		חֲטוֹא	חַטֵּא	—	הַחֲטִיא
분사	능	חוֹטֵאת[c]/ חֹטֵא=חוֹטֵא	מְחַטֵּא	—	—
	수	—			

חָטָא는 니팔과 호팔에서는 나타나지 않으며 같은 유형의 동사로 **חָבָא**가 ('숨다')가 있으나 드물게 사용된다.

① 칼

a. **חֲטָאתֶם**('너희가 범죄했다')에서 어두의 후음 아래에 합성쉐바(ֲ)가 붙었다.

b. 미완료에서 이 두 가지 형태가 모두 나타난다.

c. 능동 분사의 여성단수형이다(**חוֹטֵאת** ← **חוֹטֶאֶת**). 수동 분사는 나타나지 않는다.

② 피엘

a. **חָטָא**의 피엘 **חִטֵּא**는 칼의 의미와는 전혀 상반된 '죄를 없애다/씻다'라는 의미를 갖는다. 이것을 피엘의 '탈취의 용법'이라 부른다.[222] 이것은 몇몇 동사들의 피엘과 히트파엘에서(드물게) 나타나는 독특한 용법이다.

③ 히트파엘

a. **הִתְחַטָּא**는 '자신을 깨끗케 하다'(탈취의 용법)는 뜻으로 가끔 사용된다.

④ 히필

a. 히필 **הֶחֱטִיא**('죄짓게 하다')는 열왕기서에서 자주 사용된다.

---

222) 피엘의 '탈취의 용법'(privative Piel)은 그 동사의 피엘의 의미가 오히려 그 동사가 지시하는 속성을 없애거나 탈색시키는 효과를 발생시키는 용법을 가리킨다(Waltke and O'Connor, *Introduction to Biblical Hebrew Syntax*, 412-413). 영어에서도 비슷한 동사 용법이 발견되는데, 예를 들어, 명사 'skin'(가죽, 피부)이 동사로 사용될 때 '가죽/피부를 벗기다'는 뜻이, 명사 'bone'(뼈)이 동사로 사용될 때 '뼈를 발라내다, 추리다'는 뜻이 된다.

5) 페-후음 + 라메드-헤 동사: עָשָׂה '만들다, 행하다'/ עָלָה '올라가다'

형태		칼	니팔	히필
완료		עָשָׂה / עָשְׂתָה[a] / עָשׂוּ עֲשִׂיתֶם	נַעֲשָׂה[a] / נֶעֶשְׂתָה[b]	הֶעֱלָה
미완		יַעֲשֶׂה[b] / יַעַשׂ[c] / יַעֲלֶה[b] אֶעֱשֶׂה[d] / נַעֲשֶׂה	יֵעָשֶׂה	יַעֲלֶה[a] / יַעַל[b]
명령		עֲשֵׂה		הַעַל[c]
부연		עֲשׂוֹת	הֵעָשׂוֹת	הַעֲלוֹת
부절		עָשֹׂה	—	הַעֲלֵה[d]
분사	능	עֹשֶׂה / עֹשָׂה[d]	נַעֲשֶׂה	מַעֲלֶה[d]
	수	עָשׂוּי[e]		

עָשָׂה는 칼과 니팔 외에 다른 어간에서는 거의 사용되지 않는다. 히필 어간으로는 히필형으로 흔하게 나타나는 עָלָה('올라가다')가 예시된다.

① 칼

a. 라메드-헤 동사에서 배웠듯이, ה ָ 가 접미될 때는 עָשְׂתָה('그녀가 행하였다')에서 마지막 자음 ה는 ת로 바뀐다. 그러나 다른 모음 어미가 붙으면 ה가 사라진다: עָשׂוּ '그들이 행하였다.' עֲשִׂיתֶם('너희[남]가 행하였다')에서 페-후음 동사의 특징대로 맨 앞의 후음 아래 합성쉐바가 오고 자음 ה는 라메드-헤 동사의 특징대로 경/중접미어가 붙으면서 י로 바뀌었다.

b. 칼 미완료는 히필 미완료와 형태가 동일하므로 유의하라.

c. 라메드-헤 동사이므로 칼 어간부터 별개의 미완료 단축형을 갖는다.

יַ֫עַשׂ(지시법) '그가 행할지어다'
וַיַּ֫עַשׂ(바브 연속법) '그리고 그가 행하였다'
יַ֫עַל(지시법) '그가 올라갈지어다'
וַיַּ֫עַל(바브 연속법) '그리고 그가 올라갔다'

d. 미완.1.인칭 אֶעֱשֶׂה('내가 만들 것이다')와 נַעֲשֶׂה('우리가 만들 것이다')은 문맥 속에서 의지법('내가 만들리라', '우리가 만들자')도 가능하다. 앞서 라메드-헤 동사에서 배운 대로 라메드-헤 동사는 마지막 자음이 ה이므로 미완료 1인칭과 의지법이 같은 형태를 갖기 때문이다.

e. 분사 עֹשָׂה('올라가는 [여자]')는 기본형 עֹשֶׂה('올라가는 [남자]')에 여성 단수 어미(ה ָ)가 접미된 형태다.

f. 수동 분사 עָשׂוּי는 [아수이]로 읽는다.

② 니팔

a. 니팔 완료 נַעֲשָׂה는 칼.미완.1.공.복 נַעֲשֶׂה(우리가 만들 것이다')과 비슷하지만 마지막 모음이 다르다.

b. 이것은 니팔 완료 נַעֲשָׂה에 3.여.단 접미어 ה ָ가 붙은 것이다: 라메드-헤 동사에서 배운 바와 같이, ה ָ + נַעֲשָׂה → נֶעֶשְׂתָה '그것(여)이 행하여졌다.' 여기서 보듯이 접미어가 붙으면 앞 모음과 유성 쉐바가 파타 유형에서 세골 유형으로 전환되기도 한다.

③ 히필

a. יַעֲלֶה('그가 ..를 올릴 것이다/올라가게 할 것이다)는 칼.미완.3.남.단 יַעֲלֶה('그가 올라갈 것이다')와 동일함을 주의하라.

b. 히필 미완료 단축형 역시 칼.미완(단축).3.남.단 יַ֫עַל('그가 올라갈 지어다')와 같은 형태다. 이와 같이 *'페-후음 + 라메드-헤 동사'는 칼 미완료 및 단축형과 히필 미완료 및 단축형이 형태상 동일하므로 주의할 필요가 있다.*

칼 미완: יַעֲלֶה '그가 올라갈 것이다'
단축: יַ֫עַל(지시법) '그가 올라갈 지어다'
וַיַּ֫עַל(바브 연속법) '그리고 그가 올라갔다'
히필 미완: יַעֲלֶה '그가 ..를 올릴 것이다'
단축: יַ֫עַל(지시법) '그가 ..를 올리게 하소서/올릴지어다'
וַיַּ֫עַל(바브 연속법) '그리고 그가 ..를 올렸다'

c. 이 동사의 히필 명령은 원래 הַעֲלֵה이어야 하나 불규칙한 형태인 הַעַל('너는 올라가게 하라')이 사용된다.

d. 부정사와 분사 또한 페-후음과 라메드-헤 동사의 특징이 동시에 나타난다. 그 외 드물게 나타나는 〈페-알렙 + 라메드-헤 동사〉는 생략한다.[223)]

---

223) 다섯 개 밖에 존재하지 않는 페-알렙 동사 중에서도 끝이 ה인 동사는 두 개뿐인데 게다가 둘 다 많이 쓰이지 않으므로 단지 참고만 하기로 한다:

B. 페-요드 및 페-바브 동사

1. 개요

1) 어근형의 첫 자음이 י인 동사들이 여기에 해당된다. 그런데 첫 자음이 י인 동사라 하더라도 두 종류가 존재한다. 하나는 י가 본래부터 י인 것이고 다른 하나는 본래는 ו였는데 י로 바뀐 것이다. 전자를 페-요드 동사, 후자를 페-바브 동사라 한다. 예컨대, יָטַב는 페-요드 동사인 반면 יָשַׁב는 페-바브 동사이다. 왜냐하면 יָשַׁב는 본래 וָשַׁב에서 왔기 때문이다.

2) 페-바브 동사는 칼형에서는 ו가 숨어 있다가 다른 어간들에서 다시 나타난다. ו가 살아나는 어간형은 니팔, 히필, 그리고 호팔이다.

2. 페-요드 및 페-바브 동사의 도표와 특징

1) 기본 도표에서 보듯이 페-요드 동사는 강동사와 비슷하거나 좀 더 단순한 반면 페-바브 동사는 변화폭이 상당히 크다.

2) 또한 페-요드 동사는 불과 몇 개의 동사에 국한되며[224] 주로 יָטַב('선하다')가 많이 사용된다. 게다가 이 동사는 대부분 칼과 히필에서만 나타난다. 그러므로 페-바브 동사에 주목하는 것이 중요하다.

אָבָה '...를 원하다, 동의하다'/ אָפָה '굽다'
칼/ 완료: אָבוּ '그들이 원했다'/ אָפוּ '그들이 구웠다'
미완: יֹאבֶה '그가 원할 것이다' / יֹאבוּ '그들이 원할 것이다'
명령: (אֱפֵה) ('너는 구우라') → אֱפוּ '너희(남)는 구우라'
니팔/ 완료: (נֶאֱפָה) ('그것이 구워졌다')
미완: יֵאָפֶה '그것이 구워질 것이다'
תֵּאָפֶינָה '그것들(여)이 구워질 것이다'

224) יָטַב '선하다'/ יָנַק '(젖을) 빨다'/ יָקַץ '분노하다(get angry)' 등 여섯 개의 동사가 여기에 속한 것으로 본다.

3) 다음 기본 도표를 숙지하라.

형태	Qal		Niph	강조	Hiph		Hoph
	페-요드	페-바브	페-바브		페-요드	페-바브	페-바브
완료	(יָטַב)	יָשַׁב	נוֹשַׁב	강동사와 동일	הֵיטִיב	הוֹשִׁיב	הוּשַׁב
미완	יִיטַב	יֵשֵׁב	יִוָּשֵׁב		יֵיטִיב	יוֹשִׁיב	יוּשַׁב
명령	(יְטַב)	שֵׁב	הִוָּשֵׁב		הֵיטֵב	הוֹשֵׁב	—
부연	(יְטֹב)	שֶׁבֶת	הִוָּשֵׁב		הֵיטִיב	הוֹשִׁיב	הוּשַׁב
부절	(יָטוֹב)	יָשׁוֹב	—		הֵיטֵב	הוֹשֵׁב	—
능분	(יֹטֵב)	יֹשֵׁב	נוֹשָׁב		מֵיטִיב	מוֹשִׁיב	מוּשָׁב
수분	(יָטוּב)	יָשׁוּב					

4) 기본 어간형들의 해석

(יָטַב)(칼) (사용되지 않음)
יָשַׁב(칼) '그는 앉았다, 거주했다'
הֵיטִיב(히필) '그는 좋게 만들었다, 선을 베풀었다'
הוֹשִׁיב(히필) '그는 거주하게 했다'/ הוּשַׁב(호팔) '거주하게 되었다'

5) 다음은 각 어간의 변화형의 예시와 영문 각주에 대한 설명이다.

① 칼

a. יָטַב는 가장 흔하게 사용되는 페-요드 동사다. 그러나 이 동사는 칼에서 미완료 외에는 다른 형태들이 나타나지 않으며 주로 히필로 쓰인다.[225] 그럼에도 이 동사는 가장 대표적인 페-요드 동사이기에 모형 동사로 채택되었으며 이렇게 칼에서 나타나지 않는 나머지 형태들은 모두 도표에서 괄호로 묶었다.

---

225) 미완료 יִיטַב 외의 괄호로 처리된 형태들은 동일한 어원에서 비롯된 23과의 아인-바브 동사 טוֹב('선하다')가 대신 채운다. 이 때 טוֹב는 형용사가 아닌 동사로 간주된다. 말하자면, 완료인 '그가 선했다'를 위해 יָטַב가 아닌 טוֹב가 사용된다. 동사 טוֹב는 많은 경우 형용사와 분간하기 어려우며 사실상 양자의 차이가 없다고 볼 수 있으나 이것이 독자적인 동사라는 사실은 טֹובוּ('그들이 선했다')와 같이 동사의 인칭 접미어가 붙는다는 점에서 확인된다.

형태	Qal		Niph	강조	Hiph		Hoph
	페-요드	페-바브	페-바브[a]		페-요드	페-바브	페-바브[d]
완료	(יָטַב)[a]	יָשַׁב	נוֹשַׁב[b]	강동사와 동일	הֵיטִיב[a]	הוֹשִׁיב[b]	הוּשַׁב[e]
	(יָטְבָה) (יָטַ֫בְתָּ) (יְטַבְתֶּם)	יָשְׁבָה יָשַׁ֫בְתָּ יְשַׁבְתֶּם	נוֹשְׁבָה נוֹשַׁ֫בְתָּ נוֹשַׁבְתֶּם		הֵיטִ֫יבָה הֵיטַ֫בְתָּ הֵיטַבְתֶּם	הוֹשִׁ֫יבָה הוֹשַׁ֫בְתָּ הוֹשַׁבְתֶּם	הוּשְׁבָה הוּשַׁ֫בְתָּ הוּשַׁבְתֶּם
미완	יִיטַב[b]	יֵשֵׁב[c] / יִירַשׁ	יִוָּשֵׁב[c]		יֵיטִיב	יוֹשִׁיב	יוּשַׁב
	אִיטַב תִּיטְבוּ	אֵשֵׁב תֵּשְׁבוּ[d]	אִוָּשֵׁב תִּוָּשְׁבוּ		אֵיטִיב תֵּיטִ֫יבוּ	אוֹשִׁיב תּוֹשִׁ֫יבוּ	אוּשַׁב תּוּשְׁבוּ
단축	—	יֵ֫שֵׁב[c]	—		יֵיטֵב[c]	יוֹשֵׁב[c]	—
연장	אִיטְבָה	אֵשְׁבָה[e]	אִוָּשְׁבָה		אֵיטִ֫יבָה	אוֹשִׁ֫יבָה	—
명령	(יְטַב)	שֵׁב / שְׁבוּ[f] שֵׁ֫בְנָה	הִוָּשֵׁב		הֵיטֵב	הוֹשֵׁב	—
연장	—	שְׁבָה			הֵיטִ֫יבָה	הוֹשִׁ֫יבָה	
부연	(יְטֹב)	שֶׁ֫בֶת[g] שִׁבְתִּי	הִוָּשֵׁב		הֵיטִיב	הוֹשִׁיב	הוּשַׁב
부절	(יָטוֹב)	יָשׁוֹב	—		הֵיטֵב	הוֹשֵׁב	—
능분	(יֹטֵב)	יֹשֵׁב	נוֹשָׁב		מֵיטִיב	מוֹשִׁיב	מוּשָׁב
수분	(יָטוּב)	יָשׁוּב					

b. 페-요드 동사의 칼은 강동사의 변화와 비슷한 패턴을 보인다. 다만 미완료는 마지막 모음이 파타(ַ)이며 두 번째의 י는 음가를 상실하여 침묵한다: יִיְטַב → יִיטַב '그는 복을 누릴 것이다(잘될 것이다).'

c. 페-바브 동사가 복잡한데 우선 미완료형 יֵשֵׁב('그가 거주할 것이다')는 불규칙이며 단축형이 가끔 발견된다: יֵ֫שֵׁב '그는 거주할지어다.' 그러나 페-바브 동사의 칼 미완료가 모두 그런 것은 아니며[226] 페-요드 동사의 칼 미완료와 동일한 것들도 상당히 많다. 예컨대, יִירַשׁ '그가 상속할 것이다'/ יִיבַשׁ '그것이 마를 것이다'/ יִירָא '그가 두려워할 것이다.'

---

226) 게세니우스에 따르면, 이런 불규칙한 칼 미완료 형태를 갖는 동사는 여덟 개인데 대부분 빈번하게 사용된다(*Gesenius's Hebrew Grammar*, 188): יָלַד '낳다'/ יָצָא '나가다'/ יָשַׁב '거주하다'/ יָרַד '내려가다'/ הָלַךְ '걷다'/ יָדַע '알다'/ יָחַד '하나가 되다, 통일되다'/ יָקַע '탈골되다.' 이중에 הָלַךְ는 페-바브 동사가 아니지만 칼 미완료 יֵלֵךְ는 페-바브 동사의 미완료와 동일한 형태다.

d. 여기서는 2.남.복 תֵּשְׁבוּ('너희가 거주할 것이다')가 예시되었다.[227)]

e. 연장형인 의지법도 생소해 보이지만 미완료 יֵשֵׁב에서 만들어진 형태다: אֵשְׁבָה '내가 거주하리라' ← ה ָ + אֵשֵׁב '내가 거주할 것이다.'

f. 페-바브 동사의 명령형도 페-요드 동사와 비교해 볼 때 차이가 난다. 페-요드 동사는 י가 유지되는 '요드(י) 보존형'이다. 반면에 페-바브 동사의 명령은 י가 사라지는 '요드(י) 탈락형'으로 페-눈 동사의 '눈(נ) 탈락형'(גַּשׁ '너는 가까이 하라')과 비슷한 형태다: שֵׁב '너는 거주하라.'[228)] 그러나 י가 탈락되지 않는 요드(י) 보존형도 존재한다: יְרָא '너는 두려워하라.'

g. 부정사 연계형도 요드(י) 탈락형으로 눈(נ) 탈락형(גֶּשֶׁת)과 동일한 형태다: שֶׁבֶת '거주하는 것.' 접미된 부정사 연계형의 형태 שִׁבְתִּי('나의 거주하는 것')를 참고하라.

② 니팔

a. 앞서 말한 대로 페-요드 동사는 주로 칼과 히필에서만 나타나며 니팔을 비롯한 나머지 어간들은 히브리어 성경에서 거의 발견되지 않는다.

---

227) 이 약동사의 모든 어간에서 2.여.복의 접미어 נָה가 붙은 형태는 단 한번 사용될 뿐이다: תֵּצֶאנָה '너희(여)는 나갈지어다'(암 4:3).

228) 우리는 페-눈 동사에서 그랬던 것과 비슷하게 יְטַב(명령)와 יְטֹב(부연)를 '요드(י) 보존형'으로, שֵׁב(명령)와 שֶׁבֶת(부연)를 '요드(י) 탈락형'이라 칭한다. 결국 요드(י) 탈락형과 눈(נ) 탈락형은 매우 흡사한 형태를 지닌다. 일반적으로 요드(י) 보존형은 페-요드 동사에서, 요드(י) 탈락형은 페-바브 동사에서 많이 나타나지만 항상 그런 것은 아니다. 예컨대, 페-바브 동사인 יָרֵא('두려워하다')는 명령이 요드(י) 보존형인 יְרָא('너는 두려워하라'), 부정사 연계형이 יְרֹא(= יִרְאָה '두려워하는 것 =두려움')이다. 반면에, יָרַשׁ('상속하다')는 페-요드 동사인데 명령의 형태가 심지어 רֵשׁ/רַשׁ/יְרַשׁ('너는 상속하라')의 세 가지로 나타나고 부정사 연계형은 רֶשֶׁת('상속하는 것')이다. 따라서 명령은 요드(י) 보존형과 탈락형을 동시에 갖는다. 어떤 경우든 요드(י) 보존형은 그 동사의 원형이 무엇인지 아는데 어려움이 없다. 문제는 요드(י) 탈락형이다. 이것은 페-눈 동사의 נ 탈락형과 차이가 없어 구별하기 쉽지 않다. 예를 들어, שֶׁבֶת는 페-눈 동사인 נָשַׁב의 눈(נ) 탈락형 부정사 연계형인지, 아니면 페-바브 동사인 יָשַׁב의 요드(י) 탈락형 부정사 연계형인지 쉽게 알 수 없다. 이럴 때 히브리어 사전을 통해 확인해 보아야 하는데 사전에서 נָשַׁב가 아닌 יָשַׁב의 부정사 연계형임을 알 수 있다.

b. 페-바브 동사의 ו는 니팔에서 살아나면서 특이한 형태를 지닌다: נוֹשַׁב '그것(그곳)이 거주되었다(=사람이 거주하게 되었다).'

c. 미완료 이하는 ו가 살아난 채 강동사와 동일한 변화의 패턴을 보여준다: יִוָּשֵׁב '그것(그곳)이 거주될 것이다'

③ 강조형

피엘/푸알/히트파엘은 페-요드이든 페-바브이든 강동사와 같다.

יִלֵּד '낳게 하다'/ יֻלַּד '태어나다'[229]/ הִתְיַלֵּד '가족의 일원이 되다'

④ 사역형

a. 페-요드 동사의 히필은 첫 모음 체레(◌ֵ)가 특이할 뿐 나머지는 강동사와 흡사하다: הֵיטִיב '그는 좋게 만들었다, 선을 베풀었다.'[230]

b. 페-바브 동사는 히필에서 역시 감춰진 ו가 살아난다: הוֹשִׁיב '그가 거주하게 하였다.'

c. 이 동사의 히필형 또한 단축형을 갖는다: יוֹשֵׁב

d. 페-요드 동사의 호팔은 나타나지 않는다.

e. 페-바브 동사의 호팔에서도 ו가 되살아나는데 동시에 첫 모음 '오'(카메츠 하툽 ◌ָ[o])가 동질 모음 '우'(וּ)로 변했다: הָוְשַׁב → הוּשַׁב '그가 거주하게 되었다.'

3. 특이 사항

1) 동사 יָכֹל('..할 수 있다')의 칼 미완료는 특이한 형태인 יוּכַל('..할 수 있을 것이다')이다. 이것은 마치 푸알형이나 호팔형인 것처럼 보인다.[231]

---

229) 니팔형 נוֹלַד와 사실상 의미가 동일하다. 이것을 칼 수동형으로 보는 사람도 있다. 또한 יָלַד('낳다')의 호팔형인 הוּלַד도 단순히 '태어나다'라는 의미다.

230) 원래는 강동사처럼 הַיְטִיב였으나 י가 묵음이 되면서 הֵיטִיב로 바뀌었다.

231) 혹자는 이것을 칼 미완료의 의미를 간직한 호팔 미완료 형태인 것으로 규정한다. 이것은 원래 יְוְכַל에서 יוּכַל을 거쳐 יוּכַל로 발전된 것으로 추론된다.

2) 그 외에도 י가 생략되거나 동화되는 특징을 갖는 페-요드/페-바브 동사가 몇 개 있으나 드물게 나타나며 자세한 언급은 생략한다.[232)]

3) 앞서 말한 대로 페-요드/페-바브 동사는 페-눈 동사와 동사 변화에 있어서 매우 비슷한 특징을 갖는데, 나아가 때로 어떤 동사들의 경우 동일한 뜻을 가진 비슷한 어원을 가진 두 동사가 어간형들에서 함께 나타난다. 예컨대, נָצַב('서있다')는 니팔과 히필에서 나타나는데, 이 동사의 히트파엘은 그와 달리 같은 뜻의 יָצַב('서있다')를 기본 어근으로 삼아 만들어진다.

נִצָּב (נָצַב 니팔) '그것이 서있었다(stand)'
הִצִּיב (נָצַב 히필) '그가 세웠다(erect, set up)'
הִתְיַצֵּב (יָצַב 히트파엘) '스스로를 세웠다(station oneself)'

4) 동사 הָלַךְ('걷다')의 칼 미완은 יֵלֵךְ('그가 걸을 것이다')로서 특이하게 יָלַךְ를 기본 어근으로 삼는다. 참고로 יָצַב/נָצַב를 포함한 이러한 동사들은 24과에서 배울 '결여 동사'(defective verbs)로 분류된다. 이 동사는 부정사의 형태도 요드 탈락형을 따른다. 여기서는 일종의 불규칙으로 간주하자.

הָלַךְ (הָלַךְ 칼 완료) '그가 걸었다'
יֵלֵךְ (יָלַךְ 칼 미완료) '그가 걸을 것이다'
לֵךְ (יָלַךְ 칼 명령) '너는 걸으라'
לֶכֶת (יָלַךְ 칼 부정사) '걷는 것'/ לָלֶכֶת '걷기 위하여'

---

232) 특히 י가 동화된 형태는 페-눈 동사에서 נ이 동화된 형태(יִפֹּל)와 동일하게 되어 페-눈 동사와 혼동을 줄 수 있다. 그러나 이런 동사는 드물기 때문에 나타나는 경우 사전에서 확인해보면 된다.

יָצַק → יִצֹּק(칼 미완) '그가 쏟을 것이다' - י의 생략
יָצַת → יִצַּת(칼 미완) '그것이 탈 것이다/불붙을 것이다' - י의 동화
הִצִּית(= הוֹצִית)(히필 완료) '그가 불에 태웠다'
יַצִּית(히필 미완) '그가 불에 태울 것이다'

22과 연습문제

I. 어휘

צֶ֫לֶם	모양	דְּמוּת	형상	נֶ֫גַע	재앙, 역병, 발진
חֹ֫דֶשׁ	달, 월	רֹב	많음, 풍요	פֶּ֫סַח	유월절, 유월절 양
יָשָׁר	올바른, 곧은	עָנָה	대답하다	נָכָה	(힢) הִכָּה 치다(smite)[a]
נָגַע	만지다, 치다(plague)[a]	נָטָה	..로 뻗다/향하다, (천막을) 치다	יָרַשׁ	점유하다, 추방하다, 상속하다.
בָּכָה	울다	רָבָה	많다	יָטַב	선하다, 좋다

a. הִכָּה는 무기 따위로 타격을 가하는 것을, נָגַע는 역병과 재앙으로 치는 것을 의미한다.

II. 다음을 해석하라.

(1) כֹּל אֲשֶׁר־יִגַּע בָּהֶם יִקְדָּשׁ׃ (레 6:18; *BHS* 6:11)

(2) הִגִּיד לַכֹּהֵן לֵאמֹר כְּנֶ֫גַע נִרְאָה לִי בַּבָּיִת׃ (레 14:35)

(3) וַיִּ֫בֶן שָׁם מִזְבֵּ֫חַ וַיִּקְרָא בְּשֵׁם יהוה וַיֶּט־שָׁם אָהֳלוֹ (창 26:25)

(4) וַיִּבְכּוּ בְּנֵי יִשְׂרָאֵל וַיֹּאמְרוּ מִי יַאֲכִלֵ֫נוּ בָּשָׂר׃ (민 11:4)

(5) וְשָׁלַ֫חְתִּי אֶת־יָדִי וְהִכֵּ֫יתִי אֶת־מִצְרַ֫יִם (출 3:20)

(6) וַיֹּ֫אמֶר לָהֶם יוֹסֵף מָה־הַמַּעֲשֶׂה הַזֶּה אֲשֶׁר עֲשִׂיתֶם (창 44:15)

(7) וַאֲנִי הִנְנִי בְיֶדְכֶם עֲשׂוּ־לִי כַּטּוֹב וְכַיָּשָׁר בְּעֵינֵיכֶם׃ (렘 26:14)

(8) וַתַּ֫עַן[a] רָחֵל וְלֵאָה וַתֹּאמַ֫רְנָה לוֹ הַעוֹד לָ֫נוּ נַחֲלָה בְּבֵית אָבִ֫ינוּ׃

a. 종종 주어가 여럿일 경우 대표 주어에 맞춰 단수 동사를 사용한다. (창 31:14)

(9) וַיֹּ֫אמֶר יוֹסֵף אֶל־אֶחָיו וְאֶל־בֵּית אָבִיו אֶעֱלֶה וְאַגִּ֫ידָה לְפַרְעֹה (창 46:31)

(10) וַיֹּ֫אמֶר מִיכָה[a] עַתָּה יָדַ֫עְתִּי כִּי־יֵיטִיב יהוה לִי כִּי הָיָה־לִי הַלֵּוִי לְכֹהֵן׃

a. '미가.' (삿 17:13)

(11) יִרְבּוּ יְמֵיכֶם וִימֵי בְנֵיכֶם עַל הָאֲדָמָה אֲשֶׁר נִשְׁבַּע יהוה לַאֲבֹתֵיכֶם לָתֵת לָהֶם כִּימֵי הַשָּׁמַ֫יִם עַל־הָאָרֶץ׃ (신 11:21)

(12) וַיְכַל לְדַבֵּר אִתּוֹ וַיַּ֫עַל אֱלֹהִים מֵעַל אַבְרָהָם׃ (창 17:22)

(13) [a]שִׁבְעַת יָמִים תְּכַפֵּר עַל־הַמִּזְבֵּחַ וְקִדַּשְׁתָּ אֹתוֹ וְהָיָה הַמִּזְבֵּחַ
קֹדֶשׁ קָדָשִׁים כָּל־הַנֹּגֵעַ בַּמִּזְבֵּחַ יִקְדָּשׁ׃ (출 29:37) a. 숫자.

(14) וַיֹּאמֶר לָהּ מַלְאַךְ יהוה הַרְבָּה אַרְבֶּה אֶת־זַרְעֵךְ וְלֹא יִסָּפֵר
[a]מֵרֹב׃ (창 16:10) a. מִן + רֹב

(15) וַיֹּאמֶר עֵשָׂו אֶל־אָבִיו הַבְרָכָה אַחַת הִוא־לְךָ אָבִי בָּרְכֵנִי גַם־אָנִי
אָבִי וַיִּשָּׂא עֵשָׂו קֹלוֹ [a]וַיֵּבְךְּ׃ (창 27:38) a. יִבְכֶּה의 단축형.

(16) וַיַּעַן לָבָן [a]וּבְתוּאֵל וַיֹּאמְרוּ מֵיהוה יָצָא הַדָּבָר לֹא נוּכַל דַּבֵּר
אֵלֶיךָ רַע אוֹ־טוֹב׃ (창 24:50) a. '브두엘.'

(17) וַיִּוָּלֵד[233] לְאַהֲרֹן [a]אֶת־נָדָב וְאֶת־אֲבִיהוּא׃ (민 26:60)

a. 아론의 네 아들 중 두명의 이름. '나답과 아비후.'

(18) וַיִּוָּלְדוּ [a]לְאַבְשָׁלוֹם שְׁלוֹשָׁה בָנִים וּבַת אַחַת (삼하 14:27) a. '압살롬.'

(19) וַיְנַגַּע יהוה אֶת־פַּרְעֹה נְגָעִים גְּדֹלִים וְאֶת־בֵּיתוֹ עַל־דְּבַר שָׂרַי
אֵשֶׁת אַבְרָם׃ (창 12:17)

(20) וְהִרְבֵּיתִי אֶת־זַרְעֲךָ כְּכוֹכְבֵי הַשָּׁמַיִם וְנָתַתִּי לְזַרְעֲךָ אֵת כָּל־הָאֲרָצֹת
[a]הָאֵל וְהִתְבָּרְכוּ בְזַרְעֲךָ כֹּל גּוֹיֵי הָאָרֶץ׃ (창 26:4) a. = אֵלֶּה의 축약형.

(21) וְאֶל־הָעָם תֹּאמַר הִתְקַדְּשׁוּ [a]לְמָחָר וַאֲכַלְתֶּם בָּשָׂר כִּי בְּכִיתֶם
בְּאָזְנֵי יהוה לֵאמֹר מִי יַאֲכִלֵנוּ בָּשָׂר כִּי־טוֹב לָנוּ בְּמִצְרָיִם וְנָתַן
יהוה לָכֶם בָּשָׂר וַאֲכַלְתֶּם׃ (민 11:18) a. מָחָר '내일.'

(22) וַיַּעֲשׂוּ אֶת־הַפֶּסַח [a]בָּרִאשׁוֹן [b]בְּאַרְבָּעָה עָשָׂר[b] יוֹם לַחֹדֶשׁ בֵּין [c]הָעַרְבַּיִם
בְּמִדְבַּר סִינָי כְּכֹל אֲשֶׁר צִוָּה יהוה אֶת־מֹשֶׁה כֵּן עָשׂוּ בְּנֵי יִשְׂרָאֵל׃

a. רִאשׁוֹן 서수. b.-b. בְּ이하 숫자. c. עֶרֶב의 쌍수. (민 9:5)

(23) וַיִּיטַב הַדָּבָר בְּעֵינֵי בְּנֵי יִשְׂרָאֵל וַיְבָרְכוּ אֱלֹהִים בְּנֵי יִשְׂרָאֵל (수 22:33)

(24) בַּיָּמִים הָהֵם אֵין מֶלֶךְ בְּיִשְׂרָאֵל אִישׁ הַיָּשָׁר בְּעֵינָיו יַעֲשֶׂה׃ (삿 17:6)

---

233) 19과 연습문제 33, 35번과 각주 207을 보라. 수동태 동사의 주어는 때로 목적격 불변사 אֶת를 수반한다. 그러나 아래 문장에서 보듯이 능동태 동사와 마찬가지로 אֶת없이 수동태 주어가 사용될 수 있다.

(25) וַיַּךְ לֵב־דָּוִד אֹתוֹ אַחֲרֵי־כֵן סָפַר אֶת־הָעָם וַיֹּאמֶר דָּוִד אֶל־יהוה מְאֹד
חָטָאתִי אֲשֶׁר עָשִׂיתִי וְעַתָּה יהוה הַעֲבֶר־נָא אֶת־עֲוֹן עַבְדֶּךָ׃ (삼하 24:10)

(26) וַיֵּשֶׁב אֲרוֹן הָאֱלֹהִים עִם־בֵּית [a]עֹבֵד־אֱדֹם בְּבֵיתוֹ שְׁלֹשָׁה חֳדָשִׁים
וַיְבָרֶךְ יהוה אֶת־בֵּית עֹבֵד־אֱדֹם וְאֶת־כָּל־אֲשֶׁר־לוֹ׃ (대상 13:14) a. 오벧에돔.

(27) כֹּה־אָמַר יהוה צְבָאוֹת אֱלֹהֵי יִשְׂרָאֵל הֵיטִיבוּ דַרְכֵיכֶם וַאֲשַׁכְּנָה
אֶתְכֶם בַּמָּקוֹם הַזֶּה׃ (렘 7:3)

(28) וַיֹּאמֶר יהוה אֶל־מֹשֶׁה עֲבֹר לִפְנֵי הָעָם וְקַח אִתְּךָ מִזִּקְנֵי יִשְׂרָאֵל
[a]וּמַטְּךָ אֲשֶׁר הִכִּיתָ בּוֹ אֶת־[b]הַיְאֹר קַח בְּיָדְךָ וְהָלָכְתָּ׃

a. מַטֶּה + ךָ b. יְאֹר '강, 나일강.' (출 17:5)

(29) הִגַּדְתִּי לָכֶם הַיּוֹם כִּי אָבֹד תֹּאבֵדוּן עַל־הָאֲדָמָה אֲשֶׁר אַתָּה עֹבֵר
אֶת־הַיַּרְדֵּן לְרִשְׁתָּהּ׃ (신 30:18)

(30) עַתָּה יֵשֶׁב־נָא עַבְדְּךָ תַּחַת הַנַּעַר עֶבֶד לַאדֹנִי וְהַנַּעַר יַעַל
עִם־אֶחָיו׃ (창 44:33)

(31) וַיְהִי לְעֵת [a]זִקְנַת שְׁלֹמֹה נָשָׁיו הִטּוּ אֶת־לְבָבוֹ אַחֲרֵי אֱלֹהִים אֲחֵרִים
וְלֹא־הָיָה לְבָבוֹ שָׁלֵם עִם־יהוה אֱלֹהָיו כִּלְבַב דָּוִיד אָבִיו׃ (왕상 11:4)

a. זִקְנָה '노년.'

(32) וַיֹּאמֶר לָבָן טוֹב תִּתִּי אֹתָהּ לָךְ מִתִּתִּי אֹתָהּ לְאִישׁ אַחֵר שְׁבָה
עִמָּדִי׃ (창 29:19)

(33) [a]וְצִדְקִיָּהוּ מֶלֶךְ יְהוּדָה לֹא יִמָּלֵט מִיַּד [b]הַכַּשְׂדִּים כִּי הִנָּתֹן יִנָּתֵן
בְּיַד מֶלֶךְ־[c]בָּבֶל וְדִבֶּר־פִּיו עִם־פִּיו וְעֵינָיו אֶת־עֵינָיו תִּרְאֶינָה׃ (렘 32:3)

a. '시드기야.' b. '갈대아 사람들.' c. '바벨론.'

(34) זֶה סֵפֶר תּוֹלְדֹת אָדָם בְּיוֹם בְּרֹא אֱלֹהִים אָדָם בִּדְמוּת אֱלֹהִים
עָשָׂה אֹתוֹ׃ [a]זָכָר וּנְקֵבָה[a] בְּרָאָם וַיְבָרֶךְ אֹתָם וַיִּקְרָא אֶת־שְׁמָם אָדָם בְּיוֹם
הִבָּרְאָם׃ וַיְחִי אָדָם [b]שְׁלֹשִׁים וּמְאַת[b] שָׁנָה וַיּוֹלֶד בִּדְמוּתוֹ כְּצַלְמוֹ וַיִּקְרָא
אֶת־שְׁמוֹ [c]שֵׁת׃ (창 5:1-3) a.-a. '남자와 여자(수컷과 암컷).' b. 숫자. c. 인명 '셋.'

22과 연습문제 해답

II. 문장 해석

(1) 그것들에 접촉하는 모든 것은 거룩해야 한다/거룩해 질 것이다.

(יִקְדָּשׁ가 '그것이 거룩해야 한다, it must be holy'인지, 아니면 '그것이 거룩해질 것이다, it will become holy'인지는 거룩이라는 속성이 접촉을 통한 전염성을 지녔는지에 대한 중요한 신학적 쟁점이다. 전자의 해석은 전염성을 배제하면서 성물에 접촉하는 사람과 물건이 거룩해야한다는 뜻으로 이해한다. 반면에 후자의 해석은 성물이 사람이나 사물에 접촉하면 그 사람이나 물건이 거룩해진다는 거룩의 전염성을 인정한다. 필자는 거룩의 전염성을 배제하는 입장이다. 이러한 쟁점은 왜 우리가 히브리어를 공부해야하는지를 알게 하고 히브리어가 성경 해석에서 매우 중요하다는 것을 보여주는 단적인 사례다)

(2) 너는 그 제사장에게 고하여 말하라. "(그)집에서 곰팡이(한글개역, '색점')같은 것이 저에게 발견되었습니다"라고. (문자적으로 '곰팡이 같은'이 '곰팡이 같은 것'으로 주어 역할을 한다. נֶ֫גַע는 기본적으로 '치다'는 뜻의 동사 נָגַע의 명사 파생어인데, '역병'과 '재앙'을 뜻하며, 나아가 사람 피부나 벽에 가해진 타격, 즉 피부병이나 곰팡이류를 뜻한다)

(3) 그리고 그가 거기에 제단을 쌓았다. 그리고 그는 여호와의 이름을 불렀다. 그리고 그는 거기에 자신의 천막을 쳤다.

(יִ֫בֶן[단축] ← יִבְנֶה[칼 미완]/בָּנָה

וַיֵּט־[단모음화] ← יֵט[단축] ← יִטֶּה[칼 미완]/נָטָה

אָהֳלוֹ ← וֹ + אֹ֫הֶל '천막, 장막'[참고. 동일유형 קֹ֫דֶשׁ의 옛 형태 קָדְשׁ])

(4) 그리고 이스라엘 자손들이 울었다. 그리고 그들이 말했다. "누가 우리에게 고기를 먹게 하겠는가?"

(יִבְכּוּ ← וּ + יִבְכֶּה[칼 미완]/בָּכָה

יַאֲכִלֵ֫נוּ ← ֵ֫נוּ + יַאֲכִיל[히필 미완]/אָכַל)

(5) 그리고 내가 내 손을 보내리라. 그리고 내가 이집트를 치리라.

(הִכֵּ֫יתִי ← תִי + הִכָּה[히필 완료]/נָכָה)

(6) 그리고 요셉이 그들에게 말했다. "너희가 행한 이 행위는 무엇이냐?"

(7) 그리고 보라, 내가 너희 수중에(손에) 있도다. 너희는 나에게 너희 눈(들)에 좋은 대로(선한 대로), 그리고 옳은 대로 행하라.

(8) 그리고 라헬과 레아가 대답하여 (그녀들이) 그에게 말했다. “우리 아버지의 집에 여전히 우리를 위한 유업(상속물)이 있을까?”

(תַּ֫עַן[단축] ← תַּעֲנֶה[칼 미완]/עָנָה)

(9) 그리고 요셉이 그의 형제들과 그의 아버지의 집을 향해 말했다. “제가 올라가겠습니다. 그리고 제가 파라오에게 알리겠습니다.”

(וְאַגִּ֫ידָה[바브 접속법] ← ָה [연장 어미] + אַגִּיד[히필 미완]/נָגַד

אֶעֱלֶה는 의지법으로 해석된다. 라메드-헤 동사는 미완료 연장형이 없다)

(10) 그리고 미가가 말했다. “이제 저는 여호와께서 나를 위해 선을 베푸실 것을 압니다. 왜냐하면, 나를 위해 그 레위인이 제사장이(으로) 되었기 때문입니다.”

(יֵיטִיב[히필 미완] ‘평탄케 할 것이다/좋게 만들 것이다’)

(11) 너희의 날들과 너희 자녀들의 날들이 많을 것이다. 여호와께서 너희 조상들에게 맹세하여 그들에게 주겠다고 하신 그 대지(땅) 위에서, 땅 위의 하늘의 날들처럼 말이다. (יִרְבּוּ ← וּ + יִרְבֶּה[칼 미완]/רָבָה)

(12) 그리고 그는 그와 함께 말하기를 마쳤다. 그리고 하나님께서는 아브라함을 떠나 올라가셨다. (부정사+לְ의 명사적 용법은 163쪽을 보라)

(יְכַל[단축] ← יְכַלֶּה[칼 미완]/כָּלָה // יַ֫עַל[단축] ← יַעֲלֶה[칼 미완]/עָלָה)

(13) 칠일 간 너는 그 제단을 속죄할지어다(씻을지어다). 그리고 너는 그것을 거룩하게 만들지어다. 그러면 그 제단이 지성물(거룩들 중의 거룩)이 될 것이며 제단과 접촉되는 모든 것이 거룩해야 하리라/거룩하게 될 것이다(1번 문제의 해설을 참고하라). (תְּכַפֵּר[피엘 미완]← כִּפֶּר[피엘]. 이 동사는 ‘덮다,’ ‘속죄하다,’ ‘씻다’는 뜻이 모두 가능한데, 여기서는 사물이 목적어이므로 ‘씻다’가 더 적절하다. קֳדָשִׁים은 [코다쉼]으로 읽는다)

(14) 그리고 여호와의 사자가 그녀에게 말했다. “내가 너(여)의 씨를 반드시 번성케(많게) 하리라. 그래서 그것이 너무 많아서(‘많음’으로 인해) 셀 수 없을 것이다(계수되지 않을 것이다).”

(הַרְבָּה אַרְבֶּה에서 앞의 단어는 רָבָה의 히필 부정사 절대형으로 동사를 강조하기 위해 동사 앞에 위치한다. אַרְבֶּה은 רָבָה의 히필 미완료인데, 여기서는 의지법으로 사용되고 있다. מִן은 원인, 출처의 의미로 ‘..로 인해’가 가능하다)

(15) 그리고 에서가 그의 아버지에게 말했다. "나의 아버지여, 당신에게는 하나의(אַחַת) 복, 그것만이 있나요? 저를, 또한 저를 축복하소서, 나의 아버지여!" 그리고 에서는 (자신의) 소리를 높여 울었다(בָּכָה).
(הַבְרָכָה의 앞의 הַ는 의문사. בָּרֲכֵנִי ← ֵנִי + בָּרֵךְ[피엘 명령]/בָּרַךְ; יֵבְךְּ[단축] ← יִבְכֶּה[칼 미완]/בָּכָה)

(16) 그리고 라반과 브두엘이 대답하여 (그들이) 말했다. "그 일이 여호와로부터 왔도다. 우리는 너에게 가타부타를(좋으냐 나쁘냐를, 문자적으로 '악 혹은 선'을) 말할 수(יָכַל) 없다."

(17) 그리고 아론에게 나답과 아비후가 태어났다(원문에는 그 외 다른 두 아들, 엘리아살과 잇다말이 추가되어 있음).
(יִוָּלֵד[니팔.미완] ← יָלַד[페-바브 동사]. 수동태 동사에서 주어가 목적격 불변사가 붙은 목적격으로 주어질 수 있다)

(18) 그리고 압살롬에게 세 아들과 한 명의 딸이 태어났다.
(17번과 달리 여기서는 주어로 목적격이 아닌 주격이 사용된다.)

(19) 그리고 여호와께서 파라오를, 그리고 그의 집을 큰 재앙들로 치셨다. 아브람의 아내 사래의 일로 인해. (נְגָעִים[복수] ← נֶגַע '재앙, 타격')

(20) 그리고 내가 너의 씨를 하늘의 별처럼 번성케 하리라. 그리고 내가 너의 씨에게 이 땅들을 주리라. 그리고 땅의 모든 민족들이 너의 씨로 인해 복을 받으리라.
(הִרְבֵּיתִי ← תִּי + הִרְבֶּה[히필 완료]/רָבָה)

(21) 그리고 너는 그 백성을 향해 말하라. "너희는 내일 스스로 성결케 하라. 그리고 너희는 고기를 먹게 될 것이다. 왜냐하면, 너희가 여호와의 귓전에 울면서 말했기 때문이다. '누가 우리로 하여금 고기를 먹게 할 것인가? 이는 이집트에서 우리가 행복했기 때문이다(우리에게 좋은 일[선]이 있었기 때문이다)'라고. 그러나 여호와는 너희에게 고기를 주실 것이며 너희는 먹을 것이다."
(בְּכִיתֶם ← תֶּם + בָּכָה // יַאֲכִלֵנוּ ← ֵנוּ + יַאֲכִיל[히필 미완]/אָכַל)

(22) 그리고 그들이 첫 달에(בָּרִאשׁוֹן, 문자적으로 '첫 번째에') 유월절을 실행했다. 그 달 14일에 황혼 무렵에(문자적으로, '두 저녁 사이에') 시내 광야에서. 여호와께서 모세에게 명하신 대로 그렇게 이스라엘 자손들이 실행하였다.
('두 저녁 사이에'를 뜻하는 בֵּין הָעַרְבָּיִם은 매우 독특한 표현이다[출 12:6; 16:12; 29:39, 41; 30:8; 레 23:15; 민 28:4]. 통상적으로 '황혼 무렵, at the twilight'로 번역된다)

(23) 그리고 그 일이 이스라엘 자손들의 보기에(눈에) 좋았다. 그리고 이스라엘 자손들이 하나님을 찬양했다.

(24) 그 때(날들)에 이스라엘에 왕이 없었다. 사람들은 자신의 눈에 옳은 것을 행하곤 했다. (어떤 행동의 지속과 반복은 자주 미완료로 표현된다)

(25) 그리고 그가 그렇게 (그)백성을 계수한 뒤에 다윗의 마음이 그를 쳤다. 그리고 다윗이 여호와께 말했다. "제가 행하였던 것으로(אֲשֶׁר) 제가 심각히 범죄했나이다[제가 행하였던 일을 심각히 저질렀나이다]. 그리고 이제 여호와여, 부디 당신께서 당신의 종의 죄악을 지나가게 하소서(없애 주소서)."

(הַעֲבֶר־נָא ← הַעֲבֵר[히필 명령] ← עָבַר)

(26) 하나님의 궤가 오벳에돔의 집과 함께, 그의 집에 석 달 동안 안치되었다. 그리고 여호와께서 오벳에돔의 집과 그것에 속한 모든 것을 축복하셨다.

(וַיֵּשֶׁב ← יֵשֵׁב[칼 미완] + ·וַ/יָשַׁב)

(27) 만군의 여호와 이스라엘의 하나님께서 이렇게 말씀하셨다. "너희는 너희의 길(들)을 평탄케 하라(좋게 만들어라). 그러면 내가 이 장소에 너희를 거하게 하리라." (וַאֲשַׁכְּנָה는 바브 연속법이 아니다. 이것의 바브 연속법의 접속사 형태는 וָאֲ이기 때문이다. 이것은 다음의 결과다: וְאֲשַׁכְּנָה →[쉐바 유포니]→ וַאֲשַׁכְּנָה [바브 접속법]. אֲשַׁכְּנָה는 미완료 연장형이며 따라서 의지법으로 해석된다.)

(28) 그리고 여호와께서 모세에게 말씀하셨다. "너는 그 백성 앞에서 지나가라. 그리고 너와 더불어 이스라엘 장로들 중에서 (사람을) 취하라. 그리고 네가 그것으로 나일 강을 쳤던 너의 지팡이를 너는 네 손에 취하라. 그리고 너는 갈지어다."

(הִכִּיתָ = תָּ + הִכָּה[히필.완료]/נָכָה)

(29) 내가 너에게 오늘 너희가 분명히 멸망할 것을 알렸다. 요단을 건너서 그것을 점유할 그 땅(위)에서.

(הִגַּדְתִּי ← תִּי + הִגִּיד[히필 완료]/נָגַר

תֹּאבֵדוּן, 즉 연장의 ן이 붙은 תֹּאבֵדוּ은 תֹּאבְדוּ의 휴지형이다. אָבַד는 다섯 개뿐인 페-알렙 동사의 하나로 칼 미완료가 יֹאכַל 형태를 따른다.

לְרִשְׁתָּהּ ← רִשְׁתָּהּ + לְ ← הּ ָ + רֶשֶׁת[칼 부정사]/יָרַשׁ '점유하다')

(30) 이제 당신의 종이 그 소년을 대신해서 나의 주인님께 종으로 머물게 하소서. 그리고 그 소년은 그의 형제들과 함께 올라가게 하소서.

(יֵשֶׁב־ ← יֵשֵׁב[칼 미완]/יָשַׁב[페-바브 동사]. יַ֫עַל은 주의해야 한다[370쪽을 보

라]. 이것은 יַעֲלֶה[히필 미완]의 단축형인데 칼 미완 및 단축형과 형태가 동일하므로 양자를 문맥에서 구별해야 한다)

(31) 그리고 솔로몬의 노년의 때에 그의 아내들이 그의 마음을 다른 신들에게도 향하게 만들었다. 그리고 그의 마음이 그의 아버지 다윗의 마음과 같이 여호와 그의 하나님과 더불어 온전치 못했다.

(הִטּוּ = וּ + הִטָּה[히필 완료]/נָטָה)

(32) 그리고 라반이 말했다. "내가 그녀를 다른 사람에게 주는 것보다 내가 그녀를 너에게 주는 것이 더 낫다. 너는 내 곁에 머물거라."

(תִּתִּי ← ִי + תֵּת[칼 부연]/נָתַן

שְׁבָה[칼 명령 연장] ← ָה [연장 어미] + שֵׁב[칼 명령]/יָשַׁב)

(33) 그리고 유다 왕 시드기야는 갈대아 사람들의 손아귀에서 벗어나지 못할 것이다. 왜냐하면, 그가 바벨론 왕의 수중에 완전히 넘겨질 것이기 때문이다. 그리고 그의(시드기야) 입이 그의(바벨론 왕) 입과 말할 것이고 그의(시드기야) 눈(들)이 그의(바벨론 왕) 눈(들)을 볼 것이다. (동사 앞에 니팔 부절이 선행하므로 '완전히'라는 강조 의미가 들어있다. '그의 입이 그의 입과...'라는 표현은 시드기야 왕이 바벨론 왕에게 잡혀가 그의 대면하는 상황을 가리킨다. תִּרְאֶינָה - רָאָה 칼.미완.3.여.복)

(34) 이것은 아담의 족보(계보의 책)이다. 하나님께서 사람(아담)을 창조하시던 날에 그분은 하나님의 형상으로 그를 만드셨다. 그분은 그들을 남자와 여자로 창조하셨다. 그리고 그분은 그들을 축복하셨으며 그들이 창조되던 날에 그들의 이름을 사람이라 부르셨다. 그리고 아담이 130년을 살았을 때 그는 자신의 형상과 모양으로 아이를 낳았고(문자적으로, '낳게 했고') 그는 그의 이름을 셋이라 불렀다

(אָדָם은 일반명사 '사람'과 고유명사 '아담'이 때로 잘 구분되지 않는다).

(부정사 בְּרֹא의 주어는 אֱלֹהִים이다. 주요 동사들은 다음의 조합들이다.

בְּרָאָם = ָם + בָּרָא

הִבָּֽרְאָם = ָם + הִבָּרֵא[니팔 부연]/בָּרָא

וַיּוֹלֶד ← יוֹלֵד[단축형] ← יוֹלִיד[히필 미완]/יָלַד)

23과 아인-요드 및 아인-바브 동사/아인 중복 동사

A. 아인-요드/아인-바브 동사

1. 개요

1) 세 어근 문자 중에 가운데에 모음 문자 י와 ו가 오는 동사들을 각각 아인-요드와 아인-바브 동사라 부른다.

2) 우선 중요한 것은 히브리어 사전에 등록되어 있는 *이 두 약동사의 기본형이 다른 동사들과는 달리 칼 완료가 아닌 칼 부정사 연계형*이라는 점이다.[234)]

완료: קָם '그가 일어섰다'
부정사 연계형: קוּם '일어섬'(사전에는 '일어서다'는 뜻으로 등록됨)

2. 아인-요드 및 아인-바브 동사의 도표와 특징

1) 아래 도표에서 보듯이, 이 동사들은 변화가 다채롭고 규칙에서 상당히 벗어나 어려움을 준다.

2) 이 약동사들의 기본형은 대체로 네 가지 유형으로 분류될 수 있다: □וּ□(קוּם)/ □וֹ□(בּוֹשׁ)/ □ִי□(שִׂים)/ □ֵי□(מֵית). 앞서 말한 대로 이 기본형들은 모두 칼 부정사 연계형이다. 그러므로 이 약동사는 칼 완료/미완료와 더불어 칼 부정사 연계형을 기본적으로 숙지해야한다.

3) 한편, 이것들은 모두 가운데에 모음이 있다 해서 '가운데 모음 동사'라고도 불린다.

---

234) 지금까지 배운 모든 동사들은 칼 완료형이 어근형으로 취급되었다. 그러나 이 동사들은 칼 완료형이 두 개의 문자 밖에 없으므로 세 개의 문자를 동사의 기본형으로 삼는 원칙에 따라 칼 부정사 연계형이 어근형으로 취급된다. 이 동사들의 기본형, 말하자면, 사전에 등록된 어근형(예, קוּם)은 단음절로 구성되어 있지만 모음으로 사용되는 모음 문자들이 동시에 그 단어의 철자가 되어 다른 동사의 기본형처럼 세 개의 문자(즉 קוּם)를 유지하고 있다.

4) 다음 기본 도표를 숙지하라.

형태	Qal				Niph	Hiph	Hoph
완료	קָם	שָׂם	מֵת	בּוֹשׁ	נָכוֹן	הֵקִים	הוּקַם
미완	יָקוּם	יָשִׂים	יָמוּת	יֵבוֹשׁ	יִכּוֹן	יָקִים	יוּקַם
명령	קוּם	שִׂים	מוּת	בּוֹשׁ	הִכּוֹן	הָקֵם	—
부연	קוּם	שִׂים	מוּת	בּוֹשׁ	הִכּוֹן	הָקִים	הוּקַם
부절	קוֹם	שׂוֹם	מוֹת			הָקֵם	הוּקֵם
능분	קָם	שָׂם	מֵת	בּוֹשׁ	נָכוֹן	מֵקִים	מוּקָם
수분	קוּם						

5) 각 기본 어간형의 해석

קָם(칼) '그는 일어섰다'(stand up)/ שָׂם(칼) '그는 놓았다'(put, set up)

מֵת(칼) '그는 죽었다'/ בּוֹשׁ(칼) '그는 부끄러웠다'

נָכוֹן(כּוּן 니팔) '그가 준비했다'

הֵקִים(히필) '그는 ..를 세웠다'/ הוּקַם(호팔) '그는 세워졌다'

6) 다음은 각 어간의 변화형이 예시된 도표와 그것의 영문 각주에 따른 설명이다.

① 칼

a. 이 약동사는 동사 קוּם을 잘 익혀 놓으면 다른 유형의 동사들은 비슷한 변화의 패턴을 보이므로 어렵지 않게 배울 수 있다. 우선 칼 완료와 능동분사는 동일한 형태를 지닌다. 마치 상태 동사의 경우와 같다.

b. 이 약동사도 칼 미완료형을 외우면 명령형은 쉽게 알 수 있다.

c. 완료/미완료에 모음 접미어가 붙을 때도 가운데에 모음 문자를 갖는 특징으로 인해 악센트가 이동하지 않는다: 칼.완료 קָ֫מָה '그녀가 일어났다'. 칼.미완.1.공.단 אָקוּם('내가 일어날 것이다')의 의지법인 연장형은 אָק֫וּמָה('내가 일어나리라')로서 역시 악센트 위치는 변하지 않는다.

d. 칼 미완료에 경접미어가 붙으면 악센트가 동반된 세골 요드(ֶ֫י)가 첨가된다: תְּקוּמֶ֫ינָה '그녀들이/너희(여)가 일어설 것이다.'

형태	Qal				Niph	Hiph	Hoph
완료	קָם[a]	שָׂם	מֵת	בּוֹשׁ	נָכוֹן[a]	הֵקִים[a]	הוּקַם[e]
	קָ֫מָה[h] קַ֫מְתָּ קַמְתֶּם	שָׂ֫מָה שַׂ֫מְתָּ שַׂמְתֶּם	מֵ֫תָה מַ֫תָּה[j] מַתֶּם	בֹּ֫שָׁה בֹּ֫שְׁתָּ בָּשְׁתֶּם	נָכֹ֫נָה[b] נְכוּנ֫וֹתָ[c] נְכוּנוֹתֶם[c]	הֵקִ֫ימָה הֲקִימ֫וֹתָ[b] הֲקִימוֹתֶם	(הוּקְמָה) (הוּקַ֫מְתָּ) (הוּקַמְתֶּם)
미완	יָקוּם[b]	יָשִׂים	יָמוּת	יֵבוֹשׁ[k]	יִכּוֹן	יָקִים[c]	יוּקַם
	אָקוּם יָק֫וּמוּ[c] תְּקוּמֶ֫ינָה[d]	אָשִׂים יָשִׂ֫ימוּ תְּשִׂימֶ֫ינָה	אָמוּת יָמ֫וּתוּ תְּמוּתֶ֫ינָה	אֵבוֹשׁ יֵבֹ֫שׁוּ תֵּבוֹשֶׁ֫ינָה	אֶכּוֹן יִכֹּ֫נוּ תִּכּוֹנֶ֫ינָה	אָקִים יָקִ֫ימוּ תְּקִימֶ֫ינָה	(אוּקַם) (יוּקְמוּ) (תּוּקְמֶ֫ינָה)
연장	אָק֫וּמָה[c]	אָשִׂ֫ימָה	אָמ֫וּתָה	אֵבֹ֫שָׁה	אֶכֹּ֫נָה	אָקִ֫ימָה	אוּקְמָה
단축	יָקֹם[e]	יָשֵׂם	יָמֹת	יֵבֹשׁ	—	יָקֵם	—
+ וַ	וַ֫יָּקָם[f]	וַ֫יָּשֶׂם	וַ֫יָּמָת	וַ֫יֵּבָשׁ	—	וַ֫יָּקֶם[d]	—
명령	קוּם[b] ק֫וּמוּ קֹ֫מְנָה	שִׂים שִׂ֫ימוּ שֹׂ֫מְנָה	מוּת מ֫וּתוּ מֹ֫תְנָה	בּוֹשׁ בֹּ֫שׁוּ בֹּ֫שְׁנָה	הִכּוֹן הִכֹּ֫נוּ הִכֹּ֫נָּה	הָקֵם הָקִ֫ימוּ הָקֵ֫מְנָה	—
연장	קוּמָה	שִׂימָה	—	—	—	—	
부연	קוּם	שִׂים	מוּת	בּוֹשׁ	הִכּוֹן	הָקִים	הוּקַם
부절	קוֹם[g]	שׂוּם	מוֹת			הָקֵם	הוּקֵם
능분	קָם[a] קָ֫מָה[h] קָמַת(연)[i]	שָׂם שָׂ֫מָה	מֵת מֵ֫תָה	בּוֹשׁ בּוֹשָׁה	נָכוֹן נְכוֹנָה[b]	מֵקִים	מוּקָם
수분	קוּם						

e. 이 동사는 라메드-헤 동사처럼 히필뿐만 아니라 모든 어간형에서 지시법과 바브 연속법에서 사용되는 미완료 단축형을 따로 가지고 있다. 미완료 단축형은 미완료와 비슷하지만 순장모음들이 단축되어있다(48쪽의 음의 도표를 보라).

f. 단축형을 따로 가지고 있기 때문에 바브 연속법에서 그것이 사용된다. 이때 바브 연속법에서 단축형의 모음이 짧아지는 점에 유의해야 한다. 예를 들어 יָקֹם('그가 일어서게 하소서')는 יָקוּם('그가 일어설 것이다')의 단축형이다. 여기에 ·וַ이 붙어 바브 연속법으로 사용되면 악센트가 앞으로 이동한다:235)

יָקֹם + וַ· → וַיָּ֫קֹם → וַיָּ֫קָם '그리고 그가 일어섰다.' 여기서 종음절 קֹם은 קָם이 악센트가 앞으로 이동하여 악센트 없는 폐음절로 바뀐 이유로 모음이 카메츠 하툽(ָ[o])으로 짧아졌다. 그러므로 [qom 콤]으로 발음해야한다. וַיָּ֫שֶׂם ('그리고 그가 두었다')도 마찬가지 과정을 거쳤다.

g. 부정사 절대형은 히필과 호팔을 제외한 모든 어간형에서 부정사의 특징적 모음 וֹ을 갖는다.

h. 모음 접미형 칼.완.3.여.단 קָ֫מָה('그녀가 일어섰다')는 칼.능분.여.단 קָמָ֫ה('일어서는 [여자]')와 악센트 위치로만 구분될 수 있다. קָ֫מָה와 관련해서 원래 기초 문법서에서는 종음절의 악센트 표시를 하지 않으나 이 경우 양자의 구별을 위해 일부러 표시했으며 이어지는 여성 단수 분사형들도 마찬가지다.

i. 능분.여.단의 연계형은 קָמַת('..의 일어서는 [여자])다. זוּב('흐르다')를 예로 들면 다음과 같다: זָבָה(능분.여.단) '흐르는 (여자)' → זָבַת(연계형) '..의 흐르는 (여자)'/ אִשָּׁה זָבַת דָּם '피가 흐르는 여자.'

j. מוּת의 완료에 תָּ('너[남]는')가 접미되면 מַתְּ가 아닌 ה가 마지막에 추가된 מַתָּה('너는 죽었다')로 나타난다. 그러나 단 1회 사용될 뿐이다.

k. בּוֹשׁ의 미완료는 첫 모음이 약간 다르다: יֵבוֹשׁ '그는 부끄러워했다.'

그 외 각 동사들의 변화 패턴은 קוּם과 비교하면서 도표를 참고하라.

② 니팔

a. קוּם의 니팔 נָקוֹם은 사용되지 않으므로 가장 많이 사용되는 כּוּן을 모형 동사로 활용한다. 그 외 פּוּץ('흩어지다')와 מוּל('할례받다')을 비롯한 이 약동사 종류의 여러 동사들에서 니팔이 사용되는데 모두 이 패턴을 따라 변화한다. 이 약동사의 니팔의 형태는 강동사의 니팔과는 사뭇 달라 어려움을 준다.

b. 칼과 마찬가지로 완료와 분사를 구분해야 한다. 양자는 악센트 위치가 다르며 종음절에 악센트가 있는 경우 HHP가 적용된다: 예컨대, 니팔.완.3.여.단 נָכֹ֫נָה('그녀가 준비했다')와 니팔.분.여.단 נְכוֹנָ֫ה('준비한 [여자]').

c. 니팔 완료에서 경/중접미어 접미 시에 바로 앞에 모음 홀렘[ō]이 끼어든다: נְכוּנ֫וֹתָ = נְכוּנ֫תָ '너(남)는 준비했다.'

---

235) 바브 연속법에서 미완료 + וַ·일 경우 대체로 악센트가 앞으로 이동한다.

③ 강조형

이 동사의 강조형들 또한 특이하므로 구체적인 설명이 필요하다. 따라서 강조형은 도표에서 떼어 별도로 취급하였다. 특별히 이 강조형 어간들은 일반적으로 마지막 자음이 반복된 형태들로 나타난다.[236)]

형태	Polel[a]	Polal	Hithpolel
완료	קוֹמֵם	קוֹמַם	הִתְקוֹמֵם
미완	יְקוֹמֵם[b]	יְקוֹמַם	יִתְקוֹמֵם
명령	קוֹמֵם	—	הִתְקוֹמֵם
부연	קוֹמֵם[c]	קוֹמַם	הִתְקוֹמֵם
분사	מְקוֹמֵם	מְקוֹמָם	מִתְקוֹמֵם

a. 이러한 강조형 동사의 유형들은 명칭도 다른 방식으로 부른다: 폴렐(Polel)/ 폴랄(Polal)/ 히트폴렐(Hithpolel).

מוֹתֵת(מוּת, Polel) '그가 죽였다(죽게 했다)'/כּוֹנֵן(כּוּן) '그가 확립했다'

כּוֹנַן(כּוּן, Polal) '그것이 준비되었다, 확립되었다'(수동태)

הִתְבּוֹנֵן(בִּין, Hithpolel) '그가 이해했다'

b. 이러한 특징 외에는 접미와 더불어 강동사의 규칙성이 그대로 유지되므로 형태 파악에 큰 어려움은 없다. 이를테면, ה ָ + קוֹקֵם → קוֹמֲמָה[237)] '그녀가

236) 학술적인 근거는 분명하지 않으나 우리는 이것을 다음과 같이 쉽게 이해하도록 하자. 원래 이 약동사들의 중간 문자가 모음(י와 ו)인 이유로 자음의 중복을 위한 중강점을 찍기가 난처한데 마지막 문자를 한 번 더 써줌으로써 문제를 해결했다는 것이다. 그러나 마지막 문자의 중복 없이 어근형 그대로 강조형이 나타나는 것들도 있다. 예컨대 עוּד의 경우 폴렐(Polel) 미완료 יְעוֹדֵד('그가 도울 것이다, support')와 더불어 약간 다른 의미로 사용되는 피엘 עִוֵּד('그가 에워쌌다, surround')도 나타난다. קוּם은 또한 ו대신 י를 가운데 문자로 넣어서 피엘은 קִיֵּם으로 히트파엘은 הִתְקַיֵּם으로 사용하기도 한다.

237) 후음이 아닌 중복 자음 아래에 합성 쉐바가 붙어 있다. 게세니우스에 의하면, *중복 자음의 경우* 후음이 아닌 일반 자음이더라도 이어지는 '아'음의 영향으로 간혹 합성쉐바 하텝 파타(ֲ)가 붙을 수 있다(*Gesenius' Hebrew Grammar*, 52-53). 그러나 혼동을 피하기 위해 켈리(P. H. Kelly)를 비롯한 여러 문법학자들은 그것을 단순하게 קוֹמְמָה로 표기한다.

일으켰다'/ נָה + יְקוֹמֵם → תְּקוֹמֵמְנָה '그녀들이/너희(여)가 일으킬 것이다.'

c. 부정사 연계형은 절대형으로도 사용되는 공동 부정사다.

④ 사역형

a. 히필 기본형도 색다르다: הֵקִים '그가 일어서게 했다.'

b. 니팔과 마찬가지로 경/중접미어 추가 시에 앞에 연결 모음 홀렘[ô]이 삽입된다: הֲקִימוֹתָ = הֲקִמֹתָ '네(남)가 세웠다.'

c. 히필 미완료 יָקִים('그가 일으킬 것이다')은 שִׂים의 칼 미완료 יָשִׂים('그가 둘 것이다')과 동일한 형태로 혼동을 일으키니 주의하라.

d. 미완료 단축형 יָקֵם는 바브 연속법이 될 때 마찬가지로 악센트가 앞으로 이동하면서 모음 체레(◌ֵ)가 세골(◌ֶ)로 짧아진다.

יָקֵם + ·וַ → וַיָּקֵם → וַיָּקֶם '그리고 그가 ..를 세웠다'

e. 호팔 완료의 첫 모음이 וּ이다: הוּקַם '그가 세워졌다.' 이것은 페-바브 동사 יָשַׁב('거주하다')의 호팔 완료 הוּשַׁב('그는 거주되었다')와 같은 형태이므로 혼동을 피해야 한다. 괄호로 묶은 호팔 형태들은 사용되지 않거나 극히 드물다.

B. 아인 중복 동사

1. 개요

1) 두 번째 자음이 중복되는 동사를 '아인 중복 동사,' 혹은 '이중 아인 동사'라고 부른다. 이것은 약동사 중에 가장 어려운 것에 속한다. 아인 중복 동사는 이와 흡사한 몇몇의 약동사들 때문에 더욱 혼란스러워진다. 특히 아인 바브 동사와 많이 비슷하다.

2) 어근 문자가 원래 두 개에서 세 개로 발전된 것인지, 세 개가 두 개로 축약되어 쓰이는 것인지 논란이 있으나 대체로 두 문자 어근형이 세 문자 형태로 발전된 것으로 본다. 즉 원래 סָב였던 것이 나중에 ב가 중복되어 세 어근 문자의 형태인 סָבַב로 발전되었다.

3) 아인이 중복된 세 문자 형태는 칼 완료, 칼 부정사 절대형 및 분사, 그리고 모든 강조형에서 나타난다.

2. 아인 중복 동사의 도표와 특징

1) 변화형에서 두 번째 자음이 자주 중복이 아닌 형태로, 혹은 중강점이 찍힌 두 자음의 형태로 나타난다. 아인 중복 동사의 두 자음 형태의 변화형들은 흔히 페-바브 동사와, 아인-바브 동사, 그리고 페-눈 동사의 어떤 형태들과 매우 흡사한 형태를 띠게 된다.[238)]

2) 덧붙여 이 동사의 강조형 어간들 또한 아인-요드 및 아인-바브 동사의 형태와 동일하다. 그러므로 사전을 찾아보지 않고서는 이것들을 구별하기란 쉽지 않다.

3) 경/중접미어가 붙을 때, 그 앞에 특정 모음이 삽입되는 점에 주의하라.

완료는 홀렘 바브(וֹ)가, 미완료/명령은 세골 요드(◌ֶי)가 삽입된다

4) 다음 기본 도표를 숙지하라.

<table>
<tr><th rowspan="2">형태</th><th colspan="2">Qal</th><th rowspan="2">Niph</th><th rowspan="2">강조형</th><th rowspan="2">Hiph</th><th rowspan="2">Hoph</th></tr>
<tr><th>타동사</th><th>상태/자동사</th></tr>
<tr><td>완료</td><td>סָבַב</td><td>קַל</td><td>נָסַב</td><td rowspan="7">강동사와 동일</td><td>הֵסֵב</td><td>הוּסַב</td></tr>
<tr><td>미완</td><td>יָסֹב=יִסֹּב</td><td>יֵקַל</td><td>יִסַּב</td><td>יָסֵב=יַסֵּב</td><td>יוּסַב=יֻסַּב</td></tr>
<tr><td>명령</td><td>סֹב</td><td>קַל</td><td>הִסַּב</td><td>הָסֵב</td><td>—</td></tr>
<tr><td>부연</td><td>סֹב</td><td>קֹל=קַל</td><td>הִסֵּב</td><td rowspan="2">הָסֵב</td><td>הוּסַב</td></tr>
<tr><td>부절</td><td>סָבוֹב</td><td>קָלוֹל</td><td>הִסּוֹב</td><td>הוּסֵב</td></tr>
<tr><td>능분</td><td>סֹבֵב</td><td rowspan="2">קַל</td><td rowspan="2">נָסָב</td><td rowspan="2">מֵסֵב</td><td rowspan="2">מוּסָב</td></tr>
<tr><td>수분</td><td>סָבוּב</td></tr>
</table>

238) 예컨대, 아래 비슷한 형태의 동사들을 비교하여 구별하라.

① סָבַב의 두 자음 형태들: סַב(칼 완료)/ יִסֹּב(칼 미완)/ הוּסַב(호팔 완료)

② 아인-바브 동사: קָם(קוּם 칼 완료)/ יִכֹּן=יִכּוֹן(כּוּן 니팔 미완)/ הוּקַם(호팔 완료)

③ 페-요드/페-눈 동사: שֵׁב(יָשַׁב 칼 명령)/ יִפֹּל(נָפַל 칼 미완)/ הוּשַׁב(호팔 완료)

5) 각 기본 어간형의 해석

סַב(= סָבַב)(칼) '..를 돌았다'(go round, turn about)
קַל(칼) (קלל) '그는(그것은) 가볍다'(상태 동사)
נָסַב(니팔) '그는 스스로 돌았다'(turn oneself)
הֵסֵב(히필) '그는 돌게 했다'(cause to turn about)
הוּסַב(호필) '그는 돌게 되었다'(be caused to be turned about)

6) 다음은 각 어간의 변화형이 예시된 도표와 그것의 영문 각주에 따른 설명이다.

형태	접미형태	Qal		Niph	Hiph	Hoph
		타동사	상태/자동사			
완료		סָבַב[a]	קַל[a]	נָסַב	הֵסֵב[a]	הוּסַב[c]
	□וֹתָ/□וֹנוּ □וֹתֶם	סָבְבָה/סָבְבוּ[b] סַבּוֹתָ/סַבּוֹנוּ[c] סַבּוֹתֶם	קַלָּה/קַלּוּ[b] קַלּוֹתָ/קַלּוֹנוּ[c] קַלּוֹתֶם	נָסַבָּה נְסַבּוֹתָ נְסַבּוֹתֶם	הֵסֵבָּה הֲסִבּוֹתָ[b] הֲסִבּוֹתֶם	הוּסַבָּה הוּסַבּוֹתָ הוּסַבּוֹתֶם
미완		יָסֹב=יִסֹּב[d]	יֵקַל[e]	יִסַּב	יָסֵב=יַסֵּב	יוּסַב=יֻסַּב
	□ֶינָה	אָסֹב=אֶסֹּב יָסֹבּוּ=יִסְּבוּ תְּסֻבֶּינָה=תִּסֹּבְנָה[f]	אֵקַל יֵקַלּוּ תְּקַלֶּינָה	אֶסַּב יִסַּבּוּ תִּסַּבֶּינָה	אָסֵב=אַסֵּב יָסֵבּוּ תְּסִבֶּינָה	אוּסַב=אֻסַּב יוּסַבּוּ תּוּסַבֶּינָה
연장		—[g]	—	—	—	—
명령		סֹב[h]	קַל	הִסַּב	הָסֵב	—
	□ֶינָה	סֹבִּי סֻבֶּינָה	—	הִסַּבִּי הִסַּבֶּינָה	הָסֵבִּי הֲסִבֶּינָה	
연장		סָבָה[o][i]	—	—	—	
부연		סֹב	קֹל=קַל	הִסֵּב	הָסֵב	הוּסַב
부절		סָבוֹב[j]	קָלוֹל	הִסּוֹב		הוּסֵב
능분		סֹבֵב[j]	קַל[k]	נָסָב	מֵסֵב	מוּסָב
수분		סָבוּב				

① 칼

a. 기본형인 칼.완.3.남.단은 두 가지로 나타난다. 두 번째 어근 문자가 중복되는 것과 그렇지 않은 것이다: סָבַב '그가 ..를 돌았다'/ קַל '그가 가볍다' (어근 קלל). 대체로 타동사는 전자의 유형으로, 상태 동사/자동사는 후자의 유형으로 구분되지만 어떤 동사들에는 들어맞지 않는다.[239)]

b. 칼 완료에 모음 접미어(הָ 와 וּ)가 붙는 형태 또한 타동사와 자동사/상태 동사에 따라 두 가지 유형이 존재하며 이 경우 양자의 차이는 매우 엄격한 편이다: סָבְבָה '그녀는 ..를 돌았다'(타동사)/ קַ֫לָּה '그녀는 가벼웠다'(상태 동사).

c. 그 외 칼 완료에서 경/중접미어가 붙을 때에는 타동사와 자동사/상태 동사 모두 두 어근 문자 유형(קַל)을 따른다. 즉 위의 a.와 b.의 경우를 제외하고는 타동사와 자동사/상태 동사 사이의 형태적 차이는 나타나지 않는다. 또한 칼을 비롯해서 모든 어간들에서 경/중접미어가 붙을 때에 공통적으로 접미어 앞에 모음 וֹ가 삽입된다: סַבּ֫וֹתָ '너(남)는 ..를 돌았다'/ קַלּ֫וֹתָ '너(남)는 가벼웠다.'

d. 타동사의 칼 미완료는 두 가지 형태로 나타난다: יָסֹב = יִסֹּב '그가 ..를 돌 것이다.' 전자의 יָסֹב는 아인-바브 동사의 칼 미완료와 비슷하고(יָקוּם) יִסֹּב는 페-눈 동사의 칼 미완료와 동일한 형태다(יִפֹּל).[240)]

---

239) 실제로 상태 동사/자동사 중에도 칼.완.3.남.단의 마지막 문자가 중복된 세 문자 유형이 존재한다. 예를 들어, דָּלַל('그는 하찮았다, He was small, not important')와 סָרַר('그가 완고했다/고집스러웠다, He was stubborn)' 등이다.

240) 이런 경우 사전에서 확인해 보는 수밖에 없다. 예컨대, 원문 강독 중에 יִסֹּב를 보게 되었는데 원형과 뜻을 모른다면, 페-눈 동사의 칼 미완료일 수 있으니(참고. יִפֹּל) 사전에서 먼저 נָסַב를 찾아본다. 그런데 그 단어가 없거나 뜻이 어울리지 않으면, 이 동사는 아인-바브 동사의 니팔 미완료 형태와도 비슷하므로(참고. יִכּוֹן) 다시 סוּב를 찾아본다. 마찬가지로 그 단어가 아닌 것으로 확인되면 마지막으로 סָבַב를 찾아 볼 수 있다. 명령형 סֹב도 마찬가지다. 이것은 페-눈 동사 נָסַב의 נ 탈락형이거나 페-요드 동사 יָסַב의 י 탈락형일 수 있다. 그것도 아니라면 결국 아인 중복 동사 סָבַב의 명령형이다. 이런 것들은 각각을 외우고 있지 않는 한 일일이 이러한 과정을 통해 찾을 수밖에 없다. 원문을 읽을 때 사전을 가장 많이 찾게 되는 것도 바로 이러한 종류의 약동사들이다.

e. 반면에 상태/자동사의 미완료는 흔히 맨 앞의 모음이 체레(◌ֵ)이며, 마지막 모음은 상태 동사의 특징 그대로 항상 파타(◌ַ)이다: יֵקַל '그가 가벼울 것이다.'

f. 미완료와 명령에 접미어 נָה가 붙을 때 두 형태가 나타나는데, 바로 앞에 연결 모음 ◌ֶי가 끼어든 형태가 더 많이 사용된다: תְּסֻבֶּינָה = תְּסֻבֶּנָה '그녀들은/너희(여)는 ..를 돌 것이다.'

g. 이 약동사의 미완료 연장형은 거의 사용되지 않는데(5회), 그나마 강동사와 동일한 변화를 따르는 강조형들에서(아래 참고) 나타나므로 특별할 것은 없다: אֲהַלְלָה(피엘 미완 연장) '나는 찬양하리라.'

h. 명령형과 부정사 연계형 סֹב도 페-눈 동사와 페-바브 동사의 그것들과 구분이 쉽지 않다: גַּשׁ(נָגַשׁ 칼 명령)/שֵׁב(יָשַׁב 칼 명령)

i. 명령의 연장형 또한 칼과 히필에서 일부 사용될 뿐이다(3회). ◌ָ는 단모음 [오]로 읽는다: סָבָּה[sobâ] '너는 돌아라'(사용 안되며 모형으로 제시됨)/ אָרָה['orâ] '너는 저주하라.'

j. 부정사 절대형(סָבוֹב)과 분사(סֹבֵב/סָבוּב)는 항상 아인이 중복된다.

k. קָלַל의 분사 קַל은 상태 동사이므로 칼 완료와 동일한 형태다.

② 니팔

a. 니팔 역시 생소해보이나 일단 니팔의 기본형을 숙지하게 되면 칼형의 특징이 반복적으로 나타나므로 숙달하는데 큰 어려움은 없다. 먼저 니팔 완료(נָסַב)는 페-눈 동사의 칼 완료(נָפַל '그가 떨어졌다')와 똑같은 형태다. 결국 이 동사의 원형, 즉 어근이 무엇인지는 사전에서 확인해 보는 수밖에 없다. 만일 사전에서 נָסַב를 찾았으나 없다면, 다시 아인 중복 동사의 니팔임을 추측해야한다.

b. 니팔 미완료 יִסַּב 또한 페-눈 동사의 칼 미완료 יִפֹּל('그가 떨어질 것이다')과 흡사하다.

③ 강조형

어떤 아인 중복 동사의 강조형은 강동사의 규칙적 변화 패턴을 따른다. קִלֵּל(피엘) '저주하다'/ קֻלַּל(푸알) '저주받다'/ הִתְפַּלֵּל(히트파엘) '기도하다'

그러나 아인 중복 동사의 강조형은 앞서 아인-바브 동사처럼 특수한 유형을 갖는 것들이 훨씬 많다. 아래 도표에서 이것과 아인-바브 동사의 강조형과 비교하라(참고. 389쪽). 또한 영문 각주를 중심으로 차이점을 파악하라.

아인 중복	명칭	Poel[a]	Poal	Hithpoel
	완료	סוֹבֵב	סוֹבַב	הִתְסוֹבֵב
	미완	יְסוֹבֵב	יְסוֹבַב	יִתְסוֹבֵב
아인-바브	명칭	Polel[a]	Polal	Hithpolel
	완료	קוֹמֵם	קוֹמַם	הִתְקוֹמֵם
	미완	יְקוֹמֵם	יְקוֹמַם	יִתְקוֹמֵם
아인 중복 혹은 아인-바브	명칭	Pilpel[b]	Polpal	Hithpalpel
	완료	כִּלְכֵּל=כִּלְכַּל[c]	כָּלְכַּל[o]	הִתְכַּלְכֵּל
	미완	יְכַלְכֵּל	יְכָלְכַּל	יִתְכַּלְכֵּל

a. 아인 중복 동사의 강조형은 아인-바브 동사의 강조형과 동일한 형태를 띤다(비교. סוֹבֵב와 קוֹמֵם). 다만 동사 종류가 다르므로 이름이 약간 다르다. 아인-바브 동사의 강조형들의 이름은 폴렐/폴랄/히트폴렐이었는데 아인 중복 동사의 강조형은 포엘(Poel)/포알(Poal)/히트포엘(Hithpoel)이다.

b. 나아가 어떤 아인 중복 동사와 아인-바브 동사의 일부는 드물게 또 다른 강조형의 변화 패턴을 보여준다. 그것들의 이름은 필펠(Pilpel)/폴팔(Polpal)/히트팔펠(Hithpalpel)이다. 이 동사들은 도표의 כּוּל('공급하다')의 강조형에서 보듯이 첫 자음과 마지막 자음을 한 번씩 더 중복시켜서 강조형을 만든다. 이런 드문 어간형들은 초급 문법에서는 참고만 하라.[241)]

כִּלְכֵּל(Pilpel) '공급하다'/ כָּלְכַּל(Polpal) '공급을 받다'
הִתְכַּלְכֵּל(Hithpalpel) (없음)
קָלַל(הִתְקַלְקֵל Hithpalpel) '흔들거리다(스스로를 가볍게 하다)'

c. 필펠의 완료의 종음절에 모음 '에'와 더불어 '아'가 오는 경우도 많다.

241) 이러한 다양한 변칙적인 강조 어간형들은 기본적으로 피엘/푸알/히트파엘의 변형일 뿐이다. 이 동사들의 자세한 변화는 〈부록 4〉의 동사 변화표를 보라.

④ 사역형

a. 히필 변화는 아인-바브 동사의 히필형(יָקִים/הֵקִים)과 비슷한 형태를 보인다: הֵסֵב '그가 ..를 돌게 했다'/ יָסֵב(= יַסֵּב) '그가 ..를 돌게 할 것이다.' 아인 중복 동사에서는 종음절에 체레(ֵ)가 온다는 점이 약간 다르다. 다만 미완료 יָסֵב는 יָקִים의 단축형 יָקֵם과 동일하므로 구분하라. 한편, 어떤 아인 중복 동사의 히필형은 종음절에 체레가 아닌 파타(ַ)를 갖는다: הֵקַל '그가 하찮게 만들었다.'

b. 히필에 접미어가 붙을 때도 칼에서 나타난 특징이 동일하게 나타난다.

c. 호팔의 기본형들(הוּסַב/יוּסַב=יֻסַּב)은 페-바브 동사의 호팔(הוּשַׁב/יוּשַׁב), 그리고 아인-바브 동사의 호팔(הוּקַם/יוּקַם)과 동일한 형태이므로 혼동을 일으킨다. 그러나 이것들은 사용 빈도가 매우 낮다.

3. 아인 중복 동사와 아인-바브 동사의 관계

1) 아인 중복 동사와 아인-바브 동사들 중에 동일한 어근을 공유하는 것들이 여럿이다. 이것들은 형태가 비슷하면서 동일한 뜻을 갖는다.

2) 엄밀히 말하자면, 결국 이 경우에 아인 중복 동사의 마지막의 중복 자음은 별다른 의미상의 차이를 발생시키지 않는다.[242)]

נָדַד = נוּד '도망가다, 유랑하다'

242) 그 외에도 아인 중복 동사는 아인-바브 동사와만 상호 간의 관련성을 지니는 것이 아니라 다른 약동사들과도 공통의 어원을 공유하며 동일한 의미를 지닐 수 있다. 예컨대, 어떤 아인 중복 동사들의 경우 동일한 어원과 뜻을 공유한 라메드-헤 동사가 존재한다.

כָּלַל = כָּלָה '끝나다, 완료되다'

קָלַל = קָלָה '하찮다, 가볍다'

חָיָה('살다')는 마지막 자음 ה가 원래 י였던 이유로 가끔 완료.3.남.단이 아인 중복 동사(חָיַי)로 간주되어 חַי(휴지에서 חָי:)로 나타난다(비교. קָלַל의 완료 קַל).

23과 연습문제

I. 어휘

כַּף	손(발)바닥	בְּהֵמָה	짐승	גּוּר	(나그네로) 체류하다
מַרְאֶה	외모, 모습	מִשְׁכָּן	성막	עָנָן	구름
מוּת	죽다	בִּין	이해하다	אָרַר	저주하다
רוּץ	달리다	זוּב	흐르다	סוּר	..로 돌이키다, 돌리다
קוּם	일어서다 (힢) 세우다	סָבַב	돌다, 배회하다	כּוּן	(닢) 준비하다, 확립되다 (힢) 굳게 하다, 확립하다
שִׁית	=שִׂים 두다, 놓다, 정하다	שׁוּב	돌아가다, 돌이키다[a]	בּוֹשׁ	부끄러워하다

a. שׁוּב는 '배교'(다른 신에게 돌이킴)와 '회개'(여호와께 돌이킴)의 개념을 동시에 담은 중요한 신학적 단어다.

II. 다음을 해석하라.

(1) אֵ֫לֶּה הַמִּשְׁפָּטִים אֲשֶׁר תָּשִׂים לִפְנֵיהֶם (출 21:1)

(2) הִנֵּה עֲבָדַי יִשְׂמָ֫חוּ וְאַתֶּם תֵּבֹ֫שׁוּ׃ (사 65:13)

(3) אוֹיְבַי יֹאמְרוּ רַע לִ֑י מָתַי יָמוּת וְאָבַד שְׁמוֹ׃ (시 41:5; *BHS* 41:6)

(4) תַּ֫חַת אֲבֹתֶ֫יךָ יִהְיוּ בָנֶ֑יךָ תְּשִׁיתֵ֫מוֹ[a] לְשָׂרִים בְּכָל־הָאָֽרֶץ׃

a. 접미어 ֵ֫מוֹ에 대해서는 17과를 보라. (시 45:16; *BHS* 45:17)

(5) אֶת־אֲחִיכֶם קָ֑חוּ וְקוּמוּ שׁוּבוּ אֶל־הָאִישׁ׃ (창 43:13)

(6) מְקַלֵּל אָבִיו וְאִמּוֹ מוֹת יוּמָת׃ (출 21:17)

(7) וַיָּ֫גָר אַבְרָהָם בְּאֶ֫רֶץ פְּלִשְׁתִּים יָמִים רַבִּים׃ (창 21:34)

(8) הֵן הִכָּה־צוּר[a] וַיָּזוּבוּ מַ֫יִם (시 78:20) a. '바위.'

(9) שְׂאוּ עֵינֵיכֶם וּרְאוּ מִי־בָרָא אֵ֫לֶּה הַמּוֹצִיא בְמִסְפָּר צְבָאָם (사 40:26)

(10) וְסַבֹּתֶם אֶת־הָעִיר כֹּל אַנְשֵׁי הַמִּלְחָמָה (수 6:3)

(11) אֵלֶ֫יךָ זָעֲקוּ וְנִמְלָ֑טוּ בְּךָ בָטְחוּ וְלֹא־בוֹשׁוּ׃ (시 22:5; *BHS* 22:6)

(12) אֲנִי הִנְנִי מֵקִים אֶת־בְּרִיתִי אִתְּכֶם וְאֶת־זַרְעֲכֶם אַחֲרֵיכֶם׃ (창 9:9)

(13) אַתְּ קוּמִי לְכִי לְבֵיתֵךְ בְּבֹאָה רַגְלַ֫יִךְ הָעִירָה וּמֵת הַיָּלֶד׃ (왕상 14:12)

(14) וּמִפְּרִי הָעֵץ אֲשֶׁר בְּתוֹךְ־הַגָּן אָמַר אֱלֹהִים לֹא תֹאכְלוּ מִמֶּנּוּ
וְלֹא תִגְּעוּ בּוֹ פֶּן־תְּמֻתוּן׃ (창 3:3)

(15) אָקוּמָה נָּא [a]וַאֲסוֹבְבָה בָעִיר אֲבַקְשָׁה אֵת שֶׁאָהֲבָה נַפְשִׁי
בִּקַּשְׁתִּיו וְלֹא מְצָאתִיו׃ (아 3:2) a. 포엘(poel) 형.

(16) וַיִּהְיוּ שְׁנֵיהֶם [a]עֲרוּמִּים הָאָדָם וְאִשְׁתּוֹ וְלֹא [b]יִתְבֹּשָׁשׁוּ׃ (창 2:25)
a. עָרוֹם '벌거벗은.' b. 히트폴렐(hithpolel) 형.

(17) וַהֲסִרֹתִי אֶת־כַּפִּי וְרָאִיתָ אֶת־[a]אֲחֹרָי וּפָנַי לֹא יֵרָאוּ׃ (출 33:23)
a. אָחוֹר '뒤쪽, 등.'

(18) וַיְהִי רָעָב בָּאָרֶץ וַיֵּרֶד אַבְרָם מִצְרַיְמָה לָגוּר שָׁם כִּי־כָבֵד
הָרָעָב בָּאָרֶץ׃ (창 12:10)

(19) אִישׁ הָיָה בְאֶרֶץ־[a]עוּץ [b]אִיּוֹב שְׁמוֹ וְהָיָה הָאִישׁ הַהוּא תָּם
וְיָשָׁר וִירֵא אֱלֹהִים וְסָר מֵרָע׃ (욥 1:1) a. 지명 '우스.' b. '욥.'

(20) אִם־פָּקֹד יִפְקְדֵנִי אָבִיךָ וְאָמַרְתָּ נִשְׁאֹל נִשְׁאַל מִמֶּנִּי דָוִד לָרוּץ
בֵּית־לֶחֶם עִירוֹ כִּי זֶבַח הַיָּמִים שָׁם לְכָל־הַמִּשְׁפָּחָה׃ (삼상 20:6)

(21) וַיֹּאמֶר הַמֶּלֶךְ יִסֹּב אֶל־בֵּיתוֹ וּפָנַי לֹא יִרְאֶה וַיִּסֹּב אַבְשָׁלוֹם
אֶל־בֵּיתוֹ וּפְנֵי הַמֶּלֶךְ לֹא רָאָה׃ (삼하 14:24)

(22) וַיֹּאמֶר יהוה אֱלֹהִים אֶל־[a]הַנָּחָשׁ כִּי עָשִׂיתָ זֹּאת אָרוּר אַתָּה
מִכָּל־הַבְּהֵמָה וּמִכֹּל חַיַּת הַשָּׂדֶה (창 3:14) a. נָחָשׁ '뱀.'

(23) עַתָּה יֵרֶא פַרְעֹה אִישׁ נָבוֹן וְחָכָם וִישִׁיתֵהוּ עַל־אֶרֶץ
מִצְרָיִם׃ (창 41:33)

(24) וַיֹּאמֶר אֱלֹהִים אֶל־[a]בִּלְעָם לֹא תֵלֵךְ עִמָּהֶם לֹא תָאֹר אֶת־הָעָם
כִּי בָרוּךְ הוּא׃ (민 22:12) a. '발람.'

(25) וַהֲקִימוֹתִי אֵת כִּסֵּא מַלְכוּתֶךָ כַּאֲשֶׁר כָּרַתִּי לְדָוִיד אָבִיךָ לֵאמֹר
לֹא־יִכָּרֵת לְךָ אִישׁ מוֹשֵׁל בְּיִשְׂרָאֵל׃ (대하 7:18)

(26) וְשָׁב הַגּוֹי הַהוּא מֵרָעָתוֹ אֲשֶׁר דִּבַּרְתִּי עָלָיו וְנִחַמְתִּי עַל־הָרָעָה
אֲשֶׁר חָשַׁבְתִּי לַעֲשׂוֹת לוֹ׃ (렘 18:8)

(27) נִשְׁבַּע יהוה לַאֲבֹתֶיךָ לָתֶת לָךְ אֶרֶץ זָבַת [a]חָלָב וּדְבָשׁ[a] (출 13:5)
a.-a. '젖과 꿀.'

(28) וַיֹּסֶף יהוה קְרֹא־שְׁמוּאֵל [a]בַּשְּׁלִשִׁית וַיָּקָם וַיֵּלֶךְ אֶל־[b]עֵלִי וַיֹּאמֶר הִנְנִי
כִּי קָרָאתָ לִי וַיָּבֶן [b]עֵלִי כִּי יהוה קֹרֵא לַנָּעַר׃ (삼상 3:8) a. 서수 + בְּ. b. '엘리.'
(29) וּבְיוֹם הָקִים אֶת־הַמִּשְׁכָּן כִּסָּה הֶעָנָן אֶת־הַמִּשְׁכָּן לְאֹהֶל הָעֵדֻת
וּבָעֶרֶב יִהְיֶה עַל־הַמִּשְׁכָּן כְּמַרְאֵה־אֵשׁ עַד־בֹּקֶר׃ (민 9:15)
(30) וַיֹּאמְרוּ אֶל־מֹשֶׁה דַּבֵּר־אַתָּה עִמָּנוּ וְנִשְׁמָעָה וְאַל־יְדַבֵּר עִמָּנוּ
אֱלֹהִים פֶּן־נָמוּת׃ (출 20:19)
(31) יִגְדַּל שִׁמְךָ עַד־עוֹלָם לֵאמֹר יהוה צְבָאוֹת אֱלֹהִים עַל־יִשְׂרָאֵל
וּבֵית עַבְדְּךָ דָוִד יִהְיֶה נָכוֹן לְפָנֶיךָ׃ (삼하 7:26)
(32) וַיַּגֵּד יַעֲקֹב לְרָחֵל כִּי אֲחִי אָבִיהָ הוּא וְכִי בֶן־רִבְקָה הוּא
וַתָּרָץ וַתַּגֵּד לְאָבִיהָ׃ וַיְהִי כִשְׁמֹעַ לָבָן אֶת־[a]שֵׁמַע יַעֲקֹב בֶּן־אֲחֹתוֹ
וַיָּרָץ לִקְרָאתוֹ (창 29:12-13) a. '소식.'
(33) [a]לָקֹחַ אֵת סֵפֶר הַתּוֹרָה הַזֶּה וְשַׂמְתֶּם אֹתוֹ [b]מִצַּד אֲרוֹן בְּרִית־יהוה
אֱלֹהֵיכֶם וְהָיָה־שָׁם בְּךָ לְעֵד׃ (신 31:26) a. 부정이 명령. b. צַד '곁, 옆.'
(34) כָּל־הַיָּמִים אֲשֶׁר בֶּן־[a]יִשַׁי חַי עַל־הָאֲדָמָה לֹא תִכּוֹן אַתָּה
וּמַלְכוּתֶךָ וְעַתָּה שְׁלַח וְקַח אֹתוֹ אֵלַי כִּי בֶן־מָוֶת הוּא׃ וַיַּעַן
[b]יְהוֹנָתָן אֶת־שָׁאוּל אָבִיו וַיֹּאמֶר אֵלָיו לָמָּה יוּמַת מֶה עָשָׂה׃
(삼상 20:31-32) a. '이새.' b. '요나단.'
(35) וְלֹא־אֶקַּח אֶת־כָּל־הַמַּמְלָכָה מִיָּדוֹ כִּי נָשִׂיא אֲשִׁתֶנּוּ כֹּל יְמֵי חַיָּיו
לְמַעַן דָּוִד עַבְדִּי אֲשֶׁר בָּחַרְתִּי אֹתוֹ אֲשֶׁר שָׁמַר מִצְוֺתַי וְחֻקֹּתָי׃ (왕상 11:34)
(36) שׁוּבוּ־נָא אִישׁ מִדַּרְכּוֹ הָרָעָה [a]וּמֵרֹעַ [b]מַעַלְלֵיכֶם וּשְׁבוּ
עַל־הָאֲדָמָה אֲשֶׁר נָתַן יהוה לָכֶם וְלַאֲבוֹתֵיכֶם לְמִן־עוֹלָם
וְעַד־עוֹלָם׃ (렘 25:5) a. רֹעַ '악함.' 여기서는 연계형. b. מַעֲלָל '행위.'
(37) וַיְהִי כַּאֲשֶׁר כִּלָּה יִצְחָק לְבָרֵךְ אֶת־יַעֲקֹב וַיְהִי אַךְ יָצֹא יָצָא יַעֲקֹב
מֵאֵת פְּנֵי יִצְחָק אָבִיו וְעֵשָׂו אָחִיו בָּא [a]מִצֵּידוֹ׃ (창 27:30) a. צַיִד '사냥.'
(38) וְאֵלֶּה יְמֵי שְׁנֵי־חַיֵּי אַבְרָהָם אֲשֶׁר־[a]חָי [b]מְאַת שָׁנָה [b]וְשִׁבְעִים שָׁנָה
[b]וְחָמֵשׁ שָׁנִים׃ (창 25:7) a. חַי(חָיָה)의 휴지 형태(아트나). b 숫자들.

23과 연습문제 해답

II. 문장 해석

(1) 이것들은 네가 그들 앞에 둘(세울) 법도들이다.

(2) 보라 나의 종들이 기뻐할 것이나 너희는 부끄러워하리라.

(3) 나의 적들이 나에게 악담을 할 것입니다(악한 것을 말할 것이다). "언제 그가 죽을 것이며, 그래서 그의 이름이 망할 것인가?"

(4) 당신의 아들들이 당신의 조상들의 후계를 이을 것이며(당신의 조상들을 대신할 것이며), 당신은 그들을 온 땅에 지도자로 세울(둘) 것입니다.

(תְּשִׁיתֵמוֹ ← ֵמוֹ [접미어 ָם 의 시에서 형태] + תָּשִׁית[미완]/שִׁית)

(5) 너희는 너희 형제를 취하라. 그리고 일어나(명령) 그 사람에게 돌아가라.

(6) 그의 부모를 저주하는 자는 반드시 죽임을 당해야 한다.

(מוֹת יוּמָת에서 앞의 מוֹת는 부정사 절대형으로 강조 용법.

יוּמָת:[휴지] ← יוּמַת[호팔 미완]/מוּת)

(7) 그리고 아브라함이 블레셋 사람들의 땅에서 많은 날 동안 체류했다.

(וַיָּגָר[단모음화] ← יָגֹר[미완 단축] ← יָגוּר[미완]/גּוּר)

(8) 보라, 그가 바위를 쳤다(히필 완료)! 그리고 물이 흘러나왔도다!

(9) 너희는 너희의 눈(들)을 들라. 그리고 너희는 누가 이것들을 창조했는지를 보라! 그것들의 군상(צָבָא)의 숫자대로 나오게 한 이것들을!

(מוֹצִיא[히필 분사] ← הוֹצִיא[히필 완료]/יָצָא)

(10) 그리고 너희 모든 군사들(전쟁의 사람들)은 그 성읍을 돌지어다(סָבַב).

(11) 그들이 당신께 부르짖었고 그들은 벗어났습니다(구출되었습니다). 그들은 당신을 신뢰하였고 그들은 부끄러워하지 않았습니다.

(12) 보라, 내가 너희와 너희 뒤에 올 너희 씨와 함께 언약을 세울 것이다.

(מֵקִים[히필 분사] ← הֵקִים[히필 완료]/קוּם)

(13) 너(여)는 일어나 너(여)의 집으로 가라! 네(여) 발이 그 성읍에 이를 때 그 아이는 죽을 것이다.

(בְּבֹאָה ← ָה [연장의 ה]+ בּוֹא + בְּ[시간의 전치사]. 부정사에 연장의 ה붙는 것에 대해 161쪽을 보라. וָמֵת 바브 연속 칼 완료/מוּת)

(14) “그리고 그 동산 중앙에 있는 나무 열매로부터.” 하나님께서 말씀하셨다. “너희는 그것으로부터 먹지 말지어다. 그리고 너희는 그것을 만지지 말라. 너희가 죽지 않도록.”

(תִּגְּעוּ ← יִגַּע[칼 미완]/נָגַע[이중 약동사]

תְּמֻתוּן ←(연장의 נ)← תְּמוּתוּ ← יָמוּת[칼 미완]/מוּת)

(15) 내가 일어나리라. 그리고 내가 그 성읍에서 돌아다니리라(의지법). 내 영혼이 사랑하는(했던) 이를 내가 찾으리라(의지법). (그런데) 나는 그를 찾아 다녔지만 나는 그를 발견하지 못했구나.

(וַאֲסוֹבְבָה ← ה ָ[연장 어미] + אֲסוֹבֵב + וְ ← יְסוֹבֵב[포엘]/סָבַב

שֶׁאָהֲבָה ← ה ָ + אָהֵב[칼.완료] + שֶׁ[관계사]. אָהֵב의 주어는 여성 명사 נֶ֫פֶשׁ이므로 인칭 접미어 3.여.단 ה ָ를 취한다’)

(16) 그리고 그들 두 사람, 아담(그 사람)과 그의 아내가 벗었으나 그들은 서로 부끄러워하지 않았다. (יִתְבֹּשָׁשׁוּ:는 히트파엘의 상호적[reciprocal] 용법으로 볼 수 있다. 미완료 동사가 과거로 해석되는 또 하나의 사례인데, 왈키는 특정 시점의 ‘상태적 상황, stative situations’이 미완료로 표현될 수 있다고 설명한다)

(17) 그리고 내가 내 손(손바닥)을 거둘 것이다(되돌릴 것이다)(סוּר). 그래서 너는 내 등을 볼 것이며 내 얼굴은 보이지 않을 것이다(니팔).

(יֵרָאוּ ← וּ + יֵרָאֶה[니팔 미완]/רָאָה)

(18) 그리고 그 땅에 기근이 있었다. 아브람은 이집트로 내려갔다(יָרַד 미완 단축) 거기서 체류하기 위해. 왜냐하면 그 기근이 그 땅에서 심했기 때문이다.

(19) 한 사람이 우스 땅에 있었다. 그의 이름은 욥이었다. 그리고 그 사람은 완전했고 의로웠으며 그는 하나님을 두려워했으며 악으로부터 떠나 있었다.

(וִירֵא ← יְרֵא[형. 연계형] + וְ ← יָרֵא[형. ‘두려워하는’]

סָר[칼 분사]/סוּר ‘돌아서다.’ 이 구문은 형용사와 분사의 연속이다: ‘완전한,’ ‘의로운,’ ‘두려워하는,’ ‘돌아서는’)

(20) 만일 너의 아버지가 진정으로 나를 배려해주신다면(돌아보신다면, פָּקַד), 너는 말하라. “다윗이 자신의 고을(성읍) 베들레헴으로 달려가기를 나에게(나로부터) 간곡히 부탁했습니다. 왜냐하면, 거기서 온 가문을 위한 날들의 희생(매년의 희생, 매년제)이 있기 때문입니다.”

(니팔형 נִשְׁאַל נִשְׁאֹל은 부정사 절대형의 전치에 의한 강조다. שָׁאַל['묻다, 구하다']의 니팔은 '자신을 위해 부탁하다, 청원하다'를 뜻한다)

(21) 그리고 그 왕이 말했다. "그는 자기 집으로 돌아가야(우회해야) 한다. 그리고 그는 내 얼굴을 보아선 안된다." 그래서 압살롬은 자기 집으로 돌아갔고 그는 그 왕의 얼굴을 보지 못했다.

(22) 그리고 여호와 하나님께서 그 뱀에게 말씀하셨다. "네가 이것(이 일)을 행했기 때문에, 너는 모든 짐승들 중에서, 그리고 들의 모든 생물들 중에서 저주를 받으리라."

(23) 이제 파라오께서는 분별력 있고(스스로 이해하고, בִּין) 지혜로운 사람을 살펴보소서(지시법). 그리고 그를 이집트 땅 위에 임명하소서(두소서).

(יֵרֶא[칼 미완 단축] ← יִרְאֶה[칼 미완]/רָאָה

נָבוֹן[니팔 분사. 니팔 완료와 동일형] ← נָבוֹן[니팔 완료]/בִּין

-וִי ← יְשִׁיתֵהוּ + וְ ← הוּ + יָשִׁית[칼 미완. 도표의 שִׂים을 보라]/שִׁית)

(24) 그리고 하나님께서 발람에게 말씀하셨다. 너는 그들과 동행하지 말라. 너는 그 백성을 저주하지(אָרַר) 말라. 왜냐하면, 그들은(그것, הוּא) 복 받은 자늘이기 때문이다. (תָּאֹר ← יָאֹר[칼 미완]/אָרַר)

(25) 그리고 나는 너의 왕국의 보좌를 세우리라(일어서게 하리라). 내가 너의 아버지 다윗에게(을 위해) 언약하여 말하길, "너에게 이스라엘을 다스릴(מֹשֵׁל) 사람이 끊어지지 않을 것이라"라고 했던 대로.

(הֲקִמוֹתִי = תִּי + הֵקִים[히필 완료]/קוּם[아인-바브 동사]. 이것은 와우 연속법이며 문맥상 1인칭의 의지법으로 해석해야 한다.)

(26) 그리고 그 민족이 내가 그에게 말했던 그의 악으로부터 돌이킬 것이다. 그러면 나는 내가 그에게 행하려고 계획했던(생각했던) 그 재앙(악)에 대해 유감스러워 하리라(후회하리라). (עֲשׂוֹת[칼 부연]/עָשָׂה)

(27) 여호와께서 너의 조상들에게 젖과 꿀이 흐르는 땅을 네게 주겠다고 맹세하셨다. (זָבַת[연계형] ← זָבָה[칼.능분.여.단] = ָה + זָב[칼.능분]/זוּב)

(28) 그리고 여호와께서 사무엘 부르기를 세 번째 더하셨다. 그래서 그가 일어나 엘리에게 갔다. 그리고 그가 말했다. "보소서, 제가 여기 있나이다. 왜냐하면, 당신께서 저를 부르셨기 때문입니다." 그리고 엘리는 여호와께서 그 소년을 부르고 계신다는 것을 깨달았다(이해했다).

(וַיָּבֶן[단모음화] ← יָבֵן[단축] ← יָבִין[히필.미완]/בִּין)

(29) 그리고 성막을 세운 날에 (그)구름이 성막, 곧 증거(עֵדוּת=עֵד)의 장막(증거막)을 덮었다. 그리고 저녁에 불 모양 같은 것이 성막 위에 나타나 아침까지 있었다.

(הָקִים - קוּם 히필 부연. 미완료[יִהְיֶה]가 과거의 완료되지 않은 동작, 말하자면 습관, 반복, 연속적 상태를 가리킬 수 있다).

(30) 그리고 그들이 모세에게 말했다. "당신이 우리와 더불어(우리에게) 말하시오. 그러면 우리가 듣겠소. 그리고 하나님께서 우리와 더불어(우리에게) 말하지 않기를 바라오(지시법)! 우리가 죽지 않도록 말이오."

(נִשְׁמָ֫עָה[휴지]← נִשְׁמְעָה ← ָה [연장 어미] + נִשְׁמַע[칼 미완 '우리가')

(31) 당신의 이름이 영원토록 위대할 것입니다. (사람들이) "만군의 여호와는 이스라엘 위에 계시는 하나님이시다"라고 말하면서. 그리고 당신의 종 다윗의 집이 당신 앞에서 견고해질(확립될, 준비될) 것입니다. (이 문장은 '만군의 여호와 하나님은 이스라엘 위에 계신다'로 해석될 수 없다. 왜냐하면 마소라 본문에서 분리 악센트 자켑카톤(◌֔)이 צְבָאוֹת위에 나타나기 때문이다. 자세한 것은 25과를 보라 // נָכוֹן[니팔 분]/כּוּן)

(32) 그리고 야곱이 라헬에게 자신은 그녀의 아버지의 형제(정확한 관계는 그녀의 생질)이고 자신이 리브가의 아들임을 알렸다. 그러자 그녀가 달려가 그녀의 아버지에게 알렸다. 그리고 라반이 그의 누이의 아들(그의 조카) 야곱의 소식을 들었을 때, 그는 그를 만나러 달려갔다.

(יַגֵּד[단축]/תַּגֵּד[단축] ← יַגִּיד[히필 미완]/נָגַד

וַתָּ֫רָץ[바브 연속법]← יָרֹץ[단축] ← יָרוּץ[칼 미완]/רוּץ)

(33) 너는 이 율법서를 취하라. 그리고 너희는 그것을 여호와 너희 하나님의 언약궤 곁에 두라. 그러면 그것이 거기서 너에게(בְּ, against) 증거가 될 것이다. (부정사 절대형이 가끔 명령법으로 사용될 수 있다)

(34) 이새의 아들이 땅 위에서 사는 모든 날 동안 너와 네 왕국은 견고해지지(확립되지) 않을 것이다. 그러니 지금 (사람을) 보내 그를 나에게 붙잡아 와라. 왜냐하면, 그는 죽일 놈(죽음의 아들)이기 때문이다. 그러나 요나단은 그의 아버지 사울에게 대답하여 그에게 말했다. "왜 그가 죽음을 당해야(호팔) 합니까? 그가 무슨 일을 했습니까?"

(וַ֫יַּעַן[단축]← יַעֲנֶה[칼.미완]/עָנָה // יוּמַת[호팔 미완]/מוּת)

(35) 그리고 내가 그의 손으로부터 왕국 전체를 취하지는 않을 것이다. 왜냐하면, 내가 그를 그의 모든 생애 동안(그의 모든 생명의 날들의) 지도자(נָשִׂיא)로 임명했기(세웠기, שִׁית) 때문이다. 내가 (그를) 선택한, 나의 계명들과 규례들을 지켰던 나의 종 다윗을 위해서 말이다.

(אֲשִׁתֶ֫נּוּ ← הוּ + נ [강세 눈] + אָשִׁית[칼 미완]/שִׁית)

(36) 부디 너희 각 사람(אִישׁ)은 자신의 악한 길로부터, 너희의 행위의 악함으로부터 돌이키라(회개하라). 그리고 여호와께서 너희와 너희 조상들에게 영원부터 영원까지 주셨던 그 땅에 거하라.

(שׁוּבוּ와 שְׁבוּ를 구별하라: שׁוּבוּ ← וּ + שׁוּב[명령]/שׁוּב['돌아오다']

שְׁבוּ ← וּ + שֵׁב[명령]/יָשַׁב['거주하다'])

(37) 그리고 이삭이 야곱을 축복하기를 마쳤을 때였다. 바로 그때(וַיְהִי) 야곱은 정녕(אַךְ) 그의 아버지 이삭 앞에서 서둘러(강조) 밖으로 나갔다. 그리고 그의 형제 에서가 그의 사냥을 마치고(사냥에서) 돌아왔다.

(כִּלָּה[피엘]/כָּלָה '끝내다, 마치다.' לְ가 이끄는 부정사구의 명사구 '축복하기를 마쳤다')

(38) 그리고 이것(들)은 (그가) 살았던 아브라함의 생명의 연수니(생명의 해들의 날들) 175세였다. (חָיִי[חַיִ]는 חָיָה의 원래 형태인 חַיַי의 칼 완료. 각주 242를 보라)

24과 이중 약동사 (2) / 결여 동사

A. 이중 약동사 (2)

1. 개요

동사 어근이 두 개의 후음이나 약자음을 갖는 이중 약동사들 중에 남은 종류들을 배울 차례다. 그것들은 주로 페-요드 동사보다는 페-바브 동사와 관련되어 있다.243)

2. 이중 약동사의 종류 (2)

1) 페-바브 + 라메드-후음 동사: יָדַע '알다'

<table>
<tr><th>형태</th><th colspan="2">칼</th><th>니팔</th><th>히필</th><th>호팔</th></tr>
<tr><td>완료</td><td colspan="2">יָדַע</td><td>נוֹדַע</td><td>הוֹדִיעַ</td><td>הוּדַע</td></tr>
<tr><td>미완</td><td colspan="2">יֵדַע[a]</td><td>יִוָּדַע</td><td>יוֹדִיעַ</td><td>—</td></tr>
<tr><td>명령</td><td colspan="2">דַּע</td><td>הִוָּדַע</td><td>הוֹדַע</td><td>—</td></tr>
<tr><td>부연</td><td colspan="2" rowspan="2">דַּעַת[b]</td><td rowspan="2">הִוָּדַע</td><td>הוֹדִיעַ</td><td>—</td></tr>
<tr><td>부절</td><td>הוֹדֵעַ</td><td>—</td></tr>
<tr><td rowspan="2">분사</td><td>능</td><td>יוֹדֵעַ</td><td rowspan="2">נוֹדָע</td><td rowspan="2">מוֹדִיעַ</td><td rowspan="2">—</td></tr>
<tr><td>수</td><td>יָדוּעַ</td></tr>
</table>

① 칼

a. 미완료 יֵדַע('그가 알 것이다')를 보면, 페-바브 동사 יָשַׁב의 미완료 יֵשֵׁב('그가 거할 것이다')의 특징이 그대로 나타난다. 다만 마지막 자음이 후음이므로 마지막 모음은 '아'음을 취한다.

b. דַּעַת('아는 것')는 공동 부정사이면서 '지식, 앎'이란 뜻의 명사이기도 하다. 부정사일 때는 흔하게 전치사구로 사용된다: לָדַעַת '알기 위하여.' 한편, 동사 יָדַע는 '알다'라는 기본 의미가 남녀 간의 성관계에 확대되어 자주 사용된다. 상대방을 성적으로 '안다'는 개념이 상대를 성적으로 경험한 것을 뜻할 수 있다.

---

243) 물론 יָפָה('아름답다')와 יָצַע(힢. '펼치다, 눕히다')와 같이 일부 페-요드 동사와 관련된 이중 약동사도 존재한다.

② 니팔 또한 어두에서 페-바브 동사의 특징을 보여주며 마지막 자음이 후음이므로 끝의 모음은 '아'음을 취한다.

נוֹדַע '그가 알려졌다' / יִוָּדַע '그가 알려질 것이다'

③ 히필과 호팔 또한 마찬가지다.

הוֹדִיעַ(히필) '그가 알렸다, 선포했다(알려지게 했다)'

הוּדַע(호팔) '그가 알려지게 되었다'

2) 페-바브 + 라메드-알렙 동사: יָצָא '나가다'/ יָרֵא '두려워하다'

형태	칼		니팔	히필	호팔
완료	יָרֵא	יָצָא	(נוֹרָא)[a]	הוֹצִיא	הוּצָא
미완	יִירָא[a]	יֵצֵא[a]	(יִוָּרֵא)	יוֹצִיא	—
명령	יְרָא[b]	צֵא[b]		הוֹצֵא	—
부연	יִרְאָה[d]	צֵאת[c]		הוֹצִיא	—
부절		יָצוֹא			—
분사	יָרֵא[e]	יֹצֵא[e]	נוֹרָא[b]	מוֹצִיא	—

① 칼

a. 위의 두 동사만 이 유형의 이중 약동사에 속한다. יֵצֵא('그가 나갈 것이다')의 어두는 페-바브 동사의 특징을, 그리고 끝의 형태는 라메드-알렙 동사의 특징을 보여준다. 더불어 니팔/히필/호팔에서 ו가 되살아나는 페-바브 동사이면서도 칼 미완에서 페-요드 동사의 특징을 간직하는 동사 또한 존재한다(참고. 373쪽의 c.): יִירָא '그는 두려워할 것이다.'

b. 명령에서 요드 탈락형과 보존형 두 가지가 나타난다(참고. 374쪽 f.).

צֵא '너는 나가라' / יְרָא '너는 두려워하라'

c. יָצָא의 부정사 연계형 צֵאת은 י 탈락형, 부정사 절대형 יָצוֹא와 분사 יֹצֵא는 페-바브 동사에서 살펴본 대로 י가 보존되면서 강동사 패턴을 따른다.

d. יָרֵא의 공동 부정사 יִרְאָה('두려워하는 것')는 특이하며 이것은 또한 '경외'라는 뜻의 명사이기도 하다(14과 연습문제의 어휘를 보라).

e. 이 유형의 이중 약동사들의 칼 수동 분사는 전혀 나타나지 않는다. **יָרֵא**는 상태 동사이므로 분사가 곧 형용사다.

② 니팔의 경우 **יָרֵא**의 니팔 분사 외에는 이 유형의 동사들에서 니팔형은 거의 사용되지 않는다(미완료만 1회 사용).

칼 분사 **יָרֵא**(상태 동사) '두려워하는 (남자)'

니팔 분사 **נוֹרָא** '두려움에 사로잡힌 (남자)'

③ 히필에서도 전형적으로 페-바브와 라메드-알렙 동사의 특징이 동시에 나타난다.

הוֹצִיא '그가 나가게 했다, 보냈다'

הוֹצֵ֫אתָ '네(남)가 나가게 했다, 보냈다'

④ 호팔은 매우 드물다: **הוּצָא** '그가 이끌려 갔다.'

3) 페-바브 + 라메드 헤 동사: **יָדָה** '던지다'/ (히필) '찬양하다'[244]

형태	칼	히트파엘	히필
완료	(יָדָה)	הִתְוַדָּה	הוֹדֶה[a]
미완	—	יִתְוַדֶּה	יוֹדֶה
명령	—	—	הוֹדֵה / הוֹדוּ[b]
부연 부절	—	הִתְוַדּוֹת	הוֹדוֹת
분사	—	מִתְוַדֶּה	מוֹדֶה

① 칼

יָדָה를 비롯한 이러한 유형의 이중 약동사들은 대부분 히필로 나타나며 칼을 비롯한 다른 어간들은 사용되지 않거나 드물다.

② 히트파엘

יָדָה의 히트파엘 **הִתְוַדָּה**('자복하다')는 몇 회 사용되지 않으나(11회) 신학적으로 중요한 이유로 2쇄에 새롭게 추가하였다.

244) 이 동사가 칼형은 '던지다,' 히필형은 '찬양하다'라는 뜻을 갖는데 양자의 관련성은 모호하다. 그런 이유로 어떤 학자들은 양자를 동음이어, 곧 철자가 동일한 다른 어근으로 구분하기도 한다.

③ 히필

a. 완료 הוֹדֶה '그가 찬양했다'/ 미완 יוֹדֶה '그가 찬양할 것이다'

b. 히필 명령 הוֹדֶה은 항상 접미어가 붙은 형태로 나타난다.

ו + הוֹדֶה → הוֹדוּ '너희는 찬양하라'

4) 아인-바브 + 라메드-알렙 동사: בּוֹא '가다, 오다'

형태	칼	히필	호팔
완료	בָּאָה[b] / בָּא[a]	הֵבִיא[a]	הוּבָא
미완	יָבוֹא[c]	יָבֵא[b] / יָבִיא	יוּבָא
명령	בֹּא=בּוֹא	הָבֵא	—
부연	בּוֹא	הָבִיא	—
부절		הָבֵא	—
분사	בָּאָה[b] / בָּא[a]	מֵבִיא	מוּבָא

① 칼

a. 동사 בָּא('그가 왔다'/בּוֹא)는 이미 우리에게 익숙한 동사다. 이 동사의 완료형과 분사는 동일한 형태다. בּוֹא외에 이 유형의 동사는 2개뿐인데 몇 번 사용되지 않는다. 이 동사들의 칼 분사는 능동만 나타난다.

b. 완료 접미형 בָּאָה('그녀가 왔다')는 분사 בָּאָה('오는 [여자]')와 악센트 위치로 구분되는 점을 주의하라. 그외 בָּאוּ '그들이 왔다.'

c. 미완료 יָבוֹא '그가 올 것이다.'

② 히필

a. הֵקִים(완료)/יָקִים(미완)과 같은 페-바브 동사의 특징이 동일하게 나타난다: 완료 הֵבִיא '그가 가져왔다(=오게 했다).' 이때 완료의 접미형은 아인-바브 동사의 특징과 라메드-알렙 동사의 특징이 각각 별개로 반영된 두 형태가 함께 나타난다. הֲבִיאוֹתִי = הֵבֵאתִי '내가 가져왔다.'

הֲבִיאוֹתִי(아인-바브 동사 특징: 접미어 앞에 וֹ가 끼어 듬 הֲקִימוֹתִי)

הֵבֵאתִי(라메드-알렙 동사 특징: 접미어 앞에 אֵ 가 옴 הִמְצֵאתִי)

b. 이것은 히필 미완료 단축형이다.

③ 호팔 완료 הוּבָא '그것이 반입되었다(it was brought).'

B. 결여 동사

1. 개요

1) 결여 동사(defective verbs)란 그것의 어떤 어간형은 존재하는데 다른 어간형은 존재하지 않을 경우 동일한 뜻을 지닌 다른 동사의 어간형에 의해 결여된 어간형이 보완되는 동사를 말한다. 이때 그 보완 관계에 있는 두 단어를 모두 결여 동사라 칭한다.

2) 서로를 보완하는 결여 동사들의 어근은 모두 그런 것은 아니지만 대체로 동일한 어근에서 기원했거나 밀접한 어원적 관계를 지닌다.

2. 주요 결여 동사들

1) שָׁתָה / שָׁקָה

이 결여 동사들은 칼에서는 שָׁתָה('그가 마셨다')인 반면, 히필은 שָׁקָה의 히필 הִשְׁקָה('그가 마시게 했다, 물을 주었다')를 사용하여 서로 보완한다. 다시 말해, 어근 שׁקה는 칼형이, 어근 שׁתה는 히필형이 존재하지 않는 가운데 두 단어는 부족한 어간을 서로 보완한다. 그 외 나머지 어간들은 거의 사용되지 않는다.[245)]

① 칼 완료: שָׁתָה '그가 마셨다'/ 미완: יִשְׁתֶּה '그가 마실 것이다'
명령: שְׁתֵה '너는 마시라'
부연: שְׁתֹת '마시는 것' / 분사: שֹׁתֶה '마시는 (남자)'

② 히필 완료: הִשְׁקָה(שָׁקָה) '그가 마시게 했다, 물을 주었다'
미완: יַשְׁקֶה '그가 마시게 할 것이다'
명령: הַשְׁקֵה '너는 마시게 하라'
부연: הַשְׁקוֹת '마시게 하는 것'
분사: מַשְׁקֶה '마시게 하는 (남자)'

245) 니팔 미완료형인 יִשָּׁתֶה가 있긴 하나 극히 드물게 사용된다.

2) הָלַךְ / יָלַךְ

이것과 아래 3)의 결여 동사들에 대해서는 376쪽을 보라. 앞서 이미 기본적인 것들을 배웠으나 여기서 재정리할 필요가 있다. 이 동사들의 칼 완료는 הָלַךְ('그가 걸었다')로 어근은 페-후음 동사인 הָלַךְ이다. 반면에 칼 미완과 명령 및 부정사 연계형, 히필 어간 등은 페-바브 동사 יָלַךְ(וָלַךְ)에 준한 변화를 한다.[246]

① 칼　　완료: הָלַךְ '그가 길었다' / 미완: יֵלֵךְ(יָלַךְ) '길을 것이다'
　　　　명령: לֵךְ(יָלַךְ)　'너는 가라' / לְכָה(연장형 명령)
　　　　부연: לֶכֶת(יָלַךְ) '가는 것, 걷는 것'
　　　　분사: הֹלֵךְ(הָלַךְ)　'걷고 있는 (남자)'
② 히필　완료: הוֹלִיךְ(יָלַךְ) '그가 걷게 했다'

3) נָצַב / יָצַב

이 동사들의 니팔과 히필, 그리고 호팔 어근은 נָצַב인 반면, 히트파엘의 어근은 יָצַב이다. 칼을 비롯한 나머지 어간들은 나타나지 않는다.

① 니팔　　　완료: נִצַּב(נָצַב)　'그가 섰다'(stand)
② 히트파엘　완료: הִתְיַצֵּב(יָצַב) '그가 멈췄다'(station oneself)
③ 히필　　　완료: הִצִּיב(נָצַב)　'그가 세웠다'(erect, set up)
④ 호팔　　　완료: הֻצַּב(נָצַב)　'그가 세워졌다'

4) טוֹב / יָטַב

페-요드 및 페-바브 동사에서 배운 대로, 이 동사들의 경우 칼의 완료, 부정사 연계형/절대형, 그리고 분사는 아인-바브 동사인 טוֹב를 어근으로 취하는 반면, 칼의 미완료와 히필은 페-바브 동사인 יָטַב(וָטַב)의 변화를 따른

---

246) 그 외 나머지 어간들은 הָלַךְ를 어근으로 취한다.
　① 니팔 נֶהֱלַךְ '그가 스스로 갔다, 떠났다' - 극히 드물게 사용됨.
　② 피엘 הִלֵּךְ '그가 돌아다녔다' - 피엘의 반복(frequency) 용법.
　③ 히트파엘 הִתְהַלֵּךְ '그가 배회했다' - 히트파엘의 반복 용법.
　④ 호팔은 나타나지 않는다.

다. 칼과 히필을 제외한 나머지 어간들은 나타나지 않는다. 참고로 여기서 טוֹב가 형용사가 아닌 동사인 이유는 인칭 접미어가 붙는 형태가 나타나기 때문이다(예컨대, טֹבוּ '그것들이 아름다웠다'[민 24:5]).[247]

① 칼/ 완료: טוֹב '그가 선했다' / טוֹבוּ '그들이 선했다'
미완: יִיטַב(יָטַב) '그가 선할 것이다'
부절/부연: טוֹב '선한 것' (명사 '선'으로 사용됨)
분사: טוֹב '선한, 좋은' (형용사로 사용됨)

② 히필/ 완료: הֵיטִיב(יָטַב) '그가 선하게 만들었다'

5) שָׁחָה / חָוָה

'경배하다, 인사하다'를 뜻하는 이 동사는 자주 사용되는데, 주로 특이한 히트파엘 형으로 나타난다.

הִשְׁתַּחֲוָה (완료) '그가 경배했다'[248]
יִשְׁתַּחֲוֶה (미완) '그가 경배할 것이다'

이 동사는 다소 복잡한데 학자들은 어원이 חָוָה였던 것으로 추론하는가 하면, 또한 자음이 도치되기 전의 형태인 הִתְשַׁחֲוָה에서 추론적 어근 שָׁחָה를 찾아낸다. 이런 점에서 이 동사는 엄밀히 결여 동사는 아니다.

---

247) 그러나 주격 인칭 접미어가 없는 טוֹב의 경우 그것이 동사인지 아니면 형용사가 서술적으로 사용된 것인지 분간이 어렵다. 대체로 *BDB*와 *TWOT*를 비롯한 어떤 사전들은 의미론적 차이로 양자를 구별한다. 즉 흔히 동사 טוֹב는 주로 심리적 만족과 행복감을(예, '우리는 이집트에서 좋았다=행복했다'[민11:18]), 반면에 형용사 טוֹב는 어떤 대상의 아름다움과 귀중함, 완전함 혹은 올바름을(예, '하나님이 보시기에 좋았다') 표현한다는 것이다. 그러나 형용사 טוֹב가 서술적으로 사용될 때 양자의 구별은 무의미한 것으로 보인다. 예를 들어, 민수기 24:5의 טֹבוּ אֹהָלֶיךָ יַעֲקֹב는 "야곱아, 네 장막들이 아름답다"를 뜻하는데 동사 טוֹב이지만 대상의 아름다움을 묘사한다.

248) 어떤 학자들은 이것을 히쉬타펠 형(Hishtaphel)이라 칭한다.

24과 연습문제

I. 어휘

יַ֫יִן	포도주	גְּבוּל	국경, 경계	צָפוֹן	북쪽, 북방
אַמָּה	규빗(cubit)	סָבִיב	..둘레에	הוֹי אוֹי	화로다!
מוֹשִׁ֫יעַ	(분) 구원하는 (명) 구원자	הִשְׁתַּחֲוָה (חָוָה/שָׁחָה)	절하다, 경배하다	שָׁחַט	도살하다, 희생으로 잡다
יָשַׁע	(힢) הוֹשִׁ֫יעַ 구원하다	נָסַע	출발하다, 행진하다	יָצַב	=נָצַב 서있다(stand) (힢) 세우다
שָׁתָה שָׁקָה	마시다 (힢) הִשְׁקָה 마시게 하다	רוּם	높다 (분) רָם 높은 (힢) הֵרִים 높이다, 세우다	יָדָה	던지다, 쏘다 (힢) הוֹדָה 찬양하다 (힡) הִתְוַדָּה 고백하다, 자복하다

II. 다음을 해석하라.

(1) יוֹד֫וּךָ עַמִּים אֱלֹהִים יוֹד֫וּךָ עַמִּים כֻּלָּם׃ (시 67:4)

(2) וַיַּ֫צֶּב־שָׁם מִזְבֵּחַ וַיִּקְרָא־לוֹ אֵל אֱלֹהֵי יִשְׂרָאֵל׃ (창 33:20)

(3) וַיִּשְׁחֲטוּ אֶת־הַפָּר וַיָּ֫בִיאוּ אֶת־הַנַּ֫עַר אֶל־[a]עֵלִי׃ (삼상 1:25) a. '엘리.'

(4) וַיִּשְׁמַע שָׁאוּל כִּי נוֹדַע דָּוִד וַאֲנָשִׁים אֲשֶׁר אִתּוֹ (삼상 22:6)

(5) וַיְחַזֵּק יהוה אֶת־לֵב פַּרְעֹה מֶ֫לֶךְ מִצְרַ֫יִם וַיִּרְדֹּף אַחֲרֵי
בְּנֵי יִשְׂרָאֵל וּבְנֵי יִשְׂרָאֵל יֹצְאִים בְּיָד רָמָה׃ (출 14:8)

(6) וְלָקַחְתִּי אֶת־כָּל־מִשְׁפְּחוֹת צָפוֹן וְאֶל־[a]נְבוּכַדְרֶאצַּר מֶ֫לֶךְ־[b]בָּבֶל עַבְדִּי
וַהֲבִאֹתִים עַל־הָאָ֫רֶץ הַזֹּאת וְעַל־יֹשְׁבֶ֫יהָ וְעַל כָּל־הַגּוֹיִם הָאֵ֫לֶּה סָבִיב (렘 25:9)

a. '느부갓네살.' b. '바벨론.'

(7) וְאָמְרוּ הַגּוֹיִם שָׁמְעוּ אֶת־[a]שִׁמְעֲךָ לֵאמֹר׃ מִבִּלְתִּי יְכֹ֫לֶת יהוה
לְהָבִיא אֶת־הָעָם הַזֶּה אֶל־הָאָ֫רֶץ אֲשֶׁר־נִשְׁבַּע לָהֶם וַיִּשְׁחָטֵם
בַּמִּדְבָּר׃ (민 14:15-16) a. שֵׁ֫מַע '소식, 소문.'

(8) אֶשְׁתַּחֲוֶה אֶל־הֵיכַל קָדְשְׁךָ וְאוֹדֶה אֶת־שְׁמֶ֫ךָ עַל־חַסְדְּךָ וְעַל־[a]אֲמִתֶּ֫ךָ
כִּי־הִגְדַּ֫לְתָּ עַל־כָּל־שִׁמְךָ תּוֹרָתֶ֫ךָ׃ (시 138:2) a. ךָ + אֱמֶת

(9) וּפַרְעֹה הִקְרִיב וַיִּשְׂאוּ בְנֵי־יִשְׂרָאֵל אֶת־עֵינֵיהֶם וְהִנֵּה מִצְרַיִם
נֹסֵעַ אַחֲרֵיהֶם וַיִּירְאוּ מְאֹד וַיִּצְעֲקוּ בְנֵי־יִשְׂרָאֵל אֶל־יְהוָה׃ (출 14:10)

(10) לֹא תֵלְכוּן אַחֲרֵי אֱלֹהִים אֲחֵרִים מֵאֱלֹהֵי הָעַמִּים
אֲשֶׁר סְבִיבוֹתֵיכֶם׃ (신 6:14)

(11) וַיִּסַּע יִשְׂרָאֵל וְכָל־אֲשֶׁר־לוֹ וַיָּבֹא [a]בְּאֵרָה שָּׁבַע וַיִּזְבַּח זְבָחִים
לֵאלֹהֵי אָבִיו יִצְחָק׃ (창 46:1) a. בְּאֵר שֶׁבַע('브엘세바')에 방향 지시사 ָה

(12) וַיִּזְעֲקוּ בְנֵי־יִשְׂרָאֵל אֶל־יהוה וַיָּקֶם יהוה מוֹשִׁיעַ לִבְנֵי יִשְׂרָאֵל
וַיּוֹשִׁיעֵם אֵת [a]עָתְנִיאֵל בֶּן־[b]קְנַז אֲחִי [c]כָלֵב הַקָּטֹן מִמֶּנּוּ׃ (삿 3:9)
a. '옷니엘.' b. '그나스.' c. '갈렙.'

(13) וְלֹא־יָכְלוּ מִצְרַיִם לִשְׁתּוֹת מַיִם מִן־[a]הַיְאֹר וַיְהִי הַדָּם בְּכָל־אֶרֶץ
מִצְרָיִם׃ (출 7:21) a. יְאֹר '강'(보통 '나일 강'을 의미)

(14) וַיִּקְרָא [a]אָכִישׁ אֶל־דָּוִד וַיֹּאמֶר אֵלָיו חַי־יהוה כִּי־יָשָׁר אַתָּה
וְטוֹב בְּעֵינַי צֵאתְךָ וּבֹאֲךָ אִתִּי בַּמַּחֲנֶה כִּי לֹא־מָצָאתִי בְךָ
רָעָה מִיּוֹם בֹּאֲךָ אֵלַי עַד־הַיּוֹם הַזֶּה (삼상 29:6) a. '아기스.'

(15) וַיֹּאמֶר שָׁאוּל [a]גֹּשׁוּ לִי כֹּל שָׂרִים הָעָם וּדְעוּ וּרְאוּ בַּמָּה הָיְתָה
הַחַטָּאת הַזֹּאת הַיּוֹם׃ כִּי חַי־יהוה הַמּוֹשִׁיעַ אֶת־יִשְׂרָאֵל כִּי אִם־יֶשְׁנוֹ
בְּיוֹנָתָן בְּנִי כִּי מוֹת יָמוּת וְאֵין עֹנֵהוּ מִכָּל־הָעָם׃
a. גְּשׁוּ의 불규칙 형태. (삼상 14:38-40)

(16) וַיּוֹצֵא מֹשֶׁה אֶת־הָעָם לִקְרַאת הָאֱלֹהִים מִן־הַמַּחֲנֶה וַיִּתְיַצְּבוּ
[a]בְּתַחְתִּית הָהָר׃ (출 19:17) a. תַּחְתִּית '아래 쪽.'

(17) וַיִּירְאוּ הָאֲנָשִׁים יִרְאָה גְדוֹלָה וַיֹּאמְרוּ אֵלָיו מַה־זֹּאת עָשִׂיתָ
כִּי־יָדְעוּ הָאֲנָשִׁים כִּי־מִלִּפְנֵי יהוה הוּא [a]בֹרֵחַ כִּי הִגִּיד
לָהֶם׃ (욘 1:10) a. בָּרַח '도주하다.'

(18) וַיָּבֹא הָעָם אֶל־מֹשֶׁה וַיֹּאמְרוּ חָטָאנוּ כִּי־דִבַּרְנוּ בַיהוה וָבָךְ
הִתְפַּלֵּל אֶל־יהוה וְיָסֵר מֵעָלֵינוּ אֶת־הַנָּחָשׁ וַיִּתְפַּלֵּל מֹשֶׁה [a]בְּעַד־הָעָם׃
a. 전치사 בַּעַד의 마켑 연결에 의한 모음 약화. (민 21:7)

(19) לְכָה נַשְׁקֶה אֶת־אָבִינוּ יַיִן וְנִשְׁכְּבָה עִמּוֹ וּנְחַיֶּה מֵאָבִינוּ
זָרַע׃ (창 19:32)

(20) וַתִּגַּשׁ גַּם־לֵאָה וִילָדֶיהָ וַיִּשְׁתַּחֲווּ וְאַחַר נִגַּשׁ יוֹסֵף וְרָחֵל
וַיִּשְׁתַּחֲווּ׃ (창 33:7)
(21) וַיְהִי בַּעֲלוֹת הַמִּנְחָה וַיִּגַּשׁ אֵלִיָּהוּ הַנָּבִיא וַיֹּאמַר יהוה אֱלֹהֵי
אַבְרָהָם יִצְחָק וְיִשְׂרָאֵל הַיּוֹם יִוָּדַע כִּי־אַתָּה אֱלֹהִים בְּיִשְׂרָאֵל וַאֲנִי
עַבְדֶּךָ וּבִדְבָרֶיךָ עָשִׂיתִי אֵת כָּל־הַדְּבָרִים הָאֵלֶּה׃ (왕상 18:36)
(22) וַתֹּאמֶר שְׁתֵה וְגַם־[a]גְּמַלֶּיךָ אַשְׁקֶה וָאֵשְׁתְּ וְגַם [a]הַגְּמַלִּים
הִשְׁקָתָה׃ (창 24:46) a. גָּמָל '낙타.'
(23) וַיֵּרָא אֵלָיו יהוה בַּלַּיְלָה הַהוּא וַיֹּאמֶר אָנֹכִי אֱלֹהֵי אַבְרָהָם
אָבִיךָ אַל־תִּירָא כִּי־אִתְּךָ אָנֹכִי וּבֵרַכְתִּיךָ וְהִרְבֵּיתִי אֶת־זַרְעֲךָ
[a]בַּעֲבוּר אַבְרָהָם עַבְדִּי׃ (창 26:24) a. '..를 위해, .. 때문에.'
(24) הִשָּׁמֶר לְךָ פֶּן־תִּשְׁכַּח אֶת־יְהוָה אֲשֶׁר הוֹצִיאֲךָ מֵאֶרֶץ מִצְרַיִם
מִבֵּית עֲבָדִים׃ (신 6:12)
(25) וַיִּכְרֹת הַכֹּהֵן לָהֶם בְּרִית וַיַּשְׁבַּע אֹתָם בְּבֵית יהוה
וַיַּרְא אֹתָם אֶת־בֶּן־הַמֶּלֶךְ׃ (왕하 11:4)
(26) וַיֵּדַע אָדָם עוֹד אֶת־אִשְׁתּוֹ וַתֵּלֶד בֵּן וַתִּקְרָא אֶת־שְׁמוֹ [a]שֵׁת
כִּי שָׁת לִי אֱלֹהִים זֶרַע אַחֵר תַּחַת הֶבֶל כִּי הֲרָגוֹ [b]קָיִן׃ (창 4:25)
a. 인명 '셋.' b. '가인.'

(27) וְהָיָה בְּמוֹת הַשּׁוֹפֵט יָשֻׁבוּ וְהִשְׁחִיתוּ מֵאֲבוֹתָם
לָלֶכֶת אַחֲרֵי אֱלֹהִים אֲחֵרִים לְעָבְדָם וּלְהִשְׁתַּחֲוֹת לָהֶם (삿 2:19)
(28) וְעַתָּה לְכָה נִכְרְתָה בְרִית אֲנִי וָאָתָּה וְהָיָה לְעֵד בֵּינִי וּבֵינֶךָ׃
וַיִּקַּח יַעֲקֹב אָבֶן וַיְרִימֶהָ [a]מַצֵּבָה׃ (창 31:44-45) a. '(돌)기둥.'
(29) וַיֹּאמֶר אֱלֹהִים תּוֹצֵא הָאָרֶץ נֶפֶשׁ חַיָּה [a]לְמִינָהּ בְּהֵמָה [b]וָרֶמֶשׂ
וְחַיְתוֹ־אֶרֶץ לְמִינָהּ וַיְהִי־כֵן׃ וַיַּעַשׂ אֱלֹהִים אֶת־חַיַּת הָאָרֶץ לְמִינָהּ
וְאֶת־הַבְּהֵמָה לְמִינָהּ וְאֵת כָּל־רֶמֶשׂ הָאֲדָמָה לְמִינֵהוּ וַיַּרְא אֱלֹהִים
כִּי־טוֹב׃ (창 1:24-25) a. לְ+מִין+ ָהּ(명사 מִין은 94쪽을 보라). b. רֶמֶשׂ '기는 것.'
(30) וַיַּסַּע מֹשֶׁה אֶת־יִשְׂרָאֵל [a]מִיַּם־סוּף וַיֵּצְאוּ אֶל־מִדְבַּר־שׁוּר וַיֵּלְכוּ
שְׁלֹשֶׁת־יָמִים בַּמִּדְבָּר וְלֹא־מָצְאוּ מָיִם׃ וַיָּבֹאוּ [a]מָרָתָה וְלֹא יָכְלוּ לִשְׁתֹּת
מַיִם מִמָּרָה כִּי [c]מָרִים הֵם עַל־כֵּן קָרָא־שְׁמָהּ [b]מָרָה׃ (출 15:22-23)
a. ־סוּף '홍해(갈대 바다).' b. ָה(방향)+ מָרָה(지명) '마라.' c. מַר(형) '쓴.'

(31) וַיְדַבֵּר יהוה אֶל־מֹשֶׁה בְמִדְבַּר־סִינַי בַּשָּׁנָה [a]הַשֵּׁנִית לְצֵאתָם מֵאֶרֶץ
מִצְרַיִם בַּחֹדֶשׁ [a]הָרִאשׁוֹן לֵאמֹר׃ וְיַעֲשׂוּ בְנֵי־יִשְׂרָאֵל אֶת־[b]הַפָּסַח בְּמוֹעֲדוֹ׃
בְּאַרְבָּעָה עָשָׂר־יוֹם בַּחֹדֶשׁ הַזֶּה בֵּין הָעַרְבַּיִם תַּעֲשׂוּ אֹתוֹ בְּמוֹעֲדוֹ
כְּכָל־חֻקֹּתָיו וּכְכָל־מִשְׁפָּטָיו תַּעֲשׂוּ אֹתוֹ׃ (민 9:1-3)

a. 서수들. b. = פֶּסַח

(32) וַיְהִי [a]בִשְׁמוֹנִים שָׁנָה [a]וְאַרְבַּע [a]מֵאוֹת שָׁנָה לְצֵאת בְּנֵי־יִשְׂרָאֵל
מֵאֶרֶץ־מִצְרַיִם בַּשָּׁנָה [b]הָרְבִיעִית בְּחֹדֶשׁ [c]זִו הוּא הַחֹדֶשׁ [b]הַשֵּׁנִי לִמְלֹךְ
שְׁלֹמֹה עַל־יִשְׂרָאֵל וַיִּבֶן הַבַּיִת לַיהוָה׃ וְהַבַּיִת אֲשֶׁר בָּנָה
הַמֶּלֶךְ שְׁלֹמֹה לַיהוה [d]שִׁשִּׁים־אַמָּה [e]אָרְכּוֹ (왕상 6:1)

a. 기수가 서수로 사용됨. b. 서수들. c. '시브(월).' d 기수. e. אֹרֶךְ '길이.'

(33) וַיִּרְאוּ הַפְּלִשְׁתִּים כִּי אָמְרוּ בָּא אֱלֹהִים אֶל־הַמַּחֲנֶה
וַיֹּאמְרוּ אוֹי לָנוּ כִּי לֹא הָיְתָה כָּזֹאת [a]אֶתְמוֹל שִׁלְשֹׁם[a]׃ (삼상 4:7)

a.-a. '얼마 전에, 최근에'라는 뜻의 숙어. 문자적 의미는 '어제(אֶתְמוֹל), 삼일 전(שִׁלְשׁוֹם)'이다. 이것은 우리말 '엊그제'와 비슷하다.

(34) וְלֹא־נָתַן [a]סִיחֹן אֶת־יִשְׂרָאֵל עֲבֹר בִּגְבוּלוֹ וַיֶּאֱסֹף [a]סִיחֹן אֶת־כָּל־עַמּוֹ
וַיֵּצֵא לִקְרַאת יִשְׂרָאֵל הַמִּדְבָּרָה וַיָּבֹא [b]יָהְצָה וַיִּלָּחֶם בְּיִשְׂרָאֵל׃ (민 21:23)

a. '시혼.' b. יַהַץ '야하스'(지명).

(35) כִּי יִמְלְאוּ יָמֶיךָ וְשָׁכַבְתָּ אֶת־אֲבֹתֶיךָ וַהֲקִימֹתִי אֶת־זַרְעֲךָ אַחֲרֶיךָ
אֲשֶׁר יֵצֵא מִמֶּךָּ וַהֲכִינֹתִי אֶת־מַמְלַכְתּוֹ׃ הוּא יִבְנֶה־בַּיִת לִשְׁמִי
[a]וְכֹנַנְתִּי אֶת־כִּסֵּא מַמְלַכְתּוֹ עַד־עוֹלָם׃ (삼하 7:12-13)

a. 폴렐(polel) 형.

(36) וַיָּרֶם מֹשֶׁה אֶת־יָדוֹ וַיַּךְ אֶת־[a]הַסֶּלַע בְּמַטֵּהוּ פַּעֲמָיִם וַיֵּצְאוּ מַיִם
רַבִּים וַתֵּשְׁתְּ הָעֵדָה׃ וַיֹּאמֶר יהוה אֶל־מֹשֶׁה וְאֶל־אַהֲרֹן יַעַן לֹא־הֶאֱמַנְתֶּם
בִּי לְהַקְדִּישֵׁנִי לְעֵינֵי בְּנֵי יִשְׂרָאֵל לָכֵן לֹא תָבִיאוּ אֶת־הַקָּהָל הַזֶּה
אֶל־הָאָרֶץ אֲשֶׁר־נָתַתִּי לָהֶם׃ (민 20:11-12)

a. סֶלַע '바위.'

(37) וְעַתָּה אִם־שָׁמוֹעַ תִּשְׁמְעוּ בְּקֹלִי וּשְׁמַרְתֶּם אֶת־בְּרִיתִי וִהְיִיתֶם לִי
סְגֻלָּה מִכָּל־הָעַמִּים כִּי־לִי כָּל־הָאָרֶץ׃ וְאַתֶּם תִּהְיוּ־לִי מַמְלֶכֶת כֹּהֲנִים
וְגוֹי קָדוֹשׁ אֵלֶּה הַדְּבָרִים אֲשֶׁר תְּדַבֵּר אֶל־בְּנֵי יִשְׂרָאֵל׃
וַיָּבֹא מֹשֶׁה וַיִּקְרָא לְזִקְנֵי הָעָם וַיָּשֶׂם לִפְנֵיהֶם אֵת כָּל־הַדְּבָרִים הָאֵלֶּה
אֲשֶׁר צִוָּהוּ יהוה׃ וַיַּעֲנוּ כָל־הָעָם יַחְדָּו וַיֹּאמְרוּ כֹּל אֲשֶׁר־דִּבֶּר יהוה
נַעֲשֶׂה וַיָּשֶׁב מֹשֶׁה אֶת־דִּבְרֵי הָעָם אֶל־יהוה׃ (출 19:5-8)

24과 연습문제 해답

II. 문장 해석

(1) 하나님이여 만민이 당신을 찬양케 하소서! 만민이, 그들 모두가 당신을 찬양케 하소서! (יוֹדוּךָ = ךָ + יוֹדוּ ← יוֹדָה[히필 미완]/יָדָה)

(2) 그리고 그는 거기에 제단을 세웠다. 그리고 그는 그것을 엘 엘로헤 이스라엘(하나님은 이스라엘의 하나님이시다)라고 불렀다.
(וַיַּצֶּב ← יַצֵּב[단축] ← יַצִּיב[히필 미완]/יָצַב)

(3) 그리고 그들이 소를 잡았다(희생으로 도살함). 그리고 그들은 그 소년을 엘리에게 데려갔다.

(4) 그리고 사울은 다윗과 그와 함께 있던 사람들(군사들)이 알려졌다는([위치가] 간파되었다는) 것을 들었다.

(5) 그리고 여호와께서 이집트의 왕 파라오의 마음을 완고하게 만드셨다. 그래서 그는 이스라엘 자손들을 추격했으며 이스라엘 자손들은 높은 손을 들고(의기양양하게) 나가는 중이었다.

(6) 그리고 내가 북방의 모든 족속들(혈족들)과 나의 종 바벨론의 왕 느부갓네살을 취할 것이다. 내가 그들을 이 땅으로 데려올 것이다. 그곳의 거주민들에게로, 그리고 주변의 이 모든 민족들에게로.
(הֲבֵאתִים ← םָ + תִי + הֵבִיא[히필 완료]/בּוֹא[완료 בָּא])

(7) 그리고 민족들이 말할 것입니다. 그들이 당신의 소문을 듣고 말하기를, "여호와는 자신이 그들에게 맹세했던 그 땅으로 이 백성을 인도할 수 없기 때문에(מִבִּלְתִּי) (그래서) 그는 (그)광야에서 그들을 살육했다(도살했다)"라고. (מִבִּלְתִּי '..이 아니기 때문에'[בִּלְתִּי + מִן]. 전치사 מִן은 여기서 '원인'의 의미다.)

(8) 내가 당신의 거룩한 성전을 향해 절을 하렵니다. 그리고 내가 당신의 자비와 당신의 참되심으로 인하여 당신의 이름을 찬양하렵니다. 왜냐하면, 당신은 당신의 모든 이름 위에 당신의 율법을 위대하게 하셨기 때문입니다.
(마지막 문장의 원문은 일부 사본에서 שִׁמְךָ과 עַל־כֹּל의 둘 사이를 끊는다. 이 경우 해석은 '모든 것 위에 당신의 이름과 당신의 율법은 위대하게 하셨기 때문입니다'이다. אֶשְׁתַּחֲוֶה와 אוֹדֶה는 둘 다 의지법으로 해석되는 것이 자연스럽다.
אוֹדֶה ← יוֹדֶה[히필 미완]/יָדָה)

(9) 그리고 파라오가 접근했다. 그리고 이스라엘 자손들이 그들의 눈(들)을 들었다(נָשָׂא). 그리고 보라, 이집트인들이 그들을 따라(뒤에서) 행진해 오고 있었다. 그래서 그들은 심히 두려워했다(יָרֵא). 그리고 이스라엘 자손들이 여호와께 부르짖었다.

(10) 너희는 다른 신들을 따라가지 말라. 너희 사방에(סָבִיב) 있는 민족들의 신들 중의 (어떤 신들을). (전치사 מִן의 '부분의 용법').

(11) 그리고 이스라엘과 그에게 속한 모든 사람이 출발했다. 그리고 그는 브엘세바로 갔다. 그리고 그는 그의 아버지 이삭의 하나님께 희생들을 바쳤다.

(12) 그리고 이스라엘 자손들이 여호와께 부르짖었다. 그리고 여호와께서 이스라엘 자손들을 위해 한 구원자(메시야)를 일으키셨는데 그가 그들을 구원했다. 곧 갈렙의 동생 그나스의 후손(아들)인 옷니엘을 (일으키셨다).

(הַקָּטֹן מִמֶּנּוּ '그보다 작은'은 '형제'(אֲחִי)를 수식한다. 말하자면, 이것은 동생을 의미한다. 흔히 '갈렙의 아우 그나스의 아들 옷니엘'은 '갈렙의 아우'가 그나스를 지시하는지 옷니엘을 지시하는지 의견이 양분되어 있다. 그나스가 갈렙의 아우면 옷니엘은 갈렙의 조카, 그나스가 두 사람의 조상인 그나스라면[민 32:12, 19] 옷니엘은 갈렙의 동생이다)

(13) 그리고 이집트인들은 나일 강에서 떠온 물을 마실 수 없었다. 그리고 그 피가 이집트 온 땅에 있었다. (שְׁתּוֹת[칼 부연]/שָׁתָה)

(14) 그리고 아기스가 다윗을 불렀다. 그리고 그는 그에게 말했다. "여호와는 살아계시니(여호와의 살아계심으로 맹세하노니), 그대는 정직하며 또한 나와 더불어 (그)진영에서 그대의 드나듦(나가는 것과 오는 것)이 내 눈(들)에 보기 좋소. 이는 내가 그대에게서 전혀 악한 것을 보지 못했기 때문이오. 그대가 내게로 온 날부터 오늘까지 말이오."

(בֹּאֲךָ ← ךָ + בּוֹא[칼 부연]/בּוֹא[בָּא 완료 '그가 왔다']

צֵאתְךָ ← ךָ + צֵאת[칼 부연]/יָצָא[요드 탈락형의 부정사]. '나가고 들어오다[출입하다]'는 일상의 업무나 전쟁을 위해 '분주히 들락날락하다'는 뜻의 관용구로 구약에서 많이 사용된다)

(15) 그리고 사울이 말했다. "너희 모든 백성의 방백들은 내게 가까이 오라. 그리고 너희는 알고 또한 볼지어다. 오늘 이 죄가 무엇에 의해(무엇 때문에) 생겼는지를. 그러나(כִּי) 이스라엘을 구원하시는 여호와는 살아계시니 만일 그것(죄)이 내 아들

요나단에게 있더라도(כִּי אִם), 다만(כִּי) 그가 반드시 죽임을 당할 것이다." 그러나 온 백성들 중에 그에게 대답하는 자가 없었다.

(כִּי אִם이 여기서는 '다만 ..할지라도.' כִּי로 연속되는 문장들은 다소 어렵다.

עֲנֵהוּ ← הוּ + עֲנֵה[칼 능분]/עָנָה)

(16) 그리고 모세가 백성으로 하여금 하나님을 만나도록 (그)진영으로부터 나오게 했다. 그리고 그들이 그 산 아래에 섰다.

(וַיּוֹצֵא ← יוֹצֵא[난축] ← יוֹצִיא[히필 미완]/יָצָא)

(17) 그리고 그 사람들이 큰 두려움(경외)으로 두려워했다. 그리고 그들이 그에게 말했다. "도대체 당신은 무슨 일을 했소?" 왜냐하면, 그 사람들은 알고 있었기 때문이다. 그가 그들에게 고할 때, 그는 여호와 면전으로부터 도망치고 있었다는 것을.

(18) 그리고 그 백성이 모세에게 와서 (그들이) 말했다. "우리가 범죄했으니 이는 우리가 여호와와 당신에게 대적하여(בְּ) 말했기 때문입니다. 당신은 여호와께 기도하소서. 그러면 그분이 우리로부터(מֵעָלֵינוּ) 그 뱀들을(단수 집합명사) 떠나게 할 겁니다(치울 것입니다)." 그래서 모세가 그 백성을 위해 기도했다.

(וָבָךְ ← בָךְ + וְ ← בְּךָ '너[남]를 대적하여')

(19) 가서 우리가 우리의 아버지에게 포도주를 먹이자(마시게 하자). 그리고 우리가 그와 함께 눕자. 그러면 우리의 아버지로부터 씨가(후손이) 살게 될 것이다(보존될 것이다).

(לְכָה[연장] ← לֵךְ[명령]/הָלַךְ[יָלַךְ]. 연장형 명령 לְכָה는 문장 서두에서 관용적으로 어떤 동작을 재촉하는 용법으로 사용된다. 이때 이것은 '자,' 혹은 '가자, come on!'를 뜻한다.

נַשְׁקֶה ← יַשְׁקֶה[히필 미완]/שָׁקָה)

(20) 그리고 레아와 그녀의 아이들도 가까이 갔다. 그리고 그들이 절을 했다. 그리고 뒤이어 요셉과 라헬이 가까이 갔다. 그리고 그들도 절을 했다.

(וִילָדֶיהָ = יְלָדֶיהָ + וְ ← ֶיהָ + יֶלֶד + וְ)

(21) 그리고 (그)예물을 바치는 시간에(문자적, '그 예물[소제물]이 올라갈 때'), 선지자 엘리야가 가까이 왔다. 그리고 그가 말했다. "여호와 아브라함과 이삭과 이스라엘의 하나님이 오늘 알려지소서! 왜냐하면, 당신은 이스라엘 중에 하나님이시고 저는 당신의 종이며, 당신의 말씀들 안에서(말씀들에 의해/따라, בְּ) 제가

이 모든 일들을 실행했기 때문입니다.” (עֲשׂוֹת[칼 부정사]/עָשָׂה는 이중 약동사. 여기서 דָּבָר가 문맥에 따라 ‘일’이거나 ‘말씀’을 뜻한다는 것을 알 수 있다)

(22) 그리고 그녀가 말했다. 당신은 마시십시오. 그리고 당신의 낙타들도 내가 마시게 하겠습니다. 그리고 저는 마셨고 또한 그가 그 낙타들도 마시게 했습니다.

(שְׁתֵה[명령]/שָׁתָה // אַסְקֶה ← יַסְקֶה[히필 미완]/שָׁקָה
וָאֵשְׁתְּ ← אֵשְׁתְּ ← יֵשְׁתְּ[단축] ←יִשְׁתֶּה[미완]/שָׁתָה)

(23) 그리고 여호와께서 그 밤에 그에게 나타나셨다(רָאָה 니팔 미완). 그리고 말씀하셨다. “나는 너의 아비 아브라함의 하나님이니라. 너는 두려워 말라(יָרֵא). 이는 내가 너와 함께 하기 때문이다. 그리고 내가 너를 축복하리라. 그리고 내가 너를 너의 씨(후손)으로 번성케 하리라. 나의 종 아브라함을 인하여.”

(וַיֵּרָא ← יֵרָא[단축] ← יֵרָאֶה ←[모음보상]← יִרָּאֶה[니팔 미완]/רָאָה
תִּירָא ← יִירָא[칼 미완]/יָרֵא // הִרְבֵּיתִי ← הִרְבָּה[히필 완료]/רָבָה)

(24) 너는 자신을 위해 삼가 주의하라(스스로 지켜라). 네가 너를 이집트 땅에서, 종들의 집으로부터 나오게 하신 여호와를 잊지 않도록.

(25) 그리고 그 제사장은 하나님의 전(집)에서 그들을 위해 언약을 맺고서 그들로 하여금 맹세하게 했다(שָׁבַע 히필 미완). 그리고 그는 그들에게 그 왕자(왕의 아들)을 보여주었다(그들로 하.여금 보게 만들었다). (여기서 וַיַּרְא는 히필 미완 단축형이다. 21과 연습문제 7번의 칼 미완 단축형과 동일한 형태이므로 문맥에서 구분하라)

(26) 그리고 아담은 다시 그의 아내와 동침했다(יָדַע, ‘알았다’). 그리고 그녀가 아들을 낳았으며 그녀는 그의 이름을 셋이라 불렀다. 왜냐하면, 가인이 (그를) 죽였기에 하나님께서 아벨 대신 다른 씨(후손)를 나를 위해 두셨기(세우셨기 שִׁית) 때문이라면서.

(יָדַע가 남녀의 성관계를 의미하는 일종의 완곡어법으로 사용될 수 있다. 자세한 것은 405쪽을 보라)

(27) 그리고 그 사사가 죽었을 때, 그들은 돌아섰다(돌이켰다 יָשׁוּב). 그리고 그들의 조상들보다(מִן의 비교급 용법) 더욱 패악질을 하여(망쳐놓아) 다른 신들을 따라가 그것들을 섬기고 그것들에게 절했다.

(28) 그리고 이제 오라, 나와 너, 우리가 언약을 맺자. 그리고 그것이 나와 너 사이에 증거가 되리라. 그래서 야곱은 한 돌을 골라서 그것을 기둥으로 세웠다. (וַיְרִימֶ֫הָ ← הָ ֶ + יָרִים[히필 미완]/רוּם)

(29) 그리고 하나님께서 말씀하셨다. 땅은 살아있는 생명체(נֶ֫פֶשׁ)를 나오게 할지어다. 각자의 종류대로. 짐승과 기는 것과 그것의 땅의 생물(חַיָּה)을 그것의 종류대로 그것의 종류대로. 그리고 그렇게 되었다. 그리하여 하나님께서는 땅의 생물을 ㄱ것의 종류대로 만드셨다. 그리고 짐승을 (그것의) 종류대로 그리고 땅의 모든 기는 것을 (그것의) 종류대로. 그리고 하나님께서 보시니 좋았다.

(מִין이 여기서는 전치사가 아닌 '종류'라는 뜻의 명사로 사용됨. '땅의 생물'로 번역된 וְחַיְתוֹ־אֶ֫רֶץ의 정상적인 형태는 25절의 חַיַּת־אֶ֫רֶץ와 동일한 형태다. 그러나 여기서는 연계형 חַיַּת에 ו가 붙어 있는데 이것을 문법학자들은 '연장의 바브'[paragogic waw]라 부른다[*Gesenius' Hebrew Grammar*, 90k; Joüon-Muraoka, *A Grammar of Biblical Hebrew*, 93r])

(30) 그리고 모세는 홍해로부터 이스라엘을 출발시켰다. 그리고 그들이 수르(술) 광야를 향해 나갔다. 그리고 삼일 동안 광야에서 행진했다. 그러나 그들은 물을 찾지 못했다. 그리고 그들은 마라로 왔다. 그러나 그들은 마라에서 물을 마실 수 없었다. 왜냐하면, 그것(들)은 썼기 때문이다. 그리하여 그는 그곳의 이름을 마라라 불렀다.

(יַם־סוּף는 문자적으로 '갈대의 바다'인데, '홍해'를 뜻한다. 아마 해변에 바다 갈대가 무성했던 해역의 특징을 반영한 이름일 것이다)

(31) 그리고 여호와께서 시내 광야에서 모세에게 말씀하셨다. 이집트 땅에서 그들이 나온 지(לְ를 반영한 문자적 번역은 '나온 것을 따라) 제 2년, 첫 달에 가로되, "그리고 이스라엘 자손들은 유월절을 그것의 절기(정한 시간)에 실천할지어다(יַעֲשׂוּ). 이 달 14일에 두 저녁 사이에(황혼 무렵에). 너희는 그것을 그것의 절기에 실천할지어다. 그것의 모든 규례대로, 그것의 법도대로 너희가 그것을 지킬지어다."

(וְיַעֲשׂוּ는 미완료 앞의 접속사 형태가 וְ이므로 바브 연속법이 아니다. 따라서 יַעֲשׂוּ[칼.미완]는 지시법으로 해석해야 한다. מוֹעֵד는 어휘에서 익혔지만, '만남, 모임'과 그 만남의 때를 모두 가리킬 수 있다. פֶּ֫סַח는 주로 휴지에서 פָּ֫סַח:로 나타나는데, 여기서는 휴지가 아닌 자리에서 הַפָּ֫סַח다. 이것은 유일한 사례인데, 잘못된 모음 표기일 수 있다)

(32) 그리고 이스라엘 자손들이 이집트 땅으로부터 나온 지 480년이 되었을 때, 솔로몬이 이스라엘을 통치한지 제4년 시브월, 곧 (그것이) 제2월이었을 때였다. 그리고 그는 여호와를 위해 전(집)을 지었다. 그리고 솔로몬 왕이 여호와를 위해 지었던 그 집은 그것의 길이가 60규빗이었다.

(33) 그리고 블레셋 사람들은 두려워했다(יָרֵא). 그들이 '하나님(혹은, 어떤 신)이 그 진영으로 오셨다'고 말하면서(말할 때). 그리고 그들이 말했다. "우리에게 화로다(화로다 우리여)! 왜냐하면, 최근에(엊그제는) 일이(이 상황이) 이와 같지 않았기 때문이다."

(הָיְתָה의 주어는 여성단수인데 추상적인 주어다. 이것은 앞의 상황을 가리키는 주어이며, 이 경우 통상적으로 3인칭 여성단수를 주어로 취한다. 20과 연습문제 11번과 21과 연습문제 35번을 참고하라.)

(34) 그리고 시혼이 이스라엘에게 자신의 국경을 지나가는 것을 허락하지 않았다. 그리고 시혼은 자신의 모든 백성(군대)을 소집하여(한데 모아) 이스라엘을 만나러(대적하러) 광야로 나갔다. 그리고 그는 야하스로 갔다. 그리고 그는 이스라엘과 싸웠다.

(35) 너의 날들이 다 찰 때, 너는 너의 조상들과 함께 잘 것이다. 그리고 내가 너를 이어 너로부터 나올 너의 씨(후손)를 일으킬 것이다. 내가 그의 왕국을 견고케 할 것이며. 그는 내 이름을 위해 전(집)을 건축할 것이다. 그리고 내가 그의 왕국의 보좌를 영원토록 견고케 할(확립할) 것이다.

(וַהֲקִימֹתִי = תִּי + הֵקִים[칼 완료]/קוּם[아인-바브 동사]

וַהֲכִינֹתִי = תִּי + הֵכִין[히필 완료]/כּוּן[아인-바브 동사]

וְכֹנַנְתִּי = תִּי + כּוֹנֵן[폴렐 완료]/כּוּן[아인-바브 동사]

כּוּן의 폴렐[피엘의 변형]과 히필은 모두 사역형으로 여기서는 별다른 뉘앙스의 차이 없이 옮긴다.)

(36) 그리고 모세가 그의 손을 높여서 그의 지팡이로 그 바위를 두 번(פַּעֲמַיִם) 쳤다. 그러자 많은 물이 나와 회중(עֵדָה)이 마셨다. 그리고 여호와께서 모세와 아론에게 말씀하셨다. "너희가 이스라엘 후손들 눈앞에서 나를 거룩케 하기 위해 나를 믿지 않았기 때문에 그리하여 너희는 이 회중(קָהָל)을 내가 너희에게 준 그 땅으로 데려가지 못할 것이다." (여기서는 회중을 의미하는 עֵדָה와 קָהָל이 아무런 의미상의 차이가 없음을 알 수 있다.

רוּם/[히필 미완]יָרִים ← [단축]יָרֵם ← וַיָּרֶם
מַטֵּה + ֵהוּ ← מַטֵּהוּ
שָׁתָה/[칼 미완]יִשְׁתֶּה ← [단축]יֵשְׁתְּ ← וַתֵּשְׁתְּ
פַּעֲמַיִם[쌍수] ← פַּעַם '횟수, 발걸음.' 이 단어는 13과 어휘를 보라.
אָמַן/[히필 완료]הֶאֱמִין ← הֶאֱמַנְתֶּם
בּוֹא/[히필 미완]יָבִיא ← תָּבִיאוּ)

(37) "그리고 이제 만일 너희가 정녕 내 음성을 듣고 너희가 나의 언약을 지킨다면, 온 땅이 나에게 속해 있으니 너희가 나에게 모든 민족들 중에서 보물('특별한 소유물')이 될 것이다. 그리고 너희는 나에게 제사장 나라와 거룩한 민족이 될 것이다. 이것들은 네가 이스라엘 자손들에게 고해야할 말씀들이다." 그리고 모세가 와서 (그)백성의 장로들을 불렀다. 그리고 그들 앞에 여호와께서 그에게 명하셨던 이 모든 말씀들을 두었다(שִׂים). 그리고 모든 백성이 함께(יַחְדָּו) 대답하여 (그들이) 말했다. "여호와께서 말씀하신 모든 것을 우리가 지키겠나이다(נַעֲשֶׂה)." 그러자 모세는 그 백성의 말들을 여호와께 되돌렸다(שׁוּב이므로 문자적으로, '되돌려 알려 드렸다').

(וַיָּשֶׂם ← יָשִׂים[칼 미완] + וַ· / שִׂים[아인 요드]
צִוָּהוּ ← הוּ[그에게] + צִוָּה['명령하다']
נַעֲשֶׂה[칼.미완.1.공.복.의지] ← יַעֲשֶׂה[칼 미완]
라메드-헤 동사의 의지법에는 연장어미 ה ָ 가 붙지 않는다.
וַיָּשֶׁב ← יָשִׁיב[히필 미완] + וַ· ← הֵשִׁיב[히필 완료]/יָשַׁב[페-요드])

25과 악센트 부호와 원문 강독

1. 악센트의 기능

1) 성경 히브리어의 악센트 체계는 매우 복잡하고 정교하다. 다양한 악센트의 종류와 기능, 그리고 그것의 기원에 대한 설명은 주옹과 권성달을 참조하라.[249] 악센트는 아래 창세기 1:9의 예와 같이 다양한 부호로 표현되며 악센트의 위치는 단어의 하단 뿐 아니라 상단에도 골고루 나타난다.

וַיֹּ֣אמֶר אֱלֹהִ֗ים יִקָּו֨וּ הַמַּ֜יִם מִתַּ֤חַת הַשָּׁמַ֙יִם֙
אֶל־מָק֣וֹם אֶחָ֔ד וְתֵרָאֶ֖ה הַיַּבָּשָׁ֑ה וַֽיְהִי־כֵֽן׃

2) 이 책에서 우리는 악센트들 중에서 문장 해석에서 중요한 기능을 하는 것들만 알아보기로 한다. 사실 우리는 단순히 강세 표시와 다양한 음악적 기능을 할 뿐 문장 해석과 큰 관련이 없는 악센트들까지 자세히 공부할 필요는 없다. 악센트는 다음 세 가지 기능을 갖는다.

① 강세의 표시

이 부호들은 단어의 어느 자리에 강세가 있는지 표시해준다. 이것은 때로 단어의 뜻을 파악하는데 결정적 요소가 되므로 악센트 부호의 종류와 상관없이 강세 자리를 나타내는 그것의 위치는 매우 중요하다. 예컨대, קָ֫מָה(칼.완.3.여.단, '그녀가 일어섰다')는 קָמָ֫ה(칼.능분.여.단, '일어서는 [여자]')와 악센트 위치로만 구분될 수 있다. 여기서 두 단어의 악센트 부호는 종류가 다른데 이 두 가지 외에도 다양한 악센트 부호가 강세 자리에 붙을 수 있다. 다만 드물게 악센트 부호가 어떤 이유로 강세 위치가 아닌 곳에 붙을 수도 있다. 이런 경우에는 강세 위치와 악센트 위치가 분리되므로 그 단어의 강세 위치를 사전에 알고 있어야 한다(각주 251).

② 악상의 표시

이 다양한 악센트 부호들은 성경 히브리어를 낭독할 때 다양한 변화를 주는 일종의 악상 기호처럼 사용된다. 이런 음악적 기능은 매우 복잡한데, 문장 해석에 영향을 주는 것은 아니므로 우리에게는 불필요하다.

③ 분리의 표시

몇몇 악센트 부호는 문장을 어디서 나누어야 하는지를 지시하는 역할을

249) Joüon-Muraoka, *A Grammar of Biblical Hebrew*, 63-71; 권성달, 「구약성경 히브리어」 (서울: 그리심): 238-244.

한다. 이것들을 '분리 악센트'라 불리는데, 이 악센트들은 문장 해석에서 중요한 역할을 한다. 이 악센트가 있는 곳을 '휴지'(pause)라 부르는데, 이미 우리는 앞서 실룩과 아트나가 그런 휴지 악센트로서 문장을 파악하는데 가장 중요한 '분리 악센트' 역할을 한다는 것을 배웠다.

3) 성경 히브리어 악센트는 크게 두 가지 체계를 갖는다. 그것은 '표준 악센트'와 '시가서 악센트'다. 표준 악센트는 히브리어 성경 분류법에서 21권에 사용되는 악센트로서 '21권 악센트'라고도 불린다. 시가서 악센트는 욥기, 잠언, 시편의 3권의 시가서에 적용되는 악센트 체계로서 '3권 악센트'라고도 불린다.

4) 양자는 악센트 부호의 모양은 일부를 제외하고 거의 동일하나 약간의 기능적 차이를 갖는다. 그러나 그런 차이들은 대체로 문장 해석에 영향을 주지는 않는다. 따라서 우리는 표준 악센트만 살피고 그중에 문장 해석에 영향을 주는 분리 악센트들을 학습하는 것으로 충분하다.

5) 문장을 나누는 기능을 하는 '분리 악센트'를 제외한 나머지 악센트들은 주로 단순히 단어와 단어 사이를 연결시키는 기능을 하는 '연결 악센트'라 불린다. 아래 도표에서 목록화된 악센트 부호들의 이름은 다음과 같다. 이 목록에서 '메텍'은 빠져 있는데, 그 이유는 메텍은 주 강세 표시가 아닌 정확한 발음을 유지하기 위한 보조적 강세 표시이기 때문이다.

2. 악센트의 종류

1) 분리 악센트(이름은 게세니우스의 용어를 따름)

1급: (1) 실룩(Sillûq) (2) 아트나(ʼAtnāḥ) = 아트나흐타(ʼAṯnāḥtāʼ)

2급: (1) 세골타(S^{e}gôltāʼ) (2) 샬셸레트(Śaśelet) (3) 자켑 카톤(Zāqēp̱ qāṭôn)
(4) 자켑 가돌(Zāqēp̱ gaḏôl) (5) 티프하(Ṭip̱ḥâ)

3급: (1) 레비아(R^{e}bîaʻ) (2) 자르카(Zarqāʼ) (3) 파쉬타(Paśṭāʼ)
(4) 예티브(Y^{e}ṯîḇ) (5) 테비르(T^{e}ḇîr)

4급: (1) 게레쉬(Gereś) (2) 게라샤임(G^{e}rāśayim) (3) 파제르(Pāzēr)
(4) 파제르 가돌(Pāzēr gāḏôl) = 카르네 파라(Qarnê p̱ārâ)
(5) 텔리샤 게돌라(T^{e}lîśāʼ g^{e}ḏôlâ)
(6) 레가르메(L^{e}g̱armeḣ) = 무나흐 레가르메(Mûnaḥ l^{e}g̱armeḣ)

2) 연결 악센트

(1) 무나흐(Mûnaḥ) (2) 메후파크(M^{e}hupāḵ) = 마흐파크(Mahpāḵ)250)

(3) 메르카(Mêrḵā’) (4) 메르카 케플라(Mêrḵā’ ḵ^{e}p̄lâ)

(5) 다르가(Dargā’) (6) 아즐라(’azlā’) = 카드마(Qaḏmā’)

(7) 텔리샤 케타나(T^{e}liśā’ q^{e}ṭannâ)

(8) 예라흐(Yeraḥ) = 갈갈(Galgal) (9) 메아옐라(M^{e}a’yy^{e}lā’)

계급	분리 악센트					
제1급	실룩 :□□□	아트나 □□□				
제2급	세골타[a] □□□	샬셸레트 □□□	자켑 카톤 □□□	자켑 가돌 □□□	티프하 □□□	
제3급	레비아 □□□	자르카[a] □□□	파쉬타[a] □□□	예티브[b] □□□	테비르 □□□	
제4급	게레쉬 □□□	게라샤임 □□□	파제르 □□□	파제르 가돌 □□□	텔리샤 게돌라[b] □□□	레가르메[c] |□□□

연결 악센트				
무나흐 □□□	메후파크 □□□	메르카 □□□	메르카 케플라 □□□	다르가 □□□
아즐라[d](오른쪽) □□□ □□□	텔리샤 케타나[a] □□□	예라흐 □□□	메아옐라[e](오른쪽) □□□ □□□	

a. 이것들은 ‘후치 악센트’로서 언제나 단어의 끝에 붙는다.

b. 이것들은 ‘전치 악센트’로서 언제나 단어의 맨 앞에 붙는다.251)

250) 점이 없는 כ[ḵ, ᅘ]를 한글 발음을 위해 [ㅋ]소리로 통일한다. כְ의 실제적인 현대 히브리어 발음은 [카]와 [하]의 중간 발음인데 앞서 [ᅘᅡ]로 표기되었다.

251) 전치와 후치 악센트는 강세 자리와 상관없이 언제나 단어 맨 앞과 맨 끝에 위치한다. 전치와 후치 악센트를 제외한 나머지 악센트들은 언제나 고유의 강세 자리에 붙는다. 어떤 마소라 사본에서는 이러한 전치와 후치 악센트 부호들에 추가하여 그 단어의 고유의 강세 자리에 동일한 부호를 한 번 더 붙여준다. 예

c. 레가르메는 언제나 뒤에 막대 표시와 함께 표기된다.
d. 오른쪽이 아즐라(=카드마)다. 이것은 언제나 뒤에 4급 분리 악센트 게레쉬가 동반된다.
e. 오른쪽이 메아옐라다. 이것은 티프하와 같은 모양이지만, 메아옐라가 언제나 1급 분리 악센트 앞에서만 나타난다는 점에서 티프하와 다르다.

3) 1-4급으로 나뉘는 분리 악센트들은 각각 황제급(1급), 왕급(2급), 장교급(3급), 신하급(4급)으로 불리기도 한다.

3. 악센트를 통한 문장 분석

1) 다음은 위에 예문으로 제시된 창세기 1:9이다. 중간의 1급 악센트 아트나로 끊어지는 문장만 분석한다. 분리 악센트들의 각 급수를 숫자로 표시한다. 그 외에는 모두 연결 악센트들이다.

2) 이 구절을 가지고 분리 악센트들이 1급부터 4급까지 어떻게 문장을 분리하는 기능을 하는지 살펴보자. 위에서 아트나는 일단 문장 마지막의 실룩과 더

컨대, 어떤 마소라 사본에서 וַיֹּאמֶר에 후치 악센트 자르카가 끝과 원래의 강세 자리에 두 번 표기된다. 그러나 표준 히브리어 본문(*BHS*)인 레닌그라드 코덱스(Leningrad Codex)를 포함한 대부분의 마소라 사본들과 인쇄본에서는 원래의 강세의 자리에 아무런 악센트 표시를 붙이지 않는다(창 2:23, וַיֹּאמֶר). 따라서 그 단어의 강세의 위치에 대한 사전 지식이 요구되는데 읽을 때는 고유의 강세 자리에(וַיֹּאמֶר) 힘을 주기 때문이다. 그러나 예외적으로 오직 파쉬타 악센트는 모든 사본과 인쇄본에서 고유의 강세 자리에 한 번 더 표기된다. 예컨대, 인쇄본에서 וַיֹּאמֶר는 맨 끝에 일단 후치 악센트 파쉬타를 붙이고 자신의 강세 자리에 동일한 부호를 한 번 더 붙인다(창 24:23). 그러나 מְאֹרֹת는 원래의 강세 자리가 종음절이므로 마지막에만 파쉬타가 붙어 있다(창 1:14).

불어 1급 분리 악센트로서 문장을 중간에 끊는 기능을 한다. 1급의 아트나는 앞의 문장 전체를 지배한다. 아트나가 지배하는 문장 안의 하위 분리 악센트가 어떻게 배치되는지 살피라. 2급의 자켑 카톤(◌֔)이 적절한 곳에서 문장을 다시 분리시키며 그 2급안에서 다시 두 개의 3급이 등장한다: 레비아(◌֗)와 파쉬타(◌֙). 그 3급들 사이에서 마지막으로 4급 게레쉬(◌֜)가 찍힌다. 앞의 יְקָוֹ֙ו의 악센트는 뒤의 게레쉬와 연합하는 아즐라(=카드마)다. 현재의 문장에서는 1급과 2급 사이의 문장이 짧아 하위의 3급과 4급 분리 악센트가 나타나지 않으나 문장이 긴 경우 마찬가지로 여러 개의 하위 분리 악센트가 나타날 수 있다.

3) 1급 안에는 반드시 2-4급의 모든 하위 분리 악센트가 있을 필요는 없다. 간혹 전혀 없을 수도 있으며(예, 출 20:10의 아트나 앞의 짧은 문장), 많은 경우 2급이나 3급까지만 나타난다.

4) 1급과 2급 분리 악센트가 특히 중요한데, 1급의 아트나와 실룩에서만 모음 변화가 발생하는 것이 아니라 2급 분리 악센트에서도 모음 변화가 종종 발생한다: 예, אֲנִי → אָ֔נִי(자켑 카톤). 덧붙여, 자켑 카톤이 분리 기호로 해석에 있어서 중요한 역할을 한다는 사실은 23과 연습문제 31번에서 확인하라.

5) 이러한 문장 구분은 앞으로 히브리어 성경을 문학적으로 연구할 때 문장 분석에서 매우 중요한 역할을 한다. 이때 학자들은 관례적으로 각 악센트의 등급에 따른 문장 단위들을 영어나 헬라어 알파벳을 기호로 사용한다.

6) 예를 들어, 어떤 성경 구절의 문장을 분석을 할 때 여러 문장 단위들(units)로 세분할 수 있다. 그것이 1절이라면 크게 1a, 1b로, 그것을 더 세분해서 1aα, 1aβ와 1bα 1bβ 따위로 나눈다. 말하자면, 이것은 이 구절이 일단 아트나를 기준으로 a와 b로 나뉘고 이어서 a와 b가 다시 2급 분리 악센트를 따라 α와 β로 구분된다는 뜻이다. 예를 들면, 다음과 같다.

1aβ 1aα

(1a) נִדְרַ֙שְׁתִי֙ לְל֣וֹא שָׁאָ֔לוּ / נִמְצֵ֖אתִי לְלֹ֣א בִקְשֻׁ֑נִי (사 65:1)

(1b) אָמַ֙רְתִּי֙ הִנֵּ֣נִי הִנֵּ֔נִי / אֶל־גּ֖וֹי לֹֽא־קֹרָ֥א בִשְׁמִֽי׃

2aβ 2aα

이 구절의 문장 단위는 일단 1급인 아트나를 기준으로 1a절과 1b절로 나뉜다. 이어서 1a는 2급인 자켑 카톤(◌֔)에 의해 다시 중간이 나뉘어(편의상 '/'로 표시함) 앞부분의 단위는 1aα, 뒷부분의 단위는 1aβ로 구분된다. 1b절도 마찬가지로 2급의 자켑 카톤에 의해 1bα와 1bβ로 세분된다.

25과 연습문제

I. 어휘

חָצֵר	촌락, 뜰[a]	שֶׁ֫מֶן	(식물의) 기름	חֵ֫לֶב	(동물의) 기름
חוּץ	바깥, 거리	שְׁאוֹל	스올, 음부	לָשׁוֹן	혀
נְחֹ֫שֶׁת	구리, 놋	תְּהִלָּה	찬송, 찬양	זָר	이상한, 다른, 이방의
שְׁבוּעָה	맹세, 서약	שֶׁ֫קֶר	거짓말, 속임	נֶ֫סֶךְ	전제(물), 붓는 제사
בָּמָה	산당, 높은 곳	פָּדָה	구속하다	קָטַר	(피/힢) 분향하다
תָּמִיד	(형) 연이은 (부) 항상	יָתַר	(닢) 남다 (힢) 남기다	שָׂנֵא	미워하다 (분) 미워하는 자
לָבַשׁ	옷을 입다	נָסַךְ	(칼/힢) 붓다	חָנָה	주둔하다, 진을 치다

a. 성벽이 있는 성읍인 עִיר와 달리 성벽이 없이 에워 쌓여 형성된 마을이다. 또한 에워 쌓인 공간이라는 의미에서 '뜰'이나 '마당'을 뜻한다.

II. 다음을 해석하라(악센트 부호를 관찰하라).

(1) (왕상 8:64) בַּיּ֣וֹם הַה֗וּא קִדַּ֨שׁ הַמֶּ֜לֶךְ אֶת־תּ֣וֹךְ הֶחָצֵ֗ר אֲשֶׁר֙
לִפְנֵ֣י בֵית־[a]יְהוָ֔ה כִּי־עָ֣שָׂה שָׁ֗ם אֶת־הָֽעֹלָה֙ וְאֶת־[a]הַמִּנְחָ֔ה [a]וְאֵ֖ת חֶלְבֵ֣י
הַשְּׁלָמִ֑ים כִּֽי־מִזְבַּ֤ח הַנְּחֹ֙שֶׁת֙ אֲשֶׁ֣ר לִפְנֵ֣י [a]יְהוָ֔ה קָטֹ֗ן [b]מֵהָכִיל֙ אֶת־הָעֹלָ֣ה
וְאֶת־[a]הַמִּנְחָ֔ה [a]וְאֵ֖ת חֶלְבֵ֥י הַשְּׁלָמִֽים׃

a. 2급 분리 악센트 중 자켑 카톤(◌֔)과 티프하(◌֖)가 가장 흔하다. 또한 1급 분리 악센트의 범위 안에 하나 이상의 2급 분리 악센트가 나타날 수 있다.

b. הָכִיל(힢 부연)/כּוּל(힢) '담다, 포함하다.'

(2) (민 31:19) וְאַתֶּ֗ם חֲנ֛וּ מִח֥וּץ לַֽמַּחֲנֶ֖ה שִׁבְעַ֣ת יָמִ֑ים כֹּל֩ הֹרֵ֨ג נֶ֜פֶשׁ [a]וְכֹ֣ל ׀ נֹגֵ֣עַ
[b]בֶּֽחָלָ֗ל תִּֽתְחַטְּא֞וּ בַּיּ֤וֹם הַשְּׁלִישִׁי֙ וּבַיּ֣וֹם הַשְּׁבִיעִ֔י אַתֶּ֖ם [c]וּשְׁבִיכֶֽם׃

a. 단어 뒤의 막대 모양의 기호(׀)는 파세크(Paseq)라 불리는데 악센트가 아니며 두 단어 사이를 정확히 분리해서 읽으라는 구분의 표시다.

b. חָלָל '(검에 찔린) 송장.' c. שְׁבִי '포로.'

(3) (왕상 3:2-4) 2 רַק הָעָם מְזַבְּחִים בַּבָּמוֹת כִּי לֹא־נִבְנָה בַיִת
לְשֵׁם יְהוָה עַד הַיָּמִים הָהֵם׃ פ[252] 3 וַיֶּאֱהַב שְׁלֹמֹה אֶת־יְהוָה [a]לָלֶכֶת
בְּחֻקּוֹת דָּוִד אָבִיו רַק בַּבָּמוֹת הוּא מְזַבֵּחַ [b]וּמַקְטִיר׃ 4 וַיֵּלֶךְ הַמֶּלֶךְ
[c]גִּבְעֹנָה לִזְבֹּחַ שָׁם כִּי הִיא הַבָּמָה הַגְּדוֹלָה אֶלֶף עֹלוֹת יַעֲלֶה שְׁלֹמֹה
עַל הַמִּזְבֵּחַ הַהוּא׃

a. 2급 분리 악센트 자켑 가돌(◌֕)이 붙어 있다.
b. קָטַר(힢) '향을 피우다. 분향하다.' c. גִּבְעֹן '기브온.'

(4) (시 49:15-19; *BHS* 49:16-20) 16 אַךְ־אֱלֹהִים יִפְדֶּה נַפְשִׁי מִיַּד־שְׁאוֹל
כִּי יִקָּחֵנִי [b]סֶלָה׃ 17 אַל־תִּירָא כִּי־[a]יַעֲשִׁר אִישׁ כִּי־יִרְבֶּה כְּבוֹד בֵּיתוֹ׃
18 כִּי לֹא בְמוֹתוֹ יִקַּח הַכֹּל לֹא־יֵרֵד אַחֲרָיו כְּבוֹדוֹ׃ 19 כִּי־נַפְשׁוֹ
בְּחַיָּיו יְבָרֵךְ וְיוֹדֻךָ כִּי־תֵיטִיב לָךְ׃ 20 תָּבוֹא עַד־דּוֹר אֲבוֹתָיו עַד־[c]נֵצַח
לֹא יִרְאוּ־אוֹר׃

a. עָשַׁר '부유하다'/(힢) '부요케 하다, 부를 얻다.' b. '셀라'의 뜻은 불분명하다.
c. נֵצַח '탁월함, 영구함.' 2급 분리 악센트 샬쉘레트(◌֓)가 붙어있다.

(5) (시 106:10-12) 10 וַיּוֹשִׁיעֵם מִיַּד שׂוֹנֵא וַיִּגְאָלֵם מִיַּד אוֹיֵב׃
11 וַיְכַסּוּ־מַיִם [a]צָרֵיהֶם אֶחָד מֵהֶם לֹא נוֹתָר׃ 12 וַיַּאֲמִינוּ בִדְבָרָיו
[b]יָשִׁירוּ תְּהִלָּתוֹ׃

a. צַר '대적, 원수.' b. שִׁיר('노래하다') 칼 미완.

(6) (잠 27:1-2) 1 אַל־תִּתְהַלֵּל בְּיוֹם מָחָר כִּי לֹא־תֵדַע מַה־יֵּלֶד יוֹם׃
2 יְהַלֶּלְךָ זָר וְלֹא־פִיךָ [a]נָכְרִי וְאַל־שְׂפָתֶיךָ׃

a. '타국인, 타지인.'

252) 알파벳 פ는 마소라 학자들이 히브리어 성경 본문의 단락을 구분하기 위해 사용한 표시로서 페투하(Petuha)라 칭한다. 그 외 또 하나의 단락 구분 표시로 알파벳 ס가 사용되며 이것은 세투마(Setuma)라 불린다. 페투하는 단락을 열 때, 세투마는 단락을 닫을 때 표기한다. 그러나 이러한 표시들은 필사자의 주관에 따라 필요하다고 판단될 때 붙였을 뿐이며, 또한 일관되거나 규칙적이지도 않다. 따라서 페투하(פ) 표시에 이어 세투마(ס)가 표시되지 않는 경우가 허다하며 또한 아래 연습문제 8번에서 보듯이 페투하 없이 세투마만 연이어 표시되는 경우도 흔하다. 따라서 이런 표시는 단지 참고만 하면 되며 큰 의미를 둘 필요는 없다.

(7) (출 30:7-9) 7 וְהִקְטִ֥יר עָלָ֛יו אַהֲרֹ֖ן קְטֹ֣רֶת [a]סַמִּ֑ים בַּבֹּ֣קֶר בַּבֹּ֗קֶר
בְּהֵיטִיב֛וֹ אֶת־[b]הַנֵּרֹ֖ת יַקְטִירֶֽנָּה׃ 8 וּבְהַעֲלֹ֨ת אַהֲרֹ֧ן אֶת־הַנֵּרֹ֛ת בֵּ֥ין הָעַרְבַּ֖יִם
יַקְטִירֶ֑נָּה קְטֹ֧רֶת תָּמִ֛יד לִפְנֵ֥י יְהוָ֖ה לְדֹרֹתֵיכֶֽם׃ 9 לֹא־תַעֲל֥וּ עָלָ֛יו
קְטֹ֥רֶת זָרָ֖ה וְעֹלָ֣ה וּמִנְחָ֑ה וְנֵ֕סֶךְ לֹ֥א תִסְּכ֖וּ עָלָֽיו׃

a. סַם '향료.' b. נֵר '등잔.'

(8) (출 40:12-15) 12 וְהִקְרַבְתָּ֤ אֶֽת־אַהֲרֹן֙ וְאֶת־בָּנָ֔יו אֶל־פֶּ֖תַח אֹ֣הֶל
מוֹעֵ֑ד [a]וְרָחַצְתָּ֥ אֹתָ֖ם בַּמָּֽיִם׃ 13 וְהִלְבַּשְׁתָּ֙ אֶֽת־אַהֲרֹ֔ן אֵ֖ת בִּגְדֵ֣י הַקֹּ֑דֶשׁ
וּמָשַׁחְתָּ֥ אֹת֛וֹ וְקִדַּשְׁתָּ֥ אֹת֖וֹ [b]וְכִהֵ֥ן לִֽי׃ 14 וְאֶת־בָּנָ֖יו תַּקְרִ֑יב וְהִלְבַּשְׁתָּ֥
אֹתָ֖ם [c]כֻּתֳּנֹֽת׃ 15 וּמָשַׁחְתָּ֣ אֹתָ֗ם כַּאֲשֶׁ֤ר מָשַׁ֙חְתָּ֙ אֶת־אֲבִיהֶ֔ם וְכִהֲנ֖וּ לִ֑י
וְֽהָיְתָ֞ה לִהְיֹ֨ת לָהֶ֧ם [d]מָשְׁחָתָ֛ם [e]לִכְהֻנַּ֥ת עוֹלָ֖ם לְדֹרֹתָֽם׃

a. רָחַץ '..를 씻다, 목욕시키다.' b. כָּהַן(כִּהֵן 피엘) '제사장 직무를 수행하다.'
c. כֻּתֹּנֶת('겉옷, 관복')의 복수. d. מָשְׁחָה '기름부음.'
e. כְּהֻנָּה '제사장직'(← כֹּהֵן '제사장').

(9) (민 35:2-4) 2 צַו֮ אֶת־בְּנֵ֣י [a]יִשְׂרָאֵל֒ וְנָתְנ֣וּ לַלְוִיִּ֗ם מִנַּחֲלַ֛ת אֲחֻזָּתָ֖ם עָרִ֣ים
לָשָׁ֑בֶת [b]וּמִגְרָ֗שׁ לֶֽעָרִים֙ סְבִיבֹ֣תֵיהֶ֔ם תִּתְּנ֖וּ לַלְוִיִּֽם׃ 3 וְהָי֧וּ הֶעָרִ֛ים לָהֶ֖ם
לָשָׁ֑בֶת [c]וּמִגְרְשֵׁיהֶ֗ם יִהְי֤וּ לִבְהֶמְתָּם֙ [d]וְלִרְכֻשָׁ֔ם וּלְכֹ֖ל חַיָּתָֽם׃ 4 [b]וּמִגְרְשֵׁי֙ הֶֽעָרִ֔ים
אֲשֶׁ֥ר תִּתְּנ֖וּ לַלְוִיִּ֑ם [e]מִקִּ֤יר הָעִיר֙ [f]וָח֔וּצָה אֶ֥לֶף אַמָּ֖ה סָבִֽיב׃

a. 2급 분리 악센트 세골타(◌֒)가 붙어 있다. b. מִגְרָשׁ '목초지.'
c. 사마리아 오경은 이것을 מִגְרְשֵׁיהֶן으로 여성복수 접미 대명사로 변경한다. 성읍들이 여성복수인데 목초지가 성읍들에 딸린 목초지로 이해되기 때문이다. 여기서는 마소라 사본을 따라 '그들의 목초지들'로 옮긴다.
d. רְכוּשׁ '재산, 물품.' e. קִיר '벽, 성벽.' f. וְ의 바로 뒤에 악센트가 이어져 וְחוּצָה대신 וָח֔וּצָה가 되었다(참고. 65쪽. 예, וְטוֹב대신 וָט֔וֹב '그리고 좋은').

(10) (시 51:14-17; *BHS* 51:16-19) 16 הַצִּ֘ילֵ֤נִי מִדָּמִ֨ים׀ אֱֽלֹהִ֗ים אֱלֹהֵ֥י
תְּשׁוּעָתִ֑י [a]תְּרַנֵּ֥ן לְ֝שׁוֹנִ֗י צִדְקָתֶֽךָ׃ 17 אֲ֭דֹנָי שְׂפָתַ֣י תִּפְתָּ֑ח וּ֝פִ֗י יַגִּ֥יד תְּהִלָּתֶֽךָ׃
18 כִּ֤י[b]׀ לֹא־תַחְפֹּ֣ץ זֶ֣בַח וְאֶתֵּ֑נָה ע֝וֹלָ֗ה לֹ֣א [b]תִרְצֶֽה׃ 19 זִֽבְחֵ֣י אֱלֹהִים֮
ר֤וּחַ נִשְׁבָּ֫רָ֥ה לֵב־נִשְׁבָּ֥ר [c]וְנִדְכֶּ֑ה אֱ֝לֹהִ֗ים לֹ֣א [d]תִבְזֶֽה׃

a. רָנַן '기쁨으로 외치다.' b. 기호 파세크(Paseq)에 대해 2번 문제 a.를 보라.
c. רָצָהצ '기뻐하다.' d. דָּכָה '짓이기다.' e. בָּזָה '무시하다.'

(11) (슥 8:13-17) 13 וְהָיָה כַּאֲשֶׁר הֱיִיתֶם קְלָלָה בַּגּוֹיִם בֵּית יְהוּדָה
וּבֵית יִשְׂרָאֵל כֵּן אוֹשִׁיעַ אֶתְכֶם וִהְיִיתֶם בְּרָכָה אַל־תִּירָאוּ תֶּחֱזַקְנָה
יְדֵיכֶם׃ ס[a] 14 כִּי כֹה אָמַר יְהוָה צְבָאוֹת כַּאֲשֶׁר [b]זָמַמְתִּי [c]לְהָרַע
לָכֶם [d]בְּהַקְצִיף אֲבֹתֵיכֶם אֹתִי אָמַר יְהוָה צְבָאוֹת וְלֹא נִחָמְתִּי׃
15 כֵּן שַׁבְתִּי [b]זָמַמְתִּי בַּיָּמִים הָאֵלֶּה לְהֵיטִיב אֶת־[e]יְרוּשָׁלַםִ וְאֶת־בֵּית
יְהוּדָה אַל־תִּירָאוּ׃ 16 אֵלֶּה הַדְּבָרִים אֲשֶׁר תַּעֲשׂוּ דַּבְּרוּ אֱמֶת אִישׁ
אֶת־רֵעֵהוּ אֱמֶת וּמִשְׁפַּט שָׁלוֹם שִׁפְטוּ בְּשַׁעֲרֵיכֶם׃ 17 וְאִישׁ׀ אֶת־רָעַת רֵעֵהוּ
אַל־תַּחְשְׁבוּ בִּלְבַבְכֶם וּשְׁבֻעַת שֶׁקֶר אַל־תֶּאֱהָבוּ כִּי אֶת־כָּל־אֵלֶּה
אֲשֶׁר שָׂנֵאתִי נְאֻם־יְהוָה׃ ס

a. 위의 3)번 문제와 그곳의 각주 252를 보라. b. זָמַם ‘계획하다. 작심하다.’

c. 아인 중복 동사 רָעַע(‘악하다, 해롭다’)의 히필 부정사, ‘해를 끼치다.’

d. קָצַף ‘노하게 하다.’ e. יְרוּשָׁלַיִם의 불완전 필사법.

(12) (창 35:9-15) 9 וַיֵּרָא אֱלֹהִים אֶל־יַעֲקֹב עוֹד בְּבֹאוֹ מִפַּדַּן אֲרָם
וַיְבָרֶךְ אֹתוֹ׃ 10 וַיֹּאמֶר־לוֹ אֱלֹהִים שִׁמְךָ יַעֲקֹב לֹא־יִקָּרֵא שִׁמְךָ עוֹד
יַעֲקֹב כִּי אִם־יִשְׂרָאֵל יִהְיֶה [a]שְׁמֶךָ וַיִּקְרָא אֶת־שְׁמוֹ יִשְׂרָאֵל׃ 11 וַיֹּאמֶר
לוֹ אֱלֹהִים אֲנִי אֵל שַׁדַּי [b]פְּרֵה וּרְבֵה גּוֹי וּקְהַל גּוֹיִם יִהְיֶה מִמֶּךָּ
וּמְלָכִים [c]מֵחֲלָצֶיךָ יֵצֵאוּ׃ 12 וְאֶת־הָאָרֶץ אֲשֶׁר נָתַתִּי לְאַבְרָהָם וּלְיִצְחָק
לְךָ אֶתְּנֶנָּה וּלְזַרְעֲךָ אַחֲרֶיךָ אֶתֵּן אֶת־הָאָרֶץ׃ 13 וַיַּעַל מֵעָלָיו אֱלֹהִים
בַּמָּקוֹם אֲשֶׁר־דִּבֶּר אִתּוֹ׃ 14 וַיַּצֵּב יַעֲקֹב מַצֵּבָה בַּמָּקוֹם אֲשֶׁר־דִּבֶּר
אִתּוֹ מַצֶּבֶת אָבֶן וַיַּסֵּךְ עָלֶיהָ נֶסֶךְ [d]וַיִּצֹק עָלֶיהָ שָׁמֶן׃ 15 וַיִּקְרָא יַעֲקֹב
אֶת־שֵׁם הַמָּקוֹם אֲשֶׁר דִּבֶּר אִתּוֹ שָׁם אֱלֹהִים בֵּית־אֵל׃

a. 2급 분리 악센트 자켑 카톤과 더불어 שִׁמְךָ가 שְׁמֶךָ로 모음이 변동되었다.

b פָּרָה ‘열매를 맺다, 생육하다’(פְּרִי ‘열매’). c. חֲלָצַיִם ‘허리.’ d. יָצַק ‘쏟다.’

(13) (창 44:18-24) 18 וַיִּגַּשׁ אֵלָיו יְהוּדָה וַיֹּאמֶר [a]בִּי אֲדֹנִי יְדַבֶּר־נָא
עַבְדְּךָ דָבָר בְּאָזְנֵי אֲדֹנִי וְאַל־יִחַר אַפְּךָ בְּעַבְדֶּךָ כִּי כָמוֹךָ כְּפַרְעֹה׃
19 אֲדֹנִי שָׁאַל אֶת־עֲבָדָיו לֵאמֹר הֲיֵשׁ־לָכֶם אָב אוֹ־אָח׃ 20 וַנֹּאמֶר
אֶל־אֲדֹנִי יֶשׁ־לָנוּ אָב זָקֵן וְיֶלֶד [b]זְקֻנִים קָטָן וְאָחִיו מֵת וַיִּוָּתֵר הוּא

לְבַדּ֛וֹ לְאִמּ֖וֹ וְאָבִ֥יו אֲהֵבֽוֹ׃ 21 וַתֹּ֙אמֶר֙ אֶל־עֲבָדֶ֔יךָ הוֹרִדֻ֖הוּ אֵלָ֑י וְאָשִׂ֥ימָה
עֵינִ֖י עָלָֽיו׃ 22 וַנֹּ֙אמֶר֙ אֶל־אֲדֹנִ֔י לֹא־יוּכַ֥ל הַנַּ֖עַר לַעֲזֹ֣ב אֶת־אָבִ֑יו וְעָזַ֥ב
אֶת־אָבִ֖יו וָמֵֽת׃ 23 וַתֹּ֙אמֶר֙ אֶל־עֲבָדֶ֔יךָ אִם־לֹ֥א יֵרֵ֛ד אֲחִיכֶ֥ם הַקָּטֹ֖ן אִתְּכֶ֑ם
לֹ֥א תֹסִפ֖וּן לִרְא֥וֹת פָּנָֽי׃ 24 וַיְהִי֙ כִּ֣י עָלִ֔ינוּ אֶל־עַבְדְּךָ֖ אָבִ֑י וַנַּ֨גֶּד־ל֔וֹ
אֵ֖ת דִּבְרֵ֥י אֲדֹנִֽי׃

a. בִּ֣י אֲדֹנִ֔י '청컨대 내 주여!' 소원의 간투사 בִּי는 뒤에 언제나 אֲדֹנָי/אֲדֹנִי가 뒤따른다.

b. זְקֻנִים(항상 복수) '노년'(= זִקְנָה, 22과 연습문제 31번).

(14) (민 9:15-23) 15 וּבְיוֹם֙ הָקִ֣ים אֶת־הַמִּשְׁכָּ֔ן כִּסָּ֤ה הֶֽעָנָן֙ אֶת־הַמִּשְׁכָּ֔ן
לְאֹ֖הֶל הָעֵדֻ֑ת וּבָעֶ֜רֶב יִהְיֶ֧ה עַל־הַמִּשְׁכָּ֛ן כְּמַרְאֵה־אֵ֖שׁ עַד־בֹּֽקֶר׃ 16 כֵּ֚ן יִהְיֶ֣ה
תָמִ֔יד הֶעָנָ֖ן יְכַסֶּ֑נּוּ וּמַרְאֵה־אֵ֖שׁ לָֽיְלָה׃ 17 [a]וּלְפִ֞י הֵעָלֹ֤ת הֶֽעָנָן֙ מֵעַ֣ל הָאֹ֔הֶל
וְאַ֣חֲרֵי־כֵ֔ן יִסְע֖וּ בְּנֵ֣י יִשְׂרָאֵ֑ל וּבִמְק֗וֹם אֲשֶׁ֤ר יִשְׁכָּן־שָׁם֙ הֶֽעָנָ֔ן שָׁ֥ם יַחֲנ֖וּ
בְּנֵ֥י יִשְׂרָאֵֽל׃ 18 עַל־פִּ֣י יְהוָ֗ה יִסְעוּ֙ בְּנֵ֣י יִשְׂרָאֵ֔ל וְעַל־פִּ֥י יְהוָ֖ה יַחֲנ֑וּ
כָּל־יְמֵ֗י אֲשֶׁ֨ר יִשְׁכֹּ֧ן הֶעָנָ֛ן עַל־הַמִּשְׁכָּ֖ן יַחֲנֽוּ׃ 19 [b]וּבְהַאֲרִ֧יךְ הֶעָנָ֛ן עַל־הַמִּשְׁכָּ֖ן
יָמִ֣ים רַבִּ֑ים וְשָׁמְר֧וּ בְנֵֽי־יִשְׂרָאֵ֛ל אֶת־[c]מִשְׁמֶ֥רֶת יְהוָ֖ה וְלֹ֥א יִסָּֽעוּ׃ 20 וְיֵ֞שׁ
אֲשֶׁ֨ר יִהְיֶ֧ה הֶעָנָ֛ן יָמִ֥ים מִסְפָּ֖ר עַל־הַמִּשְׁכָּ֑ן עַל־פִּ֤י יְהוָה֙ יַחֲנ֔וּ וְעַל־פִּ֥י יְהוָ֖ה
יִסָּֽעוּ׃ 21 וְיֵ֞שׁ אֲשֶׁר־יִהְיֶ֤ה הֶעָנָן֙ מֵעֶ֣רֶב עַד־בֹּ֔קֶר וְנַעֲלָ֧ה הֶעָנָ֛ן בַּבֹּ֖קֶר וְנָסָ֑עוּ
א֚וֹ יוֹמָ֣ם וָלַ֔יְלָה וְנַעֲלָ֥ה הֶעָנָ֖ן וְנָסָֽעוּ׃ 22 אֽוֹ־יֹמַ֜יִם אוֹ־חֹ֣דֶשׁ אוֹ־[d]יָמִ֗ים
בְּהַאֲרִ֨יךְ הֶעָנָ֤ן עַל־הַמִּשְׁכָּן֙ לִשְׁכֹּ֣ן עָלָ֔יו יַחֲנ֥וּ בְנֵֽי־יִשְׂרָאֵ֖ל וְלֹ֣א יִסָּ֑עוּ וּבְהֵעָלֹת֖וֹ
יִסָּֽעוּ׃ 23 עַל־פִּ֤י יְהוָה֙ יַחֲנ֔וּ וְעַל־פִּ֥י יְהוָ֖ה יִסָּ֑עוּ אֶת־מִשְׁמֶ֤רֶת יְהוָה֙ [e]שָׁמָ֔רוּ
עַל־פִּ֥י יְהוָ֖ה בְּיַד־מֹשֶֽׁה׃ פ

a. לְפִי는 문자적으로 '..의 몫을 따라'인데 단순히 '..을 따라서'를 뜻한다. פִּי는 '입'외에도 '몫'을 가리킬 수 있다.

b. אָרַךְ '길다'/(힢 부연) '오래 끌다.'

c. מִשְׁמֶרֶת '수칙, 준수사항'(שָׁמַר['지키다']의 파생 명사).

d. יָמִים 문자적으로 '날들'인데 이 어구만 사용될 때 어떤 학자들은 '많은 날'로, 다른 학자들은 몇 가지 근거로 '일 년'으로 간주한다(레 25:29; 삼상 27:7; 삼상 1:21; 2:19; 20:6).

e. שָׁמָ֔רוּ에 2급 분리 악센트 자켑 카톤(◌֔)이 붙으면서 모음 변화가 발생되었다.

25과 연습문제 해답

(1) 그날에 그 왕은 여호와의 전 앞에 있는 뜰 중앙을 거룩하게 만들었으니(성별했으니) 이는 거기서 번제와 소제와 화목제의 기름(들)을 드렸기(만들었기) 때문이다. 왜냐하면 여호와 앞의 놋 제단이 그 번제와 소제와 화목제의 기름을 수용하기에는 너무 작았던 연고였다.

(2) 그리고 너희는 진영 밖에 7일 동안 주둔하라(חָנָה 칼 명령). 사람(생명)을 죽인 모든 자와 송장을 만진 모든 자들은 제 삼일과 제 칠일에 스스로를 깨끗케 하라. 그리고 너희 포로도 (그리하라).

(3) 2 다만 (그)백성은 산당들에서 제사를 드리고 있었다(זָבַח). 왜냐하면 그 때까지 여호와의 이름을 위한 전(집)이 건축되지 않았기 때문이다. 3 그리고 솔로몬은 여호와를 사랑하여 그의 아버지 다윗의 규례들을 따라(규례들 안에서) 걸었다(행하였다). 단지 그가 산당들에서 제사를 드리고 분향을 하고 있었지만 말이다. 4 그리고 그 왕은 거기서 제사를 바치러 기브온으로 갔다. 왜냐하면 그것은 큰 산당이었기 때문이다. 그 제단 위에 솔로몬은 일천 번제를 (계속해서) 드렸다
(과거의 계속과 반복에도 미완료가 사용될 수 있다.
מְזַבְּחִים[분사] ← יְזַבֵּחַ[피엘 미완]/זָבַח)

(4) (욥기, 시편, 잠언에서는 일부 악센트 부호가 일반 악센트 부호와 다르다). 16 정녕 하나님은 내 영혼을 스올(음부)의 손(권세)에서 구속하실 것이니(פָּדָה) 이는 그분이 나를 취하실 것이기 때문이다, 셀라. 너는 두려워하지 말지어다. 사람이 부를 얻어 그의 집의 영광이 대단해지더라도. 18 왜냐하면 그가 죽을 때 그 모든 것을 그는 취할 수 없을 것이며 그의 영광은 그를 뒤따라 내려가지(יָרַד) 못할 것이기 때문이다. 19 비록(כִּי) 그는 (그의) 사는 동안(그의 생명 안에서) 그의 영혼을 복되게 할지라도 네가 네 자신을 위해 형통케 할 때 사람들은(불특정 3인칭 복수 '그들은') 너를 칭송할 것이다(יָדָה 히필 미완). 20 그것(그의 영혼)은 그의 조상들에게(조상들의 세대)로 돌아갈 것이며 영영히(עַד־נֵצַח) 빛을 보지 않을 것이다.

(5) 10 그리고 그분은 미워하는 자의 손에서 그들을 구해내셨고(יָשַׁע 히필 미완) 원수의 손에서 그들을 구속하셨습니다. 11 그리고 물이 그들의 대적들을 덮었고(כָּסָה 피엘 미완) 그들 중에 한 명도 남지 않았습니다(יָתַר 니팔 미완). 12 그리고 그들은 그분의 말씀을 믿었으며(וְ + יַאֲמִין[히필 미완]/אָמַן) 그들은 그분의 찬송을 노래했습니다.

(6) 1 너는 내일에 대해 자랑하지 말라. 왜냐하면 한 날에 무슨 일이 발생할지(יָלַד) 너는 알지 못하기 때문이다. 2 타인이 너를 칭찬하게 하고 네 입으로 그리하지 말라. 외인이 (그리하게 하고) 네 입술로 그리하지 말라.

(2절의 대구법과 생략 기법을 주목하라. 시나 격언, 그리고 많은 선지서 분문에서 대구법이 두드러지며 핵심 단어들을 절묘하게 배치한 간결한 문장이 사용되곤 한다. 또한 잘 안 쓰이는 고급 단어들이 많이 등장하므로 해석이 쉽지 않다. יֵ֫לֶד[단축] ← יֵלֵד[칼 미완]/יָלַד)

(7) 7 그리고 아론은 그것(향단을 지칭함) 위에 아침마다('아침에'의 반복) 향료의 향연(향기로운 연기)을 피울지어다. 그가 등잔들을 정돈할 때(יָטַב 히필 '좋게 만들다') 그는 그것을(향연) 피울지어다. 8 그리고 아론이 석양 무렵(문자적으로 '두 저녁[쌍수] 사이에') 등잔들을 켤 때(문자적으로 '[불이] 올라오게 하다') 그는 그것을 피울지어다. 여호와 앞에서 너희 대대로 끊임없이(תָּמִיד) 향연을 (피울지어다). 9 너희는 그것(향단) 위에 다른(זָרָה) 향연을, 그리고 번제와 소제를 올리지 말지어다. 그리고 너희는 그것 위에 전제를 붓지(נָסַךְ) 말지어다.

(הּ ָ + נ ֫ ֻ [강세 눈] + יַקְטִיר[히필 미완]/קָטַר // הַעֲלֹת[히필 부연]/עָלָה)

(8) 12 그리고 너는 아론과 그의 아들들을 회막(만남의 장막) 입구(문)에 데려올지어다. 그리고 너는 그들을 물로 씻을지어다. 13 그리고 너는 아론을 거룩한 옷들로 입히고(לָבַשׁ 히필) 너는 그를 기름 부을지어다. 그리고 너는 그를 거룩하게 할지어다. 그러면 그가 나를 위해 제사장 직무를 수행할 것이다(혹은 지시법으로 '그래서 그가 나를 위해 제사장 직무를 수행해야 한다'). 14 그리고 너는 그의 아들들을 데려와 그들에게 관복들을 입힐지어다. 15 그리고 너는 네가 그들의 아버지를 기름부었던 것처럼 그들을 기름 부을지어다. 그러면 그들이 나를 위해 제사장 직무를 수행할 것이다(13절처럼 지시법의 해석도 가능). 그래서 그들의 기름부음이(3.여.단으로 הָיְתָה의 주어) 그들을 위해 그들 대대로 영원한 제사장직(영원의 제사장직)이 되게 할지어다.

(9) 2 너는 이스라엘 자손에게 명하라. 그들은 레위인들에게 그들의 자산(אֲחֻזָּה)의 유산(상속물, נַחֲלָה)중에서 거주할(לָשֶׁבֶת) 성읍들을 줄지어다. 그리고 너희는 그들의 사방의 그 성읍들에 속한 목초지를 레위인들에게 줄지어다. 3 그래서 그들에게 거주를 위한 성읍이 있을 것이며 그들의 가축(בְּהֵמָה)과 그들의 물품(רְכוּשׁ)과 그들의 모든 짐승(חַיָּה)을 위해 그들의 목초지가 있을 것이다. 4 그리고 너희가 레위인들에게 줄 그 성읍들의 목초지는 성읍의 성벽으로부터 (그리고) 바깥을 향

해 사방 2천 규빗이 될 것이다. (צַו[명령]← צִוָּה[피엘]/צָוָה)

(10) 16 하나님이여, 나의 구원의 하나님이여 흘린 피(피 흘림)로부터 나를 구원하소서(נָצַל 히필 명령). 나의 혀가 당신의 의를 외칠 것입니다(노래할 것입니다, רָנַן). 17 나의 주여, 당신이 내 입술을 열어주소서(פָּתַח 미완.2.남.단). 그러면 내 입이 당신의 찬송을 전하리이다. 18 그러나(참고. 93쪽의 כִּי 용법) 당신은 제사를 기뻐하지 않으십니다. 그렇지 않으면(그러나) 제가 드리겠나이다. 당신은 번제를 기뻐하지 않으십니다. 19 하나님의 제사들은 깨진(상한) 심령입니다. 깨지고(상한) 으스러진 마음을(분리 악센트 아트나) 하나님께서는 멸시하지 않으십니다.

(וְאֶתֵּנָה['그러나 제가 드릴 것입니다']는 바브의 형태가 א앞에서 וָא가 아니므로 바브 연속법이 아닌 바브 접속법이다)

(11) 13 유다 집아(족속아)! 그리고 이스라엘 집아(족속아)! 너희가 열국 중에서 저주거리가 되었을 때처럼, 그렇게 내가 너희를 구원할 것이며 너희는 복이 될 것이다(참고. 비슷한 구문인 18과 연습문제 33번). 너희는 두려워하지 말지어다. 너희는 너희 손(들)을 강하게 할지어다. 14 왜냐하면 만군의 여호와께서 이렇게 말씀하셨기 때문이다. 만군의 여호와께서 말씀하셨느니라(원문에는 직접 화법 문장의 중간에 끼어 있음). "너희 조상들이 나를 격노케 했을 때(הַקְצִיף) 내가 너희에게 해를 끼치기로 작정했던 것처럼, 하지만 내가 후회하지 않았던 것처럼, 15 그렇게 내가 지금(이 날들에) 돌이켰고(שׁוּב 칼 완료) 예루살렘과 유다 집에게 선을 베풀기로 작정했느니라. 너희는 두려워 말지어다." 16 이것들은 너희가 실천해야할 일들이니라. 너희 각 사람은 각자의 이웃에게 진실을 말하라(דַּבֵּר 피엘 명령). 그리고 너희의 성문들에서 진실과 평화의 재판을 집행하라(재판하라). 17 그리고 너희 각 사람은 너희 마음속으로 각자의 이웃의 재앙을 꾸며선(생각해선 חָשַׁב) 안 된다. 그리고 너희는 거짓 맹세를 좋아하지 말라. 그래서 내가 미워하는 이 모든 것들을 (행하지 말라). 여호와의 선언이니라!

(12) 9 그리고 하나님께서 야곱에게 다시 나타나셨다(רָאָה 니팔 미완 단축). 그가 밧단아람으로부터 돌아왔을 때. 그리고 그분은 그를 축복했다. 10 그리고 하나님께서는 그에게 말씀하셨다. "네 이름이 야곱이다. 네 이름이 다시는 야곱이라 불리지 않을 것이며 다만 이스라엘이 네 이름이 될 것이다." 그리고 그분은 그의 이름을 이스라엘이라 부르셨다. 11 하나님께서는 그에게 말씀하셨다. "나는 전능의 하나님이다. 생육하고 번성하라! 한 민족과 민족들의 총회(연합체)가 너로부터 나

올 것이다. 그리고 네 허리에서 왕들이 나올 것이다. 12 그리고 내가 아브라함과 이삭에게 주었던 그 땅을, (그것을) 너에게 줄 것이다. 그리고 네 뒤에 올 네 씨에게 내가 그 땅을 줄 것이다." 13 그리고 하나님께서 그(야곱)로부터 올라가셨다. 그분이 그와 함께 말씀하셨던 그 장소에서. 14 야곱이 그분이 자신과 함께 말씀하셨던 그 장소에 기둥을, 곧 돌기둥(돌의 기둥; מַצֵּבָה의 연계형 מַצֶּ֫בֶת)을 세웠다. 그리고 그는 그 위에 전제물을 부었다(נָסַךְ 히필). 그리고 그 위에 기름을 쏟았다(부었다). 15 그리고 야곱은 하나님께서 거기서 자신과 함께 말씀하셨던 그 장소의 이름을 벧엘(하나님의 집)이라 불렀다.

(יֵרָ֫א[단축] ← יֵרָאֶה[모음보상] ← יִרָּאֶה[니팔 미완; 비교. יִגָּלֶה/]רָאָה
פְּרֵה[칼 명령]/פָּרָה[라메드-헤] // רְבֵה[칼 명령]/רָבָה[라메드-헤]
אֶתְּנֶ֫נָּה ← הָ + נֶּ֫ [강세 눈] + אֶתֵּן ← יִתֵּן[칼 미완]/נָתַן)

(13) 18 그리고 유다는 그에게 가까이 가서 말했다. 내 주여 청컨대 당신의 종이 나리(내 주님)의 귀에 한 말씀을 말하게 하소서(3인칭 지시법). 그리고 당신은 당신의 종에게 진노하지 마소서(3인칭 지시법이며 문자적으로, '당신의 종에게 당신의 진노[코, 콧구멍]가 뜨겁지 않기를 원하나이다)(참고. 17과 연습문제 22번). 왜냐하면 당신은 파라오와 같기 때문입니다(문자적으로, '당신처럼, 파라오처럼= 당신이나 파라오나 똑같다). 19 나리께서 나리의(그의) 종들에게 물어 말씀하셨습니다. "너희에게 아버지나 형제(아우)가 있느냐?" 20 그래서 우리가 나리께 말씀드렸습니다. "우리에게 늙은 아버지와 노년의(זְקֻנִים, '노년에 얻은') 작은 아이가 있습니다. 그리고 그의 형은 죽었고 그만 홀로(לְבַדּוֹ) 그의 어머니에게 남아 있습니다(יִוָּתֵר). 그리고 그의 아버지가 그를 사랑합니다"라고. 21 그러자 당신께서 당신의 종들에게 말씀하셨습니다. "너희는 그를 나에게 내려오게 하라(יָרַד 히필 명령). 내가 나의 눈을 그에게 두리라(의역 '내가 직접 보게하라')." 22 그래서 우리가 나리께 말씀드렸습니다. "그 아이는 그의 아버지를 떠날 수 없습니다. 그리고 그가 그의 아버지를 떠나면 그분은 죽을 것입니다"라고. 23 그러나 당신께서는 당신의 종들에게 말씀하셨습니다. "만일 너희 동생이 너희와 함께 내려오지 않는다면, 너희가 더는 내 얼굴을 보지 못할 것이다(문자적으로 '보는 것을 더하지[יָסַף 히필 미완] 않을 것이다)"라고. 24 그래서 우리가 당신의 종인 내 아버지에게 올라갔을 때(נוּ + עָלָה) 우리는 그분에게 나리의 말씀들을 전해 드렸습니다.

(נַגֵּ֫ד[단축] ← נַגִּיד[히필 미완 1.공.복 '우리가 전할 것이다']/נָגַד).

(14) 15 그리고 (그) 성막을 세운 날에 (그) 구름이 성막, 곧 증거막(증거의 장막)을 덮었다(כִּסָּה 피엘). 그리고 저녁에 성막 위에 불 모양 같은 것이 늘 있었고(יִהְיֶה) 아침까지 이어졌다(미완료가 과거의 계속과 반복을 가리킬 수 있으며 이후의 미완료 동사들도 마찬가지다). 16 그 구름은 그렇게 항상 그것을 덮었으며 밤에는 불 모양이 있었다. 17 그리고 그 구름이 그 장막 위로 떠오를 때에는(떠오르는 것에 따라) 그 뒤에(그렇게 된 후에) 이스라엘 자손이 출발했다(נָסַע 미완). 그리고 구름이 거기에 머무는(שָׁכַן) 장소에서 이스라엘 백성은 진을 쳤다(주둔했다)(חָנָה 칼 미완). 18 여호와의 명령(입)을 따라 이스라엘 백성은 출발했고(행진했고) 여호와의 명령을 따라 그들은 진을 쳤다. 구름이 성막 위에 머무는 모든 날 동안 그들은 진을 쳤다. 19 그리고 구름이 성막 위에서 많은 날 동안 오래 지속될 때 이스라엘 자손은 여호와의 수칙을 지켜(와우 연속법) 출발을 하지 않았다. 20 그리고 구름이 성막 위에 적은 날 수 동안(문자적으로, '숫자[מִסְפָּר]의 날들'='셀 수 있는 날들') 있을 때에도 여호와의 명령을 따라 그들은 진을 쳤고 여호와의 명령을 따라 그들은 출발했다. 21 그리고 구름이 저녁부터 아침까지 있다가 구름이 아침에 떠오를 때(עָלָה 니팔 완료 와우연속) 그들은 출발했으며 혹은(אוֹ) 낮이든 밤이든 구름이 떠오를 때 그들은 출발했다(행진했다). 22 혹은 이틀이든(쌍수) 한 달이든 일 년이든 구름이 성막 위에 머물기를 오래 지속할 때 이스라엘 백성은 진을 치고 출발하지(행진하지) 않았다. 그러나 그것이 떠오를 때(עָלָה 니팔 부연) 그들은 출발했다. 23 그들은 여호와의 명을 따라 진을 쳤고 여호와의 명을 따라 출발했다. 그들은 모세를 통한(문자적으로 '모세의 손을 통한') 여호와의 명을 따라 여호와의 수칙을 지켰다.

원문 강독을 위한 조언

초학자들은 지금까지 공부한 약동사가 잘 정리되지 않는다 하더라도 낙심할 필요는 없다. 이 책의 약동사를 일단 공부한 후에 히브리어 성경을 보면서 이 책을 참고하며 계속 약동사를 익힐 것을 권한다. 그러나 이 책의 연습문제들을 시간이 걸리더라도 반드시 풀어보아야 한다. 사실은 그것이 시간을 절약하는 길이며 원문 강독을 위해 가장 효과적인 방법이다.

어떤 사람은 강동사까지만 공부하고 바로 히브리어 원전 성경을 보면서 약동사를 공부하는 것이 좋다고 하는데 필자는 그 방법에 동의하지 않는다. 이는 약동사의 종류가 너무 많아 원문 강독을 통해서는 결코 정리가 되지 않기 때문이다. 그러므로 일단 약동사들을 총괄적으로 공부해 두는 것이 필요하다. 원문 강독은 짧은 책이면서 쉬운 편인 룻기나 요나서로 시작할 것을 추천한다. 서사체(산문)의 히브리어에 비해 시문체인 시가서들과 선지서들의 히브리어는 어려운 문장과 더불어 잘 안 쓰이는 희귀한 단어들이 쏟아진다. 따라서 일단 서사 문장들을 숙달한 후 시문들과 역시 어려운 편인 오경의 법 조항들을 장기적으로 꾸준히 읽어갈 것을 권한다.

원문을 읽고 연구하려면 이제 사본들 간의 차이를 살필 수 있어야 한다. 현재 히브리어 성경의 정본으로 간주되는 레닌그라드 사본이 원문 자체는 아니므로 사본들 간의 차이를 살피는 사본 비평은 본문 연구에 필수적이다. 이를 위해 현재 *BHS*(4판)와 이것의 개정 증보판인 앞으로 출간될 *BHQ*의 하단에 수록된 비평주(apparatus)를 해독해 낼 수 있어야 한다. 이것은 엄청나게 많은 약어와 전문 용어, 그리고 숱한 특수 기호로 가득 차 있는데 이를 위해 별도로 전문적인 공부를 해야 한다. 설교자들은 학자들과 주석가들에 의존하면 되므로 필수적이지 않으나 구약을 전문적으로 연구하려는 사람들은 그것을 반드시 학습해야 한다.

도움을 받을 수 있는 좋은 자료들로 다음의 책들을 추천한다: William R. Scott, *A Simplified Guide to BHS*, Berkeley: Bibal, 2007(번역서 없음); P. H. Kelley; D. S. Mynatt; T. G. Crawford, 강성열 역, 『*BHS*의 마소라 해설』, 서울: 비블리카 아카데미아, 2005. 그 외 *BHS* 비평주 해독을 돕는 자료들이 인터넷에 많이 올라와 있다.

부 록

부록 1 케팁과 케레

1) 히브리어 성경(마소라 사본)에는 전래되어온 사본의 잘못된 표기, 하나님의 이름에 대한 호칭의 기피, 그리고 민망한 단어의 완곡한 표현 등, 몇 가지 이유로 주어진 철자와는 다르게 읽어야 하는 단어들이 많이 나타난다. 이에 대해 각각 케팁(K^{e}t̲ib̲)과 케레(Q^{e}rê)라는 명칭을 사용하는데 문자적으로 케팁(כְּתִיב, 아람어 수동분사)은 '기록된 (단어)'을, 케레(קְרֵי, 아람어 수동분사)는 '읽혀지는 (단어)'을 뜻한다. 가장 흔한 사례로서 마소라 사본의 본문에 '기록된'(케팁) 단어가 명백히 잘못된 단어일 때 마소라 학자들은 본문을 변개치 않기 위해 본문을 그대로 두고 사본 좌우의 난외주에 그것의 원래의 단어로 추정되는 단어를 '읽혀져야 하는'(케레) 단어로 기록했다.

2) 예를 들어, 출애굽기 21:8에서 לֹא('아니다')는 문맥상 잘못된 단어가 분명한 이유로(케팁) 난외주에 לוֹ('그에게')로 읽도록 표기해두었다(케레). 출애굽기 22:4에서 בעירה는 언뜻 בְּעִירָה로 읽도록 표기되어 해석하기 곤란한 단어인데(케팁)[253] 그것을 바로 잡는 단어 בְּעִירוֹ('그의 성읍 안에서')가 난외주에 표기되어 있다(케레). 그리고 본문의 단어 בעירה에 이것의 모음을 붙여 בְּעִירֹה로 표기한다.

3) 아주 흔하게 등장하는 몇몇 단어는 난외주에 케레 단어를 전혀 표기하지 않고 본문의 케팁 단어 자체에 항상 케레 단어의 모음을 표기한다. 이것을 '영구적 케레'라 한다. 예를 들어, 고대 히브리어 성경을 다룬 서기관과 랍비들은 하나님의 신성한 이름인 יהוה가 인간의 부정한 입술로 발음되는 일을 피하기 위해 기록은 정확히 해두고(케팁) 항상 אֲדֹנָי('주님')으로 대체해서 읽었다(케레). 마소라 학자들은 그 전통을 따라 케레 אֲדֹנָי의 모음을 본문의 그 단어에 표기했으며(יְהוָה/종종 יְהֹוָה)[254] 이것을 항상 '아도나이'로 읽었다. 이런

253) 끝에 붙은 ה ָ 가 방향지시사라면 הָעִ֫ירָה('그 성읍을 향해')이어야 한다.

254) *BHS* 본문에서는 가끔 יְהֹוִה로 표기될 뿐 주로 모음 홀렘이 없이 יְהוָה로 표기된다. 그러나 사실 이것은 신명으로서의 '그 이름'을 뜻하는 아람어 שְׁמָא의 모음을 옮긴 것으로 보인다. 그럼에도 יְהוָה 역시 마찬가지로 '아도나이'로 읽는다.

관행이 오래된 결과 결국 후대에 가서 יהוה의 정확한 발음은 완전히 상실되고 말았다. 앞서 배운 대로(23쪽), 그 단어가 가장 가능하게 yahweh(야웨)로 발음되었을 것으로 추론되나 단정 짓기는 어렵다. 그런 이유로 NIV를 비롯한 많은 영어 성경들은 יהוה의 번역으로 אֲדֹנָי의 뜻을 옮긴 'the Lord'를 택한다. 따라서 케팁과 케레의 자음과 모음이 조합된 단어 יְהוָֹה를 그대로 음역한 '예호바/여호와'(Jehovah)는 알고 보면 결국 오류다. 그럼에도 이 하나님의 이름은 고착되어 이미 오래도록 사용되어 왔으므로 전혀 문제될 것은 없을 것이다. 때로 יהוה에 אֱלֹהִים의 모음을 표기하는 할 때도 있는데, יהוה 앞에 이미 אֲדֹנָי가 사용된 경우다: אֲדֹנָי יֱהוִה 혹은 אֲדֹנָי יְהוִה '주 하나님(the Lord God).' 이때 יְהוִה/יֱהוִה는 אֱלֹהִים으로 읽는다. 이것은 선지서, 특히 이사야와 에스겔에서 많이 등장한다.

4) 또 하나의 영구적 케레의 흔한 사례는 הִוא('그녀는')이다. 이것은 분명히 הִיא('그녀는')로 읽어야 한다. 주옹에 따르면, 원래 '그'와 '그녀'의 고대 히브리어 철자는 둘 다 הא인데 발음은 서로 달랐다. 이 단어에 후대에(주후 1-4세기) 마소라 학자들이 모음을 넣는 과정에서 당시 히브리어에서 י와 ו가 분간이 잘 안 되는 이유로 그것들을 자주 הוא로 표기하였다. 그들은 나중에 가서야 이 둘을 명확히 분간하기 위해 여성('그녀')의 경우 영구적 케레(הִיא) 모음을 달아 הִוא로 표기해야만 했다.[255]

부록 2 피엘과 히필의 용법

1. 피엘의 작위 용법(factitive)과 히필의 사역 용법(causative)

1) 주옹과 왈키를 비롯한 문법학자들은 피엘의 강조 용법을 기초 문법적 방식으로 설명하지 않는다(Joüon-Muraoka, *A Grammar of Biblical Hebrew*, 166-167; Waltke and O'Connor, *Introduction to Biblical Hebrew Syntax*, 396-417). 그들은 사역적 의미(causative)를 그와 비슷한 작위적 의미(factitive)와 구별한다. 그들에 의하면, 사역 용법은 주로 히필에 해당되며 작위 용법은 주로 피엘에 속한다. 그들은 문법적으로 '사역'은 어떤 행동(사건)을 하게

255) Joüon-Muraoka, *A Grammar of Biblical Hebrew*, 128-129.

만드는 동작 자체를 의미하고('파괴시키다') '작위'는 그 동작의 결과로 인한 어떤 상태를 만드는('파괴해 놓다') 것으로 구분한다.

2) 그러나 학자들 간에 이것에 대한 미세한 견해의 차이가 발견된다. 제니(Ernst Jenni)의 주장을 따라 왈키(Waltke)는 대체로 피엘의 사역 동작이 어떤 '상태'(state)를 최종적으로 발생시키는 것이라면(factitive, "작위적"), 히필의 사역 동작은 어떤 '사건'(event)을 일으킨다고(causative, "사역적") 말한다(Waltke and O'Connor, *Introduction to Biblical Hebrew Syntax*, 433-446). 다시 말해, 앞서 언급한 대로 작위적 의미는 발생되거나 만들어진 과정을 통한 '결과'에 초점이 있다면, 사역적 의미는 어떤 결과가 만들어지는 '과정'에 초점이 있다. 왈키에 의하면, 작위적 용법은 주로 자동사나 상태 동사의 피엘에서 나타난다(크다 → 크게 만들다).

3) 예컨대, 왈키는 상태 동사 כָּבֵד('강하다')의 피엘과 히필 사이에 이러한 미묘한 뉘앙스의 차이가 보인다고 말한다(게세니우스 역시). 피엘형 כִּבֵּד의 '강하게 만들다'는 강하게 만든 과정의 '최종 결과'를 의미하고(factitive, '강하게 만들어 놓다'), 히필형 הִכְבִּיד의 '강하게 만들다'는 강하게 하는 '진행 과정'을 의미한다는(causative, '강하게 하다') 주장이다.

4) 이에 맞서 주옹은 대체로 자동사와 상태 동사의 피엘 어간은 '작위적'으로 구분할만한 하지만, אָבַד('망하다')와 קָדַשׁ('거룩하다')와 같은 일부의 그런 동사들에서는 왈키가 시도한 피엘과 히필 사이의 그와 같은 구분은 분명하지 않다고 결론 내린다. 그러나 주옹의 지적 이전에 근본적으로 어떤 상태로 만드는 '작위'와 어떤 행동을 하게 하는 '사역'은 모두 어떤 주체(agent)에 의해 '야기된'(caused) 동작이기 때문에 우리는 단순히 그 둘을 '사역적 의미'(causative)로 묶어도 무방할 것이다.

2. 작위 용법과 사역 용법의 용례들에 대한 검토

주옹은 일부 동사에 국한시켰지만, 훨씬 더 많은 동사들 또한 피엘과 히필의 의미에 '작위'와 '사역'의 구별이 가능하지 않은 것으로 보인다. 다음은 몇 가지 추가적인 사례들을 첨부한 이 견해에 대한 필자의 반론이다.

1) 앞서 피엘 동사에서 예로 든 상태 동사 כָּבֵד의 두 어간형 사이에 과연 뉘앙스의 차이가 있는지 의문이다. 예컨대, 출애굽기 9:34의 '그리고 파라오(바로)와 그의 신하들이 마음을 완강케 했다'는 표현에서 히필 미완료 יַכְבִּיד가 사용되는데, 사무엘상 6:6의 '애굽인과 파라오(바로)가 그 마음을 *완고(완강)하게* 한 것같이 어찌하여 너희가 너희 마음을 *완고(완강)하게* 하겠느냐'에서는 동일한 내용에 대한 표현인데도 피엘 미완료 יְכַבֵּד가 나타난다. 양자의 표현에서 과연 두 어간형 동사의 유의미한 차이가 있는지 의심스럽다.

2) 또한 앞서 우리는 타동사 שָׁחַת의 피엘 שִׁחֵת와 히필 הִשְׁחִית는 둘 다 '파괴를 발생시키다,' 즉 '파괴하다'로서 파괴된 '결과'를 지시하는 동일한 의미를 지닌 것으로 간주했다. 그러나 왈키에 따르면, 이 동사의 피엘(작위적)과 히필(사역적)은 뉘앙스의 차이를 지니는데 두 동사의 문맥에서의 용례를 볼 때 이 또한 과연 그러한지 의문이다. 예컨대, 열왕기하 19:12 "내 열조가 멸하신 열방 곧 고산과 하란과 레셉과 .."에서 '멸하신(멸하다)'은 피엘형 שִׁחֲתוּ인 반면, 동일한 내용을 똑같이 반복하는 이사야 37:12에서는 히필형인 הִשְׁחִיתוּ가 나타난다. 이러한 증거로 볼 때 שָׁחַת의 피엘과 히필은 아무런 의미론적 차이가 없이 모두 '파멸을 불러일으키다,' 곧 '파괴하다'임을 알 수 있다. 한편, 혹자는 שָׁחַת의 히필형 הִשְׁחִית를 비롯한 여러 히필 동사들이 형태는 사역형이지만 의미론적으로는 단순히 능동 의미를 갖는 것으로 간주하려 한다. 그러나 הִשְׁחִית는 엄밀히 '파괴를 발생시키다, 폐허로 만들다'(bring ruin on)라는 사역(causative)의 의미를 내포한다.

3) 마지막 예로, 왈키의 견해에 따르면, 상태 동사 קָדַשׁ('거룩하다')의 피엘형 קִדֵּשׁ는 '거룩하게 하다'('거룩한 상태로 만들다')는 뜻인 반면, 히필형 הִקְדִּישׁ는 '거룩하게 구별하다'라는 뜻의 거룩하게 만드는 행위 자체를 지시한다. 그러나 앞서 말한 대로 주옹은 이에 반대하며, 또한 *TWOT*과 같은 사전들도 양자를 유의미하게 구별하지 않는다. 실제로 문맥 속에서 양자의 어간의 뜻이 차이가 난다고 볼 수 없다. 한편, 피엘은 추가적으로 이어서 제시되는 '결과적 의미'(resultative)를 지닐 수 있다.

3. 피엘의 결과적 용법(resultative)

1) 왈키는 피엘의 '결과적 의미'(resultative)를 별도로 구분하는데, 사실은 이것이 피엘이 지닌 강조의 근본적 의미인 것으로 보인다. 왈키는 이것은 주로 어떤 대상에 대한 동작인 타동사에서 나타난다는 점에서 자동사와 상태 동사의 결과에 초점을 맞추는 작위적 의미(factitive)와 약간 다르다. 말하자면, 결과적 용법은 어떤 대상의 특정한 결과를 있게 하도록 만드는 동작으로서의 강화이다.

2) 말하자면, 위의 상태 동사의 피엘 כִּבֵּד은 히필 יַכְבִּיד과 마찬가지로 주어의 상태를 강하게 하는 작위적/사역적 의미가 있지만, 타동사의 피엘은 다른 대상의 상태를 그 동사의 동작을 통해 어떤 결과로 이어지게 만든다.

3) 예를 들어, שָׁבַר(칼)은 단순히 '그가 ..를 부쉈다(break)'는 뜻이나, 강조형 שִׁבֵּר(피엘)은 '그가 ..를 깨부쉈다(make up),' 혹은 '그가 ..를 산산이 부쉈다(break into piece)'는 뜻이다. 이것은 행위자가 대상에 행한 강력한 동작의 '최종 결과'인 부서진 상태에 초점을 둔다. 따라서 가장 비슷하게 우리말로 옮긴다면, '그는 ..를 깨부숴 놓았다'란 의미일 수 있다. 영어 표현에서도 이러한 미묘한 차이를 볼 수 있는데 'break down'은 'break'라는 동작이 만들어낸 상태, 즉 부서져 바닥에 퍼져 있는(down) 상태를 표현한다.

정리하자면, 피엘은 대체로 히필과 동일하게 '사역적 용법'으로 사용되며, 그 외 '결과적,' '반복(습관)적 용법'으로 사용된다. 히필은 대체로 '사역적 용법'을 기본으로 그 외 '선언의 용법' 따위(참고. 각주 177)에 사용된다.

부록 3 지시법과 의지법, 바브 연속법

1. 지시법과 의지법

1) '지시법'이란 용어는 영어 'jussive'의 번역어로 A. B. 데이비슨의 「히브리어 문법」을 번역한 이영근의 번역을 따른 것이다. 사실 jussive는 우리말로 정확한 번역이 쉽지 않다. 어떤 사람은 '간접 명령'으로 번역하는데, 엄밀히 이것은 jussive의 일부 기능만을 담아낸 번역이다. Jussive는 화자의 강한 의지와 소원

이 상대방에 의해 실행되도록 그에게 간곡히, 또한 긴급히 지시되는 화법이다. 따라서 '지시법'은 좀 더 나은 번역어로 보이며, 이것은 또한 jussive의 원뜻인 라틴어 *jubeo*('지시하다, 명령하다[order]')에 잘 부합한다. 더불어 지시법은 jussive와 발음상으로도 잘 어울리는 번역어다.

2) 한편, 이영근은 'cohortative'를 '청유법'으로 번역했는데 이것은 그리 적절해 보이지는 않는다. 왜냐하면 청유란 '..합시다'를 의미하면서 보통 1인칭 복수에만 해당하는데 cohortative는 청유를 포함하여 jussive와 마찬가지로 1인칭 단수와 복수 둘 다의 화자의 강한 의지와 소원, 부탁, 청원을 나타내기 때문이다. 1인칭 단수의 소원은 '청유'('..합시다')가 아니다. 어떤 문법서의 '권유법' 또한 마찬가지로 한계를 지닌 용어다. Cohortative는 상대방에게 화자의 의지를 전하는 화법이지 어떤 것을 권유하는 화법은 아니기 때문이다. 1인칭 연장 어미 הָ 는 문법학자들 말대로 1인칭 화자의 강한 의지를 나타내는(volitive) 요소로 간주될 수 있다. 따라서 우리는 cohortative를 '의지법'으로 옮긴다.

3) Cohortative의 라틴어 어원 *cohorto*를 보더라도 그것은 '장려하다(encourage), 부추기다'라는 뜻이며, 게세니우스는 그것이 스스로의 의지를 북돋는 의미(self-encouragement)를 지닌다고 말한다(*Gesenius' Hebrew Grammar*, 319). 결국 cohortative도 jussive와 마찬가지로 상대방에게 간청하는 어법(petitionary mood)이라 할 수 있다. 다만 이것은 jussive와 달리 화자 자신의 의지에 의해 뜻을 이루거나 소원이 이루어지길 바라는('내가 ..하리라'), 혹은 상대방에게 요청하는 서법이다('내가 ..하게 하소서'). 이런 이유로 cohortative의 번역으로 '의지법'이 다른 번역보다 나아 보인다.

2. 바브 연속법

1) 바브 연속법은 성경 히브리어에서 가장 어려운 난제중 하나이다. 물론 기초 문법에서는 이것이 가장 단순하게 접속사 바브에 의한 시제 전환 현상으로 설명되며 그것만으로도 히브리어 원문을 읽어 가는데 당장에 큰 무리는 없다. 그러나 이 현상을 둘러싼 매우 복잡한 문법적 토론이 오래도록 진행되어 왔으며 현재도 논쟁 중이다.

2) 실제로 바브 연속의 기원 및 용법과 관련해서 학자들 간의 이해가 다르고 그에 따른 명칭들도 다양하다. 예컨대, 과거에 학자들은 시제를 역전시키는 바브의 독특한 특징으로 인해 이것을 바브 전환법(Waw conversive)이라 칭했다. 반면에 그들은 시제를 역전시키지 않는 보통의 접속사 바브의 용법은 단순한 바브 접속법(Waw conjunctive)으로 불렀다. 그 이후 학자들은 동사들이 바브(ו)로 연결될 때 앞의 동작의 뒤이은 결과가 연속해서 뒤따른다는 점을 주시하여 이것을 바브 연속법(Waw consecutive), 또는 바브 연결법(Waw consequential)이라 칭하였으며, 이 중 바브 연속법이라는 명칭이 널리 보편적으로 사용되어 왔다. 최근에 와서는 이것이 고대 셈어의 동사들의 형태와 용법을 그대로 간직한 결과로 나타난 현상이라 해서 바브 보존법(Waw conservative)이라는 명칭을 쓰기도 한다.

3) 주옹(Joüon)은 이것을 시제가 전환되는 효력을 갖게 만든다 해서 바브 도치법(Waw inversive)으로 부를 것을 제안한다. 이것은 앞서 전통적인 바브 전환법(Waw conversive)의 'conversive'가 지닌 의미의 한계를 극복하기 위해 만든 것이지만 양자가 비슷한 개념이라 할 수 있다. 주옹은 바브 연속법(Waw consecutive)이라는 통상적인 용어도 거부하는데, 이유는 주로 동사 앞의 바브(ו)가 논리적 연속성의 효력만을 지니는 것이 아니라 가끔 논리적 연속성과 무관한 시간의 연속성도 도치시키기 때문이라고 설명한다. 나아가 주옹에 의하면 논리적 연속성은 종종 바브 연속법이 아닌 단순히 바브 접속법(Waw conjunctive)으로도 표현된다.

4) 반면에 왈키(Waltke)는 시제를 바꾸는 바브(ו)가 앞의 동작과의 연속적 관계를 나타낸다는 이유로 바브 관계법(Waw relative)으로 칭했다. 더불어 왈키는 접속사 바브가 이와 대조적으로 시제를 역전시키는 힘을 갖지 않고, 또한 앞의 동작과 논리적 관계가 없이 독자적인 등위(登位)적 동작을 나타내는 단순한 접속사로 사용된 경우는 바브 등위법(Waw copulative)이라 부른다(위에 언급했듯이, 과거의 학자들은 이것을 바브 전환법과 대비되는 바브 접속법이라 불렀다).

5) 이 책에서는 접속사 바브가 등위 관계일 경우 전통적 명칭인 '바브 접속법'으로, 시제 전환의 기능을 할 때는 '바브 연속법'으로 칭했다.

부록 4 동사 변화표

강동사 변화표

인칭.성.수		칼	니팔	피엘	푸알	히트파엘	히필	호팔
완료	3.남.단	קָטַל	נִקְטַל	קִטֵּל	קֻטַּל	הִתְקַטֵּל	הִקְטִיל	(הֻ)הָקְטַל
	3.여.단	קָטְלָה	נִקְטְלָה	קִטְּלָה	קֻטְּלָה	הִתְקַטְּלָה	הִקְטִילָה	הָקְטְלָה
	2.남.단	קָטַלְתָּ	נִקְטַלְתָּ	קִטַּלְתָּ	קֻטַּלְתָּ	הִתְקַטַּלְתָּ	הִקְטַלְתָּ	הָקְטַלְתָּ
	2.여.단	קָטַלְתְּ	נִקְטַלְתְּ	קִטַּלְתְּ	קֻטַּלְתְּ	הִתְקַטַּלְתְּ	הִקְטַלְתְּ	הָקְטַלְתְּ
	1.공.단	קָטַלְתִּי	נִקְטַלְתִּי	קִטַּלְתִּי	קֻטַּלְתִּי	הִתְקַטַּלְתִּי	הִקְטַלְתִּי	הָקְטַלְתִּי
	3.공.복	קָטְלוּ	נִקְטְלוּ	קִטְּלוּ	קֻטְּלוּ	הִתְקַטְּלוּ	הִקְטִילוּ	הָקְטְלוּ
	2.남.복	קְטַלְתֶּם	נִקְטַלְתֶּם	קִטַּלְתֶּם	קֻטַּלְתֶּם	הִתְקַטַּלְתֶּם	הִקְטַלְתֶּם	הָקְטַלְתֶּם
	2.여.복	קְטַלְתֶּן	נִקְטַלְתֶּן	קִטַּלְתֶּן	קֻטַּלְתֶּן	הִתְקַטַּלְתֶּן	הִקְטַלְתֶּן	הָקְטַלְתֶּן
	1.공.복	קָטַלְנוּ	נִקְטַלְנוּ	קִטַּלְנוּ	קֻטַּלְנוּ	הִתְקַטַּלְנוּ	הִקְטַלְנוּ	הָקְטַלְנוּ
미완료	3.남.단	יִקְטֹל	יִקָּטֵל	יְקַטֵּל	יְקֻטַּל	יִתְקַטֵּל	יַקְטִיל	(יֻ)יָקְטַל
	3.여.단	תִּקְטֹל	תִּקָּטֵל	תְּקַטֵּל	תְּקֻטַּל	תִּתְקַטֵּל	תַּקְטִיל	תָּקְטַל
	2.남.단	תִּקְטֹל	תִּקָּטֵל	תְּקַטֵּל	תְּקֻטַּל	תִּתְקַטֵּל	תַּקְטִיל	תָּקְטַל
	2.여.단	תִּקְטְלִי	תִּקָּטְלִי	תְּקַטְּלִי	תְּקֻטְּלִי	תִּתְקַטְּלִי	תַּקְטִילִי	תָּקְטְלִי
	1.공.단	אֶקְטֹל	(אִ)אֶקָּטֵל	אֲקַטֵּל	אֲקֻטַּל	אֶתְקַטֵּל	אַקְטִיל	אָקְטַל
	3.남.복	יִקְטְלוּ	יִקָּטְלוּ	יְקַטְּלוּ	יְקֻטְּלוּ	יִתְקַטְּלוּ	יַקְטִילוּ	יָקְטְלוּ
	3.여.복	תִּקְטֹלְנָה	תִּקָּטַלְנָה	תְּקַטֵּלְנָה	תְּקֻטַּלְנָה	תִּתְקַטֵּלְנָה	תַּקְטֵלְנָה	תָּקְטַלְנָה
	2.남.복	תִּקְטְלוּ	תִּקָּטְלוּ	תְּקַטְּלוּ	תְּקֻטְּלוּ	תִּתְקַטְּלוּ	תַּקְטִילוּ	תָּקְטְלוּ
	2.여.복	תִּקְטֹלְנָה	תִּקָּטַלְנָה	תְּקַטֵּלְנָה	תְּקֻטַּלְנָה	תִּתְקַטֵּלְנָה	תַּקְטֵלְנָה	תָּקְטַלְנָה
	1.공.복	נִקְטֹל	נִקָּטֵל	נְקַטֵּל	נְקֻטַּל	נִתְקַטֵּל	נַקְטִיל	נָקְטַל
		상태동사 칼: 완료 כָּבֵד/미완 יִכְבַּד/분사 כָּבֵד				(히필 단축)	יַקְטֵל	
	연장	אֶקְטְלָה	אֶקָּטְלָה	אֲקַטְּלָה	אֲקֻטְּלָה	אֶתְקַטְּלָה	אַקְטִילָה	אָקְטְלָה
명령	남.단	קְטֹל	הִקָּטֵל	קַטֵּל	—	הִתְקַטֵּל	הַקְטֵל	—
	여.단	קִטְלִי	הִקָּטְלִי	קַטְּלִי		הִתְקַטְּלִי	הַקְטִילִי	
	남.복	קִטְלוּ	הִקָּטְלוּ	קַטְּלוּ		הִתְקַטְּלוּ	הַקְטִילוּ	
	여.복	קְטֹלְנָה	הִקָּטַלְנָה	קַטֵּלְנָה		הִתְקַטֵּלְנָה	הַקְטֵלְנָה	
부정사	연계	קְטֹל	הִקָּטֵל	קַטֵּל	קֻטַּל	הִתְקַטֵּל	הַקְטִיל	(הֻ)הָקְטַל
	절대	קָטוֹל	הִקָּטֵל = נִקְטֹל	(קַטֹּל)	קֻטֹּל	(הִתְקַטֹּל)	הַקְטֵל	(הֻ)הָקְטֵל
분사	능동	קוֹטֵל	נִקְטָל	מְקַטֵּל	מְקֻטָּל	מִתְקַטֵּל	מַקְטִיל	(מֻ)מָקְטָל
	수동	קָטוּל						

페-눈 동사 변화표

	인칭.성.수	Qal 동작	Qal 상태	Niph	강조	Hiph	Hoph
완료	3.남.단	נָפַל	(נָגַשׁ)	נִגַּשׁ	규칙	הִגִּישׁ	הֻגַּשׁ
	3.여.단	נָפְלָה	—	נִגְּשָׁה		הִגִּישָׁה	הֻגְּשָׁה
	2.남.단	נָפַלְתָּ		נִגַּשְׁתָּ		הִגַּשְׁתָּ	הֻגַּשְׁתָּ
	2.여.단	נָפַלְתְּ		נִגַּשְׁתְּ		הִגַּשְׁתְּ	הֻגַּשְׁתְּ
	1.공.단	נָפַלְתִּי		נִגַּשְׁתִּי		הִגַּשְׁתִּי	הֻגַּשְׁתִּי
	3.공.복	נָפְלוּ		נִגְּשׁוּ		הִגִּישׁוּ	הֻגְּשׁוּ
	2.남.복	נְפַלְתֶּם		נִגַּשְׁתֶּם		הִגַּשְׁתֶּם	הֻגַּשְׁתֶּם
	2.여.복	נְפַלְתֶּן		נִגַּשְׁתֶּן		הִגַּשְׁתֶּן	הֻגַּשְׁתֶּן
	1.공.복	נָפַלְנוּ		נִגַּשְׁנוּ		הִגַּשְׁנוּ	הֻגַּשְׁנוּ
미완료	3.남.단	יִפֹּל	יִגַּשׁ	(יִנָּגֵשׁ)		יַגִּישׁ	יֻגַּשׁ
	3.여.단	תִּפֹּל	תִּגַּשׁ	תִּנָּגֵשׁ		תַּגִּישׁ	תֻּגַּשׁ
	2.남.단	תִּפֹּל	תִּגַּשׁ	תִּנָּגֵשׁ		תַּגִּישׁ	תֻּגַּשׁ
	2.여.단	תִּפְּלִי	תִּגְּשִׁי	תִּנָּגְשִׁי		תַּגִּישִׁי	תֻּגְּשִׁי
	1.공.단	אֶפֹּל	אֶגַּשׁ	אֶנָּגֵשׁ		אַגִּישׁ	אֻגַּשׁ
	3.남.복	יִפְּלוּ	יִגְּשׁוּ	יִנָּגְשׁוּ		יַגִּישׁוּ	יֻגְּשׁוּ
	3.여.복	תִּפֹּלְנָה	תִּגַּשְׁנָה	תִּנָּגַשְׁנָה		תַּגֵּשְׁנָה	תֻּגַּשְׁנָה
	2.남.복	תִּפְּלוּ	תִּגְּשׁוּ	תִּנָּגְשׁוּ		תַּגִּישׁוּ	תֻּגְּשׁוּ
	2.여.복	תִּפֹּלְנָה	תִּגַּשְׁנָה	תִּנָּגַשְׁנָה		תַּגֵּשְׁנָה	תֻּגַּשְׁנָה
	1.공.복	נִפֹּל	נִגַּשׁ	נִנָּגֵשׁ		נַגִּישׁ	נֻגַּשׁ
	단축	—	—	—		יַגֵּשׁ	—
	연장	אֶפְּלָה	נִגְּשָׁה	אֶנָּגְשָׁה		אַגִּישָׁה	אֻגְּשָׁה
명령	남.단	נְפֹל	גַּשׁ	הִנָּגֵשׁ		הַגֵּשׁ	—
	여.단	נִפְלִי	גְּשִׁי	הִנָּגְשִׁי		הַגְּשִׁי	
	남.복	נִפְלוּ	גְּשׁוּ	הִנָּגְשׁוּ		הַגְּשׁוּ	
	여.복	נְפֹלְנָה	גַּשְׁנָה	הִנָּגַשְׁנָה		הַגֵּשְׁנָה	
	연장	נָפְלָה	גְּשָׁה	הִנָּגְשָׁה		הַגִּישָׁה	
부정사	연계	נְפֹל	גֶּשֶׁת/גִּשְׁתִּי	הִנָּגֵשׁ		הַגִּישׁ	הֻגַּשׁ
	절대	נָפוֹל	נָגוֹשׁ	הִנָּגֵשׁ=נִגּוֹשׁ		הַגֵּשׁ	הֻגֵּשׁ
분사	능동	נֹפֵל=נֹפֶלֶת	נֹגֵשׁ	נִגָּשׁ		מַגִּישׁ	מֻגָּשׁ
	수동	נָפוּל	נָגוּשׁ				

특수한 페-눈 동사 נָתַן과 לָקַח 변화표

인칭.성.수		Qal		Niph		강조	사역	칼 수동 (Pual/Hophal)	
		נָתַן	לָקַח						
완료	3.남.단	נָתַן	לָקַח	נִתַּן	נִלְקַח	규칙	규칙		לֻקַּח
	3.여.단	נָתְנָה	לָקְחָה	נִתְּנָה	נִלְקְחָה				לֻקְּחָה
	2.남.단	נָתַתָּ	לָקַחְתָּ	נִתַּתָּ	규칙				לֻקַּחְתָּ
	2.여.단	נָתַתְּ	לָקַחְתְּ	נִתַּתְּ					
	1.공.단	נָתַתִּי	לָקַחְתִּי	נִתַּתִּי				—	↓
	3.공.복	נָתְנוּ	לָקְחוּ	נִתְּנוּ					
	2.남.복	נְתַתֶּם	לְקַחְתֶּם	נִתַּתֶּם					
	2.여.복	נְתַתֶּן	לְקַחְתֶּן	נִתַּתֶּן					
	1.공.복	נָתַנּוּ	לָקַחְנוּ	נִתַּנּוּ					
미완료	3.남.단	יִתֵּן	יִקַּח	יִנָּתֵן	יִלָּקַח			יֻתַּן	יֻקַּח
	3.여.단	תִּתֵּן	תִּקַּח	תִּנָּתֵן	규칙				
	2.남.단	תִּתֵּן	תִּקַּח	תִּנָּתֵן				↓	↓
	2.여.단	תִּתְּנִי	תִּקְחִי	תִּנָּתְנִי					
	1.공.단	אֶתֵּן	אֶקַּח	אֶנָּתֵן					
	3.남.복	יִתְּנוּ	יִקְחוּ	יִנָּתְנוּ					
	3.여.복	תִּתֵּנָּה	תִּקַּחְנָה	תִּנָּתֵנָּה					
	2.남.복	תִּתְּנוּ	יִקְחוּ	יִנָּתְנוּ					
	2.여.복	תִּתֵּנָּה	תִּקַּחְנָה	תִּנָּתֵנָּה					
	1.공.복	נִתֵּן	נִקַּח	נִנָּתֵן					
	단축	—	—	—				—	—
	연장	נִתְּנָה	אֶקְחָה	אֶנָּתְנָה				—	—
명령	남.단	תֵּן	קַח		הִלָּקַח				
	여.단	תְּנִי	קְחִי		규칙				
	남.복	תְּנוּ	קְחוּ						
	여.복	תֵּנָּה	קַחְנָה						
	연장	תְּנָה	קְחָה						
부정사	연계	תֵּת תִּתִּי	קַחַת	הִנָּתֵן	הִלָּקַח			—	—
	절대	נָתוֹן	לָקוֹחַ	הִנָּתֹן	הִלָּקֹחַ				
분사	능동	נֹתֵן	לֹקֵחַ=לֹקַחַת	נִתָּן	נִלְקָח			—	—
	수동	נָתוּן	לָקוּחַ						

페-후음/페-알렙 동사 변화표

인칭.성.수		Qal 동작	Qal 상태	Qal 페-알렙	Niph	강조	Hiph	Hoph
완료	3.남.단	עָמַד	חָזַק	אָכַל	נֶעֱמַד	규칙	הֶעֱמִיד	הָעֳמַד
	3.여.단	עָמְדָה	חָזְקָה	אָכְלָה	נֶעֶמְדָה		הֶעֱמִ֫ידָה	הָעָמְדָה
	2.남.단	עָמַ֫דְתָּ	חָזַ֫קְתָּ	אָכַ֫לְתָּ	נֶעֱמַ֫דְתָּ		הֶעֱמַ֫דְתָּ	הָעֳמַ֫דְתָּ
	2.여.단	עָמַדְתְּ	חָזַקְתְּ		נֶעֱמַדְתְּ		הֶעֱמַדְתְּ	הָעֳמַדְתְּ
	1.공.단	עָמַ֫דְתִּי	חָזַ֫קְתִּי		נֶעֱמַ֫דְתִּי		הֶעֱמַ֫דְתִּי	הָעֳמַ֫דְתִּי
	3.공.복	עָמְדוּ	חָזְקוּ		נֶעֶמְדוּ		הֶעֱמִ֫ידוּ	הָעָמְדוּ
	2.남.복	עֲמַדְתֶּם	חֲזַקְתֶּם		נֶעֱמַדְתֶּם		הֶעֱמַדְתֶּם	הָעֳמַדְתֶּם
	2.여.복	עֲמַדְתֶּן	חֲזַקְתֶּן		נֶעֱמַדְתֶּן		הֶעֱמַדְתֶּן	הָעֳמַדְתֶּן
	1.공.복	עָמַ֫דְנוּ	חָזַ֫קְנוּ		נֶעֱמַ֫דְנוּ		הֶעֱמַ֫דְנוּ	הָעֳמַ֫דְנוּ
미완료	3.남.단	יַעֲמֹד/יַחְתֹּם	יֶחֱזַק	יֹאכַל	יֵעָמֵד		יַעֲמִיד	יָעֳמַד
	3.여.단	תַּעֲמֹד	תֶּחֱזַק		תֵּעָמֵד		תַּעֲמִיד	תָּעֳמַד
	2.남.단	תַּעֲמֹד	תֶּחֱזַק		תֵּעָמֵד		תַּעֲמִיד	תָּעֳמַד
	2.여.단	תַּעַמְדִי	תֶּחֶזְקִי		תֵּעָמְדִי		תַּעֲמִ֫ידִי	תָּעָמְדִי
	1.공.단	אֶעֱמֹד	אֶחֱזַק	אֹכַל	אֵעָמֵד		אַעֲמִיד	אָעֳמַד
	3.남.복	יַעַמְדוּ	יֶחֶזְקוּ	יֹאכְלוּ	יֵעָמְדוּ		יַעֲמִ֫ידוּ	יָעָמְדוּ
	3.여.복	תַּעֲמֹ֫דְנָה	תֶּחֱזַ֫קְנָה		תֵּעָמַ֫דְנָה		תַּעֲמֵ֫דְנָה	תָּעֳמַ֫דְנָה
	2.남.복	תַּעַמְדוּ	תֶּחֶזְקוּ	תֹאכְלוּ	תֵּעָמְדוּ		תַּעֲמִ֫ידוּ	תָּעָמְדוּ
	2.여.복	תַּעֲמֹ֫דְנָה	תֶּחֱזַ֫קְנָה		תֵּעָמַ֫דְנָה		תַּעֲמֵ֫דְנָה	תָּעֳמַ֫דְנָה
	1.공.복	נַעֲמֹד	נֶחֱזַק		נֵעָמֵד		נַעֲמִיד	נָעֳמַד
	단축	—	—	—	—		יַעֲמֵד	—
	연장	אֶעֶמְדָה	אֶחֶזְקָה	אֹכְלָה	אֵעָמְדָה		אַעֲמִ֫ידָה	אָעָמְדָה
명령	남.단	עֲמֹד	חֲזַק	אֱכֹל	הֵעָמֵד		הַעֲמֵד	—
	여.단	עִמְדִי	חִזְקִי		הֵעָמְדִי		הַעֲמִ֫ידִי	
	남.복	עִמְדוּ	חִזְקוּ		הֵעָמְדוּ		הַעֲמִ֫ידוּ	
	여.복	עֲמֹ֫דְנָה	חֲזַ֫קְנָה		הֵעָמַ֫דְנָה		הַעֲמֵ֫דְנָה	
	연장	עִמְדָה	חִזְקָה		הֵעָמְדָה		הַעֲמִ֫ידָה	
부정사	연계	עֲמֹד	חֲזֹק	אֱכֹל	הֵעָמֵד		הַעֲמִיד	הָעֳמַד
	절대	עָמוֹד	חָזוֹק	אָכוֹל	נַעֲמֹד		הַעֲמֵד	
분사	능동	עֹמֵד	חָזֵק	אֹכֵל	נֶעֱמָד		מַעֲמִיד	מָעֳמָד
	수동	עָמוּד		אָכוּל				

아인-후음 동사 변화표

인칭.성.수		Qal	Niph	Piel		Pual		Hith	
				בָּרַךְ	נָחַם	בָּרַךְ	נָחַם	בָּרַךְ	נָחַם
완료	3.남.단	בָּחַר	נִבְחַר	בֵּ(רַ)רֵךְ	נִחַם	בֹּרַךְ	נֻחַם	הִתְבָּרֵךְ	הִתְנַחֵם
	3.여.단	בָּחֲרָה	נִבְחֲרָה	בֵּרְכָה	—	בֹּרְכָה	נֻחֲמָה	הִתְבָּרְכָה	—
	2.남.단	בָּחַרְתָּ	נִבְחַרְתָּ	בֵּרַכְתָּ	נִחַמְתָּ	בֹּרַכְתָּ	נֻחַמְתָּ	הִתְבָּרַכְתָּ	—
	2.여.단	בָּחַרְתְּ	נִבְחַרְתְּ	בֵּרַכְתְּ	נִחַמְתְּ	בֹּרַכְתְּ	נֻחַמְתְּ	הִתְבָּרַכְתְּ	—
	1.공.단	בָּחַרְתִּי	נִבְחַרְתִּי	בֵּרַכְתִּי	נִחַמְתִּי	בֹּרַכְתִּי	נֻחַמְתִּי	הִתְבָּרַכְתִּי	—
	3.공.복	בָּחֲרוּ	נִבְחֲרוּ	בֵּרְכוּ	—	בֹּרְכוּ	נֻחֲמוּ	הִתְבָּרְכוּ	—
	2.남.복	בְּחַרְתֶּם	נִבְחַרְתֶּם	בֵּרַכְתֶּם	נִחַמְתֶּם	בֹּרַכְתֶּם	—	הִתְבָּרַכְתֶּם	—
	2.여.복	בְּחַרְתֶּן	נִבְחַרְתֶּן	בֵּרַכְתֶּן	נִחַמְתֶּן	בֹּרַכְתֶּן	—	הִתְבָּרַכְתֶּן	—
	1.공.복	בָּחַרְנוּ	נִבְחַרְנוּ	בֵּרַכְנוּ	—	בֹּרַכְנוּ		הִתְבָּרַכְנוּ	—
미완료	3.남.단	יִבְחַר	יִבָּחֵר	יְבָרֵךְ	יְנַחֵם	יְבֹרַךְ	יְנֻחַם	יִתְבָּרֵךְ	יִתְנַחֵם
	3.여.단	תִּבְחַר	תִּבָּחֵר	תְּבָרֵךְ	תְּנַחֵם	תְּבֹרַךְ	—	תִּתְבָּרֵךְ	—
	2.남.단	תִּבְחַר	תִּבָּחֵר	תְּבָרֵךְ	תְּנַחֵם	תְּבֹרַךְ	—	תִּתְבָּרֵךְ	—
	2.여.단	תִּבְחֲרִי	תִּבָּחֲרִי	תְּבָרְכִי	—	תְּבֹרְכִי	—	תִּתְבָּרְכִי	—
	1.공.단	אֶבְחַר	אֶבָּחֵר	אֲבָרֵךְ	אֲנַחֵם	אֲבֹרַךְ	—	אֶתְבָּרֵךְ	—
	3.남.복	יִבְחֲרוּ	יִבָּחֲרוּ	יְבָרְכוּ	יְנַחֲמוּ	יְבֹרְכוּ	—	יִתְבָּרְכוּ	—
	3.여.복	תִּבְחַרְנָה	תִּבָּחַרְנָה	תְּבָרֵכְנָה	—	תְּבֹרַכְנָה	—	תִּתְבָּרֵכְנָה	—
	2.남.복	תִּבְחֲרוּ	תִּבָּחֲרוּ	תְּבָרְכוּ	יְנַחֲמוּ	תְּבֹרְכוּ	—	תִּתְבָּרְכוּ	—
	2.여.복	תִּבְחַרְנָה	תִּבָּחַרְנָה	תְּבָרֵכְנָה	—	תְּבֹרַכְנָה	—	תִּתְבָּרֵכְנָה	—
	1.공.복	נִבְחַר	נִבָּחֵר	נְבָרֵךְ	—	נְבֹרַךְ	—	נִתְבָּרֵךְ	—
	연장	אֶבְחֲרָה	אֶבָּחֲרָה	אֲבָרְכָה	—	—	—	—	—
명령	남.단	בְּחַר	הִבָּחֵר	בָּרֵךְ	נַחֵם	—	—	הִתְבָּרֵךְ	—
	여.단	בַּחֲרִי	הִבָּחֲרִי	בָּרְכִי	נַחֲמִי	—	—	הִתְבָּרְכִי	—
	남.복	בַּחֲרוּ	הִבָּחֲרוּ	בָּרְכוּ	נַחֲמוּ	—	—	הִתְבָּרְכוּ	—
	여.복	בְּחַרְנָה	הִבָּחַרְנָה	בָּרֵכְנָה	—	—	—	—	—
	연장	—	—	—	—	—	—	—	—
부정사	연계	בְּחֹר	הִבָּחֵר	בָּרֵךְ	נַחֵם	בֹּרַךְ	נֻחַם	הִתְבָּרֵךְ	—
	절대	בָּחוֹר	הִבָּחוֹר = נִבְחֹר						
분사	능동	בֹּחֵר	נִבְחָר	מְבָרֵךְ	מְנַחֵם	מְבֹרָךְ	מְנֻחָם	מִתְבָּרֵךְ	—
	수동	בָּחוּר							

라메드-후음 동사 변화표

인칭.성.수		Qal	Niph	Piel	Pual	Hith	Hiph	Hoph
완료	3.남.단	שָׁלַח	נִשְׁלַח	שִׁלַּח	שֻׁלַּח	הִשְׁתַּלַּח	הִשְׁלִיחַ	(הֻ)הָשְׁלַח
	3.여.단	שָׁלְחָה	נִשְׁלְחָה	שִׁלְּחָה	שֻׁלְּחָה	הִשְׁתַּלְּחָה	הִשְׁלִיחָה	הָשְׁלְחָה
	2.남.단	שָׁלַחְתָּ	נִשְׁלַחְתָּ	שִׁלַּחְתָּ	שֻׁלַּחְתָּ	הִשְׁתַּלַּחְתָּ	הִשְׁלַחְתָּ	הָשְׁלַחְתָּ
	2.여.단	שָׁלַחַתְּ	נִשְׁלַחַתְּ	שִׁלַּחַתְּ	שֻׁלַּחַתְּ	הִשְׁתַּלַּחַתְּ	הִשְׁלַחַתְּ	הָשְׁלַחַתְּ
	1.공.단	שָׁלַחְתִּי	נִשְׁלַחְתִּי	שִׁלַּחְתִּי	שֻׁלַּחְתִּי	הִשְׁתַּלַּחְתִּי	הִשְׁלַחְתִּי	הָשְׁלַחְתִּי
	3.공.복	שָׁלְחוּ	נִשְׁלְחוּ	שִׁלְּחוּ	שֻׁלְּחוּ	הִשְׁתַּלְּחוּ	הִשְׁלִיחוּ	הָשְׁלְחוּ
	2.남.복	שְׁלַחְתֶּם	נִשְׁלַחְתֶּם	שִׁלַּחְתֶּם	שֻׁלַּחְתֶּם	הִשְׁתַּלַּחְתֶּם	הִשְׁלַחְתֶּם	הָשְׁלַחְתֶּם
	2.여.복	שְׁלַחְתֶּן	נִשְׁלַחְתֶּן	שִׁלַּחְתֶּן	שֻׁלַּחְתֶּן	הִשְׁתַּלַּחְתֶּן	הִשְׁלַחְתֶּן	הָשְׁלַחְתֶּן
	1.공.복	שָׁלַחְנוּ	נִשְׁלַחְנוּ	שִׁלַּחְנוּ	שֻׁלַּחְנוּ	הִשְׁתַּלַּחְנוּ	הִשְׁלַחְנוּ	הָשְׁלַחְנוּ
미완료	3.남.단	יִשְׁלַח	יִשָּׁלַח	יְשַׁלַּח	יְשֻׁלַּח	יִשְׁתַּלַּח	יַשְׁלִיחַ	(יֻ)יָשְׁלַח
	3.여.단	תִּשְׁלַח	תִּשָּׁלַח	תְּשַׁלַּח	תְּשֻׁלַּח	תִּשְׁתַּלַּח	תַּשְׁלִיחַ	—
	2.남.단	תִּשְׁלַח	תִּשָּׁלַח	תְּשַׁלַּח	תְּשֻׁלַּח	תִּשְׁתַּלַּח	תַּשְׁלִיחַ	—
	2.여.단	תִּשְׁלְחִי	תִּשָּׁלְחִי	תְּשַׁלְּחִי	תְּשֻׁלְּחִי	תִּשְׁתַּלְּחִי	תַּשְׁלִיחִי	—
	1.공.단	אֶשְׁלַח	אֶשָּׁלַח	אֲשַׁלַּח	אֲשֻׁלַּח	אֶשְׁתַּלַּח	אַשְׁלִיחַ	—
	3.남.복	יִשְׁלְחוּ	יִשָּׁלְחוּ	יְשַׁלְּחוּ	יְשֻׁלְּחוּ	יִשְׁתַּלְּחוּ	יַשְׁלִיחוּ	—
	3.여.복	תִּשְׁלַחְנָה	תִּשָּׁלַחְנָה	תְּשַׁלַּחְנָה	תְּשֻׁלַּחְנָה	תִּשְׁתַּלַּחְנָה	תַּשְׁלַחְנָה	—
	2.남.복	תִּשְׁלְחוּ	תִּשָּׁלְחוּ	תְּשַׁלְּחוּ	תְּשֻׁלְּחוּ	תִּשְׁתַּלְּחוּ	תַּשְׁלִיחוּ	—
	2.여.복	תִּשְׁלַחְנָה	תִּשָּׁלַחְנָה	תְּשַׁלַּחְנָה	תְּשֻׁלַּחְנָה	תִּשְׁתַּלַּחְנָה	תַּשְׁלַחְנָה	—
	1.공.복	נִשְׁלַח	נִשָּׁלַח	נְשַׁלַּח	נְשֻׁלַּח	נִשְׁתַּלַּח	נַשְׁלִיחַ	—
	단축	—	—	—	—	—	יַשְׁלַח	—
	연장	אֶשְׁלְחָה	אֶשָּׁלְחָה	אֲשַׁלְּחָה	—	—	אַשְׁלִיחָה	—
명령	남.단	שְׁלַח	הִשָּׁלַח	שַׁלַּח	—	הִשְׁתַּלַּח	הַשְׁלַח	—
	여.단	שִׁלְחִי	הִשָּׁלְחִי	שַׁלְּחִי	—	הִשְׁתַּלְּחִי	הַשְׁלִיחִי	—
	남.복	שִׁלְחוּ	הִשָּׁלְחוּ	שַׁלְּחוּ	—	הִשְׁתַּלְּחוּ	הַשְׁלִיחוּ	—
	여.복	שְׁלַחְנָה	הִשָּׁלַחְנָה	שַׁלַּחְנָה	—	הִשְׁתַּלַּחְנָה	הַשְׁלַחְנָה	—
	연장	שִׁלְחָה	הִשָּׁלְחָה	—	—	—	הַשְׁלִיחָה	—
부정사	연계	שְׁלֹחַ	הִשָּׁלַח	שַׁלַּח	שֻׁלַּח	הִשְׁתַּלַּח	הַשְׁלִיחַ	(הֻ)הָשְׁלַח
	절대	שָׁלוֹחַ	הִשָּׁלֵחַ = נִשְׁלֹחַ	שַׁלֵּחַ			הַשְׁלֵחַ	
분사	능동	שֹׁלֵחַ	נִשְׁלָח	מְשַׁלֵּחַ	מְשֻׁלָּח	מִשְׁתַּלֵּחַ	מַשְׁלִיחַ	(מֻ)מָשְׁלָח
	수동	שָׁלוּחַ						

라메드-알렙 동사 변화표

인칭.성.수		Qal	Niph	Piel	Pual	Hith	Hiph	Hoph
완료	3.남.단	מָצָא	נִמְצָא	מִצֵּא	מֻצָּא	הִתְמַצֵּא	הִמְצִיא	הֻמְצָא
	3.여.단	מָצְאָה	נִמְצְאָה	מִצְּאָה	מֻצְּאָה	הִתְמַצְּאָה	הִמְצִיאָה	הֻמְצְאָה
	2.남.단	מָצָאתָ	נִמְצֵאתָ	מִצֵּאתָ	מֻצֵּאתָ	הִתְמַצֵּאתָ	הִמְצֵאתָ	הֻמְצֵאתָ
	2.여.단	מָצָאת	נִמְצֵאת	מִצֵּאת	מֻצֵּאת	הִתְמַצֵּאת	הִמְצֵאת	הֻמְצֵאת
	1.공.단	מָצָאתִי	נִמְצֵאתִי	מִצֵּאתִי	מֻצֵּאתִי	הִתְמַצֵּאתִי	הִמְצֵאתִי	הֻמְצֵאתִי
	3.공.복	מָצְאוּ	נִמְצְאוּ	מִצְּאוּ	מֻצְּאוּ	הִתְמַצְּאוּ	הִמְצִיאוּ	הֻמְצְאוּ
	2.남.복	מְצָאתֶם	נִמְצֵאתֶם	מִצֵּאתֶם	מֻצֵּאתֶם	הִתְמַצֵּאתֶם	הִמְצֵאתֶם	הֻמְצֵאתֶם
	2.여.복	מְצָאתֶן	נִמְצֵאתֶן	מִצֵּאתֶן	מֻצֵּאתֶן	הִתְמַצֵּאתֶן	הִמְצֵאתֶן	הֻמְצֵאתֶן
	1.공.복	מָצָאנוּ	נִמְצֵאנוּ	מִצֵּאנוּ	מֻצֵּאנוּ	הִתְמַצֵּאנוּ	הִמְצֵאנוּ	הֻמְצֵאנוּ
미완료	3.남.단	יִמְצָא	יִמָּצֵא	יְמַצֵּא	יְמֻצָּא	יִתְמַצֵּא	יַמְצִיא	יֻמְצָא
	3.여.단	תִּמְצָא	תִּמָּצֵא	תְּמַצֵּא	תְּמֻצָּא	תִּתְמַצֵּא	תַּמְצִיא	—
	2.남.단	תִּמְצָא	תִּמָּצֵא	תְּמַצֵּא	תְּמֻצָּא	תִּתְמַצֵּא	תַּמְצִיא	—
	2.여.단	תִּמְצְאִי	תִּמָּצְאִי	תְּמַצְּאִי	תְּמֻצְּאִי	תִּתְמַצְּאִי	תַּמְצִיאִי	—
	1.공.단	אֶמְצָא	אֶמָּצֵא	אֲמַצֵּא	אֲמֻצָּא	אֶתְמַצֵּא	אַמְצִיא	—
	3.남.복	יִמְצְאוּ	יִמָּצְאוּ	יְמַצְּאוּ	יְמֻצְּאוּ	יִתְמַצְּאוּ	יַמְצִיאוּ	—
	3.여.복	תִּמְצֶאנָה	תִּמָּצֶאנָה	תְּמַצֶּאנָה	תְּמֻצֶּאנָה	תִּתְמַצֶּאנָה	תַּמְצֶאנָה	—
	2.남.복	תִּמְצְאוּ	תִּמָּצְאוּ	תְּמַצְּאוּ	תְּמֻצְּאוּ	תִּתְמַצְּאוּ	תַּמְצִיאוּ	—
	2.여.복	תִּמְצֶאנָה	תִּמָּצֶאנָה	תְּמַצֶּאנָה	תְּמֻצֶּאנָה	תִּתְמַצֶּאנָה	תַּמְצֶאנָה	—
	1.공.복	נִמְצָא	נִמָּצֵא	נְמַצֵּא	נְמֻצָּא	נִתְמַצֵּא	נַמְצִיא	—
	단축	—	—	—	—	—	יַמְצֵא	—
	연장	אֶמְצְאָה	—	—	—	—	אַמְצִיאָה	—
명령	남.단	מְצָא	הִמָּצֵא	מַצֵּא	—	—	הַמְצֵא	—
	여.단	מִצְאִי	הִמָּצְאִי	מַצְּאִי	—	—	הַמְצִיאִי	—
	남.복	מִצְאוּ	הִמָּצְאוּ	מַצְּאוּ	—	—	הַמְצִיאוּ	—
	여.복	מְצֶאנָה	הִמָּצֶאנָה	מַצֶּאנָה	—	—	הַמְצֶאנָה	—
	연장	מִצְאָה			—	—	הַמְצִיאָה	—
부정사	연계	מְצֹא	הִמָּצֵא	מַצֵּא	—	הִתְמַצֵּא	הַמְצִיא	—
	절대	מָצוֹא	הִמָּצֹא = נִמְצֹא	מַצֹּא			הַמְצֵא	
분사	능동	מֹצֵא	נִמְצָא	מְמַצֵּא	מְמֻצָּא	מִתְמַצֵּא	מַמְצִיא	מֻמְצָא
	수동	מָצוּא						

라메드-헤 동사 변화표

인칭.성.수		Qal	Niph	Piel	Pual	Hith	Hiph	Hoph
완료	3.남.단	גָּלָה	נִגְלָה	גִּלָּה	גֻּלָּה	הִתְגַּלָּה	הִגְלָה	הָגְלָה
	3.여.단	גָּלְתָה	נִגְלְתָה	גִּלְּתָה	גֻּלְּתָה	הִתְגַּלְּתָה	הִגְלְתָה	הָגְלְתָה
	2.남.단	גָּלִיתָ	נִגְלֵיתָ	גִּלִּיתָ	גֻּלֵּיתָ	הִתְגַּלִּיתָ	הִגְלִיתָ	הָגְלֵיתָ
	2.여.단	גָּלִית	נִגְלֵית	גִּלִּית	גֻּלֵּית	הִתְגַּלִּית	הִגְלִית	הָגְלֵית
	1.공.단	גָּלִיתִי	נִגְלֵיתִי	גִּלִּיתִי	גֻּלֵּיתִי	הִתְגַּלִּיתִי	הִגְלִיתִי	הָגְלֵיתִי
	3.공.복	גָּלוּ	נִגְלוּ	גִּלּוּ	גֻּלּוּ	הִתְגַּלּוּ	הִגְלוּ	הָגְלוּ
	2.남.복	גְּלִיתֶם	נִגְלֵיתֶם	גִּלִּיתֶם	גֻּלֵּיתֶם	הִתְגַּלֵּיתֶם	הִגְלִיתֶם	הָגְלֵיתֶם
	2.여.복	גְּלִיתֶן	נִגְלֵיתֶן	גִּלִּיתֶן	גֻּלֵּיתֶן	הִתְגַּלֵּיתֶן	הִגְלִיתֶן	הָגְלֵיתֶן
	1.공.복	גָּלִינוּ	נִגְלֵינוּ	גִּלִּינוּ	גֻּלֵּינוּ	הִתְגַּלִּינוּ	הִגְלִינוּ	הָגְלֵינוּ
미완료	3.남.단	יִגְלֶה	יִגָּלֶה	יְגַלֶּה	יְגֻלֶּה	יִתְגַּלֶּה	יַגְלֶה	יָגְלֶה
	3.여.단	תִּגְלֶה	תִּגָּלֶה	תְּגַלֶּה	תְּגֻלֶּה	תִּתְגַּלֶּה	תַּגְלֶה	—
	2.남.단	תִּגְלֶה	תִּגָּלֶה	תְּגַלֶּה	תְּגֻלֶּה	תִּתְגַּלֶּה	תַּגְלֶה	—
	2.여.단	תִּגְלִי	תִּגָּלִי	תְּגַלִּי	תְּגֻלִּי	תִּתְגַּלִּי	תַּגְלִי	—
	1.공.단	אֶגְלֶה	אֶגָּלֶה	אֲגַלֶּה	אֲגֻלֶּה	אֶתְגַּלֶּה	אַגְלֶה	—
	3.남.복	יִגְלוּ	יִגָּלוּ	יְגַלּוּ	יְגֻלּוּ	יִתְגַּלּוּ	יַגְלוּ	יָגְלוּ
	3.여.복	תִּגְלֶינָה	תִּגָּלֶינָה	תְּגַלֶּינָה	תְּגֻלֶּינָה	תִּתְגַּלֶּינָה	תַּגְלֶינָה	תָּגְלֶינָה
	2.남.복	תִּגְלוּ	תִּגָּלוּ	תְּגַלּוּ	תְּגֻלּוּ	תִּתְגַּלּוּ	תַּגְלוּ	תָּגְלוּ
	2.여.복	תִּגְלֶינָה	תִּגָּלֶינָה	תְּגַלֶּינָה	תְּגֻלֶּינָה	תִּתְגַּלֶּינָה	תַּגְלֶינָה	תָּגְלֶינָה
	1.공.복	נִגְלֶה	נִגָּלֶה	נְגַלֶּה	נְגֻלֶּה	נִתְגַּלֶּה	נַגְלֶה	נָגְלֶה
	단축	יִגֶל	יִגָּל	יְגַל	—	יִתְגַּל	יֶגֶל	—
	וַ +	וַיִּגֶל	וַיִּגָּל	וַיְגַל	—	וַיִּתְגַּל	וַיֶּגֶל	—
	연장	미완료와 명령 모두 연장형이 없음						
명령	남.단	גְּלֵה	הִגָּלֵה	גַּלֵּה	—	הִתְגַּלֵּה	הַגְלֵה	—
	여.단	גְּלִי	הִגָּלִי	גַּלִּי	—	הִתְגַּלִּי	הַגְלִי	—
	남.복	גְּלוּ	הִגָּלוּ	גַּלּוּ	—	הִתְגַּלּוּ	הַגְלוּ	—
	여.복	גְּלֶינָה	הִגָּלֶינָה	גַּלֶּינָה	—	הִתְגַּלֶּינָה	הַגְלֶינָה	—
부정사	연계	גְּלוֹת	הִגָּלוֹת	גַּלּוֹת	גֻּלּוֹת	הִתְגַּלּוֹת	הַגְלוֹת	הָגְלֵה
	절대	גָּלֹה	הִגָּלֹה =נִגְלֹה	גַּלֹּה	גֻּלֹּה		הַגְלֵה	
분사	능동	גֹּלֶה 여단 גֹּלָה	נִגְלֶה	מְגַלֶּה	מְגֻלֶּה	מִתְגַּלֶּה	מַגְלֶה	מָגְלֶה
	수동	גָּלוּי						

페-요드/페-바브 동사 변화표

인칭.성.수		Qal		Niph	강조	Hiph		Hoph
		페-요드	페-바브	페-바브		페-요드	페-바브	페-바브
완료	3.남.단	(יָטַב)	יָשַׁב	נוֹשַׁב	규칙	הֵיטִיב	הוֹשִׁיב	הוּשַׁב
	3.여.단	יָטְבָה	יָשְׁבָה	נוֹשְׁבָה		הֵיטִיבָה	הוֹשִׁיבָה	הוּשְׁבָה
	2.남.단	יָטַבְתָּ	יָשַׁבְתָּ	נוֹשַׁבְתָּ		הֵיטַבְתָּ	הוֹשַׁבְתָּ	הוּשַׁבְתָּ
	2.여.단	יָטַבְתְּ	יָשַׁבְתְּ	נוֹשַׁבְתְּ		הֵיטַבְתְּ	הוֹשַׁבְתְּ	הוּשַׁבְתְּ
	1.공.단	יָטַבְתִּי	יָשַׁבְתִּי	נוֹשַׁבְתִּי		הֵיטַבְתִּי	הוֹשַׁבְתִּי	הוּשַׁבְתִּי
	3.공.복	יָטְבוּ	יָשְׁבוּ	נוֹשְׁבוּ		הֵיטִיבוּ	הוֹשִׁיבוּ	הוּשְׁבוּ
	2.남.복	יְטַבְתֶּם	יְשַׁבְתֶּם	נוֹשַׁבְתֶּם		הֵיטַבְתֶּם	הוֹשַׁבְתֶּם	הוּשַׁבְתֶּם
	2.여.복	יְטַבְתֶּן	יְשַׁבְתֶּן	נוֹשַׁבְתֶּן		הֵיטַבְתֶּן	הוֹשַׁבְתֶּן	הוּשַׁבְתֶּן
	1.공.복	יָטַבְנוּ	יָשַׁבְנוּ	נוֹשַׁבְנוּ		הֵיטַבְנוּ	הוֹשַׁבְנוּ	הוּשַׁבְנוּ
미완료	3.남.단	יִיטַב	יֵשֵׁב	יִוָּשֵׁב		יֵיטִיב	יוֹשִׁיב	יוּשַׁב
	3.여.단	תִּיטַב	תֵּשֵׁב	תִּוָּשֵׁב		תֵּיטִיב	תּוֹשִׁיב	תּוּשַׁב
	2.남.단	תִּיטַב	תֵּשֵׁב	תִּוָּשֵׁב		תֵּיטִיב	תּוֹשִׁיב	תּוּשַׁב
	2.여.단	תִּיטְבִי	תֵּשְׁבִי	תִּוָּשְׁבִי		תֵּיטִיבִי	תּוֹשִׁיבִי	תּוּשְׁבִי
	1.공.단	אִיטַב	אֵשֵׁב	אִוָּשֵׁב		אֵיטִיב	אוֹשִׁיב	אוּשַׁב
	3.남.복	יִיטְבוּ	יֵשְׁבוּ	יִוָּשְׁבוּ		יֵיטִיבוּ	יוֹשִׁיבוּ	יוּשְׁבוּ
	3.여.복	—	—	—		—	—	—
	2.남.복	תִּיטְבוּ	תֵּשְׁבוּ	תִּוָּשְׁבוּ		תֵּיטִיבוּ	תּוֹשִׁיבוּ	תּוּשְׁבוּ
	2.여.복		תֵּשַׁבְנָה	—		—	—	—
	1.공.복	נִיטַב	נֵשֵׁב	נִוָּשֵׁב		נֵיטִיב	נוֹשִׁיב	נוּשַׁב
	단축	—	יֵשֵׁב	—		יֵיטֵב	יוֹשֵׁב	—
	연장	אִיטְבָה	אֵשְׁבָה	אִוָּשְׁבָה		—	אוֹשִׁיבָה	—
명령	남.단	(יְטַב)	שֵׁב	הִוָּשֵׁב		הֵיטֵב	הוֹשֵׁב	—
	여.단	—	שְׁבִי	הִוָּשְׁבִי		הֵיטְבִי	הוֹשְׁבִי	—
	남.복	—	שְׁבוּ	הִוָּשְׁבוּ		הֵיטְבוּ	הוֹשְׁבוּ	—
	여.복	—	שֵׁבְנָה	הִוָּשֵׁבְנָה		הֵיטֵבְנָה	הוֹשֵׁבְנָה	—
	연장	—	שְׁבָה	—		הֵיטִיבָה	הוֹשִׁיבָה	—
부정사	연계	(יְטֹב)	שֶׁבֶת	הִוָּשֵׁב		הֵיטִיב	הוֹשִׁיב	הוּשַׁב
	절대	(יָטוֹב)	יָשׁוֹב			הֵיטֵב	הוֹשֵׁב	
분사	능동	(יֹטֵב)	יֹשֵׁב	נוֹשָׁב		מֵיטִיב	מוֹשִׁיב	מוּשָׁב
	수동	(יָטוּב)						

아인-요드/아인-바브 동사의 변화표 ※ 강조형은 별도의 도표 참고

인칭.성.수		Qal				Niph	Hiph	Hoph
완료	3.남.단	קָם	שָׂם	מֵת	בּוֹשׁ	נָכוֹן	הֵקִים	הוּקַם
	3.여.단	קָמָה	שָׂמָה	מֵתָה	בּוֹשָׁה	נָכוֹנָה	הֵקִימָה	—
	2.남.단	קַמְתָּ	שַׂמְתָּ	מַתָּה	בֹּשְׁתָּ	נְכוּנוֹתָ	הֲקִימוֹתָ	—
	2.여.단	קַמְתְּ	שַׂמְתְּ	מַתְּ	בֹּשְׁתְּ	נְכוּנוֹת	הֲקִימוֹת	—
	1.공.단	קַמְתִּי	שַׂמְתִּי	מַתִּי	בֹּשְׁתִּי	נְכוּנוֹתִי	הֲקִימוֹתִי	—
	3.공.복	קָמוּ	שָׂמוּ	מֵתוּ	בּוֹשׁוּ	נָכוֹנוּ	הֵקִימוּ	הוּקְמוּ
	2.남.복	קַמְתֶּם	שַׂמְתֶּם	מַתֶּם	בָּשְׁתֶּם	נְכוּנוֹתֶם	הֲקֵימוֹתֶם	—
	2.여.복	קַמְתֶּן	שַׂמְתֶּן	מַתֶּן	בָּשְׁתֶּן	נְכוּנוֹתֶן	הֲקֵימוֹתֶן	—
	1.공.복	קַמְנוּ	שַׂמְנוּ	מַתְנוּ	בֹּשְׁנוּ	נְכוּנוֹנוּ	הֲקִימוֹנוּ	—
미완료	3.남.단	יָקוּם	יָשִׂים	יָמוּת	יֵבוֹשׁ	יִכּוֹן	יָקִים	יוּקַם
	3.여.단	תָּקוּם	תָּשִׂים	תָּמוּת	תֵּבוֹשׁ	תִּכּוֹן	תָּקִים	תּוּקַם
	2.남.단	תָּקוּם	תָּשִׂים	תָּמוּת	תֵּבוֹשׁ	תִּכּוֹן	תָּקִים	—
	2.여.단	תָּקוּמִי	תָּשִׂימִי	תָּמוּתִי	תֵּבוֹשִׁי	תִּכּוֹנִי	תָּקִימִי	—
	1.공.단	אָקוּם	אָשִׂים	אָמוּת	אֵבוֹשׁ	אֶכּוֹן	אָקִים	—
	3.남.복	יָקוּמוּ	יָשִׂימוּ	יָמוּתוּ	יֵבוֹשׁוּ	יִכּוֹנוּ	יָקִימוּ	יוּקְמוּ
	3.여.복	תְּקוּמֶינָה	תְּשִׂימֶינָה	תְּמוּתֶינָה	תְּבוֹשֶׁינָה	תִּכּוֹנֶינָה	תְּקִימֶינָה	—
	2.남.복	תָּקוּמוּ	תָּשִׂימוּ	תָּמוּתוּ	תֵּבוֹשׁוּ	תִּכּוֹנוּ	תָּקִימוּ	—
	2.여.복	תְּקוּמֶינָה	תְּשִׂימֶינָה	תְּמוּתֶינָה	תְּבוֹשֶׁינָה	תִּכּוֹנֶינָה	תְּקִימֶינָה	—
	1.공.복	נָקוּם	נָשִׂים	נָמוּת	נֵבוֹשׁ	נִכּוֹן	נָקִים	נוּקַם
	단축	יָקֹם	יָשֵׂם	יָמֹת	יֵבֹשׁ	—	יָקֵם	—
	ו +	וַיָּקָם	וַיָּשֶׂם	וַיָּמָת	וַיֵּבֹשׁ	—	וַיָּקֶם	—
	연장	אָקוּמָה	אָשִׂימָה	אָמוּתָה	אֵבוֹשָׁה	אֶכּוֹנָה	אָקִימָה	אוּקְמָה
명령	남.단	קוּם	שִׂים	מוּת	בּוֹשׁ	הִכּוֹן	הָקֵם	—
	여.단	קוּמִי	שִׂימִי	מוּתִי	בּוֹשִׁי	הִכּוֹנִי	הָקִימִי	—
	남.복	קוּמוּ	שִׂימוּ	מוּתוּ	בּוֹשׁוּ	הִכּוֹנוּ	הָקִימוּ	—
	여.복	קֹמְנָה	שֹׂמְנָה	מֹתְנָה	בֹּשְׁנָה	הִכּוֹנָּה	הָקֵמְנָה	—
	연장	קוּמָה	שִׂימָה	—	—	—	—	—
부정사	연계	קוּם	שִׂים	מוּת	בּוֹשׁ	הִכּוֹן	הָקִים	הוּקַם
	절대	קוֹם	שׂוֹם	מוֹת			הָקֵם	הוּקֵם
분사	능동	קָם/ (여단) קָמָה	שָׂם	מֵת	בּוֹשׁ	נָכוֹן	מֵקִים	מוּקָם
	수동	קוּם						

아인 중복 동사의 변화표 ※ 강조형은 별도의 도표 참고

인칭.성.수		Qal 타동사	Qal 상태/자동사	Niph	Hiph	Hoph
완료	3.남.단	סָבַב	קַל	נָסַב	הֵסֵב	הוּסַב
	3.여.단	סָבְבָה	קַלָּה	נָסַבָּה	הֵסֵבָּה	הוּסַבָּה
	2.남.단	סַבּוֹתָ	קַלּוֹתָ	נְסַבּוֹתָ	הֲסִבּוֹתָ	הוּסַבּוֹתָ
	2.여.단	סַבּוֹת	קַלּוֹת	נְסַבּוֹת	הֲסִבּוֹת	הוּסַבּוֹת
	1.공.단	סַבּוֹתִי	קַלּוֹתִי	נְסַבּוֹתִי	הֲסִבּוֹתִי	הוּסַבּוֹתִי
	3.공.복	סָבְבוּ	קַלּוּ	נָסַבּוּ	הֵסֵבּוּ=הֵסַבּוּ	הוּסַבּוּ
	2.남.복	סַבּוֹתֶם	קַלּוֹתֶם	נְסַבּוֹתֶם	הֲסִבּוֹתֶם	—
	2.여.복	סַבּוֹתֶן	קַלּוֹתֶן	נְסַבּוֹתֶן	הֲסִבּוֹתֶן	—
	1.공.복	סַבּוֹנוּ	קַלּוֹנוּ	נְסַבּוֹנוּ	הֲסִבּוֹנוּ	—
미완료	3.남.단	יָסֹב יִסֹּב	יֵקַל	יִסַּב	יָסֵב יַסֵּב	יוּסַב יֻסַּב
	3.여.단	תָּסֹב תִּסֹּב	תֵּקַל	תִּסַּב	תָּסֵב תַּסֵּב	—
	2.남.단	תָּסֹב תִּסֹּב	תֵּקַל	תִּסַּב	תָּסֵב תַּסֵּב	—
	2.여.단	תָּסֹבִּי תִּסֹּבִּי	תֵּקַלִּי	תִּסַּבִּי	תָּסֵבִּי תַּסֵּבִּי	—
	1.공.단	אָסֹב אֶסֹּב	אֵקַל	אֶסַּב	אָסֵב אַסֵּב	—
	3.남.복	יָסֹבּוּ יִסְּבוּ	יֵקַלּוּ	יִסַּבּוּ	יָסֵבּוּ	יוּסַבּוּ
	3.여.복	תְּסֻבֶּינָה תִּסֹּבְנָה	תְּקַלֶּינָה	תִּסַּבֶּינָה	תְּסִבֶּינָה	—
	2.남.복	תָּסֹבּוּ תִּסְּבוּ	תֵּקַלּוּ	תִּסַּבּוּ	תָּסֵבּוּ	—
	2.여.복	תְּסֻבֶּינָה תִּסֹּבְנָה	תְּקַלֶּינָה	תִּסַּבֶּינָה	תְּסִבֶּינָה	—
	1.공.복	נָסֹב נִסֹּב	נֵקַל	נִסַּב	נָסֵב נַסֵּב	—
	연장	거의 사용되지 않음(드물게 강조형에서 나타남)				
명령	남.단	סֹב	קַל	הִסַּב	הָסֵב	—
	여.단	סֹבִּי	קַלִּי	הִסַּבִּי	הָסֵבִּי	—
	남.복	סֹבּוּ	קַלּוּ	הִסַּבּוּ	הָסֵבּוּ	—
	여.복	סֻבֶּינָה	קַלֶּינָה	הִסַּבֶּינָה	הֲסִבֶּינָה	—
	연장	סָבָה[o]	—	—	—	—
부정사	연계	סֹב	קֹל קַל	הִסֵּב	הָסֵב	הוּסַב
	절대	סָבוֹב	קָלוֹל	הִסּוֹב		הוּסֵב
분사	능동	סֹבֵב	קַל	נָסָב	מֵסֵב	מוּסָב
	수동	סָבוּב				

특수한 강조형 동사 변화표

1. 아인-바브 동사의 강조형 / **קוּם** '일어서다'

형태	Polel	Polal	Hithpolel
완료	קוֹמֵם כּוֹנֵן	קוֹמַם כּוֹנָן	הִתְקוֹמֵם הִתְכּוֹנֵן
미완	יְקוֹמֵם	יְקוֹמַם	יִתְקוֹמֵם
명령	קוֹמֵם	—	הִתְקוֹמֵם
부정사	קוֹמֵם	קוֹמַם	הִתְקוֹמֵם
분사	מְקוֹמֵם	מְקוֹמָם	מִתְקוֹמֵם

2. 아인 중복 동사의 강조형 / **סָבַב** '돌다,' **עָלַל** '괴롭히다'

형태	Poel	Poal	Hithpoel
완료	סוֹבֵב עוֹלֵל	סוֹבַב עוֹלַל	הִתְסוֹבֵב הִתְעוֹלֵל
미완	יְסוֹבֵב	יְסוֹבַב	יִתְסוֹבֵב
명령	סוֹבֵב	—	הִתְסוֹבֵב
부정사	סוֹבֵב	—	הִתְסוֹבֵב
분사	מְסוֹבֵב	—	מִתְסוֹבֵב

3. 일부 아인-바브와 아인 중복 동사의 강조형/ **כּוּל** '공급하다,' **קָלַל** '하찮다

형태	Pilpel	Polpal	Hithpalpel
완료	כִּלְכֵּל קִלְקֵל	[o]כָּלְכַּל קָלְקַל	הִתְכַּלְכֵּל הִתְקַלְקֵל
미완	יְכַלְכֵּל	יְכָלְכַּל	יִתְכַּלְכֵּל
명령	כַּלְכֵּל	—	הִתְכַּלְכֵּל
부정사	כַּלְכֵּל	—	הִתְכַּלְכֵּל
분사	מְכַלְכֵּל	—	מִתְכַּלְכֵּל

어휘 목록

히브리어-한국어

인명과 지명은 일부만 수록됨

א

אָב 아버지

אָבַד 멸망하다

אָבוֹת 조상들(אָב의 복수)

אֶבֶן 돌/(복) אֲבָנִים

אַבְרָהָם 아브라함/ אַבְרָם 아브람

אָדָם 사람, 아담

אֲדָמָה 대지, 땅

אָדוֹן אָדֹן 주인, 주님

אָהֵב אָהַב 사랑하다

אֹהֶל 막사, 장막(천막)

אַהֲרֹן 아론

אוֹ 또는, 혹은

הוֹי אוֹי 화로다!

אוֹר 빛

אוֹת 표징, 이적

אָז 그때, מֵאָז 그후

אֹזֶן 귀/(복) אָזְנַיִם

אָח 형제/(복) אַחִים

אֶחָד 하나, 첫/(여) אַחַת

אָחוֹת 자매/(복) אֲחָיוֹת

אַחֲרֵי־ אַחַר ..후에, 뒤에

אַחֵר 다른

אַחֲרוֹן (형) 나중의, 마지막

אֹיֵב 대적, 원수

אֵי אַיֵּה 어디에?

אֵיכָה אֵיךְ 어떻게?

אֵין ..이 없다

אִישׁ 남자, 남편

אַךְ 오로지, 확실히

אָכַל 먹다, 삼키다

אֹכֶל 식량, 먹을 것

אֶל ..에게, 를 향해

אֵל 하나님 = אֱלֹהִים

אֱלוֹהַּ 하나님 = אֱלֹהִים

אֱלֹהִים 하나님(=אֵל), 신들

אֵם 어머니

אִם ..라면(if)

אַמָּה 규빗(cubit)

אָמֵן/אָמַן (닢) 확증되다
(힢) 확신하다

אָמֵן (부) 아멘!
분명히!

אָמַר 말하다

אֱמֶת 진리, 진실

אָנֹכִי אֲנִי 나는

אֲנַ֫חְנוּ 우리는

אֲנָשִׁים 남자들(אִישׁ의 복수)

אָסַף 모으다(gather)

אַף 코, 콧구멍, 분노

אַף 역시, 정녕

אַרְבָּעָה 넷/(여) אַרְבַּע

אֲרוֹן 법궤

אֲרִי 사자

אֶ֫רֶץ 땅

אָרַר (피) 저주하다

אֵשׁ 불

אִשָּׁה 여자, 아내

אֲשֶׁר ..하는 바(관계사)

אֵת אֶת־ ..를, ..에게

אֵת אֶת־ ..와 함께

אַתָּה 너(남)는/(여) אַתְּ

אַתֶּם 너희(남)는/(여) אַתֶּן

ב

בְּ ..안에, ..에 의해, ..와 함께

בָּדַל (힆) הִבְדִּיל나누다

בֶּ֫גֶד 옷

בְּהֵמָה 짐승

בּוֹא 오다(come)

בּוֹשׁ 부끄러워하다

בָּחַר (בְּ) ..를 선택하다

בָּטַח (בְּ/אֶל־) ..을 믿다, 신뢰하다

בֵּין ..사이에

בִּין 이해하다

בַּ֫יִת בֵּית־ 집

בָּכָה 울다

בְּכוֹר 초태생, 장자

בִּלְתִּי ..없이(without, except)

לְבִלְתִּי ..하지 않는 (not to)

בָּמָה 산당, 높은 곳

בֵּן בֶּן־ 아들, 자손

בָּנָה 건설하다, 짓다

בַּ֫עַד ..를 위하여

בְּעֵינֵי ..눈에, ..보기에

בַּ֫עַל 바알, 주인, 남편

בָּקָר 소떼, 소

בֹּ֫קֶר 아침

בְּקֶ֫רֶב ..중에, ..가운데

בָּקַשׁ (피) בִּקֵּשׁ 찾다

בָּרָא 창조하다

בְּרִית 언약

בָּרַךְ 축복하다, 찬양하다

בְּרָכָה 복, 축복

בָּשָׂר 육체, 살
בַּת 딸
בְּתוֹךְ ..가운데, ..중에

ג

גָּאַל 구속하다, 속량하다, 무르다
גֹּאֵל 속량자, 보복자
גְּבוּל 국경, 경계
גִּבּוֹר 장수, 용사
גָּדֵל (상) 크다/ 큰, 위대한
גָּדוֹל 큰, 위대한
גּוֹי 민족, 국민, 나라
גּוּר (나그네로) 체류하다
גָּלָה 드러내다, 벗기다
גַּם 참으로, 역시
גַּן 동산, 정원
גֵּר 나그네(객), 거류민

ד

דָּבָר 말씀, 일(사건)
דָּבַר (피) דִּבֶּר 말하다
דָּוִד 다윗
דָּם 피/(복) דָּמִים (흘린) 피
דְּמוּת 형상
דֹּר 세대/(복) דֹּרוֹת
דֶּרֶךְ 길
דָּרַשׁ 추구하다, 탐색하다

ה

הוּא 그는, 그것은/(여) הִיא
אוֹי הוֹי 화로다!
הָיָה ..이다(be), ..이 되다(become)
הֵיכָל 성전, 궁전
הָלַךְ 가다, 걷다 (힡) הִתְהַלֵּךְ 돌아다니다
הָלַל (피) הִלֵּל 찬양하다, 칭송하다
הֵם הֵמָּה 그들이 /(여) הֵנָּה = הֵן
הֵן הִנֵּה 보라(Behold)!
הַר 산/(복) הָרִים 산들
הָרַג 죽이다

ו

וְ 그리고, 그러나

ז

זָבַח 희생을 드리다
זֶבַח 제사, 희생
זֶה 이것/(복) אֵלֶּה
זָהָב 금
זוּב 흐르다

זוֹת 이것(여성)/(복) אֵלֶּה
זָכַר 기억하다
זָעַק =צָעַק 외치다, 부르짖다
זָקֵן 늙은/(상) 늙다
זָר 이상한, 다른, 이방의
זֶרַע 씨, 후손

ח

חֹדֶשׁ 달, 월
חָוָה (힡) הִשְׁתַּחֲוָה
(שָׁחָה)절하다, 경배하다
חוּץ 바깥, 거리
חָזָק 강한, 심한
חָזַק 강하다, 심하다
חָטָא 죄짓다
חֵטְא 죄/(복) חֲטָאִים
חַטָּאת 죄, 속죄제
חַי 살아있는/(여) חַיָּה
חַיָּה 생물, 동물
חָיָה 살다, 살아 있다
חַיִּים 생명/ (형) חַי의 복수
חַיִל- חֵיל 힘, 권세
חָכָם 지혜로운
חָכְמָה 지혜
חֵלֶב (동물의) 기름

חָלַל 더럽히다, 속되게 하다
חָלַם 꿈꾸다
חֲלוֹם 꿈
חֲמִשָּׁה 다섯/(여) חָמֵשׁ
חֵמָה 진노, 분노
חֵן 은혜
חָנָה 주둔하다, 진을 치다
חֶסֶד 인자, 자비
חָצֵר 촌락, 뜰
חֹק חֻקָּה 규례, 율례
/(복) חֻקִּים חֻקּוֹת
חֶרֶב 칼, 검
חָרָה 뜨겁다, 분노하다
חָשַׁב 생각하다,
평가/계산하다
חֹשֶׁךְ 어둠

ט

טוֹב 선한/(명) 선

י

יָד -יַד 손
יָדָה 던지다, 쏘다
(힢) הוֹדָה 찬양하다
(힡) הִתְוַדָּה 고백하다
자복하다
יָדַע 알다

יוֹם 날, 낮

יוֹמָם 낮에

יְהוּדָה 유다

יהוה = יָהּ 여호와

יְהוֹשֻׁעַ 여호수아

יוֹסֵף 요셉

יַחְדָּו 함께, 더불어

יָטַב 선하다, 좋다

יַיִן 포도주

יָכֹל ..할 수 있다

יָלַד 낳다

יֶלֶד 아이(남아)/
(여) יַלְדָּה 여아

יָם יָם־/ יַם־ 바다

יָסַף 더하다, 소집하다

יַעֲקֹב 야곱

יַעַן ..로 인해, ..때문에

יָצָא 나가다, 나오다

יָצַב =נָצַב 서있다(stand)
(힢) 세우다

יִצְחָק 이삭

יָרֵא 두려워하다, 경외하다

יָרֵא 두려워하는, 경외하는

יִרְאָה 경외, ..를 두려워함

יָרַד 내려가다

יַרְדֵּן 요단, 요단강

יְרוּשָׁלַיִם 예루살렘

יָרַשׁ 점유하다, 추방하다,
상속하다.

יֵשׁ ..이 있다

יָשַׁב 앉다, 머물다, 거주하다

יְשׁוּעָה = תְּשׁוּעָה 구원

יָשַׁע (힢) הוֹשִׁיעַ 구원하다

יָשָׁר 올바른, 곧은

יִשְׂרָאֵל 이스라엘

יָתַר (닢) 남다
(힢) 남기다

כ

כְּ / כְּמוֹ ..처럼, ..만큼, ..대로

כָּבֵד (상)무겁다/ 무거운
(피) כִּבֵּד 공경하다
무겁게 하다

כָּבוֹד 영광, 영화

כִּי ..할 때, 왜냐하면,
그러므로

כֹּה 이렇게, 그렇게(thus)

כֹּהֵן 제사장

כּוּן (닢) 준비하다, 확립되다
(힢) 굳게하다, 확립하다

כֹּל כָּל־ 모든

כָּלָה 끝나다, 마치다

כְּלִי 그릇, 기물

כֵּן 그와 같이, 그렇게
כְּנַ֫עַן 가나안
כִּסֵּא 자리, 왕좌
כָּסָה (피) 덮다
כַּף 손(발)바닥
כָּפַר 덮다/(피) כִּפֵּר ..를 씻다, 속죄하다
כַּפֹּ֫רֶת 속죄소(속죄판)
כָּרַת 자르다
כֶּ֫סֶף 은, 돈(은전)
כָּתַב 쓰다, 기록하다

ל

לְ ..에게, ..를 위해
לֹא 아니다
לֵאָה 레아
לֵב לְבָב 마음, 심장
לְבַד 오직, 홀로
לָבָן 라반
לָבַשׁ 옷을 입다
לֵוִי 레위, 레위인
לָחַם (닢) נִלְחַם 싸우다
לֶ֫חֶם 떡(food)
לַ֫יְלָה 밤
לָכַד 붙잡다, 탈취하다
לָכֵן 그러므로
לָמַד 배우다
(피) לִמֵּד 가르치다
לָ֫מָּה 왜?
לְמַ֫עַן ..하기 위하여
לְעֵינֵי (..의 눈)앞에서
לִפְנֵי ..앞에서, ..면전에서
= אֶת־פְּנֵי
לָקַח 취하다(take)
לִקְרַאת 만나기 위해
לָשׁוֹן 혀

מ

מִדְבָּר 광야
מַדּ֫וּעַ 어찌하여, 왜
מָה· 무엇? 뭐든
מוֹעֵד 만남(의 때)
מוֹשִׁ֫יעַ (분) 구원하는
(명) 구원자
מָ֫וֶת מוֹת־ 죽음
מוּת 죽다/ 완료 מֵת
מִזְבֵּ֫חַ 제단
מַחֲנֶה 군대, 진영
מִי 누구? 누구든
מַ֫יִם מֵי־ 물
מָכַר 팔다

מָלֵא (칼) 가득 차다(상)
(피) 가득 채우다

מַלְאָךְ 사자, 천사

מְלָאכָה 작업, 일

מִלְחָמָה 전쟁

מֶלֶךְ 왕

מָלַךְ 다스리다

מַלְכוּת 왕국, 왕권, 통치

מָלַט (닢) נִמְלַט 탈출하다, 피신하다

מַמְלָכָה מַמְלָכוּת 왕국, 왕권, 통치

מִן מֵ ..로부터

מִנְחָה 선물(예물), 소제물

מִסְפָּר 숫자, 수량

מַעֲשֶׂה 행위, 일

מִפְּנֵי ..의 앞에서

מָצָא 발견하다, 찾다

מִצְוָה 명령, 계명 /(복) מִצְוֹת

מִצְרִי 이집트인

מִצְרַיִם 이집트(사람)

מָקוֹם 장소

מִקְנֶה 가축

מַרְאֶה 외모, 모습

מֹשֶׁה 모세

מָשַׁח 기름 붓다

מָשִׁיחַ 기름부음 받은 자

מִשְׁכָּן 성막

מָשַׁל (בְּ) 통치하다

מִשְׁפָּחָה 혈족, 가문

מִשְׁפָּט 심판(재판), 법도, 공의

מֵת 죽은

נ

נָא־ 원컨대, 부디

נְאֻם 선언, 말씀

נָבָא (닢) נִבָּא/(힡) הִתְנַבֵּא 예언하다

נָבִיא 선지자

נֶגֶד ..에 맞서

נָגַד (힢) הִגִּיד 알리다

נָגַע 만지다, 치다(plague)

נֶגַע 재앙, 역병, 발진

נָגַשׁ 가까이가다

נֹחַ 노아

נָחַל 상속하다/(힢) הִנְחִיל 물려주다

נַחֲלָה 유산, 상속물

נָחַם (닢) נִחַם/(힡) הִתְנַחֵם 후회하다,
스스로 위안하다
(피) נִחַם 위로하다

נְחֹשֶׁת 구리, 놋

נָטָה ..로 뻗다/향하다,
(천막을) 치다

נָכָה (힢) הִכָּה 치다(smite)

נָסַךְ (칼/힢) 붓다

נֶסֶךְ 전제(물), 붓는 제사

נָסַע 출발하다, 행진하다

נַעַר 소년

נָפַל 떨어지다

נֶפֶשׁ 목숨, 혼

נָצַב =יָצַב 서있다(stand)
(힢) 세우다

נָצַל (닢) נִצַּל 구출되다
(힢) הִצִּיל 빼내다,
구출하다

נָשָׂא 들어 올리다

נָשִׁים 여자들(אִשָּׁה의 복수)

נָשִׂיא 귀인, 지도자, 방백

נָתַן 주다

ס

סָבַב 돌다, 배회하다

סָבִיב ..둘레에

סְגֻלָּה 보물, 특별한 재산

סוּס 말(horse)

סוּר ..로 돌이키다, 돌리다

סָלַח 용서하다
(니팔) נִסְלַח 용서받다

סֵפֶר 책

סָפַר 세다(count)/(피) סִפֵּר
상세히 설명하다

סָתַר (힡) הִסְתַּתֵּר 숨다
(힢) הִסְתִּיר 숨기다

ע

עֶבֶד 종

עָבַד 섬기다, 노역하다

עֲבוֹדָה 섬김, 노역, 예배

עָבַר 넘어가다, 어기다

עִבְרִי 히브리인

עַד ..까지

עֵד 증거, 증인
/(여) עֵדָה עֵדוּת

עֵדָה 회중

עוֹד 다시, 여전히

עֹלָה 번제

עוֹלָם 세상, 영원/
לְעוֹלָם=עַד־עוֹלָם
영원히

עָוֹן 불의, 죄

עָזַב 떠나다, 버리다

עָלָה 올라가다

עִם ..와 함께

עָמַד 서다, 서있다

עָנָה 대답하다

עָנָן 구름

עַ֫יִן 눈(eye), 우물

עִיר 성읍, 도시

עַל ..위에

עַם 백성

עָפָר 흙, 먼지

עֵץ 나무

עֶ֫רֶב 저녁

עָשָׂה 만들다, 행하다

עֲשָׂרָה 열(10)/(여) עֶ֫שֶׂר

עֵשָׂו 에서

עֵת 때, 시간

עַתָּה 이제, 지금

פ

פָּדָה 구속하다

פֶּה פִּי־ 입, 말

פֹּה 여기 (כֹּה와 구분)

פָּלַל (힡) הִתְפַּלֵּל
기도하다

פְּלִשְׁתִּי 블레셋 사람

פֶּן ..하지 않도록

פָּנָה 얼굴을 돌리다,
방향을 바꾸다

פָּנִים 얼굴, 표면

פֶּ֫סַח 유월절, 유월절 양

פַּ֫עַם 발걸음, 횟수
/(복) פְּעָמִים

פָּקַד 방문하다, 돌아보다,
(사람) 수를 세다,
모병하다

פַּר 숫소/ פָּרָה 암소

פְּרִי 열매

פַּרְעֹה 파라오, 바로

פֶּ֫תַח 입구, 문

פָּתַח 열다

צ

צֹאן 양떼(염소 떼 포함)

צָבָא 무리, 군상/
(복) צְבָאוֹת 만군

צַדִּיק 의로운

צֶ֫דֶק צְדָקָה 의

צִוָּה 명령하다

צִיּוֹן 시온

צֶ֫לֶם 모양

צָעַק =זָעַק 외치다, 부르짖다

צָפוֹן 북쪽, 북방

ק

קָבַץ 모으다/
(닢) נִקְבַּץ 모이다

קָבַר 매장하다

קָדוֹשׁ 거룩한

קָדַשׁ (상) 거룩하다
(피) **קִדֵּשׁ** 성별하다
거룩하게 만들다

קֹ֫דֶשׁ 거룩, 거룩한 것

קוֹל קֹל 음성

קוּם 일어서다 (힢) 세우다
/완료 **קָם**

קָהָל 회중

קָטֹן 작은/(상) 작다

קָטַר (피/힢) 분향하다

קָלַל קַל (칼) 가볍다, 하찮다
(피) 경멸하다, 저주하다

קְלָלָה 저주

קָרָא 부르다, 외치다

קָרַב 접근하다
(힢) 바치다, 가져오다

קָרְבָּן 예물, 고르반

קָרַע 찢다

ר

רָאָה 보다

רֹאשׁ 머리

רִאשׁוֹן (형) 처음의, 첫째
/(여) **רִאשׁוֹנָה**

רַב 많은/(복) **רַבִּים**

רֹב 많음, 풍요

רָבָה 많다

רִבְקָה 리브가

רֶ֫גֶל 발/ (쌍) **רַגְלַ֫יִם** 양발

רָדַף 추격하다, 핍박하다

רָם 높은

רוּם 높다/ 완료 **רָם**
(힢) **הֵרִים** 높이다,
세우다

רוּץ 달리다

רָחֵל 라헬

רַע 악한, 나쁜

רֵ֫עַ 동료, 친구, 이웃

רָעָב 기근

רָעָה 목축하다, 기르다

רֹעֶה רֹעֵה־ 목동, 목자

רַק 오직, 분명히

רָשָׁע 악한

שׁ

שְׁאוֹל 스올, 음부

שָׁאוּל 사울

שָׁאַל 질문하다, 구하다

שָׁאַר (닢) 남다/
(힢) **הִשְׁאַר** 남기다

שְׁבוּעָה 맹세, 서약

שֵׁ֫בֶט 막대기, 지파(tribe)

שָׁבַע (닢) **נִשְׁבַּע** 맹세하다

שִׁבְעָה 일곱/(여) שֶׁבַע

שָׁבַר 깨뜨리다

שָׁבַת 중단하다, 안식하다

שַׁבָּת 안식일

שַׁדַּי 전능자
אֵל שַׁדַּי 전능자 하나님

שׁוּב 돌아가다, 돌이키다
/완료 שָׁב

שָׁחָה (힡) הִשְׁתַּחֲוָה
(חָוָה)절하다, 경배하다

שָׁחַט 도살하다

שָׁחַת (힢) הִשְׁחִית 망쳐놓다
(닢) נִשְׁחַת 망가지다

שִׁית = שִׂים 두다, 놓다,
정하다

שָׁלַךְ (힢) הִשְׁלִיךְ 던지다

שָׁכַב (상) 눕다, 누워있다

שָׁכַח 잊다

שָׁכַן 거하다

שָׁלַח (사람을) 보내다

שָׁלוֹם 평화

שָׁלֵם 온전한, 평화로운
(상) 온전하다
(피) שִׁלֵּם 온전케 하다,
배상하다, 갚다

שְׁלֹמֹה 솔로몬

שְׁלָמִים 화목제

שְׁלֹשָׁה 셋/(여) שָׁלֹשׁ

שֵׁם שֵׁם־/ שֶׁם־ 이름

שָׁם 거기

שָׁמַד (힢) הִשְׁמִיד 파괴하다

שְׁמוּאֵל 사무엘

שָׁמַיִם 하늘

שֶׁמֶן (식물의) 기름

שְׁמֹנָה 여덟/(여) שְׁמֹנֶה

שָׁמַע 듣다

שָׁמַר 지키다

שֶׁמֶשׁ 해, 태양

שָׁנָה 해, 년(year)

שְׁנַיִם (남) 둘(two) שְׁנֵי־
/(여) שְׁתַּיִם שְׁתֵּי־

שַׁעַר 성문, 성안

שָׁפַט 심판(재판)하다

שֹׁפֵט 재판하는
/(명) 판관, 사사

שָׁפַךְ 쏟다, 흘리다

שָׁקָה (힢) הִשְׁקָה 마시게 하다

שֶׁקֶל 세겔(무게 단위)

שֶׁקֶר 거짓말, 속임

שִׁשָּׁה 여섯/(여) שֵׁשׁ

שָׁתָה 마시다

שׂ

שָׂדֶה 들판

שָׂפָה 입술, 말, 테두리 /(쌍) שְׂפָתַיִם

שִׂים =שִׂית 두다, 놓다, 정하다/ 완료 שָׂם

שָׂמַח 기뻐하다

שָׂנֵא 미워하다 (분) 미워하는 자

שַׂר 관리, 지도자

שָׂרָה 사라/ שָׂרַי 사래

שָׂרַף 불태우다

ת

תֵּבָה 방주, 상자

תְּהִלָּה 찬송, 찬양

תּוֹךְ 중앙, 가운데

תּוֹלְדוֹת 족보, 계보

תּוֹרָה 율법

תַּחַת ..아래, ..대신

תָּם תָּמִים 흠 없는, 완전한

תֹּם 완전함, 온전함

תָּמִיד (형) 연이은 (부) 항상

תְּפִלָּה 기도

תְּשׁוּעָה =יְשׁוּעָה 구원

תִּשְׁעָה 아홉/(여) תֵּשַׁע